JN403142

손해사정사 1차

한권으로 끝내기

손해사정이론

편집진행 서정인 | 표지디자인 하연주 | 본문디자인 장성복 · 윤준하

2026 시대에듀 손해사정사 1차 손해사정이론 한권으로 끝내기

Always **with you**

사람의 인연은 길에서 우연하게 만나거나 함께 살아가는 것만을 의미하지는 않습니다.
책을 펴내는 출판사와 그 책을 읽는 독자의 만남도 소중한 인연입니다.
시대에듀는 항상 독자의 마음을 헤아리기 위해 노력하고 있습니다. 늘 독자와 함께하겠습니다.

PROFILE

김명규

- 인하대학교 사학과 졸업
- 경희대학교 대학원 졸업(보험행정 전공)
- 現) 목원대학교 금융보험부동산학과 교수
- 現) 한국손해사정학회 상임 부회장
- (사)한국손해사정사회 기획실장, 사무국장, 사무총장 역임(1998~2014)
- 금융감독원 손해사정사 제도개선 TF팀(2013)
- 남북협력기금지급심의위원(2004~2014)
- 자동차사고과실비율인정기준 개정작업 위원(2014)
- 국민대학교 법무대학원 손해사정전공 외래교수
- 손해사정사 시험 출제 및 선정위원 역임
- 현대손해사정(주) 대표이사 역임
- 한국소비자원 보험전문상담위원 역임
- 중소기업제조물책임분쟁조정위원 역임

강문우

- 아주대학교 대학원 졸업(금융보험 전공) 경영학 석사
- 목원대학교 대학원 졸업(보험전공) 경영학 박사
- 現) 목원대학교 겸임교수
- 現) 명문손해사정사법인 대표
- 現) 손해사정법인 CANA 재물사업팀장

김창영

- 한양대학교 경영학사(회계학전공)
- 목원대학교 대학원 경영학석사(금융보험전공)
- 現) 목원대학교 부동산금융보험학과 겸임교수
- 現) 미래보험교육원 재물손해사정사 전임교수
- 現) 가림종합손해사정(주) 대표이사
- 종합손해사정사(신체, 재물, 차량)
- KMAS(한국경영자문원) 경영지원본부장
- 한국손해사정학회 재무관리위원장
- 한국손해사정학회 종신회원
- 한국손해사정사회 이사 · 감사 · 서울지회장 역임
- 중부연합뉴스 · 어떠카지 TV · 데일리경제 칼럼니스트 역임

머리말 PREFACE

손해사정사 시험의 처음과 끝, 손해사정사 1차 손해사정이론 한권으로 끝내기

손해사정사는 보험사고발생시 손해액 및 보험금의 산정업무를 전문적으로 수행하는 자로서 보험금 지급의 객관성과 공정성을 확보하여 보험계약자나 피해자의 권익을 침해하지 않도록 해주는 일을 하는 보험업계의 전문자격인 입니다.

손해사정사 시험은 2014년부터 대폭 변경되어 시행하고 있습니다. 즉 손해사정사의 종류를 1종에서 4종까지 업무영역에 따라 분류하던 방식에서 재물 · 차량 · 신체의 세 영역으로 새롭게 분류하였습니다. 손해사정사 1차 시험 과목은 「보험업법」, 「보험계약법(상법 중 보험편)」, 「손해사정이론」으로 구성되어 있으며, 객관식 4지 선택형으로 치르게 됩니다.

본서는 과목별 실제시험에 출제될 가능성이 높은 '핵심이론'과 핵심이론을 학습한 후 그 내용을 확인할 수 있는 '기출유형문제'로 구성하였습니다. 또한 최근 10년간 출제된 중요 기출문제와 그 해설을 '기출분석문제 100選'으로 실어 수험생들이 실제 시험의 경향을 체감할 수 있도록 하였습니다. 더불어 '핵심이론 ➜ 기출유형문제 ➜ 기출분석문제 100選'순으로 학습함으로써 총 세 번의 학습반복효과를 누릴 수 있도록 하였습니다.

수험생들이 시험 준비에 대한 시간과 노력을 줄이기 위해 방대한 학습내용을 한권에 담았으며, 구성과 내용면에서 더 나아질 수 있도록 노력하고 있습니다. 이 한권으로 손해사정사 시험에 합격한다는 것은 쉬운 일은 아니지만 불가능한 일도 아닙니다. 이 책을 믿고 선택해주신 수험생들에게 감사의 마음을 전하며, 합격의 행운이 함께 하기를 기원합니다.

대표 편저자 씀

이 책의 구성과 특징 STRUCTURES

STEP 01 | 실전핵심 NOTE

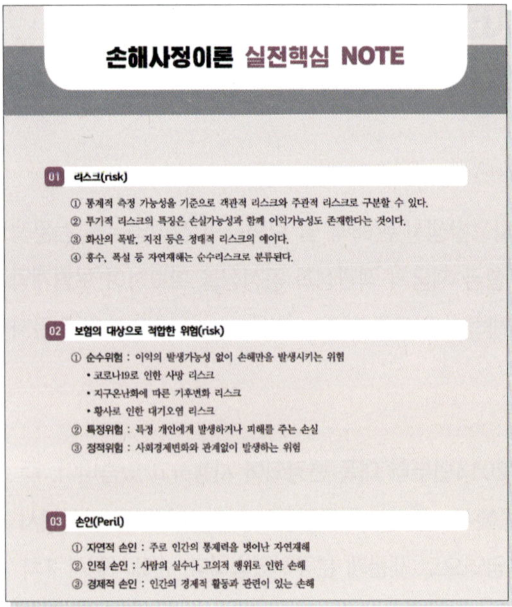

손해사정이론 실전핵심 NOTE

01 리스크(risk)

① 통계적 측정 가능성을 기준으로 객관적 리스크와 주관적 리스크로 구분할 수 있다.
② 투기적 리스크의 특징은 손실가능성과 함께 이익가능성도 존재한다는 것이다.
③ 화산의 폭발, 지진 등은 정태적 리스크의 예이다.
④ 홍수, 폭설 등 자연재해는 순수리스크로 분류된다.

02 보험의 대상으로 적합한 위험(risk)

① **순수위험** : 이익의 발생가능성 없이 손해만을 발생시키는 위험
- 코로나19로 인한 사망 리스크
- 지구온난화에 따른 기후변화 리스크
- 황사로 인한 대기오염 리스크

② **특정위험** : 특정 개인에게 발생하거나 피해를 주는 손실
③ **정적위험** : 사회경제변화와 관계없이 발생하는 위험

03 손인(Peril)

① **자연적 손인** : 주로 인간의 통제력을 벗어난 자연재해
② **인적 손인** : 사람의 실수나 고의적 행위로 인한 손해
③ **경제적 손인** : 인간의 경제적 활동과 관련이 있는 손해

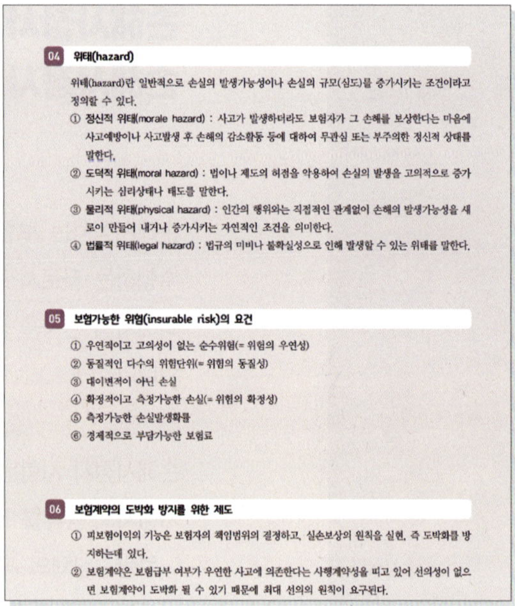

04 위태(hazard)

위태(hazard)란 일반적으로 손실의 발생가능성이나 손실의 규모(심도)를 증가시키는 조건이라고 정의할 수 있다.

① **정신적 위태(morale hazard)** : 사고가 발생하더라도 보험자가 그 손해를 보상한다는 마음에 사고예방이나 사고발생 후 손해의 감소활동 등에 대하여 무관심 또는 부주의한 정신적 상태를 말한다.
② **도덕적 위태(moral hazard)** : 법이나 제도의 허점을 악용하여 손실의 발생을 고의적으로 증가시키는 심리상태나 태도를 말한다.
③ **물리적 위태(physical hazard)** : 인간의 행위와는 직접적인 관계없이 손해의 발생가능성을 새로이 만들어 내거나 증가시키는 자연적인 조건을 의미한다.
④ **법률적 위태(legal hazard)** : 법규의 미비나 불확실성으로 인해 발생할 수 있는 위태를 말한다.

05 보험가능한 위험(insurable risk)의 요건

① 우연적이고 고의성이 없는 순수위험(= 위험의 우연성)
② 동질적인 다수의 위험단위(= 위험의 동질성)
③ 대이변적이 아닌 손실
④ 확정적이고 측정가능한 손실(= 위험의 확정성)
⑤ 측정가능한 손실발생확률
⑥ 경제적으로 부담가능한 보험료

06 보험계약의 도박화 방지를 위한 제도

① 피보험이익의 기능은 보험자의 책임범위의 결정하고, 실손보상의 원칙을 실현, 즉 도박화를 방지하는데 있다.
② 보험계약은 보험급부 여부가 우연한 사고에 의존한다는 사행계약성을 띠고 있어 선의성이 없으면 보험계약이 도박화 될 수 있기 때문에 최대 선의의 원칙이 요구된다.

▸ 실제 시험에 나왔던 개념을 알기 쉽게 정리한 실전핵심 NOTE

STEP 02 | 핵심이론

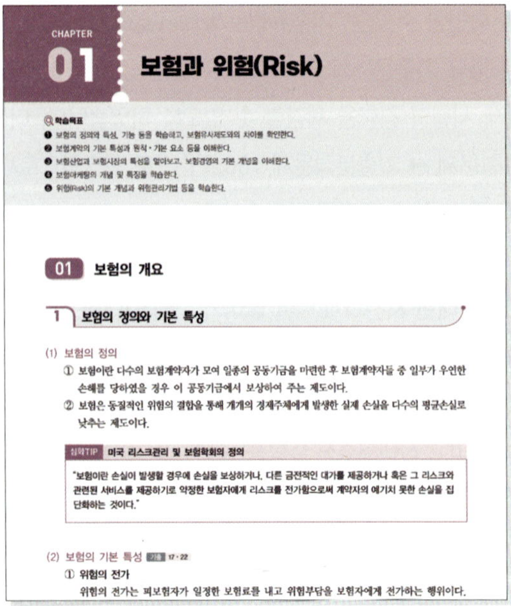

CHAPTER 01 **보험과 위험(Risk)**

학습목표
❶ 보험의 정의와 특성, 기능 등을 학습하고, 보험유사제도와의 차이를 확인한다.
❷ 보험계약의 기본 특성과 원칙・기본 요소 등을 이해한다.
❸ 보험산업과 보험시장의 특성을 알아보고, 보험경영의 기본 개념을 이해한다.
❹ 보험마케팅의 개념 및 특징을 학습한다.
❺ 위험(Risk)의 기본 개념과 위험관리기법 등을 학습한다.

01 보험의 개요

1 보험의 정의와 기본 특성

(1) 보험의 정의
① 보험이란 다수의 보험계약자가 모여 일종의 공동기금을 마련한 후 보험계약자들 중 일부가 우연한 손해를 당하였을 경우 이 공동기금에서 보상하여 주는 제도이다.
② 보험은 동질적인 위험의 결합을 통해 개개의 경제주체에게 발생한 실제 손실을 다수의 평균손실로 낮추는 제도이다.

심화TIP **미국 리스크관리 및 보험학회의 정의**

"보험이란 손실이 발생할 경우에 손실을 보상하거나, 다른 금전적인 대가를 제공하거나 혹은 그 리스크와 관련된 서비스를 제공하기로 약정한 보험자에게 리스크를 전가함으로써 계약자의 예기치 못한 손실을 집단화하는 것이다."

(2) 보험의 기본 특성 기출 17・22
① **위험의 전가**
위험의 전가는 피보험자가 일정한 보험료를 내고 위험부담을 보험자에게 전가하는 행위이다.

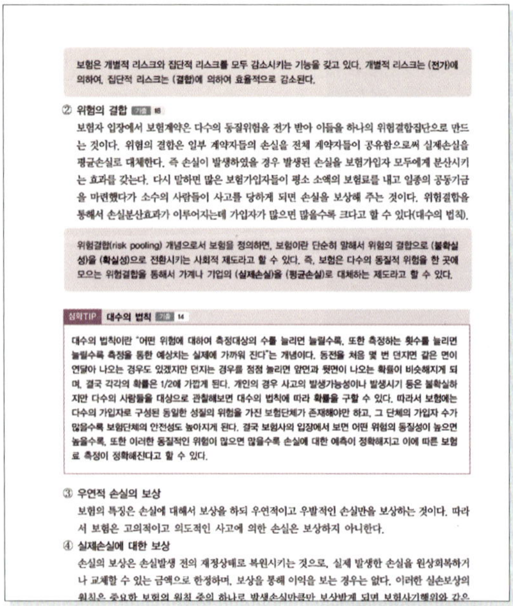

보험은 개별적 리스크와 집단적 리스크를 모두 감소시키는 기능을 갖고 있다. 개별적 리스크는 (**전가**)에 의하여, 집단적 리스크는 (**결합**)에 의하여 효율적으로 감소된다.

② **위험의 결합** 기출 16
보험자 입장에서 보험계약은 다수의 동질위험을 전가 받아 이들을 하나의 위험결합집단으로 만드는 것이다. 위험의 결합은 일부 계약자들의 손실을 전체 계약자들이 공유함으로써 실제손실을 평균손실로 대체한다. 즉 손실이 발생하였을 경우 발생된 손실을 보험가입자 모두에게 분산시키는 효과를 갖는다. 다시 말하면 많은 보험가입자들이 평소 소액의 보험료를 내고 일종의 공동기금을 마련했다가 소수의 사람들이 사고를 당하게 되면 손실을 보상해 주는 것이다. 위험결합을 통해서 손실분산효과가 이루어지는데 가입자가 많으면 많을수록 크다고 할 수 있다(대수의 법칙).

위험결합(risk pooling) 개념으로서 보험을 정의하면, 보험이란 단순히 말해서 위험의 결합으로 (**불확실성**)을 (**확실성**)으로 전환시키는 사회적 제도라고 할 수 있다. 즉, 보험은 다수의 동질적 위험을 한 곳에 모으는 위험결합을 통해서 가계나 기업의 (**실제손실**)을 (**평균손실**)로 대체하는 제도라고 할 수 있다.

심화TIP **대수의 법칙** 기출 14

대수의 법칙이란 "어떤 위험에 대하여 측정대상의 수를 늘리면 늘릴수록, 또한 측정하는 횟수를 늘리면 늘릴수록 측정을 통한 예상치는 실제에 가까워 진다"는 개념이다. 동전을 처음 몇 번 던지면 같은 면이 연달아 나오는 경우도 있겠지만 던지는 경우를 점점 늘리면 앞면과 뒷면이 나오는 확률이 비슷해지게 되며, 결국 각각의 확률은 1/2에 가깝게 된다. 개인의 경우 사고의 발생가능성이나 발생시기 등은 불확실하지만 다수의 사람들을 대상으로 관찰해보면 대수의 법칙에 따라 확률을 구할 수 있다. 따라서 보험에는 다수의 가입자로 구성된 동일한 성질의 위험을 가진 보험단체가 존재해야만 하고, 그 단체의 가입자 수가 많을수록 보험단체의 안전성도 높아지게 된다. 결국 보험사의 입장에서 보면 어떤 위험의 동질성이 높으면 높을수록, 또한 이러한 동질적인 위험이 많으면 많을수록 손실에 대한 예측이 정확해지고 이에 따른 보험료 측정이 정확해진다고 할 수 있다.

③ **우연적 손실의 보상**
보험의 특징은 손실에 대해서 보상을 하되 우연적이고 우발적인 손실만을 보상하는 것이다. 따라서 보험은 고의적이고 의도적인 사고에 의한 손실은 보상하지 아니한다.

④ **실제손실에 대한 보상**
손실의 보상은 손실발생 전의 재정상태로 복원시키는 것으로, 실제 발생한 손실을 원상회복하거나 교체할 수 있는 금액으로 한정하며, 보상을 통해 이익을 보는 경우는 없다. 이러한 실손보상의 원칙은 중요한 보험의 원칙 중의 하나로 발생손실만큼만 보상받게 되면 보험사기행위와 같은

▸ 최근 10개년 기출문제 및 개정사항을 반영하여 꼼꼼하게 수록한 핵심이론

STEP 03 | 기출유형문제

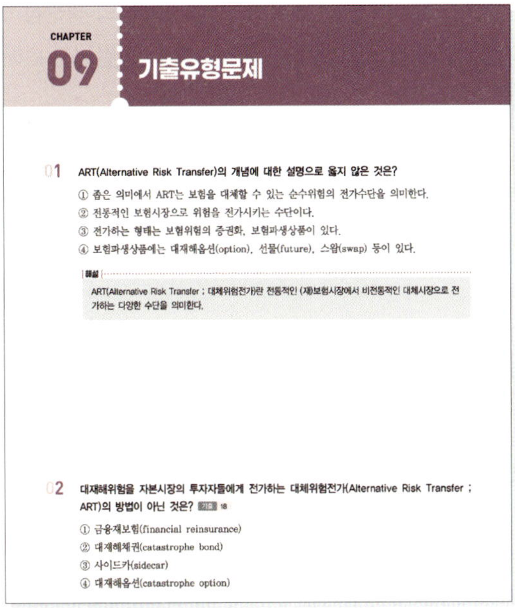

CHAPTER 09 기출유형문제

01 ART(Alternative Risk Transfer)의 개념에 대한 설명으로 옳지 않은 것은?

① 좁은 의미에서 ART는 보험을 대체할 수 있는 순수위험의 전가수단을 의미한다.
② 전통적인 보험시장으로 위험을 전가시키는 수단이다.
③ 전가하는 형태는 보험위험의 증권화, 보험파생상품이 있다.
④ 보험파생상품에는 대재해옵션(option), 선물(future), 스왑(swap) 등이 있다.

해설

ART(Alternative Risk Transfer ; 대체위험전가)란 전통적인 (재)보험시장에서 비전통적인 대체시장으로 전가하는 다양한 수단을 의미한다.

02 대재해위험을 자본시장의 투자자들에게 전가하는 대체위험전가(Alternative Risk Transfer ; ART)의 방법이 아닌 것은? 기출 18

① 금융재보험(financial reinsurance)
② 대재해채권(catastrophe bond)
③ 사이드카(sidecar)
④ 대재해옵션(catastrophe option)

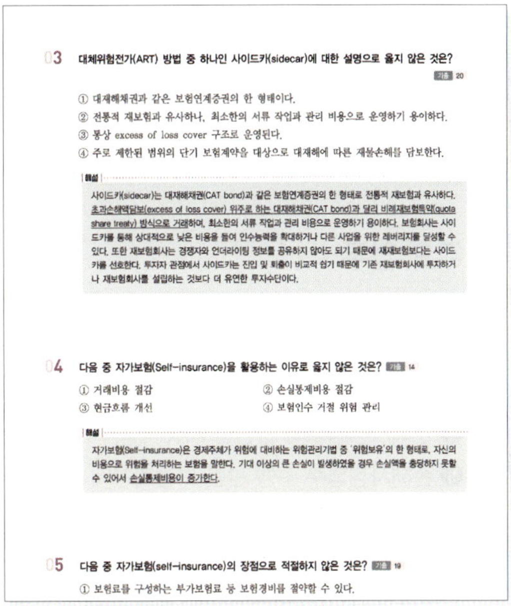

03 대체위험전가(ART) 방법 중 하나인 사이드카(sidecar)에 대한 설명으로 옳지 않은 것은? 기출 20

① 대재해채권과 같은 보험연계증권의 한 형태이다.
② 전통적 재보험과 유사하나, 최소한의 서류 작업과 관리 비용으로 운영하기 용이하다.
③ 통상 excess of loss cover 구조로 운영된다.
④ 주로 제한된 범위의 단기 보험계약을 대상으로 대재해에 따른 재물손해를 담보한다.

해설

사이드카(sidecar)는 대재해채권(CAT bond)과 같은 보험연계증권의 한 형태로 전통적 재보험과 유사하다. 초과손해액담보(excess of loss cover) 위주로 하는 대재해채권(CAT bond)과 달리 비례재보험특약(quota share treaty) 방식으로 거래하며, 최소한의 서류 작업과 관리 비용으로 운영하기 용이하다. 보험회사는 사이드카를 통해 상대적으로 낮은 비용을 들여 인수능력을 확대하거나 다른 사업을 위한 레버리지를 달성할 수 있다. 또한 재보험회사는 경쟁자와 언더라이팅 정보를 공유하지 않아도 되기 때문에 재재보험보다는 사이드카를 선호한다. 투자자 관점에서 사이드카는 진입 및 퇴출이 비교적 쉽기 때문에 기존 재보험회사에 투자하거나 재보험회사를 설립하는 것보다 더 유연한 투자수단이다.

04 다음 중 자가보험(Self-insurance)을 활용하는 이유로 옳지 않은 것은? 기출 14

① 거래비용 절감
② 손실통제비용 절감
③ 현금흐름 개선
④ 보험인수 거절 위험 관리

해설

자가보험(Self-insurance)은 경제주체가 위험에 대비하는 위험관리기법 중 '위험보유'의 한 형태로, 자신의 비용으로 위험을 처리하는 보험을 말한다. 기대 이상의 큰 손실이 발생하였을 경우 손실액을 충당하지 못할 수 있어서 손실통제비용이 증가한다.

05 다음 중 자가보험(self-insurance)의 장점으로 적절하지 않은 것은? 기출 19

① 보험료를 구성하는 부가보험료 등 보험경비를 절약할 수 있다.

▸ 실전감각을 향상시킬 수 있는 기출유형문제

STEP 04 | 기출 키워드 분석 + 기출분석문제 100選

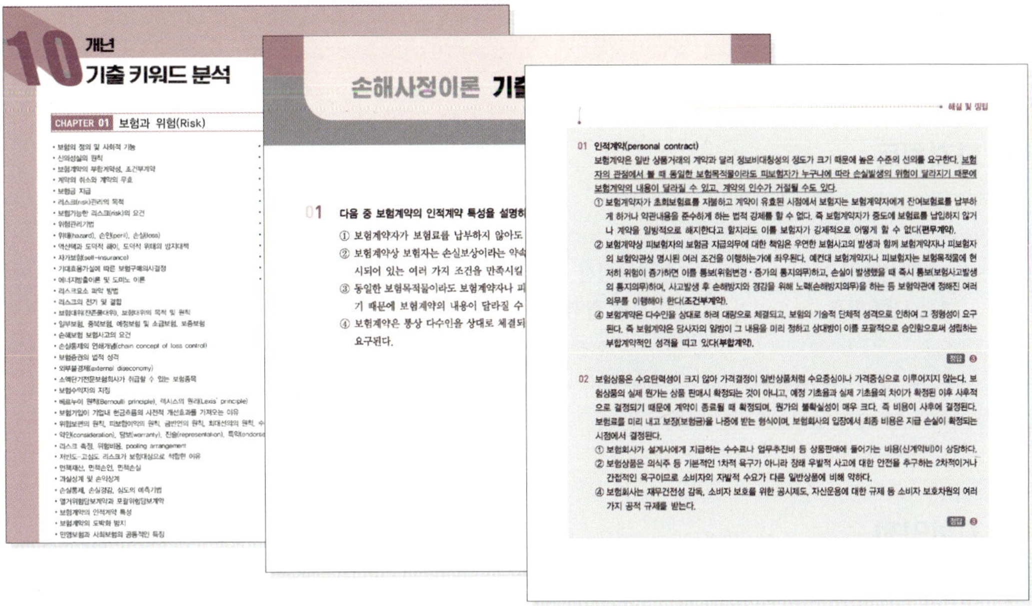

10개년 기출 키워드 분석

CHAPTER 01 보험과 위험(Risk)

손해사정이론 기출

01 다음 중 보험계약의 인적계약 특성을 설명하

해설 및 정답

01 인적계약(personal contract)
보험계약은 일반 상품거래의 계약과 달리 정보비대칭성의 정도가 크기 때문에 높은 수준의 선의를 요구한다. 보험자의 관점에서 볼 때 동일한 보험목적물이라도 피보험자가 누구냐에 따라 손실발생의 위험이 달라지기 때문에 보험계약의 내용이 달라질 수 있고, 계약의 인수가 거절될 수도 있다.
① 보험계약자가 초회보험료를 지불하고 계약이 유효된 시점에서 보험자는 보험계약자에게 잔여보험료를 납부하게 하거나 약관내용을 준수하게 하는 법적 강제를 할 수 없다. 즉 보험계약자가 중도에 보험료를 납입하지 않거나 계약을 일방적으로 해지한다고 할지라도 이를 보험자가 강제적으로 어떻게 할 수 없다(편무계약).
② 보험계약상 피보험자의 보험금 지급의무에 대한 책임은 우연한 보험사고의 발생과 함께 보험계약자나 피보험자의 보험약관상 명시된 여러 조건을 이행하는가에 좌우된다. 예컨대 보험계약자나 피보험자는 보험목적물에 현저히 위험이 증가하면 이를 통보(위험변경・증가의 통지의무)하고, 손실이 발생했을 때 즉시 통보(보험사고발생의 통지의무)하며, 사고발생 후 손해방지와 경감을 위해 노력(손해방지의무)을 하는 등 보험약관에 정해진 여러 의무를 이행해야 한다(조건부계약).
④ 보험계약은 다수인을 상대로 하려 대량으로 체결되고, 보험의 기술적 단체적 성격으로 인하여 그 정형성이 요구된다. 즉 보험계약은 당사자의 일방이 그 내용을 미리 정하고 상대방이 이를 포괄적으로 승인함으로써 성립하는 부합계약적인 성격을 띠고 있다(부합계약).

정답 ③

02 보험상품은 수요탄력성이 크지 않아 가격결정이 일반상품처럼 수요중심이나 가격중심으로 이루어지지 않는다. 보험상품의 실제 원가는 상품 판매시 확정되는 것이 아니고, 예정 기초율과 실제 기초율의 차이가 확정된 이후 사후적으로 결정되기 때문에 계약이 종료될 때 확정되며, 원가의 불확실성이 매우 크다. 즉 비용이 사후에 결정된다. 보험료를 미리 내고 보장(보험금)을 나중에 받는 형식이며, 보험회사의 입장에서 최종 비용은 지급 손실이 확정되는 시점에서 결정된다.
① 보험회사가 설계사에게 지급하는 수수료나 업무추진비 등 상품판매에 들어가는 비용(신계약비)이 상당하다.
② 보험상품은 의식주 등 기본적인 1차적 욕구가 아니라 장래 우발적 사고에 대한 안전을 추구하는 2차적이거나 간접적인 욕구이므로 소비자의 자발적 수요가 다른 일반상품에 비해 약하다.
④ 보험회사는 재무건전성 감독, 소비자 보호를 위한 공시제도, 자산운용에 대한 규제 등 소비자 보호차원의 여러 가지 공적 규제를 받는다.

정답 ③

▸ 어떤 포인트가 출제되었는지 한눈에 확인할 수 있는 기출 키워드 분석 & 최근 10년간 출제된 중요 기출문제만을 엄선하여 수록한 기출분석문제 100選

자격시험 소개 INTRODUCE

손해사정사란?

보험사고발생시 손해액 및 보험금의 산정업무를 전문적으로 수행하는 자로서 보험금 지급의 객관성과 공정성을 확보하여 보험계약자나 피해자의 권익을 침해하지 않도록 해주는 일, 즉 보험사고발생시 손해액 및 보험금을 객관적이고 공정하게 산정하는 자를 말합니다.

주요 업무

❶ 손해발생 사실의 확인
❷ 보험약관 및 관계법규 적용의 적정 여부 판단
❸ 손해액 및 보험금의 사정
❹ 손해사정업무와 관련한 서류작성, 제출 대행
❺ 손해사정업무 수행 관련 보험회사에 대한 의견 진술

손해사정사의 구분

업무영역에 따른 구분	재물손해사정사, 차량손해사정사, 신체손해사정사, 종합손해사정사
업무수행에 따른 구분	고용손해사정사, 독립손해사정사

※ 단, 종합손해사정사는 별도의 시험없이 재물 · 차량 · 신체손해사정사를 모두 취득하게 되면 등록이 가능합니다.

자격취득

손해사정사 1차 시험 합격 — 손해사정사 2차 시험 합격 — 실무실습 — 손해사정사 등록

시험일정

손해사정사 시험은 1차와 2차 각각 연 1회 실시됩니다. 1차 시험은 그 해의 상반기(4월)에 실시하고, 2차 시험은 그 해의 하반기(8월)에 실시합니다. 매해 시험일정이 상이하므로 상세한 시험일정은 보험개발원(www.insis.or.kr:8443)의 홈페이지에서 '시행계획공고'를 통하여 확인하시기 바랍니다.

1차 시험 소개 INFORMATION

시험과목 및 방법

구 분	재 물	차 량	신 체
시험과목	• 보험업법 • 보험계약법(상법 중 보험편) • 손해사정이론 • 영어(공인시험으로 대체)	• 보험업법 • 보험계약법(상법 중 보험편) • 손해사정이론	• 보험업법 • 보험계약법(상법 중 보험편) • 손해사정이론
시험방법	선택형(객관식 4지 선택형 택1)		
비 고	재물손해사정사의 1차 시험과목 중 영어는 공인영어시험으로 대체됩니다.		

합격자 결정

1차 시험 합격자를 결정할 때에는 영어 과목을 제외한 나머지 과목에 대하여 매 과목 100점을 만점으로 하여 매 과목 40점 이상, 전 과목 평균 60점 이상 득점한 사람을 합격자로 결정합니다. 단, 한 과목이라도 과락이 발생하면 합격할 수 없습니다.

검정현황

❶ 재 물

구 분	2016년 제39회	2017년 제40회	2018년 제41회	2019년 제42회	2020년 제43회	2021년 제44회	2022년 제45회	2023년 제46회	2024년 제47회	2025년 제48회
접수(명)	131	150	153	157	193	170	194	247	290	438
합격(명)	65	55	91	95	101	82	117	143	159	227
합격률(%)	49.62	36.67	59.48	60.51	52.33	48.24	60.31	57.89	54.83	51.83

❷ 차 량

구 분	2016년 제39회	2017년 제40회	2018년 제41회	2019년 제42회	2020년 제43회	2021년 제44회	2022년 제45회	2023년 제46회	2024년 제47회	2025년 제48회
접수(명)	1,305	1,244	1,177	1,187	1,098	1,036	907	826	849	889
합격(명)	293	138	279	326	191	138	228	203	160	213
합격률(%)	22.45	11.09	23.70	27.46	17.40	13.32	25.14	24.58	18.85	23.96

❸ 신 체

구 분	2016년 제39회	2017년 제40회	2018년 제41회	2019년 제42회	2020년 제43회	2021년 제44회	2022년 제45회	2023년 제46회	2024년 제47회	2025년 제48회
접수(명)	4,351	4,926	4,947	4,583	5,221	5,217	4,809	5,238	6,022	6,913
합격(명)	1,224	825	1,644	1,667	1,405	1,485	1,795	1,717	1,908	2,423
합격률(%)	28.13	16.75	33.23	36.37	26.91	28.46	37.33	32.78	31.69	35.05

이 책의 차례 CONTENTS

실전핵심 NOTE

핵심이론 + 기출유형문제 + 기출분석문제 100選

CHAPTER 01 보험과 위험(Risk)

01 보험의 개요 2
02 보험계약의 특성과 기본 요소 12
03 보험산업과 시장이론 35
04 보험마케팅 50
05 위험(Risk) 54
06 위험(Risk)관리 66
기출유형문제 81

CHAPTER 02 생명보험

01 생명보험의 기초 151
02 생명보험의 수리적 이해 153
03 생명보험상품 159
기출유형문제 166

CHAPTER 03 개인연금과 기업연금

01 개인연금 176
02 기업연금(퇴직연금) 181
기출유형문제 187

CHAPTER 04 재산보험

01 재산보험의 개요 198
02 화재보험 200
03 간접손실보험 207
04 해상보험 210
05 기타 재산보험 219
06 보험료 산정 225
기출유형문제 233

CHAPTER 05 배상책임보험

01 배상책임보험의 개요 273
02 기업일반배상책임보험(CGL) 286
03 개인용 자동차보험 294
04 기타 주요 배상책임보험 304
기출유형문제 311

CHAPTER 06 사회보험

01 사회보험의 개요 348
02 국민연금 357
03 건강보험 365
04 산재보험 375
05 고용보험 383
06 노인장기요양보험 391
기출유형문제 398

CHAPTER 07 언더라이팅 및 재보험

01 언더라이팅 419
02 재보험 429
03 보험사기 440
기출유형문제 451

CHAPTER 08 보험규제 및 감독

01 보험감독의 개요 481
02 재무건전성 감독 495
기출유형문제 513

CHAPTER 09 ART(대체위험전가)

01 ART의 개요 530
02 ART의 유형 533
기출유형문제 546

기출분석문제 100選 560

손해사정사 1차
손해사정이론
한권으로 끝내기

손해사정이론

실전핵심 NOTE

실제 시험에 나왔던 개념을 알기 쉽게 정리한 NOTE!

손해사정이론 실전핵심 NOTE

01 리스크(risk)

① 통계적 측정 가능성을 기준으로 객관적 리스크와 주관적 리스크로 구분할 수 있다.
② 투기적 리스크의 특징은 손실가능성과 함께 이익가능성도 존재한다는 것이다.
③ 화산의 폭발, 지진 등은 정태적 리스크의 예이다.
④ 홍수, 폭설 등 자연재해는 순수리스크로 분류된다.

02 보험의 대상으로 적합한 위험(risk)

① **순수위험** : 이익의 발생가능성 없이 손해만을 발생시키는 위험
- 코로나19로 인한 사망 리스크
- 지구온난화에 따른 기후변화 리스크
- 황사로 인한 대기오염 리스크

② **특정위험** : 특정 개인에게 발생하거나 피해를 주는 손실
③ **정적위험** : 사회경제변화와 관계없이 발생하는 위험

03 손인(Peril)

① **자연적 손인** : 주로 인간의 통제력을 벗어난 자연재해
② **인적 손인** : 사람의 실수나 고의적 행위로 인한 손해
③ **경제적 손인** : 인간의 경제적 활동과 관련이 있는 손해

04 위태(hazard)

위태(hazard)란 일반적으로 손실의 발생가능성이나 손실의 규모(심도)를 증가시키는 조건이라고 정의할 수 있다.

① 정신적 위태(morale hazard) : 사고가 발생하더라도 보험자가 그 손해를 보상한다는 마음에 사고예방이나 사고발생 후 손해의 감소활동 등에 대하여 무관심 또는 부주의한 정신적 상태를 말한다.

② 도덕적 위태(moral hazard) : 법이나 제도의 허점을 악용하여 손실의 발생을 고의적으로 증가시키는 심리상태나 태도를 말한다.

③ 물리적 위태(physical hazard) : 인간의 행위와는 직접적인 관계없이 손해의 발생가능성을 새로이 만들어 내거나 증가시키는 자연적인 조건을 의미한다.

④ 법률적 위태(legal hazard) : 법규의 미비나 불확실성으로 인해 발생할 수 있는 위태를 말한다.

05 보험가능한 위험(insurable risk)의 요건

① 우연적이고 고의성이 없는 순수위험(= 위험의 우연성)

② 동질적인 다수의 위험단위(= 위험의 동질성)

③ 대이변적이 아닌 손실

④ 확정적이고 측정가능한 손실(= 위험의 확정성)

⑤ 측정가능한 손실발생확률

⑥ 경제적으로 부담가능한 보험료

06 보험계약의 도박화 방지를 위한 제도

① 피보험이익의 기능은 보험자의 책임범위의 결정하고, 실손보상의 원칙을 실현, 즉 도박화를 방지하는데 있다.

② 보험계약은 보험급부 여부가 우연한 사고에 의존한다는 사행계약성을 띠고 있어 선의성이 없으면 보험계약이 도박화 될 수 있기 때문에 최대 선의의 원칙이 요구된다.

③ 보험계약의 선의성을 유지하기 위해서 운영되고 있는 법적 장치에는 보험계약자의 중요사항 고지의무, 위험의 변경・증가시 통지의무, 보험계약자의 손해방지의무, 고의・중과실 사고로 인한 손해에 대한 보험자 면책, 사기로 인한 초과보험이나 중복보험시 보험계약을 무효로 한 것 등이 있다.

07 업무흐름도(flowchart)에 따른 리스크요소 파악 방법

① 조직 내에서의 일련의 기업활동을 일목요연하게 보여줌으로써 예기치 못한 사고가 업무간 상호 관계를 어떻게, 어느 정도로 차단하게 되는가를 파악하는데 도움을 줄 수 있다.

② 리스크요소 파악과정에서 애로점(bottle neck)이라고 파악되었던 부분에 실질적으로는 애로가 전혀 존재하지 않을 수도 있으므로 현장실사로 보완하는 것이 중요하다.

08 보험사고의 요건

① 우연성(불확정성)

보험사고의 발생은 우연한 것이어야 하며, 만약 이미 발생한 사고이거나 혹은 발생할 수 없는 사고를 보험금 지급의 요건으로 정한 보험계약은 보험사고의 요소 가운데 우연성을 결한 것으로서 무효가 된다(상법 제644조 본문).

② 발생가능성

보험사고에 해당하려면 그 발생이 가능한 것이어야 한다. 따라서 사고발생이 물리적으로 불가능한 경우 또는 사고가 이미 발생한 경우에는 발생가능성이 인정되지 않으므로 그 보험계약은 무효가 된다(상법 제644조 본문).

③ 특정성(한정성)

보험사고는 보험계약에서 정한 보험의 목적에 관하여 보험기간 중에 생기는 것으로서 그 사고의 범위가 특정되어 있어야 한다.

09 보험공제(insurance deductible)

① 소액 보상청구의 방지, 보험료 절감, 손실방지 독려(손실통제동기 강화)를 위한 목적으로 이용된다.

② 보험공제 조항을 이용할 경우 보험료를 절감할 수 있다.

③ 일반적으로 재산보험과 자동차보험 등에 적용되고, 생명보험에는 적용되지 않는다.

④ 보험공제의 금액이 클수록 피보험자가 손실방지를 위해 노력할 동기가 강화된다.

10 피보험이익의 기본요건

① **적법성** : 피보험이익은 적법한 것이어야 한다(= **적법한 이익**).
② **경제성(경제적 가치)** : 피보험이익은 금전으로 산정할 수 있는 이익이어야 한다(상법 제668조).
③ **확정 가능성** : 피보험이익은 보험계약 성립 당시에 그 존재 및 소속이 객관적으로 확정되어 있거나 또는 적어도 보험사고발생시까지는 객관적으로 확정될 수 있는 것이어야 한다.

11 피보험이익의 기능

① 보험자의 책임범위의 확정
② 실손보상원칙의 실현(도박화, 인위적 위험의 방지)
③ 초과보험 및 중복보험의 방지
④ 일부보험의 보상액 결정
⑤ 보험계약의 동일성을 구별하는 표준

12 보험가격

① 미래기간의 발생원가 예측에 근거한다.
② 보험자의 통제 범위를 벗어나는 부분이 많다.
③ 집단 전체의 평균원가개념이 적용된다.
④ 순보험료 산출시 규모의 경제 효과가 크지 않다.

13 보험금 지급

① 중복보험의 경우 피보험자가 보험자 1인에 대한 권리의 포기는 다른 보험자의 권리의무에 영향을 미치지 아니하므로, 다른 보험자는 보험금 지급책임을 면하지 못한다(상법 제674조).
② 고의에 의한 초과보험도 보험자는 보험금액을 지급할 책임이 없다(상법 제659조).
③ 일부보험의 경우에 보험자는 보험금액의 보험가액에 대한 비율에 따라 보상할 책임을 진다. 그러나 당사자간에 다른 약정이 있는 때에는 보험자는 보험금액의 한도 내에서 그 손해를 보상할 책임을 진다(상법 제674조).
④ 당사자간에 보험가액을 정한 때에는 그 가액은 사고발생시의 가액으로 정한 것으로 추정한다(상법 제670조).

14 약인(consideration)

약인은 보험계약 성립을 위해 계약 당사자간에 서로 지불하는 대가를 의미한다. 보험계약에서 피보험자 측의 약인은 1회분 보험료의 납부와 보험증권에 명시되어 있는 여러 조건을 준수하는 것이고, 보험자 측의 약인은 손실보상과 예방 및 법률에 관한 서비스를 제공하는 것이다.

15 실손보상의 원칙을 구현하기 위한 손해보험제도

① 보험자대위제도

② 신구교환이익공제

③ 손해액의 시가주의

16 대체비용(replacement cost)보험

대체비용보험은 보험사고가 발생한 경우 감가상각을 하지 않고 피보험목적물과 동종, 동형, 동질의 신품을 구입하는데 소요되는 비용을 지급하는 보험으로, 재조달가액보험 또는 신가보험이라고도 한다. 여기서 신가란 재조달가액, 신품가액, 대체비용이라고 한다. 대체비용보험은 실손보상원칙의 예외로서 이용되는 보험이다.

17 타보험조항(other insurance clause)

① 정 의

타보험조항은 동일한 보험의 목적의 전부 또는 일부를 담보하는 유효한 보험계약이 둘 이상 존재하는 경우 다른 보험과의 손해액을 분담하는 방법을 미리 약정한 조항이다.

② 타보험조항의 효과

- 기본적으로 손해보험의 이득금지원칙에 따라 피보험자가 동일한 손해에 대하여 둘 이상의 보험계약으로부터 손해 이상의 보험금을 수취하는 것을 막기 위한 것이다.
- 보험가입을 통한 추가적 이익 획득을 방지함으로써 도덕적 위험을 사전에 방지하고, 보험을 도박으로서 활용하는 것을 막기 위한 것이다.
- 보험자간 손해 분담의 방법을 다면화함으로써 보험자 측면에서는 다양한 리스크관리 방법을 모색할 수 있게 하는 한편, 계약자 측면에서는 보험료 부담의 효율성을 높일 수 있다.

18 타보험조항의 종류

① 균등액(균일)분담조항
② 보상(책임)한도분담조항
③ 비례분할부담조항
④ 초과액부담조항
⑤ 타보험약관금지조항

19 도덕적 위태를 완화할 수 있는 원칙

① **피보험의 원칙** : 피보험자 및 보험계약자는 반드시 피보험이익을 가져야 하며, 피보험이익은 적법성, 경제성, 확정성을 갖추어야 한다는 원칙
② **실손보상의 원칙** : 보험사고가 발생하였을 경우 보험자는 피보험자에게 실제 발생한 경제적 손실에 대하여 보험가입금액에 비례하여 보상한다는 원칙
③ **대위변제의 원칙** : 피보험자가 제3자의 과오로 인하여 손실을 입었을 경우 일단 보험자가 이를 보상하여 주고 피보험자가 제3자에게 가지는 손해배상청구권을 대위한다는 원칙
④ **최대선의의 원칙** : 보험은 그 구조적인 특성상 우연성을 전제로 하는 상품으로서 가입자의 사행성의 심리가 항상 병존하게 되므로, 보험계약의 당사자에게는 다른 어떤 상품의 계약보다 더 특단의 신의, 성실성이 요구되는 원칙

20 최대선의의 원칙

최대선의의 원칙은 보험계약 당사자에게 일반 다른 계약보다 훨씬 높은 정직성과 선의 혹은 신의성실을 요구하는 것으로, 고지의무, 은폐금지, 보증(warranty ; 담보) 등의 원리에 의해 유지된다.
① **고지의무** : 보험계약자 또는 피보험자는 보험자에 대하여 중요한 사항을 고지하고 부실고지를 하지 아니할 의무
② **은폐금지** : 보험계약자가 중대한 사실을 고지하지 않고 의도적이나 무의식적으로 숨기고 있는 것 방지
③ **보증** : 보험계약의 일부로서 피보험자가 진술한 사실이나 약속을 의미

21 금반언(estoppel)의 원칙

금반언(estoppel) 원칙은 이미 표명한 자기의 언행에 대하여 이와 모순되는 행위를 할 수 없다는 원칙을 말한다. 모순된 선행행위를 한 자는 그에 대한 책임을 부담하여야 한다는 의미이다.

① 보험자의 언행에 있어서의 신의성실의 원칙을 의미한다.

② 명시적인 의사표현뿐만 아니라 묵시적인 의사표현도 포함한다.

➲ 금항변조항(incontestable clause)

보험계약 체결 후 일정기간이 경과한 후 계약자가 잘못 진술한 내용을 근거로 보험자의 면책을 주장할 수 없도록 보험계약자를 보호하는 조항이다.

22 위험보편의 원칙

위험보편의 원칙이란 선행위험이 면책위험이 아니고, 선행위험이나 후행위험 중 하나만 담보위험이면 이로 인한 손해는 모두 보상한다는 원칙이다.

① 선행위험이 면책위험이면 후행위험이 무엇이든 면책한다.

② 선행위험이 담보위험이면 후행위험이 무엇이든 보험자가 담보한다.

③ 선행위험이 비담보위험이고 후행위험이 담보위험이면 비담보위험으로 인한 손해는 보상하지 않지만, 담보위험으로 인한 손해는 보상한다.

23 대위의 원칙(principle of subrogation)

① 보험자의 제3자에 대한 대위의 목적은 실손보상의 원칙을 구현하는데 있다(실손보상의 원칙 유지).

② 피보험자가 동일한 손실에 대한 책임 있는 제3자와 보험자로부터 이중보상을 받아 이익을 얻는 것을 방지할 목적을 가지고 있다(이중보상 방지).

③ 피보험자의 책임이 없는 손해로 인한 보험료 인상을 방지한다(보험료 부당 인상 방지).

④ 과실이 있는 제3자에게 손실발생의 책임을 묻는 효과가 있다(손실발생의 책임 부과).

24 도미노이론(domino theory)

미국의 하인리히(H. W. Heinrich)는 재해발생과정에 관하여 도미노이론을 인용하여 설명하였다. 즉 사고는 '사회적 환경 → 인간의 과실 → 위태 → 사고 → 상해'라는 연쇄적 사건으로 구성되어 있다고 본다. 이 연결고리를 차단하면 사고를 예방할 수 있으며, 위태의 제거를 위한 '인간의 과실' 방지에 중점을 둔다.

25 베르누이 원칙(Bernoulli principle)

베르누이 원칙(Bernoulli Principle)은 보험료가 순보험료 만으로 책정되는 경우 보험을 가입했을 때의 효용이 보험을 가입하지 않았을 때의 효용보다 항상 높기 때문에 리스크 회피형 개인은 전부보험(full insurance)을 가입한다는 보험경제학의 원칙을 말한다.

26 상법상 대위와 위부

① 대위는 해상보험을 비롯한 모든 손해보험에 통용되지만, 위부는 해상보험에서만 적용된다.

② 제3자에 대한 대위권은 손실정도에 상관없이 보험자가 보험금을 지급하면 자동적으로 승계되지만, 위부는 추정전손을 성립시키기 위한 형식적인 요건이기 때문에 전손인 경우에만 해당된다.

③ 보험자는 보험금을 지급한 범위 내에서 제3자에 대한 대위권을 행사할 수 있지만, 위부가 성립되면 보험자는 잔존물에 대한 일체의 권리를 승계한다.

④ 보험자가 보상할 보험금의 일부를 지급한 경우에는 피보험자의 권리를 침해하지 아니하는 범위에서 제3자에 대한 대위권을 행사할 수 있다.

27 중복보험의 요건

① 피보험이익이 동일해야 한다.

② 보험기간이 중복되어야 한다.

③ 보험금액의 합이 보험가액을 초과하여야 한다.

④ 동일한 목적물이어야 한다.

28 보험증권

① 보험증권은 증거증권에 불과해 보험계약 당사자의 의사와 계약 체결 전후의 사정을 고려해 보험계약의 내용을 인정할 수 있다.

② 보험계약 당사자는 보험증권 교부가 있은 날로부터 일정한 기간 내에 한하여 증권 내용의 정부(正否)에 관한 이의를 제기할 수 있다.

③ 기존 보험계약을 연장하거나 변경하는 경우 보험자는 기존 보험증권에 그 사실을 기재함으로써 보험증권의 교부를 갈음할 수 있다.

④ 상법상 보험자는 보험계약이 성립한 경우 보험료의 전부 또는 최초의 보험료를 지급한 때에 보험계약자에게 보험증권을 지체 없이 교부해야 한다.

29 고의로 인한 보험사고의 면책요건

① 상당인과관계의 존재

② 보험계약자의 행위

③ 피보험자의 행위

30 면책사유

① 면책손인(excluded perils)

보험자가 피보험자에게 특정 손인으로 인한 손해가 있으면 보상하지 않는다고 약정한 위험을 말한다.

② 면책재산(excluded property)

보험계약에서 보상책임을 제외하거나 보상책임을 제한하는 특정 재산을 말한다.

③ 면책손실(excluded losses)

보험계약에서 보상하지 않는 특정 손실을 말한다.

④ 면책지역(excluded locations)

보험계약은 보상에 있어서 지리적 또는 장소적 제한을 둔다. 장소에 따라 손실빈도나 규모에 많은 차이가 있기 때문이다.

31 최종적 명백한 기회(last clear chance)

기여과실이 있는 자가 손해배상청구를 할 수 없다는 것이 너무 가혹하기 때문에 어느 일방이 최종적으로 사고발생을 회피할 명백한 기회를 가졌는가를 조사하고, 이 기회를 가졌던 자가 일체의 책임을 진다는 것이다. 예컨대 도로를 무단 횡단하던 자의 사고로 인하여 과실을 참작함에 있어서 가해자(피고)의 과실이 90%이고, 피해자(원고)의 과실이 10%였다면 기여과실의 경우 피해자에게도 기여과실이 인정된다 할 것이므로 보상책임이 발생하지 않는다. 하지만, 최종적 명백한 기회(last clear chance)는 90%의 가해자일지라도 마지막에 사고 회피를 위한 책임이 10%의 피해자에게 있다는 것이 명백하다면 피해자에게 모든 책임이 있게 되므로 손해배상청구권이 90%의 가해자에게도 존재할 수 있다는 과실이론이다.

32 법률상 의무보험

보험종목	관련 법규	관련 부처
① 가스사고배상책임보험	• 고압가스안전관리법 • 액화석유가스의 안전 및 사업관리법 • 도시가스사업법	산업통상자원부
② 항공보험	항공사업법	국토교통부
③ 적재물배상책임보험	화물자동차운수사업법	국토교통부

33 의무보험의 기대효과

법률적 · 사회학적 측면	• 배상자력(financial responsibility)의 확보 • 피해자 보호장치의 강화 • 손해배상비용의 부담 적정화 도모
경제학적 측면	• 정보의 비대칭성으로 인해 발생하는 역선택 문제의 완화 • 보험가입의 의무화를 통한 거래비용 절감으로 사회 전체적으로 후생증대효과를 기대 • 제한적 합리성(bounded rationality)의 완화 ※ 제한적 합리성이란 경제주체가 미래 특정사건의 발생확률과 사건에 따른 수익(payoff)을 정확히 평가하지 못하고 과거경험에 의한 불완전한 정보를 바탕으로 의사결정을 하는 것을 말한다.

34 열거위험담보방식과 포괄위험담보방식의 비교

구 분	열거위험담보방식	포괄위험담보방식
특 징	• 필요한 위험만 선택하여 가입 • 위험이 누락될 가능성이 있음	• 위험이 누락될 가능성이 없음 • 불필요한 위험이 중복 가입될 가능성이 있음
보험료	쌈	비쌈
담보범위	좁음	넓음
입증책임자	피보험자	보험자
입증내용	손해가 열거위험으로 인해 보험금을 지급해야 함을 입증한다.	손해가 면책위험으로 인해 발생되어 보상할 책임이 없음을 입증한다.

35 위험관리의 목적

손해발생 전의 목적	경제적 목적	위험관리 기능을 수행함에 있어서 최소의 비용으로 최대의 효과 달성
	의무규정충족 목적	손실방지를 위한 각종 규정의 준수
	불안감소 목적	위험의 존재로 인한 불안을 제거하거나 최소화하는 것
손해발생 후의 목적	생존 목적	손실에도 불구하고 가계나 기업이 존재하도록 하는 것을 의미
	활동계속 목적	영업의 지속
	안정수입 목적	수익의 안정
	성장계속 목적	지속적인 성장
	사회적 책임 목적	손해가 발생한 경우 기업은 그 손해가 사회에 끼치는 영향을 최소화할 수 있도록 위험을 관리

36 리스크관리기법

리스크통제(risk control)	리스크재무(risk financing)
• 리스크회피(차단) • 손실통제(손실예방, 손실경감) • 리스크요소의 분산(분리, 격리) • 계약을 통한 전가(리스, 하청계약)	• 리스크의 보유(적립금, 자가보험) • 리스크의 전가[보험계약, 면책계약, 헤징(hedging, 선물계약)] • 리스크의 보유와 전가가 동시에 행하는 리스크재무기법(공제, 자기부담금, 공동보험)

37 위험속성에 따른 위험관리기법

발생빈도	손실규모	권장기법
높다	크다	위험회피
낮다	크다	위험전가
높다	작다	위험전가 및 자기보유(or 손실통제)
낮다	작다	자기보유

38 손실통제

손실통제의 활동은 크게 손실예방과 손실감소로 나눌 수 있다. 손실예방은 손실의 빈도를 낮추는 것이며, 손실감소는 이미 발생한 손실의 규모, 즉 심도를 낮추기 위한 활동이다.

손실예방(loss prevention)	손실감소(loss reduction)
손실의 발생가능성 또는 발생빈도를 줄이려는 것 예 안전교육, 금연과 금주, CCTV 설치	손실의 발생규모를 줄이려는 것 예 스프링클러의 설치, 자동차의 에어백과 안전띠 장착

39 손실통제의 체계적 수행절차

단 계	통제 추진	주요 내용
1	손실의 원천	• 손실발생의 가능성을 원천적으로 봉쇄 • 화재로 인한 손실을 방지하기 위하여 화재에 견딜 수 있는 재료로 건물을 건축
2	해저드(hazard) 경감	• 사고발생의 환경적 요인 통제로 사고확률 감소 • 각종 시설에 대한 정기 검색 및 종업원의 안전수칙 준수 강화 등
3	손실 최소화	• 손실이 발생한 후 그 규모의 최소화 노력 • 스프링쿨러 장치, 안전벨트 착용, 구명보트 준비 등
4	구조 작업	• 손실의 최소화 또는 복구 • 재해를 당한 직원의 재활 제도, 파괴된 시설 복구

40 책임보험의 일반적 성질

① 손해를 보상하는 손해보험의 성질을 가진다.
② 피해자가 보험자에게 손해의 전보를 직접 청구할 수 있다.
③ 원칙적으로 보험가액이라는 개념이 존재하지 않는다.
④ 피보험자가 제3자에게 손해배상책임을 부담함으로써 입게 되는 피보험자의 간접손해를 보상하는 특성이 있다(소극보험).

41 책임보험에서 피해자(제3자)의 직접청구권

① 대법원은 직접청구권의 법적 성질을 피해자가 보험자에게 가지는 손해배상청구권으로 보고 있다.
② 보험자가 피해자로부터 직접 청구를 받은 때에는 지체 없이 피보험자에게 이를 통지하여야 한다.
③ 피보험자의 보험금청구권과 피해자의 직접청구권이 경합하는 경우에는 피해자(제3자)의 보험금청구권이 우선한다.
④ 보험자는 피보험자가 사고에 관하여 가지는 항변으로써 피해자에게 대항할 수 있다.
⑤ 피해자 직접청구권은 보험자가 피보험자의 피해자에 대한 손해배상채무를 병존적으로 인수한 것으로서 피해자가 보험자에 대하여 가지는 손해배상청구권이므로 보험자는 피보험자의 동의 없이 보험금을 지급할 수 있다(대법원 1995.7.25., 선고, 94다52911, 판결).

42 과실배상책임의 성립요건

① 피보험자에게 주의의무 등 법적 의무가 존재할 것
② 피보험자가 법적 의무를 위반할 것
③ 피해자에게 손실이 발생할 것
④ 피보험자의 위반행위와 손실 사이에 상당인과관계(근인)가 존재할 것

43 과실배상책임에 따른 손해배상에서 가해자가 항변할 수 있는 법리

① 비교과실(comparative negligence)

피해자와 가해자 사이의 과실을 비교하고, 피해자의 과실의 정도에 따라 가해자의 배상금을 감액하는 항변이다.

② 리스크의 인식(assumption of risk)

피해자가 피해를 초래할 행위에 포함될 리스크를 알고 있었음에도 불구하고 그러한 행위를 선택했다면 가해자는 책임을 지지 않는다는 항변이다.

③ 기여과실(contributory negligence)

피해자가 자신의 손해에 기여한 점이 인정이 되는 경우에는 비록 그것이 아주 경미한 정도의 것이라도 가해자의 법적 책임은 부여되지 않는다는 항변이다.

44 전문직배상책임보험

① 의사, 변호사 등 전문직업인이 그 업무의 특수성으로 말미암아 타인에게 지게 되는 배상책임을 보장하는 보험상품을 말한다.

② 전문직배상책임보험은 일반적으로 배상청구기준이다.

③ 통상 1사고당 한도액과 함께 연간 총 보상한도액을 설정하고 있다.

④ 사람의 신체에 관한 전문직 리스크뿐만 아니라 변호사, 공인회계사 등의 과실, 태만 등으로 인한 경제적 손해도 담보한다.

45 재난배상책임보험 보통약관상 보상하는 손해

① 피보험자가 피해자에게 지급할 책임을 지는 법률상의 손해배상금(단, 피보험자의 과실 여부를 불문한다)

② 계약자 또는 피보험자가 지출한 아래의 비용

- 피보험자가 손해의 방지 또는 경감을 위하여 지출한 필요 또는 유익하였던 비용
- 피보험자가 제3자로부터 손해의 배상을 받을 수 있는 그 권리를 지키거나 행사하기 위하여 지출한 필요 또는 유익하였던 비용
- 피보험자가 지급한 소송비용, 변호사비용, 중재, 화해 또는 조정에 관한 비용
- 보험증권상의 보상한도액 내의 금액에 대한 공탁보증보험료. 그러나 회사는 그러한 보증을 제공할 책임은 부담하지 않는다.
- 피보험자가 회사의 요구에 따르기 위하여 지출한 비용

46 일반손해(general damage)와 특별손해(special damage)

① 일반손해(general damage)

영미법상 일반손해(general damage)는 가동능력의 상실이나 위자료와 같이 정확한 계산이 불가능하고 추측이 불가피한 손해를 의미하며, 우리 민법상의 '정신적 손해'를 뜻한다. 고통 · 괴로움, 정신적 피해, 위자료의 손실 등 구체적으로 그 양을 측정할 수 없는 손해에 대해 보상한다.

② 특별손해(special damage)

영미법상 특별손해(special damage)는 정확한 계산이 가능한 적극적 손해를 의미하며, 우리 민법상의 '통상손해'를 뜻한다. 의료비용, 소득손실, 손상재산의 수리비용 등 일반적으로 쉽게 화폐로 측정할 수 있는 손해에 대해 보상한다.

47 특수건물 소유자의 손해배상책임

① 특수건물의 소유자는 화재로 인한 손해배상책임을 이행하기 위하여 손해보험회사가 운영하는 특약부(附) 화재보험에 가입하여야 한다.

② 현행 특수건물 소유자의 손해배상책임은 대인배상은 피해자 1인당 1억5천만원, 대물배상은 1사고당 10억원을 한도액으로 한다.

③ 특수건물 소유자가 가입하여야 하는 화재보험의 보험금액은 시가에 해당하는 금액으로 한다.

④ 특수건물 소유자는 건축물의 사용승인 준공인가일 또는 소유권을 취득한 날로부터 30일 이내에 특약부(附) 화재보험에 가입하여야 한다.

48 자동차손해배상 보장사업(자동차손해배상보장법 제30조)의 적용대상

① 보유자 불명(뺑소니) 자동차사고 피해자

② 무보험(책임보험 미가입) 자동차사고 피해자

③ 도난자동차 및 무단운전 중인 자동차사고 피해자(보유자가 피해자에 대한 손해배상책임을 면한 경우)

④ 보유자를 알 수 없는 자동차로부터 낙하된 물체에 의한 사고 피해자

49 교통사고처리특례법상 12대 중과실사고

① 「도로교통법」 제5조에 따른 신호기가 표시하는 신호 또는 교통정리를 하는 경찰공무원 등의 신호를 위반하거나 통행금지 또는 일시정지를 내용으로 하는 안전표지가 표시하는 지시를 위반하여 운전한 경우

② 「도로교통법」 제13조 제3항을 위반하여 중앙선을 침범하거나 같은 법 제62조를 위반하여 횡단, 유턴 또는 후진한 경우

③ 「도로교통법」 제17조 제1항 또는 제2항에 따른 제한속도를 시속 20킬로미터 초과하여 운전한 경우

④ 「도로교통법」 제21조 제1항, 제22조, 제23조에 따른 앞지르기의 방법·금지시기·금지장소 또는 끼어들기의 금지를 위반하거나 같은 법 제60조 제2항에 따른 고속도로에서의 앞지르기 방법을 위반하여 운전한 경우

⑤ 「도로교통법」 제24조에 따른 철길건널목 통과방법을 위반하여 운전한 경우

⑥ 「도로교통법」 제27조 제1항에 따른 횡단보도에서의 보행자 보호의무를 위반하여 운전한 경우

⑦ 「도로교통법」 제43조, 「건설기계관리법」 제26조 또는 「도로교통법」 제96조를 위반하여 운전면허 또는 건설기계조종사면허를 받지 아니하거나 국제운전면허증을 소지하지 아니하고 운전한 경우. 이 경우 운전면허 또는 건설기계조종사면허의 효력이 정지 중이거나 운전의 금지 중인 때에는 운전면허 또는 건설기계조종사면허를 받지 아니하거나 국제운전면허증을 소지하지 아니한 것으로 본다.

⑧ 「도로교통법」 제44조 제1항을 위반하여 술에 취한 상태에서 운전을 하거나 같은 법 제45조를 위반하여 약물의 영향으로 정상적으로 운전하지 못할 우려가 있는 상태에서 운전한 경우

⑨ 「도로교통법」 제13조 제1항을 위반하여 보도(步道)가 설치된 도로의 보도를 침범하거나 같은 법 제13조제2항에 따른 보도 횡단방법을 위반하여 운전한 경우

⑩ 「도로교통법」 제39조 제3항에 따른 승객의 추락 방지의무를 위반하여 운전한 경우

⑪ 「도로교통법」 제12조 제3항에 따른 어린이 보호구역에서 같은 조 제1항에 따른 조치를 준수하고 어린이의 안전에 유의하면서 운전하여야 할 의무를 위반하여 어린이의 신체를 상해(傷害)에 이르게 한 경우

⑫ 「도로교통법」 제39조 제4항을 위반하여 자동차의 화물이 떨어지지 아니하도록 필요한 조치를 하지 아니하고 운전한 경우

50 대물배상

① '대물배상'은 피보험자가 피보험자동차를 소유·사용·관리하는 동안에 생긴 피보험자동차의 사고로 인하여 다른 사람의 재물을 없애거나 훼손하여 법률상 손해배상책임을 짐으로써 입은 손해를 보상한다. 보상범위는 직·간접 손해(수리비, 교환가액, 대차료, 휴차료, 영업손실 등) 및 각종 비용(손해방지경감비용, 권리보전행사비용, 소송·화해중재비용 등)이 포함된다.

② 자동차시세하락손해는 피해자동차가 수리를 거쳐 외관상, 사회 통념상 원상회복돼 차량 운행에 문제가 없음에도 불구하고, 사고차량이라는 이유로 교환가치 하락으로 인하여 발생하는 손해를 말한다. 자동차시세하락손해의 지급보험금은 대물배상책임보험의 피해자에게 지급되는 보험금으로 자동차보험약관의 '대물배상 지급기준'에 따라 산출된다.

51 보험자의 구상권 행사

① 보험자는 보험계약자의 동의 없이 구상권을 행사할 수 있다.

② 보험자의 구상권 행사로 손해율 경감 효과를 기대할 수 있다.

③ 보험자의 구상권 행사는 보험의 이득금지 원칙을 실현하기 위한 것이다.

④ 보험자는 구상권 행사가 필요하지 않다고 판단하면 구상권 행사를 포기할 수 있다.

52 징벌적 손해배상(punitive damages)

① 제조업자의 악의적인 불법행위에 대한 제재적 성격이 반영된 것이기 때문에 공급업자에게는 적용되지 않는다.

② 징벌적 손해배상책임은 피해자가 입은 손해의 3배를 넘지 아니하는 범위로 한다.

③ 피해자의 생명 또는 신체에 중대한 손실이 발생한 경우에만 적용되고, 단순 재산상의 손해에 관하여는 징벌적 손해배상을 받을 수 없다.

④ 배상액을 정할 때 법원은 고의성의 정도, 해당 제조물의 결함으로 인하여 발생한 손해의 정도 등의 제반 사항을 고려하여야 한다.

53 상법상 운송보험

① 운송보험계약의 보험자는 다른 약정이 없으면 운송인이 운송물을 수령한 때로부터 수하인에게 인도할 때까지 생길 손해를 보상할 책임이 있다.

② 운송물의 도착으로 인하여 얻을 이익은 약정이 있는 때에 한하여 보험가액 중에 산입한다.

③ 보험계약은 다른 약정이 없으면 운송의 필요에 의하여 일시 운송을 중지한 경우에도 그 효력을 잃지 아니한다.

④ 보험사고가 수하인의 중대한 과실로 인하여 발생한 때에는 보험자는 이로 인하여 생긴 손해를 보상할 책임이 없다.

54 보험요율의 산정원칙

① 규제(감독)상의 목적 : 충분성, 적정성(비과도성), 공정성(공평성)

② 경영상의 목적 : 단순성, 안정성, 신축성(탄력성), 손실통제를 유도하는 방식

55 보험요율의 산정방식

등급요율방식	순보험료방식	순보험료를 계산하는 기법으로 총보험료는 순보험료를 결정한 후에 부가보험료를 추가하여 계산된다.
	손해율방식	경험기간 동안의 실제손해율과 예정손해율과의 비교를 통해 현재의 요율을 조정하는 방식이다.
개별요율방식	판단요율방식	각 계약자들의 위험특성에 따라 보험자(언더라이터)가 요율을 결정하는 것으로 위험의 이질성으로 대수의 법칙을 적용하기 곤란한 물건, 보험인수 경험이 없는 물건 등에 사용된다.
	경험요율방식	위험집단별로 표준요율을 정해놓고 "과거(3년간) 손해율"에 따라 차기의 요율을 조정하는 방식이다.
	소급요율방식	보험계약기간 동안에 나타난 피보험자의 손실경험이 그 기간의 보험료를 결정하는 방식이다.
	예정표요율방식	기본요율을 전제로 개별 위험의 물리적 특성에 따라 예정표에 정해진 만큼 요율을 인상 또는 인하하는 방식이다.

56 초과손해액재보험(XOL) 요율산정

① Burning cost rating 방식

비교적 재보험금 회수빈도가 높은 초과손해액재보험(XOL) 재보험료 산정에 이용되는 방식으로, 전년도의 사고경력을 토대로 일정기간 동안 해당 초과손해액재보험(XOL)의 과거 회수재보험금 총액을 동일한 기간 중의 재보험총보험료(GNPI ; gross net premium income)로 나눈 숫자를 구한 다음, 이 숫자에 일정한 안전할증을 부과하여 재보험요율을 결정한다.

② Exposure rating 방식

재보험금 회수빈도가 낮지만 비교적 1회의 사고로 손해액 규모가 큰 초과손해액재보험(XOL) 요율산정에서 사용한다.

③ Retrospective rating 방식

출재사가 지급하는 재보험료를 계약기간이 종료된 후 궁극적인 손해율에 따라서 소급하여 결정하는 방식이다.

57 공동해손(general average)의 성립요건

① 공동해손행위의 목적은 공동의 위험에 처한 해상사업단체(common maritime adventure)의 공동안전을 위한 것이어야 한다.

② 위험은 현실적(real)이고 절박(imminent)해야 한다.

③ 희생이나 비용은 의도적(intentional)인 행위에 의해 발생 또는 지출된 것이어야 한다.

④ 희생이나 비용은 비정상적(extraordinary)인 것이어야 하고, 합리적(reasonable) 행위에 의해 발생한 것이어야 한다.

58 Lloyd's S.G. Policy 위험약관

① 해상 고유의 손인(perils of the seas) : 침몰(sinking), 좌초(stranding), 충돌(collision), 악천후(heavy weather) 등

② 해상위험(perils on the seas) : 화재(fire), 투하(jettison), 선원의 악행(barratry), 해적(pirates)·방랑자(rovers)·강도(thieves) 등

59 전쟁면책위험(War Exclusion Clause)

어떠한 경우에도 이 보험은 다음의 사유로 인하여 발생한 멸실, 손상 또는 비용을 담보하지 아니한다. 따라서 이들 위험을 담보받기 위해서는 전쟁위험담보 특약인 협회전쟁약관(Institute War Clause)에 별도로 가입하여야 한다.

① 전쟁, 내란, 혁명, 모반, 반란 또는 이로 인하여 발생한 국내투쟁, 교전국에 의하여 또는 교전국에 대하여 행해진 적대행위

② 포획, 나포, 강류, 억지 또는 억류(해적행위 제외) 및 그러한 행위의 결과 또는 그러한 행위의 기도

③ 유기된 기뢰, 어뢰, 폭탄 또는 기타의 유기된 전쟁무기

60 묵시담보(implied warranty)

묵시담보(implied warranty)란 해상보험에서 보험증권에 명시하지 않고 묵시적으로 보증하는 담보를 말하며, 적법담보(warranty of legality)와 감항담보(warranty of seaworthiness)가 있다. 적법담보는 피보험자가 지배할 수 없는 경우를 제외하고는 모든 해상사업이 합법적이어야 한다는 것을 묵시적으로 담보하는 것이고, 감항담보는 선박이 특정 항해를 완수할 수 있을 정도로 능력을 갖춘 상태, 즉 감항성이 있어야 한다는 묵시적 담보이다.

61 공동보험조항

주로 재산보험에서 많이 사용하는 조항으로서 보험계약자로 하여금 보험가액의 일정비율을 보험금액으로 가입을 요구하고, 사고발생시 요구보험금액을 만족시키지 못한 경우 보험계약자에게 공동보험자적인 입장에서 손해를 일부 부담하도록 하는 약관조항을 말한다. 공동보험조항을 두는 기본적인 목적은 피보험자에게 손실의 일부에 대한 책임을 부과함으로써 손실방지 효과뿐만 아니라 요율의 형평성을 유지하는데 있다.

62 대기기간(waiting period)

① 대기기간(waiting period)은 질병, 상해 등 보험사고가 발생한 시점부터 보험금청구권이 발생하기까지의 유예기간으로, 대기기간 내의 손해는 보상하지 않고 대기기간 경과 후의 손해를 보상하는 방식이다. 예 암보험계약에서 90일간의 면책기간

② 정보비대칭에 따른 문제 개선 및 역선택 감소가 목적이다.

63 재보험특약

비례재보험 (proportional reinsurance)	• 비례재보험특약(quota share treaty ; Q/S특약) • 초과액재보험특약(surplus특약) • 의무적 임의재보험(facultative obligatory ; F/O Cover)
비비례재보험 (non-proportional reinsurance)	• 초과손해액재보험특약(excess of loss reinsurance) • 초과손해율재보험특약(excess of ratio cover, stop loss cover)

64 재보험계약 조항

① 운명추종조항(follow the fortunes clause)
보험사고 처리와 관련하여 출재사(원보험자)가 선의로 행동하였고, 그 손실이 재보험계약상 담보범위 내에 있는 이상 재보험자는 특별한 이의 없이 보상하여야 하는 조항이다.

② 중재조항(arbitration clause)
계약 쌍방이 분쟁을 소송 대신 중재에 회부할 것을 동의하는 재보험증권상의 조항이다.

③ 클레임협조조항(claim co-operation clause)
출재사(원보험자)가 재보험자에게 원보험 계약상 보험청구나 사고처리와 관련된 정보를 제공하고, 클레임(claim) 처리와 관련하여 상호 협조할 의무가 있다는 조항이다.

④ 통지조항(notification clause)
계약 당사자간의 각종 통지에 관련된 약정을 위한 조항이다.

65 sudden death clause(즉시해지조항)

다음과 같은 사유가 발생한 경우에 이미 체결된 재보험특약의 전체 또는 일부를 재보험사가 종료·취소할 수 있는 조항이다.

① 출재사의 합병이나 양도 등에 따른 경영진의 변화

② 출재사의 자본금 감소

③ 출재사의 채무지급불능상황

④ 특약상의 출재사의 순보유분에 대한 별도의 재보험계약 체결

66 sunset clause(일몰조항)

① 통상 배상책임보험 관련 초과손해액재보험(excess of loss reinsurance)특약에 적용한다.

② 보험기간 종료 후 일정 기간 이내에 발생한 사고 건에 대해 재보험자에게 통지할 것을 요구하고, 그 기간이 경과하면 재보험자의 책임이 존재하지 않음을 명시한다.

67 재보험특약에서 run-off 방식

비례재보험특약에서 특약출재기간이 종료된 경우에도 출재된 개별 원보험계약의 만기 도래 또는 청산이 완전히 종결될 때까지 재보험자의 책임이 계속되는 재보험운영방식이다(⇔ clean-cut 방식).

68 excess of loss reinsurance treaty(초과손해액재보험특약)

발생된 손해에 따라 미리 정해진 손해금액까지는 원보험자가 책임을 지고, 나머지 손해부분의 전부 또는 일정금액을 재보험자가 책임을 지는 비비례적 재보험 형태이다. 초과손해액을 결정하는 방식에는 1리스크당(per risk)과 1사고당(per event)이 있다.

① 1리스크당(per risk)인 경우 원보험자는 특약에 포함된 모든 원보험계약의 각각에서 발생한 사고의 손해액이 일정금액을 초과할 때마다 재보험금을 청구하게 된다.

② 1사고당(per event)인 경우 하나의 사고로 인하여 특약에 포함된 다수의 원보험물건이 입은 손해의 합계액이 일정한 금액을 초과할 때에 재보험금을 청구하게 된다.

⇒ 'two-risk warranty'

69 quota share 재보험특약의 장 · 단점

장 점	단 점
• 재보험 처리가 간편하다. • 출재수수료율이 높다. • 재보험 관리비용이 저렴하다. • 신규 보험사 혹은 신규 위험의 전가에 유리하다.	• 출재사의 자율성이 낮다. • 소규모 위험까지 의무적으로 출재하므로 과다 출재 가능성이 있다. • 출재 위험이 동질하지 않은 경우 포트폴리오 안정성 유지에 도움이 되지 않는다.

70 Outside Reinsurance Clause

① 비례재보험특약임에도 불구하고 예외적으로 출재를 하지 않아도 되는 경우를 기술하고 있다.

② 예외적으로 인정되는 상황

- 재보험사의 이익을 위해 특약출재 대신에 별도의 임의재보험으로 출재하는 경우
- 감독기관이 정한 규정을 불가피하게 준수해야 하는 경우
- 보험계약자의 특별 요구나 조건에 따른 경우
- 출재금액이 최종단계에서 과다해질 것이 분명한 경우

71 역선택(adverse selection)과 도덕적 해이

역선택은 보험계약자와 보험회사간에 보험계약자의 위험특성에 대한 사전적 정보의 비대칭(숨겨진 속성)으로 발생한다. 보험계약자는 자신의 위험에 대해 잘 알고 있지만 보험회사는 정보부족으로 보험계약자의 위험을 모르는 경우 가장 바람직하지 않은 보험계약자와 계약을 하게 될 가능성이 있다. 반면에 도덕적 해이는 보험계약자가 계약 이후 고의로 사고를 내고 보험금을 청구하거나 피해액을 부풀려 보험금을 타가는 비양심적인 위험상태(숨겨진 행동)를 의미한다.

72 역선택(adverse selection) 감소효과

역선택 감소・방지를 위해서는 주로 보험료 세분화 또는 보험료 차등제를 사용한다.

① 보험료 세분화

계약시점 또는 보험료 갱신 시점에서 계약자(피보험자)의 특성을 반영하여 위험의 정도에 따라 보험료를 다르게 하는 것을 의미하며, 특히 보험요율산정원칙의 '공정한 차별성'과 관련된다.

例 보험계약 단계에서 성, 연령, 건강상태 등에 따라 보험료를 다르게 부과한다.

② 보험료 차등제

보험계약 후 계약자(피보험자)의 개별 청구 통계에 기반하여 보험료를 차등하는 것을 의미하며, 특히 보험요율산정원칙의 '공정한 차별성'과 관련된다.

73 보험사기의 유형

① 보험사기

보험계약자 등(보험계약자, 피보험자 또는 보험수익자)이나 제3자(피해자, 의사 또는 자동차정비업자 등)가 부당한 보험금(보험자가 지급하지 말아야 하거나 그 지급한도를 초과하는 보험금)을 받아낼 목적으로 보험자를 기망하는 행위를 말한다.

② 경성사기(hard fraud)

재해, 상해, 화재 등 손해발생을 의도적으로 조작하는 행위를 말한다.

③ 연성사기(soft fraud)

처음에는 사기를 할 생각이 없었지만 사고발생 후 기회주의적인 발상에 의해 자행되는 사기범죄를 말한다. 사고금액을 부풀리는 행위, 언더라이팅 과정에서 보험료 경감을 위해 허위 정보를 제공하는 행위가 대표적이다.

74 손익상계

채무불이행이나 불법행위 등으로 인하여 손해를 입은 채권자 또는 피해자 등이 동일한 원인에 의하여 이익을 얻은 경우에는 공평의 관념상 그 이익은 손해배상액을 산정함에 있어서 공제되어야 하고, 이와 같이 손해배상액의 산정에 있어 손익상계가 허용되기 위해서는 손해배상책임의 원인이 되는 행위로 인하여 피해자가 새로운 이득을 얻었고, 그 이득과 손해배상책임의 원인인 행위 사이에 상당인과관계가 있어야 한다(대법원 2013.9.26., 선고, 2011다42348, 판결).

즉 손익상계란 손해배상청구권자가 손해를 발생시킨 동일한 원인에 의하여 이익도 얻은 때에는 손해로부터 그 이익을 공제한 잔액을 배상할 손해로 하는 것을 의미한다.

75 과실상계

과실상계란 불법행위나 채무불이행으로 인한 손해배상청구의 경우에 그 손해의 발생 또는 그 증대에 대하여 피해자(채권자・배상권리자)에게도 과실이 있으면 배상유무 및 손해액을 정하는데 참작하는 것이다(민법 제396조, 제763조). 상계라고는 하나 고유한 의미의 상계(민법 제492조, 제499조)는 아니며, 오로지 자기의 과실에 의한 손해를 전부 타인에게 전가하는 것은 형평의 정신에 반한다는 취지의 제도이다. 따라서 사고발생에 피해자도 기여하였다면 형평의 원칙에 입각하여 기여한 만큼에 해당하는 금액을 손해배상금에서 공제하는 것을 말한다.

76 손해액 산정시 고려요소

① 생활비공제

피해자가 사망한 경우 생존하였다면 사용될 생활비를 공제하며(판례), 피해자의 손해액 산정에 있어서 손익상계의 법리에 의하여 수입에서 생활비(1/3)를 공제한다.

② 손익공제(손익상계)

채무불이행 및 불법행위로 피해자가 손해를 입은 것과 동시에 이로 인하여 얻은 이익이 있는 경우에는 손해액에서 그 이익을 공제한 잔액을 배상하여야 하는데, 이와 같은 이득공제를 손익상계라 한다. 공제되는 이익의 범위는 손해배상책임이 발생하는 원인과 상당인과관계에 있는 이익에 한한다.

③ 중간이자공제

피해자의 소득은 재해 이후부터 가동기간까지 주기적으로 발생하게 되는데 주기적으로 발생할 수입을 일시에 전액을 지급하게 되면 피해자는 이자에 해당되는 만큼 부당이득을 얻게 되므로, 그 이자를 공제하여야 한다. 공제방법으로는 중간이자를 단리로 계산하여 공제하는 호프만식과 복리로 계산하여 공제하는 라이프니츠식이 있다. 국가배상 및 법원 판결은 호프만식을, 자동차보험은 라이프니츠식을 적용한다.

77 산업재해보험법상 보험급여의 종류

① 요양급여
② 휴업급여
③ 장해급여
④ 간병급여
⑤ 유족급여
⑥ 상병(傷病)보상연금
⑦ 장례비
⑧ 직업재활급여

➲ 진폐에 따른 보험급여의 종류 : 요양급여, 간병급여, 장례비, 직업재활급여, 진폐보상연금 및 진폐유족연금으로 한다.

78 취업촉진수당의 종류

① 조기(早期)재취업수당
② 직업능력개발수당
③ 광역구직활동비
④ 이주비

79 유류분반환청구권

피상속인(고인)이 사망 전에 특정인에게 법정 상속지분을 넘어서는 재산을 증여하거나 유언으로 증여(유증)하여 다른 상속인의 유류분(최소한의 상속분)을 침해한 경우, 해당 상속인이 침해된 유류분(법정 상속분의 1/2 또는 1/3)만큼의 재산 반환을 청구할 수 있는 권리이다.

80 실손의료보험의 손해율 상승 요인

① 비급여 진료비(도수치료, 염좌 및 긴장 진료 등)의 증가
② 도덕적 해이에 따른 과잉진료로 인한 보험금 청구액 증가
③ 의료기술의 발달과 신의료기술의 도입에 따른 치료비 고액화
④ 연령(고령층)의 증가로 질병 가능성이 높아지면서 보험료의 상승 및 의료비의 증가

81 언더라이팅(underwriting)의 목적

① 우량 피보험자 선택
② 보험범죄의 방지
③ 보험사업의 수익성 확보
④ 역선택 방지와 적정요율의 합리적 적용

82 언더라이팅(underwriting)의 기본원칙

① 보험회사 고유의 언더라이팅 기준 준수
② 요율계층 내의 동질성 유지
③ 인수 리스크간의 형평성 유지

83 언더라이팅 리스크(underwriting risk)의 주요 요인

① **역선택(adverse selection)** : 역선택은 보험계약 체결 전에 보험대상자와 보험사간의 정보비대칭으로 인해 발생하는 리스크로 언더라이팅 리스크의 주요 요인이다.
② **리스크 평가 오류** : 보험가입자의 건강 상태, 사고 위험 등을 잘못 평가해서 너무 낮은 보험료를 책정할 수 있다.
③ **보험상품 설계 오류** : 잘못된 보험상품 설계로 인해 과도한 보험금 지급의무가 발생할 수 있다.
④ **예상 손해율 초과** : 실제 손해율이 예상 손해율을 초과하면, 수익이 줄거나 손실이 발생한다.
⑤ **부정확한 통계자료 사용** : 과거 데이터를 기반으로 한 예측이 부정확하면 언더라이팅 리스크가 증가한다.

84 외부성(외부효과)

외부성(externality)이란 한 경제주체가 다른 경제주체에게 의도하지 않은 이득이나 손실을 주었음에도 불구하고 이에 대한 보상이 적절히 이루어지지 않은 상태를 말한다. 다른 경제주체에게 유리한 영향을 미치는 경우를 외부경제(external economy), 불리한 영향을 미치는 경우를 외부불경제(external diseconomy)라고 한다.

구 분	의 미	자원 배분
외부불경제 (부정적 외부성)	제3자에게 손해를 입히고도 이에 대한 손해 배상이나 비용을 부담하지 않는 경우 예 화학공장이 오염물질을 배출함에 따라 하류의 어부들이 피해를 입는 것	사회적 최적 수준보다 많이 생산 (과잉 생산)
외부경제 (긍정적 외부성)	제3자에게 이익을 받았지만 이에 대한 대가를 지불하지 않는 경우 예 과수원 옆으로 양봉업자가 이사를 해옴에 따라 과일생산량이 증가한 것	사회적 최적 수준보다 적게 생산 (과소 생산)

85 손해사정업무

검정업무 (survey)	보험사고를 조사하여 보험자의 보상책임 여부와 손해액을 결정하는 과정을 말한다. • 사고접수 • 보험계약사항의 확인 • 현장조사 및 사고사실 확인 • 손해액 산정 • 구상관계 조사
정산업무 (adjustment)	보험금 결정 과정으로 제3자에 대한 구상권을 행사하는 것을 포함한다. • 보험가액 결정 • 보상한노의 결정 • 보험금산출방법 결정 • 지급보험금 결정과 합의 • 구상권 대위

86 독립손해사정사의 금지행위(보험업감독규정 제9-14조 제1항)

① 보험금의 대리청구 행위
② 일정 보상금액의 사전약속 또는 약관상 지급보험금을 현저히 초과하는 보험금을 산정하여 제시하는 행위
③ 특정변호사・병원・정비공장 등을 소개・주선 후 관계인으로부터 금품 등의 대가를 수수하는 행위
④ 불필요한 소송・민원유발 또는 이의 소개・주선・대행 등을 이유로 하여 대가를 수수하는 행위
⑤ 사건중개인 등을 통한 사정업무 수임행위
⑥ 보험회사와 보험금에 대하여 합의 또는 절충하는 행위
⑦ 그 밖에 손해사정업무와 무관한 사항에 대한 처리약속 등 손해사정업무 수임유치를 위한 부당행위

87 위험기준자기자본제도(Risk Based Capital ; RBC)

보험사가 가진 보험리스크, 금리리스크, 시장리스크, 신용리스크, 운용리스크 등 각종 위험을 정밀하게 측정하여 이에 적합한 규모의 자기자본을 보유하도록 요구하는 제도이다. 자산운용리스크를 금리・시장・신용 등 3개 부문으로 세분화하고, 주식이나 채권 등 자산 특성에 따라 위험계수를 차별화함으로써 리스크를 정밀하게 반영한다. 이 제도는 경영상 발생하는 리스크 전부를 토대로 보험사의 '재무건전성'을 판단하는 것을 목적으로 한다. 즉 보험회사의 경우 예상하지 못한 손실이 발생하더라도 이를 충당할 수 있는 자기자본을 보유하도록 하는 제도이다.

RBC제도는 보험회사에 내재된 각종 리스크 양을 산출하여 이에 상응하는 자본을 보유토록 하는 제도로 '가용자본(지급여력금액)' 및 '요구자본(지급여력기준금액)'의 산출을 통하여 자본적정성을 평가하는 구조이다.

① 가용자본(지급여력금액)
보험회사에 예상치 못한 손실발생시 이를 보전하여 지급능력을 유지할 수 있도록 하는 가용자본금액으로서 자본금, 잉여금 등으로 구성된다.

② 요구자본(지급여력기준금액)
해당 보험회사에 내재된 보험・금리・시장・신용・운영위험액의 규모를 측정하여 산출된 필요 자기자본을 의미한다.

88 자산운용의 원칙

① 안전성

보험자산은 장래에 보험금 등으로 지급되어야 할 것이 대부분이기 때문에 무엇보다도 장래 보험금 등의 지급에 지장이 없도록 안정적으로 운용되어야 한다.

② 수익성

보험료는 예정이율로 미리 할인되어 있는 것이기 때문에 보험자산은 기본적으로 예정이율 이상으로 운용되어야 하며, 더욱이 계약자에 대해 배당금 등을 지급하여 계약자의 부담을 경감해 주기 위해서는 수익성이 높은 부문에 투자・운용되어야 한다. 이는 보험계약자의 권익보호는 물론 보험회사의 경쟁력을 확보하기 위해서도 매우 중요한 원칙이다.

③ 유동성

보험회사는 보험금 등의 지급이 일시에 집중되는 경우에 대비하여 즉시 현금화 할 수 있는 예금이나 회사채 등과 같이 유동성(환금성)이 높은 자산으로 보유해야 한다.

④ 공익성

보험자산은 다수의 일반국민, 즉 보험계약자가 납부한 보험료로 형성된 것이기 때문에 국민생활이나 국가경제 발전에 기여할 수 있도록 공공성을 바탕으로 운용되어야 한다.

89 보험계약준비금

① 보험계약준비금은 보험계약에서 약정한 사고가 발생하였을 때 보험회사가 보험금을 지급하기 위하여 적립해 놓은 준비금이다.

② 보험계약준비금은 책임준비금 및 비상위험준비금으로 구성된다.

③ 책임준비금은 보혀료에 대한 반대급부로 장래 보험금 지급책임을 다하기 위해 적립하는 준비금으로 지급준비금, 장기저축성보험료적립금, 미경과보험료적립금, 계약자배당준비금 및 계약자이익배당준비금으로 구성된다.

④ 지급준비금은 매 결산 때 이미 발생한 보험사고에 대한 미지급 보험금액을 추산해 적립해야 하는 준비금이다.

⑤ 미경과보험료적립금은 차기 회계연도 이후 기간에 해당하는 보험료를 적립하는 것이다.

⑥ 비상위험준비금은 지진, 폭풍 등 대형 재해 발생에 대비한 준비금으로, 부채항목이 아닌 자본항목으로 계상한다.

90 비상위험준비금

① 비상위험준비금은 예측할 수 없는 이례적이고 거대한 보험사고가 발생함으로써 예상사고율을 초과하는 경우에 그 보험금의 지급재원으로 적립하는 금액으로서 보통의 책임준비금으로 감당하기 어려운 비상위험에 대비하고자 적립한 금액을 말한다.

② 손해보험업을 경영하는 보험회사는 해당 사업연도의 보험료 합계액의 100분의 50(보증보험의 경우 100분의 150)의 범위에서 금융위원회가 정하여 고시하는 기준에 따라 비상위험준비금을 계상하여야 한다.

91 기발생 미보고손해액(IBNR ; incurred but not reported)

보험사고가 이미 발생하였으나, 아직 보험회사에 보고되지 아니한 손해에 대하여 보험회사가 미래에 청구될 보험금 지급에 충당하기 위하여 적립하는 준비금으로 '기발생 미보고손해액'이라고도 한다. 기발생 미보고손해액(IBNR)을 적립하지 않으면 회계상 다음과 같은 영향으로 나타난다.

① 부채의 과소평가가 이루어진다.

② 보험회사의 재무건전성을 왜곡시킨다.

③ 적정한 보험료 산출을 저해한다.

④ 보험회사의 주주배당가능이익이 증가한다.

92 특별계정

보험회사는 다음의 어느 하나에 해당하는 계약에 대하여는 그 준비금에 상당하는 자산의 전부 또는 일부를 그 밖의 자산과 구별하여 이용하기 위한 계정(이하 "특별계정"이라 한다)을 각각 설정하여 운용할 수 있다.

1. 「소득세법」 제20조의3 제1항 제2호 각 목 외의 부분에 따른 연금저축계좌를 설정하는 계약
2. 「근로자퇴직급여보장법」 제29조 제2항에 따른 보험계약 및 법률 제10967호 「근로자퇴직급여보장법」 전부개정법률 부칙 제2조 제1항 본문에 따른 퇴직보험계약
3. 변액보험계약(보험금이 자산운용의 성과에 따라 변동하는 보험계약을 말한다)
4. 그 밖에 금융위원회가 필요하다고 인정하는 보험계약

93 대재해채권(catastrophe bond)

① 대재해채권은 기존의 보험시장보다 규모가 큰 자본시장의 투자자들로부터 손실보상을 위한 자본을 조달하는 방법으로 5~10년 만기의 중장기 채권으로 운용이 가능하다.
② 재보험시장 위축(hard market)시 추가 담보력 확보가 가능하다.
③ 채권 발행 이자율은 통상 리보(LIBOR) 금리를 기준으로 일정 가산금리를 적용해 책정된다.
④ 특정 사고 발생에 따라 원금 손실이 발생하는 사고연계 채권(event-linked bond)의 한 종류이다.

94 사이드카(sidecar)

① 대재해채권(CAT bond)과 같은 보험연계증권의 한 형태이다.
② 전통적 재보험과 유사하나, 최소한의 서류 작업과 관리 비용으로 운영하기 용이하다.
③ 초과손해액담보(excess of loss cover) 위주로 하는 대재해채권(CAT bond)과 달리 비례재보험특약(quota share treaty) 방식으로 거래한다.
④ 주로 제한된 범위의 단기 보험계약을 대상으로 대재해에 따른 재물손해를 담보한다.
⑤ 보험회사는 사이드카를 통해 상대적으로 낮은 비용을 들여 인수능력을 확대하거나 다른 사업을 위한 레버리지를 달성할 수 있다. 또한 재보험회사는 경쟁자와 언더라이팅 정보를 공유하지 않아도 되기 때문에 재재보험보다는 사이드카를 선호한다.
⑥ 투자자 관점에서 사이드카는 진입 및 퇴출이 비교적 쉽기 때문에 기존 재보험회사에 투자하거나 재보험회사를 설립하는 것보다 더 유연한 투자수단이다.

95 PML(probable maximum loss)

① 적정한 보험료 산출의 기초로 활용된다.
② 보험인수 여부 및 조건결정의 판단기준이 된다.
③ 보험자가 보험가액을 결정할 때 사용하는 개념이다.
④ 표준편차와 위험회피도에 비례하므로, 리스크관리자의 리스크회피도가 높을수록 커진다.

96 소액단기전문보험회사가 취급할 수 있는 보험종목

① 생명보험상품 중 제1조의2 제2항 제1호에 따른 보험상품(생명보험계약)

② 손해보험상품 중 제1조의2 제3항 제6호, 제9호부터 제11호까지, 제13호 또는 제14호에 따른 보험상품

- 책임보험계약
- 도난보험계약
- 유리보험계약
- 동물보험계약
- 비용보험계약
- 날씨보험계약

③ 제3보험상품 중 제1조의2 제4항 제1호 또는 제2호에 따른 보험상품

- 상해보험계약
- 질병보험계약

97 패키지보험(package insurance policy)

패키지보험은 하나의 보험증권으로 전위험(all-risk) 담보형태의 화재보험, 기계보험, 기업휴지보험, 배상책임보험을 동시에 보장하는 보험상품이다. 패키지보험은 담보위험별 4개 부문으로 구성되어 있다.

① 재산종합위험담보(property all risks cover)

화재, 낙뢰위험에 추가하여 풍수재, 폭발, 지진, 도난 등과 여타의 우연한 재물사고로 인한 물적손해를 보상한다.

② 기계위험담보(machinery breakdown cover)

사무실 빌딩내의 보일러, 발전기에서부터 대규모 석유화학, 제철공장에 이르기까지 모든 기계, 기계설비 및 장치의 기계적 사고로 인한 물적손해를 보상한다.

③ 기업휴지위험담보(business interruption cover)

제1부문 또는 제2부문에서 보상하고 있는 손해로 인해 사업이 중단 또는 휴지 되었을 경우, 휴지로 인해 생긴 손해를 보상한다.

④ 배상책임위험담보(general liability cover)

피보험자가 제3자의 신체 및 재물에 손해를 입힘으로써 발생하는 법률상의 배상책임을 보상한다.

98 컨틴전시보험(contingency insurance)

① 전통적 손해보험에서 보상하지 않는 리스크를 담보하는 보험으로 특정한 사건, 즉 날씨, 온도, 경기결과 등을 전제로 예정된 사건이 현실화됐을 때 발생하는 금전적 손실을 보상하는 보험이다.

② 대표적인 예로는 스포츠시상보험, 행사종합보험 등이 있다.

99 파라메트릭보험(parametric insurance)

① 파라메트릭보험(parametric insurance)은 미리 정해진 변수와 모형에 따라 보험금을 정하는 것으로, 손실규모를 측정하기 어려운 홍수나 재해 손실에 대비한 보험이나 농작물보험에 적용되고 있다.

② 실제 손해발생액보다 지급보험금이 적은 베이시스 리스크(basis risk)가 크다.

③ 도덕적 해이 및 역선택 발생 가능성이 전통형 보험상품에 비해 작다.

④ 보험가입 과정 및 보험금 지급절차, 즉 손해사정업무가 전통형 보험상품에 비해 간편하다.

100 ART(Alternative Risk Transfer)

ART는 보험을 대체할 수 있는 순수위험의 전가수단을 의미한다. 즉 보험 특유의 보험영업위험(underwriting risk)을 보험시장이 아닌 자본시장의 투자위험(investment risk)으로 전가시키는 것이다. 전가하는 형태는 보험위험의 증권화, 보험파생상품이 있는데 증권화에는 대재해채권(catastrophe bond)이 대표적이며, 보험파생상품에는 대재해옵션(catastrophe option), 선물(future), 스왑(swap), 사이드카(sidecar) 등이 있다.

자가보험	• self financing(자기조달) • captive insurance(자가보험)
자본시장 (협의의 ART)	• securitization(보험위험의 증권화) • derivative(보험파생상품)
대체재보험시장	• finite reinsurance(제한적 재보험 = 금융재보험) • holistic cover(통합담보) • multi trigger cover(복합위험담보) • contingent capital(조건부 자본조달)

너의 길을 가라. 남들이 무엇이라 하든지

내버려 두라.

– A. 단테 –

손해사정이론

핵심이론 + 기출유형문제 + 기출분석문제 100選

CHAPTER 01 보험과 위험(Risk)

CHAPTER 02 생명보험

CHAPTER 03 개인연금과 기업연금

CHAPTER 04 재산보험

CHAPTER 05 배상책임보험

CHAPTER 06 사회보험

CHAPTER 07 언더라이팅 및 재보험

CHAPTER 08 보험규제 및 감독

CHAPTER 09 ART(대체위험전가)

CHAPTER 01

보험과 위험(Risk)

학습목표

❶ 보험의 정의와 특성, 기능 등을 학습하고, 보험유사제도와의 차이를 확인한다.
❷ 보험계약의 기본 특성과 원칙·기본 요소 등을 이해한다.
❸ 보험산업과 보험시장의 특성을 알아보고, 보험경영의 기본 개념을 이해한다.
❹ 보험마케팅의 개념 및 특징을 학습한다.
❺ 위험(Risk)의 기본 개념과 위험관리기법 등을 학습한다.

01 보험의 개요

1 보험의 정의와 기본 특성

(1) 보험의 정의

① 보험이란 다수의 보험계약자가 모여 일종의 공동기금을 마련한 후 보험계약자들 중 일부가 우연한 손해를 당하였을 경우 이 공동기금에서 보상하여 주는 제도이다.

② 보험은 동질적인 위험의 결합을 통해 개개의 경제주체에게 발생한 실제 손실을 다수의 평균손실로 낮추는 제도이다.

심화TIP 미국 리스크관리 및 보험학회의 정의

"보험이란 손실이 발생할 경우에 손실을 보상하거나, 다른 금전적인 대가를 제공하거나 혹은 그 리스크와 관련된 서비스를 제공하기로 약정한 보험자에게 리스크를 전가함으로써 계약자의 예기치 못한 손실을 집단화하는 것이다."

(2) 보험의 기본 특성 기출 17·22

① 위험의 전가

위험의 전가는 피보험자가 일정한 보험료를 내고 위험부담을 보험자에게 전가하는 행위이다. 보험계약자는 위험의 정도에 따라 산출된 보험료를 보험자에게 납입하면서, 미래의 우발적으로 발생할지 모르는 손실위험을 보험자에게 전가하게 된다. 특히 손실의 빈도는 낮지만 손실의 규모가 커서 스스로 부담하기 어려운 위험을 보험회사에게 전가함으로써 개인이나 기업이 위험에 대해 보다 효과적으로 대응할 수 있게 해준다.

보험은 개별적 리스크와 집단적 리스크를 모두 감소시키는 기능을 갖고 있다. 개별적 리스크는 (**전가**)에 의하여, 집단적 리스크는 (**결합**)에 의하여 효율적으로 감소된다.

② 위험의 결합 기출 18

보험자 입장에서 보험계약은 다수의 동질위험을 전가 받아 이들을 하나의 위험결합집단으로 만드는 것이다. 위험의 결합은 일부 계약자들의 손실을 전체 계약자들이 공유함으로써 실제손실을 평균손실로 대체한다. 즉 손실이 발생하였을 경우 발생된 손실을 보험가입자 모두에게 분산시키는 효과를 갖는다. 다시 말하면 많은 보험가입자들이 평소 소액의 보험료를 내고 일종의 공동기금을 마련했다가 소수의 사람들이 사고를 당하게 되면 손실을 보상해 주는 것이다. 위험결합을 통해서 손실분산효과가 이루어지는데 가입자가 많으면 많을수록 크다고 할 수 있다(대수의 법칙).

위험결합(risk pooling) 개념으로서 보험을 정의하면, 보험이란 단순히 말해서 위험의 결합으로 (**불확실성**)을 (**확실성**)으로 전환시키는 사회적 제도라고 할 수 있다. 즉, 보험은 다수의 동질적 위험을 한 곳에 모으는 위험결합을 통해서 가계나 기업의 (**실제손실**)을 (**평균손실**)로 대체하는 제도라고 할 수 있다.

심화TIP 대수의 법칙 기출 14

대수의 법칙이란 "어떤 위험에 대하여 측정대상의 수를 늘리면 늘릴수록, 또한 측정하는 횟수를 늘리면 늘릴수록 측정을 통한 예상치는 실제에 가까워 진다"는 개념이다. 동전을 처음 몇 번 던지면 같은 면이 연달아 나오는 경우도 있겠지만 던지는 경우를 점점 늘리면 앞면과 뒷면이 나오는 확률이 비슷해지게 되며, 결국 각각의 확률은 1/2에 가깝게 된다. 개인의 경우 사고의 발생가능성이나 발생시기 등은 불확실하지만 다수의 사람들을 대상으로 관찰해보면 대수의 법칙에 따라 확률을 구할 수 있다. 따라서 보험에는 다수의 가입자로 구성된 동일한 성질의 위험을 가진 보험단체가 존재해야만 하고, 그 단체의 가입자 수가 많을수록 보험단체의 안전성도 높아지게 된다. 결국 보험사의 입장에서 보면 어떤 위험의 동질성이 높으면 높을수록, 또한 이러한 동질적인 위험이 많으면 많을수록 손실에 대한 예측이 정확해지고 이에 따른 보험료 측정이 정확해진다고 할 수 있다.

③ 우연적 손실의 보상

보험의 특징은 손실에 대해서 보상을 하되 우연적이고 우발적인 손실만을 보상하는 것이다. 따라서 보험은 고의적이고 의도적인 사고에 의한 손실은 보상하지 아니한다.

④ 실제손실에 대한 보상

손실의 보상은 손실발생 전의 재정상태로 복원시키는 것으로, 실제 발생한 손실을 원상회복하거나 교체할 수 있는 금액으로 한정하며, 보상을 통해 이익을 보는 경우는 없다. 이러한 실손보상의 원칙은 중요한 보험의 원칙 중의 하나로 발생손실만큼만 보상받게 되면 보험사기행위와 같은 도덕적 위태를 줄일 수 있다.

2 보험의 사회적 기능과 사회적 비용

(1) 보험의 사회적 기능(순기능) 기출 20

① 손실보상

손실보상은 보험의 근본적인 기능으로 손실을 당한 경제주체의 경제적 상태를 손실발생 이전의 상태로 복구해 주는 것을 말한다. 보험의 손실보상기능에 의해 기업과 개인은 손해발생 후에도 안정적인 경제활동을 할 수 있게 된다.

② 불확실성 감소

보험이 손실발생에 대한 경제적 복구를 해주기 때문에 손실위험으로 인한 불확실성은 크게 감소된다.

③ 투자자금의 원천

보험가입자가 내는 보험료는 일정 기간 동안 보험회사에 머물기 때문에 이를 통해 자본축적이 가능하게 되어 민간대출이나 산업의 투자자금으로 활용된다.

④ 손실통제

보험회사는 피보험손실이 발생될 때 보험금을 지급한다. 손실통제는 손실발생을 방지하고 발생하는 손실의 경제적 결과를 감소시킬 수 있다. 손실통제활동은 일반적으로 보험회사가 지불해야 하는 보험금을 감소시키고 결과적으로 보험계약자의 보험료 부담도 덜게 된다.

⑤ 신용증대

보험은 가입자의 신용을 높여주는 역할을 한다. 건물을 담보로 대출 받는 경우, 건물이 화재보험에 가입되어 있으면 건물의 가치에 대한 신용이 증대된다.

⑥ 자산의 효율적 사용

손실발생에 대한 불안정성에 대비하기 위하여 가계와 기업은 종종 자금을 비축한다. 보험은 손실위험의 가능성에 대비하기 위하여 별도로 자금을 비축할 필요성을 감소시킨다.

(2) 보험의 사회적 비용(역기능)

① 사업비용의 발생

보험업을 운영하기 위해서는 토지, 노동, 자본 등이 필요하게 되며, 이것들은 사업비용으로서 보험료에 추가되어 보험계약자가 부담하는 보험료의 일부를 구성하게 된다. 사업비용의 세부항목으로는 판매수수료, 보험회사 직원들의 인건비, 세금 등 여러 가지가 있다.

② 보험사기의 증대 기출 16

발생손실의 규모를 의도적으로 과장하여 청구하거나, 보험사고를 인위적으로 유발하는 것과 같은 보험사기는 보험업계의 커다란 문제가 되고 있다. 보험사기는 결과적으로 보험계약자의 보험료를 높여 다수의 선량한 보험계약자들에게 피해를 주게 된다.

③ 주의력 이완으로 인한 사고의 증가

보험이 보험가입자의 경제적 불안을 제거하거나 경감시켜 주기도 하지만, 한편으로는 그만큼 부주의해지는 결과를 가져와 사고발생의 빈도수나 손해액이 더 증가되는 결과를 초래하기도 한다.

보험의 존재 이유

보험의 사회적 기능이 보험의 사회적 비용보다 크기 때문이다.

3 위험관리방법으로서의 보험

(1) 위험관리방법으로서의 보험의 장점

① 가장 중요하며, 많이 사용되는 위험재무기법이다.

② 발생빈도가 낮고 손실규모가 큰 위험의 대처에 가장 효과적이며, 효율적인 대응책이다.

③ 손실보상과 복구 및 관련된 전문적 서비스(손해사정, 분쟁해결 등)를 제공한다.

④ 피보험자의 위험요소에 대한 전문적인 감독을 수행한다.

(2) 효과적인 보험의 활용시 유의사항

① 적정 수준의 보험을 선택해야 한다.

② 다른 위험관리수단과 비교하여 보험에 지출되는 비용의 비교우위가 있어야 한다.

예 보험가입 및 손실통제 병행

③ 보험회사가 제공하는 기타 서비스의 질을 고려해야 한다.

예 손실보상 외의 위험관리방법 조언, 분쟁 조정 서비스 제공 등

④ 보험료는 비용처리되므로 세금혜택에 대한 고려가 포함되어야 한다.

⑤ 위험통제의 가능성 정도를 파악하여 내부적으로 통제가 어려운 위험일수록 보험에 적당하다.

⑥ 보험계약 체결 후 손실에 관한 적절한 기록을 유지하여야 한다.

⑦ 기본적인 보험 외에 기업의 생존에 영향을 줄 수 있는 재난적 손실로부터 보장받을 수 있는 초과담보나 포괄보험계약을 추가로 가입하는 것이 바람직하다.

(3) 보험회사의 선택

① 보험회사의 인수능력, 즉 보험계약자의 보험사고를 보상할 수 있는 충분한 재무적 능력이 있는지 파악하여야 한다.

② 건전한 재무구조를 유지하고 있는지 평가하여야 한다.

③ 보험계약자가 요구하는 보장에 대한 보험회사의 태도가 피보험자의 입장과 상충되지 않아야 한다.

④ 특정 위험에 대한 지식과 평가기술인 언더라이팅 지식을 잘 갖추고 있는지 평가해야 한다.

⑤ 보험회사가 피보험자에게 지속적으로 서비스를 제공해 줄 것인지 여부를 확인해야 한다.

⑥ 손실발생 후 보험회사가 제공하는 보상서비스의 내용과 질을 따져 보아야 한다.

심화TIP **보험회사가 직접 손실방지를 하는 이유**

- 보험회사의 손실방지 활동은 전체적으로 손실발생을 줄이고, 이를 통해 보험금을 적게 지급함으로써 보험회사의 이익으로 연결된다. 또한 손실방지 활동을 통하여 금전적 손해를 줄이고, 인명피해를 막아 사회에 공헌할 수 있다.
- 손실방지 활동을 통해서 보험회사는 위험인수에 필요한 자료 및 정보를 얻을 수 있다.
- 손실방지 활동은 마케팅 업무에 기여를 한다.
- 손실방지 활동을 통해서 인수가 어려운 위험을 인수할 수 있게 된다. 예를 들어 화재위험이 높은 작업장 등에 스프링클러나 방화벽 시설을 설치함으로써 위험인수 가능성을 높일 수 있다.
- 손실방지 활동은 보험사고발생시 손해사정 업무처리에 일조를 하게 된다.
- 보험회사는 손실방지 활동을 통하여 이에 대한 노하우를 축적하고, 이를 일반기업에 제공함으로써 추가적인 수익을 올릴 수 있다.

(4) 보험의 분류 기출 24

① 공영보험(사회보험)

㉠ 국가나 지방공공단체가 운영한다.

㉡ 사회보장 성격이 강하며, 국민의 최저생활 보장이 주목적이다.

㉢ 보험료와 보험혜택이 비례하지 않는다.

㉣ 가입에 강제성이 많고, 정부가 보험료 일부를 부담한다.

② 민영보험

㉠ 사기업이 운영한다.

㉡ 개인이나 조직의 다양한 위험제거 또는 경감이 목적이다.

㉢ 보험료와 보험혜택이 비례한다.

㉣ 대부분 가입에 있어 자율적이고, 보험계약자가 보험료 전부를 부담한다.

사회보험과 민영보험의 비교

사회보험(국민연금, 산재보험, 의료보험, 고용보험 등)은 국가나 지방공공단체가 운영하고 가입을 강제하며, 국민의 최저생활 보장이 주목적이다. <u>사회보험은 상대적으로 과다한 재정의 부담을 경감시킬 수 있으며, 일정한 소득재분배 효과가 나타난다</u>.

민영보험(생명보험, 손해보험, 보증보험 등)은 사기업이 운영하고 임의가입하며, 개인이나 조직의 다양한 위험제거 또는 경감이 목적이다.

③ 손해보험

주로 민영보험에서 운영되고 있으며, 기업의 위험관리 목적으로 활용되는 보험이다.

㉠ 재산보험 : 재산상의 손해를 대상으로 하는 보험

㉡ 화재보험 : 화재 등으로 인한 재산상 직접 및 간접 손실을 보상하는 보험

㉢ 상해보험 : 사고로 인한 상해를 대상으로 하는 보험

㉣ 자동차보험 : 자동차사고로 인한 재산상 손해와 상해를 보상하는 보험

㉤ 해상보험, 운송보험 : 해상 및 육상 수송과 관련된 위험을 담보해 주는 보험

㉥ 배상책임보험 : 법률적 배상책임을 담보해 주는 보험(제조물배상책임보험, 환경오염배상책임보험, 전문직배상책임보험 등)

④ 생명보험과 연금보험

㉠ 생명보험 : 사망이나 질병과 같은 신체손해를 대상으로 한다는 점에서 인보험(人保險)이라고도 한다.

㉡ 연금보험 : 주로 노후 또는 은퇴에 대비한 소득보장적 성격을 지니고 있어서 생명보험과 구별된다. 연금보험은 개인의 생활위험관리의 중요한 수단이지만 기업에게 있어서도 종업원의 사기, 복지 등 고용위험관리의 주요한 수단이 되고 있다.

⑤ 보증보험 기출 16·19

보증보험은 보험계약자의 고의로 인한 손실, 즉 보험계약자의 채무불이행으로 인한 손해를 보상하는 특수한 형태의 보험이다.

㉠ 채권자인 제3자를 위한 계약이다.

㉡ 보험계약자 임의로 계약을 해지할 수 없다.

㉢ 대위변제가 목적이다.

㉣ 인위적인 보험사고에도 보험금을 지급한다.

[보험의 분류]

4 보험과 구분되는 유사제도와의 비교

(1) 보험과 투기

보험과 투기는 계약에 의해 위험이 전가되고 새로운 위험이 초래되지 않는다는 점에서 유사하지만 다음과 같은 차이점이 있다.

① 보험은 부보가능위험을 그 대상으로 하고 있으나, 투기의 대상이 되는 위험은 대부분 부보가 불가능한 위험이다. 예를 들어 주식투자는 투기의 대상이 될 수 있을 뿐 보험의 대상은 되지 않는다.

② 보험은 대수의 법칙을 적용하여 보험자의 객관적인 위험을 감소시킬 수 있는 반면, 투기는 위험이 전가될 뿐 위험이 감소되지 않는다.

③ 보험은 보험가입대상 위험의 수가 증가함에 따라 예상 손해에 대한 실제 손해의 상대적 편차가 감소하기 때문에 미래 손해에 대한 보험자의 예측이 향상된다. 이에 반하여 투기는 전형적으로 위험전가만을 포함하고, 위험감소와는 관계가 없다. 시장가격에 영향을 미치는 여러 요인들에 대한 중요한 정보와 지식을 가지고 이익을 얻을 수 있다고 생각하는 투기자에게 가격변동의 위험이 전가된다.

(2) 보험과 도박 기출 16

보험과 도박은 우연한 사고의 발생으로 금전의 수수가 이루어진다는 점과 일정한 다수인이 금전을 거출(갹출)하여 성립한다는 점에서는 일치한다. 차이점은 다음과 같다.

① 도박은 이전에 존재하지 않았던 새로운 투기적 위험을 만들어 내는 반면, 보험은 기존의 순수위험을 처리하기 위한 하나의 기법이다.

② 도박에서 승자는 패자의 비용에 의해 이득을 얻기 때문에 도박은 사회적으로 비생산적이다. 이에 반해 보험자와 피보험자는 어느 누구도 도박과 같은 승자와 패자의 입장에 있지 않기 때문에 보험은 사회적으로 생산적이다.

③ 보험자와 보험계약자는 손해가 발생하지 않으면 모두 승자가 된다. 더욱이 도박거래는 패자를 이전의 재정상태로 회복시켜 주지 않지만 보험은 손해가 발생한 경우 피보험자의 손해 중 일부 또는 전부에 대하여 재정적으로 회복시켜 준다.

④ 보험의 경우 부의 획득이 아니라 보험자, 피보험자 모두가 위험의 제거 내지는 감소에 그 목적을 두고 있을 뿐 아니라, 손해가 발생하지 않는 경우 모두에게 이익이다. 또한 도박은 손실보상이 영원히 안 되지만 보험은 전부 또는 일부가 변상되는 것이 다르다.

[보험과 투기, 도박과의 비교]

구 분	보 험	투 기	도 박
동 기	위험의 제거 또는 감소	부의 획득	부의 획득
사회적 인식	생산적	비생산적	비생산적
대상위험	기존 존재 위험	새로이 창출된 위험	새로이 창출된 위험
사회적 역할	위험의 전가·감소 가능, 발생된 손실의 일부 또는 전부 회복 가능	위험의 전가만 가능	발생된 손실의 회복 불가능

(3) 보험과 저축

보험과 저축은 위험에 대비하여 경제생활의 안정을 도모한다는 점에서는 일치한다. 차이점은 다음과 같다.

① 저축은 순수위험과 객관적 위험뿐만 아니라 투기적 위험과 주관적 위험도 대비하지만, 보험은 순수위험과 객관적 위험을 대상으로 한다.

② 저축은 그 목적이 반드시 특정사고를 대상으로 하는 것이 아니지만, 보험은 특정한 우연의 사고에 대비하기 위한 것이다.

③ 저축은 경제주체가 단독이지만, 보험은 다수경제주체의 결합을 통해 실제손실을 평균손실로 전가한다.

④ 저축재산은 저축자의 재산이므로 임의로 처분이 가능하지만, 보험료는 보험단체에 귀속되고 보험계약자가 임의로 처분할 수 없다.

(4) 보험과 보증

보증은 어떤 행위로 야기된 손실을 지급할 것을 보증해 준다는 의미로 발생손실에 대한 보상을 목적으로 하는 보험과 차이가 있다. 그 밖에 보험과 보증은 다음과 같은 차이가 있다.

① 보험에서 계약 당사자는 보험자와 보험계약자인데 비하여 보증에서 계약 당사자는 보상금 지급자인 보증보험회사와 보험계약자 그리고 피보험자 3인으로 구성된다.

② 보험에서의 보험료는 손실보상에 대한 대가로 징수하는 반면, 보증에서의 보험료는 원칙적으로 신용공여에 대한 수수료의 성격을 가지고 있다.

③ 보험의 경우 보험회사는 피보험자 또는 보험계약자에게 지급한 손실보상에 대해서는 구상권이 없다. 그러나 보증의 경우 과실이 있는 보험계약자에게 구상권이 존재한다. 즉 보증사고가 발생한 경우 피보험자에게 손해를 보상하고 보험계약자에게 이미 지급한 손해에 대해서 구상을 한다는 것이다.

④ 보험에서는 보험계약자가 통제할 수 없는 우연적이고 고의가 아닌 손실을 보상하는 경우가 대부분이다. 보증의 경우 보증보험회사가 보험계약자의 성실성, 정직성, 이행능력을 보증하는데 이러한 특징은 보험계약자가 통제할 수 있는 것이다. 즉 보증에서는 보험계약자가 통제 가능한 위험에 기인하는 손실을 보상하는 것이 대부분이다.

(5) 보험과 공제 기출 14

① 보험과 공제는 모두 만약의 사고를 대비하여 가입한 후 일정금액을 사고발생시 지급하는 형식으로 같다.

② 공제는 동일 직업이나 동일한 사업에 종사하는 다수가 상호구제를 위하여 가입하는 것이고, 보험은 동질 위험에 놓인 다수가 가입하는 것으로 차이가 있다.

③ 국내의 공제기관에서도 '보험'이라는 용어를 사용하지만 국내의 공제기관은 보험업법에 근거한 보험회사가 아니다.

> 생명공제, 재해공제, 화재공제, 어선공제, 여객자동차공제, 화물자동차공제 등은 상호보험에 접근한 형태로 볼 수 있으며, 유사보험(조합보험)이라고 한다.

[보험과 공제의 비교]

구 분	보 험	공 제
가입대상	동질의 위험에 처한 다수의 경제주체 (불특정 다수)	동일한 직업 또는 사업에 종사하는 다수의 경제주체(특정회원/지역 등에 한정)
비 용	일정률의 금액(보험료)을 출연	보험료에 상당하는 금전을 납입
위험의 평균화	경제주체 다수의 평균화	가입대상 평균화
감독과 규제	금융감독원(전문적인 감독과 규제)	관할 주무부처

(6) 보험과 헤징(Hedging)의 비교

① 계약을 통한 위험전가

헤징(Hedging)은 새로운 위험을 창출하지 않는다는 점에서 보험과 유사하지만, 현존하는 위험을 계약이라는 수단을 통해 전가하며, 위험 중에서 가격위험이라는 한 부분만을 전가한다.

② 거래자의 위험 특성

보험도 보험구입자의 보험가능위험을 보험자에게 전가하는 계약이라는 점에서 유사하다. 헤징의 경우 위험전가자, 즉 거래자의 위험특성이 중요하지 않지만 보험의 경우 피보험자의 위험특성(예를 들어 자동차보험의 경우 운전자의 나이, 보험가입경력, 사고경력 등)이 중요하다.

③ 대수의 법칙 적용 가능성

보험계약은 손실의 집단화를 통해 대수의 법칙을 적용하며, 결과적으로 객관적 위험을 감소시킨다. 반면에 헤징은 대수의 법칙을 적용할 수 없으며, 단순한 위험전가 수단으로 객관적 위험을 감소시키지 않는다.

심화TIP 보험과 보험유사제도의 비교

구 분	우발적 사고	계 량	경제적 욕구충족	다수의 경제체	공평한 비용부담
자가보험	○	○	○	×	○
저 축	○	×	○	×	×
보 증	○	○	○	×	×
투 기	○	×	○	×	×
계	×	×	○	○	×

02 보험계약의 특성과 기본 요소

1 보험계약의 개요

(1) 보험계약의 의의

보험계약은 당사자 일방이 약정한 보험료를 지급하고 그 상대방이 재산 또는 생명이나 신체에 관하여 불확정한 사고가 생길 경우에 일정한 보험금액 기타의 급여를 지급할 것을 약정함으로써 효력이 생기는 계약이다(상법 제638조).

(2) 보험계약의 기본 요건 기출 14

보험계약도 다른 계약과 마찬가지로 법적인 효력을 발휘하기 위해서는 일정한 요건을 갖추어야 하는데 그 기본 조건은 다음과 같다.

① 청약과 승낙

보험계약이 성립하려면 계약 당사자 일방의 청약이 있어야 하고, 이에 따른 승낙이 있어야 한다.

② 약인(consideration) 기출 23

약인은 보험계약 성립을 위해 계약 당사자간에 서로 지불하는 대가를 의미한다. 보험계약에서 피보험자 측의 약인은 1회분 보험료의 납부와 보험증권에 명시되어 있는 여러 조건을 준수하는 것이고, 보험자 측의 약인은 손실보상과 예방 및 법률에 관한 서비스를 제공하는 것이다.

> **약인조항(consideration clause)**
> 피보험자가 약정한 보험료를 보험자에게 지급함으로써 보험자는 보험증권에 규정된 범위와 방법에 따라 보험목적물의 물적손해, 책임, 비용을 보상할 것에 합의한다는 조항이다.

③ 보험목적의 합법성

보험계약은 법의 저촉을 받지 않는 합법적 목적을 가진 것이어야 한다. 예를 들어 사회의 건전성을 해치는 마약, 밀수품 등은 보험대상이 되지 않는다. 또한 피보험이익이 없는 경우에도 도박보험이 되어 보험대상에서 제외된다.

④ 계약자의 행위능력

보험계약이 효력을 갖기 위해서는 계약 당사자가 모두 법적 유자격자이어야 한다. 일반적으로 대부분의 성인들은 합법적인 유자격자가 될 수 있으나, 미성년자 등은 합법적인 유자격자가 될 수 없다.

2 보험계약의 특성 기출 14 · 17

(1) 불요식 · 낙성계약

보험계약은 당사자 쌍방의 의사표시의 합치만으로 성립하고 의사표시에는 아무런 형식을 요하지 않는다. 따라서 보험료의 선지급이 없어도 보험계약은 유효하게 성립된다. 즉, 최초의 보험료 지급은 보험자의 책임이 개시되는 시기를 정한 것이고 보험계약의 성립과는 관계없다.

(2) 유상 · 쌍무계약

보험계약은 보험자와 보험계약자 사이에 이루어지는 채권계약으로서 보험계약자는 보험료 지급의무를 지고 보험자는 사고발생시 보험금 지급의무를 진다. 이 두 채무는 상호대가관계가 있으므로 보험계약은 쌍무계약이면서 또한 유상계약이다.

(3) 상행위성

상법은 보험을 영업적 상행위로 규정하고 있으며, 이는 보험자가 보험계약의 체결을 영업으로 하는 것을 의미한다.

(4) 계속계약성

보험계약은 급부의 교환으로 즉시 계약이 종료되는 보통 거래와는 달리 계약관계가 일정기간 동안 지속되는 계약이다. 그리하여 보험료를 모두 지급한 보험계약자도 보험기간 동안 통지의무 등 보험계약상의 의무를 지고, 보험계약효력의 소멸을 장래에 향하여 인정하며 해지를 원칙으로 하고 있다.

(5) 독립계약성

보험계약은 그 계약 자체가 독립하여 존재하는 독립계약성을 가진다. 따라서 매매계약이나 운송계약에 부대하여 위험을 보장하는 것은 보험계약이 될 수 없으며, 위험보장 자체가 별도의 계약으로 성립되어야 한다.

(6) 부합계약성 기출 16 · 18 · 19 · 21 · 24

① 의 의

부합계약이란 계약 당사자 일방이 계약의 내용을 일방적으로 작성하고 상대방은 그 정형화된 계약의 내용에 승인 또는 거절하는 계약을 말한다. 보험계약은 이와 같이 보험자 일방이 작성한 보통보험약관에 의하여 이루어지므로 '부합계약성'을 가진다고 할 수 있다.

② 보험계약이 부합계약성을 가지는 이유

보험은 동질의 위험을 가지고 있는 다수의 보험계약자와 계약하는 것이므로 보험계약자 개개인과 계약조건을 협상한다는 것은 어려움이 있다. 따라서 보험자는 미리 정형화된 보험약관에 의하여 보험계약을 체결하게 되는 것이므로, 보험계약은 부합계약성을 가진다고 할 수 있다.

③ 보험계약자 보호의 필요성

보험약관을 보험자가 일방적으로 작성하기 때문에 보험전문지식이 부족하고 전문용어에 대한 이해가 부족한 개인계약자의 불이익을 해소할 필요가 있다. 따라서 상법에서는 기업보험, 해상보험 등을 제외하고 상법의 내용보다 보험약관의 내용이 보험계약자 측에게 불이익하게 변경된 경우에는 무효라고 규정하여 보험계약자를 보호하고 있다(= **불이익변경금지의 원칙**).

보험계약자 등의 불이익변경금지(상법 제663조)

상법 제4편 보험의 규정은 당사자간의 특약으로 보험계약자 또는 피보험자나 보험수익자의 불이익으로 변경하지 못한다. 그러나 (**재보험**) 및 (**해상보험**) 기타 이와 유사한 보험의 경우에는 그러하지 아니하다.

④ 보험약관 교부·명시의무

보험계약자가 보험약관의 내용을 알지 못하고 계약을 체결하는 것을 방지하기 위하여 보험자에게 보험약관의 교부·명시의무를 부여하고 보험자가 이를 해태한 때에는 보험계약의 취소가 가능하도록 하고 있다.

⑤ 약관해석에 미치는 영향

보험약관은 보험자가 일방적으로 작성하였기 때문에 보험약관을 해석함에 있어 그 내용이 불분명한 경우에는 보험자에게 불이익하게 해석하는데 이를 작성자불이익의 원칙이라고 한다.

⑥ 보통보험약관 제정·변경시 감독당국의 인가 및 규제 기출 18

보통보험약관의 내용에 대하여 사전에 통제하여 보험계약자에게 불이익하지 않도록 보통보험약관의 제정·변경시에는 감독당국의 인가(승인)를 받도록 하였다.

보험계약의 부합계약성에 기인하여 계약자가 입을 수 있는 불이익을 방지하기 위한 수단

보험자는 미리 정형화된 보험약관에 의하여 보험계약을 체결하게 되므로, 보험계약은 부합계약성을 가진다고 말할 수 있다. 보험약관을 보험자가 일방적으로 작성하기 때문에 보험전문지식이 부족하고 전문용어에 대한 이해가 부족한 보험계약자의 불이익을 방지하기 위해 **불이익변경금지의 원칙**(보험약관의 내용이 보험계약자 측에게 불이익하게 변경된 경우에는 무효라는 규정), **약관교부설명의무**, **작성자불이익의 원칙**(보험약관을 해석함에 있어 그 내용이 불분명한 경우에는 보험자에게 불이익하게 해석함) 등의 수단이 사용되고 있다.

(7) 사행계약성 기출 19

① 의 의

사행계약이란 복권이나 도박과 같이 우연한 이득을 얻으려는 것을 목적으로 하는 계약을 말한다. 사행계약은 우연한 이득을 목적으로 하는 계약이지만 실제로 급여를 받을 수 있을지 여부가 불확실하다. 보험계약에서 사행계약성은 보험자의 보험급부 여부가 우연한 사고에 의존한다는 의미이다. 사행계약성은 보험에 없어서는 안 될 필수적인 성질이지만, 그 부작용으로 보험제도를 악용하여 경제적 이득을 보려는 심리상태, 즉 도덕적 위험이 존재하게 된다.

② 사행계약성에 따르는 문제

보험계약이 사행계약성을 띠기 때문에 자칫 보험은 도박화 되어 버리기 쉽고, 보험범죄의 문제를 야기할 수도 있다. 이에 따라 인위적 사고유발 등을 방지하기 위해 손해보험에서는 이득금지의 원칙이 적용되며, 이를 실현하기 위한 여러 가지 법적·제도적 장치들을 마련해 두고 있다.

(8) 선의계약성

① 의 의

보험계약은 어느 계약보다도 당사자(보험계약자, 피보험자 및 보험자)간의 최대 선의를 요한다.

② 보험계약에서 최대선의의 원칙이 중요시 되는 이유

㉠ 보험계약은 보험급부 여부가 우연한 사고에 의존한다는 사행계약성을 띠고 있어 선의성이 없으면 보험계약이 도박화 될 수 있기 때문이다.

㉡ 보험계약자의 입장에서 보면 보험사고시 자기가 지불한 보험료에 비하여 막대한 보험금을 받을 수 있고, 보험사고발생 여부가 피보험자의 관리하에 있어 도덕적 위험이 필연적으로 존재하기 때문이다.

㉢ 보험계약이 갖는 정보의 불균형 때문이다. 즉 보험자가 가지는 정보는 보험계약자의 정보보다 훨씬 적고 정보를 획득하는 데에도 한계가 있다. 따라서 최대선의의 원칙에 따라 보험계약자가 진술한 내용을 보험자가 신뢰하고 그 바탕 위에 보험계약이 성립하게 된다.

(9) 단체계약성

① 의 의

보험은 동질의 위험이 다수 결합한 위험단체를 근거로 한 경제제도이다. 위험단체가 없다면 위험의 다수결합을 통한 위험분산화를 기할 수 없으며, 이와 같이 동질위험이 다수 결합된 성질을 보험의 단체성이라고 한다.

② 보험에서 단체성이 필요한 이유

㉠ 대수의 법칙적용을 위한 전제조건 : 보험에서 대수의 법칙을 적용하면 개인적으로 보면 불확실하게 발생하는 보험사고도 일정기간 일정 다수를 측정하여 평균적인 사고발생률의 측정이 가능한데 이를 위해서는 동일한 다수의 위험이 필요하다.

㉡ 위험분산 : 대수의 법칙에 의해 측정된 위험률을 가지고 실제손실을 평균손실로 대체하기 위해서는 위험공동체의 형성이 필수적이다.

인적계약(personal contract) 기출 17·23

보험자의 관점에서 볼 때 동일한 보험목적물이라도 피보험자가 누구냐에 따라 손실발생 위험이 달라지는 것이기 때문에 보험계약의 내용이 달라질 수 있고 계약의 인수가 거절될 수도 있다.

심화TIP 조건부계약 기출 24

보험계약상 보험자의 보험금 지급의무에 대한 책임은 우연한 보험사고의 발생과 함께 보험계약자나 피보험자의 보험약관상 명시된 여러 조건을 이행하는가에 좌우된다. 예를 들어 보험계약자나 피보험자는 보험목적물에 현저한 위험이 증가한 경우 이를 통보(**위험변경 · 증가의 통지의무**)하고, 보험사고의 발생을 안 때에는 즉시 통보(**보험사고발생의 통지의무**)하여야 하며, 사고발생 후 손해방지와 경감을 위해 노력(**손해방지의무**)하는 등 보험약관에 정해진 여러 의무를 이행해야 한다. 이런 의미에서 보험계약은 조건부계약이라 할 수 있다.

3 보험계약의 원칙

(1) 최대선의의 원칙 기출 14 · 18 · 19 · 21 · 25

최대선의의 원칙은 보험계약시 계약 당사자에게 다른 일반 계약보다 훨씬 높은 정직성과 선의 혹은 신의성실을 요구한다. 즉 보험계약은 일반계약과 달리 자신에게 불리한 사실까지 보험자에게 고지를 해야 하며, 계약 체결 후에도 위험의 증가, 위험의 변경금지의무 등이 부과된다는 점에서 계약자의 선의를 요건으로 하고 있다.

① 보험계약자와 최대선의의 원칙

㉠ 보험계약자에게 최대선의의 원칙이 강조되는 이유 : 위험에 대한 정보가 보험계약자의 지배하에 있고 대부분의 정보취득을 이들에게 의존할 수밖에 없는 구조를 가지며, 사행계약성에 따른 도덕적 위험이 보험계약자 측에 의하여 좌우되므로 최대선의를 요구하고 있다.

㉡ 고지의무와 최대선의의 원칙 : 보험계약자 측에 위험사정과 관련된 정보제공의무를 지움으로써 정보불균형에 따른 문제점을 해소하고 보험단체에 대한 안정성을 제고하고 있다.

㉢ 위험변경 · 증가의 통지의무 및 위험유지의무 : 보험계약이 존속하는 기간 중에는 위험변경 · 증가통지의무와 위험유지의무를 부여하며, 지속적인 정보의 제공과 임의적인 위험의 변경을 금함으로써 정보의 불균형에 따른 제반문제를 해소하고 있다. 이 의무는 사정변경의 원칙에 그 근거를 두고 있으나, 최대선의성을 반영한 형태로 볼 수 있다.

㉣ 고의 · 중과실 면책조항 : 고의 · 중과실 등 인위적으로 사고를 발생시켜 상대방의 신뢰에 침해를 가하는 자에 대하여 보험자의 책임을 면하게 하여 도덕적 위험을 억제하고 최대선의성의 유지에 노력하고 있다.

㉤ 사기적인 초과보험, 중복보험 : 보험계약이 사기로 체결된 경우 무효로 규정하고 보험자는 그 사실을 안 때까지의 보험료를 청구할 수 있게 하고 있다.

㉥ 손해방지경감의무 이행 : 일반적으로 보험의 목적은 보험계약자 측의 지배하에 있으며, 사고발생시 용이하게 손해방지 및 경감조치를 취할 수 있는 지위에 있기 때문에 최대선의의 원칙상 요구된다고 볼 수 있다.

㉦ 보험사고의 객관적 확정 : 보험사고가 이미 발생하였거나 발생할 수 없는 것인 때에는 보험계약을 무효로 함으로써 보험을 이용하여 이득을 취하려는 도덕적 위험을 억제하고 있다.

ⓞ 담보제도(warranty) : 담보란 보험계약에 있어서 어떤 사실에 대한 피보험자의 명확한 입장 표명 또는 합의된 조건의 이행에 대한 약속으로서 계약의 일부분이 되며, 위험측정을 용이하게 하는 안전장치의 구실을 한다. 보험자는 그러한 내용에 전적으로 의존하여 위험을 평가하고 인수하게 되므로 최대선의의 원칙이 요구된다.

최대선의의 원칙은 보험계약시 계약 당사자에게 다른 일반 계약보다 훨씬 높은 정직성과 선의 혹은 신의 성실을 요구한다. 즉 보험계약은 자신에게 불리한 사실까지 보험자에게 알려야 하는 고지의무, 계약 체결 후 위험변경·증가의 통지의무, 손해방지경감의무, 사기로 인한 초과·중복보험시 보험계약의 무효 규정, 고의·중과실 면책 등에서 최대선의의 원칙이 요구된다.

② 보험자와 최대선의의 원칙

㉠ 보험자에게 최대선의의 원칙이 강조되는 이유 : 보험계약은 위험측정상의 필요에 의하여 전문적이고 기술적인 내용이 많으며, 다수계약성으로 말미암아 계약을 신속하고 정형적으로 체결하게 된다. 또한 보험단체를 합리적으로 구성하기 위하여 계약의 내용을 보험자가 결정하게 되므로 보험계약자의 불이익 방지를 위하여 최대선의의 원칙이 요구된다.

㉡ 보상방식에의 구속 : 보험자가 보상방식에 대한 결정권을 가지고 있으므로 여러 가지 제반요소를 감안하여 신중하게 결정하여야 하는데, 일단 상대방이 이를 신뢰하고 있는 경우 보험자는 추후에 보상방식을 변경할 수 없게 된다.

㉢ 잘못 설명된 약관의 구속 여부 : 보험자에 의하여 보험약관이 잘못 설명된 경우 이를 신뢰한 보험계약자 측을 보호하기 위하여 판례에서는 그들만의 개별약정으로 보아 보험계약자 측의 신뢰이익을 보호하고 있다.

㉣ 보험자에 대한 징벌적 배상금 : 보험자의 사무 처리에 있어서 악질적이고 부당한 처리에 대하여 피해자가 제기하는 손해배상청구 소송에 있어서 거액의 배상액이 인정되기도 하는데, 그 이유는 보험자에게도 보험계약상 최대선의가 요구되기 때문이다.

(2) 금반언의 원칙 기출 14·15·21

① 의 의

금반언의 원칙이란 자기가 이미 어떠한 표시를 한 경우에 그것과 모순되는 언행을 하지 못한다는 원칙이다. 상거래의 안전을 위한 영미법상의 원칙이다. 보험계약에서 금반언은 보험자로부터 보험계약자 측을 보호하기 위하여 존재한다고 볼 수 있다.

② 요 건

금반언의 원칙이 적용되기 위해서는 다음과 같은 요건이 있어야 한다.

㉠ 보험자가 보험계약자 측에 대하여 사실과 다른 언행을 나타내야 한다.

㉡ 보험계약자 측에서는 보험자의 모순되는 언행에 대하여 이를 신뢰하여야 한다.

㉢ 보험계약자 측에게 계약상의 불이익이 발생하여야 한다.

금반언의 종류
- 기록에 의한 금반언
- 날인증서에 의한 금반언
- 표시에 의한 금반언

③ 금반언의 원칙의 적용 예

㉠ 보험계약을 체결할 때 협정보험가액에 동의한 후 보험자가 협정가액을 부인할 수 없다.

㉡ 보험자가 고지의무위반 사실을 알았거나 중과실로 알지 못한 경우 보험계약 체결 후 고지의무위반으로 계약을 해지하고자 하는 것은 계약을 성립시킨 뒤 스스로의 행동에 의하여 자신의 권리를 주장하지 못하는 경우가 되어 금하고 있다.

㉢ 보험자가 고지의무의 위반을 안 날로부터 1개월 이내에 해약하지 않으면, 이후 고지의무위반의 효과에 기인하는 보험자의 해지권은 제한된다.

㉣ 보험자 측의 잘못된 설명으로 사실이 아닌 보통보험약관의 내용에 대하여 사실인 것으로 믿고 계약을 체결한 보험계약자에게 추후에 설명된 약관이 사실이 아님을 이유로 원래의 약관내용에 의한 자신의 권리를 주장하는 것은 스스로의 언행에 의하여 자신의 권리를 정당하지 못한 것으로 만든 것이므로 금반언 원칙이 적용된다.

㉤ 보험자가 피보험자의 손해를 보상함에 있어 현물보상을 하기로 한 이후, 이를 신뢰한 보험계약자 측에 대하여 현물보상하는 것이 비용 등의 면에서 지출이 많아진다는 이유로 현물보상을 취소하고 금전보상의 방법을 선택하는 경우도 금반언에 의해 제약을 받을 수 있다.

㉥ 보험자가 피보험자에게 보험의 목적을 수리하라고 말하여 피보험자가 그에 따름으로써 비용이 발생한 후에 보험자가 면책조항을 들어 보험금을 지급하지 못하겠다고 주장할 수 없다.

심화TIP 불항쟁조항(금항변조항 ; incontestable clause) 기출 17 · 21

불항쟁조항은 보험계약이 체결되고 일정한 기간이 경과한 후에는 보험계약자의 착오나 허위진술 등을 이유로 보험자의 면책(보험금 지급의 거절)을 주장할 수 없도록 규정하고 있는 조항이다. 불항쟁조항은 보험자로 하여금 보험계약자의 착오나 허위진술 등에 세심한 주의를 하게 하는 효과가 있을 뿐 아니라, 보험계약자를 보호하는데 그 목적이 있다. 예를 들어, 보험계약자가 실수로 자신의 중요 병력을 빠트리고 진술하였는데, 2년이 지난 후 그러한 사실을 가지고 보험자가 보험계약의 해지를 주장할 수 없다는 것이다. 즉 2년이라는 시간은 보험자가 진술의 진위 여부를 파악하기에 충분한 시간이므로 2년이 지나서는 그러한 사실을 다시 반박하지 못하도록 하는 규정이다.
다음과 같은 경우에는 불항쟁조항을 적용하지 않는다.
- 보험수익자가 보험금을 노리고 피보험자를 살해하려는 의도를 갖고 있는 경우
- 타인으로 하여금 대리로 신체검사를 받게 하는 경우
- 보험계약 체결시 피보험이익 자체가 존재하지 않는 경우

(3) 실손보상의 원칙

① 실손보상의 의의 기출 19

실손보상이란 실제로 발생한 손해만큼 보상해 주는 것을 의미한다.

㉠ 취지 : 손해보험에서 실손보상의 원칙을 채택한 취지는 피보험자가 손해발생 이전의 상태로 회복할 수 있도록 하여 사고로부터 피보험자의 경제력을 유지함과 동시에 보험계약의 도박화 및 보험범죄를 방지하고자 하는데 있다.

㉡ 법적 근거 : 실손보상의 원칙은 상법 제667조(상실이익 등의 불산입) 및 상법 제676조 제1항(손해액의 산정기준)에 그 근거를 둔다.

실손보상의 원칙이란 보험사고가 발생하였을 경우 보험자는 피보험자에게 실제 발생한 경제적 손실에 대하여 보험가입금액에 비례하여 보상한다는 것을 의미한다. 여기서, 실제로 입은 경제적 손실이란 손실의 **실제현금가치(actual cash value)**를 말하는 것으로 다음과 같이 산정한다.

실제현금가치 = 대체비용(재조달가액) – 감가상각

- **대체비용** : 손실을 원상태로 복구하는데 드는 비용(재조달가액)
- **감가상각** : 고정자산의 가치감소를 산정하여 그 액수를 고정자산의 금액에서 공제함과 동시에 비용으로 계상하는 것

② 실손보상원칙의 목적 기출 15

㉠ 이득금지원칙 : 피보험자의 경제적 상태를 손해발생 이전의 상태로 복원시키는 것, 즉 실제로 발생한 경제적 손실에 대한 보상을 통해 피보험자 또는 보험계약자가 보험사고로부터 이익을 얻는 것을 방지하는데 있다.

㉡ 도덕적 위태의 감소 : 손해를 통하여 이익을 얻을 수 있다면 피보험자들이 의도적 행동이나 부주의를 통해 손해를 발생시킬 우려가 있다. 이렇게 되면 손해발생 가능성이 증가하고, 보험요율이 상승하게 되므로, 실제 발생한 손해만을 보상해 줌으로써 도덕적 위태를 감소시킬 수 있다.

③ 실손보상원칙의 적용단계

㉠ 1단계 : 실손보상원칙의 적용에 있어서 먼저 피보험이익의 존부에 관한 판단을 하여야 한다. 보험금청구권자에게 해당 보험계약이 담보해야 할 피보험이익이 존재해야만 보상금을 지급받을 수 있다.

㉡ 2단계 : 다음 단계는 지급보험금 결정 단계이다. 피보험이익의 존재를 확인한 후 보험금을 지급하는데 있어서, 실제 손해를 보전하는 수준에서 지급하여야 한다.

④ 실손보상원칙의 구현을 위한 손해보험제도 기출 15 · 17 · 18 · 19 · 21 · 23 · 25

㉠ 피보험이익 제도 : 피보험이익이 없으면 보험금청구권도 없다. 또한 지급보험금은 피보험이익의 범위를 초과하지 아니한다.

㉡ 보험자대위 : 가해자에 대한 손해배상청구권 행사 또는 잔존물의 매각 등으로부터 이중의 이익을 얻지 못하도록 한다. 손해보험에서는 잔존물대위와 청구권대위(제3자에 대한 보험대위)가 모두 인정되는 반면, 인보험에서는 보험대위가 원칙적으로 금지된다(상법 제729조). 다만, 상해보험계약의 경우에 당사자간에 다른 약정이 있는 때에는 보험자는 피보험자의 권리를 해하지 아니하는 범위 안에서 그 권리를 대위하여 행사할 수 있다(상법 제729조 단서).

보험자대위 기출 18

보험자대위란 보험자가 보험사고로 인한 손실을 피보험자에게 보상하여 준 때에 보험의 목적이나 제3자에 대하여 가지는 피보험자 또는 보험계약자의 권리를 법률상 당연히 취득하는 것을 말한다. 피보험자의 이중이득을 방지하고 청구권대위의 경우 보험사고와 관련 있는 제3자의 면책을 방지하기 위한 취지에서 인정되고 있다. 보험자대위는 보험의 목적에 대한 보험자대위(잔존물대위)와 제3자에 대한 보험자대위(청구권대위)로 나뉜다.

심화TIP 잔존물대위 기출 20

- 잔존물 대위의 요건이 갖추어지면 보험자는 피보험자가 보험의 목적에 대해 가지는 피보험이익에 관한 모든 권리를 당연히 취득하게 된다.
- 보험자는 대위권의 행사를 포기할 수 있다.
- 잔존물대위가 인정되기 위해서는 보험자가 보험금액의 전부를 피보험자에게 지급하여야 한다(상법 제681조).
- 일부보험에서의 잔존물대위권은 보험금액의 보험가액에 대한 비율에 따라 정한다.

심화TIP 제3자 보험자대위 기출 25

- 보험계약자나 피보험자의 제3자 보험대위가 그와 생계를 같이 하는 가족에 대한 것인 경우 보험자는 그 권리를 취득하지 못한다. 다만, 손해가 그 가족의 고의로 인하여 발생한 경우에는 보험자는 제3자 보험대위권을 행사할 수 있다(상법 제682조 제2항).
- 손해가 제3자의 행위로 인하여 발생한 경우에 보험금을 지급한 보험자는 그 지급한 금액의 한도에서 그 제3자에 대한 보험계약자 또는 피보험자의 권리를 취득한다(상법 제682조 제1항).
- 보험자가 보상할 보험금의 일부를 지급한 경우에는 피보험자의 권리를 침해하지 아니하는 범위에서 그 권리를 행사할 수 있다(상법 제682조 제1항 단서).
- 손해보험에서는 잔존물대위와 청구권대위(제3자에 대한 보험대위)가 모두 인정되는 반면, 생명보험에서는 보험대위가 인정되지 않는다(상법 제729조).

㉢ 손해액의 시가주의 : 사고발생 시기와 장소에서의 가액을 손해액으로 함으로써 감가상각을 감안한 손해액을 산출하여 사용 감모분이 손해액에 포함되는 불합리를 방지한다.

㉣ 신구교환공제 : 부품의 교환이나 공사 등으로 인해 사고 이전보다 전반적인 가치가 상승할 경우, 그 가치상승분을 지급보험금에서 공제한다.

심화TIP 신구교환이익공제 기출 25

보험의 목적이 중고품인 때 분손의 보험사고가 발생하면 새로운 재료를 사용하여 수리하거나, 중고부품을 새로운 부품으로 교환함으로써 보험사고 이후의 보험목적의 가치가 보험사고 직전의 보험목적의 가치보다 증가하는 수가 있다. 이것은 손해보상 기본원칙에 위배되고 이를 허용하는 경우, 보험계약이 투기적 목적으로 이용될 수 있으므로 수리 또는 수선으로 인하여 늘어난 이익(신구교환이익)을 공제하게 되는데, 이를 '신구교환이익공제'라 한다. 따라서 신구교환이익공제는 실손보상의 원칙을 구현하기 위한 손해보험제도 중의 하나이다.

㉤ 타보험조항(other insurance clause) 기출 21·23·24 : 타보험조항은 동일한 보험의 목적의 전부 또는 일부를 담보하는 유효한 보험계약이 둘 이상 존재하는 경우 다른 보험과의 손해액을 분담하는 방법을 미리 약정한 조항이다. 타보험조항을 두는 취지는 기본적으로 손해보험의 이득금지원칙에 따라 피보험자가 동일한 손해에 대하여 둘 이상의 보험계약으로부터 손해 이상의 보험금을 수취하는 것을 막기 위함이다. 또한 보험가입을 통한 추가적 이익 획득을 방지함으로써 도덕적 위험을 사전에 방지하는데 있다. 그리고 보험자간 손해 분담의 방법을 다면화함으로써 보험자 측면에서는 다양한 리스크관리 방법을 모색할 수 있고, 계약자 측면에서는 보험료 부담에 대한 효율성을 높일 수 있다.

타보험조항은 재산, 재해보험에서 도덕적 위험이 발생할 수 있어 타보험계약에 대하여 통지하도록 하고 있으며, 손해보상의 원리에 입각하여 보험자간의 분담방법(책임한도분담조항)을 다음과 같이 하고 있다.

ⓐ 보상한도액 비례분담방식 : 동위계약에서 주로 사용하며, 손실총액에 대하여 각 보험자가 차지하는 보험금액의 비율에 따라 손해액을 분담한다.

$$\text{A보험사의 분담액} = \text{손해액} \times \frac{\text{A보험사의 보험금액}}{\text{A, B보험사의 보험금액 합계}}$$

ⓑ 독립책임액 분담방식(이위계약에서 사용하는 방법) : 다른 보험계약이 없는 것으로 간주하여 각 보험자의 보상 독립책임액을 구한 후 각 보험자의 독립책임액의 각 보험자의 독립책임액의 합계에 대한 비율로 부담한다.

$$\text{A보험사의 분담액} = \text{손해액} \times \frac{\text{A보험사의 독립책임액}}{\text{A, B보험사의 독립책임액 합계}}$$

㉥ <u>과실상계 및 손익상계</u> 기출 14 · 17 · 18

사고발생에 기여한 과실이 공동으로 있다면 그 비율만큼 공제한다. 또한 사고발생으로 손해와 동시에 이익도 얻었다면 배상액에서 그 이익을 공제하여 이익 발생을 방지한다.

구 분	과실상계	손익상계
의 의	사고발생에 피해자도 기여하였다면 형평의 원칙에 입각하여 기여한 만큼에 해당하는 금액을 손해배상금에서 공제하는 것을 말한다.	사고로 손해를 입음과 동시에 이익도 얻는 경우 형평의 원칙에 따라 가해자의 손해배상금에서 이익해당액 만큼 공제하는 제도이다.
요 건	과실상계를 적용하려면 피해자에게도 과실이 존재하고, 피해자가 사리변별능력이 있어야 하며, 피해자의 과실과 손해발생 사이에 상당인과관계가 존재해야 한다.	손해를 입음과 동시에 이익을 얻어야 하고, 이득과 사고 사이에 상당인과관계가 존재해야 한다. 그리고 이익은 손해전보 목적이어야 한다.
효 과	과실비율만큼 배상액을 감액한다.	이익해당액 만큼 배상액에서 공제한다.

심화TIP 과실상계 기출 18

과실상계란 불법행위나 채무불이행으로 인한 손해배상청구의 경우에 그 손해의 발생 또는 그 증대에 대하여 피해자(채권자 · 배상권리자)에게도 과실이 있으면 배상유무 및 손해액을 정하는데 참작하는 것이다(민법 제396조, 제763조). 상계라고는 하나 고유한 의미의 상계(민법 제492조, 제499조)는 아니며, 오로지 자기의 과실에 의한 손해를 전부 타인에게 전가하는 것은 형평의 정신에 반한다는 취지의 제도이다. 따라서 사고발생에 피해자도 기여하였다면 형평의 원칙에 입각하여 기여한 만큼에 해당하는 금액을 손해배상금에서 공제하는 것을 말한다.

- 손해배상책임을 정함에 있어서 손해발생이나 손해확대에 대한 피해자의 과실을 참작하는 제도를 말한다.
- 고액의 배상액을 공평분담의 견지에서 감액함으로써 위자료와 함께 손해배상액 산정에 있어서 조정 기능을 한다.
- 피해자의 과실은 의무위반에 한정되지 않고 사회통념상 신의성실의 원칙에 따라 요구되는 약한 부주의를 포함한다.

⑤ 실손보상원칙의 예외 기출 14 · 15 · 19 · 22

㉠ <u>신가보험(재조달가액보험)</u> : 보상기준을 재조달가로 정한 보험을 신가보험이라 한다. 감가상각이 반영된 실제 손해를 보상하는 것이 아니고, 재조달가 전액을 보상하게 되므로 실손보상원칙의 예외가 된다.

㉡ <u>기평가보험</u> : 기평가보험계약에서는 보험가액이 사고발생시의 가액을 초과하더라도 사고발생시의 가액을 기준으로 하여 손해액을 산정하지 아니하고, 계약된 금액을 기준으로 손해액을 산정하므로 이득금지원칙의 예외가 된다.

㉢ <u>손해보험상품 중 정액보험</u> : 운전자보험의 방어비용보상 등은 해당 보험금 지급요건이 충족되면, 실제 소요비용이 얼마인가에 상관없이 보험계약시 정한 금액을 일시금으로 지급하게 된다. 만일 소요비용이 보험금보다 적다면, 금전적 이득이 발생하므로 이 또한 실손보상원칙의 예외가 된다.

심화TIP 대체비용(replacement cost)보험 기출 25

대체비용보험은 보험사고가 발생한 경우 감가상각을 하지 않고 피보험목적물과 동종, 동형, 동질의 신품을 구입하는데 소요되는 비용을 지급하는 보험으로, 재조달가액보험 또는 신가보험이라고도 한다. 여기서 신가란 재조달가액, 신품가액, 대체비용이라고 한다. 대체비용보험은 실손보상원칙의 예외로서 이용되는 보험이다.

(4) 피보험이익의 원칙 기출 14·16·17·19·23·24

① 의 의

피보험이익이란 보험목적물에 손해가 발생하였을 때 피보험자가 갖는 경제적 이해관계를 말한다. 따라서 피보험자가 보험목적물과 관련하여 이해관계를 가지지 않는 경우 피보험이익이 존재하지 않으며, 이런 경우 보험목적물은 보험에 가입할 수 없다. 하나의 보험목적물에 복수의 피보험이익이 존재할 수 있다. → "피보험이익이 없으면 보험도 없다."

② 피보험이익의 요건 기출 16·25

㉠ 적법성 : 피보험이익은 적법한 것이어야 한다. 절도·도박 등에 의해 얻을 이익처럼 민법 제103조에 위반하거나 금지규범에 위반하는 이익은 피보험이익이 될 수 없다.

㉡ 경제성(금전평가가능성) : 피보험이익은 금전으로 산정할 수 있는 이익이어야 한다(상법 제668조). 피보험이익은 피보험자가 갖는 경제적 이해관계이어야 하는데, 이런 경제적 이해관계는 객관적으로 평가될 수 있어야 한다. 따라서 도적적인 가치나 종교적인 가치·개인적인 특수한 가치 등은 피보험이익이 될 수 없다.

㉢ 확정가능성 : 피보험이익은 보험계약 성립 당시에 그 존재 및 소속이 객관적으로 확정되어 있거나 또는 적어도 보험사고발생시까지는 객관적으로 확정될 수 있는 것이어야 한다. 왜냐하면 보험사고발생시까지 피보험이익이 확정되지 않으면, 손실도 확정되지 않고 보험자가 보상할 보험금도 확정될 수 없기 때문이다.

③ 피보험이익의 기능 기출 25

㉠ 보험자의 책임범위의 결정

㉡ 실손보상원칙의 실현(도박화, 인위적 위험의 방지)

㉢ 초과보험, 중복보험의 판정기준

㉣ 일부보험의 보상액 결정

㉤ 보험계약의 동질성 여부 판단기준

상법 제668조에서는 피보험이익을 "보험계약의 목적"이라고 하여 금전적으로 산정할 수 있는 이익으로 한정하고 있다. 피보험이익의 기능은 보험자의 책임범위의 결정하고, 실손보상의 원칙을 실현(도박화, 도덕적 위태의 방지)하는데 있다. 기출 20

④ 피보험이익의 원천

㉠ 손해보험의 경우

ⓐ 소유권자는 자신의 소유재산에 대해 피보험이익이 존재한다.

ⓑ 배상책임이 우려되는 당사자(세탁소나 정비공장)가 보관 중인 물건에 대해 피보험이익이 있다.

ⓒ 은행과 같은 법적 채권자의 경우도 채권을 확보하기 위해 피보험이익을 가진다.

ⓓ 사채업자나 개인적으로 채권을 갖는 사적 채권자는 피보험이익이 인정되지 않는다.

ⓔ 계약관계에서도 피보험이익을 가질 수 있다.

㉡ 생명보험의 경우

ⓐ 피보험이익을 갖는 사람은 본인을 포함하여 혈족, 친인척, 부부관계에 있는 사람이며, 상호 간에도 피보험이익을 가진다.

ⓑ 금전적으로 이해관계에 있는 당사자의 경우에도 피보험이익을 가지므로 법적 채권자뿐만 아니라 사권 채권자의 경우에도 피보험이익을 가진다.

ⓒ 우리나라의 경우에도 피보험자의 동의만 있으면 보험수익자와 피보험자 사이에 아무런 경제적·사회적 이해관계가 없다하더라도 생명보험계약이 성립할 수 있도록 규정되어 있으므로 생명보험계약에서 피보험이익은 문제가 발생되지 않는다.

⑤ 피보험이익의 존재시기 기출 18

㉠ 손해보험의 경우 : 보험계약 체결시점에는 피보험이익의 존재가 필요 없지만, 손해발생 시점에는 반드시 피보험이익이 존재해야 한다. 미국의 경우 피보험이익의 존재시점은 계약 체결시점이다.

㉡ 생명보험의 경우 : 우리나라의 통설은 피보험이익이 존재하지 않는다는 입장이다. 인간에 있어 생명의 가치는 금전으로 평가가 불가능하기 때문이다. 따라서 보험가액의 개념도 없으므로 일부보험, 초과보험, 중복보험의 개념도 없다. 미국의 경우 피보험이익의 존재시점은 손해보험과 달리 계약시점이다.

(5) 대위의 원칙 기출 14·19·21·24

① 의 의

제3자의 과실에 의해 피보험자가 손해를 입는 보험사고가 발생하여 보험자가 그 손해액만큼 피보험자에게 보상한 경우 보험자가 과실을 행한 제3자에 대하여 갖는 피보험자의 권리를 취득하여 구상권을 행사하는 것을 말한다.

㉠ 피보험자가 제3자의 과오로 인하여 손실을 입었을 경우 일단 보험자가 이를 보상하여 주고 피보험자가 제3자에게 가지는 손해배상청구권을 대위하는 것이다.

㉡ 보험에서 대위변제의 원칙이 존재함으로써 피보험자가 동일한 손해에 대하여 보험자 및 제3자에게 이중으로 보상받는 것을 방지한다.

㉢ 보험자는 피보험자에게 보상한 금액을 제3자에게 회수할 수 있으므로 피보험자에게는 손실발생에 따르는 보험료 인상의 소지를 제거할 수 있다.

보험자대위는 보험자가 피보험자에게 보험금을 지급한 경우 보험자가 피보험자의 지위에서 손해가 생긴 피보험이익에 대한 권리와 구제방법을 법률상 당연히 취득하는 것을 말한다. 그 근거는 이득금지의 원칙이다.
상법 제682조 제1항 본문은 "손해가 제3자의 행위로 인하여 발생한 경우 보험금을 지급한 보험자는 그 지급한 금액의 한도에서 그 제3자에 대한 보험계약자 또는 피보험자의 권리를 취득한다"라고 하여 보험자대위에 관하여 규정한다. 위 규정의 취지는 피보험자가 보험자로부터 보험금액을 지급받은 후에도 제3자에 대한 청구권을 보유·행사하게 하는 것은 피보험자에게 손해의 전보를 넘어서 오히려 이득을 주게 되는 결과가 되어 손해보험제도의 원칙에 반하게 되고 또 배상의무자인 제3자가 피보험자의 보험금수령으로 인하여 그 책임을 면하게 하는 것도 불합리하므로 이를 제거하여 보험자에게 그 이익을 귀속시키려는데 있다(대법원 1990.2.9., 선고, 89다카21965 판결, 대법원 1995.11.14., 선고, 95다33092, 판결 등 참조). 이처럼 보험자대위권의 규정취지가 피보험자와 보험자 및 제3자의 이해관계를 조정하고 위험을 분배하고자 하는 데에 있음을 고려할 때, 보험자는 보험계약의 목적이 되는 피보험이익을 기준으로 보험목적물에 발생한 손해에 대하여 자신이 지급한 보험금의 한도 내에서 보험계약자나 피보험자의 제3자에 대한 권리를 취득할 수 있다.

② 목 적

㉠ 피보험자가 동일한 손실에 대해 책임 있는 제3자와 보험회사로부터 이중보상을 받아 이익을 얻는 것을 방지하는데 있다.

㉡ 보험자대위는 과실이 있는 제3자에게 손실발생의 책임을 묻는 효과가 있다.

㉢ 보험자대위는 보험계약자나 피보험자의 책임 없는 손실에 대해 보험료가 인상되는 것을 방지한다.

보험자대위는 "보험자가 보험금을 지급 후 피보험자 또는 보험계약자가 보험의 목적 또는 제3자에 대하여 가지는 법률상의 권리를 취득하는 것(상법 제681조, 제682조)"을 의미하며, 손해보험에서만 인정한다. 보험자대위를 보험계약에서 인정하는 이유는 손해보험의 이득금지원칙의 적용으로 보험자로부터 보험금을 수령한 피보험자가 다시 잔존물을 취득하거나 제3자로부터 손해배상을 받아 사고로 오히려 이득을 보는 것을 방지함으로써 도덕적 위태를 예방하는데 있다. 기출 20

판례 **대법원 2013.9.13., 선고, 2011다81190, 81206, 판결**

영국 해상보험법(Marine Insurance Act, 1906)상 보험자대위는 보험의 목적에 발생한 피보험자의 손해를 보상하여 준 보험자가 보험목적의 잔존물에 대한 이익을 승계할 수 있는 권리를 취득하거나, 보험목적과 관련된 피보험자의 권리 또는 다른 구제수단을 대위하는 것을 의미하는데, 영국 해상보험법의 법리에 의하면, 보험자는 피보험자의 위부통지를 승인함으로써 제63조 제1항에 따라 잔존물에 대한 권리를 승계할 수 있으나, 위부통지를 거절하더라도 전손보험금을 지급한 후 제79조 제1항 전단의 규정에 근거하여 피보험자가 잔존물에 대하여 가지는 재산상 권리를 승계할 수도 있다. 그리고 보험금을 지급한 보험자는 제79조 제1항 후단에 의하여 피보험자의 제3자에 대한 손해배상청구권뿐만 아니라 계약상의 권리 등을 대위할 수 있고, 잔존물의 매각대금 등 피보험자가 회복한 이익을 대위할 수도 있다.

(6) 급부 · 반대급부균등의 원칙 기출 16

보험계약자의 급부(보험료)와 보험회사의 반대급부(보험금)가 같아야 한다는 원칙으로 보험료는 보험금액에 사고발생확률을 곱하여 계산한다.

- 보험료 = 보험금액 × 사고발생확률
- 사고발생확률 = 보험사고발생 건수 / 보험가입자의 수

심화TIP 보험약관의 해석원칙 기출 16 · 20

- **일반원리** : 약관의 해석은 일반적이며, 보편적인 원칙에 의하여야 한다.
- **POP원칙** : 보험약관은 평범하게(Plain), 통상적으로(Ordinary), 통속적으로(Popular) 해석하여야 한다는 원칙이다.
- **합리적 목적론적 원칙** : 약관의 필요성, 약관의 실태를 참작하여 당사자간의 이해를 합리적으로 해석해야 한다는 원칙이다.
- **계약 당사자 의사 우선의 원칙** : 보험약관해석의 기본원칙은 계약 당사자의 의사가 우선적으로 고려되어야 한다는 것이다.
- **보험약관 전체로서 해석원칙** : 보험약관은 하나의 전체로서 해석되어야 한다. 즉 보험약관의 전체가 고려되어야 한다.
- **문맥에 의한 특별한 의미의 해석원칙** : 특별한 문언들은 상황에 맞게 특별한 의미로 해석되어야 한다.
- **합리적 해석의 원칙** : 보험약관상 문언의 의미가 모호한 경우에 합리적인 해석이 우선되어야 한다.
- **합리적 기대의 원칙** : 보험약관의 문언은 보험법에 정통한 변호사나 기타 관계자에 의해 해석되는 바와 같이 해석하여야 하는 것이 아니고, 보통의 평균적 시민이 이해하는 바와 같이 해석되어야 한다는 원칙이다.
- **동종제한의 원칙** : 보험약관을 포함한 제정법, 증언 등에 특정적이고 구체적으로 열거한 사항 다음에 일반적이고 포괄적인 문언이 부가되어 있는 경우에 일반적이고 포괄적인 부가문언을 해석함에 있어서는 앞에서 구체적으로 열거한 사항과 동질적인 것만을 한정하여 해석해야 한다는 원칙이다.
- **수기문언 우선의 원칙** : 보험약관의 해석에 있어서 손으로 쓴 문언이 인쇄문언 및 그 밖의 형식으로 된 문언보다 가장 우선하여 적용된다는 원칙이다.
- **개별약정 우선의 원칙** : 약관에서 정하고 있는 사항에 관하여 고객이 약관의 내용과 다르게 합의한 사항이 있을 때에는 당해 합의사항은 약관에 우선한다는 원칙이다.
- **작성자불이익의 원칙** : 보험증권(약관)의 일반적인 해석원칙을 모두 적용하여 보아도 여전히 약관상 문구가 애매하여 판단하기 어려운 경우 그 문언의 의미를 작성자, 즉 보험자에게 불이익하게 해석하여야 한다는 원칙이다.

4 보험계약의 기본 요소

(1) 보험계약의 요소 기출 18

① 선언부문(declaration)

보험에 가입한 재산 또는 사람에 대한 정보를 기술한 부문으로서, 일반적인 손해보험에서는 보험의 목적, 보험금액, 피보험자, 보험기간 등을 기재하고 있다.

② 제외부문(exclusions) 기출 24

특정 손인(peril)이나 손해 또는 재산 및 지역 등에 대하여 보험자의 책임이 면제되는 사항을 명시한 부문을 말한다.

제외되는 손실(excluded losses)

보험목적물의 소모 및 마모로 인한 손해, 고유의 하자 또는 성질로 인한 손해, 자연발화로 생긴 손해 등은 우연히 발생하는 손실이 아니라, 사용함에 따라 반드시 발생하는 유형의 손실이다. 이러한 손해들은 보험사고의 우연성을 인정하기 어렵고, 목적물 자체에 위험성이 내포되어 이미 객관적으로 위험의 발생이 확정되어 있기 때문이다.

심화TIP 면책사항의 주요 유형 기출 17 · 19 · 21

- **면책위험(excluded perils, 제외손인)** : 보험자가 피보험자에게 특정 손인으로 인한 손해가 있으면 보상하지 않는다고 약정한 위험을 말한다.
  예 전쟁위험을 면책위험으로 하면 전쟁에 기인하는 멸실 등의 손해에 관하여 보험자는 면책이 된다.
- **면책손해(excluded losses, 제외손실)** : 보험계약에서 보상하지 않는 특정 손실을 말한다.
  예 화재보험에서 화재로 인한 직접손실이 아닌 간접손실은 보상하지 않는다.
- **면책재산(excluded property, 제외재산)** : 보험계약에서 보상책임을 제외하거나 보상책임을 제한하는 특정 재산을 말한다. 다른 보험에서 담보되었거나 도덕적 위태의 가능성이 존재한 경우 또는 정확한 손실액 측정이 어려운 경우에 보상 대상에서 제외하게 된다. 보험가액이 큰 경우는 재보험과 같은 위험분산방식을 통해 위험을 분산할 수 있기 때문에 면책재산에서 제외하지 않는다.
  예 화재보험에서 화폐나 문서, 금괴나 원고 등은 보상에서 제외된다.
- **면책지역(excluded locations, 제외지역)** : 보험계약은 보상에 있어서 지리적 또는 장소적 제한을 둔다. 장소에 따라 손실빈도나 규모에 많은 차이가 있기 때문이다.
  예 국내에서 발생한 사고만을 담보하는 자동차보험이나 의료보험, 특정지역의 항해만을 담보하는 해상보험 등 다양하다.

③ 조건부문(conditions)

보험자로부터 보험계약자나 피보험자가 피해보상을 받기 위하여 반드시 준수해야 하는 의무 또는 권리 제한 등이 포함된 부문이다.

④ 보험가입합의문(insuring agreement)

보험계약자와 보험자가 보험계약이 성립되었음을 확인하였다는 사실을 표시한 부문이다.

심화TIP 용어의 정의 기출 23

- **진술**(representation) : 진술은 보험계약 체결에 앞서 보험자가 질문한 것을 보험계약자 또는 피보험자가 답변하는 것을 의미한다.
- **담보**(warranty) : 해상보험에서 담보는 '피보험자가 어떤 특정한 일을 하거나 또는 하지 않는 것, 또는 어떤 조건을 충족시킬 것을 약속하거나, 또는 특정한 사실의 유무를 확인하는' 약속적 담보라고 정의하고 있다(영국해상보험법 제33조).
- **특약**(endorsements and riders) : 보험 기본계약의 조항을 변경하거나 담보의 추가 및 삭제가 가능한 특약조항을 의미한다.

(2) 보험자(보험회사)

① 보험자의 의의

보험계약자로부터 보험료를 받고 보험계약을 인수한 후 보험사고가 생긴 때에는 보험금 지급의무를 지는 자를 말한다.

손해액의 산정에 관한 비용은 (**보험자**)의 부담으로 한다(상법 제676조 제2항). 기출 24

② 보험자의 의무 기출 17

㉠ 보험증권의 교부의무 : 보험회사는 보험계약이 성립한 때에는 지체 없이 보험증권을 작성하여 보험계약자에게 교부하여야 한다.

보험증권의 법적 성격 기출 17 · 22

- **면책증거성** : 보험증권은 보험자가 보험금 또는 기타의 급여를 함에 있어서 증권을 제시하는 자의 자격을 조사할 권리는 있어도 의무는 없는 면책증권이다.
- **유가증권성** : 보험증권은 기명식에 한하지 않고 지시식 또는 무기명식으로 발행할 수 있다.
- **상환증권성** : 실무적으로 보험자는 보험증권과 상환으로 보험금을 지급한다.
- **증거증권성** : 보험증권은 보험계약의 성립과 내용을 증명하기 위하여 보험자가 발행하는 증거증권이다.

심화TIP 보험증권 기출 20

- 보험증권은 증거증권에 불과해 보험계약 당사자의 의사와 계약 체결 전후의 사정을 고려해 보험계약의 내용을 인정할 수 있다.
- 보험계약 당사자는 보험증권 교부가 있은 날로부터 일정한 기간 내에 한하여 증권 내용의 정부(正否)에 관한 이의를 제기할 수 있다.
- 기존 보험계약을 연장하거나 변경하는 경우 보험자는 기존 보험증권에 그 사실을 기재함으로써 보험증권의 교부를 갈음할 수 있다.
- 우리 상법은 보험계약이 성립한 때 지체 없이 보험증권을 작성 · 교부토록 하고 있다(상법 제640조 제1항). 그러나 보험계약자가 보험료의 전부 또는 최초의 보험료를 지급하지 않은 때에는 그러하지 아니한다(상법 제640조 제1항 단서)고 하여 보험계약의 성립 여부와 내용에 관한 분쟁을 미리 방지하고 있다.

㉡ 청약의 낙부통지의무 및 승낙전 담보 : 보험회사는 청약과 함께 보험료의 일부 또는 전부를 받은 때에는 다른 약정이 없으면 30일 이내에 그 청약의 승낙 여부를 통지해야 하며, 통지를 하지 않고 30일이 경과하면 승낙한 것으로 간주한다. 위 조건을 충족하는 경우 보험회사가 승낙하기 전에 보험사고가 발생하더라도 보험회사가 그 청약을 거절할 만한 사유가 없는 한 보상책임을 진다.

㉢ 보험약관의 교부 및 설명의무 : 보험회사는 보험계약을 체결할 때에 보험계약자에게 보험약관을 교부하고 그 중요한 내용을 알려 주어야 한다.

㉣ 보험금 지급의무 : 보험회사는 보험기간 내에 약정된 보험사고가 발생하였을 경우에 피보험자 또는 보험수익자에게 보험금을 지급할 의무를 진다.

㉤ 보험료 반환의무

ⓐ 보험계약의 일부 또는 전부가 무효인 경우 : 무효의 원인이 보험계약자와 피보험자의 고의가 아닌 경우로서 중대한 과실이 없을 때 보험회사는 보험료의 일부 또는 전부를 반환해야 한다.

ⓑ 보험계약자가 임의로 해지했을 경우 : 보험계약자는 보험사고가 발생하기 전 보험기간 중에 언제든지 계약의 일부 또는 전부를 해지할 수 있다. 이 경우 보험회사는 미경과보험료를 반환해야 한다.

(3) 보험계약자 등 기출 23

① 보험의 구성원

보험계약관계자	보험계약의 당사자	보험회사
		보험계약자
	보험계약의 이해관계자	피보험자
		보험수익자

② 보험계약자

㉠ 보험회사와 계약을 체결하는 상대방 당사자이며, 보험료 납입의무를 지는 자로서 실무적으로는 보험가입자라 한다.

㉡ 보험계약자의 자격에는 아무런 제한이 없고 자연인이든 법인이든 또는 상인이든 비상인이든 무관하며, 대리인을 시켜 계약을 체결할 수도 있다.

보험증권을 멸실 또는 현저하게 훼손한 때는 보험계약자는 보험자에 대하여 증권의 재교부를 청구할 수 있다. 그 증권 작성의 비용은 (**보험계약자**)의 부담으로 한다(상법 제642조). 기출 24

③ 피보험자

㉠ 손해보험에서 사고발생시 피보험이익의 주체로서 사고보험금을 청구할 수 있는 권리를 가지는 자를 말한다.

㉡ 생명보험에서 피보험자는 생명 또는 신체에 관하여 보험에 붙여진 자를 의미한다.

④ 보험수익자

인보험에만 있는 보험계약요소로서 보험사고발생시 보험금청구권을 갖는 자를 말한다.

(4) 보험의 목적물

보험의 목적물은 보험사고발생의 객체로서 보험자의 보상 범위를 정하는 기초가 된다.

① 보험의 목적

보험의 목적은 보험에 부쳐지는 대상을 말하는데 손해보험의 경우 보험사고발생의 객체가 되는 물건이나 재산이 보험의 목적이 되고, 인보험의 경우에는 생명이나 신체가 보험에 붙여진 자, 즉 피보험자가 보험의 목적이 된다.

② 보험계약의 목적(피보험이익)

㉠ 피보험이익이란 보험의 목적에 대해 특정한 경제주체가 갖는 경제적 이해관계를 말한다. 즉, 보험목적이 멸실 또는 손상됨으로써 경제적 손실을 입게 되는 특정인과 그 보험의 목적 사이에 존재하는 경제적 이해관계를 말한다.

㉡ 상법은 피보험이익을 보험계약의 목적으로 표현하고 금전으로 산정할 수 있는 객관적 이익으로 한정하고 있다(상법 제668조).

(5) 보험사고 기출 22

보험사고는 보험자가 약관에 규정한 보상하는 손해가 발생하는 것을 말하며, 보험자의 보험금 지급사유가 된다. 이미 발생하였거나 발생할 수 없는 것을 보험사고로 하는 계약은 무효이다(상법 제644조).

심화TIP 보험사고의 요건 기출 22

1. **우연성(불확정성)**
   보험사고의 발생은 우연한 것이어야 하며, 만약 이미 발생한 사고이거나 혹은 발생할 수 없는 사고를 보험금 지급의 요건으로 정한 보험계약은 보험사고의 요소 가운데 우연성을 결한 것으로서 무효가 된다(상법 제644조 본문). 다만, 당사자 쌍방과 피보험자가 어떤 사고가 이미 발생하였거나 혹은 발생할 가능성이 없다는 것을 알지 못하고 그 사고를 보험사고로 하여 보험계약을 체결한 때에는 계약을 유효한 것으로 인정한다(상법 제644조 단서).
2. **발생가능성**
   보험사고에 해당하려면 그 발생이 가능한 것이어야 한다. 따라서 사고발생이 물리적으로 불가능한 경우 또는 사고가 이미 발생한 경우에는 발생가능성이 인정되지 않으므로 그 보험계약은 무효가 된다(상법 제644조 본문).
3. **특정성(한정성)**
   보험사고는 보험계약에서 정한 보험의 목적에 관하여 보험기간 중에 생기는 것으로서 그 사고의 범위가 특정되어 있어야 한다. 보험사고를 한정하는 것은 보험자의 책임 범위를 명확하게 하기 위한 것으로, 보험의 성질상 그 범위 외의 보험사고는 담보하지 않는다.

(6) 보험료와 보험금

① 보험료

보험료는 사고발생시의 보험금의 대가로 보험계약자가 보험회사에 내는 금액이다. 보험료의 납입은 보험계약자가 이행해야 할 적극적 의무이다. 보험계약자는 계약 체결 후 지체 없이 보험료의 전부 또는 제1회 보험료를 지급하여야 하며, 보험계약자가 이를 지급하지 아니하는 경우에는 다른 약정이 없는 한 계약 성립 후 2월이 경과하면 그 계약은 해제된 것으로 본다(상법 제650조 제1항).

② 보험금

보험계약에서 정한 보험사고가 발생했을 때 보험회사가 보험계약자에게 보험료를 받은 대가로 지급하는 금액이다. 인보험은 대개 계약상 약정한 일정 금액이 지급되는 정액보험이다. 손해보험의 경우 특별한 약정을 하지 않는 한 보험가입금액의 범위 내에서 피보험자에게 실제 발생한 손해를 보상한다.

심화TIP 보험금 지급 기출 25

- 중복보험의 경우 피보험자가 보험자 1인에 대한 권리의 포기는 다른 보험자의 권리의무에 영향을 미치지 아니하므로, 다른 보험자는 보험금 지급책임을 면하지 못한다(상법 제674조).
- 일부보험의 경우에 보험자는 보험금액의 보험가액에 대한 비율에 따라 보상할 책임을 진다. 그러나 당사자간에 다른 약정이 있는 때에는 보험자는 보험금액의 한도 내에서 그 손해를 보상할 책임을 진다(상법 제674조).
- 고의에 의한 초과보험도 보험자는 보험금액을 지급할 책임이 없다(상법 제659조).
- 당사자간에 보험가액을 정한 기평가보험은 사고발생시의 가액으로 정한 것으로 추정한다(상법 제670조).

(7) 보험가입금액과 보험가액

① 보험가입금액

보험사고가 발생하였을 경우 보험회사가 피보험자에게 지급할 보험계약상 최고보상 한도액으로서 보험계약 체결 당시에 계약 당사자간에 합의하여 보험증권상에 임의로 정하여 놓은 금액을 말한다. 이는 보험료 산정의 기준이 된다.

② 보험가액 기출 15

㉠ 의의 : 보험사고가 발생하였을 경우 피보험자가 입을 가능성이 있는 손해를 금전적으로 평가한 것으로서 보험회사가 보상하여야 할 법률상 최고보상 한도액을 의미한다. 보험가액은 손해보험에만 있는 개념으로서 손해액 산정의 기초가 되며, 일부보험・전부보험・초과보험의 판정을 위한 기준이 된다.

㉡ 보험가액의 평가

ⓐ 미평가보험 : 당사자간에 보험가액을 정하지 않은 보험을 '미평가보험'이라 한다. 미평가보험의 경우에 보험가액은 사고발생시의 가액을 보험가액으로 한다.

ⓑ 기평가보험 : 보험자와 보험계약자간에 합의에 의해 정한 보험가액을 협정보험가액이라 하고, 그 보험을 '기평가보험'이라 한다. 기평가보험의 경우에 보험계약 체결 당시에 당사자가 정한 보험가액은 사고발생시의 가액으로 정한 것으로 추정한다.

ⓒ 보험가액 불변경주의 : 해상보험이나 운송보험과 같이 보험의 목적인 선박이나 화물운송품이 광범위하게 이동하는 보험에서는 손해발생의 때와 장소에 있어서의 보험가액을 산정하는 것이 곤란한 경우가 있을 뿐만 아니라 손해발생의 때와 장소 그 자체가 불명확한 경우도 적지 않다. 이에 대하여 평가가 용이한 시점에서 보험가액을 전 보험기간에 걸치는 고정적인 보험가액으로 정하는 것을 '보험가액 불변경주의'라고 한다.

③ 보험가입금액과 보험가액의 관계 기출 19

일반적으로 보험가입금액과 보험가액이 일치되는 것이 보통이지만 예외적으로 불일치가 발생하는 경우도 있다. 상호 일치하는 경우를 전부보험이라 하고, 일치하지 않는 경우에는 초과보험, 중복보험 및 일부보험의 문제가 발생한다. 이는 보험가액의 개념이 존재하는 손해보험만의 특징이다.

(8) 보험기간 등 기출 15 · 25

① 보험기간

보험기간은 보험사고발생에 대한 시간적 제한을 의미한다. 보험회사의 책임이 시작되어 끝날 때까지의 기간으로 책임기간 또는 위험기간이라고도 한다. 다른 약정이 없는 한 최초의 보험료를 받은 때부터 개시된다(상법 제656조).

보험기간

- 보험자의 책임이 시작되어 종료되는 기간을 말한다.
- 다른 약정이 없으면 최초의 보험료의 지급을 받은 때로부터 개시한다.
- 보험기간과 보험료납입기간은 다를 수 있다.
- 연 · 월 · 일 · 시 등 시간으로 정해지지 않을 수 있다.

② 보험계약기간 기출 14 · 17

보험계약이 성립해서 소멸할 때까지의 기간으로 성립시기는 통상 보험회사의 승낙이 있는 시점이다. 보험기간이 보험계약기간보다 긴 보험을 소급보험, 보험기간보다 보험계약기간이 긴 보험을 예정보험이라고 한다.

예정보험 기출 14

예정보험은 보험계약이 이미 성립한 것으로서 보험계약자는 미확정된 부분이 확정된 때에 보험자에게 이를 통지할 의무를 부담하고 통지에 의하여 계약의 내용이 확정될 따름이다. 따라서 예정보험은 '보험계약의 예약'이 아니고 '독립된 보험계약'이다.

심화TIP 소급보험과 승낙전 보호제도 기출 17

- 양자 모두 보험계약이 성립하기 전 일정 시점부터 보험자의 책임이 개시된다.
- 소급보험은 보험계약이 성립되어야 적용되나, 승낙전 보호제도는 보험계약이 성립되기 전 단계에서 적용되는 제도이다.
- 소급보험은 당사자의 합의에 의하여 효력이 발생하나, 승낙전 보호제도는 당사자의 합의에 관계없이 법률규정에 의하여 보호된다.
- 소급보험에서 소급되는 책임개시의 기간은 당사자간에 약정한 기간이어서 청약일 이전일 수 있지만, 승낙전 보호제도는 청약일 이전으로 소급되지 아니한다.

③ 보험료기간 기출 17

㉠ 보험회사는 일정한 기간을 단위로 그 기간 안에 생기는 보험사고의 발생률을 통계적으로 측정하여 그 위험률에 따라 보험료를 산정하게 되는데 그 기간을 '보험료기간'이라 하며, 통상 1년을 원칙으로 한다.

㉡ 보험료기간은 보험료산출 기본 단위기간이므로 이 기간의 보험료는 원칙적으로 나눌 수 없다는 보험료불가분의 원칙이 적용된다. 그러나 실무에서는 보험계약자의 편의 등을 고려하여 단기요율이나 보험료의 일할계산 등을 적용하고 있다.

(9) 보험계약조항 기출 23

① if clause('만약'조항)

보험계약의 효력 발생 요건 조항으로 '만약' 보험계약상 일정 요건이 충족되지 않을 경우 보험계약의 효력이 발생하지 않는다는 조항이다. 즉 보험기간 중 특별한 조건을 위배하거나 위반했을 경우 보험효력을 종결시킴을 규정한 조항으로, 이 경우 일단 종결된 보험계약의 효력을 다시 살리기 위해서는 새로운 보험계약을 체결함이 통례이다.

② policy change clause('계약전환'조항)

보험계약의 내용을 변경하거나 정정할 수 있는 조항

③ while clause('동안'조항)

보험기간 중 보험계약자나 피보험자의 행위로 위험이 증가되었을 때 이 위험이 증가된 상태에 있는 한 보험효력이 일시 정지되고, 증가된 위험이 제거되거나 원상으로 복귀되었을 때 보험효력이 재개되도록 하는 조항

④ entire contract clause('계약구성'조항)

보험계약에서 피보험자와 보험자간의 전체 계약이 계약 조건에 한정된다는 조항. 즉, 보험자와 피보험자 모두에게 각 당사자가 계약 조건에만 구속되고 계약 외부의 다른 조항에는 구속되지 않는다.

심화TIP 완전합의조항(entire agreement clause)

- 계약 체결 및 이행 과정에서 본 계약서상의 내용과 계약 체결 전의 문서 또는 구두에 의한 합의 등이 불일치할 경우 기존의 합의 내용보다 본 계약서상의 내용이 우선한다는 조항이다. 즉 계약 체결의 이전 단계에서 그 계약과 관련된 의견교환, 합의, 약속 등은 정식으로 체결된 계약서의 내용과 불일치하더라도 오직 정식으로 체결된 계약내용만이 유효하다는 조항이다.
- 이 계약은 양 당사자간의 합의내용을 완결 짓는 것이며, 이 계약의 목적과 관련된 이전의 양 당사자간 모든 협상 및 의사표명, 양해, 약정 등을 대체하고, 양 당사자의 서면 합의에 의하지 아니하고는 수정될 수 없다.

(10) 계약의 해지 등 기출 24

① 계약의 해지

보험계약에서 장래에 대해서 계약의 효력을 소멸시킬 필요성이 발생하게 되는데 이런 경우 당사자의 의사표시를 '해지'라고 한다. 즉 보험계약을 계속해서 유지할 수 없는 사건이 발생할 경우 보험계약자나 보험회사는 보험계약을 해지할 수 있는데 이럴 경우 지금까지 진행되어 왔던 보험계약을 유효하지만 장래의 남은 기간에 대한 계약은 그 효력을 잃게 된다.

심화TIP 보험회사가 보험계약을 해지 할 수 있는 사유 기출 17

- **제1회 보험료 연체로 인한 해제** : 보험계약자는 계약 체결 후 지체 없이 보험료의 전부 또는 제1회 보험료를 지급하여야 하며, 보험계약자가 이를 지급하지 아니하는 경우에는 다른 약정이 없는 한 계약 성립 후 2월이 경과하면 그 계약은 해제된 것으로 본다(상법 제650조 제1항).
- **계속보험료의 연체로 인한 해지** : 계속보험료가 약정한 시기에 지급되지 아니한 때에는 보험자는 상당한 기간을 정하여 보험계약자에게 최고하고, 그 기간 내에 지급되지 아니한 때에는 그 계약을 해지할 수 있다(상법 제650조 제2항).
- **위험변경 · 증가에 대한 통지의무 위반으로 인한 해지** : 보험기간 중에 보험계약자 또는 피보험자가 사고발생의 위험이 현저하게 변경 또는 증가된 사실을 안 때에는 지체 없이 보험자에게 통지하여야 한다. 이를 해태한 때에는 보험자는 그 사실을 안 날로부터 1월 내에 한하여 계약을 해지할 수 있다(상법 제652조 제1항).
- **고의나 중과실로 위험이 변경 · 증가된 경우의 해지** : 보험기간 중에 보험계약자, 피보험자 또는 보험수익자의 고의 또는 중대한 과실로 인하여 사고발생의 위험이 현저하게 변경 또는 증가된 때에는 보험자는 그 사실을 안 날부터 1월 내에 보험료의 증액을 청구하거나 계약을 해지할 수 있다(상법 제653조).

② 계약의 해제

계약의 해제는 일단 유효하게 성립한 계약을 소급하여 소멸시키는 일방적인 의사표시를 말한다. 계약의 해제의 효과는 계약의 해지와는 다르게 처음부터 그 계약을 하지 않은 상태 또는 계약이 존재하지 않은 상태로 돌아가게 된다.

③ 계약의 취소

일단 성립한 계약에 법률이 정한 취소의 원인이 존재하여 취소권자의 의사표시에 의하여 계약이 처음부터 없었던 것으로 되는 것을 말한다. 계약이 취소된 경우에는 계약의 무효와 같이 계약이 처음부터 없었던 것으로 간주된다.

④ 계약의 무효 기출 25

일단 계약이 성립한 것처럼 보이지만 무효로 정한 사유가 존재하여 계약이 효력을 발생하지 않는 경우를 말한다. 따라서 계약은 처음부터 법적인 효력이 없으며, 당사자간은 물론 원칙적으로 누구에게나 무효인 것이다.

보험계약의 무효사유

- 15세 미만자의 사망을 보험사고로 하는 보험계약은 무효로 한다(상법 제732조).
- 보험계약자의 사기로 체결된 초과보험 계약은 무효로 한다(상법 제669조 제4항).
- 보험계약 당시 보험사고가 객관적으로 확정된 경우 그 계약은 무효로 한다(상법 제644조).

03 보험산업과 시장이론

1 보험시장의 기능과 보험

(1) 보험시장의 기능

① 기본적으로 위험보장기능을 제공한다.

② 금융시장에서 자금의 중개 역할을 한다. 보험계약자가 납입한 보험료는 개인, 기업에 대출형식으로 융자되거나, 채권 및 주식투자를 통해 자금이 필요한 기업에 공급된다.

(2) 보험의 특징

① 조건부청구자산

㉠ 어떠한 조건(보험사고의 우연한 발생)이 충족되어야 보험금을 청구할 수 있다.

㉡ 청구자산이기 때문에 조건이 없는 금융자산에 비하여 가격이 저렴하다.

② 조건충족확률을 기초로 보험료 결정

㉠ 1년 후 B원을 타는 정기예금의 가격 결정(예치액)

$$D=\frac{B}{(1+r)}$$

㉡ 1년 만기 B원의 생명보험의 가격 결정(보험료)

$$P=\frac{E(B)}{(1+r)}=\frac{(p\times B)}{(1+r)}$$

여기서, B : 예금 혹은 보험의 급부
$E(B)$: 조건충족확률에 기초한 보험금지급예상액
p : 조건충족확률
r : 시장이자율(할인율)

③ 풋 옵션(put option)과 매우 유사한 속성

풋 옵션의 보유자는 기초자산의 가격이 미리 정한 행사가격보다 낮아지면 옵션을 행사하여 기초자산의 가치손실에 상응하는 수익을 확보할 수 있다. 마찬가지로 자동차보험의 가입자는 사고발생으로 미리 평가된 자동차담보가치(행사가격) 대비 손실액(기초자산의 하락액)을 보험회사에 청구하여 그 피해액을 회복할 수 있다.

④ 간접금융시장에서 자금의 중개 역할

㉠ 자금수요자인 기업의 신용, 사업전망 등에 대한 정보수집 및 분석기능이 개인보다 뛰어나다.

㉡ 자산변형기능(소액분할, 투자기간 조절 등)이 뛰어나기 때문에 자금공급자의 취향(소액 단기투자)과 자금소유자의 취향(고액 장기차입)을 조절한다.

㉢ 규모의 경제를 실현하여 비용절감을 도모할 수 있어 소액을 투자하는 개인보다 비용면에서 효율적이다.

㉣ 생산활동의 감시기능뿐만 아니라, 장기적으로 자본을 공급하는 역할을 한다.

2 보험의 수요 원리

(1) 개인별 위험성향 기출 21

부(W)의 효용함수(U)를 $U = U(W)$라 하고 효용은 부의 증가함수(부가 증가하면 할수록 효용, 즉 행복의 정도가 증가)라고 가정하자.

모든 사람의 효용함수의 1차 미분값은 양수이다.

$$U'(W) = dU / dW > 0$$

개인의 위험에 대한 태도는 효용함수의 2차 미분값을 토대로 다음과 같이 구분할 수 있다.

① 위험선호형(한계효용 체증)

$$U''(W) = d^2U / dW^2 > 0$$

효용함수의 2차 미분값이 양수이면 부(W)의 증가에 따라 효용의 증대는 점점 더 빠른 속도로 올라가기 때문에 위험을 감수하더라도 더 큰 부를 얻으려는 속성을 가진다.

② 위험회피형(한계효용 체감) 기출 16

$$U''(W) = d^2U / dW^2 < 0$$

효용함수의 2차 미분값이 음수이면 부(W)가 증가할 때 효용은 증대하지만 점차 낮은 속도로 효용이 증대하기 때문에 추가적인 부를 얻기 위하여 위험을 거는 대신에 현재의 부를 지키려는 속성을 가지게 된다.

③ 위험중립형(한계효용 불변)

$$U''(W) = d^2U / dW^2 = 0$$

효용함수의 2차 미분값이 0이면 위험에 대해 중립적이다. 위험중립형 사람은 위험을 좋아하지도 싫어하지도 않기 때문에 위험 그 자체에 아무런 가치를 두지 않는다.

(2) 개인의 보험수요 기출 17

① 위험회피형 사람이 보험에 가입하게 되는 동기

㉠ 가 정

ⓐ 위험회피형 성향의 개인

ⓑ 현재의 부(소유가옥) = W_0, 화재 발생확률 = θ, 화재시 손실액 = L

㉡ 미래상황(화재 발생 여부)에 따른 재산가치 및 효용

미래상황(s)	발생확률(Ps)	재산가치(W)	손실액(L)	효용(U)
화재 발생	θ	$W_0 - L$	L	$U(W_0 - L)$
화재 미발생	$1-\theta$	W_0	0	$U(W_0)$

㉢ 기대손실액과 기대재산가치

ⓐ 기대손실액 : $E(L) = \theta \cdot L$

ⓑ 기대재산가치 : $E(W) = \theta \cdot (W_0 - L) + (1-\theta) \cdot (W_0)$

$$= W_0 - \theta \cdot L$$

$$= W_0 - E(L)$$

② 보험을 가입하지 않은 경우의 효용

$$E(U) = \theta \cdot U(W_0 - L) + (1-\theta) \cdot U(W_0)$$

③ 보험을 가입한 경우의 효용

㉠ 보험료의 구성

ⓐ 순보험료(Net Premium ; NP) : 보험금 지급액의 재원으로 장래 보험금지급 예상액의 현재가치(할인율을 무시하면 기대손실액이 순보험료)

순보험료 : $NP = E(L) = \theta L$

ⓑ 부가보험료(Loading) : 보험회사 운영에 들어가는 사업경비(대리점수수료, 점포운영비, 인건비, 카드수수료 등)

부가보험료 : $\lambda =$ 사업비

ⓒ 총보험료(Gross Premium) : 보험가입자가 위험을 전가하는 대가로 부담하는 영업보험료로서 순보험료와 부가보험료의 합계

총보험료(= 영업보험료) : $P = NP + \lambda$

㉡ 순보험료로 보험을 구매하는 경우의 효용 : 보험에 가입하는 것이 무보험 상태에 있는 것보다 효용이 높아지기 때문에 보험을 구입하는 것이 유리하다.

- 확정된 재산가치 : $W = W_0 - NP = W_0 - \theta L$
- 효용의 증가량 : $dU = U(W_0 - NP) - E(U)$

㉢ 사업비가 순보험료에 부가되는 경우 효용

ⓐ 보험료에 부가보험료가 첨가되는 경우 효용은 순보험료를 지불할 때 얻는 효용보다는 작아지지만 보험이 없을 때보다는 효용이 증대되므로 이 역시 보험에 가입하는 것이 유리하다.

ⓑ 부가보험료는 보험의 공급자 입장에서는 사업비의 성격을 가지지만 보험의 수요자 입장에서는 위험 프리미엄의 성격을 가진다. 즉 어느 정도의 위험 프리미엄을 부담하더라도 보험 미가입시보다 보험에 가입하면 효용이 높아지기 때문에 위험전가를 위하여 순보험료를 초과해서 위험 프리미엄까지도 부담하게 된다.

ⓒ 위험회피형 개인이 순보험료를 초과해서 추가적으로 부담할 수 있는 위험 프리미엄의 최대 크기(π)는 그 사람의 위험회피 정도에 따라 다르다. 즉 위험회피 성향이 크면 클수록 더 많은 위험 프리미엄을 부담할 수 있다.

ⓓ 보험의 가격결정에 있어서 일반적으로 공급자가 부과하려는 부가보험료는 위험회피형 개인이 추가적으로 부담하려는 최대 위험 프리미엄보다 같거나 작아야 보험거래가 성립된다.

$$\lambda(\text{부가보험료}) = P - E(L) \leq \pi$$

여기서, λ : 부가보험료
P : 총보험료
$E(L)$: 순보험료
π : 최대 위험 프리미엄

㉣ 결론 : 보험에 대한 수요가 발생하는 경제적 근거는 기본적으로 소비자가 위험회피 성향을 지녔기 때문이다. 보험가격이 순보험료, 즉 기대손실액[$E(L)$]과 같으면 보험을 가입했을 때의 효용이 보험을 가입하지 않았을 때의 효용보다 항상 높기 때문에 위험회피형 개인은 전부보험을 가입한다(베르누이의 원리).

기대효용가설(expected utility hypothesis) 관점에서 개인의 보험구매의사결정

- 위험회피형 개인은 부가보험료가 존재하더라도 보험을 구매할 수 있다. 보험의 가격결정에 있어서 일반적으로 공급자가 부과하려는 부가보험료는 위험회피형 개인이 추가적으로 부담하려는 최대 리스크 프리미엄보다 같거나 작아야 보험거래가 성립된다. 즉 위험회피형 개인의 리스크 프리미엄이 부가보험료보다 커야 보험을 구매하게 된다.
- 위험중립형 개인은 부가보험료가 존재할 경우 보험을 구매하지 않는다.
- 위험선호형 개인은 부가보험료가 없더라도 보험을 구매하지 않는다.

심화TIP 보험 관련 원칙 기출 21

- **베르누이 원칙**(Bernoulli Principle) : 보험료가 순보험료 만으로 책정되는 경우 보험을 가입했을 때의 효용이 보험을 가입하지 않았을 때의 효용보다 항상 높기 때문에 리스크 회피형 개인은 전부보험(full insurance)을 가입한다는 보험경제학의 원칙을 말한다.
- **렉시스의 원리**(Lexis' principle) : 보험계약자가 지급하는 보험료와 보험사고발생시 보험회사가 지급하는 보험금의 합계액이 같다는 원칙을 의미한다(= 급부 · 반대급부균등의 원칙).
- **세인트 피터스버그 역설**(St. Petersburg paradox) : 사람들의 의사결정에 기댓값이 가지는 의미의 차이에서 발생하는 역설을 말한다. 즉 흔히 사람들은 기댓값을 의사결정의 지표로 삼는다고 생각하지만 그러한 인식에 문제가 있음을 제시하였다.
- **그레샴의 법칙**(Gresham's law) : 가치가 낮은 것이 가치가 높은 것을 몰아낸다는 뜻으로 "악화가 양화를 구축한다"라고 표현하기도 한다. 중고차 매매시장의 정보비대칭 문제에서도 이러한 그레샴의 법칙이 성립한다. 중고차시장에서 거래가 시작되면 정보비대칭 문제로 인해 상대적으로 품질이 좋은 중고차는 시장에서 사라지고, 흔히 '레몬'이라고 불리는 질 나쁜 중고차만 거래되는 현상을 볼 수 있다.

(3) 보험의 수요량 결정 기출 20

① 개 요

㉠ 초과보험의 경우에는 보험사고가 나면 이윤이 발생할 수 있기 때문에 고의로 사고를 일으키는 도덕적 위태가 발생할 수 있다. 따라서 보험회사는 전부보험까지만 보험을 공급하는 것이 일반적인 원칙이다.

㉡ 보험회사가 보험계약자의 사고예방 노력을 유도하거나 무분별하게 보험금을 청구하여 보험기금이 낭비되는 것을 막으려면 전부보험보다는 일부보험으로 판매하는 것이 효과적이다.

② 전부보험 기출 25

㉠ 보험사고가 발생하면 손해액의 전부를 보험회사가 보상해주는 보험

㉡ 부보율(보험금액 / 보험가액) = 1

㉢ 보험료가 매우 높은 이유(단점)

ⓐ 보험금 지급 예상액이 높다.

ⓑ 작은 보험사고도 보험금을 청구하므로 피해액에 비하여 사무비용이 크게 발생한다.

ⓒ 보험가입자는 사고방지 노력을 게을리하여 도덕적 위태를 초래하기 쉽다.

ⓓ 불량 위험체나 도덕적 위태가 높은 사람이 선호하기 때문에 이를 인식한 보험회사는 높은 보험료를 책정하게 된다.

③ 일부보험 기출 14 · 15

㉠ 0 < 부보율 < 1

㉡ 자동차보험의 자기부담금제도(Deductible) : 미리 정한 일정한 한도의 소액 피해는 보험가입자가 부담하고, 그 한도를 초과하는 큰 손실에 대해서만 보험회사가 부담하는 제도

㉢ 예금보험공사의 예금보험제도 : 일정 한도까지만 보상하고 그 한도 이상은 보상하지 않는 제도

㉣ 의료보험의 공동보험(Co-insurance) : 피해액의 규모와 관계없이 미리 정한 일정한 비율만큼 보험회사가 부담하고, 나머지는 보험가입자가 부담함으로써 양자가 공동으로 피해액을 분담하는 제도

㉤ 일부보험의 효과 : 사고예방의 동기부여, 도덕적 위태 감소, 보험료 인하 등

(4) 기업의 보험수요

① 개인과 기업의 보험가입 동기의 차이

개인의 보험가입 동기는 위험회피 성향과 효용함수에 기초한 반면 기업의 보험가입 동기는 경영목표가 효용의 극대화가 아니라 기업가치의 극대화에 있기 때문에 차이가 있다.

㉠ 대기업의 경우

ⓐ 주주들의 분산투자를 통하여 부보 가능한 위험을 스스로 제거할 수 있다.

ⓑ 자체적으로 위험관리를 하고 있어서 외부보험사의 보험에 가입하면 기업가치가 감소될 수 있어서 자가보험의 형태인 캡티브(Captive) 보험회사를 설립하여 보험물건을 내부적으로 보유하는 것이 유리하다.

㉡ 중소기업의 경우

ⓐ 규모의 영세성 때문에 주주들이 위험을 스스로 분산하는데 한계가 있다.

ⓑ 위험관리에 대한 전문성이 보험회사보다 떨어지기 때문에 보험회사의 위험관리수단을 활용하는 편이 유리하다.

② 기업의 경영목표와 보험가입 동기

㉠ 기업의 경영목표는 기업가치의 극대화에 있다. 기업가치에서 확정된 채무액을 차감한 주주의 가치는 다음과 같다.

$$주주의\ 부(Shareholder's\ Wealth) = \sum_{t=0}^{T} \frac{CF(t)}{(1+r)^t}$$

여기서, $CF(t)$: 현금흐름

r : 할인이자율

T : 현금흐름 기간

㉡ 적절한 보험가입을 통하여 '현금흐름'의 안정화, '할인이자율'의 인하, 그리고 '현금흐름기간'을 장기화 했을 때 기업가치는 향상된다.

㉢ 기업의 보험가입은 투자의사결정으로 보험가입에 따른 비용발생과 보험가입으로 인한 수익, 즉 사고시 기대손실액의 경감 혹은 기업도산비용의 절감 등을 비교하여 후자가 클 때 보험가입을 통해 기업가치를 향상시킬 수 있다.

보험가입이 기업내 현금흐름의 사전적 개선효과를 가져오는 이유 기출 20

기업은 보험가입을 통해 현금유출을 방지하며, 현금흐름의 안정화로 기업가치를 증대시킬 수 있다. 즉 보험가입으로 기업내 거액의 손실준비금을 적립할 필요성이 줄어들게 됨으로써 기업의 재무안정성을 개선하는 효과를 얻을 수 있다.

③ 재무관리의 자금조달관점에서 보험가입 동기

㉠ 계약비용과 위험분담 우위 : 계약비용의 절감 > 부가보험료 부담

ⓐ 기업은 주주, 채권자, 경영자, 종업원, 고객 등 다양한 이익집단으로 구성되며, 구성원들은 기업과 여러 형태의 계약관계를 형성하고 있다. 이들은 각 계약관계에 따라 지향하는 이익이 다르고, 기업의 위험을 분담하는데 효율성도 다르다. 또한 이러한 계약관계를 체결하고 유지하는데 비용이 발생한다.

ⓑ 주주와 채권자는 종업원, 경영자, 고객 등에 비하여 위험분담에 있어서 유리한 입장에 있지만, 주주와 채권자 이외에 다른 계약 당사자의 이익을 위하여는 보험회사에 위험을 전가하는 것이 효율적이다.

ⓒ 보험가입을 하면 다른 계약 당사자가 기업이 지닌 위험에 대하여 요구하는 보상(위험 프리미엄), 즉 계약비용이 하락하며, 보험료에 부가되어 있는 사업비용, 즉 부가보험료를 충분히 상쇄할 수 있다.

ⓓ 주주와 채권자 이외의 다른 계약 당사자의 청구권 가치가 기업 전체의 청구가치에서 차지하는 비중이 높으면 높을수록 보험에 가입할 확률이 높다.

ⓔ 위험분담에서 보험회사가 효율적인 이유는 손해처리에 있어서 규모의 경제와 전문화의 이점을 살릴 수 있고 배상책임 등에 있어서 법률적 방어능력이 높기 때문이다.

ⓕ 보험회사는 기업 대리인의 이기적인 행동을 잘 감시할 수 있기 때문에 감시비용을 절감할 수 있다.

ⓖ 차입기업의 고위험 프로젝트 전환 가능성 등 도덕적 해이를 억제하고 채권 계약을 잘 준수하도록 하기 위해 회사채보증보험의 가입을 요구할 수도 있다.

㉡ <u>기업의 파산비용에 따른 비용</u> : 파산비용의 절감예상액 > 부가보험료 부담

ⓐ 파산비용의 절감예상액이 부가보험료보다 크다면 위험분산이 가능한 대기업일지라도 보험에 가입하는 것이 타당하다.

ⓑ 기업의 재무건전성이 좋지 않은 중소기업일 경우 보험가입이 더욱 바람직하다.

㉢ <u>법인소득세 절감</u> : 보험에 가입하면 보험료는 비용으로 처리되고 소득공제가 늘어나 과세대상 소득을 줄일 수 있다. 결국 법인소득세 부담을 줄이고 기업의 가치를 높일 수 있다.

(5) 보험수요에 영향을 미치는 요소

① 위험회피 성향

㉠ 동일한 기대치인 경우 확실한 결과를 불확실한 결과보다 선호하는 성향이다.

㉡ 동일한 기대치인 경우 확실한 값의 효용이 불확실한 효용의 기대치보다 크다.

㉢ 결과의 기대치가 동일한 경우 보험을 구입하고 부가보험료를 지급한다.

㉣ 위험선호 및 위험중립의 경우 보험에 가입할 가능성이 감소한다.

② 모호성의 기피

㉠ 위험주체는 발생결과의 확률 자체에 대한 모호성을 기피하려고 한다.

㉡ 보험은 개인차원에서의 발생확률이 모호한 결과를 확실한 결과로 바꾸어 주는 기능을 제공한다.

③ 부가보험료

일반적으로 부가보험료가 클수록 보험수요는 감소한다.

④ 소득 및 재산

㉠ 소득이 증가할수록 위험회피의 정도는 감소한다(한계효용체감).

㉡ 한정배상책임(Limited Liability)인 경우 저소득층이 고소득층보다 배상책임보험의 수요가 감소한다.

⑤ 위험에 대한 인지도

㉠ 실제 위험보다 저평가하는 경우 보험수요가 감소한다.

㉡ 실제 위험보다 고평가하는 경우 보험수요가 증가한다.

⑥ 비금전적 손실

㉠ 비금전적 손실에 대한 보험수요는 금전적 손실에 대한 보험수요와 동일하지 않다.

㉡ 일반적으로 자녀가 생존해 있는 경우 사망한 경우보다 보험수요가 늘어난다.

⑦ 기타 인구통계학적 요인들

㉠ 평균 부양가족이 많을수록 보험수요가 증가한다.

㉡ 국민소득이 높을수록 보험수요가 증가한다.

㉢ 물가수준이 안정될수록 보험수요가 증가한다.

3 보험의 공급 원리

(1) 보험의 공급과 이론

① 보험상품 공급의 특징

㉠ 보험상품은 사후에 원가가 결정되기 때문에 현재 부과하는 요율로 이윤 창출 여부를 확신할 수 없다. 하지만 보험가입자를 가급적 많이 확보하면 대수의 법칙에 따라 손해율과 경영의 안정성을 높일 수 있다.

㉡ 보험상품은 불확정 부채의 증가 때문에 무한정 공급을 늘릴 수 없다. 공급을 무한정 늘리면 부채비율이 높아지고 재무건전성이 악화될 우려가 있기 때문이다.

㉢ 보험의 공급은 대수의 법칙에 따라 보험 풀(pool)의 위험이 충분히 분산될 수 있는 적정 수의 계약자를 우선 확보해야 한다.

㉣ 보험자의 리스크 부담능력 및 리스크 관리능력에 의해 공급을 결정한다. 즉, 보험자의 계약자 잉여금, 자기자본금의 규모에 따라 결정된다.

㉤ 보험의 공급가격은 구매자의 위험 특성에 따라 공정하게 결정되어야 한다.

② 보험공급의 역량 기출 20

㉠ 보험상품 공급에서 중요한 것은 보험청약자의 위험을 측정하고 그 위험을 인수할 수 있는 역량을 판단하는 것이다.

㉡ 케니의 법칙(Kenny Rule) : 자기자본금의 2배 범위 내에서 보험을 공급한다는 원칙이다.

㉢ 보험시장에서 보험의 총공급량은 투자가들이 보험회사에 투자하는 총자본과 그 자본을 기초로 보험리스크를 인수하려는 경영자의 의지에 의해 결정된다.

ⓐ 경성시장(Hard Market) : 보험공급의 위축이 주기적으로 오면서 보험시장에서 보험구입이 어려워지는 시장(보험공급 감소, 보험가격 상승)

ⓑ 연성시장(Soft Market) : 보험공급이 증가되는 시장으로 보험구입이 용이해 지는 시장(보험공급 증가, 보험가격 하락)

㉣ 태풍, 지진과 같은 자연재해와 테러와 같은 대형 인재의 경우 피해규모가 재난적이어서 시장의 보험수요가 있어도 해당 상품을 공급하지 못하는 '**시장실패**'의 문제가 발생할 수 있다.

시장실패의 형태

- 소비자가 보험을 원해도 보험회사의 역량문제로 보험을 공급할 수 없는 경우
- 보험은 공급되어도 보험가격이 너무 높아 구매자가 경제적으로 구매할 수 없는 경우

③ 보험가격과 보험공급곡선의 이동

㉠ 보험시장에서 대형손실이 발생하면 향후 보험료가 인상되고 보험공급곡선을 S_0에서 S_1으로 상향시킨다. 그 결과 보험공급량은 Q_0에서 Q_1로 감소한다.

㉡ 대형손실은 보험회사들의 자본금을 잠식시키고 지불능력을 약화시켜 자본금의 추가 확충을 요구하지만 재무건전성이 낮아진 보험회사들이 자본금을 추가로 확충하기가 쉽지 않다. 자본을 단기간에 확충하지 못하면 보험회사들은 주어진 가격 수준에서 보험공급을 줄일 수밖에 없고 그 결과 공급곡선이 다시 S_1에서 S_2로 추가이동하며, 보험공급량은 Q_1에서 Q_2로 감소한다.

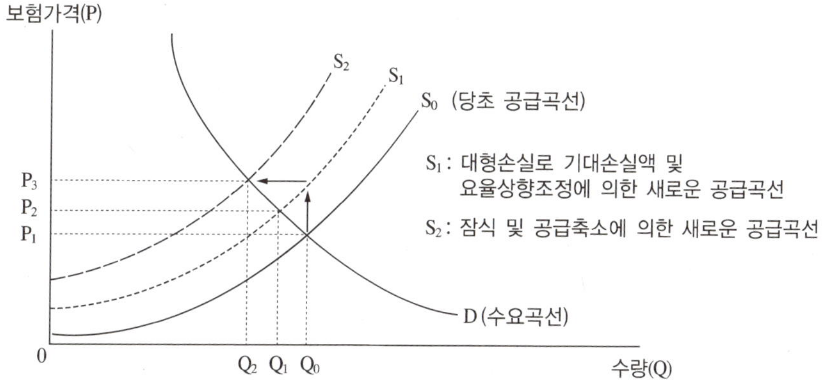

[대형손실발생과 보험공급곡선의 이동]

〈자료출처 : 리스크와 보험, 보험경영연구회 저, 문영사〉

(2) 보험공급자의 유형과 특성

① 비영리 보험기관

㉠ 자가보험자(Self insurer) 기출 17

ⓐ 자가보험 : 가계 또는 기업 스스로 위험에 대비하여 규칙적이고 과학적인 방법으로 보험기금을 적립하여 위험대처방법을 강구하는 방법이다.

ⓑ 자가보험의 조건

- 동질적 위험체의 수가 많고 사고발생 빈도는 높으나 손실강도가 낮은 경우(예 운송회사)
- 보험기금 적립이 용이할 정도의 재무내용이 충실한 기업(예 대기업)
- 적당한 보험기관이나 상품이 없는 경우
- 보험사에서 요구하는 보험료가 높은 경우

ⓒ 자가보험의 장·단점

장 점	• 부가보험료 절감 • 사고방지와 예방대책에 대한 의식이 높아짐 • 보험계약자 보호 • 노사관계 개선 도모
단 점	• 큰 재난 사고의 경우 기금부족을 초래 • 보험사의 리스크 관련 전문서비스를 받을 수 없음

㉡ 상호보험회사(Mutual insurer)

ⓐ 공통의 위험을 느끼는 다수인이 결합하여 보험단체를 결성하고, 그 구성원인 보험계약자 상호간에 보험을 하는 비영리법인이다. 즉 보험계약자 상호간의 위험보장을 목적으로 설립된 회사로 보험계약자에 의해 소유되는 보험자이다.

ⓑ 보험자(소유주)는 보험계약자이며, 동시에 경영진을 자체 내에서 구성하여 보험을 취급한다.

ⓒ 상호보험회사의 장・단점

장 점	• 보험요율이 낮고 보험모집인에 대한 수수료를 절감 • 보험회사의 이윤이 구성원에게 분배 • 대주주에 의한 지배나 경영권 장악이 없음 • 대리인 비용이 비교적 적거나 없음
단 점	• 규모가 작은 경우 대재해로 인한 파산위험 가능성 • 보험모집인으로부터 받을 수 있는 서비스가 없으므로 시장확대의 어려움이 있음 • 조직이 커지면 사원총회의 소집이 어렵고 구성원의 경영참여가 유명무실해질 가능성 • 소유자와 경영자간의 갈등이 더 심각해 질 수 있음

상호보험회사가 주식회사로 전환하는 경우

• 소유와 경영분리로 효율적 경영 유도
• 자본모집이 상대적으로 쉬움
• 상호보험회사의 특색인 자치제의 퇴색

㉢ 공제제도

ⓐ 동종업종에 종사하는 다수인의 집단이 결합하여 특정한 우발적 사건으로 발생하는 경제적 불안을 제거하기 위해 공동준비재산을 형성하는 제도이다.

ⓑ 상호회사와 유사하나 법인이 아닌 조합의 형태(예 농협공제조합, 택시운송조합, 건설공제조합 등)를 가진다.

ⓒ 공제기관의 특징

• 경비절약(보험모집인의 수수료가 없음)
• 정부의 규제(조합원의 공동이익을 증진하려는 목적달성)
• 조합원 상호간의 상부상조 정신으로 해약건수가 적음
• 조합원이 가입할 수 있는 보험금액을 제한

㉣ 보험교환조직

ⓐ 보험교환조직의 특징

• 상호회사의 변형된 형태로 가입된 회원들끼리 서로 보험을 교환하는 비법인 형태의 상호기구이다.
• 보험자는 동시에 피보험자이다. 즉 개인이나 기업 등의 가입자가 법정대리인을 통하여 상호간에 보험을 교환할 수 있는 조직이다.
• 상호회사보다 쉽게 조직되고 규모도 작다.
• 법정대리인에 의해 운영된다.

ⓑ 보험교환조직의 장·단점

장 점	• 소유주(피보험자)와 경영진의 갈등 완화 • 낮은 보험 비용 • 이윤이 보험배당금으로 가입자에게 반환 • 보험사고발생 방지에 적극적이고 도덕적 위태가 적음
단 점	• 법정대리인에게 지나친 권한 위임 우려

② 영리 보험기관

㉠ 주식회사

ⓐ 주식회사의 특징

• 보험자(소유자)와 보험계약자(피보험자), 경영자가 완전 분리되어 있다.

• 보험료를 초과하는 과다한 손실발생에도 추가보험료를 징수할 수 없다. 초과손실의 경우 부족분을 자본금과 잉여금에서 충당해야 한다.

• 영업이익은 주주에게 귀속된다.

• 상품의 판매는 보험모집인이 담당한다.

ⓑ 주식회사의 장·단점

장 점	• 소유와 경영의 분리로 효율적이고 효과적인 운영 • 보험료가 확정되어 있으므로 보험계약자는 사전에 보험비용을 알 수 있음 • 보다 나은 서비스를 제공 • 자본금과 잉여금으로 피보험자를 보호
단 점	• 보험료에 이윤이 포함되고 보험모집인 조직의 유지비용이 소요되므로 보험비용이 큼 • 이해당사자(주주와 피보험자간, 주주와 경영자간)간의 갈등

심화TIP 주식회사와 상호회사의 차이

구 분	주식회사	상호회사
설립근거	상법상 조직	보험업법상 조직
기업의 목적	영리를 목적으로 주주에 의해 소직된 법인	보험계약자 상호간 상부상조의 정신에서 위험분담을 목적으로 조직되는 비영리법인
출자형태	주주가 자본금 형태로 출자	보험계약자인 사원으로부터 갹출하는 기금
경영주체	주주	사원(보험계약자)
최고의사결정기관	주주총회	사원총회
이익의 귀속	주주	사원

㉡ 로이즈(Lloyd's of London)

ⓐ 로이즈의 특징

• 무한책임을 지는 3만명 이상의 개인자격 보험자가 조직한 조직이다.

• 보험거래소의 역할(장소제공, 규칙제정 등을 통해 보험거래의 편의제공)을 담당한다.

• 보험자(소유자)와 경영자가 동일하다.

• 보험중개인(Broker)에 의해 보험거래가 이루어진다.

• 각 보험자는 보험종목에 따라 신디케이트를 구성한다.
• 신디케이트 단위로 보험을 인수하고 각 회원들간의 공동보험형태로 위험을 분담한다.
• 최대의 재보험시장에서 중요한 역할을 담당한다.

ⓑ 로이즈의 장·단점

장 점	• 소유주와 경영자간의 이해갈등이 없어 대리비용 문제가 없음 • 특정보험 부분의 전문보험자가 위험을 인수하므로 우량한 위험의 선택이 가능 • 재력이 풍부한 보험자가 무한책임을 지므로 지급불능사태가 거의 없음 • 보험사업 운영비 절감 • 브로커비용 이외에 수수료 지출이 없음
단 점	• 보험자로서의 존속이 개개인의 운명에 좌우 • 소유자가 위험을 인수하므로 위험인수에 한계 • 신디케이트 회원간의 이해갈등 소지

4 보험시장에서 정보와 시장문제

(1) 역선택(Adverse Selection)

① 개 념

㉠ 보험계약자와 보험회사간에 보험계약자의 위험특성에 대한 사전적 정보의 비대칭으로 발생한다.

㉡ 보험계약자는 자신의 위험에 대해 잘 알고 있지만 보험회사는 정보부족으로 보험계약자의 위험을 모르는 경우 궁극적으로 불량 위험체들이 보험에 가입하려는 현상을 의미하며, 재정적으로 큰 손실을 입을 수 있다.

② 역선택의 문제점

㉠ 보험회사에 재정적으로 큰 손실을 초래한다.

㉡ 잠재적인 계약자들의 무보험 상태를 초래한다.

③ 역선택의 방지대책 기출 15·21·24

계약자와 보험회사간의 정보의 불균형을 해소한다.

㉠ 고지의무조항을 운용한다.

㉡ 보험계약자의 위험을 평가하여 계약에 반영한다.

㉢ 단체보험이나 보험의 강제가입 등을 통해 불가용성을 해결한다.

건강보험에서 기왕증(pre-existing conditions)을 면책하는 이유는 역선택을 방지하기 위함이다.

(2) 도덕적 위태(Moral Hazard) 기출 15·19·20·21

① 개 념

㉠ 보험계약자가 계약 후 고의로 사고를 내고 보험금을 청구하거나 피해액을 부풀려 보험금을 타가는 비양심적인 위험상태를 의미한다.

㉡ 보험에 가입함으로써 위험을 보험회사에 전가한 후에 손실예방에 무관심하거나 적절한 주의를 기울이지 않는 '정신적 위태'도 포함한다.

> 도덕적 위태(moral hazard)와 역선택(adverse selection)은 모두 정보비대칭성으로 발생하는 현상이다. 역선택은 보험계약자(피보험자)의 위험특성(character)에 대한 사전적 정보의 비대칭으로 발생하며, 도덕적 위태는 보험계약자의 행위(act)에 대한 정보의 비대칭성으로 발생한다. 즉 도덕적 위태는 인위적으로 사고를 유발·증가시키려는 개인적 특성이나 주관적인 심리상태를 말하며, 이러한 심리상태는 사기·부정직한 성향이 강하다.

② 도덕적 위태의 문제점

㉠ 보험회사에 미치는 영향 : 인위적인 사고 유발이 많아지면 보험금 지급이 증가하여 보험회사의 경영이 어려워질 수 있다.

㉡ 보험계약자에게 미치는 영향 : 다수의 선량한 보험계약자에게 도덕적 위태를 가진 자의 위험까지 선량한 보험계약자의 권익을 침해할 수 있다. 또한, 고의적인 보험사고 유발이나 과잉진료로 인한 과다보험금 청구, 위장사고 등을 야기함으로써 보험료를 인상시키게 되어 불이익을 초래할 수 있다.

③ 도덕적 위태의 유형

㉠ 사기적으로 초과보험이나 중복보험, 다수의 보험을 체결하고 고지의무 등을 이행하지 않는 유형

㉡ 보험사고를 고의로 유발하는 유형

㉢ 보험사고를 위장, 날조하는 유형

㉣ 보험사고발생시에 부보 혹은 담보되지 않는 손해를 부보하였거나 담보되는 것으로 전환시키는 유형

㉤ 보험사고발생시 보험금을 허위, 과다 청구하는 유형

> **실손의료보험의 손해율 상승 요인** 기출 25
> - 비급여 진료비(도수치료, 염좌 및 긴장 진료 등)의 증가
> - 도덕적 해이에 따른 과잉진료로 인한 보험금 청구액 증가
> - 의료기술의 발달과 신의료기술의 도입에 따른 치료비 고액화
> - 연령(고령층)의 증가로 질병 가능성이 높아지면서 보험료의 상승 및 의료비의 증가

④ 도덕적 위태의 방지대책 기출 17 · 18 · 22 · 24

㉠ 철저한 언더라이팅 : 보험자는 합리적인 보험경영을 위해 위험을 측정하여 대수의 법칙을 적용하여 보험료를 계산한다. 이때 물리적인 위험은 측정이 가능하나 도덕적 위험 및 방관적 위험은 그 측정이 곤란하다. 따라서 정확한 위험 측정을 위해서 철저한 언더라이팅(underwriting)이 필요하다.

㉡ 공제제도(자기부담금제도) : 손해액의 일정금액까지는 보험계약자가 부담하는 공제제도를 도입한다. 공제제도는 본래 보험료의 절감 및 소액사고의 처리에 따른 비용과 시간을 절감하기 위한 제도이다. 공제금액이 높을수록 위태는 감소하게 될 것이다.

자기부담금과 같은 일부보험을 도입하면 도덕적 위태의 경감은 물론 소액사고 처리에 따른 행정비용(손해사정비용 및 보험금지급 처리비용 등)도 줄일 수 있기 때문에 전부보험의 경우보다 보험료를 인하할 수 있다.

㉢ 공동보험제도 : 손해액의 일정비율을 보험계약자가 부담하는 공동보험제도를 운용한다. 공동보험조항에 의하여 피보험자는 자기부담액 만큼의 손실을 부담하여야 하므로 위태(hazard)를 억제할 수 있다.

㉣ 초과 · 중복 보험 : 초과보험에서의 보험금액 감액청구제도 등은 피보험자의 실손해액을 초과하여 보상할 수 없다는 손해전보의 원칙에 근거를 두지만 이 또한 위태를 억제하는 효과를 얻을 수 있다.

㉤ 보험모집 방안의 개선 : 보험모집 과정에서 과다한 모집 경쟁으로 인하여 유입된 위태(hazard)를 제거하기 위해서는 모집인에 대한 철저한 교육이 필요하며, 현행 계약과의 비례적인 수수료 제도를 보완하여 월급제 내지는 양질의 위험을 인수한 모집인에게는 보너스를 지급하는 등의 방안이 강구되어야 한다.

㉥ 손해사정업무의 철저화 : 손해사정인은 손해사정시 보험사고의 정황을 철저히 조사하여 위태(hazard)를 판별하여야 한다.

㉦ 보험범죄방지위원회 활용, 형사고발 등 : 보험범죄방지위원회 및 기타 관련 단체의 연구 및 활동을 적극적으로 지원하고, 악의적인 사고유발자나 사기범 등은 형사고발을 취하는 등의 강력한 제재조치가 이루어져야 한다.

㉧ 역선택의 방지 : 역선택은 정보의 불균형으로 인해 불리한 의사결정을 하는 상황을 말한다. 예를 들면, 보험 가입대상자의 건강 상태 및 사고 확률에 대해 특수정보를 가지지 않은 보험회사가 질병 확률 및 사고확률이 높은 사람을 보험에 가입시킴으로써 보험재정을 악화시키는 경우를 들 수 있다.

우리나라 고용보험 구직급여 지급일수에 한도가 있는 이유

고용보험 구직급여 제도의 허점을 악용하여 이익을 보려는 보험계약자 또는 피보험자의 비양심적인 위험상태는 '도덕적 해이(위태)'와 관련이 있다. 만일 고용보험 구직급여 지급일수에 한도가 없다면 근로자의 근로의욕을 저하시키고, 구직급여 의존도를 높여 구직활동을 저해하는 도덕적 해이(위태)를 유발하게 될 것이다. 따라서 구직급여 지급일수에 한도(구직자의 연령과 보험가입기간에 따라 120일~240일)를 법으로 규정하게 되면 근로자의 도덕적 해이(위태)를 억제하여 어느 정도 감소시킬 수 있을 것이다.

심화TIP 도덕적 위태를 완화할 수 있는 원칙 기출 14

1. **피보험이익의 원칙**
   피보험이익이란 피보험자 및 보험계약자가 피보험목적물에 대하여 가지는 경제적 이해관계를 말한다. 피보험이익이 존재하면 이해관계자는 피보험목적물에 대하여 보험에 가입할 수 있다는 원칙으로 도박의 방지, 도덕적 위태의 감소, 손실 크기의 측정을 목적으로 한다.
2. **실손보상의 원칙**
   보험자의 경제적 상태를 손해발생 이전의 상태로 복원시키는 것으로 손해보험에 있어 피보험자 또는 보험계약자가 보험을 통하여 금전적 이익을 얻지 못하게 하는 등의 도덕적 위태를 제거하기 위함이 목적이다.
3. **대위변제의 원칙**
   피보험자가 제3자의 과오로 인하여 손실을 입었을 경우 일단 보험자가 이를 보상하여 주고 피보험자가 제3자에게 가지는 손해배상청구권을 대위한다는 원칙이다. 보험에서 대위변제의 원칙이 존재함으로써 피보험자는 동일한 손해에 대하여 보험자 및 제3자에게 이중으로 보상받는 것을 방지하며, 보험자는 피보험자에게 보상한 금액을 제3자에게 회수할 수 있으므로 피보험자에게는 손실발생에 따르는 보험료 인상의 소지를 제거할 수 있다.
4. **최대선의의 원칙**
   보험은 그 구조적인 특성상 우연성을 전제로 하는 상품으로서 가입자의 사행성의 심리가 항상 병존하게 되므로, 보험계약의 당사자에게는 다른 어떤 상품의 계약보다 더 높은 정직성과 선의 혹은 신의성실을 요구한다.

04 보험마케팅

1 보험마케팅의 개념

(1) 보험마케팅의 정의

보험마케팅은 시장에서 미래의 경제적 불확실성에 따른 보험소비자의 필요와 욕구를 만족시키고, 가치 있게 만드는 교환활동과 일련의 과정이다.

> **보험판매와의 차이점**
>
> 보험판매는 단순히 보험상품의 판매증진을 통해 이익을 남기려는 개념인데 반해 보험마케팅은 시장에서 고객의 니즈와 욕구를 파악하여 고객만족을 통해 이익을 만드는 보다 통합적인 개념이다.

(2) 보험마케팅 프로세스

보험마케팅 프로세스는 환경분석, 마케팅전략 수립, 마케팅믹스의 실행 및 통제, 마케팅 수정 및 보완 4단계로 구성된다.

① 1단계 : 환경분석

㉠ 우선 보험마케팅 환경에 대한 분석이 선행되어야 한다.

내적 환경	보험회사가 통제할 수 있는 변수 예 마케팅 목표 설정, 채널 포트폴리오(전속채널, 외부 독립채널, 인터넷 판매) 구성 등
외적 환경	보험회사가 통제할 수 없는 변수 예 경제, 기업문화, 기술, 소비자, 경쟁자, 감독정책 등

㉡ 소비자분석은 표적고객의 선정과 관련하여 매우 중요하다.

㉢ 보험마케팅에서는 판매자의 역할이 중요하며, 소비자 만족 및 완전구매를 위해서 채널의 전문성, 책임성, 투명성이 다른 산업보다 요구된다.

② 2단계 : 마케팅전략 수립

마케팅 주체 입장에서 시장을 세분화(market segmentation)하고, 표적고객 및 시장을 선정(targeting)하고, 시장성격에 따라 자기 회사의 위치를 정립(positioning)하는 것이다. 즉 시장을 특정 기준으로 나누고, 그중 표적고객과 표적시장을 정하고, 표적시장에서 소비자에게 어필할 수 있는 강력한 이미지를 만드는 것을 의미한다.

> **표적고객을 선정하는 방법**
>
> - **세그먼테이션**(segmentation) : 인구통계학적 기준을 사용하여 고객을 선정하는 방법(전통적 방식)
> - **에그리게이션**(aggregation) : 인구통계학적 기준 외에도 고객의 일, 취미, 사회활동, 관심분야, 정치, 경제, 상품에 대한 의견, 즉 라이프스타일 관련 변수까지 포함하여 분석하는 방법

③ 마케팅믹스의 실행 및 통제

판매하고자 하는 상품(product), 가격(price), 유통방식(place), 촉진방식(promotion)을 정하는 것으로 이를 '마케팅의 4P'라 한다. 즉 시장세분화와 목표시장 정립, 위치정립 등을 통해서 얻은 결과를 종합적으로 구체화하는 '마케팅믹스'를 실행하고 통제하는 것이다.

상품(product)	고객의 니즈를 파악하여 만들어진 제품이나 서비스를 선정하여 보험회사에 이익을 줄 수 있는 제품을 선정하는 것이다.
가격(price)	가격 결정, 즉 보험료의 결정이다. 보험가격의 결정은 보험회사의 현재뿐만 아니라 장래 이익에도 큰 영향을 미친다.
유통방식(place)	보험의 경우 대리점, 설계사, 인터넷, 방카슈랑스, 홈쇼핑 등 여러 가지 방식이 있을 수 있다.
촉진방식(promotion)	상품 또는 기업에 대한 홍보를 어떤 매체(TV, 라디오, 인터넷, 신문, 잡지 등)와 어떤 방법으로 할 것인지를 결정하는 것이다.

④ 마케팅 수정 및 보완(판매 후 관리)

기존에 실행한 마케팅 활동이 부적절했다면 바람직한 방향으로 다시 수정하고 보완하는 작업이다. 보험의 경우 장기계약이므로 소비자 만족도 제고 및 불완전 판매 감소를 위해서 마케팅 수정 및 보완은 매우 중요한 활동이다.

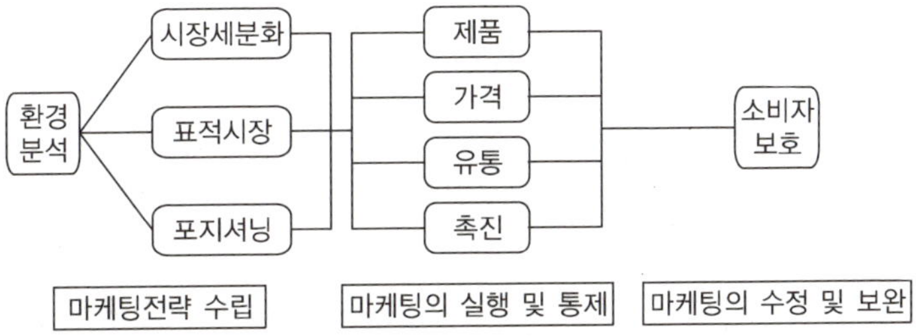

[보험마케팅 프로세스]

2 보험마케팅의 특성

(1) 보험소비자의 특성

① 보험은 의식주 등 기본욕구가 충족된 사람에게 수요(안전욕구)가 발생한다. 이에 따라 보험은 후진국에서는 완만하게, 중진국에서는 빠른 속도로, 선진국에서는 다시 완만한 속도로 수요가 증가한다.

② 미래 리스크를 인식하는 사람에게 수요가 발생한다.

③ 서비스에 불만을 갖기 쉽다. 즉 보장성보험의 경우 대부분의 소비자가 자신이 낸 보험료보다 보험금을 적게 받기 때문에 사후적으로 불만을 가지기 쉽다.

예 보험사고가 발생하여 소수의 가입자만 보험금 수취

④ 가격에 만족하지 못한다. 즉 보험상품의 복잡성, 보험상품의 특성 때문에 보험가격이나 보험비용의 개념에 대해 이해하지 못하는 경우가 많다.

(2) 보험회사의 특성

① 고객층의 동질성이 요구된다. 즉 리스크 수준은 다르더라도 고객들이 원하는 것들이 비슷해야 하기 때문에 근본적으로 동질적인 고객들을 구성해야 한다.

② 역선택에 대해 유의해야 한다. 역선택을 관리하는 것은 보험마케팅 및 언더라이팅 실행시 매우 중요하다.

③ 유통조직이 중요한 비중을 차지한다. 유통조직을 다양하고 안정적, 효과적으로 운영하는 것이 중요하다.

④ 사업자의 이미지와 신뢰성이 중요하다.

⑤ 다양하고 적절한 서비스를 제공해야 한다.

⑥ 사후적으로 손실의 가능성이 높다. 즉 사후적 손실 가능성이 높으므로 언더라이팅과 마케팅단계에서 주의가 필요하다.

⑦ 보험산업은 규제산업으로 여러 가지 공적 규제가 이루어져 소비자보호 차원의 규제가 많다.

⑧ 보험계리사, 손해사정사, 재무설계사 등 전문가를 필요로 한다.

⑨ 고객정보를 확보하기 어렵다. 따라서 고객정보를 많이 보유한 회사가 상대적으로 유리한 위치를 점하게 된다.

(3) 상품의 특성

① 무형적, 관념적 상품으로서 인식수준이 다른 상품들에 비하여 상대적으로 낮다.

② 미래에 대한 위험담보를 제공하기 때문에 우연적이고 확률적인 효용가치를 지닌다.

③ 기한부 계약으로 다양한 서비스가 요구된다. 즉 보험회사가 계약기간동안 다양한 서비스를 제공해야 한다.

④ 개인별 상품으로서 일반적으로 복잡하고 난해하다. 개인의 특성에 맞추어 디자인되고 설계되기 때문에 복잡하며, 그 정도는 일반 금융상품에 비해 훨씬 심하다.

⑤ 기술적 상품으로서 불투명하고 이해하기 어렵기 때문에 전문성이 요구되고 이로 인해 보험에 대한 불신이 발생할 가능성도 있다.

⑥ 사망, 질병, 재해 등 불유쾌한 사건을 대상으로 하므로 개발도상국에서는 자발적 구입이 적다.
⇒ "보험은 구매하는 것이 아니라 판매하는 것이다."

⑦ 고객정보가 중요한 상품이다. 고객들의 나이, 건강상태, 주택의 상태 등 여러 가지 정보가 보험설계에 반영된다.

(4) 보험유통의 특성

① 표준적 자격요건이 요구된다. 일정한 사전교육 및 시험을 합격한 후 자격이 갖추어진 사람이 보험유통 즉 판매활동을 담당할 수 있다.

② 판매비용이 상당하다.

③ 보험에 대한 이해는 물론이고 상당한 설명능력이 필요하다.

④ 계약의 갱신과 유지가 중요하다.

⑤ 가격경쟁력 및 서비스경쟁력이 모두 중요하다.

⑥ 유통과정에서 문제가 발생할 소지가 많다.

⑦ 유통경로의 신뢰성이 중요하다. 유통경로에 대한 신뢰가 없을 경우 회사에 대한 불신이 생길 수 있으며, 고객유치에 어려움을 가질 수 있다.

⑧ 고객정보에 대한 통제력이 강하다. 고객정보에 대한 소유권 문제가 다른 상품에 비해 발생가능성이 높다.

(5) 보험가격의 특성

① 일반적인 상품의 가격은 원가가 먼저 정해지고, 다음으로 유통비, 이윤 등을 책정하여 최종 소비자 가격이 정해진다.

② 보험가격은 가격이 먼저 정해지고, 장기적 보험의 특성상 원가는 최종 보험급부가 지급된 후 정해지는 특성을 가지고 있다.

③ 보험사업자가 상품을 출시한 후 일정기간이 지나서도 해당 상품이 보험회사에 최종적으로 이익을 가져다 줄 수 있는지 여부를 판단하기 어려운 경우가 많다.

심화TIP 보험마케팅의 특성 기출 23

- 보험사업의 가치사슬에서 판매가 차지하는 비중이 다른 사업에 비해 높고 판매비용이 상당하다. 즉 보험사가 설계사에게 지급하는 수수료나 업무추진비 등 상품판매에 들어가는 비용(신계약비)이 상당하다.
- 보험상품은 의식주 등 기본적인 1차적 욕구가 아니라 장래 우발적 사고에 대한 안전을 추구하는 2차적이거나 간접적인 욕구이므로 소비자의 자발적 수요가 다른 일반상품에 비해 약하다.
- 보험상품은 수요탄력성이 크지 않아 가격결정이 일반상품처럼 수요중심이나 가격중심으로 이루어지지 않는다. 보험상품의 실제 원가는 상품 판매시 확정되는 것이 아니고, 예정 기초율과 실제 기초율의 차이가 확정된 이후 사후적으로 결정되기 때문에 계약이 종료될 때 확정되며, 원가의 불확실성이 매우 크다. 즉 비용이 사후에 결정된다.
- 보험회사는 재무건전성 감독, 소비자보호를 위한 공시제도, 자산운용에 대한 규제 등 소비자 보호차원의 여러 가지 공적 규제를 받는다.

05 위험(Risk)

1 위험(Risk)의 개요

(1) 위험(Risk)의 개념

① 위험은 "손해발생의 가능성 또는 불확실성"으로 정의할 수 있다.

② 위험은 "미래의 불확실성 때문에 원하는 결과와 반대되는 결과가 발생할 수 있는 가능성"이다.

③ 보험은 인간의 경제생활을 위협하는 위험을 전제로 한다. 따라서 "위험이 없으면 보험도 없다"라고 할 수 있다.

보험에서의 위험에 포함되는 개념

- 손실의 기회
- 손실의 가능성
- 손실의 가능성이 존재하는 상태
- 불확실성
- 실제치와 기대치의 차이

(2) 보험가입대상 위험(Insurable Risk)의 특성 기출 14 · 15 · 20 · 23

① 다수성 및 동질성

보험은 손실을 유발하는 유사한 특성을 가진 다수의 위험단위들이 존재하여야 한다. 위험이 동질적이고 동질적 위험이 많을수록 보험회사는 손실예측 및 보험료 산출을 정확하게 할 수 있다.

② 우연성

보험가입대상이 되는 위험은 우연성에 기초한 것이어야 한다. 이는 보험계약자가 고의로 손실을 발생시키거나, 발생한 손실을 고의로 확장시키는 것을 방지하기 위한 것이다. 만약 손실이 고의로 발생되거나 확대된다면, 이는 도덕적 위태에 해당되는 것으로서 보험의 대상이 될 수 없다.

상해사고의 요건 기출 20

상해사고의 요건은 급격하고도 우연한 외래의 사고에 의한 피보험자의 신체손상이라고 본다. 즉, 상해사고의 요건은 우연성 · 외래성 · 급격성을 요한다.

③ 명확성 및 측정가능성 기출 24

보험가입대상이 되는 위험은 손실발생의 원인, 시간, 장소, 손실금액 등이 어느 정도 명확한 위험이어야 한다. 금전으로 측정이 어렵거나 시간과 장소가 불명확한 경우 손실에 관한 사항을 제대로 파악할 수 없고 보험료 산출 등 보험에 필요한 자료를 객관적이고 과학적으로 파악할 수 없게 된다.

④ 손실크기의 적정성 기출 24

사고발생 가능성이 충분히 크지만, 그렇다고 해서 보험회사가 감당하는 것이 불가능할 정도로 너무 거대한 손해를 초래하지 않는 위험이어야 한다.

> 대재해적 손실(태풍, 홍수, 지진, 전쟁 등)이 보험대상 리스크로 적합하지 않은 이유는 불확실성이 크고 사고발생에 대한 예측불가능성과 낮은 빈도 및 높은 심도로 인해 다수의 동질적 위험에 대한 대수의 법칙을 적용하여 측정할 수 없기 때문이다. 또한 한 번의 사고로 기대손실이 커서 보험회사의 인수능력과 재보험사의 담보력을 초과하기 때문이다. 보험회사는 손실발생의 독립성(확률적 독립성)을 가정하여 보험요율을 산정하는데 통계적으로 이러한 대재해적 손실을 예측하는 것은 힘들기 때문에 보험대상 리스크로 적합하지 않다.

⑤ 예측가능성

보험가입대상이 되는 위험은 과거의 경험 및 통계에 의하여 사고발생률을 예정할 수 있어야 보험회사가 적정보험료를 산출할 수 있다. 전쟁, 천재지변 등은 발생규모나 발생빈도 면에서 불규칙하기 때문에 통계자료를 가지고 확률적인 계산이 어렵다. 따라서 예측이 불가능하고 규모가 큰 위험은 일반적으로 보험의 대상이 될 수 없다.

> **Probability와 Possibility**
>
> 어떠한 상황발생의 가능성을 표현하는 말에는 Probability와 Possibility가 있다. Probability는 일정기간 동안 어떤 결과가 얼마나 생길 수 있는지를 수리적 확률치로 나타낸 것이다. 반면 Possibility는 어떤 결과가 발생할 수도 그렇지 않을 수도 있는 가능성을 말한다. Possibility는 존재와 부존재 두 가지 경우만 있을 수 있음에 비해 Probability는 그 발생확률의 측정이 가능하고 수치로 표시할 수 있다는 차이가 있다. 보험원리는 이러한 측정가능한 확률인 Probability에 근거한다.

⑥ 가격의 적정성

보험가입대상이 되는 위험은 보험료를 보험계약자가 납입할 수 있는 적정규모가 되어야 한다. 보험료가 보험금액에 비해 너무 높으면 보험가입자들이 보험가입 자체를 꺼려할 것이다.

심화TIP 보험가입대상 위험(Risk)의 요건

다수의 동질적 위험 (동질성, 독립성)	• 유사한 속성(발생빈도 및 손실규모)의 리스크가 발생의 연관이 없는 독립적으로 다수 존재해야 한다는 것 • 대수의 법칙을 적용하여 손실을 예측할 수 있고 보험료를 계산할 수 있음
우연한 손해	• 인위적이거나 의도적이지 않으며 순수하게 우연적인 것 • 개인의 입장에서만 우연적이면 됨
확정적이며 측정가능한 손해	• 피해의 원인, 시간, 장소, 피해의 정도를 분명히 식별하고 측정할 수 있는 리스크 • 보험료 계산이 가능해야 함
비재난적 손실	• 보험회사의 능력으로 보상이 가능한 규모의 손실
확률적으로 계산가능한 손해	• 손실발생확률을 추정할 수 있는 리스크
경제적으로 부담가능한 보험료	• 가입자가 경제적으로 부담가능한 보험료 수준

2 위험 관련 개념

위험과 관련된 개념으로 위태(hazard), 손인(peril), 손해(loss) 등이 있다. 이들 개념은 위험이 현실화되는 일련의 과정과 밀접한 관련을 가진다.

심화TIP 위태 · 손인 · 손해의 관계

위험(risk)		
위태(hazard)	손인(peril)	손해(loss)
주유소내 흡연	화재 발생	주유소 멸실

(1) 위태(hazard) 기출 17 · 23

위태는 특정 사고로부터 발생될 수 있는 손해 가능성을 새로이 만들거나 증가시키는 상태를 말한다.

상법 제653조의 규정 기출 18

보험기간 중에 보험계약자, 피보험자 또는 보험수익자의 고의 또는 중대한 과실로 인하여 사고발생의 위험이 현저하게 변경 또는 증가된 때에는 보험자는 그 사실을 안 날부터 1월 내에 보험료의 증액을 청구하거나 계약을 해지할 수 있다.

① 도덕적 위태(moral hazard) 기출 24

도덕적 위태란 법이나 제도의 허점을 악용하여 손실의 발생을 고의적으로 증가시키는 심리상태나 태도를 말한다. 예 방화, 손실의 허위보고 등

㉠ 보험금 사취의 목적이 있는 경우 : 고의에 의한 방화, 살인, 자해, 보험사고 조작은 물론 중대한 과실이나 안전장치에 대한 부주의도 보험금 사취의사가 있는 것으로 볼 수 있다. 특히 고의적 사고 유발은 가장 경계되어야 할 대상이며, 보험자는 그로 인한 손해에 대해서는 당연히 보상책임이 없고 당사자는 합당한 제재를 받는다.

㉡ 손해방지의무 위반 : 보험계약자나 피보험자가 보험사고발생 후 손해방지의무를 불이행하여 손해가 확대된 경우, 그로 인하여 늘어난 손해에 대하여 보험자는 보상책임이 없다.

㉢ 손해액의 과다 청구 : 보험사고발생 후 보험금 청구서류 등을 위조 · 변조하거나 사고 자체를 위장하여 손해액을 과다하게 청구하는 경우, 보험자는 원칙적으로 과다 청구된 부분에 대해서는 보상책임이 없으며, 그 당사자는 합당한 제재를 받는다.

② 정신적 위태(morale hazard) 기출 24

정신적 위태는 보험제도를 이용하여 적극적으로 이익을 보려는 심리나 행동은 없지만 사고가 발생하더라도 보험자가 그 손해를 보상한다는 마음에 사고예방이나 사고발생 후 손해의 감소활동 등에 대하여 무관심 또는 부주의한 정신적 상태를 말한다. 정신적 위태와 도덕적 위태의 차이는 고의성의 개입유무로서 정신적 위태는 의식적 행동을 수반하지 않는다.

예 차량키 방치, 졸음운전, 흡연 습관 등

③ 물리적 위태(physical hazard) 기출 19 · 24 · 25

물리적 위태는 인간의 행위와는 직접적인 관계없이 손해의 발생가능성을 새로이 만들어 내거나 증가시키는 자연적인 조건을 의미한다. 예 안개, 폭우, 도로상의 빙판 등

물리적 위태를 통제하기 위한 제도에는 상법상 고지의무, 위험변경증가 통지의무, 위험유지의무 등이 있다.

실체적 위태(physical hazard)

실체적 위태는 사람이나 물체에 존재하는 육체적 또는 물리적인 성질, 즉 물리적 위태를 의미한다.

④ 법률적 위태(legal hazard)

법률적 위태는 법규의 미비나 불확실성으로 인해 발생할 수 있는 위태를 의미한다.

Hazard를 판단하는 사항

- 보험관계자의 사업부진, 세금체납 등 경제적 여건
- 과거의 동일 손해 경험
- 신규 계약 이후 가까운 시일 내의 사고발생
- 초과 · 중복보험 계약의 여부

(2) 손인(peril) 기출 15

① 의 의

손인은 손해의 직접적인 원인이 되는 것을 말한다. 예를 들어 화재로 인해 건물이 손상 또는 멸실되었다면, 건물의 손상 또는 멸실은 손해이고, 이러한 손해의 원인(손인)은 화재라고 할 수 있다.

② 손인의 형태 기출 24

㉠ 자연적 손인 : 태풍, 화산폭발, 지진, 낙뢰 등과 같이 인간의 통제력이 미치지 못하는 손실의 원인

㉡ 인적 손인 : 자살, 사기, 절도와 같이 손실의 원인이 개인의 통세하에 있는 경우(고의적 행위 또는 비고의적 부주의)

㉢ 경제적 손인 : 불경기, 파업, 시장요인, 기술의 진보처럼 인간의 통제하에 있지만 경제 전체에 미치는 영향이 큰 손실의 원인

③ 손인의 분류 기출 17

㉠ 담보위험(perils covered) : 보험자가 그 위험에 의해서 발생한 손해를 보상할 것을 약속한 위험이다.

㉡ 면책위험(perils excluded) : 보험자의 보상책임이 면제된다고 특별히 명시한 위험을 말하며, 보험자의 보상책임을 적극적으로 제한하는 효과를 가지고 있다.

㉢ 비담보위험(perils uncovered) : 보험자에게 인수되지 않았던 위험, 즉 보험자가 그것에 의해서 발생한 손해를 보상한다는 명시도, 또한 면책한다는 명시도 없는 위험을 말한다.

④ 손인의 방식 기출 15·17·19·25

㉠ 열거위험담보방식(named-perils policy) : 보험자가 담보할 위험을 일일이 보험증권에 열거하여 열거되지 않은 위험으로 인한 손해는 보상하지 않는 방식이다. 열거위험담보방식에서는 피보험자에게 손해원인이 되는 위험이 담보위험임을 입증할 책임이 부여된다. 따라서 보험기간 중에 담보위험으로 인한 보험사고로 담보손해가 발생하였음을 피보험자가 입증하여야 한다. 즉 열거위험담보방식은 열거한 위험으로 인한 손해에 대하여 보상한다고 약속한 것이므로 보험자로부터 손해보상을 받기 위해서는 피보험자가 열거위험으로 인하여 손해가 발생하였다는 것을 입증하여야 한다.

㉡ 포괄위험담보방식(all-risks policy) : 담보위험을 일일이 보험증권에 열거하지 않고 약관상 면책사유 이외에 기타 우연한 사고로 생긴 손해를 보상하는 방식이다. 포괄위험담보방식에서 피보험자는 손해의 발생사실만을 입증하면 되고, 면책을 주장하기 위해서는 보험자가 그 손해가 열거된 면책손해 또는 면책위험으로 인한 손해라는 사실을 입증해야 한다. 즉 포괄위험담보방식은 면책으로 인한 사고를 제외하고는 보험의 목적에 손해가 발생하면 그 원인이 무엇이든 관계없이 보상하기 때문에 피보험자는 보험의 목적에 담보손해가 발생하였다는 것만 입증하면 족하고 보험금 지급을 거절하려면 보험자가 면책위험과 사고와의 인과관계가 있음을 입증하여야 한다.

[열거위험담보방식과 포괄위험담보방식의 비교]

구 분	열거위험담보방식	포괄위험담보방식
특 징	• 필요한 위험만 선택하여 가입 • 위험이 누락될 가능성이 있음	• 위험이 누락될 가능성이 없음 • 불필요한 위험이 중복 가입될 가능성이 있음
보험료	쌈	비쌈
담보범위	좁음	넓음
입증책임자	피보험자	보험자
입증내용	손해가 열거위험으로 인해 보험금을 지급해야함을 입증한다.	손해가 면책위험으로 인해 발생되어 보상할 책임이 없음을 입증한다.

(3) 손해(loss) 기출 15

① 의 의

손해는 우연한 사고로 인하여 예기치 않게 경제적 가치가 없어지거나 감소하는 것을 말한다.

② 손해의 분류

㉠ 직접손해 : 어떤 위험(담보위험, 면책위험)으로 인하여 재물 자체에 발생한 1차적 손해를 말하며, 손해액은 사고발생 직전 재물의 가액과 사고발생 직전의 상태로 원상회복하는데 소요되는 수리비와의 비교로 결정된다.

㉡ 간접손해 : 직접손해에 수반하여 생기는 2차적 손해로서 위험에 근인하지 않는 손해이다. 결과적 손해와 구분하여 순수한 간접손해라고도 한다.

㉢ 결과적 손해 : 순수한 간접손해는 담보위험으로 생겼다고 볼 수 없는 손해를 말하지만 결과적 손해는 담보위험의 결과로 손해가 간접적으로 수반되는 경우로 이러한 손해를 담보하는 보험을 결과적 손해보험이라 한다. 예를 들어 냉동 창고에 화재가 발생하여 냉동장치가 고장이 났고, 이로 인해 보관 중이던 냉동식품이 모두 상했다면 이는 결과적 손해라고 할 수 있다.

손해의 유형

- **재산손해** : 사고가 재산에 작용하여 가치의 감소나 소멸을 일으키는 손해 예 직접손해, 간접손해
- **책임손해** : 타인에 대해 배상책임을 짐으로써 발생하는 손해
- **수익손해** : 직접손해가 복구되기까지 수익이 감소되는 손해
- **비용손해** : 직접손해가 복구되기까지 업무계속을 위한 비용 등 추가적으로 발생하는 손해
- **인적손해** : 기술자의 사망, 장해 또는 사직으로 인한 손해

③ 보험관계

대부분의 재산보험 분야에서 직접손해만 담보하지만, 특약이 있는 경우 간접손해, 결과적 손해도 담보가 가능하다.

④ 위험과 손해의 인과관계 기출 15 · 16 · 22

위험과 손해의 인과관계에 대해서는 초기 해상보험에서는 근인설이 주장되었으나, 오늘날 상법에서는 상당인과관계설을 취하는 추세이며, 그 인과관계에 대한 입증책임은 피보험자가 진다.

심화TIP 입증책임 기출 21

- **위험변경통지의무의 위반요건** : 위험변경통지의무란 보험기간 중에 보험계약자 또는 피보험자가 사고발생의 위험이 현저하게 변경 또는 증가된 사실을 안 때에는 지체 없이 보험자에게 통지하여야 한다(상법 제652조 제1항). 이 의무위반의 요건은 위험의 현저한 변경 · 증가의 존재, 위험증가사실에 대한 인지, 위험증가사실에 대한 불통지가 있어야 한다. 이러한 의무위반 요건의 존재에 대한 입증책임은 보험자에게 있다. 보험자는 위험의 현저한 증가가 있었다는 객관적인 사실을 입증하고 보험계약을 해지할 수 있다.
- **고지의무위반과 사고 사이의 인과관계 부존재** : 고지의무에 위반한 사실 또는 위험의 현저한 변경이나 증가된 사실과 보험사고발생과의 사이에 인과관계가 부존재한다는 점에 관한 주장 · 입증책임은 보험계약자 측에 있다(대법원 1997.9.5., 선고, 95다25268, 판결).
- **열거위험담보계약에서 손해와 열거위험 사이의 인과관계** : 열거위험담보계약이란 보험계약상 약관이나 증권에 담보하기로 명시한 위험에 대해서만 보험자가 담보하는 계약이다(예 자동차보험의 자기차량손해에서 충돌, 접촉, 추락, 전복, 화재, 낙래물, 비래물 등에 의한 자기 차량 손실). 이러한 손해와 열거위험 사이의 인과관계에 대한 입증책임은 보험계약자 측에 있다. 즉 보험계약자나 피보험자는 열거위험과 사고, 사고와 손해 사이에 인과관계가 있음을 입증하여야 하고, 보험자는 담보위험 보험사고가 아니라는 면책위험으로 발생하였다는 것을 입증하여야 한다.
- **보험자의 책임제한에 대한 항변사유** : 보험자의 책임제한이란 배상책임보험에서 피해자의 과실이 없더라도 손해의 공평 · 타당한 분담이라는 손해배상법의 이념을 실천하기 위해 법원이 불법행위로 피해자가 입은 손해 일부를 감액해 배상하도록 하는 것을 말한다(예 과실상계, 손익상계, 기왕증 상계). 이러한 보험자의 책임제한에 대한 항변사유에 대한 입증책임은 피해자에 있다.

3 위험의 분류 기출 14

(1) 주관적 위험과 객관적 위험 기출 18

확률 또는 표준편차와 같은 통계적 방법에 의해 측정이 가능한지의 여부에 따라 주관적 위험과 객관적 위험으로 분류한다.

① 주관적 위험

주관적 위험은 개인의 정신적, 심리적 상태에 따른 위험을 말한다. 예를 들어 폐소공포증이 있는 사람에게 엘리베이터는 다른 사람보다 훨씬 큰 위험으로 인식될 것이다. 이러한 주관적 위험은 개개인이 위험을 수용하는 태도에 따라 인식하는 위험의 정도가 상이하여 통계측정이 불가능하다.

② 객관적 위험

객관적 위험은 보통의 사람들이 보편적으로 느끼는 위험이다. 객관적 위험은 대수의 법칙이 적용될 수 있으므로 관찰대상 사건수가 증가하면, 예상되는 사건과 실제사건간의 편차를 줄일 수 있다. 객관적 위험은 통계측정이 가능하여 보험사업자나 기업의 위험관리자에게 매우 유용한 개념이다.

(2) 순수위험과 투기위험

① 순수위험 기출 14·20·21

㉠ 순수위험은 이익의 발생가능성 없이 손해만을 발생시키는 위험을 말한다. 화재, 낙뢰, 홍수, 지진, 폭발, 붕괴 등으로 인한 재산손실이나 사망, 불구, 부상 등의 인적손실을 예로 들 수 있다.

㉡ 개인이나 기업이 순수위험에 의해 손해를 입은 경우 사회 전반적으로도 동일한 손해를 입는다.

㉢ 개개의 순수위험은 우발적으로 발생되어, 범위를 한정하거나 제어하기가 어렵다. 그러나 다수의 순수위험을 통계적으로 보면 어떤 규칙성을 가지고 발생하므로 손해의 발생을 예측할 수 있으며, 그 측정과 관리가 가능하다.

㉣ 순수위험은 대수의 법칙을 적용할 수 있으므로 보험으로 담보할 수 있는 위험이다. 즉 순수위험은 도덕적 위태가 상대적으로 적고, 손실발생을 보다 정확히 예측할 수 있기에 보험가능성의 일차적 기준이 된다.

② 투기위험

㉠ 투기위험은 손해와 이익의 가능성을 동시에 내포하고 있는 위험을 말한다. 주식이나 옵션투자, 신규사업이나 상품개발 등을 투기위험의 예로 들 수 있다.

㉡ 투기위험은 이익의 발생가능성 때문에 대부분 의도적으로 투기위험을 창출하고 있다. 또한 투기위험의 경우 개별 주체가 손해를 입어도 사회는 이익을 얻을 수 있다.

㉢ 개개의 투기위험은 범위를 한정할 수 있고 전조를 수반하므로 제어가 가능하다. 그러나 통계적 측면에서 보면 투기위험은 의도적이며, 인위적으로 초래되는 것이므로 예측과 관리가 어렵다.

㉣ 투기위험은 대수의 법칙을 적용하기 어려우므로 일반적으로 보험의 대상이 될 수 없다.

(3) 근원적 위험과 특정위험 기출 14 · 15 · 21 · 22

① 근원적 위험

㉠ 근원적 위험은 대다수의 국민이나 기업 또는 사회 경제 전반에 영향을 미치는 위험을 말한다. 대부분 정치 · 사회 · 경제적 현상으로 인하여 발생하는 단체적 위험이며, 자연적 위험의 결과로 발생하는 경우도 있다. ⇒ **재무분야의 시장위험(리스크)과 유사한 개념**

㉡ 근원적 위험에는 심각한 경기 후퇴와 대량실업, 인플레이션, 전쟁 · 지진 · 홍수 · 화산폭발과 같은 천재지변 등이 있다.

㉢ 근원적 위험은 하나 또는 여러 개의 보험회사가 부담할 수 없을 정도로 손실규모가 클 수 있기 때문에 사회보험이나 정부보장과 같은 위험전가 프로그램에 의해 대비하여야 한다.

② 특정위험

㉠ 특정집단이나 개인에게 국한되어 존재하는 위험을 말하며, 그 결과가 사회구성원 전체가 아닌 각각의 개인이나 특정기업에 영향을 미치는 위험이다.

㉡ 특정위험에는 주택의 화재나 건물의 폭발, 귀중품의 도난이나 은행 강도, 자동차 사고, 질병이나 상해 등이 있다.

(4) 정태적 위험과 동태적 위험 기출 22 · 24

① 정태적 위험

㉠ 정태적 위험(static risk)은 화재, 지진, 홍수와 같이 시간이 지나더라도 위험의 성격이나 발생 여부가 변하지 않는 위험을 말한다.

㉡ 정태적 위험은 대부분 순수위험에 속한다.

② 동태적 위험

㉠ 동태적 위험(dynamic risk)은 시간이 지나면서 위험의 성격이나 발생 여부가 변하는 위험이다. 예를 들면 경기순환이나 소비자 기호의 변화, 기술의 변화 위험 등을 포함하며, 영향을 미치는 범위가 정태적 위험에 비하여 넓다.

㉡ 동태적 위험은 대개 투기위험에 속한다.

(5) 보험가능위험과 보험불가능위험 기출 21

보험가능위험은 일반적으로 순수위험 중 보험인수가 가능한 것을 말하는데 인적 위험, 재산적 위험, 책임위험 등으로 분류할 수 있다. 보험불가능위험은 순수위험 중 보험인수가 불가능한 것과 대부분의 투기위험을 말한다.

① 인적 위험

개인의 건강과 생명에 관한 위험을 말한다. 개인의 사망, 불구, 퇴직, 질병, 실업으로부터 야기된다. 주로 생명보험의 영역과 종업원복지프로그램 영역에서 다루어지는 위험이다.

㉠ 개인의 소득이나 서비스의 시장가치 상실

㉡ 개인의 신체적 손실에 따른 추가비용

ⓐ 사망 : 저빈도, 손실규모가 가장 큼

ⓑ 불구나 실업 : 고빈도, 손실규모 예측이 어려움

ⓒ 퇴직 및 사직 : 저빈도, 손실규모가 작음

② 재산적 위험

재산에 발생하는 직접손해와 손해복구를 위한 인건비, 물건비, 예상이익 등 광의의 간접손해를 포함한다.

㉠ 직접손해 : 재물의 물리적 손상·파괴·도난으로 발생하는 금전적 손해이다.

㉡ 간접손해 : 직접손실이 발생한 경우 간접적으로 발생하는 금전적인 손해로서 결과적 손해, 영업중단손해, 순소득소실 등이 있다.

③ 배상책임위험

㉠ 과실이나 부주의로 제3자에게 신체, 재산 또는 정신적 피해를 입혀 배상책임을 질 위험을 말한다.

㉡ 배상책임에는 한도가 없으며, 예측하기 어려운 특성이 있다.

㉢ 현재의 손해뿐만 아니라 미래의 소득 및 자산에도 영향을 줄 수 있다.

㉣ 배상책임위험은 피해자가 야기한 손해의 법적 회복에 필요한 추가비용 발생, 기업활동의 제약 또는 법규의 준수강제, 벌금납부, 기업의 이미지 손상 등을 수반한다.

보험가능한 위험(insurable risk)의 요건 기출 18·21

- 우연적이고 고의성이 없는 순수위험(= 위험의 우연성)
- 동질적인 다수의 위험단위(= 위험의 동질성)
- 대이변적이 아닌 손실
- 확정적이고 측정가능한 손실(= 위험의 확정성)
- 측정가능한 손실발생확률
- 경제적으로 부담가능한 보험료

(6) 단일위험과 누적위험

① 의 의

㉠ 단일위험은 보험자의 보험보호를 받고 있는 위험이 독립되어 있으며, 다른 위험과 완전히 격리된 위험으로 다른 위험에 영향을 미치지 않는 위험을 말한다.

㉡ 누적위험은 개별적인 위험이 지역적으로 밀집하여 한 사고로 동시에 손해를 입는 것을 말한다.

② 단일위험의 판단기준

㉠ <u>고립된 위험</u> : 그 위험이 존재하는 장소와 다른 위험과의 거리의 관점에서 다른 위험에 의한 영향을 받지 않는 경우를 의미한다. 통상 화재보험에서는 보험목적 주변에 18m 이상의 공터가 있을 경우, 해상보험에서는 선박 1척을 단일위험이라 정의하고 있다.

㉡ <u>분리 및 격리된 위험</u> : 단순한 거리의 간격으로 판단하는 것이 아니라 근접한 위험일지라도 물리적인 구조물이 존재하여 보험목적 주변의 상황 변화에 전혀 영향을 받지 않는 상태에 있는 위험을 말한다.

③ 누적위험에 대한 대처방법

㉠ 인수제한 : 해당 지역에서 한 사고로 발생할 수 있는 손해액이 보험자의 보유가능액을 초과하였을 경우 인수를 제한한다. 그러나 이 방법은 소극적인 방법이며, 적극적인 위험선택과정을 통해 적절하게 대처할 필요성이 있다.

㉡ 재보험제도 : 인수된 위험이 누적위험에 해당하면 미리 보험자가 정해놓은 보유액을 초과한 부분에 대해 재보험처리하여 위험의 종적인 분산을 통한 대비책을 세운다.

㉢ 약관의 조항 : 적하보험에서의 보험자의 책임을 제한하는 조항으로 지역약관을 들 수 있다.

(7) 재무적 위험과 비재무적 위험

① 재무적 위험

위험의 결과로 나타나는 손해가 금전적인 것으로 보험의 대상이 된다.

② 비재무적 위험

위험의 결과로 나타나는 손해가 금전적이지 않은 위험을 말하며, 보험의 대상이 될 수 없다.

4 위험의 측정

(1) 손실의 확률 기출 23

① 과거의 사고 또는 손실발생의 기록을 분석하여 손실발생의 상대도수를 이용하여 확률을 구하는 방식

[사례]

A회사의 지난 10년간 100건의 사고기록 조사결과 200만원 정도의 사고가 50건, 500만원 정도의 사고가 40건, 1,000만원 정도의 사고가 10건 일어났다고 할 때 각 유형의 손실발생확률을 구해보자.

[풀이]

각 유형의 손실발생확률은 총 사고발생건수 100건에 대한 각 사고유형의 상대도수로 측정할 수 있다.

손실액	빈 도	손실발생확률
200만원	50	50/100 = 0.5
500만원	40	40/100 = 0.4
1,000만원	10	10/100 = 0.1
총 계	100	1

② 수학 또는 물리학적 지식을 활용하여 추론하는 방법

[사례]

복권추첨기에 흰 공 30개, 검은 공 25개, 붉은 공 45개가 들어 있다고 하자. 복권추첨기를 돌려 꺼낸 공이 흰 공 또는 붉은 공일 확률을 구해보자.

[풀이]

흰 공이 나올 확률 = 30/100 = 0.3

붉은 공이 나올 확률 = 45/100 = 0.45

흰 공 또는 붉은 공이 나올 확률 = 0.3 + 0.45 = 0.75

(2) 손실의 기댓값(= 평균손실) 기출 23 · 25

기대손실 = Σ(손실액 × 확률)

[사례]

A회사의 각 유형별 손실발생확률이 다음 표와 같을 때 기대손실을 구해보자.

손실액	빈 도	손실발생확률
200만원	50	0.5
500만원	40	0.4
1,000만원	10	0.1
총 계	100	1

[풀이]

기대손실 = Σ(손실액 × 확률)

= (200만원 × 0.5) + (500만원 × 0.4) + (1,000만원 × 0.1)

= 400만원

(3) 손실의 표준편차(= 위험의 크기) 기출 23

위험을 예상과 실제결과가 차이가 날 수 있는 정도의 크기일 경우 표준편차나 분산으로 측정할 수 있다.

$$손실의\ 분산 = \sum_{i}^{n}(손실_i - 기대손실)^2 \times 확률$$

※ 여기에서 i는 어느 손실사고가 발생할 수 있는 상황으로 총 n가지 경우를 가정한다.

[사례]

A회사의 각 유형별 손실발생확률이 다음 표와 같을 때 손실의 분산과 표준편차를 구해보자.

손실액	빈 도	손실발생확률
200만원	50	0.5
500만원	40	0.4
1,000만원	10	0.1
총 계	100	1

[풀이]

앞서 계산한 기대손실 = 400만원이므로,

$$손실의\ 분산 = \sum_{i}^{n}(손실_i - 기대손실)^2 \times 확률$$

$$= (200만원 - 400만원)^2 \times 0.5 + (500만원 - 400만원)^2 \times 0.4 + (1,000만원 - 400만원)^2 \times 0.1$$

$$= 20,000만원^2 + 4,000만원^2 + 36,000만원^2 = 60,000만원^2$$

$$손실의\ 표준편차 = \sqrt{분산} = \sqrt{60,000만원^2} ≒ 245만원$$

06 위험(Risk)관리

1 개 요

(1) 위험관리의 정의

위험관리란 "경제주체에게 발생할 수 있는 여러 위험들을 체계적으로 분석 · 평가하여 적절하게 대비책을 수립하는 위험의 통제 및 관리과정"이라고 할 수 있다. 모든 위험이 위험관리의 대상이 될 수 있으나, 일반적으로 순수위험을 관리대상으로 한다.

① 기업의 위험관리

기업의 활동과정에 잠재하고 있는 순수위험을 효율적으로 관리함으로써 최소의 비용으로 예상하지 못한 재무적 손실을 회피 또는 극소화시킴으로써 합리적 운영을 도모하기 위한 조직적이고 체계적인 관리활동이다.

② 보험에서의 위험관리

다수의 기업 또는 가계의 위험을 인수하여 이들의 생명과 재산을 사후 보장하는 특수한 경제체로서 위험에 대한 위험도를 정확히 조사, 분석, 평가하여 인수 여부를 결정하고, 그 위험에 상응하는 보험요율, 보험조건 그리고 보유액과 재보험방법 등을 결정하는 일련의 관리활동이다.

심화TIP 의사결정 측면에서의 위험관리

- **1단계** : 조직의 기본 목표 달성에 악영향을 줄 수 있는 예기치 못한 손실의 가능성 또는 위험요소를 파악한다.
- **2단계** : 이러한 예기치 못한 손실을 최소화하거나 대응할 수 있는 여러 가지 위험관리기법을 검토한다.
- **3단계** : 조직에게 현실적으로 가장 적합한 위험관리 수단을 결정한다.
- **4단계** : 선택한 위험관리 수단을 실행한다.
- **5단계** : 위험관리 프로그램이 효과적으로 수행되고 있는지 감시한다.

(2) 위험관리의 목적 기출 14 · 19

위험관리의 목표는 위험비용을 최소화하는데 있다.

① 손실발생 전 위험관리의 목적

㉠ 경제적 목적의 위험관리 : 위험관리 기능을 수행함에 있어서 최소의 비용으로 최대의 효과를 달성한다.

㉡ 의무규정 충족 목적의 위험관리 : 손실방지를 위한 각종 규정을 준수함으로써 사고발생의 빈도와 심도를 통제한다.

㉢ 불안감소 목적의 위험관리 : 위험의 존재로 인한 불안을 제거하거나 최소화한다.

② 손실발생 후 위험관리의 목적

㉠ 생존 목적의 위험관리 : 손실발생 후 위험관리의 목적 중 가장 중요한 것으로 손실에도 불구하고 가계나 기업이 존재하도록 하는 것을 의미한다.

㉡ 활동계속 목적의 위험관리 : 막대한 손해발생에도 불구하고 활동을 계속할 수 있도록 하는 것으로 기업의 경우 영업활동을 지속하도록 관리하는 것을 의미한다.

㉢ 안정수입 목적의 위험관리 : 기업의 경우 영업활동이 지속되어야만 수입의 안정을 도모할 수 있다.

㉣ 성장계속 목적의 위험관리 : 기업이 계속적으로 성장할 수 있도록 관리하는 것을 의미한다.

㉤ 사회책임 목적의 위험관리 : 손해가 발생한 경우 기업은 그 손해가 사회에 끼치는 영향을 최소화할 수 있도록 위험을 관리해야 한다.

(3) 위험관리의 효과 기출 15

적극적인 위험관리기법을 시행하면, 관리대상이 되고 있는 위험의 위험분포도상 위험분포의 범위가 좁아지고 최대추정 손해액의 크기도 감소한다. 이는 사고확률분포가 중앙값으로 집중하는 정도가 더 커진 것을 의미하는데, 그 결과 사고율에 대한 예측도가 높아져, 집중된 범위에 대한 관리만으로도 적정한 위험대비가 되므로 위험대비 비용을 줄일 수 있게 된다.

심화TIP 위험의 사회적 비용

- **위험의 존재로 인한 재화와 서비스의 감소**
  예 화재건물의 가치, 재고상품의 가치, 영업중단으로 인해 해고되거나 감축된 인적 용역의 가치, 방재시설이나 소화설비에 소요된 비용, 보험회사에 지불한 보험료
- **위험 대비 목적의 별도 비상준비금 확보**
  보험에 가입하지 않은 부분에 대한 위험의 존재로 인하여 기업이나 개인은 별도의 비상준비금을 준비하고 있어야 한다. 이러한 비상준비금은 유휴자금 규모를 증대시켜 투자성과를 저하시키고, 자원배분의 효율성을 저하시킨다.
- **걱정과 두려움 증가**
  기업은 위험관리수단이나 보험을 확보하지 못하는 경우 사업이나 투자를 포기하기도 한다. 그 결과 소비자는 유익한 상품이나 서비스를 공급받지 못함으로써 사회적 복지수준의 감소를 가져오며, 투자 축소나 상대적으로 비효율적인 투자를 초래하여 자원배분을 왜곡시킨다.

(4) 위험관리의 방법 기출 21 · 22

위험통제(risk control)	위험재무(risk financing)
• 리스크회피(차단) • 손실통제(손실예방, 손실경감) • 리스크요소의 분산(분리, 격리) • 계약을 통한 전가(리스, 하청계약)	• 리스크의 보유(적립금, 자가보험) • 리스크의 전가[보험계약, 면책계약, 헤징(hedging, 선물계약)] • 리스크의 보유와 전가가 동시에 행하는 리스크재무기법(공제, 자기부담금, 공동보험)

2 위험관리의 과정 기출 16

(1) 위험요소의 확인 및 측정

① 위험요소의 확인 기출 22

발생가능한 손실 및 이를 야기할 수 있는 요인들을 파악하는 과정이다.

㉠ 체크리스트 사용 : 리스크 체크리스트를 이용하면 한 번에 여러 위험을 파악할 수 있다. 다만, 질문되지 않은 위험에 대한 인지가 불가능하다.

ⓐ 가장 보편적으로 사용되는 방법이다.

ⓑ 표준화된 위험요인(사고의 형태, 사고원인의 형태, 영향범위 등)을 열거한다.

ⓒ 모든 위험요인을 망라할 수 없으며, 조직별로 상이할 수 있다.

㉡ 기록조사 : 재무제표, 업무일지, 계약서 등으로부터 잠재적 손해의 원인을 파악한다.

ⓐ 재무회계보고서를 통해 회계 및 경영 상태에 관한 리스크를 파악한다.

ⓑ 계약서를 검토하여 부당하게 가중된 부담이나 배상책임을 지고 있는지 파악한다.

㉢ 업무흐름도 분석 : 업무흐름도는 재화 및 서비스의 생산/전달의 흐름을 일목요연하게 보여주는 도표이다.

ⓐ 의사결정과정이나 생산공정상 문제점을 파악한다.

ⓑ 예기치 못한 사고발생이 전체 흐름의 어떤 부분을 차단하는가를 파악할 수 있다.

㉣ 물리적 조사법

ⓐ 설문지나 장부상으로 파악할 수 없는 실제 상황에 대한 정보파악이 가능하다.

ⓑ 비용, 시간이 많이 소요된다.

㉤ 면담조사

ⓐ 정성적 위험요인의 파악에 유효하다.

ⓑ 조직의 내부자 및 전문가와의 면담이 포함된다.

심화TIP 리스크요소 파악 방법

1. **업무흐름도(flowchart) 방법**
   재화 및 서비스의 생산/전달의 흐름을 일목요연하게 보여주는 업무흐름도(도표)를 통해 의사결정과정이나 생산공정상 문제점을 파악한다. 예기치 못한 사고발생이 전체 흐름의 어떤 부분을 차단하는가를 파악할 수 있다.
2. **잠재손실 점검표(checklist)에 의한 방법**
   가장 보편적으로 사용되는 방법으로 리스크 체크리스트를 이용하면 한 번에 여러 위험을 파악할 수 있다. 다만, 질문되지 않은 위험에 대한 인지가 불가능하다.
3. **재무제표(financial statements) 등 기록에 의한 조사방법**
   재무제표, 업무일지, 보험계약서 등으로부터 잠재적 손해의 원인을 파악한다.
4. **표준화된 설문서(standardized questionnaire)에 의한 방법**
   리스크와 관련된 사람들이 예견할 수 있는 리스크에 대한 의견을 묻는 방법이다.
   예 Crawford의 체크리스트

② 위험의 측정

위험의 측정은 확인된 위험에 대해 확률 또는 통계적 기법을 사용하여 가능한 손해의 정도와 규모를 객관적으로 측정하는 작업을 의미한다. 일반적으로 위험의 측정은 위험요소의 두가지 속성, 즉 위험의 상대적 발생빈도와 발생규모에 따라 위험관리방법을 모색해야 한다.

㉠ 손실의 빈도 : 일정기간 동안에 발생하는 사고의 수

㉡ 손실의 규모 : 하나의 사고가 초래하는 손해의 크기

㉢ 총손실액 : 일정기간 동안에 발생할 수 있는 손실액의 합계액

㉣ 지급시기 : 사고발생시와 이로 인한 손해에 대한 변제간의 시간적 차이

③ 가능최대손실(PML ; Probable Maximum Loss) 기출 14・15・16・19・21・22・23・24

㉠ 정의 : 가능최대손실은 통상적인 조건하에서 현실적으로 예상할 수 있는 최대 규모의 손실, 즉 리스크관리자가 실제로 발생할 수 있다고 보는 최대 규모의 손실을 말한다. 가능최대손실은 기대손실과 실제손실의 차이의 정도(손실의 표준편차)와 리스크관리자의 위험회피도의 2가지 요인에 영향을 받는다. 가능최대손실은 표준편차와 위험회피도에 비례하므로, 리스크관리자의 리스크회피도가 높을수록 커진다.

최대가능손실(MPL ; Maximum Possible Loss)은 통상적인 조건이 지켜지지 아니하는 최악의 조건하에서 야기될 수 있는 최대 손실을 말한다.

㉡ 통상적인 조건 : 통상적인 조건이란 사고발생시 손해범위를 한정시켜 줄 것으로 기대되는 제반사항을 말한다. 예를 들어 화재가 발생하면 건물주거자가 초기에 소방 활동을 할 것이고, 제시간에 소방차가 도착할 것이며, 건물의 소화장치가 작동할 것이라는 전제가 그것이다.

㉢ 기능 : 가능최대손실에 따라 보험인수 여부 및 조건을 결정하고 보험료를 적절하게 산출하는 기초로 활용된다.

㉣ 가능최대손실의 이용

ⓐ 미평가보험에서 운용 : 재물보험은 일반적으로 미평가보험으로 운용하고 있으나, 가능최대손실을 보험에 가입하면 기평가보험이 된다. 다만, 평가비용이 고액이므로 평가비용에 비하여 보험료가 고액인 보험에만 이용된다.

ⓑ 배상책임보험 : 발생할 수 있는 가능손실 중 최대치를 산정하여 이를 배상책임보험에서 보상한도로 함으로써 적정한 보험금액과 보험료 절감을 추구할 수 있다.

ⓒ 공사보험, 조립보험 : 공사 현장 근처에서 발생할 수 있는 가능최대손실을 평가하여 이를 공사보험 또는 조립보험의 보험가액으로 보험에 가입한다.

㉤ 가능최대손실과 최대가능손실의 비교 기출 18

가능최대손실	• 위험관리자가 현실적으로 발생 가능하다고 판단하는 최대 손실 • 주관적이나 보다 현실적인 수치 • 표준편차에 비례하며 위험선호도에 반비례함
최대가능손실	• 발생할 수 있는 이론적인 최대 손실 • 객관적이나 비현실적인 수치

(2) 위험관리의 대안(위험관리기법)

① 위험통제(risk control) 기출 20

위험통제란 위험의 발생빈도나 손실의 규모 등을 물리적으로 통제하려는 기법이다. 사고발생을 최대한 억제하거나 사고시 손실의 확대를 방지하는 수단이 여기에 속한다. 이러한 수단은 사고발생 자체를 방지하는데 초점이 맞춰진 것들이라는 점에서 사전적 기법으로 분류되기도 한다.

㉠ 위험회피(risk avoidance) 기출 15

ⓐ 위험예방에 대한 가장 확실한 방법으로 손실이 생길 상황을 아예 만들지 아니하는 선택을 말한다.

ⓑ 위험 자체를 회피하거나 기존에 존재해 온 위험대상(주체)을 제거함으로써 손실발생의 가능성을 원천적으로 회피하는 방법이다.

> 예 1. 공장신설 부지후보로 홍수지역을 배제하는 경우
> 2. 배상책임의 가능성이 높은 제품의 생산중단
> 3. 원금상실의 우려가 있는 금융상품에 대한 투자를 하지 않는 경우

ⓒ 위험회피에 따른 장점은 손실의 발생가능성이 전혀 없다는데 있지만, 사업기회를 원천적으로 상실할 수 있다는 단점이 있다.

㉡ 손실통제(loss control) 기출 15・17・19・22・23

ⓐ 손실통제의 의의 : 손실통제는 손실의 발생횟수 또는 발생규모를 경감시키려는 방법, 도구 또는 전략을 의미한다.

ⓑ 손실통제의 목적 : 손실의 발생빈도나 규모를 줄이고 소요되는 위험비용을 축소함으로써 위험관리의 효용성을 제고하는 것이다.

ⓒ 손실통제의 방법 : 손실통제 활동은 크게 손실예방과 손실경감으로 나눌 수 있다. 손실예방이란 손실의 빈도를 낮추고자 하는데 초점을 맞추며, 손실경감이란 이미 발생한 손실의 규모, 즉 심도를 낮추기 위한 활동이다.

손실예방 (loss prevention)	손실의 발생가능성 또는 발생빈도를 줄이려는 것 예 음주단속, 화재방화벽 설치, 홍수에 대비한 댐 건설
손실경감 (loss reduction)	손실의 발생규모를 줄이려는 것 예 스프링클러의 설치, 자동차의 에어백과 안전띠 장착

심화TIP 엔지니어링법과 인간공학법

엔지니어링법	엔지니어링법은 위험환경의 외형적 측면을 조절하여 손실발생을 예방하거나 손실의 크기를 최소화하고자 하는 것이다. 예를 들어 화재보험의 경우 건물의 건축구조, 위치, 주변 환경 등에 주목하여 조절한다.
인간공학법	인간공학법은 인간의 내면적 심리를 조절하여 손실발생을 예방하거나 손실의 크기를 최소화하고자 하는 것이다. 예를 들어 안전교육이나 다양한 동기부여를 함으로써 적절한 행동양식으로 유도하는 것이다.

ⓓ 손실통제와 손해방지경감의무 : 손실통제는 보험사고 예방을 포함하는 개념이지만 손해방지경감의무는 보험사고가 발생한 후에 생기는 의무로서 보험사고로 인하여 발생된 손해의 확대를 방지하는 개념이다. 따라서 손해방지경감의무는 위험관리 중 손실통제에 포함되는 개념이라고 할 수 있다.

ⓔ 손실통제의 체계적 수행절차

단 계	통제 추진	주요 내용
1	손실의 원천	• 손실발생의 가능성을 원천적으로 봉쇄 • 화재로 인한 손실을 방지하기 위하여 화재에 견딜 수 있는 재료로 건물을 건축
2	해저드(hazard) 경감	• 사고발생의 환경적 요인 통제로 사고확률 감소 • 각종 시설에 대한 정기 검색 및 종업원의 안전수칙 준수 강화 등
3	손실 최소화	• 손실이 발생한 후 그 규모의 최소화 노력 • 스프링클러 장치, 안전벨트 착용, 구명보트 준비 등
4	구조 작업	• 손실의 최소화 또는 복구 • 재해를 당한 직원의 재활 제도, 파괴된 시설 복구

심화TIP 손실통제 이론 및 기법 기출 15 · 18 · 19 · 23

도미노이론	• 미국의 하인리히(H. W. Heinrich)는 재해발생과정에 관하여 도미노이론을 인용하여 설명하였다. • 산재사고는 '**사회적 환경 → 인간의 과실 → 위태 → 사고 → 상해**'라는 연쇄적 사건으로 구성된다. 이 연결고리를 차단하면 사고를 예방할 수 있으며, 위태의 제거를 위한 '**인간의 과실**' 방지가 핵심이다.
에너지방출이론(energy release theory)	• 하돈(William Haddon, Jr.)에 의하여 주장되었다. • 사고의 발생은 근본적으로 에너지가 갑자기 급격하게 방출됨으로써 에너지를 통제하지 못한 결과에 기인한 것이라고 한다. • 도미노이론과 달리 사고의 원인을 인간 행동보다 사고발생의 물리적, 기계적 측면을 강조하고 있다.
TOR(technique of operation review) 시스템	• 사고의 원인을 경영정책이나 절차, 교육훈련 등의 경영시스템과 관련되어 있다는 견해이다. • 사고의 궁극적 원인을 경영관리의 문제라고 지적하고, 손실통제의 노력은 안전규칙의 강화, 안전교육훈련의 증가에 집중되어야 한다고 본다.

㉢ 위험요소의 분리(segregation of risk exposures)

기업의 존속에 지대한 영향을 미치는 대규모 손실을 사전에 방지하는 기법으로 복제와 격리로 나눌 수 있다. 예 주요 자원의 중복보관, 주요 자원의 시간적 · 공간적 분리

복 제	중요한 문서, 기록에 대한 사본을 만들어 두는 것이다. 즉 주요한 설계도면이나 자료, 거래장부, 컴퓨터디스크 등을 복사해 두는 것으로 원본이 파손되어도 쉽게 복원함으로써 재난적 손실을 방지할 수 있다.
격 리	손실의 크기를 감소시키기 위해서 위험노출을 시간적 · 공간적으로 나누는 방법이다. 위험한 시간대에 사람들이 한꺼번에 몰리지 않도록 여러 시간대로 사람들을 서로 격리하거나 재산 · 시설 등을 여러 장소로 나누어 공간적으로 격리함으로써 손실의 규모가 재난적인 크기로 발전하지 않도록 하는 방법이다.

㉣ 계약을 통한 전가(transfer)

계약을 통한 전가는 발생손실로부터 야기될 수 있는 법적·재무적 책임을 계약을 통해 제3자에게 전가하는 방법이다.

② 위험재무(risk financing) 기출 16·19·21

위험재무는 손실의 발생을 예방하거나 손실의 크기를 줄이기보다는 발생한 손실로부터 회복 또는 그것을 복구하는데 필요한 자금의 조달에 초점을 두는 위험관리기법이다. 위험재무기법은 손실을 보유하는 방법과 손실을 전가하는 방법으로 나눌 수 있다.

㉠ 위험보유(risk retention) 기출 15·16·17

위험보유는 예상되는 손실의 일부나 전부를 보유하여 직접 손실부담을 하는 방법이다.

ⓐ 위험보유의 선택 이유

- 손실을 자체 부담하는 방법이 기타 위험관리방법보다 경제적인 경우
- 위험전가 등 다른 방법으로 관리하기 어려운 특수한 위험인 경우

ⓑ 위험보유 선택의 전제 조건

- 보유 대상 손실의 빈도 및 강도에 대한 예측이 비교적 정확해야 한다.
- 위험보유자(조직)의 자금능력 및 재무구조가 잠재적 손실규모를 부담할 능력이 있어야 한다.
- 손실분석 및 사후처리 등의 능력을 보유하고 있어야 한다.

ⓒ 위험보유방법

- 기업의 순이익에서 충당하는 방법
- 손실부담을 대비해 일정한 금액을 적립하는 방법(공제액, 공동보험 등)
- 다른 금융기관 등으로부터 자금을 차입하는 방법
- 자가보험을 이용하는 방법(자가보험자, Captive 등)

Captive Insurer : 모기업의 위험인수를 위해 설립된 보험사

ⓓ 위험보유의 장·단점

장 점	• 비용의 절약 : 보험가입시 필요한 수수료, 손실통제경비, 세금, 기타 경비에서 많은 비용을 절약할 수 있다. • 손실방지의 장려 : 경각심을 가지게 하여 손실방지를 장려하는 효과를 가져 온다. • 자금운용의 이점 : 자금을 직접 보유하는 관계로 보험금을 내는 보험가입의 경우보다 자금운용 면에서 여러 가지로 유리하다.
단 점	• 뜻밖의 손실 가능성 : 기대 이상의 큰 손실이 발생하였을 경우 재정적으로 큰 고통을 받을 가능성이 높다. • 세금 등 기타 비용의 증가 가능성 : 보험료 부분은 세금공제혜택을 받을 수 있으나 위험보유시에는 세금혜택이 줄어든다.

㉡ 위험전가(risk transfer)

ⓐ 보험계약으로 위험전가 : 보험계약을 체결하여 보유위험을 보험자에게 전가시키는 방법이다. 전가에 대한 대가로 보험료를 지불하여야 한다.

ⓑ 비보험적 위험전가 : 보험을 제외한 특정 계약을 통해 순수위험의 일부 또는 전부를 계약상 대방에게 전가하는 방법이다.

예 컴퓨터 리스계약(일정 기간 동안 컴퓨터의 진부화, 도난, 유지 등의 위험을 전가), 건설 하청계약, 파생상품 등

[비보험적 위험전가의 장·단점]

장 점	• 해당 위험에 관련된 보험상품이 없는 경우에도 위험전가방법을 사용하면 손쉽게 처리될 수 있다. • 위험전가방법은 보험가입보다 보험비용 면에서 적게 들 수 있다. • 특별한 관리를 필요로 하는 위험의 경우 뛰어난 손실통제능력을 가진 자에게 전가된다면 쉽게 처리될 수 있다.
단 점	• 위험전가 계약이 명확하지 않을 경우 효율적인 성과를 내는 것이 어려울 수 있다. • 경우에 따라서는 보험가입보다 더 많은 비용이 들 수 있다. • 위험을 전가 받은 자가 손실에 대한 책임을 지지 못하는 경우 책임소재 문제가 발생할 수 있다.

ⓒ 헤징(hedging) : 헤징은 위험의 일부, 특히 가격위험을 전가하는 방법이다. 즉 가격, 금리, 환율의 변동으로 예상되는 가격변동 위험을 선물계약을 통하여 거래상대방에게 전가하는 방법이다. 헤징은 가격위험이라는 한 부분만을 전가하므로 완전한 헤징을 할 수 없다는 단점이 있다.

심화TIP 위험보유와 전가를 동시에 행하는 위험재무기법 기출 16

공제액(deductible)과 공동보험(co-insurance) 등은 손실의 일부분을 보유하고 나머지는 보험을 통해 보험자에게 전가한다.

• **공제액** : 일정 금액 이하의 소손해는 직접 부담한다.
• **공동보험** : 전체 손실의 일정 비율을 부담한다.

(3) 최적의 위험관리기법의 선택

다양한 위험관리기법들을 비교 분석하여 가장 적절한 방법을 선택하는 과정이다.

① 최적의 기법을 선택하기 위한 예측사항

㉠ 발생빈도와 손실규모를 예측하여야 한다.

㉡ 각각의 위험통제기법과 위험재무기법이 위험의 속성(발생빈도와 손실규모)에 미칠 영향 및 예정손실의 예측에 미칠 영향을 고려해야 한다.

㉢ 각각의 위험관리기법에 소용될 비용을 예측하여야 한다.

심화TIP 위험비용(risk cost) 기출 15

위험관리를 실시하는 데는 비용이 필요하다. 예를 들어 사고 등의 발생을 억제하고 손실을 경감하기 위한 장치를 설치하거나 요원을 교육훈련하기 위해서는 비용이 든다. 위험관리에 필요한 비용의 총액을 위험비용이라 한다. 위험비용은 ① 위험통제비용, ② 보유손실비용, ③ 위험이전비용, ④ 위험관리비용의 합계액이 된다.

- **위험통제비용** : 손실의 발생빈도와 규모를 삭감하는 방법・기술을 실행하기 위해 필요한 비용을 가리킨다. 예를 들어 소화전을 설치하여 화재 리스크를 줄이거나 교통사고를 줄이기 위해 안전운전 강습회를 개최하는 비용 등이다.
- **보유손실비용** : 손실이 발생하여 자가 부담한 경우의 비용을 말한다. 예를 들어 발생된 손실을 경비 처리하거나 보험을 들고 있지만 면책금액을 부담한 경우 등이 해당된다.
- **위험이전비용** : 손실이 발생한 경우, 제3자인 보험회사로부터 손실을 보충받기 위해 지불하는 비용(보험료)을 말한다. 보험이 전형적인 예이다. 건물에 화재보험을 들어 두면 화재가 발생한 경우 보험금을 받을 수 있다.
- **위험관리비용** : 위험관리를 실시하기 위한 인건비나 사무비, 통신관리비 등의 운영비를 말한다.

② 위험속성에 따른 위험관리기법의 선택 기출 14・24・25

위험의 속성, 즉 발생빈도와 손실규모는 위험관리의 가장 중요한 요소이다.

㉠ 발생빈도가 높고, 손실규모가 큰 경우 다른 대처방법이 없다면 가급적 그 위험을 회피하는 것이 현명하다.

㉡ 발생빈도는 낮으나, 사고가 나면 막대한 손실을 가져오는 위험은 보험 등의 방법을 통해 위험을 전가하는 것이 바람직하다.

㉢ 발생빈도는 높으나, 손실규모가 작은 경우 일차적으로 위험의 보유방식을 취하고, 손실액이 누적이 되어 거대손실이 될 수 있다면 위험의 전가방식을 취한다.

㉣ 발생빈도가 낮고, 손실규모가 작을 경우 이러한 위험은 양질의 위험으로 볼 수 있으며 당연히 위험보유의 방식을 취한다.

[위험속성에 따른 위험관리기법]

발생빈도	손실규모	권장기법
높다	크다	위험회피
낮다	크다	위험전가
높다	작다	위험전가 및 자기보유(or 손실통제)
낮다	작다	자기보유

(4) 선택한 위험관리기법의 실행

위험관리기법의 실행에는 구체적인 위험통제수단과 위험재무기법의 실행에 대한 의사결정을 필요로 한다.

(5) 위험관리 프로그램의 감시

현재 진행 중인 위험관리 프로그램의 성과나 효과가 의심되거나 새로운 위험이 발생되거나 예상되는 경우에는 위험관리의 첫 단계부터 계획을 수정하거나 실행해야 한다.

① 정기적 검토와 평가
- ㉠ 선택한 위험관리방법 또는 결과가 개인 또는 조직의 위험관리의 목적에 부합하는지 정기적으로 검토, 평가하여야 한다. 특히 경제성(위험관리비용), 안전성이 주요 항목이다.
- ㉡ 손실발생기록을 이용한 빈도 및 강도의 변화 분석이 필요하다.
- ㉢ 새로운 방법의 효과성을 평가한다.
- ㉣ 타인 또는 다른 부서와의 협력을 평가한다.

② 위험관리자의 기능
- ㉠ 위험관리방침의 확립
- ㉡ 이해 관련 부서와의 협력 도모
- ㉢ 위험관리 프로그램의 정기적 검토, 감독 및 평가

③ 공식화된 위험관리방침의 필요성
- ㉠ 최고경영층의 가치관을 명확히 하여 조직전체에 영향을 준다.
- ㉡ 구체적 실행 및 조직 계획을 수립하는 지침을 제공한다.
- ㉢ 의무와 책임 소재를 명확히 한다.
- ㉣ 타 부서와의 의사소통을 원활하게 해 준다.

3 개인의 위험관리

(1) 개인이 직면하는 위험

일반적으로 개인이 직면할 수 있는 위험은 조기사망, 불구, 퇴직, 실업, 상해, 재산손실 등이다. 이 중 사망과 불구는 다른 사고에 비해 확률이 높다.

(2) 일반적인 위험관리

가장 일반적으로 손해보험이나 저축 또는 투자의 수단을 통하여 장래에 발생할 수 있는 재정적인 필요를 충족하거나, 생명보험 또는 상해보험 등에 가입함으로써 소요되는 재원을 마련할 수 있다.

심화TIP 재무설계(financing planning)

- 재무설계란 개인이 일상생활에서 직면할지도 모를 경제적인 손실에 대비하기 위해 수립하는 재정적인 계획과 설계를 의미한다.
- 인간은 자신의 생활주기(life cycle)에 따라 자녀출산비용과 양육비용, 자신을 포함한 가족의 생활비용, 자녀의 결혼비용, 퇴직 후 노후생계비용 등을 필요로 한다.
- 개인에게 필요한 재원은 자신의 가치를 경제적인 측면에서 어떻게 평가하는가에 따라 달라지며, 자신의 가치는 경제적으로 자신이 창출할 것으로 예상되는 미래소득에서 자신의 개인비용(유지비용)을 공제한 금액에 대한 현재가치를 기준으로 삼을 수 있다.
- 개인의 미래소득에 대한 예측은 개인의 직장 혹은 사업에 종사할 수 있는 기간과 직업 및 직종, 연령, 거주지, 교육 및 활동성에 따라 달라진다고 할 수 있다.

(3) 개인의 위험관리방법

① 정보의 수집

개인의 사망이나 불의의 사고에 따른 재정적인 손실에 관한 양적인 정보뿐만 아니라 질적인 정보를 수집하는 단계로서 개인의 자산뿐만 아니라 소득과 지출에 대한 파악과 평가를 포함해야 한다.

㉠ 자산 : 자산은 유동자산과 비유동자산으로 구분할 수 있다.

ⓐ 유동자산 : 일반적으로 개인의 사망확정에 따라 합리적인 가격으로 현금화할 수 있는 자산으로 저축, 주식, 채권, 연금, 기타 자산을 포함한다.

ⓑ 비유동자산 : 개인의 사망 후 즉시 현금화 할 수 없는 자산으로 부동산, 자동차, 보석, 의복 및 개인 사유물 등을 포함한다.

㉡ 부채 : 부채에 대한 검토는 어떤 항목이 상속인에게 승계가 되며, 어떤 부채가 사망 즉시 변제되어야 하는가를 알려준다. 특히 상속의 경우 부채는 상속과 함께 자동승계되므로 부채의 파악이 중요하다.

㉢ 소득 : 가족 전체의 소득이 파악되어야 한다.

㉣ 사후비용 : 개인의 사망에 따른 부수적인 비용(장례비용, 상속세, 기타 법적비용 등)이 고려되어야 한다.

② 정보의 분석 및 대안의 고려

㉠ 정보의 분석단계는 만약 가장이나 가계를 책임지는 사람이 사망할 경우에 필요한 재원의 규모가 어느 정도 될 것인지 파악하는 것이다.

㉡ 재정적 규모를 예측하는 방법은 대략적으로 현재 가지고 있는 재원의 규모와 장래에 필요한 소득과의 차이를 예측하는 것이다. 이 경우에 이자율과 인플레이션을 고려하여 현재 가지고 있는 현금이나 재산의 미래가치를 계산하여 장래에 필요한 금액을 비교하거나 장래에 필요한 소득을 예상이자율과 물가상승률로 할인한 다음, 현재가치로 환산하여 그 차이를 비교해 볼 수 있다.

㉢ 필요한 재원 규모를 파악한 후에는 그와 같은 재정적인 목표를 달성하기 위한 방법(생명보험, 증권투자, 저축 등)에는 어떤 것이 있으며, 달성 가능한 방법과 각 방법의 장단점을 분석해야 한다.

③ 계획의 수립 및 최적의 선택

㉠ 계획의 수립단계에서는 설정한 목표를 달성하기 위한 방법을 보다 구체적으로 작성하는 것이다.

㉡ 계획의 수립은 목적을 달성할 수 있는 다양한 방법의 실행가능성 및 장단점을 분석한 후 가능하다. 예를 들어 생명보험을 통해 재원을 조달하는 경우 그 보험이 적정한지, 비용효율적인지, 보험수익자는 적정한지 혹은 저축이나 투자의 안정성 및 수익성은 보장되는지 분석한 후 경정해야 한다.

④ 계획의 실행

㉠ 계획의 실행은 보험에 가입하고 보험료를 내는 것이다.

㉡ 생명보험에 가입할 경우에는 보험의 계약내용을 잘 분석하고 그 선택이 경제적 인가를 판단해야 한다.

㉢ 보험계약을 체결할 경우에는 보험회사의 재정적인 안정성이나 신용도 또는 서비스에 대한 평판 등을 고려하여 선택해야 한다.

⑤ 모니터링

개인의 위험관리 측면에서 선택한 여러 가지 보험이나 재무설계 과정에서 정보수집, 대안의 수립, 최선의 기법 선택, 실행 등에 빠진 부분이나 간과한 부분이 있는지를 검토하여야 한다.

4 기업의 위험관리

(1) 기업의 위험보유

① 개 요

㉠ 수동적 또는 무계획적 위험 보유 : 기업에 잠재하는 위험이 발견되지 않아서 결과적으로 보유된 상태와 위험은 발견되었으나 지식과 경험의 부족, 관심의 부족 또는 태만하여서 위험을 경시한 결과 무계획적으로 보유하게 되는 것을 말한다.

㉡ 능동적 또는 계획적 위험 보유 : 발견된 위험을 다각적으로 측정・평가하여 위험을 보유하는 것이 여러 가지 관점에서 타당성이 있다는 판단 아래 계획적으로 위험을 보유하는 것을 말한다.

② 기업의 손실전보를 위한 구체적 방법

㉠ 경상비용으로 처리 : 손실을 경상비용으로 처리하는 것은 보편화된 방법이다. 그러나 이러한 방법을 이용하기 위해서는 우선 기업의 규모가 크고 재무적 상태가 튼튼해야 할 뿐만 아니라 손실의 규모가 작고 빈번하게 발생하는 위험을 대상으로 해야 한다. 규모가 작은 기업이 이러한 방법에 의존할 때 예기치 못한 대규모 손실에 의하여 치명적인 영향을 받을 수 있다.

㉡ 적립금 및 기금적립 : 손실을 전보하는 것을 목적으로 적립금을 설정하거나 기금을 적립하는 형태이다.

㉢ 자가보험 : 자가보험은 손실전보의 책임을 제3자에게 전가하지 않고 스스로 보유하지만, 그 운용에 있어서 보험제도의 방식을 따르는 것이다.

㉣ 금융기관의 신용 : 은행과 같은 금융기관과 신용거래를 할 수 있도록 미리 준비해 놓는 것이다. 이는 손실이 발생하면 즉각적으로 신용을 근거로 자금을 차입하여 사용하는 것이다. 이 방법은 자금의 조달이 외부로부터 이루어지기 때문에 위험전가라고도 생각할 수 있으나, 차입한 자금은 부채로서 반환이 요구되기 때문에 손실전보의 궁극적 책임은 기업에 있는 것이다.

(2) 자가보험 기출 14·17·19·25

① 의 의

자가보험은 위험관리기법 중 위험금융기법의 하나로 위험보유의 한 형태라 할 수 있다. 즉 자가보험은 개인이나 기업이 가진 위험에 대하여 일정한 기금을 적립하였다가 사고가 발생하면 그 기금으로 위험을 처리하는 것을 말한다.

② 보유액의 결정

보유액을 결정함에 있어서 다음 사항을 고려한다.

㉠ 경제주체의 재무상태

㉡ 위험의 빈도와 발생규모

㉢ 과거와 최근의 손실경험통계

㉣ 보험을 통한 위험의 전가와의 득실 비교

③ 자가보험의 요건

㉠ 대수의 법칙을 적용하여 손실의 통계적 예측이 가능할 정도로 충분한 다수의 동질위험이 존재하여야 한다.

㉡ 손실에 대비하기 위하여 기금이 확보되어야 한다.

㉢ 지리적으로 개개의 보험대상이 대재난손해를 피할 수 있을 정도로 분산되어야 한다.

④ 자가보험의 장·단점

장 점	• 보험료를 구성하는 부가보험료 등 보험경비를 절약할 수 있다. • 자금이 사외로 유출되지 않아 유동성과 투자이익을 얻을 수 있다. • 위험관리에 관심이 높아져 사고예방효과를 기대할 수 있다. • 보험이 불가능한 위험이나 거절된 위험도 관리가 가능하다.
단 점	• 예기치 못한 대규모 손해가 발생하면 재정적 위험에 직면할 수 있다. • 보험에 가입할 경우 얻을 수 있는 위험관리서비스 등의 혜택을 상실한다. • 자가보험을 위한 조직을 운용하여야 하는 부담이 있다.

(3) 종속보험회사(캡티브, CAPTIVE) 기출 16

① 의 의

종속보험회사는 위험관리기법 중 자가보험 또는 위험보유의 한 형태로서, 기업이나 단체가 자신의 위험관리를 목적으로 자회사 형태로 설립한 보험회사를 말하며, 자체보험사 또는 자가보험사라고도 한다. 모기업이 자사 및 국내외 계열 자회사의 위험만을 전담 인수할 목적으로 설립하는 일종의 보험자회사이다.

② 설립형태

㉠ 순수 캡티브 : 순수 캡티브란 오직 한 개의 모회사를 고객으로 하여 설립된 캡티브를 말한다.

순수 캡티브와 광의 캡티브

인수위험이 주로 모기업의 위험인가, 일반 위험도 취급하는가에 따른 분류

㉡ 그룹 캡티브 : 어떤 단체 또는 협회 회원들이 공통적으로 가지는 위험을 담보하는 캡티브를 말한다.

단일 캡티브와 그룹 캡티브

캡티브의 소유자가 단일 기업인가, 복수 기업군인가에 따른 분류

㉢ 이익 캡티브 : 모기업의 위험뿐만 아니라 다른 기업들의 위험들도 담보하여 단일기업체로서 이익추구를 목적으로 하는 캡티브를 말한다.

③ 캡티브의 장·단점 기출 19

장 점	• 보험료 절감 : 캡티브는 보험회사를 통하여 담보하는 것보다 부가보험료를 절약할 수 있고, 맞춤형 상품으로 불필요한 위험담보를 하지 않아도 되므로 보험료를 절감할 수 있다. • 이익의 창출 : 모기업의 위험뿐만 아니라 다른 기업이나 소비자들의 위험도 함께 인수할 경우 하나의 기업체로서 자체이익을 창출할 수 있다. • 재보험가입 용이 : 재보험회사들은 일반가입자를 상대하는 것이 아니라 보험회사를 상대하는 것이므로 종속보험회사를 이용하는 것이 자가보험에 비해 재보험가입이 용이하다. • 재보험료의 절감 : 캡티브는 재보험자와 직거래를 할 수 있으므로 실질적으로 재보험료에 지불되는 비용을 절감할 수 있다. • 기업위험에 대한 담보제공 : 보험회사가 인수를 거절하는 위험까지 담보할 수 있을 뿐만 아니라 필요에 따라 담보 범위를 변경시켜 담보의 유연성을 확장시킬 수 있다. • 타국소재 물건의 보험가입 가능 : 자국보험물건의 보험가입을 자국보험회사에 가입하도록 강제하고 있는 경우에도 일단 그 나라의 보험회사에 보험가입 후에 재보험으로 캡티브에서 인수함으로써 타국소재의 물건을 인수하는데 이용할 수 있다.
단 점	• 모기업의 재정부담 증가 : 캡티브 설립을 위해 설립연구비용은 물론 임대료, 인건비 등 많은 재정적 부담이 생긴다. • 운영상의 부담 : 캡티브를 자체적으로 운영할 때 손실통제와 클레임서비스 등은 전문컨설팅 회사에 의뢰하거나 전문가를 고용하여야 하며, 경영 위탁시 경영관리비용이 발생한다. • 대형사고시 재무적 어려움 : 재보험처리가 어렵거나 자사보유액이 큰 경우 예기치 않은 대형사고시 재무적인 어려움에 직면할 수 있다. • 법적인 제재·의무 부과 : 캡티브에게는 여러 가지 법적인 제재나 의무가 부과되며, 과세부담도 늘어난다.

(4) 보 험

① 개 요

㉠ 가장 중요한 순수위험의 관리수단이다.

㉡ 보험료와 병행하여 보험자에게 순수위험을 전가한다.

㉢ 보험수리/통계를 이용한 과학적인 방법을 활용한다.

② 보험의 장·단점

장 점	• 손실보상 → 현금흐름의 안정성 → 계속적 영업 가능 • 불확실성의 감소로 인한 장기 계획 가능 • 보험자의 기타 전문적인 위험관리서비스 제공 • 세금혜택
단 점	• 보험료 지급, 선급에 따른 기회비용 상실 • 적정한 보험사, 보험종목, 조건 선택 및 보험금 지급에 관련된 시간, 노력의 소요 • 도덕적 위태 발생

심화TIP 보험회사가 위험인수 방침을 설정할 때 고려해야 하는 사항 기출 18

- **인수능력** : 보험회사의 인수능력, 즉 계약자의 보험사고를 보상할 수 있는 충분한 재무적 능력이 있는지 파악하여야 한다.
- **규제사항** : 보험회사가 보험금 지급능력과 경영건전성을 확보하고 있는지 계약자 보호를 위해 감독·규제사항을 고려해야 한다.
- **재보험** : 재보험은 보험회사의 위험을 분산시켜 경영안정성을 도모하고, 위험인수능력을 향상시키므로 고려해야 할 사항이다.

CHAPTER
01 기출유형문제

01 다음 중 보험의 특성으로 보기 어려운 것은? 기출 16

① 리스크의 분담　　② 리스크의 전가
③ 우연적 손실의 보상　　④ 도덕적 해이의 감소

해설

보험은 고의적인 사고유발과 이미 발생한 손해를 확대시켜 과도한 보험급여를 청구하는 도덕적 해이 또는 보험사기라고 하는 역기능을 가지고 있다. → **"도덕적 해이의 증가"**

02 다음 중 보험의 사회적 기능으로 옳지 않은 것은? 기출 20

① 불안 감소　　② 손실을 회복할 수 있는 재원 마련
③ 신용 증대　　④ 보험금 과잉 청구

해설

보험금 과잉 청구는 손실발생의 크기와 보험금청구 규모를 부풀리고, 경제적 외부효과를 형성하여 사회적 비용을 증가(역기능)시킨다.

03 공보험과 사보험에 관한 설명으로 옳은 것은?

① 공보험의 보험료는 본인만 부담한다.
② 공보험의 계약급부는 계약조건에 의해 결정된다.
③ 공보험의 보험료는 소득에 비례하는 경우가 많다.
④ 사보험은 대체로 가입이 강제적이지만, 공보험은 임의적이다.

해설

① 공보험의 보험료는 본인뿐만 아니라 고용주도 함께 부담하는 경우가 많다.
② 공보험의 계약급부는 법적으로 확정된다.
④ 공보험은 대체로 가입이 강제적이지만, 사보험은 임의적이다.

정답 01 ④ 02 ④ 03 ③

04 다음은 보험에 대한 설명이다. (　　) 안에 들어갈 단어를 순서대로 바르게 배열한 것은?

기출 17

> 계약자의 입장에서 보면 보험은 (　　) 제도이지만, 기술적인 측면에서 보면 보험은 다수의 위험단위를 집단화함으로써 개별 계약자의 손실에 대한 불확실성을 경감하는 (　　) 제도이다.

① 위험통제, 위험전가
② 위험전가, 위험결합
③ 위험분담, 위험전가
④ 위험전가, 위험보유

해설

(<u>위험전가</u>)는 보험계약자가 위험의 정도에 따라 산출된 보험료를 보험자에게 납입하면서, 미래의 우발적으로 발생할지 모르는 손실위험을 보험자에게 전가하는 행위이다. 반면, 보험자 입장에서 보험계약은 다수의 동질 위험을 전가 받아 이들을 하나의 위험결합집단으로 만드는 것이다. 즉 (<u>위험결합</u>)은 일부 계약자들의 손실을 전체 계약자들이 공유함으로써 실제손실을 평균손실로 대체한다. 따라서 손실이 발생하였을 경우 발생된 손실을 보험가입자 모두에게 분산시키는 효과를 갖는다.

05 아래 설명의 (　　) 안에 들어갈 용어를 순서대로 바르게 나열한 것은? 기출 22

> 보험은 개별적 리스크와 집단적 리스크를 모두 감소시키는 기능을 갖고 있다. 개별적 리스크는 (　　)에 의하여, 집단적 리스크는 (　　)에 의하여 효율적으로 감소된다.

① 전가, 결합
② 손실통제, 보험
③ 결합, 전가
④ 손실통제, 회피

해설

- 위험(리스크)의 <u>전가</u>는 피보험자가 일정한 보험료를 내고 위험부담을 보험자에게 전가하는 행위이다. 보험계약자는 위험의 정도에 따라 산출된 보험료를 보험자에게 납입하면서, 미래의 우발적으로 발생할지 모르는 손실위험을 보험자에게 전가하게 된다.
- 위험(리스크)의 <u>결합</u>은 일부 계약자들의 손실을 전체 계약자들이 공유함으로써 실제손실을 평균손실로 대체하는 것이다. 즉 손실이 발생하였을 경우 발생된 손실을 보험가입자 모두에게 분산시키는 효과를 갖는다.

06 다음은 위험결합(risk pooling) 개념으로서 보험을 정의한 것이다. (   ) 안에 들어갈 용어들을 바르게 짝지은 것은? 기출 18

> 보험이란 단순히 말해서 위험의 결합으로 (A)을 (B)으로 전환시키는 사회적 제도라고 할 수 있다. 즉, 보험은 다수의 동질적 위험을 한 곳에 모으는 위험결합을 통해서 가계나 기업의 (C)을 (D)로 대체하는 제도라고 할 수 있다.

	A	B	C	D
①	불확실성	확실성	실제손실	평균손실
②	확실성	불확실성	실제손실	평균손실
③	확실성	불확실성	평균손실	실제손실
④	불학실성	확실성	평균손실	실제손실

| 해설 |

보험이란 단순히 말해서 위험의 결합으로 (**불확실성**)을 (**확실성**)으로 전환시키는 사회적 제도라고 할 수 있다. 즉, 보험은 다수의 동질적 위험을 한 곳에 모으는 위험결합을 통해서 가계나 기업의 (**실제손실**)을 (**평균손실**)로 대체하는 제도라고 할 수 있다.

07 보험과 도박을 비교한 다음 설명 중 옳지 않은 것은?

① 보험과 도박 모두 불확실한 투자라는 점에서 사행성 요인을 갖고 있다.

② 보험과 도박 모두 도덕적 위험을 갖고 있다.

③ 보험은 이미 존재하고 있는 리스크를 대상으로 하고 있으나, 도박은 리스크를 새로이 창출한다.

④ 도박은 순수 리스크의 성격을 갖고 있으나, 보험은 투기 리스크를 대상으로 한다.

| 해설 |

도박은 위험의 대가로 이득이 발생할 가능성이 있는 투기 리스크의 성격을 갖고 있으나, 보험은 순수 리스크를 대상으로 한다.

08 보험과 공제에 대한 설명으로 옳지 않은 것은?

① 공제는 '동일한 직업 또는 사업에 종사하는 다수'를 대상으로 한다.

② 보험과 공제는 둘 다 금융감독원에서 감독을 받는다.

③ 공제의 가입대상 범위는 보험의 가입대상 범위보다 좁다.

④ 보험과 공제는 경제주체간의 상호부조를 목적으로 하는 경제제도라는 공통점이 있다.

정답 04 ② 05 ① 06 ① 07 ④ 08 ②

| 해설 |

보험의 경우 금융감독기관인 '금융감독원'에서 감독과 규제를 받지만, 공제는 공제가 속한 '관할 주무부처'에서 감독을 받는다.

09 다음은 보험과 복권을 비교한 설명이다. 옳지 않은 것은? 기출 19

① 보험은 기존의 리스크 전가이고, 복권은 새로운 리스크 창출이다.

② 보험은 사전적 확률에 근거하고, 복권은 사후적 확률에 근거한다.

③ 보험과 복권 모두 사행성 계약으로 분류된다.

④ 보험과 복권 모두 객관적 리스크로 볼 수 있다.

| 해설 |

보험은 사전의 경험이 없는 사후적 확률을 중심으로 하고 있으며, 복권은 모든 경우의 수가 미리 정해져 있는 사전적 확률에 기초하고 있다.

10 다음은 보험과 보험유사제도를 비교한 것이다. 옳지 않은 것은?

① 저축은 우발적 위험의 발생으로 인한 금전적 욕구를 충족할 목적으로 정기적으로 소득의 일부를 저축한다는 점에서 보험과 유사하다.

② 투기는 우발적 욕구와 금전적 욕구의 충족을 위하여 행한다는 점에서 보험과 유사하다.

③ 자가보험은 다수의 경제체가 존재하며, 금전적 욕구의 충족을 목적으로 한다는 점에서 보험과 유사하다.

④ 보증은 보험의 요소 중에서 "우발적 욕구"와 "금전적 욕구"의 두 가지의 요소만을 가지고 있다는 점에서 보험과 유사하다.

| 해설 |

③은 계에 대한 설명이다. 계는 다수의 구성원이 단체를 형성하여 각자가 정기적으로 일정한 금액을 불입하여 적립된 금액을 추첨 또는 낙찰과 같은 방법에 의하여 그 구성원들에게 일정한 금액을 순서대로 지급하는 경제제도이다.

구 분	우발적 사고	계 량	경제적 욕구충족	다수의 경제체	공평한 비용부담
자가보험	○	○	○	×	○
저 축	○	×	○	×	×
보 증	○	○	○	×	×
투 기	○	×	○	×	×
계	×	×	○	○	×

11 다음 중 보증보험에 대한 설명으로 가장 적절하지 않은 것은? 기출 16

① 손해보험으로 분류된다.
② 타인을 위한 보험이다.
③ 대수의 법칙 적용을 기본원리로 하지 않는다.
④ 보험계약자의 고의로 인한 손실은 보상하지 않는다.

해설

일반손해보험의 경우 보험계약자의 고의, 중대한 과실로 인한 손해는 면책되지만, 보증보험은 보험계약자의 고의로 인한 손실, 즉 보험계약자의 채무불이행으로 인한 손해를 보상하는 특수한 형태의 보험이다.

12 다음 중 보증보험에 대한 설명으로 옳지 않은 것은? 기출 19

① 채권자인 제3자를 위한 계약이다.
② 보험계약자 임의로 계약을 해지할 수 없다.
③ 대위변제가 목적이다.
④ 인위적인 보험사고에는 보험금을 지급하지 않는다.

해설

보증보험은 보험계약자의 고의로 인한 손실, 즉 보험계약자의 채무불이행으로 인한 손해를 보상하는 특수한 형태의 보험이다. 즉 보증보험 사고는 보험사고의 발생 여부가 보험계약자의 의사에 달려 있는 '인위적 사고'의 특성을 지니고 있기 때문에 인위적인 보험사고에도 보험금을 지급한다.

13 다음 중 보험사고의 우연성에 기인하여 도덕적 위험이 내포될 수밖에 없는 보험계약의 법적 성질은?

① 불요식계약성
② 사행계약성
③ 독립계약성
④ 부합계약성

해설

보험계약은 보험자의 보험금 지급의무가 보험사고의 우연한 발생에 의존하므로 사행계약에 속한다. 사행계약성은 보험에 필수적인 성질이지만, 그 부작용으로 보험제도를 악용하여 경제적 이득을 보려는 도덕적 위험이 존재하게 된다.

정답 09 ② 10 ③ 11 ④ 12 ④ 13 ②

14 다음 보험계약 특성 중 보험자가 미리 마련한 보통보험약관을 매개로 체결되는 특성을 가리키는 것은? 기출 21

① 유상계약
② 조건부계약
③ 부합계약
④ 낙성계약

해설

보험은 계약 당사자 일방이 계약의 내용을 일방적으로 작성하고, 상대방은 그 정형화된 계약의 내용에 승인 또는 거절하는 계약으로 부합계약의 특성을 갖는다.

15 다음 보험계약의 법적 특성 중 '작성자불이익의 원칙'과 관계가 가장 깊은 것은? 기출 24

① 부합계약
② 조건부계약
③ 불요식·낙성계약
④ 인적계약

해설

보험자는 미리 정형화된 보험약관에 의하여 보험계약을 체결하게 되므로, 보험계약은 부합계약에 속한다고 할 수 있다. 보험약관을 보험자가 일방적으로 작성하기 때문에 보험전문지식이 부족하고 전문용어에 대한 이해가 부족한 보험계약자의 불이익을 방지하기 위해 불이익변경금지의 원칙(상법 제663조 : 보험약관의 내용이 보험계약자 측에게 불이익하게 변경된 경우에는 무효라는 규정), 약관교부·설명의무(상법 제638조의3), 작성자불이익의 원칙(약관규제법 제5조 : 보험약관을 해석함에 있어 그 내용이 불분명한 경우에는 보험자에게 불이익하게 해석함) 등의 수단이 사용되고 있다.

16 다음 중 보험계약의 부합계약성에 대한 설명으로 옳지 않은 것은? 기출 19

① 보험계약 내용이 전적으로 보험자에 의하여 준비된다.
② 불특정 다수와 동일한 내용의 계약을 대량으로 체결하는데 유리하다.
③ 계약 내용의 정형화로 보험계약자간의 형평성을 유지할 수 있다.
④ 계약 내용이 모호할 경우 가급적이면 보험자에게 유리하게 해석한다.

해설

보험계약은 보험자 일방이 작성한 보통보험약관에 의하여 이루어지므로 부합계약성을 가진다고 할 수 있으며, 계약 내용이 모호할 경우 보험자에게 불이익하게 해석한다(**작성자불이익의 원칙**).

17 보험계약의 부합계약성에 기인하여 계약자가 입을 수 있는 불이익을 방지하기 위한 수단과 거리가 먼 것은? 기출 18

① 불이익변경금지의 원칙
② 약관교부설명의무
③ 작성자불이익의 원칙
④ 피보험이익의 원칙

해설

보험자는 미리 정형화된 보험약관에 의하여 보험계약을 체결하게 되므로, 보험계약은 부합계약성을 가진다고 할 수 있다. 보험약관을 보험자가 일방적으로 작성하기 때문에 보험전문지식이 부족하고 전문용어에 대한 이해가 부족한 보험계약자의 불이익을 방지하기 위해 불이익변경금지의 원칙(보험약관의 내용이 보험계약자 측에게 불이익하게 변경된 경우에는 무효라는 규정), 약관교부설명의무, 작성자불이익의 원칙(보험약관을 해석함에 있어 그 내용이 불분명한 경우에는 보험자에게 불이익하게 해석함) 등의 수단이 사용되고 있다.
피보험이익이란 보험목적물에 손해가 발생하였을 때 피보험자가 갖는 경제적 이해관계를 말한다. 상법 제668조에서는 피보험이익을 "보험계약의 목적"이라고 하여 금전적으로 산정할 수 있는 이익으로 한정하고 있다. 피보험이익의 기능은 보험자의 책임범위의 결정하고, 실손보상의 원칙을 실현(도박화, 도덕적 위태의 방지)하는 데 있다.

18 다음 중 보험계약의 법적 성질에 대한 설명으로 옳지 않은 것은?

① 보험계약은 보험자의 보험금 지급의무와 보험계약자의 보험료 지급의무가 상호 대립하는 관계에 있는 쌍무계약이다.
② 보험계약은 우연한 사실에 의해서 보험금의 지급이 좌우되는 사행계약이다.
③ 보험계약은 보험회사 일방이 작성한 보통보험약관을 조건으로 이루어지는 부합계약이다.
④ 보험계약이 성립하기 위해서는 일정한 법률상의 요식이 필요하다.

해설

보험계약은 불요식 · 낙성계약(consensual contract)으로 당사자 쌍방간의 합의에 의해서 성립한다. 즉, 보험계약자의 신청에 대한 보험자의 승낙에 의해서 성립한다. 여기에 계약의 형식은 문제되지 않으며, 구두로 하든 전화로 하든 보험계약은 성립한다.

정답 14 ③ 15 ① 16 ④ 17 ④ 18 ④

19 다음에서 설명하는 보험계약의 법적 성격은? 기출 17

> 보험자의 관점에서 볼 때 동일한 보험목적물이라도 피보험자가 누구냐에 따라 손실발생 위험이 달라지는 것이기 때문에 보험계약의 내용이 달라질 수 있고 계약의 인수가 거절될 수도 있다.

① 인적계약(personal contract)
② 부합계약(adhesive contract)
③ 조건부계약(conditional contract)
④ 사행계약(aleatory contract)

해설

문제의 지문은 인적계약의 특성을 설명하고 있다.
② 부합계약이란 계약 당사자 일방이 계약의 내용을 일방적으로 작성하고 상대방은 그 정형화된 계약의 내용에 승인 또는 거절하는 계약을 말한다. 보험계약은 이와 같이 보험자 일방이 작성한 보통보험약관에 의하여 이루어지므로 부합계약성을 가진다고 할 수 있다.
③ 보험계약상 보험자의 보험금 지급의무에 대한 책임은 우연한 보험사고의 발생과 함께 보험계약자나 피보험자의 보험약관상 명시된 여러 조건을 이행하는가에 좌우된다.
④ 보험계약은 보험자의 보험금 지급의무가 우연한 사고, 즉 보험사고의 발생에 의존하므로 사행계약에 속한다. 사행계약성은 보험에 없어서는 안 될 필수적인 성질이지만, 그 부작용으로 보험제도를 악용하여 경제적 이득을 보려는 심리상태, 즉 도덕적 위험이 존재하게 된다.

20 다음 중 보험계약의 법적 특성 가운데 하나인 조건부계약과 관계가 없는 것은? 기출 24

① 보험약관의 설명의무
② 위험변경 · 증가의 통지의무
③ 보험사고발생의 통지의무
④ 손해방지의무

해설

보험계약상 보험자의 보험금 지급의무에 대한 책임은 우연한 보험사고의 발생과 함께 보험계약자나 피보험자의 보험약관상 명시된 여러 조건을 이행하는가에 좌우된다. 예를 들어 보험계약자가 피보험자는 보험목적물에 현저한 위험이 증가한 경우 이를 통보(**위험변경 · 증가의 통지의무**)하고, 보험사고의 발생을 안 때에는 즉시 통보(**보험사고발생의 통지의무**)하여야 하며, 사고발생 후 손해방지와 경감을 위해 노력(**손해방지의무**)하는 등 보험약관에 정해진 여러 의무를 이행해야 한다. 이런 의미에서 보험계약은 조건부계약이라 할 수 있다.

21 아래 설명에서 안에 들어갈 보험종목을 순서대로 바르게 나열한 것은? 기출 24

> 상법 제4편 보험의 규정은 당사자간의 특약으로 보험계약자 또는 피보험자나 보험수익자의 불이익으로 변경하지 못한다. 그러나 (　　) 및 (　　) 기타 이와 유사한 보험의 경우에는 그러하지 아니하다.

① 재보험, 해상보험
② 해상보험, 화재보험
③ 책임보험, 화재보험
④ 보증보험, 책임보험

| 해설 |

보험계약자 등의 불이익변경금지(상법 제663조)
상법 제4편 보험의 규정은 당사자간의 특약으로 보험계약자 또는 피보험자나 보험수익자의 불이익으로 변경하지 못한다. 그러나 (**재보험**) 및 (**해상보험**) 기타 이와 유사한 보험의 경우에는 그러하지 아니하다.

22 다음 중 최대선의의 원칙(principle of utmost good faith)의 실현을 위한 제도에 해당하지 않는 것은? 기출 19

① 고지(representation)의무
② 은폐(concealment)금지
③ 대위(subrogation)
④ 보증(warranty)

| 해설 |

최대선의의 원칙은 보험계약시 계약의 당사자에게 다른 일반계약보다 훨씬 높은 정직성과 선의 혹은 신의성실을 요구한다. 최대선의의 원칙은 고지(representation)의무, 은폐(concealment)금지, 보증(warranty ; 담보) 등의 원리에 의해 유지된다.

- **고지의무** : 보험계약자 또는 피보험자는 보험자에 대하여 중요한 사항을 고지하고, 부실의 고지를 하지 아니할 의무가 있다.
- **은폐금지** : 보험계약자가 중대한 사실을 고지하지 않고 의도적이나 무의식적으로 숨기고 있어서는 안 된다.
- **보증(담보)** : 보험계약의 일부로서 피보험자가 진술한 사실이나 약속을 의미하며, 보상의 책임이 발생한 경우에는 담보가 사실이어야 하므로 최대선의의 원칙이 요구된다.

정답 19 ① 20 ① 21 ① 22 ③

23 보험계약의 최대선의성의 원칙이 손해보험 계약상에 구현된 제도라고 할 수 없는 것은? 기출 18

① 사기로 인한 중복보험시 보험계약의 무효
② 고지의무제도와 위험변경 증가시 통지의무
③ 보험자대위
④ 손해방지경감의무

해설

보험자대위는 "보험자가 보험금을 지급 후 피보험자 또는 보험계약자가 보험의 목적 또는 제3자에 대하여 가지는 법률상의 권리를 취득하는 것(상법 제681조, 제682조)"을 의미하며, 손해보험에서만 인정한다. 보험자대위를 보험계약에서 특별히 인정하는 이유는 손해보험의 이득금지원칙의 적용으로 보험자로부터 보험금을 수령한 피보험자가 다시 잔존물을 취득하거나 제3자로부터 손해배상을 받아 사고로 오히려 이득을 보는 것을 방지함으로써 도덕적 위태를 억제하기 위한 것으로 법은 보험자에게 대위권의 취득을 인정하고 있다.
최대선의성의 원칙은 보험계약시 계약 당사자에게 다른 일반 계약보다 훨씬 높은 정직성과 선의 혹은 신의성실을 요구한다. 즉 보험계약은 자신에게 불리한 사실까지 보험자에게 알려야 하는 고지의무, 계약 체결 후 위험변경·증가의 통지의무, 손해방지경감의무, 사기로 인한 초과·중복보험시 보험계약의 무효 규정, 고의·중과실 면책 등에서 최대선의성의 원칙이 요구된다.

24 다음 중 실손보상의 원칙과 가장 거리가 먼 것은? 기출 15

① 보험자대위
② 최대선의의 원칙
③ 피보험이익
④ 타보험조항

해설

실손보상의 원칙
- **피보험이익** : 피보험이익이 없으면 보험금청구권도 없다. 또한 지급보험금은 피보험이익의 범위를 초과하지 아니한다.
- **보험자대위** : 가해자에 대한 손해배상청구권 행사 또는 잔존물의 매각 등으로부터 이중의 이익을 얻지 못하도록 한다.
- **손해액의 시가주의** : 보험자가 보상할 손해액은 그 손해가 발생한 때와 곳의 가액으로 산정한다고 규정하여, 손해발생시와 때에 따라 감가상각을 고려하여 이득이 생기는 것을 방지한다.
- **타보험조항** : 보상책임이 있는 보험계약이 둘 이상 존재하는 경우, 각 보험계약간 보험금의 지급을 분담하는 약관조항을 두고, 이에 따라 보험금을 계산하여 지급함으로써 실제 손해 이상의 보험금이 지급되지 않도록 한다.
- **과실상계 및 손익상계** : 사고발생에 기여한 과실이 공동으로 있다면 그 비율만큼 공제한다.
- **신구교환공제** : 부품의 교환이나 공사 등으로 인해 사고 이전보다 전반적인 가치가 상승할 경우, 그 가치상승분을 지급보험금에서 공제한다.

25 다음 중 실손보상원칙과 직접 관련이 없는 것은? 기출 23

① 고지의무
② 피보험이익의 원칙
③ 타보험조항
④ 보험자대위

| 해설 |

고지의무는 보험계약자 또는 피보험자가 보험계약을 체결함에 있어 고의 또는 중대한 과실로 중요한 사항을 알리지 않거나 부실의 고지를 하지 않을 의무를 말하며, 최대선의의 원칙 실현을 위한 제도에 해당한다. 실손보상원칙이란 보험사고가 발생하였을 경우 보험자는 피보험자에게 실제 발생한 경제적 손실에 대하여 보험가입금액에 비례하여 보상한다는 것을 의미한다.
② 피보험이익의 원칙, ③ 타보험조항, ④ 보험자대위는 모두 실손보상원칙의 실현을 위한 손해보험제도이다.

26 다음 중 실손보상의 원칙(the principle of indemnity)의 예외에 해당되는 것과 거리가 먼 것은?

① 대체비용보험
② 일부보험
③ 사망보험
④ 기평가보험

| 해설 |

보험가입금액이 보험가액보다 작은 일부보험일 때는 보험가액에 대한 보험가입금액의 비율로 비례보상되고, 실제손해의 일부만 보상받을 수 있기 때문에 일부보험은 실손보상의 원칙에 해당되는 보험이다.

TIP 실손보상원칙의 예외규정

- **기평가보험(상법 제670조 기평가보험, 제한적 실손보상의 예외규정)**
  "당사자간에 보험가액을 정한 때에는 그 가액은 사고발생시의 가액으로 추정한다"라고 규정하고 있어, 사고발생시의 가액이 아닌 보험계약 당시의 가액으로 보험금을 지급하여 이득이 생길 수도 있어 예외적이나, 보험계약 당시의 가액이 사고발생 가액을 현저하게 초과된 경우에는 이를 인정하고 있지 않아 제한적 실손보상의 예외규정이라 한다.
- **대체비용(= 재조달가액)보험(상법 제676조 손해액의 산정)**
  손해액은 발생한 곳과 때의 가액으로 산정하나, "당사자간의 다른 약정으로 그 신품가액에 의하여 손해를 산정할 수 있다"라고 규정하여, 감가상각하지 않는 재조달가액으로 보상이 가능하므로 실손보상의 예외규정이다.
- **사망보험, 손해보험의 정액형 상품**
  사망보험, 손해보험의 상금보험이나 방어비용 등 해당 보험금 지급요건이 충족되면 실제 소요비용에 상관없이 보험금이 지급되므로 이득이 발생할 수도 있으므로 실손보상의 예외가 된다.

정답 23 ③ 24 ② 25 ① 26 ②

27 다음 중 실손보상의 원칙을 구현하기 위한 손해보험제도로 볼 수 없는 것은? 기출 19

① 보험자대위제도
② 기평가보험계약
③ 신구교환이익공제
④ 손해액의 시가주의

| 해설 |

손해보험에서 실손보상의 원칙은 피보험자의 경제적 상태를 손해발생 이전의 상태로 복원시키는 것, 즉 실제로 발생한 경제적 손실에 대한 보상을 통해 피보험자 또는 보험계약자가 보험사고로부터 이익을 얻는 것을 방지하는데 있다(**이득금지원칙**). 그런데 기평가보험계약에서는 보험가액이 사고발생시의 가액을 초과하더라도 사고발생시의 가액을 기준으로 하여 손해액을 산정하지 아니하고, 계약된 금액을 기준으로 손해액을 산정하므로 이득금지원칙의 예외가 된다.

28 다음 중 대체가격보험에 대한 설명으로 옳지 않은 것은? 기출 19

① 대체가격보험은 인위적인 사고유발이 우려되는 보험에 한해서 인정되고 있다.
② 대체가격보험은 보험사고가 발생한 경우 감가상각을 하지 않고 피보험목적물과 동종, 동형, 동질의 신품을 구입하는데 소요되는 비용을 지급하는 보험이다.
③ 신가보험이라고도 한다.
④ 대체가격보험은 실손보상원칙의 예외로서 이용되는 보험이다.

| 해설 |

대체가격보험(= 신가보험)은 보험사고가 발생한 경우 감가상각을 하지 않고 피보험목적물과 동종, 동형, 동질의 신품을 구입하는데 소요되는 비용을 지급하는 보험을 말한다. 실손보상원칙의 예외로서 이용되는 보험으로 인위적인 사고유발이 우려되는 보험이다. 따라서 기계보험 등과 같이 오로지 가동유지를 위한 보험, 즉 인위적인 사고유발이 우려되지 않는 보험에 한해서 인정되고 있다.

TIP 신가

신가란 재조달가액, 신품가액, 대체비용이라고 하며, 물건보험의 경우 보험의 목적과 동일한 정도의 물건을 재취득하는데 소요되는 가액을 말한다.

29 다음 중 실손보상의 원칙에서 실제가치(actual cash value) 산정에 대한 개념으로 옳은 것은?

기출 19

① 보험사고발생 당시 담보된 물건의 수리비용에서 감가상각을 제한 액수
② 보험계약 체결 당시 담보된 물건의 수리비용에서 감가상각을 제한 액수
③ 보험사고발생 당시 담보된 물건의 대체비용에서 감가상각을 제한 액수
④ 보험계약 체결 당시 담보된 물건의 대체비용에서 감가상각을 제한 액수

해설

실손보상의 원칙이란 보험사고가 발생하였을 경우 보험자는 피보험자에게 실제 발생한 경제적 손실에 대하여 보험가입금액에 비례하여 보상한다는 것을 의미한다. 여기서, 실제로 입은 경제적 손실이란 손실의 실제현금가치(actual cash value)를 말하는 것으로 다음과 같이 산정한다.

실제현금가치 = 대체비용(재조달가액) − 감가상각

- **대체비용** : 손실을 원상태로 복구하는데 드는 비용(재조달가액)
- **감가상각** : 고정자산의 가치감소를 산정하여 그 액수를 고정자산의 금액에서 공제함과 동시에 비용으로 계상하는 것

30 다음 보험의 특성 중 타보험조항과 관계가 가장 깊은 것은? 기출 24

① 손실의 집단화
② 실제 손실에 대한 보상
③ 리스크 분산
④ 리스크 전가

해설

타보험조항은 동일한 보험의 목적의 전부 또는 일부를 담보하는 유효한 보험계약이 둘 이상 존재하는 경우 다른 보험과의 손해액을 분담하는 방법을 미리 약정한 조항이다. 타보험조항을 두는 취지는 기본적으로 손해보험의 이득금지원칙에 따라 피보험자가 동일한 손해에 대하여 둘 이상의 보험계약으로부터 손해 이상의 보험금을 수취하는 것을 막기 위함이다. 또한 보험가입을 통한 추가적 이익 획득을 방지함으로써 도덕적 위험을 사전에 방지하는데 있다. 결론적으로 타보험조항은 실손보상원칙의 구현을 위한 손해보험제도라 할 수 있다.

정답 27 ② 28 ① 29 ③ 30 ②

31 다음 중 타보험조항(other insurance clause)의 효과로 가장 거리가 먼 것은?

① 도덕적 위태 감소
② 실손보상의 원칙 유지
③ 피보험이익의 원칙 유지
④ 보험자간 손해 분담

| 해설 |

타보험조항

타보험조항이란 해당 보험의 피보험자가 다른 보험으로부터 보상을 받게 되는 경우 다른 보험의 보상내용에 따라 해당 보험계약의 보험자가 보상하는 방법과 범위가 영향을 받도록 정한 약관조항을 말한다. 일반적으로 재물보험이나 책임보험, 건강보험에서 주로 활용된다. 타보험조항의 효과는 다음과 같다.

- 기본적으로 손해보험의 이득금지원칙에 따라 피보험자가 동일한 손해에 대하여 둘 이상의 보험계약으로부터 손해 이상의 보험금을 수취하는 것을 막기 위한 것이다.
- 보험가입을 통한 추가적 이익 획득을 방지함으로써 도덕적 위험을 사전에 방지하고, 보험을 도박으로서 활용하는 것을 막기 위한 것이다.
- 보험자간 손해 분담의 방법을 다면화함으로써 보험자 측면에서는 다양한 리스크관리 방법을 모색할 수 있고, 계약자 측면에서는 보험료 부담에 대한 효율성을 높일 수 있다.

32 다음 중 타보험조항(other insurance clause)의 형태에 해당하지 않는 것은? 기출 21

① 비례분할부담(pro rata liability clause)
② 균일부담(contribution by equal share)
③ 초과손실부담(excess of loss share contract)
④ 초과부담(primary and excess insurance)

| 해설 |

타보험조항(other insurance clause)을 두는 취지는 기본적으로 손해보험의 이득금지원칙에 따라 피보험자가 동일한 손해에 대하여 둘 이상의 보험계약으로부터 손해 이상의 보험금을 수취하는 것을 막기 위함이다. 따라서 초과손실부담(excess of loss share contract)과는 관계가 없다.

TIP **타보험조항의 종류**

- 균등액(균일)분담조항
- 보상(책임)한도분담조항
- 비례분할부담조항
- 초과액부담조항
- 타보험약관금지조항

33 다음은 피보험자 '갑'의 동일한 보험목적물에 대한 보험사별 보험가입현황이다. 손해액이 6억원일 때, 타보험계약에 대하여 책임한도분담조항(독립책임액분담조항)을 적용하는 경우 A보험사의 지급보험금은 얼마인가? 기출 18

- 보험가액 : 10억원
- A보험사 : 보험금액 2억원, 실손보상
- B보험사 : 보험금액 8억원, 실손보상

① 1억 2,000만원
② 1억 5,000만원
③ 4억 5,000만원
④ 4억 8,000만원

| 해설 |

타보험약관조항은 재산・재해보험에서 도덕적 위험이 발생할 수 있어 타보험계약에 대하여 통지하도록 하고 있으며, 손해보상의 원리에 입각하여 보험자간의 분담방법(책임한도분담조항)을 다음과 같이 하고 있다.

1. **보상한도액 비례분담방식**
   동위계약에서 주로 사용하며, 손실총액에 대하여 각 보험자가 차지하는 보험금액의 비율에 따라 손해액을 분담한다.

   A보험사의 분담액 = 손해액 × (A보험사의 보험금액 / A, B보험사의 보험금액 합계)

2. **독립책임액 분담방식**
   다른 보험계약이 없는 것으로 간주하여 각 보험자의 보상 독립책임액을 구한 후 각 보험자의 독립책임액의 각 보험자의 독립책임액의 합계에 대한 비율로 부담한다.

   A보험사의 분담액 = 손해액 × (A보험사의 독립책임액 / A, B보험사의 독립책임액 합계)

   - A보험사의 독립책임액 = 2억원
   - B보험사의 독립책임액 = 6억원
   - A보험사의 지급보험금 : 6억원 × 2억원 / 8억원 = 1억 5,000만원
   - B보험사의 지급보험금 : 6억원 × 6억원 / 8억원 = 4억 5,000만원

34 보험설계사 또는 보험대리점이 보험계약 체결시 보험계약자에게 약관의 내용을 다르게 설명하여 보험계약을 체결한 뒤 보험사고가 발생하였는데, 보험자는 보험계약시에 이들이 한 설명이 진실한 것이 아님을 이유로 원래의 약관내용에 따라 보상책임이 없음을 주장하였다. 이때 보험자의 주장을 배척하여 피보험자를 보호하기 위하여 인용되는 보험일반법 이론은?

① 권리포기(waiver)
② 금반언(estoppel)
③ 구두증거 원칙(parol evidence rule)
④ 보증(warranty)

| 해설 |

보험대리점이나 보험설계사가 보험약관을 설명하였고, 보험계약자가 이를 신뢰하여 보험에 가입하였는데 보험대리점이 잘못 설명한 약관의 내용을 부정하고 원래의 약관조항을 들어 보험자가 면책을 주장하는 것은 **금반언의 원칙**에 반한다. 따라서 보험자가 개별약관으로 인정하든지 아니면 보험업법 제102조에 의한 손해배상책임을 져야 한다.

35 다음의 사례에서 피보험자 B가 보험자 A에게 항변할 수 있는 근거는 무엇인가?

> 보험자 A는 피보험자 B에게 손해를 보상함에 있어 현물보상을 하기로 하였다. 그러나 보험자 A는 보험사고발생 이후 보험계약자 측에 대하여 현물보상하는 것이 비용 등의 면에서 지출이 많아진다는 이유로 현물보상을 취소하고 금전으로 보상하였다.

① 금반언의 원칙
② 위험보편의 원칙
③ 실손보상의 원칙
④ 수지상등의 원칙

| 해설 |

금반언의 원칙이란 자기가 이미 어떠한 표시를 한 경우에 그것과 모순되는 언행을 하지 못한다는 원칙이다. 모순된 선행행위를 한 자는 그에 대한 책임을 부담하여야 한다는 의미이다.

36 금반언의 원칙(estoppel)에 대한 설명으로 가장 적절하지 못한 것은? 기출 15

① 보험자의 언행에 있어서의 신의성실원칙을 의미한다.
② 명시적인 의사표현뿐만 아니라 묵시적인 의사표현도 포함된다.
③ 강행법규에 해당하는 내용을 당사자간의 개별적인 약정을 통하여 변경할 경우 금반언의 원칙이 적용된다.
④ 고지의무위반을 보험자가 알면서 1개월 이상 해지하지 않다가 나중에 해지권을 행사하는 것은 금반언의 원칙에 반한다.

해설

강행법규는 금반언에 우선하므로, 강행법규의 입법취지에 반하는 것이라면 금반언 원칙은 적용되지 않는다. 금반언에 해당하더라도 강행법규의 입법목적 달성을 위해 금반언 주장은 배제된다고 보는 것이 판례의 입장이다.

[판례] 대법원 2003.8.22., 선고, 2003다19961, 판결
법령에 위반되어 무효임을 알고서도 그 법률행위를 한 자가 강행법규 위반을 이유로 무효를 주장한다 하여 신의칙 또는 금반언의 원칙에 반하거나 권리남용에 해당한다고 볼 수는 없다.

TIP **강행법규** : 공공의 질서에 관한 사항을 정한 법규로 당사자의 의사와는 관계가 없으며, 선량한 풍속 기타 사회질서에 관계있는 규정을 말한다.

37 보험계약이 체결되고 일정한 기간이 경과한 후에는 보험계약자의 착오나 허위진술 등을 이유로 보험자가 보험금의 지급을 거절할 수 없음을 규정하고 있는 약관조항은? 기출 17

① 계약구성조항(entire contract clause)
② 불몰수조항(non-forfeiture clause)
③ 금반언조항(estoppel clause)
④ 불항쟁조항(incontestable clause)

정답 34 ② 35 ① 36 ③ 37 ④

| 해설 |

불항쟁조항은 보험계약이 체결되고 일정한 기간이 경과한 후에는 보험계약자의 착오나 허위진술 등을 이유로 보험회사가 보험금의 지급을 거절할 수 없음을 규정하고 있는 조항이다. 불항쟁조항은 보험회사로 하여금 보험계약자의 착오나 허위진술 등에 세심한 주의를 하게 하는 효과가 있을 뿐 아니라 보험계약자를 보호하는 데 그 목적이 있다. 다음과 같은 경우에는 불항쟁조항을 적용하지 않는다.

- 보험수익자가 보험금을 노리고 피보험자를 살해하려는 의도를 갖고 있는 경우
- 타인으로 하여금 대리로 신체검사를 받게 하는 경우
- 보험계약 체결시 피보험이익 자체가 존재하지 않는 경우

① **계약구성조항**(entire contract clause) : 보험회사와 피보험자 사이에 체결된 보험계약서에 명시된 내용에 대해서만 서로 책임을 지고, 계약서에 명시되지 않은 내용이나 구두로 별도 합의된 내용에 대해선 책임을 부담하지 않겠다는 조항이다.

② **불몰수조항**(non-forfeiture clause) : 보험계약자가 납입하는 보험료에는 앞으로의 보험사고발생에 대비해서 사전에 적립되는 부분이 존재하는 경우가 있다. 이 적립금에 관해서는 중도에서 보험료의 납입이 불가능하게 되어 보험계약이 실효되거나 해약이 되더라도 보험회사의 재산으로 몰수하지 않고, 보험계약자의 권리로서 보증한다는 조항이다.

③ **금반언조항**(estoppel clause) : 어떤 사실을 표시한 보험회사는 그 사실이 약관 내용과 다르더라도 그에 반하는 주장을 할 수 없다는 조항이다.

38 다음 중 보험가격에 대한 설명으로 올바르지 않은 것은? 기출 21

① 미래기간의 발생원가 예측에 근거한다.

② 보험자의 통제 범위를 벗어나는 부분이 많다.

③ 집단전체의 평균원가개념이 적용된다.

④ 순보험료 산출시 규모의 경제 효과가 크다.

| 해설 |

제조상품의 경우 생산 및 판매량의 증가에 따라 생산비용을 절감할 수 있어서 규모의 경제성이 크지만, 보험상품의 경우 많이 판매해도 순보험료(보험금지급에 충당되는 보험료)를 절감할 수 없기 때문에 규모의 경제성이 크다고 할 수 없다.

39 다음 중 피보험이익의 기본요건에 해당하지 않는 것은? 기출 25

① 확정 가능성
② 경제적 가치
③ 적법한 이익
④ 사회적 선호

해설

피보험이익의 기본요건

- **적법성** : 피보험이익은 적법한 것이어야 한다(= **적법한 이익**).
- **경제성(경제적 가치)** : 피보험이익은 금전으로 산정할 수 있는 이익이어야 한다(상법 제668조).
- **확정 가능성** : 피보험이익은 보험계약 성립 당시에 그 존재 및 소속이 객관적으로 확정되어 있거나 또는 적어도 보험사고발생시까지는 객관적으로 확정될 수 있는 것이어야 한다.

40 다음 중 피보험이익에 대한 설명으로 옳은 것은?

① 생명보험에서 피보험이익은 손실발생시에 존재하여야 한다.
② 손해보험의 경우 피보험이익의 문제는 발생하지 않는다.
③ 피보험이익은 보험사고에 대하여 피보험자가 갖는 경제적 이해관계를 말한다.
④ 피보험이익은 보험의 목적을 의미한다.

해설

① 생명보험은 보험의 목적이 사람의 생명·신체이므로 손해보험과 같이 피보험이익이 인정되지 아니한다.
② 피보험이익은 손해보험계약에만 존재하는 보험계약의 필수불가결한 요소이다.
④ 피보험이익은 '보험계약의 목적'이라 한다(상법 제668조, 제669조). 즉 법률상 또는 경제상 객관적인 가치가 있는 것, 즉 금전으로 산정할 수 있는 이익만을 의미한다. '보험계약의 목적'과 '보험의 목적'은 구별되는 개념이다. 보험의 목적은 보험사고발생의 대상이 되는 피보험자의 경제상의 재화(건물, 선박, 자동차 등)를 의미한다.

정답 38 ④ 39 ④ 40 ③

41 다음 중 피보험이익에 관한 설명으로 옳지 않은 것은? 기출 17

① 보험목적물의 가치를 말한다.
② 피보험이익의 원칙은 도덕적 위태를 감소시키는 기능을 한다.
③ 반드시 현존하는 이익일 필요는 없다.
④ 하나의 보험목적물에 복수의 피보험이익이 존재할 수 있다.

해설

피보험이익이란 보험목적물에 손해가 발생하였을 때 피보험자가 갖는 경제적 이해관계를 말한다. 따라서 피보험자가 보험목적물과 관련하여 이해관계를 가지지 않는 경우 피보험이익이 존재하지 않으며, 이런 경우 보험목적물은 보험에 가입할 수 없다.

42 다음 중 손해보험의 피보험이익에 관한 설명으로 옳지 않은 것은? 기출 19

① 보험사고발생시 누구도 피보험이익의 평가액 이상의 손해에 대하여 보상받을 수 없다.
② 한 개의 동일한 보험목적물에는 한 종류의 피보험이익만 존재할 수 있다.
③ 피보험이익이 없으면 보험도 없다.
④ 피보험이익은 보험자의 법정 최고 보상한도액이다.

해설

한 개의 동일한 보험목적물에 복수의 피보험이익이 존재할 수 있다.

43 재물손해보험에서 피보험이익의 존재시기에 대한 설명으로 옳은 것은? 기출 18

① 보험계약 체결 시점에만 존재하면 된다.
② 손해가 발생하는 시점에는 반드시 존재해야 한다.
③ 보험계약 체결 시점에는 물론 손해발생시점을 포함하여 반드시 보험기간 동안 계속하여 존재해야 한다.
④ 피보험자의 동의만 있으면 보험계약이 성립하고 피보험이익의 문제는 발생하지 않는다.

해설

피보험이익의 존재시기

- **손해보험의 경우** : 보험계약 체결 시점에는 피보험이익의 존재가 필요 없지만, 손해발생 시점에는 반드시 피보험이익이 존재해야 한다. 미국의 경우 피보험이익의 존재시점은 보험계약 체결 시점이다.
- **인보험의 경우** : 우리나라의 통설은 피보험이익이 존재하지 않는다는 입장이다. 인간에 있어 생명의 가치는 금전으로 평가가 불가능하기 때문이다. 따라서 보험가액의 개념도 없으므로 일부보험, 초과보험, 중복보험의 개념도 없다. 단, 영미법에서는 인보험에서도 피보험이익을 인정하고 있다.

44 다음 중 대위의 원칙(principle of subrogation)에 대한 설명으로 옳지 않은 것은? 기출 19

① 피보험자가 동일한 손실에 대한 책임 있는 제3자와 보험자로부터 이중보상을 받아 이익을 얻는 것을 방지할 목적을 가지고 있다.
② 피보험자의 책임이 없는 손해로 인한 보험료 인상을 방지 한다.
③ 과실이 있는 피보험자에게 손실발생의 책임을 묻는 효과가 있다.
④ 손해보험의 이득금지원칙과 관련 있다.

해설

피보험자가 제3자의 과오로 인하여 손실을 입었을 경우 일단 보험자가 이를 보상하여 주고 피보험자가 제3자에게 가지는 손해배상청구권을 대위하는 것이다. 따라서 보험자대위는 과실이 있는 제3자에게 손실발생의 책임을 묻는 효과가 있다.

45 다음 중 보험자의 제3자에 대한 대위의 목적에 해당하지 않는 것은? 기출 21

① 실손보상의 원칙 유지
② 최대선의의 원칙 유지
③ 이중보상 방지
④ 보험료 부당 인상 방지

해설

최대선의의 원칙은 보험계약 당사자에게 일반 다른 계약보다 훨씬 높은 정직성과 선의 혹은 신의성실을 요구하는 것으로, 고지의무, 은폐금지, 보증(warranty ; 담보) 등의 원리에 의해 유지된다.

① **실손보험의 원칙 유지** : 보험자의 제3자에 대한 대위의 목적은 실손보상의 원칙을 구현하는데 있다.
③ **이중보상 방지** : 보험에서 대위변제의 원칙이 존재함으로써 피보험자가 동일한 손해에 대하여 보험자 및 제3자에게 이중으로 부상받는 것을 방지한다.
④ **보험료 부당 인상 방지** : 보험자대위는 보험계약자나 피보험자의 책임 없는 손실에 대해 보험료가 인상되는 것을 방지한다.

46 상법상 보험목적에 관한 보험대위(잔존물대위)의 경우에 보험자가 피보험자의 권리를 취득하는 시기는? 기출 20

① 보험사고가 발생한 때
② 보험사고발생 사실을 통지받은 때
③ 피보험자가 보험금을 청구한 때
④ 보험금액 전부를 지급한 때

정답 41 ① 42 ② 43 ② 44 ③ 45 ② 46 ④

| 해설 |

보험의 목적의 전부가 멸실한 경우에 보험금액의 전부를 지급한 보험자는 그 목적에 대한 피보험자의 권리를 취득한다. 그러나 보험가액의 일부를 보험에 붙인 경우에는 보험자가 취득할 권리는 보험금액의 보험가액에 대한 비율에 따라 이를 정한다(상법 제681조).

47 상법상 잔존물대위에 대한 설명으로 옳지 않은 것은? 기출 18

① 잔존물대위의 요건이 갖추어지면 보험자는 피보험자가 보험의 목적에 대해 가지는 피보험이익에 관한 모든 권리를 당연히 취득하게 된다.

② 보험자는 대위권의 행사를 포기할 수 있다.

③ 잔존물대위가 인정되기 위해서 보험자가 해당 보험금 및 기타 보상급여 전부를 지급해야 하는 것은 아니다.

④ 일부보험에서의 잔존물대위권은 보험금액의 보험가액에 대한 비율에 따라 정한다.

| 해설 |

잔존물대위가 인정되기 위해서는 보험자가 보험금액의 전부를 피보험자에게 지급하여야 한다(상법 제681조). 여기서 보험금액의 전부 지급이란 보험의 목적이 입은 손해액뿐만 아니라 보험자가 부담하는 손해방지비용이나 기타의 비용까지 지급한 것을 말한다.

48 아래의 내용 중 (   ) 안에 들어갈 보험종목은? 기출 22

> 상법상 인보험에는 원칙적으로 제3자에 대한 보험대위가 인정되지 않는다. 그러나 (   )계약의 경우에 당사자간에 다른 약정이 있는 때에는 보험자는 피보험자의 권리를 해하지 아니하는 범위 안에서 그 권리를 대위하여 행사할 수 있다.

① 생명보험　　② 상해보험

③ 질병보험　　④ 생사혼합보험

| 해설 |

손해보험에서는 잔존물대위와 청구권대위(제3자에 대한 보험대위)가 모두 인정되는 반면, 인보험에서는 보험대위가 원칙적으로 금지된다(상법 제729조). 다만, (**상해보험**)계약의 경우에 당사자간에 다른 약정이 있는 때에는 보험자는 피보험자의 권리를 해하지 아니하는 범위 안에서 그 권리를 대위하여 행사할 수 있다(상법 제729조 단서).

49 열거책임주의 방식의 보험증권에서 담보위험을 열거한 다음에 "기타 일체의 위험(all other perils)"이라는 총괄적 문언(general words)을 부가한 경우, 이 부분에 대한 해석기준을 제시한 영국판례의 해석원칙은? 기출 16

① 통상적 의미의 해석원칙(rules as to "ordinary meaning")
② 동종제한의 원칙(principle of ejusdem generis)
③ 합리적인 기대의 원칙(doctrine of reasonable expectation)
④ 보험증권 전체로서의 해석원칙

| 해설 |

동종제한의 원칙
보험약관을 포함한 제정법, 증언 등에 특정적이고 구체적으로 열거한 사항 다음에 일반적이고 포괄적인 문언이 부가되어 있는 경우에 일반적이고 포괄적인 부가문언을 해석함에 있어서는 앞에서 구체적으로 열거한 사항과 동질적인 것만을 한정하여 해석해야 한다는 원칙이다.
① **통상적 의미의 해석원칙** : 보험증권은 평범하게(Plain), 통상적으로(Ordinary), 통속적으로(Popular) 해석하여야 한다는 원칙이다.
③ **합리적 기대의 원칙** : 보험증권의 문언은 보험법에 정통한 변호사나 기타 관계자에 의해 해석되는 바와 같이 해석하여야 하는 것이 아니고, 보통의 평균적 시민이 이해하는 바와 같이 해석되어야 한다는 원칙이다.
④ **보험증권 전체로서의 해석원칙** : 보험증권은 하나의 전체로서 해석되어야 한다는 원칙이다.

50 다음 중 보험증권 문언 내용이 상호 모순, 충돌하는 경우에 그 해석과 적용의 효력이 우선하는 순서대로 나열한 것은? 기출 20

① 인쇄문언 → 타자 및 스탬프문언 → 수기문언
② 타자 및 스탬프문언 → 수기문언 → 인쇄문언
③ 수기문언 → 타자 및 스탬프문언 → 인쇄문언
④ 수기문언 → 인쇄문언 → 타자 및 스탬프문언

| 해설 |

수기문언 우선의 원칙
보험증권의 해석에 있어서 손으로 쓴 문언이 인쇄문언 및 그 밖의 형식으로 된 문언보다 가장 우선하여 적용된다는 원칙이다.

수기문언 > 타자문언 > 스탬프문언 > 인쇄문언

정답 47 ③ 48 ② 49 ② 50 ③

51 약관조항에 정확하게 합치되는 것은 아니지만 보통사람이라면 보상을 받을 것이라고 생각하는 보험사고와 관련하여 보험금분쟁이 발생하였을 때 적용할 수 있는 원칙으로 가장 적합한 것은? 기출 15

① 수기문언 우선효력의 원칙
② 합리적 기대의 원칙
③ 동종제한의 원칙
④ 작성자불이익의 원칙

해설

합리적 기대의 원칙
보험약관의 해석에 있어서 당사자의 합리적인 의도가 무엇인가를 찾아볼 수 있는 경우, 그러한 기대에 부합하도록 해석하여야 한다는 원칙이다. 피보험자는 보험에서 제공할 것으로 합리적으로 기대하는 보험보장을 받을 권리가 있으며, 이의 효력을 위해서 면책사항이나 제한사항들은 평이하며, 분명하여야 한다는 것을 말한다. 이 원칙은 결과적으로 보험약관의 문언은 보험법에 정통한 변호사나 기타 관계자에 의해 해석되는 바와 같이 해석하여야 하는 것이 아니고, 보통시민이 이해하는 바와 같이 해석되어야 한다는 것이다.

① **수기문언 우선효력의 원칙** : 보험약관의 해석에 있어서 손으로 쓴 문언이 인쇄문언 및 그 밖의 형식으로 된 문언보다 가장 우선하여 적용된다는 원칙을 말한다.
③ **동종제한의 원칙** : 보험약관을 포함한 제정법, 증언 등에 특정적이고 구체적으로 열거한 사항 다음에 일반적이고 포괄적인 문언이 부가되어 있는 경우에 일반적이고 포괄적인 부가문언을 해석함에 있어서는 앞에서 구체적으로 열거한 사항과 동질적인 것만을 한정하여 해석해야 한다는 원칙이다.
④ **작성자불이익의 원칙** : 보험증권(약관)의 일반적인 해석원칙을 모두 적용하여 보아도 여전히 약관상 문구가 애매하여 판단하기 어려운 경우 그 문언의 의미를 작성자, 즉 보험자에게 불이익하게 해석하여야 한다는 원칙이다.

52 다음 중 보험계약이 유효한 법적 계약으로서 성립되기 위하여 갖추어야 할 일반적인 요건으로 적합하지 않은 것은? 기출 21

① 적법한 양식(legal form)
② 교환되는 가치(consideration)의 존재
③ 계약 당사자의 법적 행위능력(competent parties)
④ 계약목적의 합법성(legal purpose)

해설

보험계약은 당사자의 의사표시의 합치(청약과 승낙)만으로 성립하고(상법 제638조), 의사표시에는 아무런 형식을 요하지 않는 불요식 계약이다.

53 다음 중 진술(representation)과 보증(warranty)의 차이점에 대한 설명으로 옳지 않은 것은?

① 보증은 계약의 일부이다.
② 진술은 계약의 부수적 기능을 수행한다.
③ 진술과 보증 둘 다 해석의 융통성이 있다.
④ 보증내용이 사실과 다르거나 지켜지지 않을 경우 보험금지급을 거절할 수 있다.

해설

진술(representation)은 보험계약 체결에 앞서 보험자가 질문한 것을 보험계약자 또는 피보험자가 답변하는 것을 의미한다. 보증(warranty)은 보험계약 체결에 있어서 보험계약자 또는 피보험자가 보험자에게 하는 약속으로서 보험계약의 일부이다.
진술과 보증의 차이점은 내용을 해석함에 있어서 보증이 진술보다 더 엄격하다는 것이다. 위반효과의 경우에도 진술은 중요한 사실에 대한 허위진술이 아닌 한 계약의 효과에 영향을 미치지 않지만, 보증의 경우에는 사소한 위반의 경우에도 보험자의 보상책임에 영향을 준다는 점이다.

54 보험계약의 기본요소 중 아래에서 설명하는 내용에 해당하는 부문은? 기출 16

> 보험자로 하여금 보험금 지급 및 기타 서비스 제공에 대한 약속을 이행하게 하거나 제한하는 중요한 부문으로서, 여기에는 보험계약자나 피보험자가 보상을 받기 위하여 반드시 준수해야 할 일종의 의무사항 또는 권리제한 등의 내용이 포함된다.

① 제외부문(exclusions)
② 조건부문(conditions)
③ 기재부문(declaration)
④ 보험가입합의문(insuring agreement)

해설

조건부문(conditions)
보험자로 하여금 보험금 지급 및 기타 서비스 제공에 대한 약속을 이행하게 하거나 혹은 제한하는 중요한 부분
• 위험변경·증가의 통지의무
• 위험변경·증가의 금지의무
• 보험사고발생의 통지의무
• 협력의무
• 손해방지의무

정답 51 ② 52 ① 53 ③ 54 ②

55 보험계약의 선언(declaration) 부문에 대한 설명으로 옳은 것은? 기출 18

① 특정 손인(peril)이나 손해 또는 재산 및 지역 등에 대하여 보험자의 책임이 면제되는 사항을 명시한 부문을 말한다.

② 보험에 가입한 재산 또는 사람에 대한 정보를 기술한 부문으로서, 일반적인 손해보험에서는 보험의 목적, 보험금액, 피보험자, 보험기간 등을 기재하고 있다.

③ 보험자로부터 보험계약자나 피보험자가 피해보상을 받기 위하여 반드시 준수해야 하는 의무 또는 권리 제한 등이 포함된 부문이다.

④ 보험계약자와 보험자가 보험계약이 성립되었음을 확인하였다는 사실을 표시한 부문이다.

해설

선언(declaration) 부문에는 보험계약의 주체 및 객체를 표시한다. 즉 피보험자의 이름과 주소, 보험기간, 부과된 보험료, 제공된 담보, 담보의 배상책임 한도를 보여준다.
① 제외부문(exclusions) 규정
③ 조건부문(conditions) 규정
④ 보험가입합의문(insuring agreement) 규정

56 보험계약에서 제외부문(exclusions) 규정을 두는 이유로 옳지 않은 것은?

① 도덕적 해이를 줄이고 손실의 규모와 귀속을 확정한다.

② 특수한 위험을 부보대상에서 제외시키기 위해 필요하다.

③ 중복보험을 방지하는데 사용되기도 한다.

④ 손실보상금액보다 손실처리비용이 많은 경우 합리적으로 처리하기 위해 필요하다.

해설

제외부문(exclusions) 규정을 두는 이유는 부보대상에서 제외되는 사항을 명시하여 손실의 규모를 확정하고 부보의 중복성을 피하기 위함이다.
손실보상금액보다 손실처리비용이 많은 경우 합리적으로 처리하기 위해 필요한 것은 공제액 규정이다. 공제액(deductibles) 조항이란 보험자가 손실을 지급하기 전에 피보험자가 손실의 일부를 부담하는 보험계약조건을 말한다.

57 다음 중 특정 재산을 보험목적물에서 제외(excluded property)하는 일반적 이유에 해당하지 않는 것은? 기출 21

① 다른 보험에서 담보되어서
② 도덕적 위태 가능성이 있어서
③ 정확한 손실액 측정이 어려워서
④ 보험가액이 커서

| 해설 |

보험계약에서 보상책임을 제외하거나 보상책임을 제한하는 특정 재산을 면책재산(excluded property)이라 한다. 다른 보험에서 담보되었거나 도덕적 위태의 가능성이 존재한 경우 또는 정확한 손실액 측정이 어려운 경우에 보상 대상에서 제외하게 된다.
보험가액이 큰 경우는 재보험과 같은 위험분산 방식을 통해 위험을 분산할 수 있기 때문에 면책재산에서 제외하지 않는다.

58 「골동품, 서화 등은 손실발생시 손해액 산정이 곤란하기 때문에 담보에서 제외한다」에서 규정하고 있는 면책사유로 옳은 것은? 기출 19

① 면책손인(excluded perils)
② 면책재산(excluded property)
③ 면책손실(excluded losses)
④ 면책지역(excluded locations)

| 해설 |

면책재산(excluded property)
보험계약에서 보상책임을 제외하거나 보상책임을 제한하는 특정 재산을 말한다.
예 화재보험에서 화폐나 문서, 금괴나 원고 등은 보상에서 제외된다.

① **면책손인(excluded perils)** : 보험자가 피보험자에게 특정 손인으로 인한 손해가 있으면 보상하지 않는다고 약정한 위험을 말한다.
③ **면책손실(excluded losses)** : 보험계약에서 보상하지 않는 특정 손실을 말한다.
④ **면책지역(excluded locations)** : 보험계약은 보상에 있어서 지리적 또는 장소적 제한을 둔다. 장소에 따라 손실빈도나 규모에 많은 차이가 있기 때문이다.

정답 55 ② 56 ④ 57 ④ 58 ②

59 사고발생의 우연성이 결여되었기 때문에 보상에서 제외되는 손실(excluded losses)이 있다. 다음 중 이에 해당하지 않는 것은? 기출 24

① 소모 및 마모
② 고유성질로 인한 손해
③ 운송물품에 생긴 흠집
④ 자연발화

| 해설 |

보험목적물의 소모 및 마모로 인한 손해, 고유의 하자 또는 성질로 인한 손해, 자연발화로 생긴 손해 등은 우연히 발생하는 손실이 아니라, 사용함에 따라 반드시 발생하는 유형의 손실이다. 이러한 손해들은 보험사고의 우연성을 인정하기 어렵고, 목적물 자체에 위험성이 내포되어 이미 객관적으로 위험의 발생이 확정되어 있기 때문이다.
운송물품에 생긴 흠집은 운송보험에서 보상하지 않는 대물배상담보 면책조항이다. 이러한 유형의 손실이 보상될 경우 계약자나 피보험자의 부주의를 야기시키고, 또 불필요하게 클레임 건수를 증가시킬 수 있기 때문에 면책으로 규정하고 있다.

60 보험증권의 일반적인 법적 성격으로 적절하지 않은 것은? 기출 22

① 면책증권성
② 임의증권성
③ 요식증권성
④ 증거증권성

| 해설 |

보험증권의 법적 성격

- **면책증거성** : 보험증권은 보험자가 보험금 또는 기타의 급여를 함에 있어서 증권을 제시하는 자의 자격을 조사할 권리는 있어도 의무는 없는 면책증권이다.
- **유가증권성** : 보험증권은 기명식에 한하지 않고 지시식 또는 무기명식으로 발행할 수 있다.
- **요식증권성** : 보험증권은 일정한 사항을 기재(상법 제666조)하고 보험자가 기명날인 또는 서명하는 요식성을 가진다.
- **증거증권성** : 보험증권은 보험계약의 성립과 내용을 증명하기 위하여 보험자가 발행하는 증거증권이다.

61 다음에서 설명하는 보험증권의 법적 성격은? 기출 17

보험자는 보험금 등의 급여를 지급함에 있어 보험증권 제시자의 자격 유무를 조사할 권리는 있으나 의무는 없다. 그 결과 보험자는 보험증권을 제시한 사람에 대해 악의 또는 중대한 과실이 없이 보험금 등을 지급한 때에는 증권제시자가 권리자가 아니라 하더라도 그 책임을 부담하지 않는다.

① 유가증권성
② 상환증권성
③ 증거증권성
④ 면책증권성

해설

보험증권은 보험자가 보험금 또는 기타의 급여를 함에 있어서 증권을 제시하는 자의 자격을 조사할 권리는 있어도 의무는 없는 면책증권이다.
① 보험증권은 기명식에 한하지 않고 지시식 또는 무기명식으로 발행할 수 있다(**유가증권성**).
② 실무적으로 보험자는 보험증권과 상환으로 보험금을 지급한다(**상환증권성**).
③ 보험증권은 보험계약의 성립과 내용을 증명하기 위하여 보험자가 발행하는 증거증권이다(**증거증권성**).

62 아래 설명에서 (　　) 안에 들어갈 보험 관련자를 순서대로 바르게 나열한 것은? 기출 24

• 손해액의 산정에 관한 비용은 (　　)의 부담으로 한다.
• 보험증권을 멸실 또는 현저하게 훼손한 때는 보험계약자는 보험자에 대하여 증권의 재교부를 청구할 수 있다 그 증권 작성의 비용은 (　　)의 부담으로 한다.

① 보험자, 보험계약자
② 보험계약자, 보험자
③ 피보험자, 보험계약자
④ 보험자, 보험수익자

해설

• 손해액의 산정에 관한 비용은 (**보험자**)의 부담으로 한다(상법 제676조 제2항).
• 보험증권을 멸실 또는 현저하게 훼손한 때는 보험계약자는 보험자에 대하여 증권의 재교부를 청구할 수 있다. 그 증권 작성의 비용은 (**보험계약자**)의 부담으로 한다(상법 제642조).

정답 59 ③ 60 ② 61 ④ 62 ①

63 보험가액의 평가방법에 대한 설명으로 옳지 않은 것은?

① 기평가보험에서는 손해액을 초과하는 이익이 발생할 수 없다.
② 기평가보험에서도 협정보험가액이 사고발생시의 가액을 현저하게 초과할 때에는 사고발생시의 가액을 보험가액으로 한다.
③ 미평가보험의 경우에 보험가액은 사고발생시의 가액을 보험가액으로 한다.
④ 미평가보험의 경우 보험증권에 보험가액을 기재하지 않는다.

해설

기평가보험은 협정보험가액을 기준으로 하여 손해액을 산정하기 때문에 현저하지 않은 초과분에 대해서는 이익이 발생할 수도 있다.

64 다음 중 초과보험에 대한 설명으로 옳지 않은 것은?

① 초과보험이 반드시 의도적으로 발생하는 것은 아니며, 의도치 않게 발생할 수도 있다.
② 사기적 초과보험의 경우 사고발생 시점을 기준으로 판단한다.
③ 초과보험에 해당하려면 보험금액이 보험가액을 현저하게 초과하여야 한다.
④ 초과보험계약이 보험계약자의 사기로 인하여 체결된 때에는 그 계약은 무효로 한다.

해설

사기적 초과보험의 경우 보험계약 시점을 기준으로 판단하고 물가하락 등의 사유로 인한 초과보험의 경우에는 사고발생 시점을 기준으로 판단한다.

65 다음 중 중복보험의 요건으로 옳지 않은 것은? 기출 19

① 피보험이익이 서로 달라야 한다.
② 보험기간이 중복되어야 한다.
③ 보험금액의 합이 보험가액을 초과하여야 한다.
④ 동일한 목적물이어야 한다.

해설

보험계약자가 동일한 보험목적물 및 동일한 피보험이익에 대하여 다수의 보험회사와 보험계약을 체결하여 그 보험가입금액의 합이 보험가액을 초과하는 경우를 중복보험이라 한다. 즉 동일한 보험목적이라도 피보험이익이 다르면 중복보험 문제는 발생하지 않는다.

66 다음 중 일부보험에 대한 설명으로 옳지 않은 것은?

① 일부보험은 보험가액이 보험금액보다 작은 경우를 말한다.
② 일부보험은 도덕적 위험이 비교적 적은 편이다.
③ 일부보험의 판단시기는 보험사고발생 시점이다.
④ 일부보험에서의 비례보상약관은 전부보험 가입자와의 형평성을 유지하기 위해 존재한다.

| 해설 |

일부보험은 보험가액의 일부를 보험에 붙인 경우로서 보험금액이 보험가액보다 작은 경우를 말한다. 일부보험의 경우 보험회사는 보험가액에 대한 보험(가입)금액의 비율에 따라 보상(비례보상)한다.

67 다음 중 일부보험(partial insurance)의 유형으로 옳지 않은 것은?

① 공동보험(coinsurance)
② 제외손인(excluded peril)
③ 보험공제(insurance deductible)
④ 책임상한(amount limit)

| 해설 |

일부보험은 보험가액의 일부만을 부보(附保)하여 보험금액이 보험가액에 미달되는 보험을 말한다.

② 제외손인은 특정 손인에 대해 아예 보상책임을 면하는 보험으로, 보상책임 자체를 부정하기 때문에 손해의 일부를 부보하는 일부보험에 해당하지 않는다.
① 공동보험은 복수의 손해보험회사가 동일의 피보험이익에 대해서 공동으로 위험부담책임을 인수하는 것을 말한다. 이 경우 각 보험회사는 각각의 인수비율에 따라서 권리를 가지고 의무를 지는 것이며, 연대책임은 존재하지 않는다.
③ 보험공제는 사고가 발생한 경우 손해액의 일정부분을 피보험자가 부담하는 것을 말한다.
④ 책임상한, 즉 보상한도액은 그 한도액을 초과하는 손해에 대해서는 보상하지 않는 보험으로 손해의 일부에 대한 보상이 이루어지는 유형이다.

68 다음 중 보험기간에 대한 설명으로 올바르지 않은 것은? 기출 25

① 보험자의 책임이 시작되어 종료되는 기간을 말한다.
② 보험계약 성립일로부터 시작한다.
③ 보험기간과 보험료납입기간은 다를 수 있다.
④ 연・월・일・시 등 시간으로 정해지지 않을 수 있다.

| 해설 |

보험기간은 보험사고발생에 대한 시간적 제한을 의미한다. 보험자의 책임이 시작되어 끝날 때까지의 기간으로 당사자간에 다른 약정이 없으면 최초의 보험료의 지급을 받은 때로부터 개시한다(상법 제656조).

정답 63 ① 64 ② 65 ① 66 ① 67 ② 68 ②

69 다음 중 보험계약기간을 바르게 설명한 것은?

① 보험회사의 책임이 시작되어 종료될 때까지의 기간을 말한다.
② 보험회사의 승낙으로 보험계약이 성립해서 소멸할 때까지의 기간을 말한다.
③ 보험기간이 보험계약기간보다 긴 보험을 예정보험이라 한다.
④ 보험계약기간은 보험기간과 반드시 일치한다.

| 해설 |

보험계약기간은 보험계약이 성립해서 소멸할 때까지의 기간으로 성립시기는 통상 보험회사의 승낙이 있는 시점이다.
① 보험기간에 대한 설명이다.
③ 보험기간이 보험계약기간보다 긴 보험을 소급보험, 보험기간보다 보험계약기간이 긴 보험을 예정보험이라 한다.
④ 보험회사의 승낙으로 보험계약이 성립(보험계약기간)했다 하더라도 최초 보험료를 납입하지 않았다면 보험회사의 책임이 개시(보험기간)되지 않는다. 따라서 보험계약기간과 보험기간은 반드시 일치한다고 볼 수 없다.

70 다음 중 보험료불가분의 원칙과 가장 밀접한 관련이 있는 개념은? 기출 17

① 보험계약기간
② 보험기간
③ 보험책임기간
④ 보험료기간

| 해설 |

보험료기간
보험료기간은 보험자가 위험을 산정하여 그 크기, 곧 사고발생률 내지 평균손해율에 따라 보험료를 산출하는 데 표준이 되는 기간으로 위험의 단위기간이다. 보험료기간은 통상 1년을 기준으로 한다. 보험료기간은 보험료산출의 기본 단위기간이므로 이 기간의 보험료는 원칙적으로 나눌 수 없다는 보험료불가분의 원칙이 적용된다. 그러나 실무에서는 보험계약자의 편의 등을 고려하여 단기요율이나 보험료의 일할계산 등을 적용하고 있다.

71 다음 중 보험기간과 보험계약기간 그리고 보험료기간에 대한 설명으로 옳지 않은 것은?

① 보험계약기간은 보험계약이 유효하게 존속하는 기간을 말한다.
② 계약 성립 후 최초보험료를 지급하는 경우 보험계약기간이 보험기간보다 더 짧다.
③ 보험료기간은 위험의 단위기간이라고 할 수 있다.
④ 보험료기간은 통상 1년을 기준으로 한다.

해설

계약 성립 후 최초보험료를 지급하게 되면 보험계약기간이 보험기간보다 더 길어지게 된다. 보험계약기간이 보험기간보다 더 짧은 경우로는 소급보험, 승낙전 보호제도 등이 있다.

72 다음 중 소급보험과 승낙전 보호제도에 대한 설명으로 옳지 않은 것은? 기출 17

① 양자 모두 보험계약이 성립하기 전 일정 시점부터 보험자의 책임이 개시된다.
② 소급보험은 당사자의 합의에 의하여 효력이 발생하나, 승낙전 보호제도는 당사자의 합의에 관계없이 법률규정에 의하여 보호된다.
③ 소급보험은 보험계약이 성립되어야 적용되나, 승낙전 보호제도는 보험계약이 성립되기 전 단계에서 적용되는 제도이다.
④ 소급보험에서는 청약일 이후에야 보험자의 책임이 개시되나, 승낙전 보호제도에서는 보험자의 책임이 청약일 이전에 개시된다.

해설

소급보험은 당사자의 합의에 의하여 보험계약 체결 전의 어느 시점부터 보험자가 책임을 지는 보험이고, 승낙전 보호제도는 청약과 함께 보험료의 전부 또는 일부가 납입된 경우 보험자가 승낙 전에 발생하는 사고에 대해서 청약을 거절할 사유가 없는 한 보험자가 책임을 지는 제도이다. 즉 소급보험에서 소급되는 책임개시의 기간은 당사자간에 약정한 기간이어서 청약일 이전일 수 있지만, 승낙전 보호제도는 청약일 이전으로 소급되지 않는다.

73 다음 중 위험담보방식에 대한 설명으로 옳지 않은 것은?

① 열거위험담보방식은 포괄책임주의방식보다 위험이 누락할 가능성이 크다.
② 포괄위험담보방식은 불필요한 위험이 중복 가입될 가능성이 있다.
③ 열거책임방식이 포괄위험담보방식에 비하여 보험료가 고율이 된다.
④ 열거위험담보방식에서는 약관에 기재되지 않은 위험에 대해서는 보험자가 책임을 부담하지 않는다.

해설

포괄위험담보방식은 보험자나 보험계약자가 예측할 수 없는 위험까지 담보하기 때문에 열거책임방식에 비하여 보험료가 고율이 된다.

정답 69 ② 70 ④ 71 ② 72 ④ 73 ③

74 **다음 중 열거위험담보방식에 대한 설명으로 옳지 않은 것은?**

① 열거위험담보방식은 포괄책임방식보다 보험료의 부담이 적다.

② 열거위험담보방식은 담보위험과 비담보위험이 경합하여 발생한 경우 분쟁이 발생하기 쉽다.

③ 열거위험담보방식의 보상범위가 포괄위험담보방식의 보상범위보다 좁다.

④ 보험에 대한 지식이 부족한 일반가정에서는 열거책임주의 방식을 선호한다.

해설

포괄책임주의는 보험료가 다소 비싸더라도 보험보호의 범위가 넓다는 측면, 입증책임에 있어서 유리하다는 이유 등으로 인해 보험에 대한 전문지식이 부족한 가계보험에서 선호하며, 보험에 대한 전문지식을 갖춘 기업의 경우에는 열거책임주의 방식을 선호하게 된다.

75 **다음 중 열거위험담보계약(named-perils policy)과 포괄위험담보계약(all-risks policy)에 대한 설명으로 옳지 않은 것은?** 기출 19

① 포괄위험담보계약은 면책위험을 제외한 모든 위험으로 인한 손해를 보상한다.

② 열거위험담보계약은 피보험자가 열거위험으로 인한 손해가 발생하였다는 사실을 입증해야 된다.

③ 포괄위험담보계약에서는 다른 보험계약에서 담보된 위험이 중복 가입될 가능성이 있다.

④ 열거위험담보계약이 포괄위험담보계약보다 일반적으로 담보범위가 넓다.

해설

포괄위험담보계약은 면책위험을 제외한 모든 위험으로 인한 손해를 보상하고, 열거위험담보계약은 필요한 위험만을 선택하여 가입할 수 있기 때문에 일반적으로 포괄위험담보계약이 열거위험담보계약보다 담보범위가 넓고 보험료가 비싸다.

76 **열거위험담보계약(named-perils policy)과 포괄위험담보계약(all-risks policy)에 대한 다음 설명 중 옳지 않은 것은?** 기출 17

① 열거위험담보계약에서는 필요한 위험만을 선택하여 가입할 수 있다.

② 열거위험담보계약에서 보험자로부터 손해보상을 받기 위해서 피보험자는 손해의 발생사실만을 입증하면 된다.

③ 포괄위험담보계약에서는 다른 보험계약에서 담보된 위험이 중복 가입될 가능성이 있다.

④ 포괄위험담보계약이 열거위험담보계약보다 일반적으로 담보범위가 넓고 보험료가 비싸다.

| 해설 |

열거위험담보방식에서는 피보험자에게 손해원인이 되는 위험이 담보위험임을 입증할 책임이 부여된다. 따라서 보험기간 중에 담보위험으로 인한 보험사고로 담보손해가 발생하였음을 피보험자가 입증하여야 한다. 즉 열거위험담보방식은 열거한 위험으로 인한 손해에 대하여 보상한다고 약속한 것이므로 보험자로부터 손해보상을 받기 위해서는 피보험자가 열거위험으로 인하여 손해가 발생하였다는 것을 입증하여야 한다.
포괄위험담보방식에서 피보험자는 손해의 발생사실만을 입증하면 되고, 면책을 주장하기 위해서는 보험자가 그 손해가 열거된 면책손해 또는 면책위험으로 인한 손해라는 사실을 입증해야 한다. 즉 포괄위험담보방식은 면책으로 인한 사고를 제외하고는 보험의 목적에 손해가 발생하면 그 원인이 무엇이든 관계없이 보상하기 때문에 피보험자는 보험의 목적에 담보손해가 발생하였다는 것만 입증하면 족하고 보험금 지급을 거절하려면 보험자가 면책위험과 사고와의 인과관계가 있음을 입증하여야 한다.

77 담보범위와 관련된 설명으로 가장 적절하지 못한 것은? 기출 15

① 화재보험에서 폭발, 지진 등을 보장하는 것은 담보범위를 확대한 사례이다.
② 화재보험에서 기업휴지손해담보 특별약관은 담보범위를 확대한 사례이다.
③ 포괄책임주의에서는 면책위험을 추가함으로써 담보범위를 확대할 수 있다.
④ 열거책임주의에서는 담보위험을 축소함으로써 담보범위를 축소할 수 있다.

| 해설 |

포괄책임주의에서는 면책으로 인한 사고를 제외하고는 보험의 목적에 손해가 발생하면 그 원인이 무엇이든 관계없이 보상한다. 피보험자는 보험의 목적에 담보손해가 발생하였다는 것만 입증하면 족하고 보험자가 보험금 지급을 거절하려면 면책위험과 사고와의 인과관계가 있음을 입증하여야 한다. 따라서 면책위험을 추가하게 되면 결과적으로 담보범위가 축소된다고 할 수 있다.

78 다음은 보험자의 보상책임 유무를 결정함에 있어서 손인(peril)과 손해(loss)와의 관계, 즉 인과관계(causation)를 규명하는 원칙들 가운데 하나이다. 이 입장에 해당하는 인과관계에 대한 학설은? 기출 16

일정한 사실이 어떤 결과를 발생하게 한 조건을 구성하는 경우, 실제 발생한 특정한 경우뿐만 아니라 일상경험에서 판단하여 다른 일반적인 경우에도 동일한 결과를 발생시킬 것으로 인정되는 조건을 적당조건으로 간주하여, 그 적당조건만을 결과의 원인으로 한다는 주장

① 근인설
② 상당인과관계설
③ 개연설
④ 최유력조건설

정답 74 ④ 75 ④ 76 ② 77 ③ 78 ②

| 해설 |

상당인과관계설은 여러 가지 조건들 중에서 일반적 경험법칙에 비추어 볼 때, 동일한 결과를 발생시키는 것이 상당하다고 판단되는 조건을 근인으로 보는 설이다.

① 근인설은 담보손해를 일으킨 상당한 인과관계가 있는 위험이 다수 존재하고 그 위험이 연속된 결과로 손해가 발생한 경우, 근인에 해당하는 위험만을 보험사고의 원인으로 파악해야 한다는 설이다.

③ 개연설은 어느 조건이 그것을 생기게 한 같은 결과를 객관적 또는 일반적으로 볼 때 불가피하다거나 개연성이 있다고 판단될 때, 이를 결과의 근인으로 보는 설이다.

④ 최유력조건설은 다수의 조건 중 결과 발생의 효과면에서 가장 근접한 조건을 손해발생의 근인으로 파악하려는 설이다.

79 다음 중 보험자가 입증책임을 부담하는 것은? 기출 21

① 고지의무위반과 사고 사이의 인과관계 부존재

② 위험변경통지의무의 위반요건

③ 열거위험담보계약에서 손해와 열거위험 사이의 인과관계

④ 보험자의 책임제한에 대한 항변사유

| 해설 |

위험변경통지의무란 보험기간 중에 보험계약자 또는 피보험자가 사고발생의 위험이 현저하게 변경 또는 증가된 사실을 안 때에는 지체 없이 보험자에게 통지하여야 한다(상법 제652조 제1항). 이 의무위반의 요건은 위험의 현저한 변경·증가의 존재, 위험증가사실에 대한 인지, 위험증가사실에 대한 불통지가 있어야 한다. 이러한 의무위반 요건의 존재에 대한 입증책임은 보험자에게 있다. 보험자는 위험의 현저한 증가가 있었다는 객관적인 사실을 입증하고 보험계약을 해지할 수 있다.

① 고지의무에 위반한 사실 또는 위험의 현저한 변경이나 증가된 사실과 보험사고발생과의 사이에 인과관계가 부존재한다는 점에 관한 주장·입증책임은 보험계약자 측에 있다(대법원 1997.9.5., 선고, 95다25268, 판결).

③ 열거위험담보계약이란 보험계약상 약관이나 증권에 담보하기로 명시한 위험에 대해서만 보험자가 담보하는 계약이다(예 자동차보험의 자기차량손해에서 충돌, 접촉, 추락, 전복, 화재, 낙래물, 비래물 등에 의한 자기차량손실). 이러한 손해와 열거위험 사이의 인과관계에 대한 입증책임은 보험계약자 측에 있다. 즉 보험계약자나 피보험자는 열거위험과 사고, 사고와 손해 사이에 인과관계가 있음을 입증하여야 하고, 보험자는 담보위험 보험사고가 아니라는 면책위험으로 발생하였다는 것을 입증하여야 한다.

④ 보험자의 책임제한이란 배상책임보험에서 피해자의 과실이 없더라도 손해의 공평·타당한 분담이라는 손해배상법의 이념을 실천하기 위해 법원이 불법행위로 피해자가 입은 손해 일부를 감액해 배상하도록 하는 것을 말한다(예 과실상계, 손익상계, 기왕증 상계). 이러한 보험자의 책임제한에 대한 항변사유에 대한 입증책임은 피해자에 있다.

80 다음 중 보험사고발생시 권리관계의 존부를 판단함에 있어서 보험자가 입증할 내용으로 적절하지 않은 것은? 기출 19

① 보험사고 및 사고로 인한 손해발생 사실
② 사기에 의한 초과, 중복보험 해당 여부
③ 고지의무 및 통지의무 위반 사실
④ 피보험자의 의무위반으로 인하여 증가된 손해

| 해설 |

보험사고 및 사고로 인한 손해발생 사실은 '피보험자'가 입증하여야 한다.

81 다음 중 보험자가 입증책임을 부담하는 것을 모두 고른 것은? 기출 22

ⓐ 위험변경・증가 통지의무위반
ⓑ 고지의무위반
ⓒ 열거위험담보방식에서의 인과관계 입증
ⓓ 보험사기

① ⓐ, ⓑ, ⓒ
② ⓐ, ⓑ, ⓓ
③ ⓐ, ⓒ, ⓓ
④ ⓑ, ⓒ, ⓓ

| 해설 |

ⓐ 위험변경・증가 통지의무위반 요건의 존재에 대한 입증책임은 보험자에게 있다. 보험자는 위험의 현저한 증가가 있었다는 객관적인 사실을 입증하고 보험계약을 해지할 수 있다.
ⓑ 상법 제651조에서 규정하고 있는 모든 고지의무위반에 대한 입증책임은 보험자에게 있다.
ⓒ 열거위험담보방식에서의 인과관계에 대한 입증책임은 보험계약자 측에 있다. 즉 보험계약자나 피보험자는 열거위험과 사고, 사고와 손해 사이에 인과관계가 있음을 입증하여야 하고, 보험자는 담보위험 보험사고가 아니라는 면책위험으로 발생하였다는 것을 입증하여야 한다.
ⓓ 판례는 "보험계약자가 다수의 보험계약을 통해 보험금을 부정하게 취득할 목적으로 보험계약을 체결했다면 이는 다수의 선량한 보험가입자의 희생을 초래해 보험제도의 근간을 해치는 것이기 때문에 선량한 풍속 기타 사회질서에 반해 무효"라고 전제하면서도 "다만, 이같은 보험계약자의 부정한 목적을 입증해야 할 책임은 보험회사에 있다"고 하였다.

정답 79 ② 80 ① 81 ②

82 다음 중 장래에 대해서 보험계약의 효력을 소멸시키는 효과가 있는 것은? 기출 24

① 계약의 해제
② 계약의 취소
③ 계약의 해지
④ 계약의 무효

| 해설 |

계약의 해지

보험계약에서 장래에 대해서 계약의 효력을 소멸시킬 필요성이 발생하게 되는데 이런 경우 당사자의 의사표시를 '해지'라고 한다. 즉 보험계약을 계속해서 유지할 수 없는 사건이 발생할 경우 보험계약자나 보험회사는 보험계약을 해지할 수 있는데 이럴 경우 지금까지 진행되어 왔던 보험계약을 유효하지만 장래의 남은 기간에 대한 계약은 그 효력을 잃게 된다.

① **계약의 해제** : 계약의 해제는 일단 유효하게 성립한 계약을 소급하여 소멸시키는 일방적인 의사표시를 말한다. 계약의 해제의 효과는 계약의 해지와는 다르게 처음부터 그 계약을 하지 않은 상태 또는 계약이 존재하지 않은 상태로 돌아가게 된다.

② **계약의 취소** : 일단 성립한 계약에 법률이 정한 취소의 원인이 존재하여 취소권자의 의사표시에 의하여 계약이 처음부터 없었던 것으로 되는 것을 말한다. 계약이 취소된 경우에는 계약의 무효와 같이 계약이 처음부터 없었던 것으로 간주된다.

④ **계약의 무효** : 일단 계약이 성립한 것처럼 보이지만 무효로 정한 사유가 존재하여 계약이 효력을 발생하지 않는 경우를 말한다. 따라서 계약은 처음부터 법적인 효력이 없으며, 당사자간은 물론 원칙적으로 누구에게나 무효인 것이다.

83 다음 중 보험자에 의한 보험계약의 해지사유에 해당하지 않는 것은? 기출 15

① 계속보험료 미납
② 손해방지의무위반
③ 고지의무위반
④ 위험변경・증가 통지의무위반

| 해설 |

손해방지의무는 보험계약자나 피보험자의 의무(상법 제680조 제1항)에 해당하며, 상법상에는 손해방지의무 위반의 효과에 대한 명문규정이 없다.

TIP 보험자에 의한 보험계약의 해지사유

- **계속보험료의 연체로 인한 해지** : 계속보험료가 약정한 시기에 지급되지 아니한 때에는 보험자는 상당한 기간을 정하여 보험계약자에게 최고하고, 그 기간 내에 지급되지 아니한 때에는 그 계약을 해지할 수 있다(상법 제650조 제2항).
- **위험변경 · 증가에 대한 통지의무위반으로 인한 해지** : 보험기간 중에 보험계약자 또는 피보험자가 사고발생의 위험이 현저하게 변경 또는 증가된 사실을 안 때에는 지체 없이 보험자에게 통지하여야 한다. 이를 해태한 때에는 보험자는 그 사실을 안 날로부터 1월 내에 한하여 계약을 해지할 수 있다(상법 제652조 제1항).
- **고의나 중과실로 위험변경 · 증가된 경우의 해지** : 보험기간 중에 보험계약자, 피보험자 또는 보험수익자의 고의 또는 중대한 과실로 인하여 사고발생의 위험이 현저하게 변경 또는 증가된 때에는 보험자는 그 사실을 안 날부터 1월 내에 보험료의 증액을 청구하거나 계약을 해지할 수 있다(상법 제653조).
- **고지의무위반으로 인한 계약해지** : 보험계약 당시에 보험계약자 또는 피보험자가 고의 또는 중대한 과실로 인하여 중요한 사항을 고지하지 아니하거나 부실의 고지를 한 때에는 보험자는 그 사실을 안 날로부터 1월 내에, 계약을 체결한 날로부터 3년 내에 한하여 계약을 해지할 수 있다. 그러나 보험자가 계약 당시에 그 사실을 알았거나 중대한 과실로 인하여 알지 못한 때에는 그러하지 아니하다(상법 제651조).

84 다음 중 보험계약의 해지에 대한 설명으로 옳지 않은 것은?

① 보험자가 파산의 선고를 받은 후 보험계약자가 보험계약을 해지하지 아니하면 그 계약은 파산선고 후 3개월이 경과한 때 그 효력을 잃는다.

② 중요한 사항의 고지의무를 위반하였을 때에는 보험자는 그 사실을 안 날로부터 3월 내에, 계약을 체결한 날로부터 1년 내에 한하여 계약을 해지할 수 있다.

③ 위험변경증가의 통지의무를 해태한 때에는 보험자는 그 사실을 안 날로부터 1개월 내에 한하여 계약을 해지할 수 있다.

④ 보험계약자 등의 고의나 중과실로 인한 위험이 증가된 때에는 보험자는 그 사실을 안 날로부터 1월 내에 한하여 보험료의 증액을 청구하거나 계약을 해지할 수 있다.

| 해설 |

보험계약 당시에 보험계약자 또는 피보험자가 고의 또는 중대한 과실로 인하여 중요한 사항을 고지하지 아니하거나 부실의 고지를 한 때, 즉 고지의무를 위반하였을 때에는 보험자는 그 사실을 안 날로부터 1월 내에, 계약을 체결한 날로부터 3년 내에 한하여 계약을 해지할 수 있다. 그러나 보험자가 계약 당시에 고지의무위반 사실을 알았거나 중대한 과실로 알지 못한 때에는 보험계약을 해지할 수 없다.

정답 82 ③ 83 ② 84 ②

85 보험계약의 무효사유에 해당하지 않는 것은? 기출 18

① 사기로 인한 초과보험
② 보험계약자의 중대한 과실로 중요한 사항을 고지하지 아니한 경우
③ 심신상실자의 사망을 보험사고로 하는 보험계약
④ 타인의 서면동의 없이 그 타인의 사망을 보험사고로 하는 보험계약

해설

보험계약 당시에 보험계약자 또는 피보험자가 고의 또는 중대한 과실로 인하여 중요한 사항을 고지하지 아니하거나 부실의 고지를 한 때에는 보험자는 그 사실을 안 날로부터 1월 내에, 계약을 체결한 날로부터 3년 내에 한하여 계약을 해지할 수 있다(상법 제651조).
① 사기적인 초과·중복보험을 무효로 하고 있다(상법 제669조 제4항, 제672조 제3항).
③ 15세 미만자, 심신상실자, 심신박약자의 사망보험계약도 무효로 하고 있다(상법 제732조).
④ 타인의 사망을 보험사고로 하는 보험계약에서는 피보험자의 서면에 의한 동의를 얻지 못하면 무효가 된다는 명문 규정은 없으나, 동의를 얻지 못한 보험계약은 효력이 발생되지 않으므로 당연히 무효로 해석함이 타당하다(상법 제731조).

86 다음 중 보험자의 보상책임이 면제되는 경우에 해당되지 않는 것은?

① 보험목적물의 고유하자
② 상해보험에서 피보험자의 중과실
③ 화재보험에서 피보험자의 고의
④ 보험목적물의 자연소모

해설

상해보험의 경우 보험사고가 보험계약자, 피보험자 또는 보험수익자의 고의로 인한 경우만 면책으로 하고, 중대한 과실로 인하여 생긴 때에는 보험자의 보상책임을 인정하고 있다(상법 제732조의2). 즉 상해보험에서 중과실에 해당하는 음주운전, 무면허운전을 면책할 수 없다는 것이 대법원 판례의 입장이다.
③ 보험사고가 보험계약자 또는 피보험자나 보험수익자의 고의 또는 중대한 과실로 인하여 생긴 때에는 보험자는 보험금액을 지급할 책임이 없다(상법 제659조).
①·④ 보험목적의 성질, 하자 또는 자연소모로 인한 손해는 보험자가 이를 보상할 책임이 없다(상법 제678조).

87 다음 중 건강보험에서 기왕증(pre – existing conditions)을 면책하는 이유에 해당하는 것은?

기출 21

① 역선택 방지
② 도덕적 위태 감소
③ 보험료 절감
④ 정신적 위태 감소

| 해설 |

기왕증(pre – existing conditions)이란 현재까지 걸렸던 질병이나 외상, 진찰받은 병력을 말한다. 이전에 병에 걸린 사람은 다른 사람보다 병에 걸릴 위험이 높기 때문에 역선택 방지 차원에서 대부분의 건강보험은 기왕증에 대해 면책조항을 포함하고 있다.

88 프로스포츠선수 A는 부상을 당하지 않는 조건으로 연봉 75만 달러를 받지만 부상을 당하면 연봉은 없다. 이 선수의 연간 부상 확률은 0.1이다. A의 보유자산은 25만 달러이고 효용함수는 $U(w) = \sqrt{w}$ (w는 자산을 의미함)이다.
부상을 입었을 때 75만 달러의 보험금이 지급되는 보험에 가입하기 위해서 A가 지급할 수 있는 최대 한도의 보험료는 얼마인가? 기출 21

① 75,000 달러
② 75,500 달러
③ 97,000 달러
④ 97,500 달러

| 해설 |

기대효용 $E(U) = (\sqrt{750,000+250,000} \times 0.9) + (\sqrt{0+250,000} \times 0.1) = 950$ 달러
기대효용을 얻을 수 있는 재산 $w = U(w)^2 = 950^2$ 달러 = 902,500 달러
∴ 최대 한도의 보험료 = 1,000,000 달러 – 902,500 달러 = 97,500 달러

정답 85 ② 86 ② 87 ① 88 ④

89 다음은 상법 제653조의 내용이다. 밑줄 친 내용과 가장 가까운 개념은? 기출 18

> 보험기간 중에 보험계약자, 피보험자 또는 보험수익자의 고의 또는 중대한 과실로 인하여 사고발생의 위험이 현저하게 변경 또는 증가된 때에는 보험자는 그 사실을 안 날부터 1월내에 보험료의 증액을 청구하거나 계약을 해지할 수 있다.

① 위태(hazard)
② 손인(peril)
③ 손실(loss)
④ 불확실성(uncertainty)

해설

위태(hazard)는 특정 사고로부터 발생될 수 있는 손해 가능성을 새로이 만들거나 증가시키는 상태를 말한다.
② 손인(peril)은 손해의 직접적인 원인이 되는 것을 말한다. 예를 들어 화재로 인해 건물이 손상 또는 멸실되었다면, 건물의 손상 또는 멸실은 손해이고, 이러한 손해의 원인(손인)은 화재라고 할 수 있다.
③ 손실(loss)은 우연한 사고로 인하여 예기치 않게 경제적 가치가 없어지거나 감소하는 것을 말한다.
④ 불확실성(uncertainty)은 미래에 발생할 상황에 대한 주관적 확률분포로, 리스크(risk)와 거의 같은 개념으로 사용된다.

90 다음 중 위태(hazard)와 거리가 가장 먼 것은? 기출 24

① 어두운 계단
② 노후화된 전선
③ 소각장내 인화물질 보관
④ 환경오염

해설

위태(hazard)란 일반적으로 손실의 발생가능성이나 손실의 규모(심도)를 증가시키는 조건이라고 정의할 수 있다.
① **어두운 계단** : 부상 가능성의 증가(물리적 위태)
② **노후화된 전선** : 화재발생 가능성의 증가(물리적 위태)
③ **소각장내 인화물질 보관** : 화재발생 가능성 및 화재규모의 증가(물리적 위태)
④ **환경오염** : 인적 손인(peril)에 해당한다. 인적 손인은 인간의 통제하에 있는 손실의 원인이다.

91 다음 중 도덕적 위태(moral hazard)에 해당하지 않는 것은? 기출 24

① 보험금 수취 목적 방화
② 교통사고 유도
③ 건물의 부실 관리
④ 교통사고 상해 과장

| 해설 |

도덕적 위태(moral hazard)란 손실의 발생가능성을 고의적으로 증대시키는 개인적 특성이나 태도를 말한다. ① 보험금 수취 목적 방화, ② 교통사고 유도, ④ 교통사고 상해 과장행위 등이 대표적인 사례이다. ③ 건물의 부실 관리는 손실의 발생가능성을 증대시키는 '물리적 위태'에 해당한다.

92 아래 보기 중 도덕적 위태(moral hazard)를 유발하는 원인을 모두 고른 것은? 기출 20

ⓐ 부정직 ⓑ 무관심 ⓒ 부주의 ⓓ 사기

① ⓐ, ⓑ
② ⓐ, ⓓ
③ ⓑ, ⓒ
④ ⓑ, ⓓ

| 해설 |

도덕적 위태란 보험제도를 부정적으로 악용하거나, 보험금 사기의 목적으로 손실의 발생을 고의적으로 증가시키는 심리상태나 태도를 말한다.
ⓑ 무관심과 ⓒ 부주의는 '정신적 위태'를 유발하는 원인이다.

93 다음 중 도덕적 위태(moral hazard)를 방지할 수 있는 수단으로 적절하지 않은 것은? 기출 19

① 실손보상제도의 운용
② 보험계약자의 해지권 인정
③ 보험 인수요건의 강화
④ 손해사정시의 조사 강화

| 해설 |

도덕적 위태를 방지하기 위해서는 보험사고를 통해 이익을 보려는 보험계약자 또는 피보험자의 비양심적인 위험상태를 제거해야 하므로 보험자의 해지권을 강화해야 한다.

정답 89 ① 90 ④ 91 ③ 92 ② 93 ②

94 다음의 보험 관련 원칙 중 도덕적 위태(moral hazard)를 완화 할 수 있는 원칙과 거리가 먼 것은?

기출 14

① 수지상등의 원칙
② 피보험이익의 원칙
③ 실손보상의 원칙
④ 대위변제의 원칙

| 해설 |

수지상등의 원칙은 보험계약자가 납입하는 보험료 총액과 보험회사가 지급하는 보험금 및 경비의 총액이 같도록 보험료를 책정하는 원칙으로 보험경영상의 중요한 기술에 해당한다.

95 아래 보기 중 도덕적 위태(moral hazard)를 경감 또는 예방할 수 있는 원칙을 모두 고른 것은?

기출 20

ⓐ 수지상등의 원칙	ⓑ 피보험이익의 원칙
ⓒ 대위의 원칙	ⓓ 위험보편의 원칙

① ⓐ, ⓑ
② ⓑ, ⓒ
③ ⓐ, ⓓ
④ ⓒ, ⓓ

| 해설 |

ⓐ **수지상등의 원칙** : 보험계약자가 납입하는 보험료 총액과 보험회사가 지급하는 보험금 및 경비의 총액이 같도록 보험료를 책정하는 원칙으로 보험경영상의 중요한 원칙에 해당한다.

ⓑ **피보험이익의 원칙** : 피보험이익이란 보험목적물에 손해가 발생하였을 때 피보험자가 갖는 경제적 이해관계를 말한다. 상법 제668조에서는 피보험이익을 '보험계약의 목적'이라고 하여 금전적으로 산정할 수 있는 이익으로 한정하고 있다. 피보험이익의 기능은 보험자의 책임범위의 결정하고, 실손보상의 원칙을 실현(도박화, 도덕적 위태의 방지)하는데 있다.

ⓒ **대위의 원칙** : 보험자대위는 "보험자가 보험금을 지급한 후 피보험자 또는 보험계약자가 보험의 목적 또는 제3자에 대하여 가지는 법률상의 권리를 취득하는 것(상법 제681조, 제682조)"을 의미하며, 손해보험에서만 인정한다. 보험자대위를 보험계약에서 인정하는 이유는 손해보험의 이득금지원칙의 적용으로 보험자로부터 보험금을 수령한 피보험자가 다시 잔존물을 취득하거나 제3자로부터 손해배상을 받아 사고로 오히려 이득을 보는 것을 방지함으로써 도덕적 위태를 예방하는데 있다.

ⓓ **위험보편의 원칙** : 선행위험이 면책위험이 아니고, 선행위험이나 후행위험 중 하나만 담보위험이면 이로 인한 손해는 모두 보상한다는 원칙이다.

96 도덕적 위태(moral hazard)를 감소시키기 위해 보험자가 활용하는 방법으로 볼 수 없는 것은?

기출 18

① 보험자와 피보험자의 공동보험(coinsurance)
② 공제(deductible)
③ 엄격한 위험인수(underwriting)
④ 재보험(reinsurance)

해설

재보험은 선박보험이나 대형 화재보험 등 원보험자가 인수한 위험의 크기가 너무 거대한 경우에 그 위험을 분산하기 위한 방법이다. 즉 재보험은 보험회사의 위험을 분산시켜 경영안정성을 도모한다.

TIP 도덕적 위태의 방지대책
- 철저한 언더라이팅(underwriting)
- 공제제도(deductible, 자기부담금제도)
- 공동보험제도(coinsurance)
- 초과·중복보험
- 보험모집 방안의 개선
- 손해사정업무의 철저화
- 역선택의 방지
- 보험범죄방지위원회 활용 및 형사고발 등

97 다음 중 도덕적 위태(moral hazard) 감소 수단을 모두 고른 것은? 기출 22

ⓐ 실손보상원칙의 적용
ⓑ 책임보험의 보상한도 상향
ⓒ 재물보험의 공동보험조항(co-insurance clause) 부보비율 상향
ⓓ 보험공제(deductible) 금액 상향

① ⓐ, ⓒ
② ⓐ, ⓓ
③ ⓑ, ⓒ
④ ⓑ, ⓓ

해설

ⓐ **실손보상원칙의 적용** : 실제 발생한 손해만을 보상해 줌으로써 보험사기행위와 같은 도덕적 위태를 줄일 수 있다.
ⓑ **책임보험의 보상한도 상향** : 피해 보상한도액도 상향되므로 도덕적 위태를 조장할 수 있다.
ⓒ **재물보험의 공동보험조항(co-insurance clause) 부보비율 상향** : 보험계약자의 자기부담은 하향되므로 도덕적 위태를 조장할 수 있다.
ⓓ **보험공제(deductible) 금액 상향** : 손해액의 일정금액까지 보험계약자가 부담하는 공제금액을 상향할수록 도덕적 위태는 감소하게 될 것이다.

정답 94 ① 95 ② 96 ④ 97 ②

98 다음 중 우리나라 고용보험 구직급여 지급일수에 한도가 있는 이유로 가장 타당한 것은?

기출 24

① 역선택 감소
② 초과보상 방지
③ 소득재분배 효과
④ 도덕적 위태 감소

해설

고용보험 구직급여 제도의 허점을 악용하여 이익을 보려는 보험계약자 또는 피보험자의 비양심적인 위험상태는 '도덕적 해이(위태)'와 관련이 있다. 만일 고용보험 구직급여 지급일수에 한도가 없다면 근로자의 근로의욕을 저하시키고, 구직급여 의존도를 높여 구직활동을 저해하는 도덕적 해이(위태)를 유발하게 될 것이다. 따라서 구직급여 지급일수에 한도(구직자의 연령과 보험가입기간에 따라 120일~240일)를 법으로 규정하게 되면 근로자의 도덕적 해이(위태)를 억제하여 어느 정도 감소시킬 수 있을 것이다.

99 보험가입 후 위험관리를 소홀히 한다거나 사고발생 후 적극적으로 손해방지활동을 하지 않는 것은 다음 중 무엇에 해당하는가?

① 실체적 위태(physical hazard)
② 도덕적 위태(moral hazard)
③ 정신적 위태(morale hazard)
④ 법률적 위태(legal hazard)

해설

정신적 위태(morale hazard)는 보험을 가입함으로써 위험을 보험회사에 전가한 후에 손실예방에 무관심하거나 적절한 주의를 기울이지 않는 것을 의미한다.

① 실체적 위태(physical hazard)는 사람이나 물체에 존재하는 육체적 또는 물리적인 성질, 즉 물리적 위태를 의미한다.
② 도덕적 위태(moral hazard)는 보험계약자가 계약 후 고의로 사고를 내고 보험금을 청구하거나 피해액을 부풀려 보험금을 타 가는 비양심적인 위험상태를 의미한다.
④ 법률적 위태(legal hazard)는 법규의 미비나 불확실성으로 인해 발생할 수 있는 위태를 의미한다.

100 **다음 중 정신적 위태(morale hazard)의 예시에 해당하는 것은?**

① 음주운전
② 촛불이 다 타면 저절로 꺼질 것으로 기대하고 외출
③ 도로 위의 빙판
④ 공장 내에 기름걸레가 흩어져 있는 상태

해설

정신적 위태(morale hazard)는 손실에 대한 무관심 또는 부주의한 정신상태로부터 손실발생 가능성을 만들어 내거나 증가시키는 상태를 말한다. 예를 들어 차량의 열쇠를 그대로 놔두고 차량 문을 잠그지 않은 경우나, 침대에서 담배를 피우는 습성, 사무실의 전열기를 켜둔 채 방치하는 경우 등이 있다.
① 도덕적 위태(moral hazard)
③·④ 물리적 위태(physical hazard)

101 **다음 중 빙판길(icy road)이나 땅꺼짐(sinkhole)과 관련된 위태는?** 기출 25

① 정신적 위태(morale hazard)
② 도덕적 위태(moral hazard)
③ 물리적 위태(physical hazard)
④ 법률적 위태(legal hazard)

해설

물리적 위태(physical hazard)는 인간의 행위와는 직접적인 관계없이 손해의 발생가능성을 새로이 만들어 내거나 증가시키는 <u>자연적인 조건</u>을 의미한다. 예 도로상의 빙판길(icy road), 땅꺼짐(sinkhole) 등
① 정신적 위태(morale hazard)란 사고가 발생하더라도 보험자가 그 손해를 보상한다는 마음에 사고예방이나 사고발생 후 손해의 감소활동 등에 대하여 무관심 또는 부주의한 정신적 상태를 말한다.
② 도덕적 위태(moral hazard)란 법이나 제도의 허점을 악용하여 손실의 발생을 고의적으로 증가시키는 심리상태나 태도를 말한다.
④ 법률적 위태(legal hazard)란 법규의 미비나 불확실성으로 인해 발생할 수 있는 위태를 말한다.

정답 98 ④ 99 ③ 100 ② 101 ③

102 다음 중 물리적 위태(physical hazard)를 통제하기 위한 제도로 적절한 것은? 기출 19

① 소손해 면책제도
② 대기기간
③ 위험변경증가 통지의무
④ 고의사고 면책제도

| 해설 |

물리적 위태(physical hazard)는 사고의 발생 가능성을 높게 하거나 손실을 확대시킬 수 있는 실체적 환경 또는 상황을 말한다. 이를 통제하기 위한 제도에는 상법상 고지의무, 위험변경증가 통지의무, 위험유지의무 등이 있다.
①·②·④는 보험을 통해 적극적으로 이익을 취하려는 도덕적 위태(moral hazard)에 대한 통제방법이다.

103 다음 중 보험가능 리스크의 요건에 해당하지 않는 것은? 기출 20

① 손실발생은 우연적이고, 고의적이 아니어야 한다.
② 손실은 한정적이어야 한다.
③ 손실발생확률은 측정가능해야 한다.
④ 손실은 대재해적(catastrophic)이어야 한다.

| 해설 |

손실은 대재해적(catastrophic)이 아니어야 한다. 즉 보험회사가 감당하지 못할 정도로 너무 거대한 손실을 초래하지 않는 리스크(risk)이어야 한다.

104 보험가능한 위험(insurable risk)의 요건과 가장 거리가 먼 것은? 기출 15

① 손실의 발생 시기나 발생 그 자체가 우연적인 것
② 합리적으로 예견할 수 있을 정도로 다수이고 동질적인 것
③ 금전적인 가치로 측정할 수 있는 손실
④ 우연적이며 발생확률이 낮고 손실의 심도가 크지 않은 위험

| 해설 |

확률적으로 측정가능할 정도로 발생확률이 다소 높고, 손실의 심도가 크지 않은 위험이어야 한다.

105 다음 보험가능 리스크 요건 중 전염병 리스크가 충족시키기에 가장 어려운 것은? 기출 24

① 다수의 리스크
② 우연한 손실
③ 한정적 손실
④ 동질적 리스크

| 해설 |

보험가능 리스크의 요건 중 한정적 손실(definite loss)이 요구하는 것은 손실의 원인, 발생시점, 발생장소, 피해의 정도를 분명히 식별하고 측정할 수 있어야 한다는 것이다. 손실의 원인이나 손실의 발생장소나 규모를 판단하기 어려운 상황이면 보험료 계산이 불가능하므로 보험자가 보험을 인수할 수 없다. 예를 들어 지속적으로 번지는 전염병 리스크는 발생장소나 손실의 규모를 확정할 수 없기 때문에 한정적 손실의 요건을 충족시킬 수 없다.

106 다음 보험가능 리스크(insurable risk)의 요건 중 피보험이익의 원칙과 가장 관련이 깊은 것은? 기출 16

① 다수의 동질적 리스크
② 손실의 우연성
③ 확정가능한 손실 규모
④ 측정가능한 손실발생확률

| 해설 |

피보험이익(insurable interest)이란 피보험자 및 보험계약자가 피보험목적물에 대하여 가지는 경제적 이해관계를 말한다. 피보험이익은 계약 체결 당시 손해의 크기를 확정하고 그에 대한 보상을 하기 위해 객관적으로 확정되어 있어야 한다. 이런 원칙과 부합하는 것은 보험가능 리스크의 요건 중 '확정적이고 측정가능한 손실'이다. '확정적이고 측정가능한 손실'은 발생원인, 발생시점, 발생장소, 손실금액이 명확하고 측정가능해야 한다는 것이다.

정답 102 ③ 103 ④ 104 ④ 105 ③ 106 ③

107 보험가능 리스크의 요건 중 한정적 손실(definite loss)이 요구하는 바와 거리가 먼 것은?

기출 21

① 손실의 원인을 식별할 수 있어야 한다.
② 손실발생시점을 판단할 수 있어야 한다.
③ 손실발생장소를 식별할 수 있어야 한다.
④ 발생손실규모가 제한적이어야 한다.

| 해설 |

'발생손실의 규모가 제한적이어야 한다'는 내용은 보험가능 리스크의 요건 중 '비재난적 손해(손실의 규모가 지나치게 크거나 재난적이지 않아야 한다)'와 관련 있다.
보험가능 리스크의 요건 중 한정적 손실(definite loss)이 요구하는 것은 손실의 원인, 발생시점, 발생장소, 피해의 정도를 분명히 식별하고 측정가능해야 한다는 것이다.

108 일반적으로 방사능오염을 제외손인(excluded peril)으로 하고 있는 이유는 보험가능한 위험의 특정 요건이 충족되지 않기 때문이다. 이에 해당하는 위험의 특성으로 적절한 것은?

기출 18

① 위험의 확정성
② 위험의 동질성
③ 위험의 독립성
④ 위험의 우연성

| 해설 |

제외손인(excluded peril)이란 보험자가 피보험자에게 특정 손인으로 인한 손해가 있으면 보상하지 않는다고 약정한 위험을 말한다. 방사능오염은 다수의 동질적 위험(위험의 독립성)에 해당하지 않으므로, 대수의 법칙을 적용하여 손실을 예측하거나 보험료를 계산할 수 없기 때문에 보험가능 대상에서 제외하고 있다.

109 보험가능 리스크(insurance risk)의 요건 중 보험수요자 입장에서 보험이 효율적인 리스크관리 수단이 되기 위한 조건은? 기출 21

① 한정적인 손실
② 손실의 우연성
③ 측정가능한 손실발생확률
④ 심도가 크고 손실발생확률이 낮은 리스크

해설

손실의 빈도(발생확률)는 낮지만 손실의 규모(심도)가 커서 스스로 부담하기 어려운 리스크는 보험 등을 통해 위험을 전가함으로써 리스크를 보다 효과적으로 대응할 수 있다.

110 다음 중 손인(peril)에 해당하는 것은?

① 파손　② 지진
③ 어두운 계단　④ 흡연

해설

손인(peril)은 손해의 직접적인 원인 또는 원천을 의미하며, 자연적 손인, 인적 손인, 경제적 손인 세 가지로 구분할 수 있다.

- **자연적 손인** : 주로 인간의 통제력을 벗어나 자연재해 예 홍수, 지진, 해일, 가뭄, 화재 등
- **인적 손인** : 사람의 실수나 고의적 행위로 인한 손해 예 절도, 사기, 부주의 등
- **경제적 손인** : 인간의 경제적 활동과 관련이 있는 손해 예 파업, 태업과 같은 노동쟁의에 의한 손실, 소비자 기호의 변화, 경제의 침체 등

① 손해(loss), ③·④ 위태(hazard)

111 다음 중 손인(peril)에 해당하지 않는 것은? 기출 24

① 소비자 기호 변화　② 흡연 습관
③ 전쟁　④ 인플레이션

해설

손인(peril)이란 손실의 직접적인 원인이라고 정의할 수 있다.
① 소비자 기호 변화, ④ 인플레이션은 '경제적 손인'에 해당하고, ③ 전쟁은 '인적 손인'에 해당한다.
② '흡연 습관'은 손실발생에 관한 부주의 또는 무관심한 경우로 '정식적 위태'에 해당한다.

정답 107 ④ 108 ③ 109 ④ 110 ② 111 ②

112 개인이 보험을 구입하는 필요조건으로서 개인의 리스크 성향은 무엇인가?

① 리스크 선호형(risk-loving)
② 리스크 회피형(risk-averse)
③ 리스크 중립형(risk-neutral)
④ 리스크 성향과 관계없다.

| 해설 |

리스크에 대한 개인들의 성향은 리스크 회피형, 리스크 중립형, 리스크 선호형 등으로 나눌 수 있다. 리스크 회피 성향을 가진 개인들의 행동패턴은 리스크 상황을 모면하기 위해 현재의 소득 일부를 지불하여, 불확정요소를 최소화하기 위해 노력하게 되는데 이를 위해 '보험상품'을 구입하게 된다. 즉 리스크 회피는 손해가 생길 상황을 아예 만들지 아니하는 선택을 말하며, 리스크 예방에 대한 가장 확실한 방법이다.

113 기대효용가설(expected utility hypothesis) 관점에서 개인의 보험구매의사결정에 관한 설명으로 적절하지 않은 것은? 기출 17

① 위험회피형 개인은 부가보험료가 존재하더라도 보험을 구매할 수 있다.
② 위험중립형 개인은 부가보험료가 존재할 경우 보험을 구매하지 않는다.
③ 위험회피형 개인의 리스크 프리미엄(risk premium)이 부가보험료보다 크면 보험을 구매하지 않는다.
④ 위험선호형 개인은 부가보험료가 없더라도 보험을 구매하지 않는다.

| 해설 |

보험의 가격결정에 있어서 일반적으로 공급자가 부과하려는 부가보험료는 위험회피형 개인이 추가적으로 부담하려는 최대 리스크 프리미엄보다 같거나 작아야 보험거래가 성립된다. 즉 위험회피형 개인의 리스크 프리미엄이 부가보험료보다 커야 보험을 구매하게 된다.

114 다음 중 보험의 대상으로 적합한 위험들만 열거한 것으로 옳은 것은?

① 순수위험, 정적 위험, 특정위험
② 순수위험, 동적 위험, 근본위험
③ 순수위험, 객관적 위험, 근본위험
④ 순수위험, 주관적 위험, 특정위험

| 해설 |

보험의 대상으로 적합한 위험

순수위험	경제적 손실이 있거나 경제적 손실이 없는 상태를 야기하는 위험
정적 위험	사회 경제적 변화와 관계없이 발생하는 위험
특정위험	특정 개인에게 발생하거나 피해를 주는 손실

115 다음 중 위험에 대한 설명으로 옳지 않은 것은?

① 객관적 위험은 기대손실과 실제손실 사이의 상대적 편차를 말한다.
② 주관적 위험은 인간의 개인적 성격이나 태도가 반영되어 나타난 위험을 말한다.
③ 순수위험은 그 결과로서 반드시 손실만이 초래되며, 이익이 발생할 가능성은 없는 위험이다.
④ 투기위험의 결과로서 나타난 특정 경제주체의 손실이 바로 국민경제의 손실로 직결된다.

해설

투기위험은 반드시 사회적 국민경제의 손실로 직결하지는 않으며, 오히려 사회적 이익이 될 수도 있다. 순수위험은 그 결과로서 나타난 특정 경제주체의 손실이 바로 사회적 또는 국민경제의 손실로 직결된다.

116 확률 또는 표준편차와 같은 통계적 방법에 의해 측정이 가능한지의 여부에 따라 분류한 위험의 종류는? 기출 18

① 순수위험(pure risk), 투기적 위험(speculative risk)
② 객관적 위험(objective risk), 주관적 위험(subjective risk)
③ 동태적 위험(dynamic risk), 정태적 위험(static risk)
④ 본원적 위험(fundamental risk), 특정위험(particular risk)

해설

통계측정의 가능 여부에 따라 객관적 위험과 주관적 위험으로 분류한다.

객관적 위험	보통의 사람들이 보편적으로 느끼는 위험이다. 객관적 위험은 대수의 법칙이 적용될 수 있으므로 관찰대상 사건수가 증가하면, 예상되는 사건과 실제사건간의 편차를 줄일 수 있다. 객관적 위험은 통계측정이 가능하여 보험사업자나 기업의 위험관리자에게 매우 유용한 개념이다.
주관적 위험	개인의 정신적, 심리적 상태에 따른 위험을 말한다. 예를 들어 폐소공포증이 있는 사람에게 엘리베이터는 다른 사람보다 훨씬 큰 위험으로 인식될 것이다. 이러한 주관적 위험은 개개인이 위험을 수용하는 태도에 따라 인식하는 위험의 정도가 상이하여 통계측정이 불가능하다.

정답 112 ② 113 ③ 114 ① 115 ④ 116 ②

117 다음 중 순수위험(pure risk)에 대한 설명으로 옳지 않은 것은? 기출 14

① 손실의 가능성과 함께 이익의 가능성도 내포된 위험으로 정의된다.
② 일반적으로 대수의 법칙을 쉽게 적용할 수 있어 손실의 정도를 미리 예측할 수 있다.
③ 순수위험은 없던 위험을 인위적으로 새로이 만들어 냄으로써 존재하게 된 것이 아니라 위험자체가 이미 존재해 있는 위험을 말한다.
④ 순수위험은 일반적으로 인적위험, 재산위험, 배상책임위험으로 분류된다.

| 해설 |

순수위험과 투기위험

순수위험	이익의 가능성은 없고 손실의 가능성만 존재하는 위험
투기위험	손실과 이익의 가능성이 함께 존재하는 위험

118 다음 중 순수리스크 여부가 보험가능성의 일차적 기준이 되는 이유에 해당하는 것은? 기출 21

① 영향 범위가 넓지 않다.
② 도덕적 위태가 상대적으로 적다.
③ 최대가능손실이 크지 않다.
④ 목적물의 개수가 많다.

| 해설 |

순수리스크는 도덕적 위태가 상대적으로 적고, 손실발생을 보다 정확히 예측할 수 있기에 보험가능성의 일차적 기준이 된다.

119 다음 중 순수 리스크(pure risk)에 해당하지 않는 것은? 기출 20

① 코로나19로 인한 사망 리스크
② 지구온난화에 따른 기후변화 리스크
③ 황사로 인한 대기오염 리스크
④ 환율 급변동에 따른 투자 리스크

| 해설 |

순수 리스크(pure risk)는 이익의 발생가능성 없이 손해만을 발생시키는 리스크를 말한다. 화재, 낙뢰, 홍수, 지진, 폭발, 대기오염(황사), 지구온난화 등으로 인한 재산손실이나 사망, 불구, 부상 등의 인적손실을 예로 들 수 있다.
'환율 급변동에 따른 투자 리스크'는 투기 리스크(speculative risk)에 해당한다.

120 다음은 순수위험과 투기위험에 대한 설명이다. 옳지 않은 것은?

① 순수위험은 이익의 발생가능성 없이 손해만을 발생시키는 위험을 말한다.
② 투기위험은 그 결과로서 손실 또는 이익이 모두 발생할 수 있는 위험이다.
③ 순수위험은 대수의 법칙을 적용하기 어려우므로 일반적으로 보험의 대상이 될 수 없다.
④ 개개의 투기위험은 범위를 한정할 수 있고 제어가 가능하다.

해설

순수위험은 대수의 법칙을 적용하는 것이 용이하여 보험의 대상이 되지만, 투기위험은 대수의 법칙을 적용하기 어려우므로 일반적으로 보험의 대상이 될 수 없다.

121 아래와 같은 기준으로 위험을 분류한 것으로 옳은 것은? 기출 14

ⓐ 불확실성을 야기하는 원천과 불확실성의 영향이 미치는 범위에 따라 구별한다.
ⓑ 따라서 손해의 결과도 특정의 개인이나 집단에 영향을 미치는가 아니면 사회 전반에 걸쳐 미치는가에 따라 분류된다.

① 순수위험(pure risk)과 투기적 위험(speculative risk)
② 동태적 위험(dynamic risk)과 정태적 위험(static risk)
③ 실체위험(physical risk)과 사회위험(social risk)
④ 근본위험(fundamental risk)과 특정위험(particular risk)

해설

근본위험과 특정위험

근본위험	불확실성의 원천과 그 영향이 미치는 범위가 사회 전반에 걸쳐 나타나는 위험으로 예측이나 통제가 불가능한 경우가 많음
특정위험	특정의 개인이나 집단에 영향을 미치는 위험으로 예측과 통제가 어느 정도 가능한 위험

정답 117 ① 118 ② 119 ④ 120 ③ 121 ④

122 다음 중 인플레이션, 대량실업, 전쟁이나 내란 등과 같이 다수에게 영향을 초래하는 리스크는?

기출 22

① 동태적 리스크(dynamic risk)
② 근원적 리스크(fundamental risk)
③ 투기적 리스크(speculative risk)
④ 특정 리스크(particular risk)

해설

근원적 리스크(fundamental risk)는 사회 경제 전반에 영향을 미치는 리스크를 말하며, 인플레이션, 대량실업, 지진, 태풍과 같은 천재지변 등이 포함된다.
① 동태적 리스크(dynamic risk)는 시간이 지나면서 위험의 성격이나 발생 여부가 변하는 리스크를 말하며, 경기순환이나 소비자 기호의 변화, 기술의 변화 위험 등이 포함된다.
③ 투기적 리스크(speculative risk)는 손해와 이익의 가능성을 동시에 내포하고 있는 리스크를 말하며, 주식이나 옵션투자, 신규사업이나 상품개발 등이 포함된다.
④ 특정 리스크(particular risk)는 특정 집단이나 개인에게 국한되어 존재하는 리스크를 말하며, 주택의 화재나 건물의 폭발, 귀중품의 도난이나 은행 강도, 자동차 사고, 질병이나 상해 등이 포함된다.

123 보험에서의 pooling arrangement와 관련된 개념과 거리가 먼 것은?

① 대수의 법칙(law of large numbers)
② 정규분포(normal distribution)
③ 체계적 위험(systematic risk)
④ 중심극한정리(central limit theorem)

해설

pooling arrangement는 위험을 분산시킬 목적으로 함께 참여하는 보험회사들간의 협약을 말하며, 비체계적 위험과 관련이 있다.

체계적 위험	아무리 포트폴리오를 구성하여도 제거할 수 없는 위험
비체계적 위험	위험분산효과를 통하여 제거할 수 있는 위험

124 다음 중 리스크의 결합(risk pooling)에 대한 설명으로 옳지 않은 것은? 기출 16

① 결합된 리스크단체 안에서 발생하는 손해를 상호 분담함으로써 리스크가 분산된다.
② 리스크결합을 통해 1인당 평균손실을 실제손실로 대체하는 효과가 발생한다.
③ 각 개인은 상대적으로 적은 금액으로 리스크에 따른 큰 손실발생에 대비할 수 있다.
④ 동질의 독립적인 리스크가 다수 결합될수록 객관적 리스크가 줄어들고 보험회사의 예측력은 높아진다.

| 해설 |

보험은 개별 가입자의 리스크회피 성향과 보험사의 리스크결합 원리에 따라 운영된다. 즉 보험이란 리스크결합(risk pooling)과 손실분담(risk sharing)을 통해 리스크를 전가(risk transfer)하고 이를 통해 리스크를 감소시키는 사회제도적 장치이다. 리스크결합을 통해 실제손실을 1인당 평균손실로 대체하는 효과가 발생한다.

125 위험관리의 목적은 손해발생 전의 목적(pre-loss objectives)과 손해발생 후의 목적(post-loss objectives)으로 나누어 볼 수 있다. 다음 중 손해발생 전의 목적(pre-loss objectives)에 해당하는 것을 옳게 고른 것은? 기출 14

ⓐ 영업의 지속(continuity of operations)
ⓑ 불안의 경감(reduction in anxiety)
ⓒ 손실방지를 위한 각종 규정의 준수(meeting externally imposed obligation)
ⓓ 수익의 안정(earning stability)
ⓔ 지속적인 성장(continued growth)
ⓕ 위험관리 기능을 수행함에 있어서 최소의 비용으로 최대의 효과 달성(economy)

① ⓐ, ⓓ, ⓔ
② ⓐ, ⓒ, ⓔ
③ ⓑ, ⓒ, ⓕ
④ ⓑ, ⓔ, ⓕ

| 해설 |

위험관리의 목적

손해발생 전의 목적	경제적 목적	위험관리 기능을 수행함에 있어서 최소의 비용으로 최대의 효과 달성
	의무규정충족 목적	손실방지를 위한 각종 규정의 준수
	불안감소 목적	위험의 존재로 인한 불안을 제거하거나 최소화하는 것
손해발생 후의 목적	생존 목적	손실에도 불구하고 가계나 기업이 존재하도록 하는 것을 의미
	활동계속 목적	영업의 지속
	안정수입 목적	수익의 안정
	성장계속 목적	지속적인 성장
	사회적 책임 목적	손해가 발생한 경우 기업은 그 손해가 사회에 끼치는 영향을 최소화할 수 있도록 위험을 관리

정답 122 ② 123 ③ 124 ② 125 ③

126 다음 위험관리의 목적 중 손해발생 후의 목적(post loss objectives)으로 옳은 것은?

기출 19

① 사고발생의 우려와 심리적 불안의 경감
② 영업활동의 지속
③ 손실방지를 위한 각종 규정의 준수
④ 사고발생 가능성의 최소화

해설

'영업활동의 지속'은 손해발생 후의 목적에 해당한다.
① 사고발생의 우려와 심리적 불안의 경감, ③ 손실방지를 위한 각종 규정의 준수, ④ 사고발생 가능성의 최소화는 모두 손해발생 전의 목적에 해당한다.

127 위험관리와 위험비용(risk cost)에 관한 설명으로 가장 적절하지 못한 것은? 기출 15

① 위험관리의 목표는 위험비용의 최소화에 두어야 한다.
② 일반적으로 손실통제비용과 기대손실비용은 서로 상반관계에 있다.
③ 위험을 감소시키게 되면 위험비용도 감소된다.
④ 간접손실이 직접손실보다 큰 경우가 종종 있다.

해설

위험을 감소시키게 되면 위험비용은 증가한다(**트레이드-오프 관계**).

128 아래 리스크관리기법 중 리스크통제기법(risk control technique)에 해당하는 것을 모두 고른 것은? 기출 20

ⓐ 리스크회피(risk avoidance)	ⓑ 리스크보유(risk retention)
ⓒ 리스크분리(risk separation)	ⓓ 보험(insurance)

① ⓐ, ⓑ
② ⓐ, ⓒ
③ ⓑ, ⓓ
④ ⓒ, ⓓ

해설

리스크를 관리하는 방법

- **리스크통제기법**(risk control technique) : 회피(차단), 제거(예방, 경감), 분산(분리), 결합(합병), 제한(이전)
- **리스크재무기법**(risk financing technique) : 보유(기업의 불특정 재산을 담보로 하는 부담), 준비(준비금 설정, 자가보험), 전가(보험, 공제, 기금), 헤징(hedging)

129 리스크재무(risk financing)에 해당하지 않는 것은? 기출 21

① 면책계약
② 하청계약
③ 선물계약
④ 보험계약

해설

하청계약은 리스크를 이전하는 것으로 리스크통제(risk control)에 해당한다.

TIP 리스크관리방법

리스크통제(risk control)	리스크재무(risk financing)
• 리스크회피(차단) • 손실통제(손실예방, 손실경감) • 리스크요소의 분산(분리, 격리) • 계약을 통한 전가(리스, 하청계약)	• 리스크의 보유(적립금, 자가보험) • 리스크의 전가[보험계약, 면책계약, 헤징(hedging, 선물계약)] • 리스크의 보유와 전가가 동시에 행하는 리스크재무기법(공제, 자기부담금, 공동보험)

130 다음 손실통제(loss control) 활동 중 손실감소(loss reduction)에 해당하는 것은? 기출 17

① 안전교육
② 금연과 금주
③ CCTV 설치
④ 에어백 설치

해설

손실통제의 활동은 크게 손실예방과 손실감소로 나눌 수 있다. 손실예방은 손실의 빈도를 낮추는 것이며, 손실감소는 이미 발생한 손실의 규모, 즉 심도를 낮추기 위한 활동이다.

손실예방 (loss prevention)	손실의 발생가능성 또는 발생빈도를 줄이려는 것 예 안전교육, 금연과 금주, CCTV 설치
손실감소 (loss reduction)	손실의 발생규모를 줄이려는 것 예 스프링클러의 설치, 자동차의 에어백과 안전띠 장착

131 다음 중 손실의 발생가능성과 발생빈도를 줄이는 손실예방기법으로 적합하지 않은 것은? 기출 19

① 음주단속
② 홍수에 대비한 댐 설치
③ 자동차 에어백 장착
④ 휘발성 물질 주변에서의 금연

해설

자동차 에어백 장착은 손실의 발생규모를 줄이려는 손실감소(loss reduction)기법이다.

정답 126 ② 127 ③ 128 ② 129 ② 130 ④ 131 ③

132 다음 중 기대손실(expected loss)을 감소시키는 위험관리방법은?

① 보험 ② 위험보유
③ 손실통제 ④ 위험분산

| 해설 |

손실통제(loss control)는 위험의 발생을 미연에 방지하거나 손실의 크기를 줄이는 방법으로 기대손실(= 예상가능손실)을 감소시키는 위험관리방법이다.
① 보험은 피보험자가 일정한 보험료를 내고 위험부담을 보험자에게 전가하는 행위이다.
② 위험보유는 예상되는 손실의 일부나 전부를 보유하여 직접 손실부담을 하는 방법이다.
④ 위험분산은 어느 투자에서 손실이 발생하더라도 다른 투자에서 이득이 생겨 전체적으로 안정을 취할 수 있도록 하는 방법이다.

133 다음 위험관리기법 중 위험금융기법(risk financing technique)에 해당하는 것은? 기출 19

① 위험회피 ② 보험가입
③ 손실통제 ④ 위험분리

| 해설 |

위험금융기법(risk financing technique)은 손실의 발생을 예방하거나 손실의 크기를 줄이기보다는 발생한 손실로부터 회복 또는 그것을 복구하는데 필요한 자금의 조달에 초점을 두는 위험관리기법이다. 위험금융기법은 손실을 보유하는 방법과 손실을 전가하는 방법으로 나눌 수 있다. 위험을 전가하는 방법에는 보험에 가입하여 보유위험을 보험자에게 전가시키는 방법이다. 전가에 대한 대가로 보험료를 지불하여야 한다.
①·③·④는 모두 위험의 발생빈도나 손실의 규모 등을 물리적으로 통제하려는 위험통제기법(risk control technique)이다.

134 다음 중 홍수다발지역이며, 피해규모도 큰 경우에 일반적으로 가장 적합한 위험관리방법은? 기출 15

① 위험회피 ② 손실예방
③ 손실감소 ④ 위험전가

| 해설 |

위험회피는 손해가 생길 위험 자체를 피하거나 제거하는 기법으로 위험예방에 대한 가장 확실한 방법이다. 홍수다발지역이며, 피해규모도 큰 경우 일반적으로 안전한 지역으로 이전시킴으로써 그 위험을 회피할 수 있다.

135 보험계약자가 보험계약을 해지하는 것은 아래의 위험관리방법 중 어디에 해당하는가?

기출 15

① 위험보유
② 손실통제
③ 위험회피
④ 위험이전

해설

보험계약을 해지하는 것은 예상되는 손실의 일부나 전부를 자기가 직접 부담해야 한다는 것을 의미하므로 '위험보유'에 해당한다. 위험회피나 위험이전이 안될 경우 위험을 보유해야 한다.

136 다음과 같은 속성의 리스크를 관리할 때 사용할 수 있는 리스크관리기법으로 가장 적절한 것은?

기출 16

- 최악의 손실이 미미한 수준이다.
- 손실발생빈도가 낮다.

① 리스크회피(risk avoidance)
② 리스크보유(risk retention)
③ 손실감소(loss reduction)
④ 보험(insurance)

해설

리스크보유(risk retention)는 앞으로 발생할지도 모를 손해발생의 가능성을 스스로 보유하여 손해가 발생하는 경우 그 손해를 스스로 부담하게 되는 것을 의미한다. 리스크의 발생빈도 및 강도가 낮은 경우 리스크보유(risk retention)가 가장 적절하다.

정답 132 ③ 133 ② 134 ① 135 ① 136 ②

137 다음 중 규모가 크고 발생빈도가 낮은 손해에 적합한 위험관리 방법은? 기출 25

① 위험회피
② 위험전가
③ 위험보유
④ 손실통제

| 해설 |

발생빈도는 낮으나, 사고가 나면 막대한 손실을 가져오는 위험은 보험 등의 방법을 통해 위험을 전가하는 것이 바람직하다.

[위험속성에 따른 위험관리기법]

발생빈도	손실규모	권장기법
높다	크다	위험회피
낮다	크다	위험전가
높다	작다	위험전가 및 자기보유(or 손실통제)
낮다	작다	자기보유

138 다음 중 위험보유의 형태라 할 수 없는 것은? 기출 17

① 공제조항(deductible clause)
② 자가보험(self-insurance)
③ 캡티브보험(captive insurance)
④ 타보험조항(other insurance)

| 해설 |

위험보유는 예상되는 손실의 일부나 전부를 보유하여 직접 손실부담을 하는 방법이다. 손실발생시 피보험자로 하여금 손실의 일부를 부담하게 하는 공제조항(deductible clause)이나, 자가보험(self-insurance), 캡티브보험(captive insurance)은 대표적인 위험보유의 형태이다.

타보험조항(other insurance)은 동일한 보험의 목적의 전부 또는 일부를 담보하는 유효한 보험계약이 2개 이상 존재하는 경우 다른 보험과의 손해액을 분담하는 방법을 미리 약정한 조항이다. 손해보험에서는 손해보상의 기본적인 원칙이라고 할 수 있다. 타보험조항을 두는 취지는 이득금지의 원칙에 따라 피보험자에게 이득을 주는 것을 방지하고, 형평의 원칙에 입각하여 보험자간의 손해액을 합리적으로 분담하여, 보험자간의 배타적인 약관조항의 해석으로 선의의 보험계약자를 보호하는데 있다.

139 다음 중 리스크의 보유와 전가가 함께 행해지지 않는 것은? 기출 25

① 일부보험(partial insurance)
② 비례재보험(proportional reinsurance)
③ 공동보험(coinsurance)
④ 자가보험(self-insurance)

| 해설 |

자가보험(self-insurance)은 손실전보의 책임을 제3자에게 전가하지 않고, 위험을 보유하면서 자신의 비용으로 위험을 처리하는 리스크재무기법의 한 형태라 할 수 있다. 자가보험은 위험의 결합을 통해 리스크를 감소시키며 전가의 개념이 없으므로 보험과는 구별되지만, 그 운영과 형태가 보험과 매우 유사하다.

리스크의 보유와 전가가 동시에 행해지는 리스크재무기법에는 공제, 일부보험(자기부담금의 설정), 비례재보험, 공동보험 등이 있다.

140 다음 리스크관리과정의 각 단계를 순서대로 바르게 열거한 것은? 기출 16

㉮ 리스크의 평가(evaluating the risk)
㉯ 리스크관리기법의 실행(implementing the program)
㉰ 리스크관리기법의 선택(selecting techniques for handling risk)
㉱ 리스크의 인식(identifying the risk)

① ㉮ → ㉯ → ㉰ → ㉱
② ㉮ → ㉱ → ㉰ → ㉯
③ ㉱ → ㉮ → ㉰ → ㉯
④ ㉱ → ㉮ → ㉯ → ㉰

| 해설 |

리스크관리과정

㉱ 리스크의 인식(발견 및 확인) → ㉮ 리스크의 분석 및 평가 → ㉰ 리스크관리기법의 선택 → ㉯ 리스크관리기법의 실행 및 수정

정답 137 ② 138 ④ 139 ④ 140 ③

141 아래에서 설명한 심도(Severity)의 예측기법에 해당하는 것은?

> 손해방지, 경감시설이나 장치 및 기구가 제대로 작동하고 이를 사용하는 요원들이 예정대로 활동한다고 할 경우에 예상되는 한 위험의 발생으로부터 입을 수 있는 최고손실액

① PML(Probable Maximum Loss)
② MPL(Maximum Possible Loss)
③ EML(Estimated Maximum Loss)
④ TSI(Total Sum Insured)

| 해설 |

심도 예측기법

PML	손해방지, 경감시설이나 장치 및 기구가 제대로 작동하고, 이를 사용하는 요원들이 예정대로 활동한다고 할 경우에 예상되는 한 위험의 발생으로부터 입을 수 있는 최고손실액
MPL	손해방지, 경감시설이나 장치나 기구가 제대로 작동하지 않고 평상시 훈련을 쌓은 손해방지요원들이 제대로 활동하지 못하는 최악의 여건을 가상해서 부보가능금액 중의 최고손실액을 추정하는 것

142 아래에서 설명하는 내용은 무엇에 관한 것인가? 기출 19

> 통상적인 조건이 지켜지지 않는 최악의 조건하에서 위험이 목적물에 초래할 것으로 예상되는 이론적인 최대 규모의 손실을 말하며, 그 이상의 손실발생 가능성은 거의 없다.

① PML(Probable Maximum Loss)
② MPL(Maximum Possible Loss)
③ EML(Estimated Maximum Loss)
④ VAR(Value at Risk)

| 해설 |

① PML(Probable Maximum Loss ; 가능최대손실)은 통상적인 조건하에서 담보위험이 야기할 수 있는 최대 규모의 손실을 말한다.
③ EML(Estimated Maximum Loss)은 MPL(Maximum Possible Loss)과 유사하지만, 비정상적인 상황을 고려하지 않는다.
④ VAR(Value at Risk)은 일정한 조건 아래에서 위험이 발생할 경우 잃을 수 있는 최대 손실의 예상치를 추정한 금액이다.

143 가능최대손실(probable maximum loss)에 대한 설명으로 가장 적절하지 못한 것은?

① 보험료 산정 및 재보험 출재 여부의 판단기준이 되기도 한다.
② 가능최대손실은 항상 일정하다.
③ 가능최대손실은 보험계약 체결시 보험가입금액의 결정에 활용될 수 있다.
④ 가능최대손실은 적극적 위험관리를 유도하는 기능이 있다.

해설

가능최대손실(PML)은 통상적인 조건에서 목적물에 대하여 담보위험이 초래할 수 있는 최대 규모의 손실을 말한다. PML은 확률에 의한 것이므로 항상 일정하다고 할 수 없으며, 위험의 종류, 구조, 사용방법, 소방시설 등에 의하여 달라진다.

144 PML(probable maximum loss)에 대한 설명으로 올바르지 않은 것은? 기출 21

① 적정한 보험료 산출의 기초로 활용된다.
② 보험인수 여부 및 조건결정의 판단기준이 된다.
③ 보험자가 보험가액을 결정할 때 사용하는 개념이다.
④ 리스크관리자의 리스크회피도가 낮을수록 커진다.

해설

PML(probable maximum loss)은 보험료를 적절하게 산출하는 기초로 활용되고, 보험인수 여부 및 조건을 결정하는 기준이 된다. 또한 보험자가 보험가액을 결정할 때 활용될 수 있다. PML은 기대손실과 실제손실의 차이의 정도(손실의 표준편차)와 리스크관리자의 위험회피도의 2가지 요인에 영향을 받는다. PML은 표준편차와 위험회피도에 비례하므로, <u>리스크관리자의 리스크회피도가 높을수록 커진다</u>.

정답 141 ① 142 ② 143 ② 144 ④

145 아래 가능최대손실(probable maximum loss ; PML)에 대한 설명에서 (　　) 안에 들어갈 단어를 순서대로 바르게 나열한 것은? 기출 24

PML은 리스크관리자의 리스크회피도가 (　　), 손실 확률분포의 표준편차가 (　　) 커진다.

① 클수록, 클수록
② 클수록, 작을수록
③ 작을수록, 작을수록
④ 작을수록, 클수록

| 해설 |

가능최대손실(probable maximum loss ; PML)은 현실적으로 예상할 수 있는 최대 규모의 손실, 즉 리스크관리자가 실제로 발생할 수 있다고 보는 최대 규모의 손실을 말한다. PML은 기대손실과 실제손실의 차이의 정도(손실의 표준편차)와 리스크관리자의 위험회피도의 2가지 요인에 영향을 받는다. PML은 표준편차와 위험회피도에 비례하므로, 리스크관리자의 리스크회피도가 (**클수록**), 손실의 표준편차가 (**클수록**) 커진다.

146 PML(probable maximum loss)과 MPL(maximum possible loss)에 대한 설명으로 옳지 않은 것은? 기출 18

① MPL은 최악의 시나리오를 가상하여 추정한 최대 손해액을 말한다.
② 보험회사가 위험의 인수 여부 및 조건을 결정하고, 보험료를 산출하는 기초로 사용하는 개념도 MPL이다.
③ EML(estimated maximum loss)은 MPL과 동의어로 쓰기도 한다.
④ PML의 결정에는 손해액의 확률분포에 대한 위험관리자의 주관적인 선택이 개입된다.

| 해설 |

보험회사가 위험의 인수 여부 및 조건을 결정하고, 보험료를 산출하는 기초로 사용하는 개념은 PML(Probable Maximum Loss)이다. PML은 통상적인 조건하에서 담보위험이 야기할 수 있는 최대 규모의 손실을 말한다. 여기서 통상적인 조건이란 사고발생시 손해범위를 한정시켜 줄 것으로 기대되는 제반사항을 말한다.

147 다음은 보험가능 리스크(insurable risk)의 손실액 확률분포이다. 95%의 신뢰도를 적용했을 때 가능최대손실(probable maximum loss ; PML)은 얼마인가? 기출 16

확 률	0.5	0.3	0.05	0.05	0.05	0.05
손 실	0원	300만원	500만원	700만원	800만원	1,000만원

① 1,000만원
② 800만원
③ 700만원
④ 500만원

| 해설 |

95%의 신뢰도를 적용하면 가능최대손실(probable maximum loss ; PML)은,
0.5 + 0.3 + 0.05 + 0.05 + 0.05 = 0.95의 손실액인 800만원이 된다.

148 아래 표는 부보가능한 리스크의 손실액 확률분포이다. 96% 신뢰도 적용시 PML(probable maximum loss) 값은? 기출 22

손실액			확 률
0	~	50만원	0.04
50만원 초과	~	150만원	0.30
150만원 초과	~	300만원	0.40
300만원 초과	~	700만원	0.20
700만원 초과	~	1,200만원	0.02
1,200만원 초과	~	3,000만원	0.02
3,000만원 초과	~	5,000만원	0.02

① 150만원
② 750만원
③ 950만원
④ 1,200만원

| 해설 |

96%의 신뢰도를 적용하면 가능최대손실(probable maximum loss ; PML)은,
0.04 + 0.30 + 0.40 + 0.20 + 0.02 = 0.96의 최대 손실액인 1,200만원이 된다.

정답 145 ① 146 ② 147 ② 148 ④

149 하인리히(H. W. Heinrich)의 도미노이론에 대한 설명으로 가장 옳지 않은 것은?

① 손해는 사회적 환경, 인간의 과실, 위태, 사고, 손해의 발생이라는 연쇄적 관계에 의해서 발생한다.
② 사고는 특정의 구조에 견딜 수 없는 정도의 스트레스를 줌으로써 발생한다.
③ 위험관리의 대상을 인간의 행위에 중점을 둔 이론이다.
④ 사건의 연쇄 관계를 차단하면 사고를 예방할 수 있다.

| 해설 |

②는 에너지방출이론에 대한 설명이다.

150 다음 중 손실통제이론 중 도미노이론이 사고예방을 위한 연쇄관계 차단을 위해서 가장 필요하다고 주장하는 개선 단계는? 기출 19

① 사회적 환경 ② 인간의 과실
③ 위태 ④ 사고

| 해설 |

도미노 이론
미국의 하인리히(H. W. Heinrich)는 재해발생과정에 관하여 도미노이론을 인용하여 설명하였다. 산재사고는 '사회적 환경 → 인간의 과실 → 위태 → 사고 → 상해'라는 연쇄적 사건으로 구성된다. 이 연결고리를 차단하면 사고를 예방할 수 있으며, 가장 필수적인 개선 단계는 '인간의 과실' 방지가 핵심이다.

151 다음 중 사고의 구조에 대한 이론 가운데 도미노이론(domino theory)에 대한 설명으로 올바르지 않은 것은? 기출 23

① 대부분의 사고가 5가지의 연쇄적 사건으로 구성되어 있다고 본다.
② 이 이론을 제시한 학자는 하인리히(H. W. Heinrich)이다.
③ 사건의 연쇄관계를 차단하면 사고를 예방할 수 있다고 한다.
④ 환경 내에 산재하는 물리적 위태를 줄이는데 중점을 둔다.

| 해설 |

도미노이론(domino theory)
미국의 하인리히(H. W. Heinrich)는 재해발생과정에 관하여 도미노이론을 인용하여 설명하였다. 즉 사고는 '사회적 환경 → 인간의 과실 → 위태 → 사고 → 상해'라는 연쇄적 사건으로 구성되어 있다고 본다. 이 연결고리를 차단하면 사고를 예방할 수 있으며, 위태의 제거를 위한 '인간의 과실' 방지에 중점을 둔다. 물리적 위태를 줄이는데 중점을 두는 이론은 에너지방출이론(energy release theory)이다.

152 **손실통제의 이론과 기법으로서 소위 에너지방출이론(energy release theory)에 대한 설명으로 옳지 않은 것은?** 기출 18

① 손실통제의 기본방향은 기계적 접근방법에 두는 것이 바람직하다는 주장에 바탕을 두어 사고발생의 물리적, 기계적 측면을 강조하고 있다.
② 사고의 발생은 근본적으로 에너지가 갑자기 급격하게 방출됨으로써 에너지를 통제하지 못한 결과에 기인한 것이라고 한다.
③ 하돈(William Haddon, Jr.)에 의하여 주장되었다.
④ 사고의 궁극적 원인을 경영관리의 문제라고 지적하고, 손실통제의 노력은 안전규칙의 강화, 안전교육훈련의 증가에 집중되어야 한다고 본다.

해설

사고의 궁극적 원인을 경영관리의 문제라고 지적한 손실통제의 이론은 TOR(technique of operation review) 시스템이다. TOR 시스템은 사고의 원인을 경영정책이나 절차, 교육훈련 등의 경영시스템과 관련되어 있다는 견해이다.

153 **다음 중 캡티브 보험사(captive insurer)를 설립하는 이유로 가장 거리가 먼 것은?**

① 보험비용의 절약
② 자체 이익의 실현 가능성
③ 재보험 가입의 용이
④ 대재해 리스크의 회피

해설

캡티브 보험사(captive insurer)란 기업이 위험관리의 목적으로 그 기업 자체를 주된 고객으로 하여 설립한 보험회사를 말한다. 보험비용의 절감, 재보험 가입의 용이, 세제상의 혜택 등의 장점이 있으나, 대재해 리스크를 회피할 수 없기 때문에 재정적 위험에 직면할 수 있다.

정답 149 ② 150 ② 151 ④ 152 ④ 153 ④

154 자가보험(self-insurance)에 대한 다음 설명 중 옳지 않은 것은? 기출 17

① 보험자의 전문적인 위험관리서비스를 받을 수 있다.
② 부가보험료를 절감할 수 있어 위험비용을 낮출 수 있다.
③ 대수의 법칙에 의하여 미래손실을 비교적 정확하게 예측할 수 있는 경우에 활용된다.
④ 보험료가 사외로 유출되지 않아 유동성을 확보하고 투자이익을 얻을 수 있는 이점이 있다.

해설

자가보험은 개인이나 기업이 가진 위험에 대하여 일정한 기금을 적립하였다가 사고가 발생하면 그 기금으로 위험을 처리하는 보험이므로 전문적인 위험관리서비스를 받을 수 없다.

155 보험회사가 위험인수 방침을 설정할 때 고려해야 하는 사항과 거리가 먼 것은? 기출 18

① 인수능력
② 규제
③ 재보험
④ 자산운용

해설

자산운용은 미래현금흐름의 순현재가치를 극대화하는 투자행위를 말한다. 자산운용에 따른 투자수익은 보험회사의 재무적 안정성을 확보하는데 중요하지만 보험회사가 위험인수 방침을 설정할 때 고려해야 할 사항과는 관련이 없다.

① 보험회사의 인수능력, 즉 계약자의 보험사고를 보상할 수 있는 충분한 재무적 능력이 있는지 파악하여야 한다.
② 보험회사가 보험금 지급능력과 경영건전성을 확보하고 있는지 계약자 보호를 위해 감독・규제사항을 고려해야 한다.
③ 재보험은 보험회사의 위험을 분산시켜 경영안정성을 도모하고 위험인수능력을 향상시키므로 고려해야 할 사항이다.

154 ① 155 ④ 정답

CHAPTER 02

생명보험

학습목표

❶ 생명보험의 수리적 개념을 이해한다.
❷ 생명보험의 보험료 산출과정을 학습한다.
❸ 생명보험상품의 종류에 대해 알아본다.

01 생명보험의 기초

1 개인별 재무설계

(1) 재산증식수단

재산증식을 위하여는 은행저축 및 대출자격 획득, 투자신탁, 주식, 부동산투자 등을 이용할 수 있다.

(2) 위험관리수단

수입원천과 재산을 보호하기 위한 위험관리수단에는 생명보험, 건강보험, 자동차보험, 주택화재보험 등이 있으며, 금융리스크를 대비한 파생금융상품(선물, 옵션 등)도 있다.

(3) 절세수단

세금을 절약하여 재산의 순가치(net value)를 높이기 위한 수단으로는 세제지원개인연금, 보장성 생명보험 등이 있다.

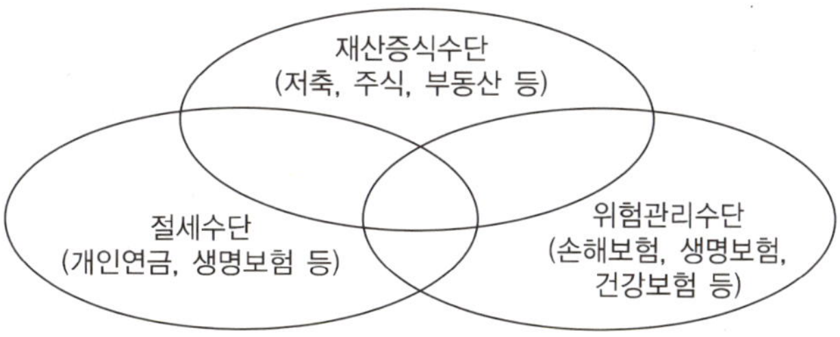

[개인별 재무설계]

2 생명보험의 역할

(1) 경제적 수단

생명보험은 생산활동을 하던 사람에게 커다란 장애가 발생하거나 생명을 잃게 되는 경우에 가계의 상실된 소득을 보장해줌으로써 부양가족의 생계를 보장해 주는 경제적 수단이다.

① 소득 상실 보상

② 장례비, 치료비, 상속 관련 비용 등 추가비용 보전

③ 기타 비금전적 비용 보상

(2) 생존급부형 생명보험의 수요 증가

최근에는 생존급부형 생명보험 및 연금형태의 상품의 수요가 증가하는 추세이다. 즉 생명보험의 수요동기를 보다 확대하기 위하여 생존급부형 생명보험을 개발하여 암 등 난치병이 발병하여 시한부 생명으로 진단받은 경우 사망보험금의 일부를 수령하여 사용할 수 있도록 하였다.

(3) 노후 경제대책

정년 퇴임 후 생산능력이 없는 상태에서 너무 오래 사는 것도 경제적 문제를 유발한다. 핵가족화와 장수화에 따른 노후 경제대책을 스스로 마련하기 위해서 노후생활을 위한 연금가입이 크게 증가하고 있다.

02 생명보험의 수리적 이해

1 수리적 기본개념

(1) 생명표

① 생명표는 사망표(mortality table)라고도 하며, 보통 0세에서 어떤 특정집단(10만명, 100만명, 1,000만명 등)이 생존해 있다고 가정하고, 그 사람들이 해마다 어떻게 사망·감소해 가는지를 보여주는 표이다.

② 생명표는 각 연령마다 생존자수와 사망자수로 분류하고, 생존율, 사망률 및 평균여명을 계산한다.

- x세의 사망률 $= \dfrac{(x\text{세와 } x+1\text{세 사이의 사망자 수})}{(x\text{세의 생존자 수})}$
- x세의 생존율 $= \dfrac{(x+1\text{세의 생존자 수})}{(x\text{세의 생존자 수})} = 1 - x$세의 사망률

(2) 평균여명

① 평균여명이란 어떤 연령에서 그 연령의 사람이 미래에 생존할 수 있는 기간의 평균을 의미한다.

② 0세의 평균여명을 평균수명이라고 한다.

(3) 화폐의 시간가치

① 시간가치와 이자율

㉠ 화폐란 시간이 경과함에 따라 그 가치가 달라지기 때문에 개인 또는 기업의 재무적 의사결정과정에서 화폐의 시간가치가 반드시 고려되어야 한다. 즉, 현재뿐만 아니라 미래시점에서도 계속적으로 발생하는 일반적인 현금흐름패턴에서 이들 시점차이에 따른 화폐가치의 차이를 반영하여 합리적으로 의사결정을 해야 한다.

㉡ 이를 위해서 현재와 미래에 발생하는 현금흐름들을 미래 일정시점의 가치, 즉 미래가치로 환산해 주는 방법과 미래에 계속되는 모든 현금흐름을 현재시점의 가치, 즉 현재가치로 환산해 주는 방법이 있다.

미래가치(FV)	현재가치(PV)
• 현재시점의 일정금액을 시간성과 불확실성을 반영하여 미래 특정시점의 값으로 환산한 값 • 즉 미래 특정시점 이전의 일정금액을 시간성과 불확실성이 반영된 이자율을 이용하여 미래 특정시점의 값으로 환산한 값	• 미래 특정시점의 일정금액을 시간성과 불확실성을 반영한 할인율을 이용하여 현재 시점의 값으로 환산한 값 • 미래 특정시점의 일정금액을 시간성과 불확실성이 반영된 할인율을 이용하여 미래 특정시점 이전의 값으로 환산한 값

㉢ 이때 현금의 흐름을 현재가치로 또는 미래가치로 환산해 주기 위한 적절한 환산율로 시장이자율이 사용된다.

- 이자율 = 이자 / 현재가치
- 미래가치 = (현재가치 × 1) + (이자율 × 현재가치) = 현재가치 × (1 + 이자율)

② 현재금액의 미래가치(FV ; Future Value)

현재금액의 미래가치란 현재의 일정금액을 시간성과 불확실성을 반영하여 미래의 일정시점에서 평가하여 산출한 가치를 말한다. 여기서 미래는 불확실하기 때문에 불확실성 개념으로 '가치'라는 개념을 사용한다. 즉 기간 초에 불입된 일정금의 일시불에 대하여 일정기간이 지난 후의 원금과 이자의 합계액을 구하는 것으로, 1원을 이자율 r로 저금했을 때 n년 후에 찾게 되는 금액을 의미한다.

㉠ 복리의 계산 : 현재시점의 일정금액을 PV_0, 이자율을 r, 미래 n시점의 금액을 FV_n이라고 할 때 복리의 계산방식은 다음과 같다.

- 1시점 미래가치 $FV_1 = PV_0 + PV_0 \times r = PV_0(1+r)$
- 2시점 미래가치 $FV_2 = PV_0(1+r) + PV_0(1+r) \times r = PV_0(1+r)^2$
- 3시점 미래가치 $FV_3 = PV_0(1+r)^2 + PV_0(1+r)^2 \times r = PV_0(1+r)^3$

$\vdots$

- n시점 미래가치 $FV_n = PV_0(1+r)^n$

㉡ 단리의 계산 : 현재시점의 일정금액을 PV_0, 이자율을 r, 미래 n시점의 금액을 FV_n이라고 할 때 단리의 계산방식은 다음과 같다.

$$FV_n = PV_0(1 + r \times n)$$

③ 미래금액의 현재가치

현재시점의 일정금액을 PV_0, 이자율을 r, 미래 n시점의 금액을 FV_n이라고 할 때 현재가치는 미래가치의 역산이다(FV_n을 현재시점의 금액으로 환산한 값).

$$PV_0 = \frac{FV_n}{(1+r)^n}$$

2 보험료 산출과정

(1) 보험료 산출의 고려사항(원칙) 기출 16

① 충분성(적정성)

회사가 계약상의 보험금 지급의무인 지급능력을 이행할 수 있을 만큼의 최소한도록 충분하고도 또한 계약을 관리하는데 최소한의 필요한 경비를 지출할 수 있을 정도의 보험료를 책정해야 하는 원칙

② 비과도성

보험료가 기대하는 보험금 수준에 비하여 지나치게 높지 않아야 하는 원칙

③ 위험보험료의 공정성

위험보험료는 개인의 위험정도에 따라 차등적으로 보험료를 적용하여야 하는 원칙

④ 위험보험료와 보험약관과의 상호 부합성

위험보험료 산출내용과 보험약관의 보장내용이 서로 부합하여야 한다는 원칙

⑤ 부가보험료의 공평성

모든 계약내용(연령, 성별, 직업, 보장내용, 보험기간, 납입기간, 보험가입금액 등 ; 보험료 결정 요소)이 동일하다면 부가보험료는 동일하게 적용되어야 한다는 원칙

(2) 보험료 계산의 기초

① 예정사망률(예정위험률)

㉠ 사망발생확률을 가정하는 것으로 피보험자(보험대상자)가 어떤 비율로 생존하여 보험료를 납입하며, 어떤 비율로 사망(또는 상해 · 질병발생 · 생존 등)하여 보험금을 지급 받는지의 비율이다.

㉡ 위험보험료 산출시 활용되고 실제보다 높게 설정한다.

㉢ 보험료 산출시 사용된 예정사망률과 실제사망률(재해, 질병 등)의 차이를 '위험률차손익'이라고 한다.

② 예정이율

㉠ 생명보험은 장기계약이므로 이자가 발생하며, 보험료 계산시 주어진 이자율을 말한다.

㉡ 예정이율과 보험료는 반비례한다.

㉢ 저축보험료 산출시 활용되고, 실제보다 낮게 책정한다.

㉣ 보험료 산출시 사용된 예정이율과 실제 자산운용 수익률과의 차이를 '이자율차손익'이라고 한다.

③ 예정사업비율 기출 17

㉠ 보험제도 운영에 필요한 비용을 사업비라 하는데 예정사업비율이란 보험료 중에서 미리 예상하고 계산한 사업비의 비율을 말한다.

㉡ 예정사업비율은 실제사업비율보다 높게 책정한다.

㉢ 실제사업비율이 예정사업비율보다 낮으면 효율적 경영이 이루어졌다고 할 수 있다.

㉣ 예정사업비율에 위해 책정된 사업비와 실제 지출된 사업비의 차이를 '사업비차손익'이라 한다.

(3) 보험료의 구조 기출 15 · 17 · 23

예정사망률에 의하여 산출된 보험료를 위험보험료, 예정이율에 의하여 산출된 보험료를 저축보험료라 하고, 이 두 가지를 합하여 '순보험료'라고 한다. 예정사업비에 의하여 산출된 보험료를 '부가보험료'라고 하며, 순보험료와 부가보험료를 합한 것을 '영업보험료'라고 한다.

① **순보험료 = 위험보험료 + 저축보험료**

순보험료는 보험금을 지급하기 위한 재원이며, 생명보험 사업을 영위하는데 필요한 비용 등 여러 가지 경비는 포함되어 있지 않다.

② **영업보험료 = 순보험료 + 부가보험료**

부가보험료는 생명보험 사업에 필요한 다음과 같은 비용을 포함한다.

㉠ <u>신계약비</u> : 신계약모집에 필요한 비용(모집자수수료, 점포운영비, 광고선전비, 신계약체결경비 등)

㉡ <u>유지비</u> : 보험계약을 유지, 관리운용, 기타 사무를 처리하는데 수반되는 비용(인건비 및 물건비 등 일반관리비)

㉢ <u>수금비</u> : 보험료수금, 관리에 필요한 경비(카드수수료, 전화료, 교통비 등)

심화TIP 보험료 산출방식의 변경

전통적으로 생명보험의 보험료는 예정위험률, 예정이율, 예정사업비율을 기초로 계산하는 3이원방식으로 산출되어 왔다. 그러나 보험업법 시행령 개정으로 2013년 4월부터는 현금흐름방식에 따라 보험료를 산출해야 한다. 일반적으로 3이원방식에 의한 보험료 산출은 3가지 예정기초율(사망률, 이자율, 사업비율)을 적용하여 보수적으로 책정하는데 비해 현금흐름방식은 3가지 예정기초율 이외에 계약유지율, 판매량 등 다양한 기초율을 적용하며, 기초율도 보수적이 아닌 최적가정(best estimate)으로 책정한다는 점에서 차이가 있다.

(4) 수지상등의 원칙과 평준보험료

① **수지상등의 원칙** 기출 14

보험계약에서 장래 수입될 순보험료의 현가의 총액이 장래 지출해야 할 보험금 현가의 총액과 동일하게 되는 것을 말한다. 여기에서 '수지가 같아 진다'는 것은 다수의 동일연령의 피보험자가 같은 보험종류를 동시에 계약했을 때 보험기간 만료시에 수입과 지출이 균형이 잡혀지도록 순보험료를 계산하는 것을 의미한다.

② **자연보험료**

각 연령별 사망률(위험률)에 기초를 두고 1년마다 수지균등이 되도록 계산된 보험료로서 사망률에 비례하여 보험료가 체증된다.

③ 평준보험료

사망률의 변화에 관계없이 장래 보험기간 동안에 일정금액(평준금액)의 동일액으로 산정된 보험료이다.

㉠ 월납평준보험료 : 매월 납입하는 보험료가 평준

㉡ 연납평준보험료 : 매년 납입하는 보험료가 평준

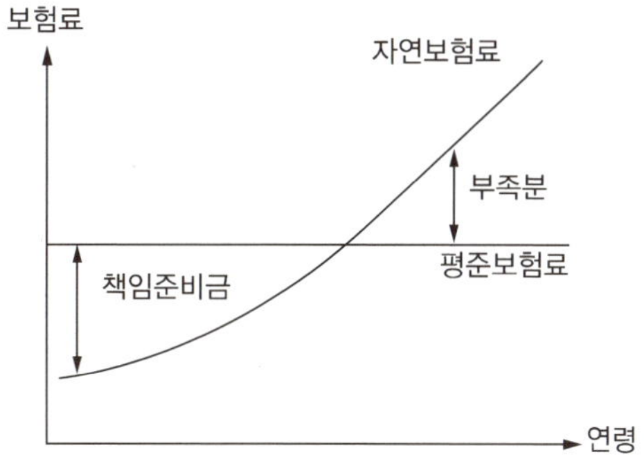

[자연보험료와 평준보험료]

3 책임준비금

(1) 책임준비금의 의의

① 책임준비금은 보험계약과 관련하여 계약자에게 미래에 지급하여야 할 각종 보험금을 대비하여 보험자가 적립하여야 할 금액이다.

② 생명보험 계약에서 초기의 보험연도에서 발생되는 초과보험료 수입을 적립하여 후기의 부족되는 보험료를 충당하여야 하는데 이러한 초과보험료의 적립금을 책임준비금이라 한다.

책임준비금 = 연납평준순보험료 – 자연보험료

(2) 책임준비금의 적립방법

① 순보험료식 책임준비금

㉠ 책임준비금을 계산할 때 순보험료만을 고려하는 계산방식이며, 순보험료는 보통 평준인 경우를 말한다.

㉡ 우리나라에서는 신계약비를 이연할 수 있는 순보험료식 책임준비금 제도를 채택하고 있으며, 이연 신계약비는 7년 이내에 상각하여야 한다.

② 질멜(Zillmer)식 책임준비금

초년도의 과다한 신계약비로 인해 책임준비금이 작지만 다음 연도부터는 책임준비금이 빠르게 증가하는 방식이다.

③ 해약환급금식 책임준비금

해약환급금을 책임준비금으로 적립하는 것을 말한다.

(3) 해약환급금

① 정 의

보험료 납입이 일정한 유예기간 경과 후 이루어지지 않거나 계약자가 해약을 청구한 때 보험자가 보험계약자에게 지급해야 하는 금액을 말한다.

② 해약공제액

해약환급금의 재원은 책임준비금이며, 해약시점 책임준비금 전부를 해약환급금으로 하지 않고 보통 책임준비금으로부터 어느 정도 공제하는 것이 일반적이다.

③ 해약공제의 이유

㉠ 계약 체결에 사용되는 비용은 통상 초년도의 전체 부가보험료보다 크기 때문에 계약체결비용의 미상각부분을 공제해야 한다.

㉡ 잔존 계약집단의 사망률이 높아질 가능성이 있다(해약에 의한 역선택).

㉢ 해약환급금에 대비하여 자산의 일부를 현금화 하거나 환금이 용이한 자산형태로 보유하여야 하는데 이는 투자수익률 저하를 가져오므로 그 대가로 해약공제가 필요하다.

㉣ 중도해약으로 인한 사무처리에 특별 경비가 필요하다.

④ 해약환급금 계산방법

㉠ 해약환급금은 보험료적립금에서 다음과 같이 해약공제액을 공제하여 계산한 금액 이상으로 산출할 수 있다. 다만, 순보험료식 보험료적립금에서 해약공제액을 공제한 금액이 음(陰)의 값인 경우에는 이를 영(零)으로 처리한다.

$$ {}_tW = {}_tV - \alpha\left(\frac{12\times m - t}{12\times m}\right) $$

여기서, ${}_tW$; 해약환급금

${}_tV$; 순보험료식 보험료적립금

α ; 표준해약공제액

t ; 납입경과 월수

m ; 해약공제기간

㉡ 해약공제기간은 보험료 납입기간 또는 신계약비 부가기간으로 하되, 보험료 납입기간 또는 신계약비 부가기간이 7년 이상일 때에는 7년으로 한다.

㉢ 해약공제액은 표준해약공제액으로 한다.

03 생명보험상품

1 전통적 생명보험상품

(1) 전통적 생명보험상품의 유형

① 사망보험

사망시에만 보험금이 지급되는 상품(예 정기보험, 종신보험)

② 순수생존보험

일정기간(계약만기)까지 생존해야 보험금이 지급되는 상품

③ 생사혼합보험(양로보험)

계약만기 전 사망하면 사망보험금이 지급되고, 만기 때까지 살아 있으면 생존급부가 지급되는 보험

심화TIP 손해보험상품과 생명보험상품의 비교 기출 19

- 생명보험은 보험계약법상 인보험으로 분류한다.
- 생명보험은 정액보험의 성격을 가진다.
- 손해보험은 실손보상의 원리를 중시한다.
- 손해보험에서도 인명손실을 보상할 수 있다. 즉 손해보험과 생명보험의 중간적인 성격인 제3보험에서 상해, 질병, 간병과 관련하여 보상하고 있다.

(2) 정기보험

① 특 징

㉠ 일정 기간(1년, 3년 혹은 5년) 동안만 보장하는 상품이다.

㉡ 보험기간이 끝난 후 갱신하지 않으면 계약이 종료되며 보험료는 소멸된다.

㉢ 보장성이므로 보험료는 저렴하다.

㉣ 대부분의 경우 새로운 언더라이팅 과정 없이 보험계약을 갱신할 수 있다.

㉤ 대부분의 경우 새로운 언더라이팅 과정 없이 종신보험으로 전환할 수 있다.

② 정기보험의 종류

㉠ 연갱신 정기보험

ⓐ 계약기간 1년이며, 일정 연령까지 언더라이팅 없이 갱신가능하다.

ⓑ 나이에 따라 보험료가 결정되며, 매년 보험료가 증가한다.

ⓒ 종신보험 등 저축성 보험으로 전환 가능하다.

㉡ 5년/10년/15년/20년 정기보험

ⓐ 계약기간이 5, 10, 15, 20년 또는 1년 이상 단위로 계약된다.

ⓑ 계약기간 동안 평준보험료로 납입하며, 나이가 증가함에 따라 보험료가 증가한다.

ⓒ 감소정기보험 : 시간의 경과에 따라 보험료는 동일하나 보험금은 감소하는 정기보험이다.

ⓔ 재가입 정기보험 : 계약 갱신시 새로운 언더라이팅 과정을 거치면 더 낮은 보험료에 갱신이 가능한 정기보험이다(예 건강상태가 좋은 사람의 재가입).

③ 정기보험의 장 · 단점

장 점	• 적은 보험료로써 큰 효과를 얻음 • 일정한 위험보장기간에 집중적으로 보장 • 미래 종신보험의 가입을 쉽게 함
단 점	• 역선택의 가능성 발생 • 계약 재갱신의 연령한계 존재(정기보험료는 연령에 따라 증가하며 궁극적으로 보험가입불가능한 단계에 도달함) • 저축기능이 없음

(3) 종신보험

생명의 상실로부터 연유하는 경제적 위험에 대하여 평생 동안 보장해 주기 때문에 보험가입의 수혜자는 언젠가는 보험금을 수취하지만 그 시기를 알 수 없는 상품이다.

① 일반종신보험

㉠ 특 징

ⓐ 사망시까지 계속적으로 보험료를 납입한다.

ⓑ 사망시(또는 100세) 보험금를 지급한다.

ⓒ 보험료 변동 없는 평준보험료로 납입한다.

ⓓ 일정 기간 후 해약환급금이 존재한다(예 적립형 계약).

ⓔ 다양한 옵션이 존재한다(예 해지옵션, 배당옵션, 몰수금지옵션 등).

㉡ 일반종신보험의 장 · 단점

장 점	• 평생 동안 사망위험의 보장 가능 • 추가적 저축기능이 필요한 경우
단 점	정기보험에 비해 높은 보험료

② 한정납 종신보험

㉠ 일반적으로 특정 기간(10, 20, 25, 30년 한정) 동안 평준보험료로 납입하는 종신보험이다.

㉡ 특정 연령에 도달하면 추가 보험료를 납입하지 않는 종신보험도 해당된다.

㉢ 보험료를 단 한 번에 목돈으로 전액 납부하는 일시납 종신보험도 포함된다.

㉣ 일반종신보험보다 높은 평준보험료를 납입하므로 적립금도 크다.

㉤ 수입이 적은 계약자에게 적합하지 않다.

(4) 순수생존보험

① 만기까지 생존하는 경우 보험금을 지급한다.

② 사망위험을 보장하는 것이 아니므로 보험이라기보다는 저축상품이라고 할 수 있다.

③ 실무에서는 순수생존보험은 거의 없다.

(5) 생사혼합보험(양로보험)

① 순수생존보험과 정기보험의 결합형이다.

② 위험보장 및 저축기능이 모두 포함되므로 보험료가 높다.

2 새로운 종신보험상품

(1) 새로운 종신보험의 등장 배경

① 전통적 종신보험은 보험료가 고정되고 납기일도 정해져 있어 자금사정이 어려워지면 보험료납입이 부담될 수 있다.

② 전통적 종신보험은 보험금이 확정되어 물가상승에 따라 보험금의 실질가치가 떨어질 수 있다.

③ 전통적 종신보험은 수익률 측면에서 실세금리가 반영되지 못하고 보수적으로 책정된 금리를 반영한다.

④ 상품의 투명성이 결여되어 보험가입자가 상품을 이해하고 신뢰하기가 어렵다.

(2) 실제가정형 종신보험(CAWL)

① 정 의

전통형 종신보험의 무배당 상품의 한계를 극복하기 위해 정기적으로 실세금리 및 최근의 사망률을 반영하여 종신보험의 현재가치를 평가하는 무배당종신보험이다.

② 특 징

보험가입자들은 보험료와 투자이익이 상품의 가격을 결정하는 3가지 요소, 즉 사업비지출, 보험금 지급, 이자의 적립에 어떻게 사용되는지를 알 수 있기 때문에 투명성을 제고할 수 있다.

③ 대표적 보험상품 : 실세금리감응형 종신보험

㉠ 최저보장금리 및 실세금리에 의해 적립현가가 결정된다.

㉡ 계약시 확정 사망보험금 및 최대 보험료가 명기된다.

(3) 변액생명보험

① 일반적 특징

㉠ 전통적 보험상품에 인플레이션 대응효과를 첨가하여 보험계약액(보험금액)의 실질가치를 보전하려는 상품이다.

㉡ 일반계정과 분리된 특별계정의 투자실적(주식이나 채권 투자)에 따라 보험금의 가치가 변화하는 상품이다.

㉢ 보험회사와 보험가입자 스스로 투자종목을 선택할 수 있다.

㉣ 납입보험료는 고정되어 있지만 보험금은 변하는 변액상품이다.

② 운영상 특징

㉠ 보험료 중에서 사업비와 사고발생 보험계약에 대한 분담금을 차감한 금액이 별도계정으로 투자된다.

㉡ 별도계정에 투자된 저축보험료 부분은 금액으로 관리되지 않고 구좌(units)수로 운용되기 때문에 주식투자와 유사하다.

㉢ 사망보험금은 투자실적에 따라 변하지만 최소한의 보장금액이 있으며, 중도해약시 환급금은 최소보장액이 없다. 별도 계정의 모든 투자 위험은 전적으로 보험가입자가 진다.
따라서 사망급부액은 기본적인 보험계약에 따른 최소보장부분(고정부문)과 별도계정의 투자 실적에 따라 변하는 변동부문으로 구성된다.

- 사망보험금 = 최소보장액 + Max[별도계정의 시장가치에 대한 지분, 0]
- 중도해약 환급금 = Max[별도계정의 시장가치에 대한 지분, 0]

㉣ 변액보험은 무배당상품이 일반적이지만 사차배당(예정한 사망확률에 비하여 실제 사망자가 적어 발생한 이익)과 비차배당(예정한 사업비에 비해서 실제 사용한 비용이 적어 발생한 이익)이 가능하다.

㉤ 변액보험은 「보험업법」과 「자본시장과 금융투자업에 관한 법률(자본시장법)」에 의해 규제를 받는다.

(4) 탄력형 생명보험

① 조정형 생명보험

㉠ 일정한 범위 내에서 보험계약자가 보험료의 크기를 정하거나 필요시 보험료 혹은 보험계약액 또는 양자를 조정할 수 있는 보험상품으로 소급하여 적용하지 못하며, 향후 거래에 국한하여 보험금이 증액되거나 감소된다.

㉡ 보험료 조정에 대하여는 보험계약자가 보험회사에 명시적으로 통보하지 않은 한 종전 보험료를 미리 정한 기간마다 납부하여야 한다.

② 유니버설 생명보험

㉠ 탄력적 보험료

ⓐ 보험계약자는 최저한도 이상의 범위 내에서 보험료의 크기 및 납입시기를 마음대로 변경할 수 있으며, 자금사정이 안 좋을 때는 잠시 보험료 납부를 생략(유예)할 수도 있다.

ⓑ 보험계약자는 보험계약액도 증감할 수 있다.

㉡ 상품의 구성내역을 분해하여 관리

ⓐ 저축부분, 순수보장부분, 요율의 결정 등 상품의 운영내역이 투명하다.

ⓑ 보험계약자는 보험료의 사용과 현재 적립이자율 등에 대해 보험사로부터 영업내역을 보고 받는다.

③ 탄력보강형 보통생명보험

㉠ 미국 일부 상호회사 형태의 생명보험 회사들이 계약자 배당금을 현금지급 대신 보험료에만 충당하도록 지정하여 보험계약 후반에 가입자의 보험료를 낮추거나 완납형 보험으로 전환할 수 있는 배당형 종신보험을 개발하였다.

㉡ 탄력보강형 일반생명보험은 유니버설보험이 지나치게 신축적이어서 운영상 비효율적이라고 판단되어 개발되었다.

④ 변액 유니버설 생명보험

㉠ 전형적인 변액보험에 유니버설보험의 탄력적 성격을 추가하여 상품의 신축성을 극대화한 상품이다.

㉡ 변액보험처럼 「보험업법」과 「자본시장과 금융투자업에 관한 법률(자본시장법)」에 의해 규제를 받으며, 상품, 별도계정 그리고 판매원이 등록되어야 한다.

㉢ 생명보험의 준비금 적립을 단순한 저축보다는 위험을 감수하는 투자의 성격으로 보기 때문에 투자위험을 보험계약자 스스로 진다.

심화TIP 다수생명보험(Joint Insurance)

다수의 피보험자 중 1인이 사망시 보험금이 지급되는 생명보험계약이다. 통상 피보험자 중 최초의 사망이 발생하면 보험금이 지급되고 있으며, 경우에 따라서는 최후생존자의 사망 시로 지정할 수도 있다. 부부간, 동업자간, 혹은 밀접한 주주간에 이루어지는 것이 보통이며, 그 기간은 종신 혹은 정기로 할 수 있고 증여식을 택할 수도 있다.

3 질병 · 상해보험표준약관

(1) 보험금의 지급사유 기출 20

피보험자에게 다음 중 어느 하나의 사유가 발생한 경우에는 보험수익자에게 약정한 보험금을 지급한다.

① 보험기간 중에 상해의 직접결과로써 사망한 경우(질병으로 인한 사망은 제외) : **사망보험금**

② 보험기간 중 진단확정된 질병 또는 상해로 장해분류표에서 정한 각 장해지급률에 해당하는 장해상태가 되었을 때 : **후유장해보험금**

③ 보험기간 중 진단확정된 질병 또는 상해로 입원, 통원, 요양, 수술 또는 수발(간병)이 필요한 상태가 되었을 때 : **입원보험금, 간병보험금 등**

질병 · 상해보험 표준약관상 보험금 지급사유가 성립되기 위하여 갖추어야 할 상해사고의 요건은 급격하고도 우연한 외래의 사고에 의한 피보험자의 신체손상이 있어야 한다. 즉, 상해사고의 요건은 **우연성 · 외래성 · 급격성**을 요한다.

(2) 보험수익자의 지정 기출 23

보험계약자가 보험수익자를 지정하지 않은 경우 보험수익자는 다음과 같이 지정한다.

① 보험기간이 끝나 만기환급금을 지급하는 경우 : **계약자**

② 보험기간 중에 사망보험금을 지급한 경우(질병으로 인한 사망은 제외) : **피보험자의 법정상속인**

③ 후유장해보험금 및 입원보험금·간병보험금을 지급한 경우 : **피보험자**

(3) 보험나이의 계산 기출 20

① 피보험자의 나이는 보험나이를 기준으로 한다. 다만, 만 15세 미만자, 심신상실자 또는 심신박약자를 피보험자로 하여 사망을 보험금 지급사유로 하여 계약 무효가 된 경우에는 실제 만 나이를 적용한다.

② 보험나이는 계약일 현재 피보험자의 실제 만 나이를 기준으로 6개월 미만의 끝수는 버리고 6개월 이상의 끝수는 1년으로 하여 계산하며, 이후 매년 계약 해당일에 나이가 증가하는 것으로 한다.

③ 피보험자의 나이 또는 성별에 관한 기재사항이 사실과 다른 경우에는 정정된 나이 또는 성별에 해당하는 보험금 및 보험료로 변경한다.

[보험나이 계산 예시]

생년월일 : 1988년 10월 2일, 현재(계약일) : 2014년 4월 13일

⇒ 2014년 4월 13일 − 1988년 10월 2일 = 25년 6월 11일 = 26세

심화TIP 「민법」에서 규정한 상속 순위(민법 제1000조 제1항) 기출 21

1. 피상속인의 직계비속
2. 피상속인의 직계존속
3. 피상속인의 형제자매
4. 피상속인의 4촌 이내의 방계혈족

심화TIP 상속 관련 법률상 권리 기출 25

- **유류분반환청구권** : 피상속인(고인)이 사망 전에 특정인에게 법정 상속지분을 넘어서는 재산을 증여하거나 유언으로 증여(유증)하여 다른 상속인의 유류분(최소한의 상속분)을 침해한 경우, 해당 상속인이 침해된 유류분(법정 상속분의 1/2 또는 1/3)만큼의 재산 반환을 청구할 수 있는 권리이다.
- **상속회복청구권** : 상속권이 참칭상속권자로 인하여 침해된 경우 상속권자 또는 그 법정대리인이 그 침해의 회복을 위해 갖게 되는 청구권을 말한다(민법 제999조 제1항).

  ※ 참칭상속권자(또는 참칭상속인)는 스스로 상속인이라고 참칭하면서 상속재산의 전부나 일부를 점유하는 사람을 말한다. 즉 법률상 상속권이 없음에도 불구하고 사실상 상속인으로서의 지위를 보유하는 사람으로서, 상속인이 아닌 사람이 고의로 상속재산을 점유하거나, 상속결격자가 상속인으로 되는 경우를 말한다.
- **대습상속권** : 상속인이 될 직계비속 또는 형제자매(피대습인)가 상속 개시 전에 사망하거나 결격자가 된 경우에 사망하거나 결격된 사람의 순위에 갈음해서 피대습인의 직계비속 또는 배우자가 상속인이 되는 것을 말한다.
- **특별연고자 분여청구권** : 상속권을 주장하는 자가 없는 때 피상속인과 생계를 같이 하고 있던 자, 피상속인의 요양간호를 한 자 기타 피상속인과 특별한 연고가 있던 자의 청구에 의하여 상속재산의 전부 또는 일부를 분여할 수 있는 권리이다(민법 제1057조의2).

(4) 질병급여(실손의료보험 표준약관 제3조) 기출 24

피보험자가 통원하여 치료를 받던 중 보험계약이 종료되더라도 그 계속 중인 통원에 대해서는 보험계약 종료일 다음날부터 180일 이내의 통원을 보상하며, 최대 90회 한도 내에서 보상한다.

CHAPTER 02 기출유형문제

01 개인별 재무설계에서 위험관리수단으로 사용되는 것이 아닌 것은?

① 건강보험
② 자동차보험
③ 투자신탁
④ 주택화재보험

| 해설 |

투자신탁은 재산증식수단에 해당된다.

02 다음 중 생명보험의 가입동기로 볼 수 없는 경우는?

① 부양가족의 생계를 보장
② 연금형태의 상품 대체
③ 노후 경제대책
④ 장례비, 치료비, 상속 관련 비용 등 추가비용 보전

| 해설 |

최근에는 생존급부형 생명보험 및 연금형태의 상품의 수요가 증가하는 추세이다.

03 다음 중 손해보험상품과 생명보험상품에 대한 설명으로 옳지 않은 것은? 기출 19

① 손해보험은 실손보상 원리를 중시한다.
② 생명보험은 보험계약법상 인보험으로 분류한다.
③ 생명보험은 정액보험의 성격을 가진다.
④ 손해보험은 인명손실을 보상하지 아니한다.

| 해설 |

손해보험과 생명보험의 중간적인 성격인 제3보험에서 상해, 질병, 간병과 관련하여 보상하고 있으며, 제3보험은 손해보험회사와 생명보험회사에서 모두 취급하고 있다. 결국 제3보험의 등장과 다양한 특약의 개발로 손해보험상품과 생명보험상품이 점차 비슷해지고 있는 추세에 있다.

04 생명보험의 수리적 개념에 대한 설명으로 옳지 않은 것은?

① 생명표는 사망표(mortality table)라고도 한다.
② 생명표는 각 연령마다 생존자수와 사망자수로 분류하고, 생존율, 사망률 및 평균여명을 계산한다.
③ 1세의 평균여명을 평균수명이라고 한다.
④ 경험생명표에서 30세 남자의 평균여명이 45년이라는 것은 30세의 남자가 앞으로 생존할 수 있는 기간의 평균이 45년이라는 것이다.

해설

평균여명이란 어떤 연령에서 그 연령의 사람이 미래에 생존할 수 있는 기간의 평균을 의미한다. 0세의 평균여명을 평균수명이라고 한다.

05 현재 1,000만원을 연리 10% 단리로 정기예금하는 경우 3년 후의 미래가치는?

① 1,100만원
② 1,300만원
③ 1,331만원
④ 1,514만원

해설

3년 후의 미래가치

- 단리일 경우
  FV_3 = 1,000만원(1 + 0.1 × 3) = 1,300만원
- 복리일 경우
  $FV_3 = PV(1+r)^2(1+r) = PV(1+r)^3$ = 1,000만원$(1+0.1)^3$ = 1,331만원

06 원금 10,000,000원을 연 10%(연복리)로 2년 만기 예금한 경우(A)와 연 10%(반년 복리)로 1년 만기 예금한 경우(B)의 만기원리금(세전)을 바르게 짝지은 것은?

① (A) 12,100,000원 – (B) 12,100,000원
② (A) 12,100,000원 – (B) 11,025,000원
③ (A) 11,025,000원 – (B) 11,025,000원
④ (A) 12,100,000원 – (B) 11,000,000원

해설

A의 만기원리금 = 10,000,000원 × $(1+0.1)^2$ = 12,100,000원
B의 만기원리금 = 10,000,000원 × $(1+0.05)^2$ = 11,025,000원

정답 01 ③ 02 ② 03 ④ 04 ③ 05 ② 06 ②

07 연리 10%로 매년 복리계산되는 2년 만기 정기예금에 현재 얼마를 예금하여야 100만원이 되겠는가?

① 826,400원　　② 862,600원
③ 921,400원　　④ 963,800원

| 해설 |

$PV(1+r)^2=100$만원, $PV=\dfrac{100\text{만원}}{(1+0.1)^2}=826,400$원

08 K씨는 지금으로부터 3년 후에 100만원을 받을 수 있다. 정기예금 이자율을 연 8%라 할 때 K씨가 받을 미래 현금흐름의 현재가치는 얼마인가?

① 687,400원　　② 793,800원
④ 813,000원　　④ 868,600원

| 해설 |

$PV(1+0.08)^3=1,000,000$원

$PV=\dfrac{1,000,000\text{원}}{(1+0.08)^3}=793,800$원

09 1년 후에 10,000원, 2년 후에 20,000원, 3년 후에 30,000원의 현금흐름이 발생하는 경우, 연간 이자율(할인율)이 10%일 때, 이 투자안의 현재가치는?

① 48,159원　　② 53,167원
③ 64,100원　　④ 71,235원

| 해설 |

$PV=\dfrac{10,000}{1+0.1}+\dfrac{20,000}{(1+0.1)^2}+\dfrac{30,000}{(1+0.1)^3}=48,159$원

10 연간 이자율이 10%로 일정하다면, 앞으로 5년 동안 매년 말에 10,000원씩 지급받게 될 연금의 현재가치는?

① 26,802원 ② 29,202원
③ 33,608원 ④ 37,908원

| 해설 |

$$PV = \frac{10,000}{1+0.1} + \frac{10,000}{(1+0.1)^2} + \cdots + \frac{10,000}{(1+0.1)^5} = 37,908\text{원}$$

또는 $PV = A \times \frac{(1+r)^n - 1}{r(1+r)^n} = 10,000 \times \frac{(1+0.1)^5 - 1}{0.1(1+0.1)^5} = 37,908\text{원}$

11 매년 10%의 이자를 지급해주는 정기예금에 앞으로 5년 동안 매년 말에 10,000원씩 불입할 경우 5년 후에 받게 될 금액은 얼마인가?

① 49,087원 ② 52,202원
③ 58,608원 ④ 61,051원

| 해설 |

$$FV_5 = 10,000(1+0.1)^4 + 10,000(1+0.1)^3 + \cdots + 10,000 = 61,051\text{원}$$

또는 $FV_n = A \times \frac{(1+r)^n - 1}{r}$ 따라서 $FV_5 = 10,000 \times \frac{(1+0.1)^5 - 1}{0.1} = 61,051\text{원}$

12 현금 100만원을 연리 10%로 매년 복리계산 되는 정기예금에 예금하는 경우 몇 년 후에 원금의 2배인 200만원이 되겠는가?

① 2.4년 ② 3.6년
③ 5.4년 ④ 7.2년

| 해설 |

원금의 2배가 되는 기간을 다음과 같이 구할 수 있으며, 이를 72의 원칙이라 한다.

원금의 2배가 되는 기간 $= \frac{72}{\text{이자율(\%)}} = \frac{72}{10} = 7.2$

TIP 72의 원칙

복리를 전제로 자산이 두 배로 늘어가는데 걸리는 시간을 계산하는 방식으로 72를 해당 수익률(이자율)로 나눌 경우 원금의 두 배가 되는 기간을 산출한다.

정답 07 ① 08 ② 09 ① 10 ④ 11 ④ 12 ④

※ 다음 표를 이용하여 물음에 답하시오. [13~15]

구 분	복리표	현가표	연금복리표	연금현가표
기간/이자율	6%	6%	6%	6%
3년	1.191	0.840	3.184	2.673
5년	1.338	0.747	5.637	4.212

13 시장이자율이 6%인 상황에서 3년 뒤 10,000원을 받기로 한 계약의 현재가치는 얼마인가?

① 7,470원
② 8,400원
③ 11,910원
④ 13,380원

해설

현재가치를 묻는 문제이므로 현가표를 이용하면 현재가치는 10,000원 × 0.840 = 8,400원

14 향후 5년간 시장이자율이 6%를 유지한다고 가정할 때, 매년 10,000원씩 5년간 적금을 들었을 경우 5년 뒤 받게 되는 원금과 이자의 합은 얼마인가?

① 42,120원
② 11,910원
③ 31,840원
④ 56,370원

해설

연금의 미래가치를 묻는 문제이므로 연금복리표를 이용하면 연금의 미래가치는 10,000원 × 5.637 = 56,370원

15 김○○씨는 매년 10,000원씩 5년간 연금을 받게 되었다. 그러나 김○○씨는 연금 대신 일시불로 받고 싶어 한다. 향후 5년간 시장이자율이 6%를 유지한다고 가정할 때, 얼마를 받게 되는가?

① 26,730원
② 31,840원
③ 42,120원
④ 56,370원

해설

연금의 현재가치를 묻는 문제이므로 연금현가표를 이용하면 연금의 현재가치는 10,000원 × 4.212 = 42,120원

16 보험료 산출의 고려사항 중 보험료가 기대하는 보험금 수준에 비하여 지나치게 높지 않아야 하는 원칙과 관련이 있는 것은?

① 충분성　　② 비과도성
③ 공정성　　④ 상호 부합성

해설

① **충분성** : 회사가 계약상의 보험금 지급의무인 지급능력을 이행할 수 있을 만큼의 최소한도록 충분하고도 또한 계약을 관리하는데 최소한의 필요한 경비를 지출할 수 있을 정도의 보험료를 책정해야 하는 원칙
③ **공정성** : 개인의 위험정도에 따라 차등적으로 보험료를 적용하여야 하는 원칙
④ **상호 부합성** : 보험료 산출내용과 보험약관의 보장내용이 서로 부합하여야 한다는 원칙

17 책임준비금 적립방식에 대한 설명으로 옳지 않은 것은?

① 질멜(Zillmer)식 책임준비금은 계약초기에 순보험료의 일부를 회사경비의 재원으로 쓸 수 있도록 하고, 차년도 이후에 일정한 금액씩 상환하는 형태의 계상방식이다.
② 순보험료식 책임준비금은 사업비에 관한 것을 일체 고려하지 않고 순보험료와 보험금만으로 책임준비금을 계산하는 방법이다.
③ 순보험료식 책임준비금은 회사의 경비(사업비)를 매년 일정액의 부가보험료로 충당한다.
④ 우리나라는 질멜(Zillmer)식 책임준비금을 채택하고 있다.

해설

책임준비금에는 순보험료식 책임준비금과 질멜(Zillmer)식 책임준비금이 있으며, 우리나라에서는 질멜(Zillmer)식 책임준비금을 변형한 순보험료식 책임준비금(이연신계약비 상각)을 적용하고 있다.

18 3이원방식에서 사용되는 3가지 가격요소에 해당하지 않는 것은?

① 예정계약유지율　　② 예정위험률
③ 예정사업비율　　④ 예정이율

해설

3이원방식은 예정위험률, 예정이율, 예정사업비율을 기초로 보험료를 산출하는 방식이다.

정답 13 ② 14 ④ 15 ③ 16 ② 17 ④ 18 ①

19 3이원보험료 산출방식에 대한 설명으로 옳지 않은 것은?

① 예정위험률이란 피보험자(보험대상자)가 어떤 비율로 생존하여 보험료를 납입하며, 어떤 비율로 사망(또는 상해 · 질병발생 · 생존 등)하여 보험금을 지급 받는지의 비율이다.
② 예정위험률이 높으면 보험료가 비싸며, 예정위험률이 낮으면 보험료는 내려간다.
③ 예정사업비율이 높으면 보험료가 비싸며, 예정사업비율이 낮으면 보험료는 내려간다.
④ 예정이율이 높으면 보험료가 비싸며, 예정이율이 낮으면 보험료는 내려간다.

해설

일반적으로 예정이율이 높으면 보험료는 낮아지고, 예정이율이 낮으면 보험료는 올라간다.

20 현금흐름방식에 대한 설명으로 옳지 않은 것은?

① 현금흐름방식은 3가지 예정기초율 이외 계약유지율, 판매량 등 다양한 기초율을 적용한다.
② 최적(realistic) 가격요소를 사용한다.
③ 예정기초율로 장래현금흐름을 생성하여 보험료를 산출한다.
④ 가격요소에 기대이익을 포함시킨다.

해설

3이원방식과 현금흐름방식의 비교

구 분	3이원방식	현금흐름방식
가격요소의 종류	현금흐름을 3가지 가격요소(예정위험률, 예정이자율, 예정사업비율)로 단순화	현금흐름을 현실에 맞게 분석하기 위해 가격요소의 종류를 위험률, 이자율, 사업비율 이외에 계약해지율, 투자수익률, 판매규모 등을 다양하게 적용
가격요소의 수준	상품을 판매하고 안정적으로 운영할 수 있도록 보수적 가격요소를 사용	최적(realistic) 가격요소를 사용
이익의 반영	가격요소에 기대이익을 포함시킴	기대이익은 가격요소와 별도로 적용

21 생명보험료 계산에 대한 설명으로 옳지 않은 것은?

① 예정사망률은 위험보험료 산출시 활용되고 실제보다 높게 설정한다.
② 보험료 산출시 사용된 예정사망률과 실제사망률(재해, 질병 등)의 차이를 '위험률차손익'이라고 한다.
③ 예정이율과 보험료는 비례하며, 저축보험료 산출시 활용되고, 실제보다 높게 책정한다.
④ 예정사업비율이란 보험료 중에서 미리 예상하고 계산한 사업비의 비율을 말한다.

해설

예정이율과 보험료는 반비례하며, 저축보험료 산출시 활용되고, 실제보다 낮게 책정한다.

22 생명보험의 순보험료를 올바르게 정의한 것은?

① 예정사망률에 의하여 산출된 보험료
② 예정이율에 의하여 산출된 보험료
③ 위험보험료와 저축보험료를 합한 보험료
④ 생명보험 사업에 필요한 비용을 포함한 보험료

해설

예정사망률에 의하여 산출된 보험료를 위험보험료, 예정이율에 의하여 산출된 보험료를 저축보험료라 하고, 이 두 가지를 합하여 '순보험료'라고 한다.

23 순보험료의 본질적 특성과 가장 거리가 먼 것은?

① 미래의 예측에 근거한다.
② 보험자의 통제가 불가능한 부분이 많다.
③ 규모의 경제성이 크다.
④ 일반적으로 집단평균원가개념이 적용된다.

해설

제조상품의 경우 생산 및 판매량의 증가에 따라 생산비용을 절감할 수 있어서 규모의 경제성이 크지만, 보험상품의 경우 많이 판매해도 순보험료(보험금지급에 충당되는 보험료)를 절감할 수는 없기 때문에 규모의 경제성이 크다고 할 수 없다.

24 다음 중 질병 · 상해보험표준약관상 보험금 지급사유가 성립되기 위하여 갖추어야 할 상해사고의 요건에 해당하지 않는 것은? 기출 20

① 경제성(monetary)
② 우연성(accidental)
③ 급격성(violent)
④ 외래성(external)

해설

상해사고의 요건은 급격하고도 우연한 외래의 사고에 의한 피보험자의 신체손상이 있어야 한다. 즉, 상해사고의 요건은 우연성 · 외래성 · 급격성을 요한다.

정답 19 ④ 20 ④ 21 ③ 22 ③ 23 ③ 24 ①

25 아래 사례에서 질병 · 상해보험표준약관상의 규정에 따라 계산한 피보험자의 현재 보험나이는? (단, 계약의 무효에 적용하는 나이계산 방식은 무시하고, 기타 일반적인 경우에 적용하는 보험나이를 계산할 것) 기출 20

- 피보험자 생년월일 : 1999년 10월 2일
- 현재(계약일) : 2020년 4월 13일

① 20년
② 20년 6월
③ 20년 7월
④ 21년

| 해설 |

보험나이는 계약일 현재 피보험자의 실제 만 나이를 기준으로 6개월 미만의 끝수는 버리고 6개월 이상의 끝수는 1년으로 하여 계산하며, 이후 매년 계약 해당일에 나이가 증가하는 것으로 한다.

2020년 4월 13일 − 1999년 10월 2일 = 20년 6월 11일 = **21년**

26 아래 설명의 (　　) 안에 들어갈 용어를 순서대로 바르게 나열한 것은? 기출 23

질병 · 상해보험표준약관에서는 보험계약자가 보험수익자를 지정하지 않은 때 사망보험금은 (　　), 기타 후유장해보험금 및 입원보험금 · 간병보험금 등은 (　　)을(를) 각각 그 수익자로 한다고 규정하고 있다.

① 계약자, 피보험자
② 계약자, 피보험자의 법정상속인
③ 피보험자의 법정상속인, 피보험자
④ 피보험자의 법정상속인, 계약자

| 해설 |

보험계약자가 보험수익자를 지정하지 않은 경우 보험수익자의 지정

- 보험기간이 끝나 만기환급금을 지급하는 경우 : **계약자**
- 보험기간 중에 사망보험금을 지급한 경우(질병으로 인한 사망은 제외) : **피보험자의 법정상속인**
- 후유장해보험금 및 입원보험금 · 간병보험금을 지급한 경우 : **피보험자**

27 다음 중 「민법」에서 규정한 상속 순위를 올바르게 나열한 것은? 기출 21

(가) 피상속인의 직계존속
(나) 피상속인의 직계비속
(다) 피상속인의 형제자매
(라) 피상속인의 4촌 이내의 방계혈족

① (가) → (나) → (다) → (라)
② (나) → (가) → (다) → (라)
③ (가) → (다) → (나) → (라)
④ (나) → (가) → (라) → (다)

해설

「민법」에서 규정한 상속 순위는 (나) 피상속인의 직계비속 → (가) 피상속인의 직계존속 → (다) 피상속인의 형제자매 → (라) 피상속인의 4촌 이내의 방계혈족 순이다(민법 제1000조 제1항).

28 아래는 기본형 실손의료보험(급여실손의료비) 표준약관 제3조(보험종목별 보상내용) (2) 질병급여 제4항의 내용 중 일부이다. ( ) 안에 들어갈 숫자를 순서대로 바르게 나열한 것은? (단, 종전 계약은 자동 갱신되지 않으며, 같은 보험회사의 보험상품에 재가입도 하지 않은 것으로 가정함) 기출 24

피보험자가 통원하여 치료를 받던 중 보험계약이 종료되더라도 그 계속 중인 통원에 대해서는 보험계약 종료일 다음 날부터 ( )일 이내의 통원을 보상하며, 최대 ( )회 한도 내에서 보상한다.

① 30, 30
② 60, 30
③ 120, 60
④ 180, 90

해설

피보험자가 통원하여 치료를 받던 중 보험계약이 종료되더라도 그 계속 중인 통원에 대해서는 보험계약 종료일 다음날부터 (180)일 이내의 통원을 보상하며, 최대 (90)회 한도 내에서 보상한다[실손의료보험 표준약관 제3조 (2) 질병급여 제4항].

정답 25 ④ 26 ③ 27 ② 28 ④

CHAPTER 03

개인연금과 기업연금

학습목표

❶ 개인연금의 기본유형과 세제지원 개인연금에 대해 알아본다.

❷ 우리나라 퇴직연금제도의 특징, 도입성과 및 문제점 등을 파악한다.

01 개인연금

1 개인연금시장의 성장배경

(1) 핵가족화 추세

산업사회의 급속한 발달로 가정이 대가족에서 핵가족으로 변모하면서 부모는 노후의 경제생활을 자녀에게 더 이상 의존할 수 없게 되었고, 스스로 노후의 경제생활을 준비하게 되었다.

(2) 인구의 장수화 추세

의학기술의 발달로 인간의 수명이 늘어나면서 생명보험보다 연금에 대한 수요가 증가하고 있다.

(3) 공적 연금제도의 재정적 위기

최근 고령화 추세와 젊은 세대의 출산율 감소로 공적 연금제도에 커다란 재정적 위기를 맞이하고 있으며, 공적 연금제도에 대한 불신으로 근로자들은 정부의 세율인상을 적극 반대하고 있어 문제의 심각성은 더욱 커지고 있다.

(4) 세제 혜택

① 우리나라의 경우 「조세감면규제법」의 개정을 통하여 1994년 세제지원 개인연금제도를 도입하였다.

② 생명보험상품은 계약기간이 10년 이상 유지되는 경우 보험차익에 대하여 비과세 혜택을 주고 있다.

심화TIP **3층 보장 연금제도**

3층 보장 연금제도는 공적보장(국민연금・공적부조)과 사적보장인 기업보장(퇴직연금・퇴직금), 개인보장(개인연금 등)으로 3층의 노후 소득보장 체계를 쌓는 것을 말한다.

- **공적연금** : 국가가 사회보장제도의 일환으로 운영
- **기업연금** : 기업의 고용주가 종업원의 생산성을 촉진하고 노후걱정 없이 안심하고 근무할 수 있도록 기업이 지원하는 제도
- **개인연금** : 고용관계에 있지 않은 자영업자나 기업연금에 가입되어 있으나, 보다 많은 연금수령으로 노후생활의 질을 높이고자 하는 개인을 위해 마련된 제도

[3층 보장 연금제도]

구 분	보장체계	책임주체	수 단	기본 원리	급 부
공적연금	제1층	국가보장	국민연금	사회연대원리	소득비례
			공무원연금 사립학교교직원연금 군인연금		
			공적부조		
사적연금	제2층	기업보장	퇴직금, 퇴직연금	사회적 책임원리	소득 및 근무연수
	제3층	개인보장	개인연금	자기부담의 원리	개인 자율

2 연금상품의 기본유형

(1) 연금수혜기간에 따른 분류

① 생명연금

㉠ 생존확률과 연관하여 연금의 지급기간이 결정되는 상품이다.

㉡ 연금의 수혜기간에 따른 분류

ⓐ 한정연금 : 미리 정한 확정기간과 생존기간을 비교하여 먼저 도래하는 기간까지만 연금을 지급하는 상품이다.

- 한정연금의 지급기간 = Min[확정기간, 생존기간]

ⓑ 종신연금 : 연금수급자가 사망할 때까지 연금을 지급하는 상품이다.

- 종신연금의 지급기간 = 생존기간

㉢ 환급 여부에 따른 분류

ⓐ 순수보장형 연금 : 수혜자가 사망하면 즉시 연금지급을 종료한다.

ⓑ 환급형 생명연금 : 연금개시 후 일정 기간 이내 사망하는 경우 연금의 일부를 환급한다.

② 확정연금

㉠ 연금수혜자의 수명과 관계없이 확정된 일정 기간 동안 연금을 지급하는 상품이다.

㉡ 생존확률과는 상관이 없으므로 보험회사뿐만 아니라 은행이나 투자신탁도 개발・판매하고 있다.

(2) 부보자의 수에 따른 분류

① 개인형 연금

특정 가입자의 생명이 끝날 때까지 연금을 지급하는 상품이다.

② 부부형 연금

㉠ 두 명 이상의 사람(부부, 남매 등)이 함께 가입하여 최종생존자 사망시까지 연금을 지급한다.

㉡ 일반적으로 둘 중 하나가 사망할 경우 연금지급액은 1/2 또는 2/3로 경감하여 설계한다.

(3) 연금의 개시시점에 따른 분류

① 즉시연금

보험료를 일시불로 내고 다음 달부터 즉시 연금지급이 개시되는 상품으로 목돈 보유자에 적합하다.

② 거치연금

일시불 또는 장기간 보험료를 납입하는 상품으로 일정 기간(거치기간)이 지난 후 연금지급이 개시되는 상품이다.

㉠ 신축납 거치연금

ⓐ 보험료 크기 및 납입기간을 탄력적으로 조절한다.

ⓑ 연금지급 전의 적립된 이자에 대해서는 소득세가 면제되지만, 연금수령시 일반소득으로 세금이 부과된다(**소득세 납부의 연기 효과**).

소득세 납부의 연기 효과

- 세금 납부의 연기는 화폐의 시간가치 측면에서 볼 때 할인이자율만큼 이득이 된다. 즉 발생한 수익이 세금으로 당장 지급되지 않기 때문에 이자에 이자가 붙어 재산이 증가하는 효과를 준다.
- 연금을 수령하는 시기에는 대부분의 연금수령자가 근로소득이 없는 퇴직 후가 되기 때문에 한계소득세율이 상대적으로 낮아 세금부담이 줄어든다.

ⓒ 일정 기간이 지나면 해약 범칙금을 부과하지 않는다.

ⓓ 적립이자율은 실세금리와 연동되지만 최저보장금리가 설정되어 있다.

㉡ 일시납 거치연금

ⓐ 한 번에 목돈을 주고 연금을 구입한 후 일정한 거치기간을 지나서 연금을 수령하는 상품이다.

ⓑ 적립이자율은 보험회사의 자산운용수익률에 따라 변하지만 최저보장이자율을 보장한다.

ⓒ 해약 범칙금을 물지 않고 계약을 중도에 해약할 수 있다.

(4) 연금수령액에 따른 분류

① 고정연금

자산의 운용실적과 관계없이 일정한 연금이 지급되는 상품이다.

② 변액연금

㉠ 자산의 운용실적에 따라 연금지급액이 달라지는 상품이다.

㉡ 인플레이션에 헤징으로 물가상승 효과를 상쇄한다.

㉢ 별도 특별계정으로 분리되어 관리된다.
㉣ 보험료는 사업경비를 제외하고 적립기금의 구좌를 구입한다.
㉤ 적립 구좌수는 당시 한 구좌당 가격에 따라 결정되므로 구매된 구좌수는 구좌당 시가에 따라 달라진다.
㉥ 투자포트폴리오를 누가 구성하느냐에 따라 회사관리형과 자기설계형으로 구분한다.
㉦ 일반적으로 퇴직 전 사망에 대한 최소 사망보험금을 지급한다.

심화TIP 연금형 채권투자

일정한 주기마다 이자를 지급하는 채권을 이표채라 하는데 회사채가 대표적이다. 이표채에 적당한 포트폴리오를 구성하면 매월 일정한 이자를 받게 되어 연금형식으로 노후생활을 준비할 수 있다.

3 세제지원 개인연금

(1) 세제적격연금과 세제비적격연금

① 세제적격연금
세법의 일정요건을 충족하여 세금을 절약하는 상품으로 불입액에 대한 소득공제혜택과 함께 이자수입에 대한 세제혜택도 주어진다.

② 세제비적격연금
세법상 적격요건을 갖추지 못한 상품으로 연금수령시까지 이자소득에 대한 세금을 유예시켜준다.

(2) 미국의 세제지원 개인연금

① 개인퇴직계정(Individual Retirement Account : IRA) 도입
㉠ 자영업자와 기업연금에 가입되어 있으나, 연간소득이 일정수준 이하인 저소득층에게 매년 $2,000 범위 내에서 개인퇴직계정에 가입하여 저축할 수 있다.
㉡ 기여금 또는 납입금은 소득공제되며, 이자수익에 대하여 연금수령시까지 세금납부가 연기된다.

② 세제적격 개인연금의 분류
㉠ 퇴직계좌형태 : 은행신탁계좌, 뮤추얼펀드계좌, 주식브로커회사의 개별선택계좌 등
㉡ 퇴직연금형태 : 신축납 거치연금, 변액연금 등

(3) 우리나라의 개인연금

① 도입배경

금융실명제 도입에 따른 투자재원 형성이 위축되자 정부는 저축 유인책으로 개인연금제도를 1994년에 도입하게 되었다.

② 연금저축계좌

㉠ 가입대상 : 제한 없음

㉡ 납입한도 : 연 1,800만원 이내(퇴직연금계좌 및 연금저축계좌 포함)

㉢ 세액공제 한도 : 연금저축계좌 납입액[※ 연 600만원으로 상향(2025년 기준)]
연금저축계좌는 600만원 한도, 퇴직연금계좌(IRP)까지 포함해서 총 900만원까지를 한도로 한다.

세액공제율(지방소득세 포함)
- 총급여 5,500만원 이하(종합소득 4,500만원 이하) : 16.5%
- 총급여 5,500만원 초과(종합소득 4,500만원 초과) : 13.2%

㉣ 연금수령 : 가입 후 5년 경과 및 만 55세 이후 연금수령 개시, 매년 연금수령 한도 이내에서 인출

㉤ 연금수령 한도

$$\text{연금수령한도} = \frac{\text{연금계좌의 평가액}}{(11 - \text{연금수령연차})} \times 120\%$$

㉥ 중도해지시 과세 : 연금수령한도 이내에는 연금소득세 3.3%~5.5%
※ 단, 연금수령한도를 초과하는 경우에는 기타소득세 16.5%(지방소득세 포함)

㉦ 분리과세 : 연간 1,200만원
※ 연간 연금소득 1,200만원 초과시 종합과세 또는 분리과세(16.5%) 중 선택

③ 기관별 연금저축의 종류와 특징의 비교

구 분	연금저축(펀드)계좌	연금저축신탁	연금저축보험	
취급기관	펀드판매사	은행	생명보험사	손해보험사
운용자산	국내외 주식, 채권 등 제한 없음	채권형, 금리연동상품 (주식최대 10%까지 가능)	금리연동형 (월변동 공시이율)	
납입방식	자유	자유	정기납	
예금자 보호	×	○	○	○
장 점	• 다양한 펀드로 분산투자가능 • 연금자산 리밸런싱 가능 • 높은 기대수익률	원금보전	• 최저보증이율 有 • 종신연금지급 가능	최저보증이율 有
단 점	시장 등락에 따른 성과 변동	낮은 운용수익, 상품전환 한계	자유납입 불가, 자산 리밸런싱 불가능	

02 기업연금(퇴직연금)

1 퇴직금제도와 퇴직연금제도

(1) 퇴직연금제도의 개요

① 퇴직연금제도란 「근로자퇴직급여보장법」에 의하여 기업이 근로자의 노후소득보장과 생활안정을 위해 근로자 재직기간 중 사용자가 퇴직금 지급재원을 외부의 금융기관에 적립하고, 이를 사용자(기업) 또는 근로자의 지시에 따라 운용하여 근로자 퇴직시 연금 또는 일시금으로 지급하도록 하는 기업복지제도이다.

② 1인 이상의 사업장의 사용자(사업주 등)는 퇴직급여제도인 퇴직금제도와 퇴직연금제도 중 하나 이상의 제도를 설정하여야 한다.

③ 퇴직연금제도는 법정 퇴직금제도와 달리 노사합의에 의해 자율적으로 도입하는 제도로서 강제성이 없다.

④ 기존의 퇴직금제도를 반드시 퇴직연금제도로 전환해야 하는 것은 아니며, 그대로 유지하는 것도 가능하다.

⑤ 사용자가 퇴직급여제도(퇴직금제도 및 퇴직연금제도)를 설정하지 않은 경우에는 퇴직금제도를 설정한 것으로 간주한다.

(2) 퇴직연금제도의 도입배경

① 고령화 · 저출산화

고령화 · 저출산의 급속한 진행으로 은퇴 후의 생활은 점차 장기화되어 가는 반면, 노년층을 부양할 수 있는 젊은 세대의 인구는 감소하고 있어 노후생활에 대한 체계적이고 종합적인 준비가 필요하다.

② 노동시장의 변화

㉠ 퇴직금제도는 1953년 「근로기준법」에 의거한 임의제도였으나, 1961년 30인 이상 사업장에 의무 적용하도록 강제화 되면서 법정제도로 발전하였고, 그 범위가 점차 확대되었다.

㉡ 퇴직금제도는 잦은 이직과 중간정산, 조기퇴직 등으로 퇴직금이 생활자금으로 소진된 경우가 많아 노후 소득재원으로서의 역할을 수행하지 못하고 있다.

③ 기존 법정 퇴직금제도의 문제점

㉠ 퇴직금제도는 일시금 지급이 대부분이며, 중간정산의 확산 등으로 인해 노후소득 보장기능이 미흡하다.

㉡ 사내에 적립되어 기업의 운전자금으로 사용되고 있어서 기업 도산시 근로자의 수급권이 보호되기 어렵다.

㉢ 인사관리의 유연성을 제약할 수 있다. 연봉제와 같은 성과주의 임금제도에서 퇴직금제도를 그대로 적용하면 성과에 따른 평균임금 변동이 발생하므로 퇴직금 수령 금액에 차이가 발생할 수 있다. 또한 임금피크제와 같은 새로운 인사제도의 도입을 어렵게 하는 요인으로 작용한다.

2 퇴직연금제도의 종류

(1) 확정급여형 퇴직연금제도(DB ; Defined Benefit)

① 근로자가 퇴직시에 수령할 퇴직급여가 근무기간과 평균임금에 의해 사전적으로 확정되어 있는 제도이다.

퇴직급여 = 퇴직시 평균임금 × 근무기간

② 사용자가 적립금을 직접 운용하므로 운용결과에 따라 사용자가 납입해야 할 부담금 수준이 변동될 수 있다.

③ 임금인상률 · 퇴직률 · 운용수익률 등 연금액 산정의 기초가 되는 가정에 변화가 있는 경우에도 사용자가 그 위험을 부담한다.

(2) 확정기여형 퇴직연금제도(DC ; Defined Contribution)

① 사용자가 매년 근로자 연간 임금의 1/12 이상을 부담금으로 납부하고, 근로자가 적립금의 운용방법을 결정하는 제도이다.

② 근로자의 적립금 운영성과에 따라 퇴직 후의 연금 수령액이 증가 또는 감소하게 되며, 결과적으로 적립금 운용과 관련한 위험을 근로자가 부담하게 된다.

퇴직급여 = 총부담금 ± 운용수익

(3) 개인형 퇴직연금제도(IRP ; Individual Retirement Pension) 기출 25

① 근로자가 퇴직하거나 직장을 옮길 때 받은 퇴직급여 일시금이나 가입자가 임의로 납입한 부담금을 자기 명의의 퇴직계좌에 적립하여 연금 등 노후자금으로 활용할 수 있게 하는 제도이다.

② 퇴직연금수령 개시연령에 도달하지 않더라도 그 전에 받은 퇴직일시금을 개인퇴직계좌를 통해 계속해서 적립 · 운용하는 것이 가능하다(적립금 운용과 관련한 사항은 확정기여형 퇴직연금제도 준용).

③ 사업장 규모의 영세성을 감안하여 고용노동부에 퇴직연금규약 신고절차를 생략하고, 퇴직연금제도 도입을 용이하게 하기 위한 특례이다.

④ 연금저축계좌 납입액과 합산하여 연간 1,800만원까지 추가 납입이 가능하다.

⑤ 근로자가 퇴직연금계좌(DC형 또는 개인형 IRP)에 납입하면, 2023년부터 연 900만원 한도로 세액공제가 가능하다. 만약, 연금저축에 가입되어 있는 경우(연 600만원)에는 연금저축과 퇴직연금을 합하여 연 900만원까지 세액공제가 가능하다.

> 확정기여형 퇴직연금제도, 개인형 퇴직연금제도, 「근로자퇴직급여보장법」 제2조 제14호에 따른 중소기업퇴직연금기금제도 또는 법률 제10967호 「근로자퇴직급여보장법」 전부개정법률 부칙 제2조 제1항 본문에 따른 퇴직보험계약에 의하여 수입한 수입보험료는 「예금자보호법」에 따라 보호된다(보험업법 시행령 제80조 제2항, 예금자보호법 시행령 제3조 제4항 제1호).

[확정급여형 퇴직연금제도 · 확정기여형 퇴직연금제도 · 개인형 퇴직연금제도의 비교]

구 분	확정급여형 퇴직연금제도 (DB)	확정기여형 퇴직연금제도 (DC)	개인형 퇴직연금제도 (IRP)
개 념	• 퇴직급여를 노사가 사전에 약정 • 근로자가 퇴직시 사용자는 사전에 약정된 퇴직급여를 지급	• 사용자가 부담할 기여금 수준을 노사가 사전에 확정 • 근로자가 일정 연령에 도달하면 운용 결과에 따라 퇴직급여를 지급	• 근로자 직장 이전시 퇴직연금 유지를 위한 연금통산장치 또는 10명 미만 사업체 적용 • 퇴직일시금 수령자 가입시 등 일시금에 대해 과세 이연
운용방법	사용자가 적립금 운용방법을 결정	근로자가 적립금 운용방법을 결정	근로자가 적립금 운용방법을 결정
기업부담	적립금 운용결과에 따라 기업 부담 변동	매년 기업의 부담금은 근로자 임금의 일정비율로 확정 ※ 가입자의 연간 임금총액의 1/12에 해당하는 금액 이상	없음(다만, 10명 미만 사업체는 확정기여형 퇴직연금제도와 동일)
퇴직급여	근로기간과 퇴직시 임금수준에 따라 결정 ※ 계속근로기간 1년에 대하여 30일분의 평균임금에 상당하는 금액 이상	자산운용실적에 따라 퇴직급여 수준이 변동	자산운용실적에 따라 퇴직급여 수준이 변동
제도간 이전	어려움(퇴직시 개인퇴직계좌로 이전)	직장 이동시 이전 용이	연금 이전 용이
적합한 기업 · 근로자	• 도산 위험이 없고, 정년 보장 등 고용이 안정된 기업 • 연공급기업 • 대기업 • 장기근속자	• 연봉제 도입기업 • 체불위험이 있는 기업 • 직장이동이 빈번한 근로자 • 중소기업	퇴직일시금 수령자 및 소규모 기업 근로자

3 퇴직연금제도의 운영

(1) 퇴직연금제도의 도입방법 및 절차

① 퇴직연금제도의 설정

현행 퇴직금제도, 확정급여형, 확정기여형, 개인형 퇴직연금제도 중 하나 이상의 제도를 선택하는데, 퇴직연금제도 선택시 근로자대표(근로자의 과반수가 가입한 노동조합 또는 근로자 과반수)의 동의가 필요하다.

② 퇴직연금규약의 작성 · 신고

퇴직연금제도를 설정하기로 한 경우 사용자는 근로자대표의 동의를 얻어 규약을 작성하고 이를 고용노동부장관에게 신고한다.

③ 적립금운용방법의 선정 및 관리

㉠ 원리금보장형 또는 실적배당형 상품을 선정한다.

㉡ 확정기여형 퇴직연금 및 개인형 퇴직연금의 경우 적립금 운용의 책임이 근로자에게 있으므로 보다 안정적인 자산운용이 가능하도록 운용관리기관의 적립금 운용방법 제시시 원리금보장 운용방법을 반드시 하나 이상 포함하도록 하고 있다. 확정급여형은 기업이 선정 운용한다.

④ 계약 체결 및 부담금의 납부

㉠ 한 개의 금융기관과 운용관리계약 및 자산관리계약을 체결할 수도 있고, 각각 다른 금융기관과 운용관리계약 및 자산관리계약을 체결할 수도 있다.

㉡ 사업자의 전문성과 사업장의 규모에 따라 여러 개의 운용관리기관 및 자산관리기관과 계약을 체결할 수 있다.

㉢ DB형 또는 DC형 등 복수의 퇴직연금제도를 도입함에 있어서도 제도별로 여러 개의 퇴직연금 사업자를 선정할 수 있다.

㉣ 기업은 부담금을 퇴직연금사업자에게 납부한다.

⑤ 가입자에 대한 교육

㉠ 사용자는 매년 1회 이상 확정급여형(DB형) 또는 확정기여형(DC형) 가입자에게 퇴직연금제도 운영상황 등을 교육하여야 한다.

㉡ 동 교육은 퇴직연금사업자에게 위탁하여 실시할 수 있다.

㉢ 퇴직연금사업자는 개인형 퇴직연금(IRP) 가입자에게 퇴직연금제도 운영상황 등을 교육하여야 한다.

⑥ 퇴직급여의 지급

㉠ 근로자는 퇴직시 일시금 또는 연금으로 급여를 수령할 수 있다.

㉡ 퇴직연금제도 가입기간이 10년 이상일 것과 근로자의 연령이 55세 이상이어야 한다는 요건을 충족하여야만 한다. 이는 연금이 실질적인 노후소득으로 활용될 수 있도록 하기 위해 일정 기간 이상 적립해야 하고, 일정 연령이 도달하여야 수령할 수 있도록 정한 것이다. 연금지급기간은 5년 이상이어야 한다.

㉢ 연금수급자격 미달시 일시금으로 수령한다.

㉣ 퇴직연금계좌에 입금한 퇴직금을 연금으로 수령하는 경우에는 일시금으로 수령시의 퇴직소득 세액의 70%에 해당하는 금액을 연금 소득액으로 납부한다.

(2) 퇴직연금제도의 운영구조

① 기본구조

DB, DC형 모두 외부 금융기관에 사용주가 부담한 퇴직연금 적립금을 보관하면서(자산관리기관 역할), 적절한 금융자문을 받아 수익률을 달성하여(운영관리기관 역할) 퇴직 시점에 연금 또는 일시금의 형태로 연금을 지급하는 것은 동일하다.

② 운용(영)관리기관 및 자산관리기관의 역할

구 분	운용관리기관	자산관리기관
기 관	보험, 은행, 증권, 자산운용사	보험, 은행, 증권
계약자와의 관계	사무위탁관계	보험계약관계 / 신탁계약관계
업 무	• 적립금운용방법 제공 – 예·적금, 보험, 펀드 등 – 실적배당형 vs 원리금보장형 • 적립금운용현황기록·보관·통지 • 운용방법전달 • 연금제도설계 및 연금계리(DB형) • 투자교육업무	• 계좌의 설정·관리 • 부담금 수령 • 적립금의 보관·관리·입출금업무 • 운용지시이행 • 급여지급

4 퇴직연금제도의 특징 및 효과

(1) 우리나라 퇴직연금제도의 특징

① 노사가 일시금, 확정기여형, 확정급여형 연금제도를 합의하에 선택할 수 있도록 하였다.

② 확정급여형은 일시금 수령기준으로 현행 퇴직금과 같도록 하고, 확정기여형은 사용자부담이 현행 퇴직금과 같이 연간 임금총액의 1/12 이상이 되도록 하였다.

③ 직장이동의 경우 개인형 퇴직연금을 이용하여 퇴직연금을 누적 및 통산(이관)할 수 있도록 하였다.

④ 퇴직금제도보다 적용범위가 확대되었다

(2) 퇴직연금제도의 효과

① 근로자 측에 미치는 긍정적 효과

㉠ 안정적인 노후생활자금의 보장기능이 강화되었다.

㉡ 근로자의 수급권이 강화되었다.

㉢ 세제상의 혜택

ⓐ 퇴직연금공제

대 상	확정기여형(DC) 퇴직연금 및 개인형 퇴직연금(IRP)에 납입한 가입자
세액공제	연금저축 납입액과 합산하여 연 900만원 한도에서 세액공제

ⓑ 세액공제 한도 상향 : 2023년부터 기존 연금저축세액공제액이 400만원에서 600만원으로 상향되었으므로, 퇴직연금을 포함하면 최대 700만원에서 900만원까지 세액공제 한도가 상향되었다.

② 기업 측에 미치는 긍정적 효과

㉠ 연봉제, 임금피크제와 같은 유연한 인사관리제도를 도입하는데 적합하다.

㉡ 일시퇴직금과 달리 일시에 많은 지출이 필요하지 않으므로 자금관리가 원활하다.

㉢ 근로자의 고용 안정과 인재확보를 기대할 수 있다.

㉣ 퇴직금재원의 사외적립으로 퇴직금 체불에 따른 민・형사상 책임 등 법적 위험을 해소할 수 있다.

㉤ 세제상 혜택 : 확정기여형의 경우 퇴직연금 부담금에 대해 전액을 퇴직급여추계액의 한도 내에서 손비인정을 받아 법인세를 절감할 수 있다.

심화TIP 우리나라 퇴직연금제도의 문제점

- 기존 퇴직금제도와 연계되어 있어서 연금 기능보다는 저축 기능성격으로 운영되고 있다.
- 연금제도에 관한 관리 및 기금운용 등이 모두 금융회사에 위탁하는 계약형 지배구조이기 때문에 금융회사와 사용자와의 거래관계 등에 의해 계약이 좌우되고, 따라서 근로자의 이익을 침해하는 경우가 발생할 수 있다.
- 확정급여형, 확정기여형 중심의 획일적 상품구조로 상품선택 폭이 부족하다.
- 투자규제로 운용 상품의 다양성이 부족하다.

CHAPTER

03 기출유형문제

01 다음 중 개인연금시장의 성장배경으로 볼 수 없는 내용은?

① 핵가족화 추세
② 인구의 장수화 추세
③ 공적연금제도와의 상호 보완
④ 세제 혜택

| 해설 |

공적연금제도의 재정적 위기로 인해 개인연금시장에 대해 관심이 더욱 커지고 있다.

02 국민의 노후생활보장을 위한 '3층 보장 연금제도'에서 가장 기본적인 보장제도라 할 수 있는 것은?

① 개인연금
② 기업연금
③ 공적연금
④ 개인저축

| 해설 |

3층 보장 연금제도는 공적연금과 사적보장인 기업연금, 개인연금 등으로 3층의 노후 소득보장 체계를 쌓는 것을 말한다. 그중 공적연금은 국가가 사회보장제도의 일환으로 운영하는 것으로 가장 기본적인 노후보장제도이다.

03 다음 중 공적연금에 해당되지 않는 것은?

① 국민연금
② 퇴직연금
③ 군인연금
④ 사학연금

| 해설 |

퇴직연금은 기업연금에 해당된다. 공적연금에는 국민연금, 공무원연금, 군인연금, 사학연금 등이 있다.

정답 01 ③ 02 ③ 03 ②

04 다음 중 노후보장을 위한 3층 보장 연금제도로 국민의 생존권 확보, 표준적인 생활보장, 풍요로운 생활보장을 위한 제도의 순서가 바르게 나열된 것은?

① 국민연금제도 – 개인연금제도 – 퇴직연금제도
② 국민연금제도 – 퇴직연금제도 – 개인연금제도
③ 개인연금제도 – 국민연금제도 – 퇴직연금제도
④ 퇴직연금제도 – 국민연금제도 – 개인연금제도

해설

3층 보장 연금제도
- 1층 보장 : 공적보장(국가에 의한 기본적인 생활보장) → 국민연금제도
- 2층 보장 : 기업보장(표준적인 생활보장) → 퇴직연금제도
- 3층 보장 : 개인보장(풍요로운 생활보장) → 개인연금제도

05 다음 중 기업보장제도의 내용과 관련이 있는 것은?

① 소득비례
② 국민의 생존권 확보
③ 사회적 책임원리
④ 사회연대원리

해설

3층 보장 연금제도

구 분	책임주체	기본 원리	급 부
공적연금	국가보장	사회연대원리	소득비례
사적연금	기업보장	사회적 책임원리	소득 및 근무연수
	개인보장	자기부담의 원리	개인 자율

06 연금상품의 유형에 대한 설명으로 옳지 않은 것은?

① 연금수혜기간에 따라 생명연금과 확정연금으로 구분한다.
② 생명연금은 연금의 수혜기간에 따라 순수보장형 연금과 환급형 생명연금으로 분류된다.
③ 부보자의 수에 따라 개인형 연금과 부부형 연금으로 구분한다.
④ 연금의 개시시점에 따라 즉시연금과 거치연금으로 구분한다.

해설

생명연금은 연금의 수혜기간에 따라 한정연금과 종신연금으로 구분한다.

07 신축납 거치연금(FPDA)에 대한 설명으로 옳지 않은 것은?

① 보험료 크기 및 납입기간을 탄력적으로 조절할 수 있다.
② 소득세 납부의 연기 효과가 있다.
③ 일정 기간이 지나면 해약 범칙금을 부과한다.
④ 적립이자율은 실세금리와 연동되지만 최저보장금리가 설정되어 있다.

해설

일정 기간이 지나면 해약 범칙금을 부과하지 않는다.

08 변액연금(VA)에 대한 설명으로 옳지 않은 것은?

① 자산의 운용실적에 따라 연금지급액이 달라지는 상품이다.
② 인플레이션으로 인한 물가상승 효과를 상쇄할 수 없다.
③ 별도 특별계정으로 분리되어 관리된다.
④ 투자포트폴리오를 누가 구성하느냐에 따라 회사관리형과 자기설계형으로 구분한다.

해설

인플레이션으로 인한 물가상승 효과를 헤징으로 상쇄할 수 있다.

09 연금저축보험의 특징으로 옳지 않은 것은?

① 세액공제 한도 600만원
② 최대 납입금액 연간 1,800만원
③ 소득에 따라 세액공제율 13.2~16.5%
④ 의무가입 기간 10년

해설

연금저축보험의 특징

- 세액공제 한도 600만원
- 최대 납입금액 연간 1,800만원
- 소득에 따라 세액공제율 13.2~16.5%
- 의무가입 기간 5년
- 중도인출 가능

정답 04 ② 05 ③ 06 ② 07 ③ 08 ② 09 ④

10 다음 (   ) 안에 들어갈 내용을 차례대로 나열한 것은?

> 연금저축보험의 경우 가입 후 (   ) 이상 경과하면 만 (   ) 이후 연금수령이 가능하다. 연금 수령 이외의 요건으로 자금 인출시 연금 외 수령으로 적용되어 기타소득세 (   )를 부과한다.

① 5년, 55세, 15.4%
② 10년, 55세, 13.2%
③ 5년, 55세, 16.5%
④ 10년, 60세, 16.5%

해설

연금저축보험의 경우 가입 후 (5년) 이상 경과하면 만 (55세) 이후 연금수령이 가능하다. 연금 수령 이외의 요건으로 자금 인출시 연금 외 수령으로 적용되어 기타소득세 (16.5%)를 부과한다.

11 연금저축펀드에 대한 설명으로 옳지 않은 것은?

① 납입방법은 자유납이다.
② 적용금리는 공시이율이다.
③ 확정연금형으로만 수령 가능하다.
④ 상품형태는 채권형, 혼합형, 주식형 등이 있다.

해설

적용금리는 실적배당이다.

12 「소득세법」상 연금저축계좌에 대한 설명으로 옳지 않은 것은?

① 가입연령은 만 18세 이상이다.
② 투자수익에 대한 과세이연 효과가 있다.
③ 연간 600만원 한도로 세액공제혜택이 있다.
④ 적립액의 일부이체 및 동일기관 이체시에도 세제상 불이익이 없다.

해설

가입대상의 제한이 없다.

13 「소득세법」상 연금저축계좌에 대한 설명으로 옳지 않은 것은? (단, 2025년 기준)

① 연금수령 : 가입 후 5년 경과 및 만 55세 이후 연금수령 개시
② 중도해지 : 기타 소득세 16.5%(지방소득세 포함) 부과
③ 세액공제 : 총급여 5,500만원을 초과하는 경우 당해 연도 납입액(연금저축계좌 납입액의 600만원 한도)의 13.2%(지방소득세 포함)
④ 납입한도 : 연 1,200만원 한도(퇴직연금계좌 및 연금저축계좌 포함)

해설

연금저축계좌는 가입기간이 5년 이상이고, 납입한도는 연 1,800만원(퇴직연금가입자 부담금 합산)이다.

14 금융기관별 연금저축의 종류 중 원금이 보장되지 않는 것은?

① 생명보험회사의 연금저축보험
② 손해보험회사의 연금저축보험
③ 은행의 연금저축신탁
④ 자산운용사의 연금저축펀드

해설

자산운용사의 연금저축펀드는 원금 및 예금자가 보호되지 않는다.

15 연금저축보험의 금융기관간 계약 이전에 대한 설명으로 옳지 않은 것은?

① 계약자가 원하는 금융기관으로 계약 이전 가능
② 계약 이전을 받는 회사의 승인 필요
③ 금융기관에 따라 소정의 수수료 납부 필요
④ 계약 이전시 해지가산세 부과

해설

계약 이전시에는 계약해지로 간주하지 않으므로 기타 소득세 및 해지가산세를 부과하지 않는다.

정답 10 ③ 11 ② 12 ① 13 ④ 14 ④ 15 ④

16 연금수령방식 중 확정연금형에 대한 설명으로 옳지 않은 것은?

① 5, 10, 15, 20년 등 일정기간까지만 연금을 지급받는 방법이다.
② 가입자 사망시에는 지정된 수익자 또는 상속인에게 지급한다.
③ 중도일시지급이 가능하다.
④ 생명보험회사의 연금저축보험에 한해서 설계가 가능하다.

| 해설 |

연금수령방식

구 분	내 용
종신연금형	• 연금을 연금개시 이후 종신토록 생존시 지급받는 방법 • 중도일시지급이 불가능
확정연금형	• 5, 10, 15, 20년 등 일정기간까지만 연금을 지급받는 방법 • 가입자 사망시에는 지정된 수익자 또는 상속인에게 지급 • 중도일시지급이 가능
상속연금형	• 연금개시 직전까지 계산된 연금적립금(연금을 지급하기 위한 총금액)의 이자를 매년 연금액으로 지급하다가 사망시 연금적립금을 지급하는 방법 • 생명보험회사의 연금저축보험에 한해서 설계 가능

17 퇴직연금보험제도에 대한 설명으로 옳지 않은 것은?

① 퇴직연금제도는 「근로자퇴직급여보장법」에 근거하며, 근로자 퇴직시 연금 또는 일시금으로 지급하도록 하는 기업복지제도이다.
② 5인 이상의 사업장의 사업주는 퇴직급여제도인 퇴직금제도와 퇴직연금제도 중 하나 이상의 제도를 설정하여야 한다.
③ 퇴직연금제도는 법정 퇴직금제도와 달리 노사합의에 의해 자율적으로 도입하는 제도로서 강제성이 없다.
④ 기존의 퇴직금제도를 반드시 퇴직연금제도로 전환해야 하는 것은 아니며, 그대로 유지하는 것도 가능하다.

| 해설 |

1인 이상의 사업장의 사용자(사업주 등)는 퇴직급여제도인 퇴직금제도와 퇴직연금제도 중 하나 이상의 제도를 설정하여야 한다.

18 퇴직연금제도의 도입배경으로 옳지 않은 것은?

① 급속한 고령화
② 근속연수의 장기화
③ 기업도산시 근로자 수급권 보호미흡
④ 근로자 절반 이상이 퇴직금제도에서 배제

해설

기존 퇴직금제도는 잦은 이직과 중간정산, 조기퇴직 등으로 퇴직금이 생활자금으로 소진된 경우가 많아 노후 소득재원으로서의 역할을 수행하지 못하고 있기 때문이다.

19 퇴직보험에 대한 설명으로 옳지 않은 것은?

① 부담금의 주체는 기업이다.
② 사외적립금액만큼만 수급권을 보장한다.
③ 실적배당형 상품에 해당한다.
④ 사용자가 근로자를 피보험자로 하여 퇴직보험 기타 이에 준하는 보험에 가입하여 근로자의 퇴직시에 일시금 또는 연금으로 수령하게 하는 경우에 퇴직금제도를 설정한 것으로 본다.

해설

퇴직보험은 원리금보장형 상품이다.

20 확정급여형 퇴직연금제도에 대한 설명으로 옳지 않은 것은?

① 기업의 부담금이 사전에 확정된다.
② 퇴직급여는 근로기간과 퇴직시 임금수준에 따라 결정된다.
③ 기업이 적립금운용책임을 진다.
④ 70% 이상 사회적립이 의무화 되어 있다.

해설

기업의 부담금이 사전에 확정되는 연금은 확정기여형 퇴직연금제도이다. 확정급여형은 적립금 운용결과에 따라 기업의 부담금이 변동된다.

정답 16 ④ 17 ② 18 ② 19 ③ 20 ①

21 확정급여형 퇴직연금제도의 주요 대상은?

① 단기근속자
② 연봉제 도입기업
③ 중소기업
④ 대기업

| 해설 |

퇴직연금제도의 주요 대상

구 분	확정급여형 퇴직연금제도	확정기여형 퇴직연금제도	개인형 퇴직연금제도
적합한 기업 · 근로자	• 도산 위험이 없고, 정년 보장 등 고용이 안정된 기업 • 연공급기업 • 대기업 • 장기근속자	• 연봉제 도입기업 • 체불위험이 있는 기업 • 직장이동이 빈번한 근로자 • 중소기업	퇴직일시금 수령자 및 소규모 기업 근로자

22 확정급여형 퇴직연금제도에 대한 설명으로 옳지 않은 것은?

① 근로자가 퇴직시에 수령할 퇴직급여가 변동적이다.
② 확정급여형 퇴직연금제도를 설정하려는 사용자는 근로자대표의 동의를 얻거나 의견을 들어야 한다.
③ 사용자가 적립금을 직접 운용하므로 운용결과에 따라 사용자가 납입해야 할 부담금 수준이 변동될 수 있다.
④ 임금인상률 · 퇴직률 · 운용수익률 등 연금액 산정의 기초가 되는 가정에 변화가 있는 경우에도 사용자가 그 위험을 부담한다.

| 해설 |

확정급여형 퇴직연금제도는 근로자가 퇴직시에 수령할 퇴직급여가 근무기간과 평균임금에 의해 사전에 확정되어 있다.

퇴직급여 = 퇴직시 평균임금 × 근무기간

23 확정급여형 퇴직연금제도에 대한 설명으로 옳지 않은 것은?

① 가입기간은 퇴직연금제도의 설정 이후 해당 사업에서 근로를 제공하는 기간으로 한다.

② 해당 퇴직연금제도의 설정 전에 해당 사업에서 제공한 근로기간에 대하여는 가입기간으로 할 수 없다.

③ 급여 수준은 가입자의 퇴직일을 기준으로 산정한 일시금이 계속근로기간 1년에 대하여 30일분의 평균임금에 상당하는 금액 이상이 되도록 하여야 한다.

④ 퇴직급여 지급은 퇴직연금사업자로 하여금 적립금의 범위에서 지급의무가 있는 급여 전액을 지급하도록 한다.

해설

해당 퇴직연금제도의 설정 전에 해당 사업에서 제공한 근로기간에 대하여도 가입기간으로 할 수 있다.

24 확정급여형 퇴직연금제도의 급여 종류 및 수급요건 등에 대한 설명으로 옳지 않은 것은?

① 매 사업연도 말 적립금이 기준책임준비금의 100분의 120을 초과하고 사용자가 반환을 요구하는 경우 퇴직연금사업자는 그 초과분을 사용자에게 반환할 수 있다.

② 확정급여형 퇴직연금제도의 급여 종류는 연금 또는 일시금으로 한다.

③ 연금은 55세 이상으로서 가입기간이 10년 이상인 가입자에게 지급하여야 한다. 이 경우 연금의 지급기간은 5년 이상이어야 한다.

④ 급여의 지급은 가입자가 지정한 개인형 퇴직연금제도의 계정으로 이전하는 방법으로 한다.

해설

확인 결과 매 사업연도 말 적립금이 기준책임준비금을 초과한 경우 사용자는 그 초과분을 향후 납입할 부담금에서 상계(相計)할 수 있으며, 매 사업연도 말 적립금이 기준책임준비금의 100분의 150을 초과하고 사용자가 반환을 요구하는 경우 퇴직연금사업자는 그 초과분을 사용자에게 반환할 수 있다.

25 확정기여형 퇴직연금제도에 대한 설명으로 옳지 않은 것은?

① 사용자가 부담금 수준을 노사에 의하여 사전에 확정되어 있는 제도이다.

② 퇴직급여는 퇴직시 평균임금에 근속연수를 곱하여 구한다.

③ 근로자의 적립금 운영성과에 따라 퇴직 후의 연금 수령액이 증가 또는 감소하게 되며, 결과적으로 적립금 운용과 관련한 위험을 근로자가 부담하게 된다.

④ 사용자가 매년 근로자 연간 임금의 1/12 이상을 부담금으로 납부한다.

해설

확정기여형 퇴직연금제도의 퇴직급여

퇴직급여 = 총부담금 ± 운용수익

정답 21 ④ 22 ① 23 ② 24 ① 25 ②

26 개인형 퇴직연금제도에 대한 설명으로 옳지 않은 것은?

① 근로자가 퇴직하거나 직장을 옮길 때 받은 퇴직급여 일시금이나 가입자가 임의로 납입한 부담금을 자기 명의의 퇴직계좌에 적립하여 연금 등 노후자금으로 활용할 수 있게 하는 제도이다.
② 퇴직연금수령 개시연령에 도달하지 않더라도 그 전에 받은 퇴직일시금을 개인퇴직계좌를 통해 계속해서 적립·운용하는 것이 가능하다.
③ 적립금 운용과 관련한 사항은 확정급여형 퇴직연금제도를 준용한다.
④ 사업장 규모의 영세성을 감안하여 고용노동부에 퇴직연금규약 신고절차를 생략하고, 퇴직연금제도 도입을 용이하게 하기 위한 특례이다.

해설

적립금 운용과 관련한 사항은 확정기여형 퇴직연금제도를 준용한다.

27 개인형 퇴직연금제도를 설정한 경우 부담금 납입한도와 일시금 수령이 가능한 최저연령을 올바르게 나열한 것은?

① 연 1,200만원, 50세
② 연 1,200만원, 55세
③ 연 1,800만원, 55세
④ 연 2,400만원, 60세

해설

연금저축계좌 납입액을 포함하여 연간 1,800만원의 한도 내에서 추가 납입이 가능하며, 근로자가 자기부담금으로 납입한 금액은 세제적격 연금저축 납입액과 합산하여 최대 연간 900만원까지 세액공제가 가능하다(2025년 기준).

TIP 급여 종류별 수급요건 및 중도인출(근로자퇴직급여보장법 시행령 제18조)

연 금	55세 이상인 가입자에게 지급하며, 이 경우 연금 지급기간은 5년 이상이어야 한다.
일시금	55세 이상으로서 일시금 수급을 원하는 가입자에게 지급한다.

28 10명 미만을 사용하는 사업에서 개인형 퇴직연금제도를 설정한 경우의 특례에 대한 다음 설명 중 옳지 않은 것은?

① 사용자가 퇴직연금사업자를 선정하는 경우에 개별 근로자의 동의를 받아야 한다.
② 근로자가 요구하는 경우에는 스스로 퇴직연금사업자를 선정할 수 있다.
③ 사용자는 가입자별로 연간 임금총액의 10% 이상에 해당하는 부담금을 현금으로 가입자의 개인형 퇴직연금제도 계정에 납입하여야 한다.
④ 사용자는 매년 1회 이상 정기적으로 부담금을 가입자의 개인형 퇴직연금제도 계정에 납입하여야 한다.

| 해설 |

사용자는 가입자별로 연간 임금총액의 12분의 1 이상에 해당하는 부담금을 현금으로 가입자의 개인형 퇴직연금제도 계정에 납입하여야 한다.

29 **퇴직연금의 운영 등에 대한 설명으로 옳지 않은 것은?**

① 사업주는 자산관리기관과 운용관리기관이 된다.
② 계약자는 자산관리기관과 사무위탁계약을 맺는다.
③ 운용관리기관에는 보험, 은행, 증권, 자산운용사 등이 있다.
④ 퇴직연금제도 선택시 근로자대표(근로자의 과반수가 가입한 노동조합 또는 근로자 과반수)의 동의가 필요하다.

| 해설 |

운용(영)관리기관 및 자산관리기관의 역할

구 분	운용관리기관	자산관리기관
기 관	보험, 은행, 증권, 자산운용사	보험, 은행, 증권
계약자와의 관계	사무위탁관계	보험계약관계 / 신탁계약관계
업 무	• 적립금운용방법제공 – 예 · 적금, 보험, 펀드 등 – 실적배당형 vs 원리금보장형 • 적립금운용현황기록 · 보관 · 통지 • 운용방법전달 • 연금제도설계 및 연금계리(DB형) • 투자교육업무	• 계좌의 설정 · 관리 • 부담금 수령 • 적립금의 보관 · 관리 · 입출금업무 • 운용지시이행 • 급여지급

30 **퇴직연금제도의 실시에 대한 설명으로 옳지 않은 것은?**

① 퇴직연금제도를 설정하기로 한 경우, 사용자는 근로자 대표의 동의를 얻어 규약을 작성한다.
② 퇴직연금규약은 고용노동부장관의 승인을 얻어야 한다.
③ 확정기여형 퇴직연금 및 개인형 퇴직연금의 경우 적립금 운용의 책임이 근로자에게 있으므로 보다 안정적인 자산운용이 가능하도록 운용관리기관의 적립금 운용방법 제시시 원리금보장 운용방법을 반드시 하나 이상 포함하도록 하고 있다.
④ 사용자는 매년 1회 이상 확정급여형(DB형) 또는 확정기여형(DC형) 가입자에게 퇴직연금제도 운영상황 등을 교육하여야 한다.

| 해설 |

퇴직연금제도를 설정하기로 한 경우 사용자는 근로자 대표의 동의를 얻어 규약을 작성하고, 이를 고용노동부장관에게 신고한다.

정답 26 ③ 27 ③ 28 ③ 29 ② 30 ②

CHAPTER

04 재산보험

학습목표

❶ 재산보험의 의의, 특징 및 종류를 알아본다.
❷ 화재보험 및 해상보험의 종류에 대해 학습한다.
❸ 보험요율의 산정목적과 산정방식에 대해 이해한다.

01 재산보험의 개요

1 재산보험의 의의

(1) 재 산

타인의 간섭 없이 합법적인 목적으로 동물이나 물건을 처분하거나 사용할 수 있는 권리, 즉 소유권을 말한다.

① 부동산

토지와 그 정착물을 말하며, 건물, 건물의 내용물, 토지, 토지 위에서 자라는 모든 것들을 포함한다.

② 동 산

법적으로 모양이나 성질을 변형시키지 않고 옮길 수 있는 재물, 즉 토지와 그 정착물 이외의 물건을 말한다.

심화TIP 보험목적의 양도 기출 20

- 보험목적은 특정되거나 개별화되어 있는 물건이어야 한다. 이때의 물건에는 동산・부동산뿐 아니라 유가증권, 채권 기타의 무체재산권도 포함된다.
- 물건이더라도 특정되지 않은 집합물을 일괄하여 보험에 붙인 집합보험에서 그 물건의 일부를 양도한 경우에는 그에 관한 보험계약상의 권리와 의무는 이전되지 않는다.
- 자동차보험의 보험목적 양도시 보험자의 승낙을 얻은 경우에 한하여 보험계약상의 지위가 양수인에게 승계된다.
- 보험목적 양도시 양도인 또는 양수인은 보험자에게 그 사실을 지체 없이 알려야 한다.

(2) 재산보험

개인이나 기업이 소유한 재산이 분실, 손상 혹은 파괴되어 그 가치가 감소하거나 소멸되어 발생하는 경제적인 손실을 담보하는 보험이다.

2 재산보험의 특징 및 종류

(1) 재산보험의 특징

① 재산보험에서 담보하는 위험은 피보험이익이 존재하는 재산의 분실 또는 손상에 따른 직접손실 및 간접손실의 위험이다.

㉠ 직접손실 : 화재나 기타 손실원인에 의하여 건물 및 동산이 물리적으로 분실 또는 손상되는 것

㉡ 간접손실 : 손실이 발생했을 때 그 손실의 결과로 또 다른 손실이 발생하는 것

② 재산보험에서 담보하는 재산인 보험목적물에는 수많은 종류의 동산과 부동산이 포함된다.

③ 재산보험 목적물의 피보험이익은 재산의 소유권, 계약에 따른 권리, 예상이익 또는 비용손실 관계 등에 존재한다. 피보험이익의 존재 여부는 손실발생 시점에서 입증되어야 한다.

④ 재산보험에서 담보하는 손인(peril)은 재산의 형태와 질을 바꾸어 놓거나(화재, 충돌 등), 소유하거나 사용하는 자체에도 영향을 미친다(도난, 분실 등).

(2) 재산보험의 종류

① 화재보험

② 간접손실보험

③ 해상보험

④ 기타 재산보험(기관기계보험, 도난보험, 권원보험, 신용보험 등)

심화TIP 재산종합보험

하나의 증권으로 여러 위험을 담보하는 상품인 재산종합보험은 보험계약자의 주문에 따라 담보 항목을 선택할 수 있는 전 위험 담보(All Risk Cover) 보험으로 대형 기업 위험의 담보에 적합한 보험이다. 재산종합보험은 다음과 같이 4 부문 담보로 분류된다.

- **재물손해담보(Property All Risks Cover)** : 재물 및 기타 위험(재물, 낙뢰, 폭발, 풍수재, 연기, 지진, 우박, 파손, 도난)
- **기계위험담보(Machinery Breakdown Cover ; MB)** : 기계 및 전기적 위험(기계적인 사고, 전기적인 사고, 종업원 부주의, 기술부족, 추락, 이물질 유입에 의한 고장 등)
- **기업휴지담보(Business Interruption Cover ; BI)** : 재물손해담보 및 기계위험담보로 인해 사업이 중단 또는 휴지되었을 경우 상실이익
- **배상책임담보(General Liability)** : 신체상해 및 재물손해에 따른 배상책임위험(제3자에 대한 배상책임 및 소송 등에 따른 법률비용 등)

02 화재보험

1 재산보험의 특징 및 종류

(1) 의 의

① 우연한 화재, 낙뢰(벼락) 및 폭발(파열)로 인하여 보험목적물에 발생한 손해를 보상하는 대표적인 재산보험이다.

② 보험의 목적물은 건물 등의 부동산뿐만 아니라 기계나 각종 설비, 원료나 재고자산 및 귀중품 등의 동산이 포함된다.

③ 보험목적물에 발생한 직접적인 재산손해, 이에 따른 소방손해 및 피난 손해를 보상하는 보험이다.

(2) 특별약관에 의한 보상

특별약관에 가입하면 화재위험 이외에도 도난위험, 지진위험, 풍수재위험, 전기위험 등 다양한 위험으로 인한 손실을 추가적으로 보상받을 수 있다.

2 국제적으로 통용되는 표준화재보험계약의 주요내용

(1) 담보되는 손인(perils covered)

① 열거담보(named perils)

열거된 손인에 의한 손실만 담보한다.

② 보험합의문(insuring agreement)

화재에 의한 손실 및 보상, 벼락(번개)에 의한 손실, 이전에 의한 손실과 같은 직접손실만 보상한다.

㉠ 근인주의에 입각한 적대적 화재에 의해 발생한 직접적 손실을 보상한다.

㉡ 벼락(번개)에 의한 손실도 보상하는데 화재발생 여부에 관계없이 보상한다.

㉢ 화재발생 도중 또는 화재진압 후에 재산을 보호하기 위해 다른 장소로 이동하는 중에 또는 이동된 장소에서 발생하는 손실을 보상한다. 이전된 장소에서 담보되는 손실은 담보기간을 5일 한도로 한다.

③ 화재보험의 대상이 되는 화재의 정의

불꽃, 화염, 자연발화에 의한 통제 불가능한 적대적인 화재로 정의한다. 즉 눈에 보일 만큼의 불꽃이나 화염을 만들기에 충분한 빠른 산화를 말한다.

㉠ 자연발화 : 외부매개체의 작용 없이 내부적으로 열이 발생하는 것으로 불꽃을 만들고 빛을 내며 타기 전까지는 '화재'라 하지 않는다.

㉡ 적대적 화재와 우호적 화재 : 적대적 화재란 통제 불가능한 화재로 담보대상이 되며, 우호적 화재는 통제 가능한 화재로 '화재'로 보지 않는다.

④ 확장담보 특약

㉠ 보험의 목적에 폭발, 폭풍, 우박, 항공기, 차량 및 연기로 생긴 손해를 보상한다. 폭풍으로 생긴 손해라 함은 거센 바람, 회오리바람 및 이와 유사한 바람으로 인한 손해를 말한다.

㉡ 태풍, 폭풍우 및 이와 유사한 비를 수반하는 기상상태로 생긴 손해에 있어서는 바람으로 인한 손해부분만을 말한다.

(2) 보상한도 및 보상방법

실손보상의 원칙과 보험요율의 공정성을 근거하여 보상금액을 결정한다.

① 보상한도

㉠ 실손보상의 원칙에 의해 보험가입금액이나 실질적 경제가치를 초과할 수 없다.

㉡ 정액보험이나 기평가보험에서는 실손보상의 원칙이 적용되지 않는다.

② 보상방법 기출 17 · 19

㉠ 보험자는 손실에 대하여 실제현금가치를 보상하는 것을 원칙으로 한다. 손실 당시의 해당 재산의 시장가격을 사용할 수도 있다.

실제현금가치 = 손실을 입은 재산의 대체비용 − 감가상각비

㉡ 실제현금가치는 손상된 재산에 대한 수리비용이나 대체비용을 초과해서는 안 된다. 실제현금가치(시가)는 대체비용(재조달가액 = 신가)에서 감가상각비를 공제한 금액이다.

㉢ 보험자는 손상된 재산에 대한 수리비용이나 대체비용으로 보험금을 지급할 수 있다.

㉣ 보험자가 손상된 재산을 직접 수리하거나 대체할 수 있다.

심화TIP 손해보상의 방법 기출 20

- **특례지급**(without prejudice settlement) : 보험자와 피보험자의 의견이 상반되어 중재로도 원만한 해결이 이루어지지 않는다면 소송이 제기될 수도 있으므로, '여타 보험에 영향을 미침이 없이'라는 조건으로 앞으로는 그와 유사한 클레임을 제기하지 않겠다는 약속하에 손해액의 전부 혹은 일부를 지급하는 방식이다. ⇒ '부제소합의'
- **특혜지불**(ex-gratia payment, '**특혜지급**') : 보험자가 법적 보상책임이 없는 손해에 대한 부험금은 지급하는 것을 말한다. 이는 중요한 고객에게 신용과 후의의 징표로서 행하는 것이다.
- **타협정산**(compromised settlement, '**타협지급**') : 손해가 발생한 경우 손해의 원인, 성질, 비율 또는 손해액 등에 관해서 보험자와 피보험자의 의견이 다를 때 쌍방이 서로 타협하여 보험금 지급액을 결정하는 것을 말한다.
- **대부금 형식의 보상**(loan form payment) : 보험사고로 인한 손해에 대해 보험회사의 지급은 보험금지급이 아니라, 무이자의 대부금형식으로 지급되는 것을 말한다.

(3) 기타 주요 계약내용

① 보험계약기간

㉠ 일반적으로 1년이나 3년을 가장 많이 사용하고 있다.

㉡ 계약의 개시와 종료시점은 오전 12:01을 기준으로 한다.

② 담보재산과 장소

㉠ 담보재산 : 계약서에 구체적으로 명기되고 설명된 재산에 한해 담보한다.

㉡ 장소 : 기본적으로 명기된 장소로 국한한다.

③ 면책재산(excluded property) 기출 19

면책재산은 명기되며, 회계장부, 증서, 청구서, 화폐, 채무증서, 증권 등을 포함한다.

④ 면책손인(excluded perils)

㉠ 전쟁 및 전쟁에 준하는 행위, 반란, 혁명, 소요 등으로 발생한 손실

㉡ 손실발생 도중이나 손실발생 후 재산을 보전하려는 노력을 게을리하여 발생한 손실

㉢ 도난에 의한 손실

㉣ 폭동 또는 폭동의 결과로 발생한 손실

㉤ 피보험자의 고의에 의한 손실

⑤ 보험담보의 중단

담보하는 리스크에 현저한 변화가 생기면 보험자를 보호하기 위해 보험담보가 중단될 수 있으며, 리스크가 원상태로 복귀하면 보험담보는 자동적으로 부활된다.

보험담보가 중단되는 구체적인 내용은 다음과 같다.

㉠ 리스크가 현저히 증가하고 상당기간 지속될 경우

㉡ 보험목적물인 건물이 60일 이상 지속적으로 비어 있거나 사용하지 않을 경우

㉢ 폭발 또는 폭동이 진행되는 경우

㉣ 부보된 재산이 증권에 명기된 장소에서 다른 장소로 이전될 경우

⑥ 손인 및 조건의 추가

추가적인 손인 및 조건은 서면으로 작성되고, 기본증권에 첨부되어야 한다(각종 증권양식, 특약).

⑦ 보험계약의 해지

㉠ 피보험자 요청시 언제든지 해지되고, 보험자는 납입보험료에서 단기요율을 적용할 보험료를 초과하는 부분은 반환해야 한다.

㉡ 보험자가 해지를 하는 경우 서면으로 5일 전 해지통보 하면 성사되고, 보험자는 납입보험료에서 경과기간에 대한 비례요율을 적용할 보험료를 초과하는 부분은 반환해야 한다.

3 우리나라 화재보험의 종류

(1) 보통화재보험

① 보상하는 손해 기출 22·25

㉠ 사고에 따른 직접손해

㉡ 사고에 따른 소방손해

㉢ 사고에 따른 피난손해(피난지에서 5일 동안에 보험의 목적에 생긴 ㉠ 및 ㉡의 손해를 포함)

㉣ 기타 추가비용

ⓐ 잔존물제거비용 : 사고현장에서의 잔존물의 해체비용, 청소비용 및 차에 싣는 비용(손해액의 10% 한도에서 보상)

ⓑ 손해방지비용 : 손해의 방지 또는 경감을 위하여 지출한 필요 또는 유익한 비용

ⓒ 대위권보전비용 : 제3자로부터 손해의 배상을 받을 수 있는 경우에는 그 권리를 지키거나 행사하기 위하여 지출한 필요 또는 유익한 비용

ⓓ 잔존물보전비용 : 잔존물을 보전하기 위하여 지출한 필요 또는 유익한 비용(다만, 회사가 잔존물을 취득한 경우에 한함)

ⓔ 기타 협력비용 : 회사의 요구에 따르기 위하여 지출한 필요 또는 유익한 비용

> 재물손해 보험금과 잔존물제거비용은 각각 '지급보험금의 계산(약관 제9조)'을 준용하여 계산하며, 그 합계액은 보험증권에 기재된 보험가입금액을 한도로 한다. 다만, 잔존물제거비용은 손해액의 10%를 초과할 수 없다. 비용손해 중 손해방지비용, 대위권보전비용 및 잔존물보전비용은 보험가입금액을 초과하는 경우에도 지급한다.

② 보상하지 않는 손해

㉠ 계약자, 피보험자 또는 이들의 법정대리인의 고의 또는 중대한 과실로 생긴 손해

㉡ 화재가 발생했을 때 생긴 도난 또는 분실로 생긴 손해

㉢ 보험의 목적의 발효, 자연발열, 자연발화로 생긴 손해(자연발열 또는 자연발화로 연소된 다른 보험의 목적에 생긴 손해는 보상)

㉣ 화재에 기인되지 않는 수도관, 수관 또는 수압기 등의 파열로 생긴 손해

㉤ 발전기, 여자기(정류기 포함), 변류기, 변압기, 전압조정기, 축전기, 개폐기, 차단기, 피뢰기, 배전반 및 그 밖의 전기기기 또는 장치의 전기적 사고로 생긴 손해(그 결과로 생긴 화재손해는 보상)

㉥ 원인의 직접, 간접을 묻지 않고 지진, 분화 또는 전쟁, 혁명, 내란, 사변, 폭동, 소요, 노동쟁의, 기타 이들과 유사한 사태로 생긴 화재 및 연소 또는 그 밖의 손해

㉦ 핵연료물질 또는 핵연료물질에 의하여 오염된 물질의 방사성, 폭발성 그 밖의 유해한 특성 또는 이들의 특성에 의한 사고로 인한 손해

㉧ 위 ㉦ 이외의 방사선을 쬐는 것 또는 방사능 오염으로 인한 손해

㉨ 국가 및 지방자치단체의 명령에 의한 재산의 소각 및 이와 유사한 손해

③ 보험자의 책임 개시 및 종료

보험자의 책임은 보험기간의 첫날 16:00에 시작하여 마지막 날 16:00에 종료된다.

④ 보험목적물의 범위

건물 및 동산을 포함하지만 특별한 상황에서는 범위를 제한한다.

심화TIP 보험목적물의 범위

<table>
<tr><td>보험증권에 기재하여야만 보험의 목적이 되는 물건</td><td colspan="3">• 통화, 유가증권, 인지, 우표 및 이와 비슷한 것
• 귀금속, 귀중품(무게나 부피가 휴대할 수 있으며, 점당 300만원 이상), 보옥, 보석, 글·그림, 골동품, 조각물 및 이와 비슷한 것
• 원고, 설계서, 도안, 물건의 원본, 모형, 증서, 장부, 금형(쇠틀), 목형(나무틀), 소프트웨어 및 이와 비슷한 것
• 실외 및 옥외에 쌓아둔 동산</td></tr>
<tr><td rowspan="3">다른 약정이 없으면 보험의 목적이 되는 물건(당연가입물건)</td><td rowspan="2">건물인 경우</td><td>부속물</td><td>피보험자(보험대상자)의 소유인 칸막이, 대문, 담, 곳간 및 이와 비슷한 것</td></tr>
<tr><td>부착물</td><td>피보험자(보험대상자) 소유인 간판, 네온사인, 안테나, 선전탑 및 이와 비슷한 것</td></tr>
<tr><td>건물 이외의 경우</td><td colspan="2">피보험자 또는 그와 같은 세대에 속하는 사람의 소유물(생활용품, 집기·비품 등)</td></tr>
</table>

⑤ 손실방지의 의무

㉠ 보험사고가 발생하면 보험계약자 또는 피보험자는 손실경감 노력을 할 것을 명시하고 있다.

㉡ 이를 게을리한 경우 지급보험금에서 경감가능금액을 공제한다.

⑥ 지급보험금의 계산 기출 15·17·19·20·21·22·23

80% 공동보험조항을 적용한다.

㉠ 전부보험 : 보험가입금액 ≥ 보험가액의 80%일 때 가입금액 한도 내에서 손실액 전부를 지급한다.

㉡ 일부보험 : 보험가입금액 < 보험가액의 80%일 때 다음에 따라 지급한다.

$$\text{손해액} \times \frac{\text{보험가입금액}}{\text{보험가액의 80\% 해당액}}$$

주택화재보험 보통약관에 따른 지급보험금 기출 21

$$\text{지급보험금} = \text{손해액} \times \frac{\text{보험가입금액}}{\text{보험가액의 80\% 해당액}}$$

공장화재보험의 지급보험금 기출 20

- **보험가입금액이 보험가액과 같거나 클 때** : 보험가입금액이 보험가액과 같을 때에는 보험가입금액을 한도로 손해액 전액을 보상한다. 그러나 보험가입금액이 보험가액보다 클 때에는 보험가액을 한도로 보상한다.
- **보험가입금액이 보험가액보다 작을 때** : 보험가입금액을 한도로 보상한다.

$$\text{지급보험금} = \text{손해액} \times \frac{\text{보험가입금액}}{\text{보험가액}}$$

심화TIP 공동보험조항(co-insurance clause) 기출 17·19·23

주로 재산보험에서 많이 사용하는 조항으로서 보험계약자로 하여금 보험가액의 일정비율을 보험금액으로 가입을 요구하고, 사고발생시 요구보험금액을 만족시키지 못한 경우 보험계약자에게 공동보험자적인 입장에서 손해를 일부 부담하도록 하는 약관조항을 말한다.

- 손실발생시 피보험자로 하여금 손실의 일부를 부담하게 하는 조항이다.
- 보험계약자간 보험요율의 형평성을 유지하는데 주된 목적이 있다.
- 위험관리를 유도함으로써 손실발생 방지의 효과를 거둘 수 있다.

⑦ 잔여보험 부보금액

손실이 발생하여 보험금을 지급한 경우 잔여보험기간에 대한 가입금액은 최초가입금액에서 보상으로 지급한 보험금을 공제한 잔액으로 한다.

⑧ 청구권의 소멸시효

보험금청구권과 해약환급금의 소멸시효는 3년으로 한다.

(2) 주택화재보험 기출 23

① 보험목적의 범위

㉠ 주택으로만 쓰이는 건물 중 독립주택, 주택의 부속건물로서 가재만을 수용하는 건물, 연립건물, 중층건물 및 아파트로서 주택으로만 쓰이는 건물 또는 그 수용가재

㉡ 주택 병용 건물로서 교습소, 치료용으로 사용하는 건물 및 수용가재

② 보상하는 손해

주택화재보험은 주택건물에 대한 화재, 낙뢰, 폭발, 파열에 의해 발생한 손해를 보상한다.

㉠ 화재, 폭발, 파열에 따른 손해

㉡ 그에 따른 소방 및 피난손해

보상하는 손해

- **직접손해** : 화재, 벼락, 폭발, 파열 사고에 따른 직접 손해
- **소방손해** : 화재, 벼락, 폭발, 파열 사고의 진압과정에서 발생하는 손해
- **피난손해** : 화재, 벼락, 폭발, 파열 사고에 의해 피난지에서 5일 동안에 생긴 손해
- **잔존물제거비용** : 사고현장에서의 잔존물의 해체비용, 청소비용(사고현장 및 인근지역의 토양, 대기, 수질 오염물질 제거비용과 상차 후 폐기물 처리비용은 불포함) 및 차에 싣는 비용
- **손해방지비용** : 손해의 방지 또는 경감을 위한 일체의 방법을 조사하기 위해 지출한 비용 지급보험금을 계산하여 지급(계산한 금액이 보험가입금액을 초과하는 경우에도 지급)
- **대위권보전비용** : 제3자로부터 손해의 배상을 받을 수 있는 경우 그 권리를 행사하기 위해 지출한 비용
- **잔존물보전비용** : 잔존물을 보전하기 위하여 지출한 비용(단, 회사가 잔존물을 취득한 경우에 한함)

③ 보상하지 않는 손해

일반화재보험과 동일하나, 수도관, 수관, 수압기 등의 파열로 인한 손실은 보상하지 않는다.

(3) 주택상공종합보험

① 의 의

주택상공종합보험은 주택에 발생한 화재, 폭발, 파열, 벼락, 풍수설해손해, 도난손해와 보험사고로 발생한 임시비용 및 상해비용손해를 종합적으로 담보하는 보험이다.

② 보험목적의 범위

주택물건과 일반물건, 거기에 수용되고 있는 동산을 포함한다.

③ 보상하는 손해

각종 재난에 의해 피보험목적물이 입은 손해를 보상하고, 부수적으로 도난손해, 풍수설해손해, 임시비용손해, 상해비용손해를 보상한다.

㉠ 화재 등 재난손해

ⓐ 화재 및 벼락

ⓑ 파열 또는 폭발

ⓒ 항공기 추락 또는 접촉, 항공기로부터 물체 낙하

ⓓ 차량충돌 또는 접촉

ⓔ 소요 또는 노동쟁의에 따른 폭행

ⓕ 위 사고에 따른 소방 또는 피난조치

㉡ 도난손해 : 강도 또는 절도(그 미수를 포함)로 보험의 목적인 동산 중 가재에 생긴 도난, 망가짐 또는 훼손

㉢ 풍수설해손해 : 풍수, 설해로 보험의 목적인 건물이 붕괴 또는 유실로 전손이 되었거나 보험의 목적이 들어있는 건물이 붕괴 또는 유실되어 그 들어있는 보험의 목적이 전손되었을 때에는 보험가입금액의 해당액의 풍수, 설해 위로금

심화TIP 특수건물 소유자의 손해배상책임(화재보험법 제4조 제1항) 기출 22

특수건물의 소유자는 그 특수건물의 화재로 인하여 다른 사람이 사망하거나 부상을 입었을 때 또는 다른 사람의 재물에 손해가 발생한 때에는 과실이 없는 경우에도 다음에 따른 보험금액의 범위에서 그 손해를 배상할 책임이 있다. 특수건물의 소유자가 가입하여야 하는 보험의 보험금액은 다음 각 호의 기준을 충족하여야 한다(화재보험법 시행령 제5조 제1항).

1. **사망의 경우**
   피해자 1명마다 1억 5천만원의 범위에서 피해자에게 발생한 손해액. 다만, 손해액이 2천만원 미만인 경우에는 2천만원으로 한다.
2. **부상의 경우**
   피해자 1명마다 별표 1에 따른 금액(50만원 ~ 3천만원)의 범위에서 피해자에게 발생한 손해액
3. **부상에 대한 치료를 마친 후 더 이상의 치료효과를 기대할 수 없고 그 증상이 고정된 상태에서 그 부상이 원인이 되어 신체에 생긴 장애("후유장애"라 한다)의 경우**
   피해자 1명마다 별표 2에 따른 금액(1천만원 ~ 1억 5천만원)의 범위에서 피해자에게 발생한 손해액
4. **재물에 대한 손해가 발생한 경우**
   사고 1건마다 10억원의 범위에서 피해자에게 발생한 손해액

03 간접손실보험

1 개 요

(1) 간접손실의 개념

화재 또는 기타 손인에 의하여 건물 또는 동산에 손실이 발생했을 때, 그 손실의 결과로 발생하는 다른 손실을 말한다.

(2) 간접손실보험의 목적

직접손실의 발생에 따른 간접손실을 보상하기 위함이다.

(3) 간접손실보험의 분류 기출 20

① 시간요소담보

㉠ 손실의 발생과 규모가 시간요소와 관계있는 담보이다.

㉡ 사업중단보험, 우발적 사업중단보험, 임대 또는 임대가치보험, 추가비용보험 등이 있다.

② 시간요소와 관계없는 담보

이익보험, 임차권이익보험, 외상매출금보험 등이 있다.

2 사업중단보험(기업휴지보험) 기출 16

(1) 개 념

① 대표적 간접손실보험으로서 화재 또는 기타 손인에 의하여 사업이 중단되어 발생하는 사업적 손실을 보상하는 보험이다.

② 사고 후 복구완료시점까지의 영업손실을 보상하여 줌으로써 기업활동을 차질 없이 수행하는데 기여하기 위한 보험이다.

심화TIP 화재보험과 사업중단보험

구 분	내 용
화재보험	일반적으로 유형의 물체에 화재 등의 손인(peril)으로 인한 경제적 손해를 보상하는 직접손해보험
사업중단보험	화재 등이 발생해 설비 등이 파손됨으로써 공장 가동을 하지 못해 상실된 영업수익을 담보하는 간접손해보험

(2) 보험의 목적

① 사업중단보험은 재산보험의 담보를 전제로 하는 보험이다.

② 재산보험의 보험증권에서 담보하는 보험의 목적에 재산보험의 보험증권에서 담보하는 보험사고로 인한 사업중단이 발생하여야 한다.

(3) 손실의 성격

① **보상하는 소득손실**

사업이 지속되었을 경우 실현되었을 순이익과 사업중단기간에도 지출되어야 할 고정경비 또는 지출이다.

예 부채에 대한 이자, 임직원 급여, 수도세, 전기세, 광고, 세금, 임차료, 각종 협회비, 보험료, 감가상각비 등

② **실손보상계약**

사업중단보험에서 담보되는 손실은 사업중단이 없었으면 획득할 수 있었던 소득만큼이다.

(4) 담보재산의 성격

담보재산의 성격에 따라 사업중단보험은 제조리스크 또는 상업리스크를 담보한다.

① **제조리스크**

미래의 생산에 기여하는 재산만이 소득의 상실을 유발한다.

② **상업리스크**

미래의 판매에 기여하는 재산이 소득 손실을 유발한다.

(5) 보상기간

① 사업이 중단되어 있는 기간과 같은 의미이다.

② 사고의 발생부터 손상된 재산이 수리되거나 대체되어 정상적인 작업이 재개된 때까지의 기간을 말한다.

③ 피보험자는 가능한 한 사업중단기간을 단축하도록 노력해야 하며, 이러한 노력을 위해 발생된 비용은 감소된 소득손실에서 추가로 보상한다.

심화TIP 기업휴지보험 기출 20

기업휴지보험은 대표적 간접손실보험으로서 화재 또는 기타 손인에 의하여 사업이 중단되어 발생하는 사업적 손실을 보상하는 보험이다. 사고 후 복구완료시점까지의 영업손실을 보상하여 줌으로써 기업활동을 차질 없이 수행하는데 기여하기 위한 보험이다.
간접손실보험은 시간적 요소가 개입되는지의 여부에 따라 구분할 수 있는데 보상기간, 혹은 주당, 월간, 연간 등 시간적 요소 손실(time element loss)을 담보하는 보험으로는 일반적인 기업휴지보험과 우발적 기업휴지보험 등이 있고, 시간적 요소와 관계없는 간접손해를 보상하는 보험으로는 이익보험, 외상매출금보험, 기후(날씨)보험 등이 있다.

3 우발적 사업중단보험과 추가비용보험

(1) 우발적 사업중단보험

피보험자가 소유하지 않고, 조업하지도 않고, 통제하지 않는 다른 사람의 사업장에서 손실이 발생하여 피보험자의 사업이 중단될 때 소득손실을 보상하는 보험이다.

(2) 추가비용보험

화재 및 기타 손인에 의하여 건물이나 동산에 손실이 발생하면 정상적인 사업을 계속하기 위하여 피보험자가 지출한 추가비용을 보상해주는 보험이다.

04 해상보험

1 개 요

(1) 정 의

해상보험계약이란 보험자가 그 계약에 의하여 합의한 방법과 범위 내에서 해상손해, 즉 해상사업에 수반되는 손해에 대하여 피보험자에게 손해보상을 약속하는 계약을 말한다(영국 해상보험법 MIA1).

심화TIP 영국해상보험법상의 보험위부(abandonment) 기출 18 · 23

위부란 보험의 목적이 전부 멸실한 것과 동일시 할 수 있는 일정한 사유가 있는 경우 피보험자가 보험목적에 대한 모든 권리를 보험자에게 위부하고 보험자에 대하여 보험금액의 전부를 청구할 수 있는 해상보험 특유의 제도이다. 보험위부는 의사표시를 요하므로, 당사자간의 특별한 의사표시 없이 권리를 당연히 취득하는 보험자대위와는 구별된다.

- 보험위부는 무조건이어야 한다.
- 보험위부의 통지는 서면이나 구두로 또는 일부는 서면으로 일부는 구두로 할 수 있고, "보험목적에 관한 피보험자의 부보 이익을 보험자에게 무조건 위부한다"는 의사를 나타내는 것이면 어떠한 용어로 하여도 무방하다.
- 보험위부는 불요식 법률행위로 보험자의 승낙을 요하지 않는 단독행위이며, 일단 위부 이후에는 임의로 철회하지 못한다.
- 보험자가 위부를 승인한 후에는 그 위부에 대하여 이의를 하지 못한다.

(2) 부보의 대상

① 선박, 화물 또는 동산의 손실
② 수입, 여객 및 화물운임, 수수료, 기타 금전적 급부, 대출, 선불에 대한 보증 또는 선비와 관련된 손실
③ 해상손인(ocean peril)에 의하여 소유자 또는 이해관계인의 제3자에 대한 배상책임손실

(3) 해상보험의 역할

① 해상사업과 관련된 리스크 감소
② 예기치 못한 손실 대비
③ 국제무역 거래에 있어서 신용제도의 원활한 운영

2 해상보험의 특성

(1) 손해보상계약

① 상법의 규정

우리나라 상법 제693조는 "해상보험계약의 보험자는 해상사업에 관한 사고로 인하여 생길 손해를 보상할 책임이 있다"라고 규정하여 해상보험이 손해보상계약(contract of indemnity)임을 명시하고 있다.

② 기평가보험(valued policy) 기출 24

해상보험은 보험가액불변의 원칙에 따라 보험계약 체결시 보험가액을 미리 확정하는 기평가보험으로 체결된다. 따라서 보험가액은 때와 장소에 따라 변동됨에도 불구하고 보험자가 지급하는 보험금은 계약 체결시 약정한 보험가액에 따라 계산되어 실제 손해보다 많이 보상받을 수 있고, 반대로 실제 손해보다 적게 보상받을 수도 있다.

(2) 기업보험성

해상보험은 해운업자나 무역업자가 해상위험을 극복하기 위하여 이용하는 보험으로서 기업보험으로서의 성질을 갖는다. 따라서 해상보험에서는 당사자간의 사적자치의 원칙이 존중되며, '불이익변경금지의 원칙'이 적용되지 않는다.

심화TIP 해상보험의 특성 기출 19

해상보험은 영국의 해상보험법이 준거법으로 기업보험성이 강하며, 최대선의 원칙이 적용되는 보험이다.
해상보험은 개별요율 중 판단요율을 주로 적용한다.

(3) 국제성

해상보험은 바다를 통하여 국제적으로 활동하는 해운업자 또는 무역업자 등이 이용하는 보험이므로 자연히 국제성을 갖는다. 따라서 해상보험실무에서는 세계적으로 영국의 런던보험자협회(Institute of London Underwriters ; ILU)가 제정한 보험증권과 협회약관이 사용되고 있다.

한편, 런던보험자협회는 1998년부터 런던국제보험인수협회(IUA ; International Underwriting Association of London)라는 명칭으로 변경되었다.

우리나라 대법원은 이러한 영국법준거약관이 유효한 것으로 보고 있다(대법원 1991.5.14., 선고, 90다카25314, 판결). 따라서 해상보험에 있어서는 우리나라 상법보다 영국해상보험법(Marine Insurance Act, 1906 ; 이하 MIA)과 판례법인 보통법이 더 중요한 법원(法源)이 된다.

(4) 해외재보험에 대한 의존성

해상보험은 해외재보험에 대한 의존성이 높다. 그 이유는 해상보험에 가입되는 보험의 목적은 그 가액이 크므로 국내보험자들은 이러한 위험을 해외재보험에 가입하여 위험을 분산하고 있기 때문이다. 특히 우리나라의 손해보험회사와 같이 인수능력이나 보험보장능력이 충분하지 못한 경우에는 해외재보험의 의존성이 다른 선진보험국에 비하여 높을 수밖에 없다.

(5) 국제경쟁성

해상보험시장은 국내 보험자간의 경쟁은 물론 국제적인 경쟁시장이다.

① 적하보험

적하보험의 경우 무역거래조건에 따라 보험계약의 체결의무자가 결정된다. 예를 들어 우리나라 수출상이 미국 수입상과 CIF조건으로 매매계약을 체결한 경우 적하보험은 우리나라에서 체결되어야 하지만, 우리나라의 적하보험요율이 미국에서 보다 높은 경우에는 무역거래조건을 FOB조건으로 변경하여 미국에서 적하보험계약을 체결할 수도 있다.

② 선박보험

선박보험의 경우에도 선주는 자신의 편의에 따라 국내 또는 해외에서 자유롭게 체결할 수 있다. 또한 편의치적선제도에 따라 선주의 국적과 무관하게 선박국적을 선택할 수 있다.

(6) 담보(Warranty)의 존재

해상보험은 피보험자에게 엄격한 담보 또는 담보특약의 준수를 요구한다. 해상보험에서 담보라 함은 피보험자가 반드시 지켜야 할 약속으로서, 이는 어떤 특정한 일이 행하여 질 것 또는 행하여지지 않을 것이라는 약속사항 또는 어떤 조건이 충족될 것이라는 약속사항 또는 특정한 사실상태의 존재를 긍정하거나 부정하는 약속사항을 말한다. 만약 피보험자가 이러한 담보를 위반한 때에는 그 이후의 손해에 대하여 그러한 담보위반과 손해와의 인과관계 유무와 관계없이 보험자는 책임을 부담하지 않는다.

심화TIP 묵시담보(implied warranty)와 명시담보(express warranties) 기출 20

1. **묵시담보(implied warranty)**
   해상보험에서 보험증권에 명시하지 않고 묵시적으로 보증하는 담보를 말하며, 적법담보(warranty of legality)와 감항담보(warranty of seaworthiness)가 있다.
   - <u>적법담보(warranty of legality)</u> : 피보험자가 지배할 수 없는 경우를 제외하고는 모든 해상사업이 합법적이어야 한다는 것을 묵시적으로 담보하는 것이다.
   - <u>감항담보(warranty of seaworthiness)</u> : 선박이 특정 항해를 완수할 수 있을 정도로 능력을 갖춘 상태, 즉 감항성이 있어야 한다는 묵시적 담보이다.
2. **명시담보(express warranties)**
   - <u>안전담보(warranty of good safety)</u> : 보험자는 특정일 이전에 발생된 일체의 손해에 대한 책임을 면하기 위하여 선박이 특정일에 무사 또는 안전(물리적 안전의 상태)하다는 담보, 즉 특정 시기 및 장소에서의 안전담보를 보험증권에 포함시키는 명시담보이다.
   - <u>중립담보(warranty of neutrality)</u> : 선박이나 적하를 불문하고 피보험 재산이 중립 재산이라고 명시적으로 담보되는 경우에는 그 재산이 위험 기간의 개시 시점에 중립적 성질을 가져야 하고, 또 피보험자의 능력이 미치는 한 그 중립적 성질이 보험기간 중에 계속되어야 한다는 명시담보이다.
   - <u>선비담보(disbursement warranty)</u> : 선비(船費)를 원래의 선박보험에 추가하여 부보할 때 선비의 보험금액을 선박보험 가입금액의 일정비율 이상을 넘지 못하도록 하는 명시담보이다. 선비담보는 선체와 기관에 대한 피보험이익 이외의 부수적인 피보험이익에 대함 부보액을 제한함으로써 피보험자가 보험료를 절감하고, 전손 사고시에 선박가액 전부를 보상받는 불합리를 방지하고, 도박계약으로서의 보험을 사전에 방지하는데 그 목적이 있다.
   - <u>항해담보(institute warranty)</u> : 기간보험의 경우 전 보험기간 또는 일정 기간, 일정한 지리적 범위 내로 선박운항을 제한하거나 일정한 항해 또는 해역을 제외시키는 명시담보이다.

(7) 해륙복합보험성

① 내수로의 손해까지 확장담보

해상보험은 해상에서의 손해뿐만 아니라 해상사업에 수반되는 육상위험 및 강이나 호수와 같은 내수로에서의 손해까지도 확장담보한다.

② 육상위험까지 담보

적하보험의 창고간 약관(warehouse to warehouse clause)에서 보험자의 보상책임은 송하인의 창고로부터 수하인의 창고라고 규정하고 있으므로 적하보험은 해상위험뿐만 아니라 육상위험까지 담보한다.

3 해상보험계약의 분석

(1) 기본적 담보손인 기출 22·25

① 해상 고유의 손인

해상사업 과정에서 해상에서만 발생할 수 있는 손인

예 침몰(sinking), 좌초(stranding), 충돌(collision), 악천후(heavy weather)

② 해상의 손인

해상에서 발생할 수 있는 일반적 손인

예 화재(fire), 투하(jettison), 선원의 악행(barratry), 해적(pirates)·방랑자(rovers)·강도(thieves)

③ 전쟁 손인

전쟁 또는 전쟁에 준하는 적대적 활동에 의한 손인

예 군함(men-of-war), 외적(enemies), 습격·포획(surprisal·capture), 해상탈취·나포(taking at sea & seizure), 강유·억지·억류(arrest·restraints·detainment) 등

심화TIP 소급보험조항 기출 20

구 보험증권인 로이즈보험증권(Lloyd's S.G. Policy) 본문에서는 "멸실여부를 불문함(lost or not lost clause)"이라는 소급보험조항을 규정하고 있다.
소급보험조항이 도입된 취지는 통신수단이 발달하지 못한 과거에는 화물의 손해발생사실을 알지 못한 상태에서 매도인 또는 매수인이 보험계약을 체결하는 경우가 많았고, 손해발생시점이 언제인지를 정확히 알아내기도 쉽지 않았기 때문이다. 따라서 소급보험조항이 규정된 해상보험계약이 체결되면 피보험자는 피보험이익의 취득이전에 발생된 화물손해 뿐만 아니라 보험계약 체결 이전에 발생된 화물손해에 대하여 보험자로부터 보상받을 수 있다. 다만, 보험계약 체결시 피보험자가 손해발생의 사실을 알고, 보험자가 몰랐을 경우에는 그러하지 아니하다.

(2) 해상손실의 형태

① 손실의 내용에 따른 분류

㉠ 물리적 손실(physical loss) : 보험목적물인 선박 또는 화물에 직접적인 파괴 또는 멸실이 발생하는 것

㉡ 비용손실(expense loss) : 물리적 손실발생 후 손실방지 또는 처리 등에 지출되는 비용

㉢ 배상책임손실(liability loss) : 피보험자 해상사업 도중에 제3자에게 입힌 물적 · 인적 손실

② 손실의 성격에 따른 분류

㉠ 전손(total loss) : 전손은 피보험이익의 전부멸실로서 현실전손과 추정전손이 있다.

현실전손	보험목적의 실질적인 전부멸실 또는 원래 성질의 전부상실, 보험목적에 대한 지배력의 항구적인 전부상실이 있는 경우를 말한다.
추정전손	추정전손은 현실전손과 달리 법률적인 전손이다. 즉 보험목적 자체의 손해는 현실전손을 구성하지 않지만, 수리 등의 비용 등이 커서 경제적인 전손을 구성하는 경우 법에 의해 전손으로 취급하는 것을 말한다. 다만, 현실전손과 달리 추정전손은 보험금 청구를 위해 위부의 통지를 하여야 한다.

㉡ 분손(partial loss) : 피보험이익의 일부멸실을 말한다. 분손이 발생한 경우, 일부보험의 경우에는 보상방식에 따라 보험금이 지급되며, 특히 실손보상 특약이 적용되는 경우 보험금액의 전부가 보험금으로 지급되는 경우가 발생할 수 있다.

단독해손	우연적 사고에 의해 발생된 부분적 손상을 말하며, 손실방지를 위한 비용 등도 포함된다.
공동해손	항해 중인 선박과 화물이 위태로운 상황에서 벗어날 목적으로 선장의 지시하에 의도적으로 희생이나 비용을 발생시킨 경우이다.

심화TIP 공동해손(general average) 기출 20

공동해손은 항해 중인 선박과 화물이 위태로운 상황에서 벗어날 목적으로 선장의 지시하에 의도적으로 희생이나 비용을 발생시킨 해손을 말한다.

- 공동해손행위의 목적은 공동의 위험에 처한 해상사업단체(common maritime adventure)의 공동안전을 위한 것이어야 한다.
- 위험은 현실적(real)이고 절박(imminent)해야 한다.
- 희생이나 비용은 의도적(intentional)인 행위에 의해 발생 또는 지출된 것이어야 한다.
- 희생이나 비용은 비정상적(extraordinary)이어야 하고, 합리적(reasonable) 행위에 의해 발생한 것이어야 한다.

4 해상보험의 종류

(1) 선박보험

① 정 의

선박의 선체와 기관을 담보대상으로 하여 직접손실과 배상책임손실을 보상하는 보험이다.

② 선박보험의 계약형태

㉠ 운항보험증권 : 선박이 운행하는 도중의 위험을 담보한다.

ⓐ 항해증권 : 보험계약기간 및 위험담보기간이 특정 항해를 기준으로 항해가 시작할 때 위험이 개시되고, 항해가 끝날 때 위험이 종료한다.

ⓑ 기간증권 : 보험계약기간을 특정 기간에 한정한다.

㉡ 항구리스크증권 : 선박이 수리 또는 기타 이유로 항구에 장기 정박할 때의 위험을 담보한다.

③ 선박보험의 피보험이익

㉠ 피보험이익은 선박소유자, 선박용선자, 선박저당권자 등에 존재한다.

㉡ 담보되는 피보험이익은 선체 및 기관, 선박보험료, 운임, 경비, 충돌에 의한 제3자에 대한 배상책임 등이다.

④ 선박보험의 종류

㉠ <u>선체보험</u> : 선박보험의 대표적인 보험으로서 피보험자의 소유에 속하는 선체, 기관, 선용품, 의장품, 기타 비품 등을 보험목적물로 하고 있다. 보험기간은 일반적으로 12개월로 하고 있는데 이 기간 동안 여러 차례 보험사고가 발생하더라도 매 사고마다 보험금액 한도 내에서 보상을 해주며, 복원에 따른 추가 보험료는 없다.

㉡ <u>선비보험(초과책임보험)</u> : 초과책임에 대한 선주의 피보험이익과 추가된 금액에 대한 선체 전손 담보보험을 묶어서 선체보험증권에 추가로 담보하며, 보험가입금액은 선체보험 협정보험가액의 25%를 초과할 수 없다.

㉢ <u>선박불가동 손실보험</u> : 영국, 미국 또는 노르웨이의 선체 및 기관보험에서 열거하고 있는 위험 또는 전기 기계와 기관을 포함한 기계의 고장(단, 마모나 피보험자의 상당한 주의를 기울시 않음으로써 발생한 경우는 제외)으로 선박이 불가능상태가 됨으로써 운항자가 입는 손실을 보상하는 보험이다.

㉣ <u>계선보험</u> : 계선보험은 선체 및 기관 등을 보험의 목적으로 한다는 점에서는 선체 및 기관보험과 동일하다. 그러나 선체 및 기관보험은 선박이 항해는 물론 계선하고 있는 동안을 보험계약기간으로 하고 있으나, 계선보험은 선박이 항구나 안전한 해역에서 휴항하는 경우나 준설선과 같이 안전한 특정 해역에서 작업하는 경우에 가입한다. 이는 선체 및 기관보험보다 상대적으로 보험료가 저렴하기 때문이다. 계선보험에서는 4/4충돌배상금과 P & I 위험을 보상하는 것으로 약관에 규정하고 있다.

㉤ <u>건조보험</u> : 선박건조보험은 선박의 건조(재건조 · 개조)에서부터 진수, 시운전 및 인도에 이르기까지 이에 따르는 제반 육상위험 및 해상위험을 담보함으로써 건조자의 경제적 손실을 보험자에게 전가시키기 위한 보험이다. 면책위험을 제외한 전 위험을 보장하는 All Risks 보험이다.

(2) 적하보험 기출 23

① 정 의

해상에서 운송중인 화물이 담보손인에 의하여 입은 물적손해, 비용손해, 책임손해를 보상하는 보험이다.

② 적하보험에 가입하는 이유

운송중인 화물에 손실발생시 1차적 책임은 운송업자이지만, 손실 원인 규명과 운송업자 책임 소재 판단이 시간이 걸리고 결과의 불확실성이 크기 때문에 확실한 손실보상을 위해 적하보험에 가입한다.

③ 적하보험의 피보험이익

㉠ 피보험이익은 화주에게 있고, 판매계약조건에 따라 결정된다.

㉡ 피보험이익의 정도는 화물매입비용을 포함하여 운임, 보험료, 기대이익 등이 포함된다.

심화TIP 적하보험의 가입조건 기출 23

1. **구협회적하약관**
   - ICC(All Risks) : 법률 및 약관에 의한 면책위험을 제외한 모든 위험을 보험자가 담보하는 조건이다.
   - ICC(FPA) : 분손부담보(free from particular average ; FPA)조건으로서 보험목적물의 전손 및 공동해손의 경우와 손해방지비용, 구조료, 특별비용, 특정분손 등의 손해를 보상하는 조건이다.
   - ICC(WA) : 분손부담보(FPA)조건에서 보상하는 손해에 추가하여 악천후로 인한 해수침손(sea water damage)과 갑판유실 등을 추가로 보상해 주는 조건이다.

2. **신협회적하약관**
   - ICC(A) : 구협회적하약관의 전위험담보(All Risks ; A/R)와 유사한 것으로서 일정한 면책위험을 제외하고는 모든 위험, 즉 피보험목적물에 발생하는 멸실·손상 또는 비용일체를 포괄하여 담보한다.
   - ICC(B) : 구협회적하약관의 ICC(WA)와 유사한 것으로서 보험자가 보상하여야 할 담보위험을 위험약관(risk clause)상에 구체적으로 열거함으로써 피보험자가 담보위험의 범위를 용이하게 이해할 수 있도록 하였고, ICC(A)에서 규정한 면책위험을 제외하고 열거한 사항을 보상한다.
   - ICC(C) : 구협회적하약관의 분손부담보(FPA)와 유사한 것으로서 보험자의 면책위험은 ICC(A)와 같으며, 열거책임주의에 따라 열거한 위험으로 인한 보험목적물의 멸실 또는 손상의 경우에 보상한다. 보험범위가 가장 제한된 보험조건이다.

(3) 운임보험

① 정 의

해상운임을 보험목적물로 하는 보험으로서 선박이 해난사고로 인하여 항해를 중단하거나 포기하는 경우에 그 사고가 발생하지 않았더라면 취득하였을 선주의 운임을 보상해 주는 보험이다.

② 운임손실에 따른 피보험이익

운임손실에 따른 피보험이익의 존재 여부는 운송계약에 따라 정해진다.

선불운임의 경우	• 안전도착 여부와 관계없이 운송계약이 종료되는 경우 피보험이익은 화주에 있다. 즉 선하증권에 최종목적지까지 화물을 운송하지 못하였다고 하더라도 선지급된 운임은 반환되지 않는다는 조항을 명시하고 있으므로 화주가 운임보험에 가입할 필요가 있다. • 통상 화주는 적하보험 부보시 보험금액을 CIF가격의 110%로 가입하기 때문에 화주의 운임손실위험은 적하보험에서 담보된다.
후불운임의 경우	• 항해중단으로 인한 운임손실 위험을 선주가 부담하므로 선주가 운임보험에 가입하게 된다. 즉 피보험이익이 선주에게 있다. • 운임보험은 별개의 운임약관이 포함된 해상보험증권으로 인수되기도 하지만, 통상 선박보험약관에 포함되어 있다.

(4) 배상책임보험

해상보험에 의해 인수되는 배상책임보험(Liability Insurance)은 선박보험의 일부인 충돌배상책임보험과 P&I 보험으로 다시 구분된다.

① 충돌배상책임보험(Collision Liability Insurance)

선박보험에 포함되는 충돌배상책임보험은 선박충돌사고로 인하여 상대선박에게 지급해야 하는 손해배상금을 특정 한도(선박보험상 협정보험가액)까지 보상한다.

② 선주책임상호보험(P&I 보험)

㉠ 통상 P&I 보험이라 불리는 선주책임상호보험은 선박보험이 보상하지 않는 비용손해 및 제3자에 대한 배상책임을 담보 받기 위하여 선주들이 운영하는 비영리의 상호보험을 말한다. 따라서 P&I 보험은 선주들의 상호보험조합인 P&I Club에 의해 인수된다.

㉡ P&I 보험에서 Protection(보호)이란 선박보험증권상 3/4충돌배상책임약관에서 보상되지 않는 손해를 보상하는 것을 말하며, Indemnity(배상)이란 화물손해 발생시 화주에 대한 운송인으로서 해상운송계약상 손해배상책임을 보상하는 것을 말한다.

(5) 기대이익보험

① 이익에 대한 보험이라고도 하며, 성격상 간접손실 또는 결과손실에 대한 보험이다.

② 화물이나 선박의 직접손실로 인한 예상이익, 수수료, 기타 금전적 급부를 상실하거나 추가적 비용이 발생하여 입은 손실을 보상한다.

심화TIP 운송보험 기출 18 · 24

운송보험이란 육상운송에 있어서 운송물에 대하여 발생할 수 있는 손해를 보상할 것을 목적으로 하는 손해보험을 말한다.

- 운송보험계약의 보험자는 다른 약정이 없으면 운송인이 운송물을 수령한 때로부터 수하인에게 인도할 때까지 생길 손해를 보상할 책임이 있다(상법 제688조).
- 보험가액에 대해 당사자간의 협정이 없으면 보험가액불변경주의에 따라 발송한 때와 곳의 가액과 도착지까지의 운임, 기타의 비용(보험비용, 포장비 등)을 보험가액으로 한다(상법 제689조 제1항).
- 운송물의 도착으로 인하여 얻을 이익은 약정이 있는 때에 한하여 보험가액 중에 산입한다(상법 제689조 제2항).
- 보험계약은 다른 약정이 없으면 운송의 필요에 의하여 일시 운송을 중지한 경우에도 그 효력을 잃지 아니한다(상법 제691조).
- 보험사고가 수하인의 중대한 과실로 인하여 발생한 때에는 보험자는 이로 인하여 생긴 손해를 보상할 책임이 없다(상법 제692조).

05 기타 재산보험

1 기관기계보험

(1) 연 혁

① 영국 : 산업혁명이 진행되면서 보일러의 폭발위험을 담보하기 위한 보일러보험회사가 1859년에 설립된 것이 시초이다.

② 미국 : 1866년 민간철도회사의 증기열차에 대하여 보험을 판매한 것이 시초이다.

③ 독일 : 1910년 감독당국의 주도로 기계이익보험(machinery business interruption)을 도입했다.

(2) 정 의

공장이나 사업장에서 사용 중인 각종 기관 및 기계설비의 우연한 사고로 발생한 직접손실과 간접손실을 보상하는 재산보험이다.

① 가동 중이거나 가동 가능한 상태의 기계, 기계설비, 장치가 예기치 못한 돌발사고로 입은 물적 손해를 보상하는 보험이다.

② 소규모의 단일기계로부터 대규모 화학, 제철공장에 이르기까지 일정한 사업장에서 설치, 가동 중인 모든 기계, 기계설비 및 장치의 물적 손해와 기계설비로 인한 영업손실을 보상한다.

(3) 목 적

① 손상된 재산을 단순히 보상하는 것이 아니고, 사고발생 전의 가동상태로 완전히 복구하는데 필요한 비용을 보상한다.

② 손실전보의 목적보다 손실방지 목적에 더 큰 비중을 두어 정기검사와 같은 손실방지활동을 지원한다.

(4) 보상하는 손해

구 분	내 용
기계자체의 결함으로 인한 손해	• 주조 또는 재질의 결함 • 설계, 제작 또는 조립상의 결함
운전 중 사고로 인한 손해	• 보일러의 급수부족 • 물리적 폭발, 파열 • 원심력에 의한 파손
근로자의 취급 잘못, 기술부족, 부주의로 인한 손해	기계장치의 조작은 이론적, 경험상 고도의 지식과 경험이 필요한데, 이를 취급하는 근로자의 기술부족이나 부주의에서 기계사고가 발생한다.
기타	• 단락 등 전기적 현상 • 폭풍우(Storm) • 기타 보상하지 않는 손해에 명기되지 않은 손해

2 도난보험

(1) 정 의

도난보험은 소유 또는 사용 중인 각종 재물 또는 동산을 도난당하여 입는 경제적 손실과 도난과정에서 발생한 물리적 손실을 보상하는 보험이다.

(2) 담보범위

담보범위는 보험증권 양식에 따라 지정된 장소의 재산만 담보한다.

(3) 도난보험약관의 유형

① 도난보험(보통약관)
② 현금 및 유가증권보험
③ 공개상품 도난보험
④ 상품 및 금고 도난보험

(4) 보험의 목적

약 관	보험의 목적	
동산담보 특별약관	동산	가재도구 일체와 영업용 집기비품을 포함한 모든 동산
	제외물품	증서, 장부, 인장, 훈장, 면허장 또는 그 밖의 이와 비슷한 물품과 현금, 유가증권 및 귀금속, 귀중품(무게나 부피가 휴대할 수 있으며, 점당 100만원 이상), 보옥, 보석, 원고, 글, 그림, 골동품, 조각물 및 이와 비슷한 것
현금 및 유가증권 담보 특별약관	현금	통화, 주화, 은행권 및 금괴
	유가증권	재산상의 권리가 증권에 표시되어 그 청구권리의 행사에 관하여 이 증권의 점유를 필요로 하는 것으로서 어음, 수표, 주권, 사채권, 인지, 우표 및 그 밖의 이와 비슷한 물품
수탁물 배상책임 담보 특별약관	수탁물	다른 약정이 없으면 동산, 현금 및 유가증권, 귀금속, 귀중품(무게나 부피가 휴대할 수 있으며 점당 100만원 이상), 보옥, 보석, 원고, 글·그림, 골동품, 조각물 및 이와 비슷한 물품
	제외물품	증서, 장부, 인장, 면허장 또는 그 밖의 이와 비슷한 물품

(5) 보상하는 손해

① 물리력을 사용하여 보관시설을 파괴하고 도난행위가 발생하여야 한다.
② 장소적 제한이 있어야 한다. 보험의 목적이 보관장소 내에 보관되어 있는 동안에 발생한 도난사고이어야 한다.
③ 직접손해이어야 한다. 직접손해만 보상하며, 간접손해(이익의 상실)는 보상하지 않는다.

(6) 특별약관

① 현금 및 유가증권 운송위험 특별약관

보험기간 중에 현금 및 유가증권이 운반인에 의해서 운송되는 동안에 불법탈취 되거나 또는 절도나 강도의 도난행위로 입은 직접손해(훼손, 망가짐 또는 파손을 포함)를 보상한다.

② 귀중품담보 특별약관

보험기간 중에 귀금속, 귀중품, 보옥, 보석 등을 보험의 목적으로 한다.

③ 부재 특별약관

보험의 목적의 보관장소를 72시간 이상 비워둔 동안에 생긴 도난손해를 보상한다.

④ 보관시설파손 특별약관

불법침입자, 절도 또는 강도가 보험의 목적을 훔치기 위하여 보험의 목적을 보관하고 있는 보관시설(건물, 금고 및 도난방지시설을 포함한다)을 파손하는 경우 보험가입금액의 50% 한도 내에서 이를 보상한다. 다만, 도난행위에 기인하여 발생한 화재로 인한 손해는 원인의 직접, 간접을 묻지 아니하고 보상하지 않는다.

⑤ 실손보상 특별약관

계약자 또는 피보험자(보험대상자)가 입은 손해에 대하여 실손보상한다. 그러나 보험기간 중 손해가 발생한 때와 곳에서의 보험가액의 80% 이상을 보험가입금액으로 한 경우에 한한다.

⑥ 협정보험가액 특별약관

보험증권(보험가입증서)에 기재된 다음의 물건에 대하여만 이 특별약관을 적용한다.

㉠ 글·그림, 골동품, 조각물 및 기타 이와 비슷한 것

㉡ 원고, 설계서, 도안, 물건의 원본, 모형, 증서, 장부 및 기타 이와 비슷한 것

⑦ 영업활동 중 도난위험 부보장특별약관

영업소 안에서 영업활동을 하는 동안에 생긴 도난손해는 보상하지 않는다.

⑧ 영업활동 중의 도난위험 특별약관

영업소 안에서 영업활동을 하는 동안에 생긴 도난손해만을 보상한다.

3 권원보험 기출 18

(1) 개 념

① 부동산 권리 행사에 문제가 생겨 부동산 소유자나 저당권자가 입게 되는 손실을 보상해주는 보험으로 소유자용 권리보험(owner's policy)과 저당권자용 권리보험(mortgagee policy)의 2종류가 있다.

② 부동산 매매에 있어서 매입한 부동산 소유권의 하자, 소유권판매의 불가능성, 부동산에 대한 유치권 또는 채무부담, 부동산 측량착오, 권리증서의 오기 및 위조 등에 의한 매수인의 경제적 손실을 보상해주는 보험이다.

(2) 특 징

① 보험계약과 보험료가 납입되어 유효한 계약이라면 증권발급 이전이라도 소유권 하자에 따른 손실을 보상한다.

② 약관상 보험료는 선납 후 보험증권을 교부받는 방식과 당사자가 정하는 시기에 납입하는 방식으로 존재하나 대부분 선납식이고 보험증권 발행시 지급하지 않는다. 즉 청약과 동시에 선납 후 소유권 이전등기를 진행하고, 소유권이전등기 확인 후 증권이 발급된다.

③ 손해가 발생하면 매매가액(보험가입금액) 전액을 한도로 실손해액을 보상한다.

4 신용보험

(1) 정 의

어떤 기업이 다른 기업과의 신용거래에 따른 외상매출금의 회수불능 위험을 관리하는 보험제도로서 기업의 신용손실을 보상한다.

(2) 보상하는 신용손실 기출 17

① 정상적 사업과정에서 발생하는 통상적인 신용손실이 아니라, 비정상적인 신용손실만을 포함한다.

② 신용손실의 원인은 채무자의 파산 또는 지급불능이어야 하고, 그 밖의 원인에 의한 신용손실은 보상에서 제외된다.

(3) 신용보험의 효용

① 판매상품에 대한 신용담보를 보장받기 때문에 많은 기업들에게 신용을 확대할 수 있다.

② 피보험기업은 금융기관 및 거래처 관계에서 신용을 높일 수 있다.

③ 고객에 대한 신용공여시 보험증권에서 제시하는 기준에 의거 보수적 지침을 사용할 수 있다.

④ 불량채무손실을 감소시키고 지급불능사태 발생시 효율적인 회수 및 구조서비스를 받을 수 있다.

(4) 보상한도의 제한

① 자기부담금은 예측가능한 손실로서 정상적인 사업기간 중에 발생하는 연평균 손실이므로 사업영위의 원가에 포함시켜 부보대상에서 제외한다. 즉 보험자는 총 신용손실에서 정상손실을 공제한 금액을 피보험자에게 보상한다.

② 공동보험은 손실액의 일정부분을 가입자가 분담하는 제도로서 신용보험계약에서 전통적으로 사용하였으나, 최근 표준증권에서는 사용하지 않는다.

③ 총부보금액은 보험자가 보상할 최대보험금으로서 총부보금액을 적절히 통제함으로써 위험을 분산시키고, 재난적 손실을 회피할 수 있다.

심화TIP 신용보험(신용보험 표준약관)

(1) 보상하는 손해(제1조)

보험회사(이하 '회사'라 한다)는 채무자가 보험증권에 기재된 계약(이하 '주계약'이라 한다)에서 정한 채무 또는 법령상 의무를 이행하지 않음으로써 채권자인 피보험자가 입은 손해를 보험증권에 기재된 내용과 이 약관에 따라 보상한다.

(2) 보상하지 않는 손해(제2조)

회사는 아래의 사유를 원인으로 하여 생긴 손해는 보상하지 않는다.

① 계약자, 피보험자의 고의 또는 중과실

② 전쟁, 혁명, 내란, 사변, 테러, 폭동, 소요 기타 이들과 유사한 사태로 채무를 이행하지 못한 사유

③ 지진, 분화, 홍수, 해일 또는 이와 비슷한 천재지변으로 채무를 이행하지 못한 사유

④ 핵연료물질 (사용된 연료를 포함한다) 또는 핵연료물질에 의하여 오염된 물질(원자핵 분열 생성물을 포함한다)의 방사성, 폭발성 그 밖의 유해한 특성 또는 이들의 특성에 의한 사고로 채무를 이행하지 못한 사유

(3) 손해의 통지 및 조사(제3조)

① 계약자 또는 피보험자는 보험사고가 생긴 것을 안 때에는 지체 없이 그 사실을 회사에 알리고 회사가 요청할 경우 손해의 조사에 협조하여야 한다.

② 계약자 또는 피보험자가 정당한 이유 없이 제1항의 통지를 해태하거나 손해 조사에 협조하지 않아 손해가 증가된 때에는 회사는 그 증가된 손해를 보상하지 않는다.

(4) 손해의 방지와 경감의무(제4조)

① 보험사고가 생긴 때에는 계약자 또는 피보험자는 손해의 방지와 경감에 힘써야 한다.

② 피보험자가 고의 또는 중대한 과실로 제1항의 의무를 게을리한 경우 그렇지 않았다면 방지 또는 경감할 수 있었을 손해액을 보상액에서 뺀다.

③ 피보험자가 제1항에 따라 손해의 방지 또는 경감을 위하여 회사의 동의를 얻어 지출한 필요하고도 유익한 비용은 보험가입금액을 초과한 경우라도 회사가 보상한다.

(5) 보험금의 청구(제5조)

① 피보험자가 보험금을 청구할 때에는 다음의 서류를 회사에 제출하여야 한다.

1. 보험금 청구서(회사양식)
2. 신분증(주민등록증 또는 운전면허증 등 사진이 부착된 정부기관발행 신분증, 본인이 아닌 경우에는 본인의 인감증명서 또는 본인서명사실확인서 포함)
3. 보험증권 또는 그 사본
4. 손해액을 증명하는 서류
5. 회사가 요구하는 그 밖의 서류

② 회사는 제1항에 따른 보험금 청구를 받은 후 지체 없이 지급할 보험금을 결정하고 지급할 보험금이 결정되면 7일 이내에 이를 지급한다.

③ 회사는 보험금 지급에 필요한 조사를 단시일 내에 마치지 못할 경우에는 피보험자의 청구에 따라 회사가 추정하는 보험금의 50%를 한도로 가지급보험금을 지급한다. 이 경우 피보험자는 제1항에서 정한 서류를 갖추어 회사에 청구하여야 한다.

④ 회사는 제3항의 피보험자의 청구가 있더라도 아래에서 정한 경우에는 보험금을 가지급하지 않는다.

1. 채무자가 피보험자의 보험금 청구가 부당함을 다투는 경우
2. 피보험자의 책임 있는 사유로 회사가 보험금 지급에 필요한 조사를 진행할 수 없는 경우

⑤ 제3항에 따라 지급한 가지급보험금의 금액은 장래 지급될 보험금액에서 공제되나 최종 보험금의 결정에 영향을 미치지 않는다.

⑥ 회사가 제2항의 지급보험금 및 제3항의 가지급보험금이 결정된 후 7일(이하 '지급기일'이라 한다)이 지나도록 보험금을 지급하지 않았을 때에는 지급기일의 다음날부터 지급일까지의 기간에 대하여 〈부표〉 '보험금을 지급할 때의 적립이율'에 따라 연단위 복리로 계산한 금액을 보험금에 더하여 지급한다. 그러나 피보험자의 책임 있는 사유로 지체된 경우에는 그 해당기간에 대한 이자를 더하여 지급하지 않는다.

(6) 대위권(제6조)

① 회사가 보험금을 지급할 때(현물보상하는 경우를 포함한다)에는 회사는 피보험자의 이익을 해치지 않는 범위 안에서 피보험자가 채무자에 대하여 가지는 권리를 대위하여 가진다.

② 회사는 제1항의 권리를 얻은 경우에는 권리를 행사하기 전에 채무자에게 지체 없이 통지한다.

③ 피보험자는 제1항에 따라 회사가 취득한 권리를 행사하거나 지키는 것에 관하여 조치를 하여야 하며, 또한 회사가 요구하는 증거 및 서류를 제출하여야 한다.

(7) 변제 등의 충당순서(제7조) 기출 24

① 채무자(채무자의 채무를 변제하는 제3자를 포함한다)가 변제한 금액 또는 회사의 담보권 행사・상계 또는 채권추심을 통하여 회수한 금액이 채무자의 전체 채무금액보다 적은 경우에는 비용, 지급보험금(원금), 이자의 순서로 충당하기로 한다.

② 변제하여야 할 채무가 수개인 경우로서 전체 채무금액보다 적은 경우에는 강제집행 또는 담보권 실행 등에 의한 회수금에 대하여는 민법 기타 법률이 정하는 바에 따른다.

③ 변제하여야 할 채무가 수개인 경우로서 기타 제2항에 해당되지 않는 경우에는 채무를 변제하는 자가 지정하는 순서에 따라 충당하기로 한다. 다만, 회사의 채권보전에 지장이 생길 염려가 있는 때에는 회사는 지체 없이 이의를 표시하고, 물적 담보나 보증의 유무, 소멸시효의 도래 순서 등을 고려하여 회사가 변제에 충당할 채무를 바꾸어 지정할 수 있다.

(8) 조사(제8조)

① 회사는 보험목적에 대한 위험상태를 조사하기 위하여 보험기간 중 언제든지 피보험자의 시설과 업무내용을 조사할 수 있고 필요한 경우에는 그의 개선을 피보험자에게 요청할 수 있다.

② 회사는 이 계약의 중요사항과 관련된 범위 내에서는 보험기간 중 또는 회사에서 정한 보험금 청구서류를 접수한 날부터 1년 이내에는 언제든지 피보험자의 회계장부를 열람할 수 있다.

-- 이하생략 --

06 보험료 산정

1 개 요

(1) 보험료의 의의

① 정 의

보험료 산정은 보험상품의 가격결정을 의미한다. 보험료는 보험자가 특정 위험으로 인한 손해를 보장해 주는 대가로 보험계약자가 지불하는 금액이다.

② 최초보험료

최초보험료는 보험자의 책임을 시작하게 하는 보험료를 말한다. 최초보험료를 부지급하는 경우 효과는 다음과 같다.

㉠ 해제의제 : 보험계약자는 계약 체결 후 지체 없이 보험료의 전부 또는 제1회 보험료를 지급하여야 하며, 보험계약자가 이를 지급하지 아니하는 경우에는 다른 약정이 없는 한 계약 성립 후 2월이 경과하면 그 계약은 해제된 것으로 본다.

㉡ 책임불개시 : 보험자의 책임개시는 당사자간의 다른 약정이 없으면 최초보험료 지급을 받은 때로부터 개시하는데 부지급으로 인하여 보험자의 보상책임은 개시되지 않는다.

③ 계속보험료

계속보험료는 일단 시작된 보험자의 책임을 계속 이어가게 하는 보험료로, 보험료를 계약자의 편의에 따라 수개의 보험료 기간으로 나누어 납부할 수 있게 한 것이다. 계속보험료를 부지급하는 경우 효과는 다음과 같다.

㉠ 최고 후 해지 : 계속보험료가 약정한 시기에 지급되지 아니한 때에 보험자는 상당한 기간을 정하여 보험계약자에게 최고하고, 그 기간 내에 지급되지 않는 때에는 그 계약을 해지할 수 있다. 특정한 타인을 위한 보험의 경우에 보험자는 그 타인에게도 상당한 기간을 정하여 보험료의 지급을 최고한 후가 아니면 그 계약을 해제 또는 해지하지 못한다.

㉡ 보험계약의 부활 : 계속보험료의 부지급으로 인해 보험계약이 해지되고 해지환급금이 지급되지 아니한 경우에 보험계약자는 일정한 기간 내에 연체보험료에 약정이자를 붙여 보험자에게 지급하고 그 계약의 부활을 청구할 수 있다.

(2) 보험료와 보험요율

① 보험료(premium)

보험단위가격과 보험가입금액을 함께 고려하여 보험가입자가 지불하는 금액이다.

보험료 = 보험요율 × 보험가입금액

② 보험요율(premium rate)

보험상품 가격을 보험단위에 대하여 나타낸 것으로 보험가격의 상대적 수준을 나타낸다.

보험요율 = 보험료 / 보험가입금액

(3) 보험료의 구성

영업보험료는 순보험료와 부가보험료로 구성된다.

① 순보험료 기출 18 · 19 · 25

손해발생시 지급해야 할 보험금과 손해사정비용에 소요되는 보험료

순보험료 = 예상손실액 × 사고발생확률

심화TIP 순보험료의 본질적 특성 기출 15 · 21

- 미래의 예측에 근거한다.
- 보험자의 통제가 불가능한 부분이 많다.
- 규모의 경제성이 크지 않다.
- 일반적으로 집단평균원가개념이 적용된다.

② 부가보험료

보험사업 운영에 필요한 각종 사업비와 이윤에 충당되는 보험료

[보험료의 구성]

<table>
<tr><th rowspan="4">영업보험료</th><th>예 측</th><th colspan="3">사후확정</th></tr>
<tr><td>순보험료</td><td colspan="2">지급보험금
(손해사정비 포함)</td><td>손해율
(보험금 / 보험료)</td></tr>
<tr><td rowspan="2">부가보험료
(사업경비 + 이익)</td><td>사업비</td><td>영업비
일반관리비</td><td>사업비율
(사업비 / 보험료)</td></tr>
<tr><td colspan="2">이익</td><td>이익률
(이익 / 보험료)</td></tr>
</table>

〈자료출처〉 리스크와 위험, 보험경영연구회, 문영사

2 보험료의 납부

(1) 보험료의 지급시기와 장소

① 보험료의 지급시기

보험료 지급의무는 보험계약 성립과 동시에 발생하는 것을 원칙으로 하나 민영보험의 경우 보험료를 선급시킬 수 있다.

② 지급장소

지참채무가 원칙이다. 단, 약정에 따라 수금사원이 계약자를 방문하여 수령하는 추심채무도 가능하다.

지참채무(持參債務)

채무이행의 장소가 채권자의 주소 혹은 영업소로 되어 있는 경우의 채무를 말한다. 지참채무의 경우 채무자는 변제기가 되었으면 채권자로부터의 최고(催告)의 유무에 불구하고 자기의 비용으로 채권자에게로 가서 채무를 이행하지 않으면 채무불이행이 된다. 어떤 채무의 이행을 하여야 할 장소가 어디인가에 대하여는 당사자가 미리 계약으로 정할 수 있으나, 특약이 없으면 특정물인도 이외의 채무변제는 채권자의 현 주소 또는 현 영업소에서 해야 하는 것으로 되어 있다(민법 467조).

(2) 보험료영수증의 법적 성질

보험료영수증은 보험료가 납부된 사실을 증명하는 추정적 증거능력을 가지고 있을 뿐 실제 보험료가 유효하게 납입되지 않은 이상, 보험료영수증 그 자체로서는 보험료 납입의 효력을 발생시키는 것은 아니다.

실효약관

실효약관이란 일정기간 보험료 지급을 지체하면 최고나 해지의 절차를 거치지 않고 자동적으로 해지된다는 내용의 약관을 말한다. 대법원은 이러한 실효약관이 불이익변경금지 등에 위배되므로 무효라고 판시하였다.

(3) 보험료 납부의무자와 영수권자

① 보험료 납부의무자

보험료 납부의무자는 보험계약자이다. 그러나 타인을 위한 보험계약에서는 보험계약자가 납입을 지체하거나 부지급한 경우 그 타인은 자기의 권리를 포기하지 않는 한 2차적인 보험료 납입의무를 부담한다.

타인을 위한 보험계약 기출 18

보험계약자가 타인의 이익을 위하여 자기명의로 체결한 보험계약을 타인을 위한 보험계약(상법 제639조)이라고 한다. 여기서 '타인'이란 보험계약상의 이익을 받을 자로 손해보험에서는 피보험자, 인보험에서는 보험수익자를 말한다.

- 창고업자가 자신이 보관하는 타인의 물건에 대하여 그 물건의 소유자를 피보험자로 하는 보험계약을 체결하는 것
- 임차인이 건물의 소유주를 피보험자로 하는 화재보험계약을 체결하는 것
- 아버지가 자기의 사망을 보험사고로 하는 생명보험계약을 체결하면서 자녀를 보험수익자로 정하는 것

② 보험료 영수권자

㉠ 보험료 영수권자는 보험자이다. 보험대리점이 보험계약자로부터 받은 보험료를 횡령한 경우 보험자가 보험료를 수령한 것으로 본다.

㉡ 보험설계사에게는 최초보험료 영수권이 있는 것으로 본다. 그러나 보험중개사는 보험계약자의 대리인이기 때문에 법적으로는 보험료 영수권이 없다는 것이 통설이다.

3 보험요율의 산정

(1) 의 의

보험요율은 보험자가 보험계약자에게 부과하는 위험의 한 단위당의 가격이라고 할 수 있으며, 일반적으로 보험금액과 보험요율의 관계에서 보험료가 산출된다.

(2) 특 징

① 보험의 가격은 장래에 대한 예측에 의해 결정되므로 원가가 사후에 파악된다. 즉, 보험상품은 장래에 발생할 손실에 대한 보상이 목적이므로 보험가격은 상품의 생산원가를 파악하기 전에 산출된다.

② 보험요율은 통상 국가의 엄격한 감독을 받는다. 그러나 최근 일부 선진국에서는 보험요율의 자율화 현상이 나타나고 있다.

(3) 보험요율의 산정목적 기출 15 · 23 · 25

① 규제(감독)상의 목적

㉠ 충분성 : 보험요율은 사고발생시 보험계약자 등에 지급되는 손실의 보상에 충분한 수준으로 결정되어야 한다. 만일 보험료가 충분치 못하면 보험금 지급불능상태에 처할 수 있고, 결국 보험경영 자체가 불가능해 진다.

㉡ 적정성(= 비과도성) : 보험요율은 과도하지 않아야 한다. 보험요율이 지나치게 과도할 경우 보험가입자의 저항과 보험계약의 이탈로 이어져 대수의 법칙적용이 불가능해지고, 수지상등의 원칙이 무너져 종국적으로 합리적인 보험경영이 불가능해 진다.

㉢ 공정성(= 공평한 차별성) : 보험요율은 부당한 차별이 없어야 한다. 동일한 위험에 대해서는 동일한 요율이 적용되고, 다른 위험에 대해서는 다른 요율이 적용되어야 한다. 보험계약자 평등대우의 원칙에 기초한 것으로 동일한 위험보유자에게 다른 계약자와 다르게 취급해서는 안 된다는 것이다.

심화TIP 공평한 차별성과 역선택(adverse selection) 감소효과 기출 21

1. **공평한 차별성**
공평한 차별성은 높은 위험의 보험계약자에게 높은 요율을 적용하여 보험가입의 장벽을 높임으로써 역선택(adverse selection) 감소효과를 거둘 수 있다.

2. **역선택(adverse selection) 감소효과**
역선택 감소 · 방지를 위해서는 주로 보험료 세분화 또는 보험료 차등제를 사용한다.
① 보험료 세분화 : 계약 시점 또는 보험료 갱신 시점에서 계약자(피보험자)의 특성을 반영하여 위험의 정도에 따라 보험료를 다르게 하는 것을 의미하며, 특히 보험요율산정원칙의 '공정한 차별성'과 관련된다. 예 보험계약 단계에서 성, 연령, 건강상태 등에 따라 보험료를 다르게 부과한다.
② 보험료 차등제 : 보험계약 후 계약자(피보험자)의 개별 청구 통계에 기반하여 보험료를 차등하는 것을 의미하며, 특히 보험요율산정원칙의 '공정한 차별성'과 관련된다.

② 경영상의 목적

㉠ 단순성 : 다수의 보험계약자와 계약 체결을 위해서는 보험모집인 등이 용이하게 적용할 수 있고, 보험계약자도 쉽게 이해할 수 있도록 하기 위해 간단하며, 적용이 간편해야 한다.

㉡ 안정성 : 보험요율이 특별한 이유 없이 자주 변동될 경우 혼동을 가져올 수 있으므로 일정기간 동안 안정적으로 유지되어야 한다.

㉢ 탄력성 : 보험요율 산정 요소에 변경이 있을 경우 탄력적으로 조절되어야 한다. 물가 등이 상승되어 손해율이 높아질 경우 보험요율을 재조정하여 충분성을 갖출 수 있도록 하여야 한다.

㉣ 손실방지 장려 : 보험사고의 발생을 미연에 방지할 수 있도록 요율체계가 결정되어야 한다. 즉, 손실방지경감에 대해 사전에 조치를 한 보험계약자에 대해서는 낮은 보험요율을 적용하고 손실이 발생된 경우 종전의 보험요율보다 높은 보험요율을 적용하여 손실방지에 기여하여야 한다.

(4) 보험요율의 산정방식 기출 17 · 18 · 22 · 23 · 24

① 등급요율(집단요율)

유사한 위험을 집단으로 분류하여 특정 집단에 대해 일률적으로 요율을 적용하는 것으로, 적용이 간편하고 비용이 저렴하여 보험모집인들이 신속히 요율을 제시하고 적용시킬 수 있다. 그러나 평균 이상이나 이하의 위험에 대해서는 공평하지 못하고 탄력적 적용이 곤란하다.

㉠ 순보험료방식 : 순보험료를 계산하는 기법으로 총보험료는 순보험료를 결정한 후에 부가보험료를 추가하여 계산된다.

> 순보험료 = 손실빈도 × (평균)손실규모
> = (사고건수/계약건수) × (보험금/사고건수)
> = 보험금/계약건수

영업보험료는 순보험료에 부가보험료를 더한 값이므로 사업비율을 알면 다음과 같이 구할 수 있다.

> 영업부험료 = 수보험료 + 부가보험료
> = 순보험료 + (영업보험료 × 사업비율)
> • 순보험료 = 영업보험료(1 − 사업비율)
> • 영업보험료 = 순보험료 / (1 − 사업비율)

㉡ 손해율방식 : 경험기간 동안의 실제손해율과 예정손해율과의 비교를 통해 현재의 요율을 조정하는 방식이다.

ⓐ 실제손해율 : 발생손실과 손해사정비용을 합한 금액을 경과보험료로 나눈 비율

ⓑ 예정손해율 : 영업보험료 중에서 예상하는 보험금 지급에 소요되는 금액이 차지하는 비율

> $R = (A - E)/E$
> 여기서, R : 조정요율, A : 실제손해율, E : 예정손해율
> • 새로운 요율 = 현재요율 $+R$

경과손해율(incurred-to-earned basis loss ratio) 기출 18 · 19 · 20

경과손해율은 가입자가 낸 보험료(수입보험료)에서 보험사가 위험분담을 위해 드는 재보험 비용 등을 뺀 '경과보험료'에 대한 '발생손해액(보험금)'의 비율이다. 즉 경과손해율은 발생손해액(발생한 손해액)을 경과보험료(벌어들인 보험료)로 나눈 값이다.

- 발생손해액 = 지급보험금 + 지급준비금 + 손해조사비
- 경과보험료 = 수입보험료 + 전기이월 미경과보험료 – 차기이월 미경과보험료

② 개별요율 기출 14 · 19 · 25

개별적 위험특성을 고려하여 등급별 요율을 수정하여 적용하거나, 개별 위험의 손실결과를 반영하여 개별적으로 요율을 산정한다.

㉠ <u>판단요율방식</u> : 각 계약자들의 위험특성에 따라 보험자(언더라이터)가 요율을 결정하는 것으로 위험의 이질성으로 대수의 법칙을 적용하기 곤란한 물건, 보험인수 경험이 없는 물건 등에 사용된다. 이 요율은 보험자(언더라이터)의 판단에 따라 변경할 수 있어 탄력적으로 운용할 수 있으나, 고도의 전문성이 전제되며, 관리비용, 조사비용이 추가로 소요된다는 단점이 있다. 현재 해상보험에서 널리 쓰이고 있다.

㉡ <u>경험요율방식</u> : 위험집단별로 표준요율을 정해놓고 "과거(3년간) 손해율"에 따라 차기의 요율을 조정하는 방식이다. 만약 계약자의 과거손해율이 표준보다 낮았다면 보험요율을 낮게 적용하는 것이다. 이 방식은 공정성, 적정성, 충분성이 잘 반영되는 장점이 있으나, 경험은 과거의 사실이므로 미래의 위험에 대한 신뢰성이 부족하다는 단점이 있다. 일반배상책임보험, 산재보험, 단체건강보험 등에서 사용되고 있다.

㉢ <u>소급요율방식</u> : 보험계약기간 동안에 나타난 피보험자의 손실경험이 그 기간의 보험료를 결정하는 방식이다. 즉 계약 개시시점에는 표준기본보험료만 납부하고, 계약기간 만료시 그 계약기간 동안 실제손실을 기준으로 최소보험료와 최대보험료의 범위 내에서 실제보험료를 결정한다. 이 방식은 산재보험, 일반배상책임보험, 도난보험 등에 주로 사용되고 있다.

㉣ <u>예정표요율방식</u> : 기본요율을 전제로 개별 위험의 물리적 특성에 따라 예정표에 정해진 만큼 요율을 인상 또는 인하하는 것이다. 즉 건축구조, 용도, 소방설비, 주변환경, 유지관리 등과 같은 물리적 특성이 요율조정의 요인으로 사용된다. 이 방식은 상업건물 및 산업시설에 대한 화재보험에서 주로 사용되고 있다.

4 보험공제(insurance deductible)

(1) 의 의

보험공제(자기부담금)는 보험자가 지불해야 하는 보험금으로부터 공제되는 일정한 금액을 말한다. 소액 보상청구를 방지하기 위한 목적으로 이용되며, 보험료를 절감할 수 있다. 보험공제의 금액이 클수록 피보험자가 손실방지를 위해 노력할 동기가 강화된다.

(2) 적용 보험 기출 20

주로 화재보험이나 해상보험, 기타 특종보험 등 재산보험과 자동차종합보험 중 차량보험 등에 적용된다. 생명보험계약에서는 이러한 자기부담금이 적용되지 않는데, 그 이유는 계약자의 사망이 언제나 전손이므로 자기부담금 조항의 설치목적에 부합하지 않기 때문이다.

(3) 목 적

보험공제의 목적은 다음과 같다.

① 소액보상청구의 방지

② 보험료 절감

③ 손실방지 독려(손실통제 동기 강화)

(4) 소손해공제조항(deductible)

① 소손해공제조항은 보험자가 보험계약의 조건에 의해 보험금을 지급하기 전에 손해의 일부를 피보험자가 부담하도록 약정하는 계약규정이다.

② 소손해공제조항은 손해사정비용에도 미치지 못하는 소액클레임을 배제하여 보험자의 사업비 절감은 물론 사회적으로도 불필요한 비용 지출을 억제한다.

③ 소손해공제조항은 보험사고발생시 피보험자에게도 일정액을 부담시킴으로써 의도적 사고유발 등 도덕적 위험은 물론 부주의로 인한 사고발생의 개연성을 줄일 수 있다.

④ 소손해공제조항은 소손해에 의해 지급할 보험료의 감소와 클레임처리에 필요한 비용이 절감됨으로써 보험계약자가 부담할 보험료를 낮출 수 있다.

초과부담조항(excess insurance clause) 기출 19

초과부담조항은 손실에 대해서 우선적으로 책임을 지게 되는 1차 보험자가 자신의 보상한도까지 보상을 하게 되고, 나머지는 두 번째로 책임이 있는 초과보험자가 자신의 보상책임한도 내에서 보상하게 된다.

(5) 소손해공제의 종류 기출 18 · 19 · 20 · 21 · 22 · 24

① 직접공제(straight deductible)

일정한 금액을 공제액으로 설정한 후, 손해액이 초기에 설정한 금액 이하인 경우 보상하지 않고, 그 보다 큰 손해가 발생할 경우 손해액에서 공제액을 차감한 금액을 보상하는 방식이다.

② 종합공제(aggregate deductible ; 누적공제조항) 기출 25

일정금액의 공제액을 정해 놓고 일정기간 발생한 손해액의 합계가 종합공제액에 못 미치는 경우에는 보상하지 않고, 손해액의 합계가 종합공제액을 넘는 시점부터 손해액 전액을 보상하는 방식이다.

③ 소멸성 공제(disappearing deductible)

일정액의 공제한도를 정하고, 공제한도액 미만의 손해에 대해서는 보상하지 않고, 공제한도액을 초과하는 손해에 대해 손해액이 커질수록 공제액이 줄어드는 방식이다.

④ 프랜차이즈 공제(franchise deductible)

프랜차이즈 공제는 손해액이 설정된 공제액을 초과하는 경우에 그 손해액 전부를 보상하는 공제이다. 손해액이 공제액 이하인 경우 보험자가 보상하지 않으므로, 피보험자의 자기부담금 설정이 반드시 필요하지는 않다. ⇒ **소손해면책**

⑤ 대기기간(waiting period) 기출 21

대기기간은 보험사고가 발생한 시점부터 보험금청구권이 발생하기까지의 유예기간으로 대기기간 내의 손해는 보상하지 않고, 대기기간 경과 후의 손해를 보상하는 방식이다.

⑥ 분리공제(split deductible)

공제액을 손해의 원인에 따라 별도로 설정하는 방식이다.

⑦ 비율공제(percentage deductible)

보험금액, 보험가액, 발생한 손해액 등의 일정비율을 공제액으로 설정하는 방식이다.

CHAPTER
04 기출유형문제

01 **재산보험의 특징으로 옳지 않은 것은?**

① 재산보험에서 담보하는 위험은 피보험이익이 존재하는 재산의 분실 또는 손상에 따른 직접손실 및 간접손실의 위험이다.

② 직접손실은 화재나 기타 손실원인에 의하여 건물 및 동산이 물리적으로 분실 또는 손상되는 것을 말한다.

③ 재산보험에서 피보험이익의 존재 여부는 계약 성립 시점에서 입증되어야 한다.

④ 재산보험 목적물의 피보험이익은 재산의 소유권, 계약에 따른 권리, 예상이익 또는 비용손실 관계 등에 존재한다.

해설

재산보험에서 피보험이익의 존재 여부는 손해발생 시점에서 입증되어야 한다.

02 **다음 중 보험목적의 양도에 대한 설명으로 옳지 않은 것은?** 기출 20

① 보험목적은 동산, 부동산 등 특정된 물건이어야 한다.

② 개별화되지 않는 집합보험은 양수인이 동의해야 보험권리 승계가 가능하다.

③ 자동차보험의 보험목적 양도시 보험자의 승낙을 얻은 경우에 한하여 보험계약상의 지위가 양수인에게 승계된다.

④ 보험목적 양도시 양도인 또는 양수인은 보험자에게 그 사실을 지체 없이 알려야 한다.

해설

보험의 목적은 특정되거나 개별화 되어 있는 물건이어야 한다. 이때의 물건에는 동산·부동산뿐 아니라 유가증권, 채권 기타의 무체재산권도 포함된다. 물건이더라도 특정되지 않은 집합물을 일괄하여 보험에 붙인 집합보험에서 그 물건의 일부를 양도한 경우에는 그에 관한 보험계약상의 권리와 의무는 이전되지 않는다.

정답 01 ③ 02 ②

03 화재보험에 관한 설명으로 옳은 것은?

① 화재보험계약은 화재를 보험의 목적으로 하는 손해보험계약이다.
② 화재보험에는 위험보편의 원칙이 적용되지 않는다.
③ 집합보험은 화재보험 외의 일반손해보험에는 있을 수 없다.
④ 보험가액을 정한 경우 그 가액을 화재보험증권에 기재하여야 한다.

해설

① 화재보험계약은 화재로 인하여 생기는 손해를 전보하는 보험이다.
② 화재보험은 화재의 원인을 불문하고 손해보상의 책임을 지는 위험보편의 원칙이 적용된다.
③ 집합보험은 집합된 물건을 보험의 목적으로 한 보험으로서 상법은 화재보험에서 이를 규정하고 있으며, 일반손해보험에서도 이를 인정할 수 있다.

04 화재보험에 관한 설명으로 옳지 않은 것은?

① 우연한 화재, 낙뢰(벼락) 및 폭발(파열)로 인하여 발생한 사고를 담보한다.
② 직접적인 재산손해, 이에 따른 소방손해 및 피난손해를 보상하는 보험이다.
③ 보통약관에 의해 폭발에 의한 물적손해를 담보한다.
④ 특별약관에 가입하면 화재위험 이외에도 도난위험, 지진위험, 풍수재위험, 전기위험 등 다양한 위험으로 인한 손실을 추가적으로 보상받을 수 있다.

해설

보통약관에 의하여 화재 및 낙뢰로 인한 물적손해를 보상하고, 특별약관에 의하여 휴업손실, 폭발사고, 풍수재사고, 지진사고, 도난사고, 전기사고, 소요·노동쟁의로 인한 사고를 보상받을 수 있다.

05 다음 중 화재보험의 당연가입물건에 해당하지 않는 것은?

① 귀금속, 귀중품, 보옥, 보석, 글·그림, 골동품, 조각물 및 이와 비슷한 것
② 피보험자의 소유인 칸막이, 대문, 담, 곳간 및 이와 비슷한 것
③ 피보험자 소유인 간판, 네온사인, 안테나, 선전탑 및 이와 비슷한 것
④ 피보험자와 같은 세대에 속하는 사람의 소유물

해설

귀금속, 귀중품, 보옥, 보석, 글·그림, 골동품, 조각물 및 이와 비슷한 것은 보험증권에 기재하여야만 보험의 목적이 되는 물건이다.

06 화재보통약관의 손해보상 중 손해액의 10% 한도 내에서 보상하는 손해는?

① 직접손해 ② 소방손해
③ 피난손해 ④ 잔존물제거비용

| 해설 |

화재보통약관의 손해

구 분	보상범위
직접손해	화재(벼락포함), 폭발, 파열에 따른 직접손해인 소손, 초손, 연기손해, 변색, 변형을 보상
소방손해	화재를 진압하기 위하여 방수하다가 부득이 발생한 유손, 수침손 또는 연소의 확대방지를 위한 파괴손 등을 보상
피난손해	• 화재로부터 보험의 목적들을 구조하거나, 피난 도중 발생한 파손, 오손 등을 보상 • 피난지에서 보험기간내 5일 동안 생긴 화재손해나 소방손해를 보상
잔존물제거비용	사고현장에서의 잔존물의 해체비용, 청소비용, 상차비용(오염물질 제거비용은 제외)은 손해액의 10%를 한도로 보험약관 지급기준에 따라 산출된 금액을 보상

07 화재손해의 보상하는 사고내용 중 '화재'의 요건으로 옳지 않은 것은?

① 불자리에서 발생한 불이어야 한다.
② 우발적이어야 한다.
③ 불에 의한 연소작용이 있어야 한다.
④ 연소에 의해 보험의 목적에 경제적 손해가 초래되어야 한다.

| 해설 |

화재손해는 불자리가 아닌 장소에서 발생하거나 이를 벗어나서 발생한 불이어야 한다.

08 피난손해에 대한 설명으로 옳지 않은 것은?

① 화재의 발생에 따른 손해의 확대를 방지하기 위하여 보험의 목적을 구조하다가 발생한 손해도 포함된다.
② 피난 도중 해당 목적물이 파손되거나 오손되어 생긴 손해도 포함된다.
③ 피난지에서 보험기간 내의 5일 동안에 생긴 화재・소방・피난손해도 보상대상이 된다.
④ 5일간의 기간은 전보험기간을 넘어서는 기간의 연장을 의미한다.

정답 03 ④ 04 ③ 05 ① 06 ④ 07 ① 08 ④

| 해설 |

화재가 발생하여 보험의 목적을 다른 장소로 옮긴 경우에는 임기응변에 따른 조치가 되므로 보험상 통지할 시간적 여유가 없다. 따라서, (청약서상의 수용장소와 다른) 피난지에서 화재·소방·피난손해는 보상대상이 된다. 또한 피난지에서 5일간의 기간은 옮긴 날로부터 5일간을 말하며, 어떠한 경우라도 보험기간 내의 다른 장소의 위험을 말하는 것이지 전보험기간을 넘어서는 기간의 연장을 의미하는 것은 아니다.

09 **화재보험에서 보상하는 손해의 범위를 설명한 것으로 옳지 않은 것은?**

① 손해방지비용은 일부보험시 비례보상한다.

② 대위권보전비용은 제3자로부터 손해의 배상을 받을 수 있는 경우에는 그 권리를 지키거나 행사하기 위하여 지출한 필요 또는 유익한 비용이다.

③ 잔존물보전비용은 보험의 목적의 잔존물을 보전하기 위하여 지출한 필요비용으로 손해액의 10% 한도에서 보상한다.

④ 기타 협력비용은 회사의 요구에 따르기 위하여 지출한 필요 또는 유익한 비용이다.

| 해설 |

잔존물보전비용은 잔존물을 보전하기 위하여 지출한 필요 또는 유익한 비용(다만, 회사가 잔존물을 취득한 경우에 한함)으로 보험가입금액의 한도 내에서 보상하며, 잔존물제거비용은 사고로 손해를 입은 보험의 목적의 잔존물제거에 필요한 비용을 손해액의 10% 한도에서 보상한다.

10 **국문화재보험계약에서 보험사고발생시 보험자가 보상하는 다음의 비용손해 중 재물손해 보험금과의 합계가 보험가입금액을 초과하더라도 지급하는 비용이 아닌 것은?** 기출 22

① 손해방지비용 ② 잔존물제거비용

③ 대위권보전비용 ④ 잔존물보전비용

| 해설 |

재물손해 보험금과 잔존물제거비용은 각각 '지급보험금의 계산(약관 제9조)'을 준용하여 계산하며, 그 합계액은 보험증권에 기재된 보험가입금액을 한도로 한다. 다만, 잔존물제거비용은 손해액의 10%를 초과할 수 없다. 비용손해 중 손해방지비용, 대위권보전비용 및 잔존물보전비용은 보험가입금액을 초과하는 경우에도 지급한다.

11 다음 중 화재보험에서 보상하는 손해는?

① 계약자, 피보험자 또는 이들의 법정대리인의 고의 또는 중대한 과실로 생긴 손해
② 화재에 기인되지 않는 수도관, 수관 또는 수압기 등의 파열로 생긴 손해
③ 화재가 발생했을 때 도난 또는 분실로 생긴 손해
④ 자연발화로 연소되어 다른 보험의 목적에 생긴 화재

해설

보험의 목적의 발효, 자연발열 또는 자연발화로 생긴 손해는 보상하지 않지만, 자연발열 또는 자연발화로 연소되어 다른 보험의 목적에 생긴 손해는 보상한다.

12 일반화재보험에서 보상하지 않는 손해는?

① 화재손해
② 소방손해
③ 피난손해
④ 폭발손해

해설

보상하는 사고의 범위

구 분	보상 여부		
	화재(벼락포함)	폭발 · 파열	소방손해 · 피난손해
주택화재보험	○	○	○
일반화재보험	○	×	○
특수건물화재보험	○	×	○
FOC 영문약관	○	×	실무상 보상

13 보통화재보험에 대한 설명이다. 옳지 않은 것은?

① 피난지에서 5일 동안 생긴 피난손해는 보상한다.
② 보험자의 책임은 보험기간의 첫날 12:00에 시작하여 마지막날 12:00에 종료한다.
③ 화재가 발생했을 때 도난 또는 분실로 생긴 손해는 보상하지 아니한다.
④ 손실이 발생하여 보험금을 지급한 경우 잔여보험기간에 대한 가입금액은 최초 가입금액에서 보상으로 지급한 보험금을 공제한 잔액으로 한다.

해설

보험자의 책임은 보험기간의 첫날 16:00에 시작하여 마지막날 16:00에 종료한다.

정답 09 ③ 10 ② 11 ④ 12 ④ 13 ②

14 아래에서 주택화재보험 보통약관상 담보손인을 모두 고른 것은? 기출 23

ⓐ 화재	ⓑ 파열
ⓒ 폭발	ⓓ 지진

① ⓐ
② ⓐ, ⓑ
③ ⓐ, ⓑ, ⓒ
④ ⓐ, ⓑ, ⓒ, ⓓ

해설

주택화재보험은 주택건물에 대한 화재, 낙뢰, 폭발, 파열에 의해 발생한 손해를 보상한다.
- 화재, 폭발, 파열에 따른 손해
- 그에 따른 소방 및 피난손해

15 다음 중 요구부보율 조건이 적용되는 계약조항은? 기출 23

① 자동차보험의 정액공제조항
② 적하보험의 프랜차이즈공제조항
③ 건강보험의 공동보험조항
④ 화재보험의 공동보험조항

해설

공동보험조항에 있어서 손해액을 분담하는 방식으로는 보험가액에 대한 보험금액의 비율, 즉 부보율을 보험종목별로 정하여 그 이상이면 손해액 전액을 실손보상하고, 정해진 비율 미만일 경우 손해금액의 일부분을 비례보상한다. 일반적으로 화재보험의 경우 공동보험(coinsurance) 비율을 80%로 설정해 놓고 있다.
①·②·③ 보험공제(insurance deductible)조항

16 다음 중 공동보험조항(co-insurance clause)에 대한 설명으로 적절하지 않은 것은? 기출 17

① 손실발생시 피보험자로 하여금 손실의 일부를 부담하게 하는 조항이다.
② 보험계약자간 보험요율의 형평성을 유지하는데 주된 목적이 있다.
③ 소액보상청구를 줄임으로써 손실처리비용을 감소시킬 수 있다.
④ 위험관리를 유도함으로써 손실발생 방지의 효과를 거둘 수 있다.

해설

소액보상청구를 줄임으로써 손실처리비용을 감소시킬 수 있는 것은 '공제조항'에 대한 설명이다. **'공제조항'**은 보험사고의 발생으로 보험금을 결정함에 있어서 일정한도 이하의 손해는 보험자가 부담하지 아니하고 피보험자에게 부담시키는 조항을 말하며, 일반적으로 공제되는 금액이 적을 경우를 **'소손해면책'**이라고 한다.

17 다음 중 보험자가 피보험자와 공동으로 위험을 인수한다는 의미에서의 공동보험조항(co-insurance clause)에 대한 설명으로 옳지 않은 것은? 기출 19

① 보험가액에 대한 보험가입금액의 비율이 낮을수록 보험가입금액 대비 보험료 비율은 높아진다.
② 보험금 지급액은 보험가입금액을 초과할 수 없다.
③ 공동보험 요구비율이 보험가액의 80%인 경우, 손해액의 80% 이상은 보상하지 않는다.
④ 보험가입금액은 보험계약자가 결정한다.

해설

80% 공동보험조항(co-insurance clause)
보험가입금액이 보험사고발생 시점의 보험가액의 80% 이상이면 보험가액만큼 전부보험이 가입된 것처럼 간주하여 실제손해액의 100%를 보상하고 있다.

18 아래의 경우 보험자가 지급해야 할 보험금은 얼마인가?

> 피보험자 A는 B보험회사에 1억원의 건물화재보험을 가입했는데, 보험계약의 내용은 다음과 같다.
> • 건물의 보험가액 2억원
> • 공동보험조항(co-insurance clause) 요구부보비율 80% 조항 포함
> • 보험기간 중 1억 2천만원의 화재손해가 발생(건물가액은 불변)

① 1억 2천만원
② 1억원
③ 7천5백만원
④ 8천만원

해설

지급보험금 = 손해액 × (보험가입금액 / 부보비율에 해당하는 금액)
= 1억 2천만원 × {1억원 / (2억원 × 0.8)} = 7천5백만원

정답 14 ③ 15 ④ 16 ③ 17 ③ 18 ③

19 아래 보험계약 사례에서 보험자가 지급하여야 할 보험금은 얼마인가? 기출 20

> 한국화학(주)가 소유하는 화학공장에 공장화재보험을 가입했으며, 보험계약내용 및 발생손해액은 다음과 같다.
> • 보험가입금액 : 18억원
> • 가입 당시 화학공장물건의 보험가액 : 24억원
> • 발생손해액 : 8억원
> • 화재사고 당시 화학공장물건 보험가액 : 30억원

① 4억 8,000만원 ② 6억원
③ 6억 4,000만원 ④ 8억원

| 해설 |

공장화재보험을 가입한 경우 보험가입금액이 보험가액보다 작을 때에는 화재사고 당시 보험가액을 기준으로 보험가입금액 한도 내에서 비례보상한다.

$$\text{지급보험금} = \text{손해액} \times \frac{\text{보험가입금액}}{\text{보험가액}} = \text{8억원} \times \frac{\text{18억원}}{\text{30억원}} = \text{4억 8,000만원}$$

20 보험계약자 A가 자신이 소유하는 건물을 대상으로 화재보험에 가입하였는데 보험계약내용 및 발생손해액은 다음과 같다. 보험자가 피보험자에게 지급하여야 할 보험금은 얼마인가?

기출 15 · 19

> • 보험가입금액 : 6억원
> • 가입 당시 건물의 보험가액 : 8억원
> • 공동보험요구비율 : 80%
> • 정액공제 : 1억원(우선 적용)
> • 발생손해액 : 5억원
> • 사고 당시 건물의 시가 : 10억원

① 2억 7천5백만원 ② 3억원
③ 3억 7천5백만원 ④ 4억원

| 해설 |

$$\text{지급보험금} = \text{손실액} \times \frac{\text{보험가입금액}}{\text{보험가액의 80\% 해당액}}$$

보험가액은 사고 당시의 건물의 시가로 하므로,

$$\text{지급보험금} = (\text{5억원} - \text{1억원}) \times \frac{\text{6억원}}{(\text{10억원} \times 0.8)} = \text{3억원}$$

21

공동보험조항의 요구부보비율 80%를 우선적으로 적용한 다음, 정액공제 5백만원을 적용하는 보험이 있다. 피보험자 A는 보험가액 10억원의 주택을 보험가입금액 6억원으로 이 보험에 가입했다. 이 주택에 대해 보험사고로 8천만원의 손실이 발생한 경우 지급보험금은 얼마인가?

① 50,000,000원
② 55,000,000원
③ 60,000,000원
④ 65,000,000원

해설

$$\text{지급보험금} = \left(\text{손해액} \times \frac{\text{보험가입금액}}{\text{보험가액} \times 80\%}\right) - \text{면책금}$$

$$= \left(80{,}000{,}000\text{원} \times \frac{6\text{억원}}{10\text{억원} \times 0.8}\right) - 5{,}000{,}000\text{원}$$

$$= 55{,}000{,}000\text{원}$$

22

A건물에 대하여 다음과 같은 3건의 보험계약이 체결되어 있다. 화재사고로 6억원의 손해가 발생한 경우 보험자 A, B, C가 부담할 보험금의 산출액으로 적정한 것은? (단, 계산은 비례분담방식에 의함)

보험자	A	B	C
보험가입금액	2억원	3억원	5억원

	A	B	C
①	1.2억원	1.8억원	3억원
②	0원	1억원	5억원
③	2억원	2억원	2억원
④	2억원	3억원	1억원

해설

각 보험계약별 지급보험금 = 손해액 × 각 보험가입금액 / 각 보험가입금액의 합

- A : 6억원 × 2억원 / (2억원 + 3억원 + 5억원) = 1.2억원
- B : 6억원 × 3억원 / (2억원 + 3억원 + 5억원) = 1.8억원
- C : 6억원 × 5억원 / (2억원 + 3억원 + 5억원) = 3억원

정답 19 ① 20 ② 21 ② 22 ①

23 다음은 보험가액 5억원인 주택의 화재발생시 손해액에 대한 확률분포이다. 80% 공동보험조항 하에서 보험가입금액을 2억원으로 했을 때 예상 지급보험금은 얼마인가? 기출 17

손해액	5억원	3억원	1억원	0원
확 률	0.1	0.1	0.2	0.6

① 1,600만원
② 4,000만원
③ 4,500만원
④ 5,000만원

해설

지급보험금 계산식

손해액×(보험가입금액 / 보험가액의 80%)

• 5억원 손해시 지급보험금 = 5억원 × {2억원 / (5억원 × 0.8)} = 2.5억원
보험가입금액 2억원 한도이므로 2억원 × 0.1 = 2,000만원
• 3억원 손해시 지급보험금 = 3억원 × {2억원 / (5억원 × 0.8)} × 0.1 = 1.5억원 × 0.1 = 1,500만원
• 1억원 손해시 지급보험금 = 1억원 × {2억원 / (5억원 × 0.8)} × 0.2 = 5,000만원 × 0.2 = 1,000만원
따라서, 예상 지급보험금 = 2,000만원 + 1,500만원 + 1,000만원 = 4,500만원

24 다음 중 손해에 대한 설명으로 옳지 않은 것은?

① 직접손해는 위험으로 인하여 재물 자체에 발생한 1차적 손해를 말한다.
② 간접손해는 2차적 손해로서 위험에 근인하지 않는 손해이다.
③ 순수한 간접손해는 담보위험으로 불가피하게 생겼다고 볼 수 없는 손해를 말한다.
④ 결과적 손해는 담보위험의 결과로 손해가 직접적으로 수반되는 경우를 말한다.

해설

결과적 손해는 담보위험의 결과로 손해가 <u>간접적으로</u> 수반되는 경우를 말한다.

25 간접손해에 대한 설명으로 가장 옳지 않은 것은?

① 담보위험의 직접적인 원인에 의하여 발생한 손해로 볼 수 없는 손해이다.
② 보험의 목적이나 피해물에 발생한 손해의 결과로서 2차적으로 발생한 손해이다.
③ 상실이익손해는 간접손해에 포함되지 않는다.
④ 결과적 손해로도 지칭된다.

해설

상실이익손해는 손상된 목적물을 사용·수익하지 못함으로써 발생한 경제적 손실을 말하며, 간접손해에 포함된다.

26 사업중단보험에 대한 설명으로 옳지 않은 것은?

① 재산보험의 담보를 전제로 하는 보험으로 직접손해보험의 성격을 갖는다.
② 영업수익의 감소로 보험에 가입된 이익 또는 비용에 손실이 발생하여야 한다.
③ 화재, 폭발 등에 의해 건물 또는 기계장치 등이 손실 또는 파손된 결과로 인해 또 다른 손해가 추가로 발생하는 것을 보상하는 개념이다.
④ 사고 후 복구완료 시점까지의 영업손실을 보상하여 줌으로써 기업활동을 차질 없이 수행하는데 기여하기 위한 보험제도이다.

해설

화재보험과 사업중단보험

구 분	내 용
화재보험	일반적으로 유형의 물체에 화재 등의 손인(peril)으로 인한 경제적 손해를 보상하는 직접손해보험
사업중단보험	화재 등이 발생해 설비 등이 파손됨으로써 공장 가동을 하지 못해 상실된 영업수익을 담보하는 간접손해보험

정답 23 ③ 24 ④ 25 ③ 26 ①

27 사업중단보험(business interruption insurance)의 여러 형태 가운데 다음의 설명에 해당하는 보험종목은? 기출 16

> 피보험자가 소유하거나 운영하는 기업이 아닌 다른 기업이 재해를 당함으로써 피보험자 기업의 영업이익에 손실을 끼칠 경우 이를 보상하는 보험이다.

① 추가비용보험(extra expense insurance)
② 임대가치보험(rental value insurance)
③ 리스보유이익보상보험(leasehold interest insurance)
④ 간접사업중단보험(contingent business interruption insurance)

해설

간접사업중단보험(또는 우발적 사업중단보험)은 피보험자가 소유・관리・통제하지 않은 다른 사업장에서 재해가 발생하여 피보험자의 사업이 중단될 때 소득손실을 보상해 주는 보험이다.

28 다음 중 손실의 발생과 크기가 시간요소(time element)와 관계있는 간접손실보험은? 기출 20

① 기업휴지보험(business interruption insurance)
② 이익보험(profit insurance)
③ 외상매출금보험(accounts receivable insurance)
④ 기후보험(weather insurance)

해설

기업휴지보험(business interruption insurance)은 대표적 간접손실보험으로서 화재 또는 기타 손인에 의하여 사업이 중단되어 발생하는 사업적 손실을 보상하는 보험이다. 사고 후 복구완료 시점까지의 영업손실을 보상하여 줌으로써 기업활동을 차질 없이 수행하는데 기여하기 위한 보험이다.
간접손실보험은 시간적 요소가 개입되는지의 여부에 따라 구분할 수 있는데 보상기간, 혹은 주당, 월간, 연간 등 시간적 요소 손실(time element loss)을 담보하는 보험으로는 일반적인 기업휴지보험과 우발적 기업휴지보험 등이 있고, 시간적 요소와 관계없는 간접손해를 보상하는 보험으로는 이익보험, 외상매출금보험, 기후(날씨)보험 등이 있다.

29 추가비용보험에 대한 설명으로 옳지 않은 것은?

① 기업의 영업환경에 따라 물적손해로 조업이 중단된 경우에도 대체설비로 지속적인 영업활동이 가능한 경우에 발생한다.

② 사고복구기간 중 정상적인 사업을 계속하기 위하여 피보험자가 지출한 추가비용을 보상해주는 보험이다.

③ 피보험자로부터 납품받는 고객업체에 문제가 발생하여 납품을 하지 못함으로써 발생하는 손실도 담보하는 보험이다.

④ 추가비용보험은 신문사, 은행, 학교, 전기회사, 가스회사 등 서비스가 중단되면 치명적인 곳에서 필요하다.

해설

피보험자로부터 납품받는 고객업체에 문제가 발생하여 납품을 하지 못함으로써 발생하는 손실도 담보하는 보험은 우발적 사업중단보험이다.

30 아래에서 설명하는 손해보상의 방법은? 기출 20

보험자와 피보험자의 의견이 상반되어 중재로도 원만한 해결이 이루어지지 않는다면 소송이 제기될 수도 있으므로, '여타 보험에 영향을 미침이 없이'라는 조건으로 앞으로는 그와 유사한 클레임을 제기하지 않겠다는 약속하에 손해액의 전부 혹은 일부를 지급하는 방식

① 특혜지불(ex-gratia payment)

② 특례지급(without prejudice settlement)

③ 타협정산(compromised settlement)

④ 대부금 형식의 보상(loan form payment)

해설

특례지급(without prejudice settlement)은 보험자와 피보험자의 의견이 상반되어 중재로도 원만한 해결이 이루어지지 않는다면 소송이 제기될 수도 있으므로, '여타 보험에 영향을 미침이 없이'라는 조건으로 앞으로는 그와 유사한 클레임을 제기하지 않겠다는 약속하에 손해액의 전부 혹은 일부를 지급하는 방식이다. ⇒ **'부제소합의'**

① 특혜지불(ex-gratia payment) 또는 '특혜지급'은 보험자가 법적 보상책임이 없는 손해에 대한 보험금을 지급하는 것을 말한다. 이는 중요한 고객에게 신용과 후의의 징표로서 행하는 것이다.

③ 타협정산(compromised settlement) 또는 '타협지급'은 손해가 발생한 경우 손해의 원인, 성질, 비율 또는 손해액 등에 관해서 보험자와 피보험자의 의견이 다를 때 쌍방이 서로 타협하여 보험금 지급액을 결정하는 것을 말한다.

④ 대부금 형식의 보상(loan form payment)은 보험사고로 인한 손해에 대해 보험회사의 지급은 보험금지급이 아니라, 무이자의 대부금형식으로 지급되는 것을 말한다.

정답 27 ④ 28 ① 29 ③ 30 ②

31 운송보험에서 보험계약 당사자 사이에 보험가액에 대한 별도의 약정이 없을 때, 보험가액에 포함되지 않는 것은? 기출 18

① 운송물을 발송한 때와 장소에서의 가액
② 도착지까지의 운임
③ 도착지까지의 포장비
④ 희망이익

| 해설 |

운송보험이란 육상운송에 있어서 운송물에 대하여 발생할 수 있는 손해를 보상할 것을 목적으로 하는 손해보험이다. 보험가액에 대해 당사자간의 협정이 없으면 보험가액불변경주의에 따라 발송한 때와 곳의 가액과 도착지까지의 운임, 기타의 비용(보험비용, 포장비 등)을 보험가액으로 한다(상법 제689조 제1항).

TIP 희망이익

상법 제698조(희망이익보험의 가액)에 따라 추론하면 희망이익의 보험가액은 협정보험가액으로서 당사자간의 협정에 의하여 정해지는 것이 일반적이다.

32 Lloyd's S.G. Policy 위험약관(Perils Clause) 상의 해상고유의 위험(perils of the seas)에 해당하지 않는 것은? 기출 22

① 충돌(collision)
② 화재(fire)
③ 좌초(stranding)
④ 악천후(heavy weather)

| 해설 |

- **해상고유의 위험(perils of the seas)** : 침몰(sinking), 좌초(stranding), 충돌(collision), 악천후(heavy weather)
- **해상에서 발생할 수 있는 일반적 손인** : 화재(fire), 투하(jettison), 선원의 악행(barratry), 해적(pirates)·방랑자(rovers)·강도(thieves)

33 다음 중 S.G. 증권상의 소급보험조항으로 옳은 것은? 기출 20

① 보험이익불공여조항(not to inure clause)
② 약인조항(consideration clause)
③ 멸실여부불문조항(lost or not lost clause)
④ 포기조항(waiver clause)

| 해설 |

구 보험증권인 로이즈보험증권(Lloyd's S.G. Policy) 본문에서는 "멸실여부를 불문함(lost or not lost clause)"이라는 소급보험조항을 규정하고 있다.
소급보험조항이 도입된 취지는 통신수단이 발달하지 못한 과거에는 화물의 손해발생사실을 알지 못한 상태에서 매도인 또는 매수인이 보험계약을 체결하는 경우가 많았고, 손해발생시점이 언제인지를 정확히 알아내기도 쉽지 않았기 때문이다. 따라서 소급보험조항이 규정된 해상보험계약이 체결되면 피보험자는 피보험이익의 취득 이전에 발생된 화물손해 뿐만 아니라 보험계약 체결 이전에 발생된 화물손해에 대하여 보험자로부터 보상받을 수 있다. 다만, 보험계약 체결시 피보험자가 손해발생의 사실을 알고, 보험자가 몰랐을 경우에는 그러하지 아니하다.

① **보험이익불공여조항(not to inure clause)** : 보험은 운송인 기타의 수탁자(Bailee)를 이롭게 하기 위하여 이용되어서는 안 된다는 조항이다.
② **약인조항(consideration clause)** : 피보험자가 약정한 보험료를 보험자에게 지급함으로써 보험자는 보험증권에 규정된 범위와 방법에 따라 보험목적물의 물적손해, 책임, 비용을 보상할 것에 합의한다는 조항이다.
④ **포기조항(waiver clause)** : 보험목적물을 구조, 보호 또는 회복하기 위한 피보험자 또는 보험자의 조치는 위부의 포기 또는 승낙으로 간주되지 아니하며, 또한 각 당사자의 권리를 침해하지도 아니한다는 조항이다.

34 다음 중 해상보험의 특성에 대한 설명으로 옳지 않은 것은? 기출 19

① 영국의 해상보험법이 준거법이다.
② 기업보험성이 강하다.
③ 최대선의 원칙이 적용되는 보험이다.
④ 개별요율 중 소급요율을 주로 적용한다.

| 해설 |

해상보험은 개별요율 중 판단요율을 주로 적용한다. 판단요율 방식은 각 계약자들의 위험특성에 따라 보험자(언더라이터)가 요율을 결정하는 것으로 위험의 이질성으로 대수의 법칙을 적용하기 곤란한 물건, 보험인수경험이 없는 물건 등에 사용된다. 이 요율은 보험자(언더라이터)의 판단에 따라 변경할 수 있어 탄력적으로 운용할 수 있으나, 고도의 전문성이 전제되며, 관리비용, 조사비용이 추가로 소요된다는 단점이 있다.

TIP 개별요율 중 소급요율
보험계약기간 동안에 나타난 피보험자의 손실경험이 그 기간의 보험료를 결정하는 것으로 최초 표준기본보험료만 납부하고 그 기간 동안 실제손실을 기준으로 최소보험료와 최대보험료 구간에서 결정한다. 이 방식은 산재보험, 일반배상책임보험, 도난보험 등에 주로 사용되고 있다.

정답 31 ④ 32 ② 33 ③ 34 ④

35 다음 중 해상보험의 특성에 대한 설명으로 올바르지 않은 것은? 기출 24

① 기업보험 성격이 짙다.
② 국제적 성격이 강하다.
③ 통상 미평가보험(unvalued policy)의 형태를 취한다.
④ 항해에 부수하는 육상에서의 위험도 담보한다.

해설

해상보험은 보험가액불변의 원칙에 따라 보험계약 체결시 보험가액을 미리 확정하는 기평가보험(valued policy)의 형태를 취한다.

36 해상보험의 피보험재산에 대한 설명으로 옳지 않은 것은?

① 일체의 선박, 화물 또는 동산을 피보험재산이라고 한다.
② 선박이란 선체, 자재와 의장구, 고급선원과 보통선원을 위한 소모품과 식료품을 포함한다.
③ 화물이란 상품의 성질을 가지는 화물을 의미하고, 사유물이나 선내에서 사용하기 위한 식료품과 소모품을 포함한다.
④ 동산은 선박 이외의 움직일 수 있는 유형재산을 의미하고, 화폐, 유가증권 및 기타 증서를 포함한다.

해설

화물이란 상품의 성질을 가지는 화물을 의미하고, 사유물이나 선내에서 사용하기 위한 식료품과 소모품은 포함하지 않는다.

37 다음 중 추정전손으로 보험금 청구시 피보험자가 보험의 목적에 대한 전부의 권리를 보험자에게 양도하는 의사표시는? 기출 23

① 위부(abandonment)
② 대위(subrogation)
③ 권리포기(waiver)
④ 보험목적의 양도(assignment)

| 해설 |

위부(abandonment)
위부란 보험의 목적이 전부 멸실한 것과 동일시 할 수 있는 일정한 사유가 있는 경우 피보험자가 보험목적에 대한 모든 권리를 보험자에게 위부하고 보험자에 대하여 보험금액의 전부를 청구할 수 있는 해상보험 특유의 제도이다. 보험위부는 의사표시를 요하므로, 당사자간의 특별한 의사표시 없이 권리를 당연히 취득하는 보험자대위와는 구별된다.

② **대위(subrogation)** : 대위란 보험사고로 인한 피보험자의 손해를 보상해 준 보험자가 보험금을 지급한 경우에 그 피보험자 또는 보험계약자가 보험의 목적이나 제3자에 대하여 가지는 법률상 권리를 말한다.
③ **권리포기(waiver)** : 어느 일방이 계약을 위반하는 경우 상대방이 이에 대해 이의를 제기하지 않았다는 것이 곧 이의제기를 포기하는 것 등으로 해석되어서는 아니 된다는 조항이다(= 권리불포기 조항).
④ **보험목적의 양도(assignment)** : 피보험자가 보험의 목적을 양도한 때에는 양수인은 보험계약상의 권리와 의무를 승계한 것으로 추정한다(상법 제679조 제1항). 보험목적의 양도는 개별적인 양도라는 점에서 보험의 목적과 함께 보험계약상의 지위가 포괄적으로 승계되는 상속이나 합병과 구별된다.

38 영국 해상보험법상의 보험위부(abandonment)에 대한 설명으로 적절하지 않은 것은? 기출 18

① 위부의 통지는 서면으로 하든 구두로 하든 통지의 방법에는 아무런 제한이 없다.
② 위부의 통지는 위부를 한다는 의사표시만 명백하면 조건부로도 할 수 있다.
③ 위부의 통지가 보험자에 의해 승인된 이후에는 피보험자는 이를 철회할 수 없다.
④ 보험자가 위부를 승인한 후에는 보험자는 그 위부에 대하여 이의를 제기하지 못한다.

| 해설 |

보험위부는 무조건이어야 한다(상법 제714조 제1항).
① 보험위부의 통지는 서면이나 구두로 또는 일부는 서면으로 일부는 구두로 할 수 있고, "보험목적에 관한 피보험자의 부보이익을 보험자에게 무조건 위부한다"는 의사를 나타내는 것이면 어떠한 용어로 하여도 무방하다.
③ 보험위부는 불요식 법률행위로 보험자의 승낙을 요하지 않는 단독행위이며, 일단 위부 이후에는 임의로 철회하지 못한다.
④ 보험자가 위부를 승인한 후에는 그 위부에 대하여 이의를 하지 못한다(상법 제716조).

정답 35 ③ 36 ③ 37 ① 38 ②

39 다음 중 전손과 분손에 대한 설명으로 옳지 않은 것은?

① 보험목적에 대한 지배력의 항구적인 전부상실은 현실의 전손에 해당한다.
② 추정전손은 법률적인 전손이다.
③ 추정전손은 위부의 통지를 할 필요가 없다.
④ 분손이 발생한 경우에도 보험금액의 전부가 보험금으로 지급되는 경우가 있다.

| 해설 |

추정전손은 전손이 확실하지 않으나 그럴 것 같다는 추측에 의한 손해를 전손으로 처리하는 것으로 해상보험에서만 유일하게 인정되는 손해의 유형이다. 추정전손은 현실전손과 달리 보험금 청구를 위해 위부의 통지를 하여야 한다. 위부의 통지는 피보험자가 손해를 추정전손으로 처리하겠다는 의사표시이다.

40 전손에는 현실전손(actual total loss)과 추정전손(constructive total loss)이 있다. 다음 중 추정전손에 해당하는 경우는 어느 것인가?

① 포도주가 발효하여 식초가 된 경우
② 선박의 나포
③ 도난사고와 선박의 행방불명이 2개월 이상 계속된 경우
④ 손상된 재물의 점유를 회복하는데 필요한 비용이 사고 당시의 재물가액보다 큰 경우

| 해설 |

추정전손의 성립

- 피보험자가 담보위험으로 인하여 선박 또는 화물의 점유를 상실하여 이를 회복할 가능성이 없거나 혹은 회복하기 위한 비용이 회복하였을 때의 가액을 초과하리라고 예상될 경우
- 담보위험으로 선박이 심하게 손상되어 수리비용이 수리완료 후의 선박가액을 초과할 것으로 판단되는 경우
- 담보위험으로 화물이 심하게 훼손되어 수선비용과 목적지까지 계속 운반하는데 소요되는 비용이 도착시의 화물가액을 초과할 것으로 판단되는 경우

41 해상보험증권의 해석원칙으로 옳지 않은 것은?

① 계약 당사자의 의사 우선의 원칙이 적용된다.
② 인쇄문언이 수기문언보다 우선적인 효력이 주어진다.
③ 보험증권상 문언은 보험계약자의 입장에서 그들이 일반적으로 이해하고 있는 통상적인 의미로 해석되어야 한다.
④ 보험증권상 문언의 의미가 모호한 경우에는 "작성자불이익의 원칙"이 적용된다.

해설

수기문언이 인쇄문언보다 우선적인 효력이 주어진다.

42 적하보험에 대한 설명으로 옳지 않은 것은?

① 국제운송 중 수반되는 각종 위험으로 인한 화물의 물적손해, 비용손해, 책임손해를 보상한다.
② 국제운송 중 화물사고 발생시 화주는 운송인에게 손해배상을 청구할 수 있으나, 운송계약서인 선하증권(B/L)에서 각종 면책사유를 규정하고 있고, 운송인의 귀책사유로 인한 손해라고 하더라도 일정 금액으로 책임이 제한된다.
③ 화주가 화물손해의 전액을 보상받기 위해서는 적하보험의 가입이 필수적이다.
④ 피보험자의 소유에 속하는 선체, 기관, 선용품, 의장품, 기타 비품 등을 보험목적물로 하고 있다.

해설

피보험자의 소유에 속하는 선체, 기관, 선용품, 의장품, 기타 비품 등을 보험목적물로 하는 것은 선박보험 중 선체보험에 해당한다.

정답 39 ③ 40 ④ 41 ② 42 ④

43 다음의 적하보험 가입조건 중 포괄위험담보방식을 채택하고 있는 것은? 기출 23

① ICC(WA)

② ICC(C)

③ ICC(A)

④ ICC(FPA)

해설

ICC(A)는 구협회적하약관의 전위험담보(All Risks ; A/R)와 유사한 것으로서 일정한 면책위험을 제외하고는 모든 위험, 즉 피보험목적물에 발생하는 멸실·손상 또는 비용일체를 포괄하여 담보한다.

① ICC(WA)는 구협회적하약관의 분손부담보(FPA)조건에서 보상하는 손해에 추가하여 악천후로 인한 해수침손(sea water damage)과 갑판유실 등을 추가로 보상해 주는 조건이다.

② ICC(C)는 구협회적하약관의 분손부담보(FPA)와 유사한 것으로서 보험자의 면책위험은 ICC(A)와 같으며, 열거책임주의에 따라 열거한 위험으로 인한 보험목적물의 멸실 또는 손상의 경우에 보상한다. 보험범위가 가장 제한된 보험조건이다.

④ ICC(FPA)는 구협회적하약관의 분손부담보(free from particular average ; FPA)조건으로서 보험목적물의 전손 및 공동해손의 경우와 손해방지비용, 구조료, 특별비용, 특정분손 등의 손해를 보상하는 조건이다.

44 선박보험이 보상하지 않는 비용손해 및 제3자에 대한 배상책임을 담보 받기 위하여 선주들이 운영하는 비영리의 상호보험을 일컫는 것은?

① 충돌배상책임보험

② 운임보험

③ 선주책임상호보험(P & I 보험)

④ 기대이익보험

해설

선주책임상호보험(P & I 보험)은 선주의 법률상 배상책임 가운데 부두와 선거에 대한 손상 또는 선원이나 타인의 신체상해, 사망 및 오염이나 오탁으로 인한 법률상 배상책임을 보상하는 보험을 말한다.

① **충돌배상책임보험** : 선박충돌사고로 인하여 상대선박에게 지급해야 하는 손해배상금을 특정 한도(선박보험상 협정보험가액)까지 보상하는 보험

② **운임보험** : 선박이 해난사고로 인하여 항해를 중단하거나 포기하는 경우에 그 사고가 발생하지 않았더라면 취득하였을 선주의 운임을 보상해 주는 보험

④ **기대이익보험** : 화물이나 선박의 직접손실로 인한 예상이익, 수수료, 기타 금전적 급부를 상실하거나 추가적 비용이 발생하여 입은 손실을 보상하는 보험

45 기계보험에 대한 설명으로 옳지 않은 것은?

① 기계보험은 가동 중이거나 가동 가능한 상태의 기계, 기계설비, 장치가 예기치 못한 돌발사고로 입은 물적손해를 보상하는 보험이다.
② 일정한 사업장에서 설치, 가동 중인 모든 기계, 기계설비 및 장치의 물적손해와 기계설비로 인한 영업손실을 보상한다.
③ 화재로 인한 재산상의 손해를 보상한다.
④ 국내에서 사용하고 있는 기계보험약관은 독일식 기계보험영문약관과 이 약관을 모델로 한 국문약관 및 독일식 영문약관인 건설장비 및 기계보험약관의 3종류가 있다.

| 해설 |

기계보험은 화재로 인한 재산상의 손해를 보상하는 화재보험과 달리 담보하는 기계의 가동능력을 유지하기 위한 가동상태의 복구를 목적으로 한다.

46 기계보험의 목적이 되는 물건이 아닌 것은?

① 저장용 탱크와 같은 부동의 강구조물
② 자동차, 항공기, 원자력 시설
③ 성공적인 시운전이 완료되고 가동 가능한 상태로 설치되어 있는 기계
④ 보험증권에 명시된 예비부품

| 해설 |

기계보험의 범위는 저장용 탱크와 같은 부동의 강구조물도 포함한다. 단, 자동차, 항공기, 원자력 시설 등은 타보험의 인수대상이므로 기계보험의 목적에서 제외된다.

47 다음 중 기계보험에서 보상하지 않는 손해는?

① 기계 자체의 결함으로 인한 손해
② 화재로 인한 폭발 및 화학적 폭발로 인한 손해
③ 운전 중 보일러 급수부족으로 인한 손해
④ 근로자의 취급 잘못, 기술부족, 부주의로 인한 손해

| 해설 |

보상하는 손해

- **기계 자체의 결함으로 인한 손해** : 주조 또는 재질의 결함·설계, 제작 또는 조립상의 결함
- **운전 중 사고로 인한 손해** : 보일러의 급수부족, 물리적 폭발·파열, 원심력에 의한 파손
- **근로자의 취급 잘못, 기술부족, 부주의로 인한 손해** : 기계장치의 조작은 이론적, 경험상 고도의 지식과 경험이 필요한데, 이를 취급하는 근로자의 기술부족이나 부주의에서 기계사고가 발생한다.
- **기타** : 단락 등 전기적 현상, 폭풍우(storm)

정답 43 ③ 44 ③ 45 ③ 46 ② 47 ②

48 다음 중 기계보험에서 보상하는 손해는?

① 보일러 스케일이 진행된 결과 그 부분에 생긴 손해
② 원인에 관계없이 부식, 침식, 녹 또는 공동현상(cavitation)이 일어난 그 부분에 생긴 손해
③ 일상적인 사용 또는 운전에 따른 마모, 소모, 열화
④ 설계, 제작 또는 조립상의 결함

| 해설 |
설계, 제작 또는 조립상의 결함 등 기계 자체의 결함으로 인한 손해는 보상한다.

49 다음 중 불가동손해에 대한 설명으로 옳지 않은 것은?

① 손상된 목적물을 사용하지 못함으로써 발생한 경제적 손실을 불가동손해라고 한다.
② 불가동손해는 보험의 목적의 가치감소에 따른 직접적인 손해와 관련이 있다.
③ 불가동손해가 담보되기 위해서는 기업이 사고 전에 정상가동 상태였어야 한다.
④ 불가동손해의 가장 일반적인 경우는 사업중단보험이다.

| 해설 |
불가동손해는 보험사고 후 시간이 경과함에 따라 손해액이 누적적으로 증대하는 간접손해이다.

50 다음 사례에 해당하는 손해의 유형은 무엇인가?

> 2019년 10월 30일 A지역에서 송전선의 합선으로 인해 정전이 발생하였다. A지역에 위치한 B냉동창고에서는 정전이 발생한지 3분 만에 발전기를 작동시켰다. 그런데 B냉동창고에 냉동식품을 보관 중이던 유통업자 C는 냉동식품의 상품성이 떨어졌다고 주장하면서 보상을 요구하였다. 하지만 냉동식품의 상품성이 얼마나 떨어졌는지는 입증하지 못하고 있다.

① 감정적 손해　　② 감염적 손해
③ 결과적 손해　　④ 불가동손해

| 해설 |
감정적 손해는 사고가 있었으나, 현실적으로 손상되지 않은 부분의 상품성이 떨어졌다고 피보험자가 주장하는 경우를 말한다.

51 다음 중 도난보험에서 보상하는 손해가 아닌 것은?

① 물리력을 사용하여 보관시설을 파괴하고 발생한 도난사고
② 보험의 목적이 보관장소 내에 보관되어 있는 동안에 발생한 도난사고
③ 재고손해시 발견된 손해
④ 도난으로 인한 직접손해

해설

재고손해시 발견된 손해는 보상하지 않는다.

52 다음은 도난보험에서 보상하지 않는 손해이다. 해당되지 않는 것은?

① 망실 또는 분실 손해
② 사기 또는 횡령으로 인한 손해
③ 도난손해가 생긴 후 30일 이내에 발견하지 못한 손해
④ 보관장소를 36시간 이상 비워둔 동안에 생긴 도난손해

해설

보관장소를 72시간 이상 비워둔 동안에 생긴 도난손해를 보상하지 않는다.

53 다음 중 기업신용보험(commercial credit insurance)에 대한 설명으로 옳지 않은 것은?

기출 17

① 기업신용보험은 기업이 다른 기업과의 신용거래에 따른 외상매출금의 회수불능위험을 관리하는 보험으로서 기업의 신용손실을 보상하는 것이다.
② 기업신용보험은 비정상적 신용손실(abnormal credit loss)이 아니라, 정상적 사업과정에서 발생하는 통상적 신용손실(normal credit loss)을 보상하는 것이다.
③ 기업신용손실의 원인은 채무자의 파산 또는 지급불능이어야 하고, 그 밖의 원인에 의한 신용손실은 보상에서 제외된다.
④ 기업신용보험은 기업의 불량채무손실을 감소시키고 거래 상대방의 지급불능시 효율적인 회수 및 구조서비스를 제공한다.

해설

기업신용보험은 정상적 사업과정에서 발생하는 통상적 신용손실이 아니라, 비정상적 신용손실을 보상하는 것이다. 통상적 신용손실은 총매출액의 일정 퍼센트에 해당하는 손실이며, 비정상적 신용손실은 이 부분을 초과하는 신용손실이다.

정답 48 ④ 49 ② 50 ① 51 ③ 52 ④ 53 ②

54 아래 신용보험 표준약관 제7조(변제 등의 충당순서) 제1항의 내용에서 [ ] 안에 들어 있는 항목을 순서대로 바르게 나열한 것은? 기출 24

> 채무자가 변제한 금액 또는 보험회사의 담보권 행사·상계 또는 채권추심을 통해 회수한 금액이 채무자의 전체 채무 금액보다 적은 경우에는 [비용, 지급보험금(원금), 이자]의 순서로 충당하기로 한다.

① 비용, 지급보험금(원금), 이자
② 비용, 이자, 지급보험금(원금)
③ 지급보험금(원금), 비용, 이자
④ 지급보험금(원금), 이자, 비용

해설

변제 등의 충당순서(신용보험 표준약관 제7조 제1항)
채무자(채무자의 채무를 변제하는 제3자를 포함한다)가 변제한 금액 또는 회사의 담보권 행사·상계 또는 채권추심을 통하여 회수한 금액이 채무자의 전체 채무금액보다 적은 경우에는 비용, 지급보험금(원금), 이자의 순서로 충당하기로 한다.

55 다음 보험요율의 산정방식 가운데 등급요율방식(class rating)에 해당하는 것은? 기출 23

① 순보험료방식(pure premium method)
② 판단요율방식(judgement rating)
③ 소급요율방식(retrospective rating)
④ 경험요율방식(experience rating)

해설

보험요율의 산정방식

등급요율방식	순보험료방식	순보험료를 계산하는 기법으로 총보험료는 순보험료를 결정한 후에 부가보험료를 추가하여 계산된다.
	손해율방식	경험기간 동안의 실제손해율과 예정손해율과의 비교를 통해 현재의 요율을 조정하는 방식이다.
개별요율방식	판단요율방식	각 계약자들의 위험특성에 따라 보험자(언더라이터)가 요율을 결정하는 것으로 위험의 이질성으로 대수의 법칙을 적용하기 곤란한 물건, 보험인수 경험이 없는 물건 등에 사용된다.
	경험요율방식	위험집단별로 표준요율을 정해놓고 "과거(3년간) 손해율"에 따라 차기의 요율을 조정하는 방식이다.
	소급요율방식	보험계약기간 동안에 나타난 피보험자의 손실경험이 그 기간의 보험료를 결정하는 방식이다.
	예정표요율방식	기본요율을 전제로 개별 위험의 물리적 특성에 따라 예정표에 정해진 만큼 요율을 인상 또는 인하하는 방식이다.

56 다음 중 개별요율 산정방식이 아닌 것은? 기출 18

① 예정표요율(schedule rating)
② 등급요율(class rating)
③ 경험요율(experience rating)
④ 소급요율(retrospective rating)

해설

보험요율의 산정방식은 등급요율(집단요율) 산정방식과 개별요율 산정방식으로 구분된다. 등급요율 산정방식은 순보험료방식과 손해율방식이 있고, 개별요율 산정방식은 판단요율방식, 경험요율방식, 소급요율방식, 예정표요율방식 등이 있다.

TIP **등급요율(집단요율)**
유사한 위험을 집단으로 분류하여 특정집단에 대해 일률적으로 요율을 적용하는 것으로, 적용이 간편하고 비용이 저렴하여 보험모집인들이 신속히 요율을 제시하고 적용시킬 수 있다. 그러나 평균 이상이나 이하의 위험에 대해서는 공평하지 못하고 탄력적 적용이 곤란하다.

57 조정요율 산정방식 중에서 위험에 대한 통계자료가 부족하고 위험의 특성상 동질의 위험집단을 구성하기 곤란한 경우에 적당한 것은?

① 예정요율 산정방식
② 경험요율 산정방식
③ 소급요율 산정방식
④ 판단요율 산정방식

해설

판단요율 산정방식은 위험에 대한 통계자료가 부족하고 위험의 특성상 동질의 위험집단을 구성하기 곤란한 경우 보험자의 판단에 의하여 보험요율을 산정하는 방식을 말한다.
① 예정요율 산정방식은 동질적인 위험에 대하여 기준이 되는 표준요율을 정한 다음 개개 위험의 특이성을 반영하여 보험요율을 상하로 조정하는 방식을 말한다.
② 경험요율 산정방식은 동질의 위험에 대한 표준요율을 정한 다음 개개의 위험에 대한 과거의 손실경험을 기초로 다음 보험기간의 요율을 산정하는 방식이다.
③ 소급요율 산정방식은 보험계약 초기에는 잠정적인 보험료를 징수하고 계약기간의 종기에 전체 계약기간 동안의 실제손실률을 기초로 최종보험료를 소급 산정하여 부과하는 방식이다.

정답 54 ① 55 ① 56 ② 57 ④

58 다음의 보험요율산정원칙 중 보험회사의 재무건전성과 가장 관련이 있는 것은?

① 충분성(adequacy)
② 비과도성(non-excessiveness)
③ 안정성(stability)
④ 공정한 차별성(fair discrimination)

| 해설 |

① **충분성** : 보험요율은 보험회사가 지출하는 보험금과 비용을 충당하기에 충분하고, 지급불능상태가 되지 않도록 건전경영을 도모하여야 한다는 것으로 재무건전성과 관련이 있다.
② **비과도성** : 보험요율은 과도하지 않아야 한다. 보험요율이 지나치게 과도할 경우 보험가입자의 저항과 보험계약의 이탈로 이어져 대수의 법칙적용이 불가능해지고 수지상등의 원칙이 무너져 종국적으로 합리적인 보험경영이 불가능해 진다.
③ **안정성** : 보험요율이 특별한 이유 없이 자주 변동될 경우 혼동을 가져올 수 있으므로 일정기간 동안 안정적으로 유지되어야 한다.
④ **공정한 차별성** : 보험요율은 부당한 차별이 없어야 한다. 동일한 위험에 대해서는 동일한 요율이, 다른 위험에 대해서는 다른 요율이 적용되어야 한다. 보험계약자 평등대우의 원칙에 기초한 것으로 동일한 위험보유자에게 다른 계약자와 다르게 취급해서는 안 된다는 것이다.

59 다음 중 보험요율의 산정원칙으로 적합하지 않은 것은? 기출 25

① 안정성
② 신축성
③ 주관성
④ 충분성

| 해설 |

보험요율의 산정원칙
- **규제(감독)상의 목적** : 충분성, 적정성(비과도성), 공정성(공평성)
- **경영상의 목적** : 단순성, 안정성, 신축성(탄력성), 손실통제를 유도하는 방식

60 보험요율산정목적 가운데 역선택(adverse selection) 감소효과와 관계가 깊은 것은?

기출 21

① 충분성
② 비과도성
③ 안정성
④ 공평한 차별성

| 해설 |

공평한 차별성이란 동일한 위험에 대해서는 동일한 요율이 적용되고, 다른 위험에 대해서는 다른 요율이 적용되어야 한다는 것으로, 높은 위험의 보험계약자에게 높은 요율을 적용하여 보험가입의 장벽을 높임으로써 역선택(adverse selection) 감소효과를 거둘 수 있다.

61 다음 중 손해율의 산정방식에 대한 설명으로 옳은 것은?

① 지급손해 산출방식 손해율은 일정기간 동안의 수입보험료에 대한 지급보험금의 비율로서 손해율을 산출하는 방식이다.
② 발생손해 산출방식 손해율은 일정기간의 경과보험료 대비 당해 기간 동안 발생한 사고에 대한 발생보험금의 비율에 의하여 산출되는 방식이다.
③ 계약연도별방식 손해율은 일정기간 동안의 경과보험료에 대하여 당해 기간 동안의 발생보험금을 대비하여 손해율을 산정하는 방식이다.
④ 사고연도별방식 손해율은 일정기간 동안 체결된 계약과 그 계약으로부터 발생된 손해와의 관계에서 손해율을 판단하는 방식이다.

| 해설 |

지급손해 산출방식 손해율은 일정기간 동안의 수입보험료에 대한 지급보험금의 비율로서 손해율을 산출하는 방식으로, 수지차는 쉽게 파악할 수 있으나 보험금 지급준비금을 고려하지 않아 정확한 손해율의 반영이 곤란한 단점이 있다.

② 발생손해 산출방식 손해율은 일정기간 동안의 경과보험료에 대하여 당해 기간 동안의 발생보험금을 대비하여 손해율을 산정하는 방식으로 손해율을 정확히 반영할 수 있는 장점이 있다.
③ 계약연도별방식 손해율은 일정기간 동안 체결된 계약과 그 계약으로부터 발생된 손해와의 관계에서 손해율을 판단하는 방식으로 보험계약인수에서 보험금 지급까지 장기간이 걸린다는 점에서 효율적이지 못하다.
④ 사고연도별방식 손해율은 일정기간의 경과보험료 대비 당해 기간 동안 발생한 사고에 대한 발생보험금의 비율에 의하여 산출되는 방식으로 사고발생을 모두 보충할 수 있고 지급준비금의 적립도 부족함이 없이 할 수 있어 보험요율 검정용으로 자주 이용된다.

정답 58 ① 59 ③ 60 ④ 61 ①

62 손해율 산정방식 중 경과손해율(incurred-to-earned basis loss ratio)에 해당하는 것은?

① $\frac{\text{지급보험금}}{\text{경과보험료}}$

② $\frac{\text{지급보험금}}{\text{수입보험료}}$

③ $\frac{\text{발생손해액}}{\text{경과보험료}}$

④ $\frac{\text{발생손해액}}{\text{수입보험료}}$

해설

경과손해율은 가입자가 낸 보험료(수입보험료)에서 보험사가 위험분담을 위해 드는 재보험비용 등을 뺀 '경과보험료'에 대한 '발생손해액(보험금)'의 비율이다. 즉 경과손해율은 발생손해액(발생한 손해액)을 경과보험료(벌어들인 보험료)로 나눈 값이다.

63 다음은 어떤 보험회사의 영업 첫 해의 연도 말 회계 관련 자료이다. 이 자료를 토대로 산출한 당해 회계연도 발생손해액은 얼마인가? 기출 18

- 개별추산준비금(case reserve) : 4,000만원
- 지급보험금(paid loss) : 3,400만원
- IBNR준비금 : 3,500만원
- 장래손해조사비 : 530만원

① 3,400만원

② 8,030만원

③ 1억 900만원

④ 1억 1,430만원

해설

발생손해액 = 지급보험금 − 수입보험금 + 지급준비금 증감

※ 지급준비금은 향후 발생할 수 있는 보험사고에 대비하는 것이 아니라, 이미 발생한 사고에 대한 준비금으로 개별추산준비금, IBNR준비금, 장래손해조사비 등으로 구성된다.

∴ 발생손해액 = 3,400만원 − 0원 + (4,000만원 + 3,500만원 + 530만원)
= 1억 1,430만원

64 다음은 A보험회사의 2018년도 회계자료이다. 경과손해율(%)은 얼마인가? 기출 19

• 수입보험료 : 8,000만원	• 전기이월 미경과보험료 : 4,000만원
• 차기이월 미경과보험료 : 2,000만원	• 지급보험금 : 6,000만원
• 지급준비금 : 2,000만원	• 손해조사비 : 500만원

① 70%　② 75%
③ 85%　④ 142%

해설

경과손해율(%)은 발생손해액(발생한 손해액)을 경과보험료(벌어들인 보험료)로 나눈 값이다.

- 발생손해액 = 지급보험금 + 지급준비금 + 손해조사비
- 경과보험료 = 수입보험료 + 전기이월 미경과보험료 − 차기이월 미경과보험료
- 경과손해율(%) $= \frac{\text{발생손해액}}{\text{경과보험료}} \times 100$

$= \frac{(6{,}000\text{만원} + 2{,}000\text{만원} + 500\text{만원})}{(8{,}000\text{만원} + 4{,}000\text{만원} - 2{,}000\text{만원})} \times 100 = 85\%$

65 아래 2019년도 말 A보험회사의 회계자료를 토대로 산출한 경과손해율은? 기출 20

ⓐ 수입보험료 : 9,000만원	ⓑ 전기이월 미경과보험료 : 5,000만원
ⓒ 차기이월 미경과보험료 : 4,000만원	ⓓ 지급준비금적립액 : 2,000만원
ⓔ 지급보험금 : 5,000만원	ⓕ 기발생 미보고손해액(IBNR) : 600만원
ⓖ 지급준비금환입 : 200만원	

① 70%　② 74%
③ 76%　④ 78%

해설

경과손해율은 '경과보험료'에 대한 '발생손해액(보험금)'의 비율이다.

- 발생손해액 = 지급보험금 + 지급준비금 + 기발생 미보고손해액(IBNR) − 지급준비금환입
- 경과보험료 = 수입보험료 + 전기이월 미경과보험료 − 차기이월 미경과보험료
- 경과손해율(%) $= \frac{\text{발생손해액}}{\text{경과보험료}} \times 100$

$= \frac{(5{,}000\text{만원} + 2{,}000\text{만원} + 600\text{만원} - 200\text{만원})}{(9{,}000\text{만원} + 5{,}000\text{만원} - 4{,}000\text{만원})} \times 100 = 74\%$

정답 62 ③ 63 ④ 64 ③ 65 ②

66 아래 자료를 참고하여 순보험료법에 의해 산출한 순보험료는? 기출 22

- 보험상품 : 주택화재보험
- 계약건수 : 동급의 동질 리스크 연간 10,000건
- 사고발생건수 : 연간 5건
- 1사고당 평균지급보험금 : 3,000만원

① 15,000원　　② 30,000원
③ 150,000원　　④ 300,000원

| 해설 |

순보험료 = 손실빈도 × (평균)손실규모
　= (사고건수 / 계약건수) × (보험금 / 사고건수)
　= 보험금 / 계약건수
　= (5 × 3,000만원) / 10,000
　= 15,000원

67 보험기간 동안 사고발생확률과 예상손해액이 다음과 같은 보험목적물에 대하여 정액공제(straight deductible) 금액이 300만원으로 설정되어 있을 때 순보험료(net premium)는 얼마인가? 기출 19

손해액	0원	500만원	700만원	900만원
사고발생확률	0.6	0.2	0.15	0.05

① 100만원　　② 110만원
③ 130만원　　④ 150만원

| 해설 |

순보험료 = 예상손실액 × 사고발생확률
정액공제 금액이 300만원으로 설정되어 있으므로,
순보험료 = [(500만원 − 300만원) × 0.2] + [(700만원 − 300만원) × 0.15] + [(900만원 − 300만원) × 0.05]
　= 40만원 + 60만원 + 30만원 = 130만원

68 보험계약 조건 및 손실확률분포가 다음과 같을 때 순보험료(net premium)는 얼마인가?

기출 18

- 보험가액 : 1,000만원
- 보험금액 : 700만원
- 보상방식 : 비례보상
- 손실확률분포 :

손해액	0원	100만원	500만원	1,000만원
사고발생확률	0.7	0.1	0.1	0.1

① 112만원 ② 130만원

③ 160만원 ④ 210만원

| 해설 |

순보험료 = 예상손실액 × 사고발생확률

$= (100만원 \times \frac{700만원}{1,000만원} \times 0.1) + (500만원 \times \frac{700만원}{1,000만원} \times 0.1) + (1,000만원 \times \frac{700만원}{1,000만원} \times 0.1)$

= 7만원 + 35만원 + 70만원 = 112만원

69 A건물은 다음과 같은 확률분포를 가진 손실위험에 직면해 있다. 보험회사는 A건물의 손실위험에 대해 공제금액이 50만원인 정액공제계약을 제안해 왔다. 이때의 영업보험료는 얼마인가? (단, 부가보험료는 순보험료의 20%)

확 률	0.2	0.5	0.2	0.1
손실액	100만원	60만원	40만원	0원

① 8만원 ② 15만원

③ 18만원 ④ 25만원

| 해설 |

영업보험료는 순보험료 + 부가보험료이며, 순보험료는 예상손실액 × 사고발생확률이다.

먼저 순보험료를 구해보면, 정액공제는 사고발생시 손실금액이 얼마인가에 관계없이 손실액에서 무조건 약정 공제금액을 공제하기 때문에 손실액이 50만원 이하인 경우는 현실적인 손실위험이 없다.

따라서, 순보험료는 (100만원 − 50만원) × 0.2와 (60만원 − 50만원) × 0.5를 더하면 15만원이 되고, 부가보험료는 15만원의 20%이므로 3만원이 된다.

따라서, 영업보험료 = 15만원(순보험료) + 3만원(부가보험료) = 18만원이 된다.

정답 66 ① 67 ③ 68 ① 69 ③

70 다음에 주어진 조건하에서 순보험료방식(pure premium method)에 따라 산출한 영업보험료는? (단, 예정이익률은 고려하지 않는다) 기출 17

- 1년간 총발생손실액 : 300억원
- 총계약건수 : 50만건
- 예정사업비율 : 40%

① 36,000원
② 60,000원
③ 84,000원
④ 100,000원

해설

- 영업보험료 = 순보험료 + 부가보험료
  = 순보험료 + (영업보험료 × 사업비율)
- 영업보험료(1 − 사업비율) = 순보험료
- 영업보험료 = 순보험료 / (1 − 사업비율)
- 순보험료 = 보험금(총발생손실액) / 계약건수
  = 300억원 / 50만건 = 60,000원

∴ 영업보험료 = 순보험료 / (1 − 사업비율)
= 60,000원 / (1 − 0.4) = 100,000원

71 공제액이 100만원, 보상한도액이 사고당 1,000만원인 보험계약에서 1,200만원의 손해가 생긴 경우 지급되는 보험금은 얼마인가?

① 900만원
② 1,000만원
③ 1,100만원
④ 1,200만원

해설

공제액은 발생손해액에서 우선적으로 피보험자가 부담하는 손해액이므로 보상하는 손해액에서 공제하는 것이 원칙이다. 손해액에서 공제액이 차감된 후 나머지 금액에 대해 보상한도액이 적용된다.
공제액이 100만원, 보상한도액이 사고당 1,000만원인 보험계약에서 1,200만원의 손해가 생긴 경우, 공제액을 손해액에서 차감하고 난 금액이 1,100만원인데 동 금액은 보상한도액을 초과하는 금액이므로 보험금은 보상한도액인 1,000만원으로 한다.

72 다음은 피보험자 A가 보험자인 B사에 보험을 가입하는 동안 발생한 사고일시 및 손해액이다. 보험금 지급에 있어서 정액공제 10만원을 적용하는 경우에 B사가 부담하여야 할 총보험금은 얼마인가?

- 2019.1.10. 사고 : 50만원
- 2019.4.15. 사고 : 100만원
- 2019.8.23. 사고 : 200만원

① 300만원　② 310만원
③ 320만원　④ 350만원

해설

정액공제는 매 사고마다 동일액을 적용하여 손해액에서 공제한다.
- 2019.1.10. 사고 : 50만원 − 10만원 = 40만원
- 2019.4.15. 사고 : 100만원 − 10만원 = 90만원
- 2019.8.23. 사고 : 200만원 − 10만원 = 190만원
- 총보험금 = 40만원 + 90만원 + 190만원 = 320만원

73 다음은 피보험자 A가 보험자인 B사에 보험을 가입한 기간 동안 발생한 사고일시 및 손해액이다. 보험금 지급에 있어서 소멸성 공제 10만원을 적용하는 경우에 B사가 부담하여야 할 총보험금은 얼마인가? (단, 조정계수는 105%)

- 2019.1.10. 사고 : 10만원
- 2019.4.15. 사고 : 60만원
- 2019.8.23. 사고 : 110만원

① 1,575,000원　② 1,590,000원
③ 1,625,000원　④ 1,675,000원

해설

소멸성 공제에서는 손해액이 커짐에 따라 공제액이 줄어들도록 공식이 설정되어 있고, 일정액 이상으로 커지면 공제액이 사라지게 된다.
- 2019.1.10. 사고 : (10만원 − 10만원) × 1.05 = 0원
- 2019.4.15. 사고 : (60만원 − 10만원) × 1.05 = 525,000원
- 2019.8.23. 사고 : (110만원 − 10만원) × 1.05 = 1,050,000원
- 총보험금 = 0원 + 525,000원 + 1,050,000원 = 1,575,000원

정답 70 ④ 71 ② 72 ③ 73 ①

74 다음은 피보험자 A가 보험자인 B사에 보험을 가입하는 동안 발생한 사고일시 및 손해액이다. 보험금 지급에 있어서 프랜차이즈 공제 50만원을 적용하는 경우에 B사가 부담하여야 할 총보험금은 얼마인가?

- 2019.1.10. 사고 : 40만원
- 2019.4.15. 사고 : 80만원
- 2019.8.23. 사고 : 200만원

① 200만원　② 230만원
③ 250만원　④ 280만원

| 해설 |

프랜차이즈 공제는 설정된 공제금액 이하의 손해가 발생하면 지급하지 않지만, 이를 초과하는 손해가 발생하면 공제 없이 전액 지급한다.

- 2019.1.10.사고 : 프렌차이즈 공제 50만원 > 손해액 40만원 ∴ 보험금 0원
- 2019.4.15.사고 : 프렌차이즈 공제 50만원 < 손해액 80만원 ∴ 보험금 80만원
- 2019.8.23.사고 : 프렌차이즈 공제 50만원 < 손해액 200만원 ∴ 보험금 200만원
- 총보험금 = 0원 + 80만원 + 200만원 = 280만원

75 5% 프랜차이즈 공제(franchise deductible)가 설정된 보험가입금액 100억원의 보험계약을 체결했다. 보험기간 중 보험사고로 8억원의 손실이 발생했을 때 보험금은 얼마인가? 기출 20

① 0원　② 3억원
③ 5억원　④ 8억원

| 해설 |

프랜차이즈 공제는 손해액이 설정된 공제액을 초과하는 경우에 그 손해액 전부를 보상하는 공제이다. 5% 프랜차이즈 공제이므로 설정된 공제액은 5억원이다. 보험사고로 8억원의 손실이 발생했으므로 보험금으로 8억원을 전액 보상한다.

76 손실조정계수 1.05인 소멸성 공제조항을 포함하고 있는 보험계약에서 손해액 2,100만원 이상부터 공제(deductible)가 소멸되도록 하기 위해서는 공제금액을 얼마로 설정해야 하는가?

① 50만원　② 100만원
③ 150만원　④ 200만원

| 해설 |

보험자부담 = (손해액 − 공제금액) × 조정계수
(2,100만원 − 공제금액) × 1.05 = 2,100만원
∴ 공제금액 = 100만원

77 다음은 동일 보험기간 동안에 발생한 3차례의 보험사고 내역이다.

사고발생	1차	2차	3차
손해액	50만원	200만원	300만원

위의 보험사고에 대해 프랜차이즈 공제(franchise deductible) 100만원이 각각 적용되는 경우 피보험자가 받을 보험금의 합계는 얼마인가? 기출 16

① 300만원
② 350만원
③ 400만원
④ 500만원

해설

프랜차이즈 공제(franchise deductible)는 보험가액에 대한 일정비율 또는 일정금액으로 공제액을 정하고, 보험사고의 발생으로 인한 손해가 일정비율 또는 일정금액에 미달하는 경우 전액 피보험자가 부담하고, 손해가 일정비율 또는 일정금액을 초과할 경우 전액 보험자가 부담하는 방식이다.
프랜차이즈공제 금액이 100만원이기 때문에 1차 사고 손해액인 50만원은 지급받지 않고, 100만원을 초과하는 2차 사고와 3차 사고 손해액인 200만원 + 300만원 = 500만원의 보험금을 지급받는다.

78 사고발생확률과 예상손해액이 다음과 같은 보험목적물에 대하여 프랜차이즈 공제(franchise deductible) 5,000만원이 설정되어 있을 때 순보험료(net premium)는 얼마인가?

손해액	0	4,000만원	6,000만원	1억원
확 률	0.1	0.2	0.5	0.2

① 1,500만원
② 5,000만원
③ 5,800만원
④ 6,000만원

해설

프랜차이즈 공제 5,000만원이 설정되어 있으므로, 그 이상의 손해액에 대해서만 계산한다.
순보험료 = (1억원 × 0.2) + (6,000만원 × 0.5) = 5,000만원

정답 74 ④ 75 ④ 76 ② 77 ④ 78 ②

79 피보험자 A는 보험금액이 1억원인 보험에 가입 후 보험기간 중 발생한 1건의 보험사고로 500만원에 해당하는 손실을 입었다. 다음과 같은 3가지 공제(deductible) 조건하에서 보험회사가 보상해야 할 금액은 각각 얼마인가? 기출 18

> A. 정액공제(straight deductible) 200만원
> B. 프랜차이즈 공제(franchise deductible) 100만원
> C. 소멸성 공제(disappearing deductible) 100만원, 보상조정계수 110%

	A	B	C
①	200만원	100만원	110만원
②	300만원	500만원	450만원
③	300만원	400만원	440만원
④	300만원	500만원	440만원

해설

A. 손해액(500만원)이 정액공제(200만원)를 초과하므로 차감한 금액(300만원)을 보상한다.
B. 프랜차이즈 공제는 설정된 공제액을 초과하는 손해액을 전액 보상하므로 500만원을 보상한다.
C. 소멸성 공제는 공제액을 초과하는 손해액에 대해 보상하므로, 공제액(100만원)을 차감하고, 보상조정계수(110%)를 반영하여 보상한다.
즉, (500만원 − 100만원) × 1.1 = 440만원

80 보험계약 조건 및 발생손해액이 다음과 같을 때 피보험자가 부담해야 할 금액은? 기출 19

> • 보험금액 : 2,000만원
> • 소멸성 공제(disappearing deductible)방식 적용
> • 공제금액 : 100만원
> • 손실조정계수 : 105%
> • 손해액 : 500만원

① 80만원
② 100만원
③ 400만원
④ 420만원

해설

소멸성 공제는 공제액을 초과하는 손해액에 대해 보상하므로, 공제금액(100만원)을 차감하고, 손실조정계수(105%)를 반영하여 보상한다.
• 보험회사가 보상해야 할 보험금 = (500만원 − 100만원) × 1.05 = 420만원
• 피보험자가 부담해야 할 금액 = 500만원 − 420만원 = 80만원

81 A보험회사가 판매한 재산보험의 예정손해율은 50%였으나, 그 후 요율조정대상기간의 평균 실제손해율이 40%일 때 차기에 적용할 예정손해율은 얼마인가? [단, 보험료 조정은 손해율 방식(loss ratio method)을 따르고 신뢰도계수(credibility factor)는 0.5를 적용함] 기출 22

① 45% ② 50%
③ 55% ④ 60%

| 해설 |

조정요율 = {(실제손해율 − 예정손해율) / 예정손해율} × 신뢰도계수(%)
= {(40% − 50%) / 50%} × 50% = −10%
예정손해율이 50%이므로,
조정차이 = 50% × (−10%) = −5%
∴ 차기에 적용할 예정손해율 = 50% − 5% = 45%

82 A보험회사가 판매한 재산종합보험의 예정손해율은 50%였으나, 그 후 1년간의 실제손해율이 80%로 확인되었다. 이 상품에 대해 앞으로 적용할 요율의 조정률은 얼마인가? [보험료 조정은 손해율 방식(loss ratio method)을 따르고, 신뢰도계수(credibility factor)는 0.5를 적용함] 기출 16

① 15% 인하 ② 15% 인상
③ 30% 인하 ④ 30% 인상

| 해설 |

조정요율 = {(실제손해율 − 예정손해율) / 예정손해율} × 신뢰도(%)
= {(80 − 50) / 50} × 50% = 30%(인상)

83 다음 중 보험공제(insurance deductible)에 대한 설명으로 옳지 않은 것은? 기출 20

① 소액 보상청구를 방지하기 위한 목적으로 이용된다.
② 보험공제조항을 이용할 경우 보험료를 절감할 수 있다.
③ 일반적으로 재산보험, 자동차보험, 생명보험 등에서 많이 사용된다.
④ 보험공제의 금액이 클수록 피보험자가 손실방지를 위해 노력할 동기가 강화된다.

| 해설 |

보험공제는 사고가 발생한 경우 손해액의 일정부분을 피보험자가 부담하는 것을 말한다. 일반적으로 재산보험과 자동차보험 등에 적용되고, 생명보험에는 적용되지 않는다. 그 이유는 계약자의 사망이 언제나 전손이므로 보험공제조항의 설치목적에 부합하지 않기 때문이다.

정답 79 ④ 80 ① 81 ① 82 ④ 83 ③

84 다음 중 보험공제(insurance deductible)의 효과에 해당하지 않는 것은?

① 소액보상청구의 방지
② 보험료 절감
③ 보험자 파산 방지
④ 손실통제 동기 강화

| 해설 |

보험공제(자기부담금)는 보험자가 지불해야 하는 보험금으로부터 공제되는 일정한 금액을 말한다. 일반적으로 재산보험, 건강보험, 그리고 자동차보험계약에서 많이 사용된다. 생명보험계약에서는 이러한 자기부담금이 적용되지 않는데, 그 이유는 계약자의 사망이 언제나 전손이므로 자기부담금 조항의 설치목적에 부합하지 않기 때문이다.
보험공제의 목적은 다음과 같다.
• 소액보상청구의 방지
• 보험료 절감
• 손실방지 독려(손실통제 동기 강화)

85 다음 중 소손해공제조항(Deductible)에 대한 설명으로 옳지 않은 것은?

① 소손해공제조항은 보험자가 보험계약의 조건에 의해 보험금을 지급하기 전에 손해의 일부를 피보험자가 부담하도록 약정하는 계약규정이다.
② 소손해공제조항으로 인하여 보험계약자의 보험료 부담이 커진다.
③ 소손해공제조항은 보험사고발생시 피보험자에게도 일정액을 부담시킴으로써 의도적 사고유발 등 도덕적 위험은 물론 부주의로 인한 사고발생의 개연성을 줄일 수 있다.
④ 주로 화재보험이나 해상보험, 기타 특종보험 등 재산보험과 자동차종합보험 중 차량보험 등에 적용된다.

| 해설 |

소손해공제조항은 소손해에 의해 지급할 보험료의 감소와 클레임처리에 필요한 비용이 절감됨으로써 보험계약자가 부담할 보험료를 낮출 수 있다.

86 보험기간 내에 발생손실에 대한 피보험자의 자기부담금이 전혀 없을 수 있는 가입조건은?

기출 21

① 소손해면책(franchise deductible)
② 건강보험의 공동보험약관(co-insurance clause)
③ 정액공제(straight deductible)
④ 총액공제(aggregate deductible)

해설

소손해면책(franchise deductible)은 손해액이 일정금액 이하인 경우 보험자가 보상하지 않는 것으로, 피보험자의 자기부담금 설정이 반드시 필요하지는 않다.

② **공동보험약관(co-insurance clause)** : 보험계약자에게 공동보험자적인 입장에서 손해를 일부, 즉 자기부담금을 부담하도록 하는 약관조항이다.

③ **정액공제(straight deductible)** : 보험자가 보험금을 지급할 때 보험증권에 기재된 일정금액 또는 보험가액의 일정비율에 해당되는 금액을 공제하여 지급하며, 이때 공제된 금액은 피보험자가 부담한다.

④ **총액공제(aggregate deductible)** : 일정금액의 종합공제액을 정해 놓고 일정기간 발생한 손실액의 합계가 정해진 종합공제액에 못 미치는 경우에는 손실의 전부를 피보험자가 부담하고, 발생된 손실의 합계가 종합공제액을 넘는 시점부터 발생하는 손실액 전액을 보험자가 부담한다

87 피보험자 '갑'이 동일한 피보험이익에 대하여 A, B 두 보험회사에 각각 보험금액 2,000만원, 8,000만원의 보험계약을 체결하고, 보험기간 중 6,000만원의 손해가 발생하였다. 다음 중 초과부담조항(excess insurance clause)을 적용했을 때 B보험회사의 손실부담액은 얼마인가? (단, A보험회사가 1차 보험자임) 기출 19

① 2,000만원
② 4,000만원
③ 6,000만원
④ 8,000만원

해설

초과부담조항은 손실에 대해서 우선적으로 책임을 지게 되는 1차 보험자가 자신의 보상한도까지 보상을 하게 되고, 나머지는 두 번째로 책임이 있는 초과보험자가 자신의 보상책임한도 내에서 보상하게 된다.
따라서 6,000만원의 손해가 발생하였으므로, 1차 보험자인 A보험회사가 2,000만원을 부담하고, 나머지 4,000만원을 B보험회사가 부담하게 된다.

정답 84 ③ 85 ② 86 ① 87 ②

88 다음 중 대기기간(waiting period)에 대한 설명으로 올바르지 않은 것은? 기출 21

① 정보비대칭에 따른 문제 개선이 목적이다.

② 보험금 지급을 제한하는 효과가 있다.

③ 역선택 감소가 목적이다.

④ 피보험자 위험특성정보 수집이 목적이다.

해설

피보험자 위험특성정보 수집은 보험계약의 인수 여부를 결정하는 언더라이팅(underwriting)과 관련된 사항이다.

① 보험계약자(보험가입자)의 사정을 보험회사가 알 수 없는 정보비대칭에 따른 문제를 개선하기 위해 대기기간을 둔다.

②·③ 대기기간을 설정함으로써 보험계약자의 역선택에 의한 도덕적 위험을 방지할 수 있으며, 도덕적 위험 방지로 인한 보험금 지급을 제한하는 효과가 발생한다.

TIP **대기기간(waiting period)**

대기기간(waiting period)은 질병, 상해 등 보험사고가 발생한 시점부터 보험금청구권이 발생하기까지의 유예기간으로, 대기기간 내의 손해는 보상하지 않고, 대기기간 경과 후의 손해를 보상하는 방식이다.

예 암보험계약에서 90일간의 면책기간

88 ④ 정답

CHAPTER

05 배상책임보험

학습목표

❶ 배상책임보험의 의의와 특성 등을 이해한다.
❷ 배상책임에 대한 항변, 변경의 원칙, 배상책임의 법적 의무에 대해 학습한다.
❸ 기업일반배상책임과 개인용 자동차보험을 자세히 학습한다.
❹ 기타 주요 배상책임보험의 특성과 포괄배상책임보험에 대해 알아본다.

01 배상책임보험의 개요

1 배상책임보험의 의의와 특성 기출 17 · 23

(1) 의 의 기출 22

배상책임보험은 보험기간 중에 생긴 사고로 인하여 피보험자가 제3자에게 피해를 입힌 경우 그 손해를 보험자가 보상할 것을 목적으로 하는 손해보험이다. 배상책임보험에서 담보하는 범위는 다음과 같다.

① 법률상 손해배상금

법률상 손해배상금에는 정신적 손해와 재산적 손해 등의 적극적 손해와 상실수익액, 휴업손해 등의 소극적 손해가 있다. 그리고 손해는 사고와 상당인과관계에 있는 통상손해만이 손해배상금에 산정되며, 특별손해는 가해자의 예측가능성이 있는 경우에 한하여 손해배상금으로 인정된다.

② 손해방지비용과 방어비용

손해의 방지와 경감에 필요한 비용과 피보험자의 손해배상금을 감액할 수 있도록 하기 위한 방어비용은 보험자가 보상한다.

> **책임보험계약의 성질** 기출 17 · 24
>
> - **손해보험성** : 피보험자가 제3자에 대한 배상책임을 지게 됨으로써 생긴 재산상의 손해를 보험자가 보상하는 손해보험이다.
> - **재산보험성** : 피보험자의 재산을 보상하므로 물건보험이 아니고 재산보험이다.
> - **소극보험성** : 특정재산에 대한 손해를 보상하는 적극보험이 아니라, 피보험자가 제3자에게 손해배상책임을 부담함으로써 입게 되는 피보험자의 간접손해를 보상하는 소극보험이다.

(2) 배상책임보험의 사회적 기능 기출 16 · 22

① 피보험자의 보호기능

배상책임보험은 피보험자의 배상책임손해를 보상함으로써 피보험자의 경제적 불확실성을 제거하여 개인 또는 기업이 지속적인 경제활동을 할 수 있게 유지해 준다. → **의무보험제도**

심화TIP 의무보험

1. 법률상 의무보험

보험종목	관련 법규	관련 부처
① 가스사고배상책임보험	• 고압가스안전관리법 • 액화석유가스의 안전 및 사업관리법 • 도시가스사업법	산업통상자원부
② 항공보험	항공사업법	국토교통부
③ 적재물배상책임보험	화물자동차운수사업법	국토교통부

2. 의무보험의 기대효과 기출 21

법률적 · 사회학적 측면	배상자력(financial responsibility)의 확보
	피해자 보호장치의 강화
	손해배상비용의 부담 적정화 도모
경제학적 측면	정보의 비대칭성으로 인해 발생하는 역선택 문제의 완화
	보험가입의 의무화를 통한 거래비용 절감으로 사회 전체적으로 후생증대효과를 기대
	제한적 합리성(bounded rationality)의 완화 ※ 제한적 합리성이란 경제주체가 미래 특정사건의 발생확률과 사건에 따른 수익(payoff)을 정확히 평가하지 못하고 과거경험에 의한 불완전한 정보를 바탕으로 의사결정을 하는 것을 말한다.

② 피해자 보호기능 기출 19

배상책임법리에 따르면 타인의 재물이나 신체에 손해를 가한 경우에는 타인이 입은 손해를 배상해야 할 책임이 있고 피해자도 손해배상을 청구할 권리가 발생하므로 피해자는 불이익을 받지 않는다. 그러나 가해자가 피해자의 손해를 배상할 자력이 없는 경우에는 피해자가 입은 손해는 배상받을 수 없게 된다. 이러한 경우에 대비하고자 대부분의 배상책임보험에서는 그 가입을 강제하여 사고발생시 보험자가 피해자의 경제적 손해를 보상하도록 하고 있다.

㉠ 피해자 직접청구권 : 피보험자가 배상책임을 질 사고가 발생한 경우 피해자가 보험금액 내에서 보험자에 대하여 보험금을 직접 청구할 수 있는 권리

㉡ 무과실책임주의 : 가해자에게 고의 또는 과실이 없더라도 손해와 사고 사이에 인과관계만 있으면 무조건적인 손해배상책임을 지우는 것

청구권 소멸시효 기출 25

보험금청구권은 3년간, 보험료 또는 적립금의 반환청구권은 3년간, 보험료청구권은 2년간 행사하지 아니하면 시효의 완성으로 소멸한다(상법 제662조).

심화TIP **피해자(제3자)의 직접청구권** 기출 20 · 25

- 대법원은 직접청구권의 법적 성질을 피해자가 보험자에게 가지는 손해배상청구권으로 보고 있다.
- 보험자가 피해자로부터 직접 청구를 받은 때에는 지체 없이 피보험자에게 이를 통지하여야 한다.
- 피보험자의 보험금청구권과 피해자의 직접청구권이 경합하는 경우에는 피해자(제3자)의 보험금청구권이 우선한다(대법원 2014.9.25., 선고, 2014다207672, 판결).
- 보험자는 피보험자가 사고에 관하여 가지는 항변으로써 피해자에게 대항할 수 있다.
- 피해자 직접청구권은 보험자가 피보험자의 피해자에 대한 손해배상채무를 병존적으로 인수한 것으로서 피해자가 보험자에 대하여 가지는 손해배상청구권이므로 보험자는 피보험자의 동의 없이 보험금을 지급할 수 있다(대법원 1995.7.25., 선고, 94다52911, 판결).

(3) 배상책임보험의 특성

① 중과실 사고의 보상

손해보험의 경우 보험계약자 등의 고의 또는 중과실사고는 보험자의 면책사유에 해당하나 배상책임보험의 경우 상법상 손해보험에 속하지만, 보험사고의 상당수가 중과실로 발생하고 있기 때문에 보험의 효용성 측면에서 중과실 사고까지도 보상책임을 지게 된다.

② 입증책임의 전환

배상책임보험의 경우에는 피해자 보호를 위해 입증책임을 피해자가 아닌 가해자에게 전환하는 경향이 있다.

③ 가입의 강제

한 번의 사고 또는 사고발생 빈도가 높아서 다수의 피해자가 발생하는 경우에는 특별법에 의해 일정한도의 책임보험의 가입을 강제하고 있다. 피해자가 빈발하는 자동차사고와 다수의 피해자가 발생할 수 있는 화재사고, 폭발사고 등에 대해서는 피해자 보호를 위하여 자동차의 운행자나 시설 소유자 등에게 배상책임보험의 가입을 법률로 강제하고 있다. 이러한 가입이 강제된 배상책임보험으로는 자동차손해배상보장법, 원자력배상책임보험, 가스사고배상책임보험 등이 있다.

④ 보험가액의 부존재

배상책임보험에서는 보험의 목적이 피보험자의 전 재산이므로 피보험자가 제3자에게 지는 손해배상책임액을 정확하게 예상하지 못하기 때문에 일반적으로 보험가액이 존재하지 않는나. 다만, 사고발생시 최고한도액이 정해진 보관자책임보험과 재보험의 경우에는 보험가액이 존재한다.

⑤ 압류, 양도, 상계의 금지

강제보험의 경우 피해자 직접청구권의 압류 및 상계 등의 대상이 된다면 최소한의 피해자보호라는 기능을 달성할 수 없게 된다. 따라서 가입이 강제된 책임보험에서는 직접청구권의 압류, 상계, 양도를 금지하고 있다.

⑥ 선이행주의

피보험자가 피해자에게 손해배상을 하기도 전에 보험금을 청구하여 보험금을 수령한다면 이는 이득금지의 원칙에 반한다. 또한 보상을 받은 후에도 배상을 하지 아니한다면 피해자의 보호는 무색하게 된다. 따라서 상법에서는 피보험자가 피해자에게 배상하기 전에는 보험금을 청구할 수 없다고 규정하고 있다.

심화TIP 배상책임보험의 사고발생 시점에 관한 학설

구 분	사고발생 시점
손해사고설	특정사고가 발생한 시점(원칙적으로 채택)
배상청구설	피해자 측에서 손해배상청구를 한 시점
책임부담설	손해배상책임부담이 확정된 시점
채무확정설	손해배상금액이 확정된 시점
배상의무이행설	손해배상금을 피해자에게 지급한 시점

2 배상책임리스크

(1) 법적 배상책임의 정의

① 배상책임의 '구제'를 포함

타인으로부터 부당한 손해를 받은 사람은 그 피해에 대하여 보상이나 구제를 받기 위해 법원에 요청할 수 있다.

② 금전적인 보상

일반손해, 특별손해, 징벌적 손해 중 하나로 받아들여지나, 불법행위자의 일부 행동도 포함될 수 있다.

금전보상과 관련한 손해의 종류 기출 20

- **영미법상 '일반손해(general damage)'** : 가동능력의 상실이나 위자료와 같이 정확한 계산이 불가능하고 추측이 불가피한 손해를 의미하며, 우리 민법상의 '정신적 손해'를 뜻한다. 즉 고통 · 괴로움, 정신적 피해, 위자료의 손실 등 구체적으로 그 양을 측정할 수 없는 손해에 대한 보상이다.

〈자료출처〉 영미 불법행위법상의 예견가능성 법리, 이우영 저, 서울대학교

- **영미법상 '특별손해(special damage)'** : 정확한 계산이 가능한 적극적 손해를 의미하며, 우리 민법상의 '통상손해'를 뜻한다. 즉 의료비용, 소득손실, 손상재산의 수리비용 등 일반적으로 쉽게 화폐로 측정할 수 있는 손해에 대한 보상이다.

〈자료출처〉 불법행위에 따른 손해배상책임의 공평한 조정에 관한 연구, 박동진 저, 연세대학교

- **징벌적 손해(punitive damages)** : 피해자가 가해자의 '고의 또는 그것에 가까운 악의'에 의해 피해를 입은 경우, 그러한 행위가 재발하지 않도록 실제 손해액과는 관계없이 고액의 배상금을 가해자에게 부과하는 제도이다. 즉 실제 발생 피해를 보상하기 위한 목적이 아니라, 바람직하지 못한 행위를 한 가해자에게 예외적으로 형벌의 의미에서 의도된 보상이다.

심화TIP **우리 민법상 통상손해와 특별손해** 기출 20

민법 제393조 제1항은 "채무불이행으로 인한 손해배상은 통상의 손해를 그 한도로 한다"고 규정하고 있고, 제2항은 "특별한 사정으로 인한 손해는 채무자가 이를 알았거나 알 수 있었을 때에 한하여 배상의 책임이 있다"고 규정하고 있다. 제1항의 통상손해는 특별한 사정이 없는 한 그 종류의 채무불이행이 있으면 사회일반의 거래관념 또는 사회일반의 경험칙에 비추어 통상 발생하는 것으로 생각되는 범위의 손해를 말하고, 제2항의 특별한 사정으로 인한 손해는 당사자들의 개별적, 구체적 사정에 따른 손해를 말한다(대법원 2014.2.27., 선고, 2013다66904, 판결).

특별손해 배상책임에 대한 요건으로서 채무자의 예견가능성은 채권성립시가 아니라 채무불이행시를 기준으로 판단하고(대법원 1985.9.10., 선고, 84다카1532, 판결), 그 예견 대상이 되는 것은 그와 같은 특별한 사정의 존재만이고, 그러한 사정에 의하여 발생한 손해의 액수까지 알았거나 알 수 있어야 하는 것은 아니다(대법원 2002.10.25., 선고, 2002다23598, 판결).

③ 법률에 근거

㉠ 각국의 법의 성격에 따라 성문법(형법과 민법) 또는 관습법에서 발생한다.

㉡ 민사상 배상책임은 계약이나 불법행위 둘 중 하나에서 발생한다.

㉢ 불법행위는 개인적 또는 민사상의 잘못 또는 손상이므로 법원은 손해에 대한 구제의 형태로써 손해배상을 하도록 한다.

㉣ 과실(negligence)은 다른 사람에서 손해를 발생시킨 적절한 행위의 실패로 정의되며, 다음 요소를 증명함으로써 결정된다.

ⓐ 어떠한 방식으로 행동해야 하는 의무

ⓑ 이행해야 할 의무의 위반

ⓒ 손해 또는 상해의 발생

ⓓ 위반과 손해 사인의 근인(proximate cause)인 인과관계

(2) 배상책임의 법적 근거

① 계약에 의한 손해배상책임

㉠ 보관자의 선관주의 의무 불이행에 따른 손해배상책임 : 위탁·수탁관계에서 보관자는 업무수행과정에서 위탁자의 재산을 성실하고 안전하게 보관할 책임이 있다. 가령, 보관자의 행위가 불법행위를 구성할 정도는 아니어서 불법행위책임은 없지만 선량한 관리자로서의 선관주의 의무를 이행하지 못한 경우에는 계약상 배상책임을 지게 된다.

㉡ 보증위반에 대한 손해배상책임 : 소비자가 제품의 결함을 입증했으나, 제조업자에게 과실이 없다는 이유로 손해배상 책임을 지지 않는다면 결함이 있는 제품으로 제조업자는 이득을 취하는 동시에 소비자만 피해를 입게 된다. 그러므로 제조업자에게 비록 과실이 없다고 하더라도 제품의 결함이 있을시에는 무조건적인 손해배상책임을 지게 된다.

② 법률에 의한 손해배상책임 기출 14·16·17

㉠ 과실책임주의 : 민법 제750조는 고의 또는 과실로 인한 위법행위로 타인에게 손해를 가한 자는 그 손해를 배상할 책임이 있다고 규정하고 있다. 불법행위자의 고의 또는 과실로 인한 위법행위로 타인에게 지는 손해배상책임이 법률에 의해 제3자에게 전가되는 것을 대리배상책임이라 한다. 가령 운전자에 대한 운행자의 책임, 피용자에 대한 사용자의 책임, 책임무능력자에 대한 보험감독자의 책임 등이 여기에 해당된다.

㉡ 무과실책임주의 : 가해자에게 고의 또는 과실이 없더라도 손해와 사고 사이에 인과관계만 있으면 무조건적인 손해배상책임을 지게 된다. 이는 기계문명의 발달과 산업의 대형화에 따른 과실책임주의의 문제점을 수정하고자 등장한 것이다. 오늘날 기업은 기업활동에 따라 일반인이나 근로자에게 많은 위험을 발생시키고 있는데, 예전의 과실책임주의로는 피해자 보호에 충분하지 못한 측면이 있다. 이와 같은 문제점을 개선하고자 경제적으로 우월한 사업자 등에게 책임을 전가하여 손해의 공평한 분담을 위해 도출된 것이다.

무과실책임주의가 확대될 때 보험산업에 미치는 영향 기출 19

- 피해자 보호 증진
- 도덕적 위험의 확대
- 보험시장의 확대
- 손해율의 상승

심화TIP 보험회사가 보상하는 손해(보험업감독업무시행세칙 별표 15, 배상책임보험표준약관 제3조)

- 피보험자가 피해자에게 지급한 법률상 손해배상금
- 피보험자가 손해의 방지 또는 경감을 위하여 지출한 필요 또는 유익하였던 비용
- 피보험자가 제3자로부터 손해의 배상을 받을 수 있는 경우에 그 권리를 지키거나 행사하기 위한 필요한 조치를 취하기 위하여 지출한 필요 또는 유익하였던 비용
- 피보험자가 지급한 소송비용, 변호사비용, 중재, 화해 또는 조정에 관한 비용
- 보험증권상의 보상한도액 내의 금액에 대한 공탁보증보험료(다만, 보증제공 책임 제외)
- 피보험자가 손해배상청구에 대한 회사의 요구(필요한 서류증거의 제출, 증언 또는 증인출석 및 피보험자가 피해자로부터 손해배상의 청구를 받았을 경우에 회사가 피보험자를 대신하여 회사의 비용으로 이를 해결하는 경우 계약자 또는 피보험자의 협조비용)에 따르기 위하여 지출한 비용

(3) 계약상 가중책임과 법률상 배상책임

① 계약상 가중책임

법률상 손해배상책임이 없음에도 불구하고 제3자와의 사적 계약을 통해 그 제3자가 지는 법률상 손해배상책임을 자신이 인수하거나, 통상적인 법률상 배상책임액을 초과하는 배상책임액을 지불할 것을 사전에 약정하여 이를 지불해야 하는 계약상 책임이 있을 때 이러한 배상책임을 계약상 가중책임이라 한다.

② 법률상 배상책임

배상책임보험은 일반적으로 피보험자가 타인의 신체나 재물에 손해를 가함으로써 부담하게 되는 법률상 배상책임을 보상하는 것으로 규정되어 있다. 법률상 배상책임이란 피보험자가 민법이나 상법 또는 특별법에 의하여 민사책임을 부담함으로써 입은 경제적 손실을 말한다.

손해보험에 공통적으로 적용되는 보험자의 법정 면책사유 기출 14 · 22

1. 보험사고가 보험계약자 또는 피보험자나 보험수익자의 고의 또는 중대한 과실로 인하여 생긴 때에는 보험자는 보험금액을 지급할 책임이 없다(상법 제659조).
2. 보험사고가 전쟁 기타의 변란으로 인하여 생긴 때에는 당사자간에 다른 약정이 없으면 보험자는 보험금액을 지급할 책임이 없다(상법 제660조).
3. 보험의 목적의 성질, 하자 또는 자연소모로 인한 손해는 보험자가 이를 보상할 책임이 없다(상법 제678조).

심화TIP 위험보편의 원칙 기출 17

- 위험보편의 원칙이란 선행위험이 면책위험이 아니고, 선행위험이나 후행위험 중 하나만 담보위험이면 이로 인한 손해는 모두 보상한다는 원칙이다.
- 선행위험이 면책위험이면 후행위험이 무엇이든 면책한다.
- 선행위험이 담보위험이면 후행위험이 무엇이든 보험자가 담보한다.
- 선행위험이 비담보위험이고 후행위험이 담보위험이면 비담보위험으로 인한 손해는 보상하지 않지만, 담보위험으로 인한 손해는 보상한다.

선행위험	후행위험	담보 여부
면책위험	후행위험의 종류에 무관하게	면책
담보위험	후행위험의 종류에 무관하게	부책
비담보위험	후행위험이 비담보위험 · 면책위험	면책
	후행위험이 담보위험인 경우	부책

(4) 배상책임에 대한 항변(Defense) 기출 14 · 18 · 19 · 25

① 리스크의 가정(Assumption of Risk)

원고(피해자)가 피해를 초래할 행위에 포함될 리스크를 알고 있었음에도 불구하고 그러한 행위를 선택했다면 피고(가해자)는 책임을 지지 않는다.

② 기여과실(Contributory Negligence)의 원칙

원고(피해자)가 관련 피해를 피하지 않는 데에 어느 정도 과실이 있었음이 증명되면, 피고(가해자)는 책임을 지지 않는다.

③ 비교과실(Comparative Negligence)의 원칙 기출 14

원고(피해자)와 피고(가해자) 사이의 과실을 비교하고 이에 기초하여 배상금액을 비례 분담하는 방법이다.

④ 최종적 명백한 기회(Last Clear Chance) 기출 14 · 16 · 22

사고에 책임이 있는 원고(피해자)는 만약 피고(가해자)가 사고를 피할 기회가 있었으나, 그렇게 하지 않았다면 피고(가해자)는 배상책임을 면제받지 못한다.

⑤ 면책(Immunity)

피고(가해자)는 자선단체, 전문가, 기타 단체로서의 성격 때문에 배상책임에 대해 완전하게 변호를 받게 된다.

심화TIP 기여과실, 상계과실, 손익상계

1. **기여과실**
   기여과실의 법리는 책임의 원인이 되는 사고 또는 사건의 발생에 피해자인 원고의 과실이 조금이라도 기여하였다면, 가해자인 피고에게 과실책임을 부과할 수 없다는 것이다. 이 법리는 과실책임주의에 있어서 매우 엄격한 기준을 적용하고 있다. 따라서 과실책임에 의한 손해배상을 받기 위해서는 피해자의 측면에서 전혀 과실이 없어야 하는 것이다. 기여과실주의는 현실적으로 피해자의 보호가 너무 경시되어 배제되는 경향이 많다.

2. **상계과실**
   기여과실주의가 너무 엄격하고 경직되게 적용될 때 생기는 문제를 해결하기 위하여 상계과실의 법리를 채택하기도 한다. 이 법리에 의하면 피해자는 그가 다소 그의 손실에 책임이 있어도 가해자로부터 과실책임에 근거한 손실배상을 받을 수 있다. 즉 상계과실주의는 원고와 피고가 모두 원고의 손실발생에 기여했다면 손실에 대한 금전적 책임은 각각의 과실의 정도에 따라 배분되는 것이다. 상계과실주의는 장점도 있지만 법원의 소송건수가 늘어나는 등의 단점도 있다.

3. **손익상계** 기출 20
   채무불이행이나 불법행위 등으로 인하여 손해를 입은 채권자 또는 피해자 등이 동일한 원인에 의하여 이익을 얻은 경우에는 공평의 관념상 그 이익은 손해배상액을 산정함에 있어서 공제되어야 하고, 이와 같이 손해배상액의 산정에 있어 손익상계가 허용되기 위해서는 손해배상책임의 원인이 되는 행위로 인하여 피해자가 새로운 이득을 얻었고, 그 이득과 손해배상책임의 원인인 행위 사이에 상당인과관계가 있어야 한다(대법원 2013.9.26., 선고, 2011다42348 판결).
   즉 손익상계란 손해배상청구권자가 손해를 발생시킨 동일한 원인에 의하여 이익도 얻은 때에는 손해로부터 그 이익을 공제한 잔액을 배상할 손해로 하는 것을 의미한다.

(5) 변경(Modification)의 원칙

① 과실추정의 원칙 기출 17

㉠ 과실의 입증책임은 상해를 입은 사람(환자)에게 있다. 즉 피해 당사자는 보상을 받기 위하여 피고(의사)의 과실을 입증해야 한다. 그러나 과실을 입증할 수 없는 일부 상황에 대해 법원은 피고에 대한 입증책임을 전환하기 위해 과실추정의 원칙을 적용한다.

㉡ "사실 자체가 스스로 말한다(The thing speaks for itself)"라는 의미로서 손해를 발생시킨 상황이 피고의 통제를 벗어났다는 사실을 입증하는데 이용된다.

과실추정의 원칙 사례

치아를 뽑기 위해 치과의사를 방문한 환자가 일반적인 마취제를 사용하여 치료를 받은 후 마취에서 깨어났을 때 턱뼈가 부러져 있는 경우

➡ 피해자인 환자는 치아를 뽑는 과정에서 발생할 수 있는 과실을 관찰할 수 없기 때문에 치과의사의 과실을 증명하는 것이 불가능하다. 따라서 환자가 미취에서 깨어났을 때 턱이 부러져 있었으면 '**과실추정의 원칙**'을 적용할 수 있다.

② 엄격배상책임

「제조물배상책임법」에서 제조업자는 제품생산이 합리적이었음에도 불구하고 제품을 사용함으로써 발생된 손상에 대해 책임을 지게 된다.

심화TIP 징벌적 손해배상(punitive damages) 기출 20

- 제조업자의 악의적인 불법행위에 대한 제재적 성격이 반영된 것이기 때문에 공급업자에게는 적용되지 않는다.
- 징벌적 손해배상책임은 피해자가 입은 손해의 3배를 넘지 아니하는 범위로 한다.
- 피해자의 생명 또는 신체에 중대한 손실이 발생한 경우에만 적용되고, 단순 재산상의 손해에 관하여는 징벌적 손해배상을 받을 수 없다.
- 배상액을 정할 때 법원은 고의성의 정도, 해당 제조물의 결함으로 인하여 발생한 손해의 정도 등의 제반 사항을 고려하여야 한다.

③ 대리배상책임

업무수행 중 종업원의 과실에 의해 발생된 손해에 대한 배상책임은 고용주가 질 수 있다.

④ 연대배상책임

피고인들 중 하나가 피해의 발생에 대하여 약간의 과실만 있더라도 전체 보상에 대해 책임을 질 수 있다.

3 배상책임의 주요 의무

(1) 재 산

① 대중에 대한 세입자의 배상책임

㉠ hold-harmless-clause : 임대차 계약에서 소유주가 세입자에게 책임 전가

㉡ hold-harmless-agreement : 한 당사자에서 다른 당사자에게로 재무적 책임을 전가

② 소유주에 대한 세입자의 배상책임

세입자의 부주의, 태만으로 인한 임차장소의 손해발생시 세입자는 소유주에 대하여 배상책임을 진다.

③ 동 물

애완동물이나 기타 동물을 소유한 사람은 그 동물이 야기할지 모르는 손해와 상해에 대한 배상책임이 있다.

④ 유인적 위험물(Attractive Nuisance) 원칙 기출 16

많은 어린이들이 위험한 물체, 연장 등에 의해 다칠 수 있는데 이러한 환경에 노출된 경우 소유주는 어린이들에 대해 특별한 의무를 진다.

예 • 잔디 깎는 기계에 관심이 있는 어린이에게 발생한 피해에 대한 금전적 책임
• 이웃 수영장에 허락도 없이 들어와 익사한 경우 소유주의 배상책임

유인적 위험물

인위적이고, 어린아이에게 매력적이고, 잠재적으로 위험한 것

⑤ 유해폐기물

미국의 'CERCLA' 법안은 유해폐기물의 발생, 운송, 저장, 처분에 관련한 단체에게 광범위한 책임을 부과하였다.

(2) 행 위

① 자동차배상책임

㉠ 자동차 운전자로서 부주의한 운행으로 사고발생시 배상책임

㉡ 자동차를 빌려 준 경우 대리책임

㉢ 업무적 자동차 사용시 종업원의 사고발생에 대한 고용주의 책임

② 전문직배상책임

㉠ 적절한 의료행위를 하지 못한 의사들에 대한 의료배상책임

㉡ 변호사, 회계사, 건축가, 약사, 엔지니어링에 대한 배상책임

③ 작업수행

회사업무 수행 중 피해가 발생하면 작업수행 배상책임을 진다.

예 건설회사의 작업수행(공사, 굴착, 폭파작업 등)

④ 제조물배상책임

제조업자 또는 판매업자는 제품의 제조 및 판매에서 모든 가능한 주의를 기울였다하더라도 제품의 최종사용자 및 소비자가 입은 피해에 대해 배상책임을 진다.

「제조물책임법」상 손해배상청구권의 소멸시효(제조물책임법 제7조) 기출 21

「제조물책임법」에 따른 손해배상의 청구권은 피해자 또는 그 법정대리인이 손해와 손해배상책임을 지는 자의 사항을 모두 알게 된 날부터 3년간 행사하지 아니하면 시효의 완성으로 소멸하고, 제조업자가 손해를 발생시킨 제조물을 공급한 날부터 10년 이내에 행사하여야 한다.

⑤ 완성작업(Completed Operations)

기업이 장비를 설치하거나 사업장으로부터 벗어나서 다른 작업을 하는 행위로부터 나오는 배상책임을 의미한다. 여기서 배상책임은 실제 작업의 수행이 아니라 작업의 불만족스러운 성과로부터 발생하게 된다.

⑥ 조건부 배상책임

독립 계약자를 고용하는 기업은 계약자에 의해 발생된 상해 또는 상해에 대해서는 책임이 없지만, 기업이 충분한 자격을 갖춘 사람을 선정하는데 합리적 주의를 기울이지 않았다면 독립적인 계약자의 과실에 대해서도 책임을 져야 한다.

(3) 불법행위개혁(Tort Reform) 법안

① 평가액의존보수의 제한

승률은 낮으나 손해액이 높은 사건들만 맡게 되는 투기적 소송을 감소하기 위해 평가액의존보수에 대한 제한이 이루어지고 있다.

② 대체적 분쟁해결(Alternative Dispute Resolution ; ADR)의 사용

㉠ 중재 또는 중개 : 보험회사와 소비자 사이에 소송을 감소시키기 위해 분쟁을 해결하기 위한 구속력 있는 중재나 공식중개를 사용하여 왔다.

㉡ 패소자 지불규칙 : 소송패소자가 승소자의 법적 비용의 전부 또는 일부를 지불하는 것으로, 이 규칙은 원고의 승소기회가 거의 없는 사건의 소송을 감소시킬 수 있다.

③ 비경제적 손해의 상한

고통·괴로움과 같은 비경제적 손해 액수에 대한 상한을 두고 있다.

④ 징벌적 손해의 제한

과다한 징벌적 손해액의 부여를 막기 위해 징벌적 손해에 대한 제한 법안이 실행되고 있다.

⑤ 배상금중복회수 원칙(Collateral Source Rule)의 변경

미국의 주중 1/3정도가 특정 조건하에서 Collateral Source Rule의 적용을 제한하고 있다.

> **Collateral Source Rule**
>
> 피고(가해자)는 신체상해를 입은 원고(피해자)가 보험이나 기타의 다른 방법 또는 제3자로부터 손해에 대해서 그 전부 또는 일부의 지급을 받고 있어도 피고에 대한 손해배상책임을 부담한다는 원칙이다.

⑥ 연대배상책임의 제한

미국의 대부분 주들은 고통·괴로움과 같은 비경제적 손해에 대한 연대배상책임의 적용을 금지하였다.

4 배상책임보험의 보험금과 보험료

(1) 보험금

① 보험금의 지급

㉠ 지급보험금의 결정

ⓐ 손해액은 법률상 손해배상액이 되고 법률상 손해배상액은 통상 당사자간의 합의나 법원의 판결에 의하여 결정된다.

ⓑ 손해배상금이 결정되면 보험자가 부담하는 지급보험금은 보험증권상의 보상한도액과 보상범위, 자기부담액 등 보험약관상의 제반조건과 규정에 의하여 결정된다.

㉡ 보험금지급기한

ⓐ 피보험자가 보험금 청구서를 보험자에게 제출하면 보험자는 청구서를 접수한 날로부터 10일 이내에 보험금을 지급한다.

ⓑ 지급보험금이 결정되기 전이라도 피보험자 청구가 있을 때는 보험사가 추정한 금액의 50%를 가지급금으로 지급한다.

㉢ 보험금청구권의 소멸 : 피보험자의 보험금청구권은 3년간 행사하지 아니하면 시효로 소멸한다.

심화TIP 중간이자공제 기출 17

- 중간이자는 일시금으로 지급할 때만 공제하며, 정기금일 경우에는 공제하지 않는다. 즉 일시금으로 배상할 경우 순차적으로 발생하는 일실이익기간 동안 이자가 발생되어 과잉배상이 되므로 그 이자를 공제하여야 한다.
- 중간이자 공제방법은 호프만 방식과 라이프니츠 방식이 있다. 여타의 조건이 동일한 경우 라이프니츠 방식보다 호프만 방식에서 배상금이 더 많이 산정된다. 왜냐하면 라이프니츠 방식은 복리계산으로 중간이자를 공제하고, 호프만 방식은 단리계산으로 중간이자를 공제하기 때문이다.
- 자동차보험에서 상실수익액에 대한 중간이자 공제는 라이프니츠 방식을 사용하여 산정하도록 규정하고 있다.
- 민법 제379조(법정이율)에는 "이자있는 채권의 이율은 다른 법률의 규정이나 당사자의 약정이 없으면 연 5분으로 한다"고 규정되어 있다.

② 보험금의 분담

㉠ 국문약관 : 독립책임액 분담방식을 채택하고 있다. 즉, 각자가 다른 보험회사가 없는 것으로 간주하여 책임져야 할 지급보험금을 계산하여 각자의 책임액을 각자 책임액의 합계의 비율로 나눈 값을 손해액에 곱하는 방법을 취한다. 지급보험금의 계산방법이 다르기 때문에 각 보험자의 지급보험금은 보험금액에 비례하지 아니하고 독립책임액에 비례한다.

$$\text{각자의 지급보험금} = \text{손해액} \times \frac{\text{각자의 독립책임액}}{\text{각자의 독립책임액의 합계}}$$

㉡ 영문약관 기출 14·20

ⓐ <u>균등액 분담방식</u> : 균등액분담조항은 배상책임보험 등에서 중복하여 가입한 여러 보험계약 중에서 가입금액이 가장 낮은 계약의 보험가입금액 한도 내에서 균등하게 분담하고 전체 손해액을 지급할 때까지 동일한 방법으로 가입금액 한도 내에서 균등하게 분담하는 방식이다.

ⓑ <u>보상한도액 비례분담방식</u> : 중복하여 가입한 모든 보험의 보상한도액의 합계에 대한 각 보험계약의 보상한도액 비율에 따라 비례 분담하는 방식이다.

$$\text{각자의 지급보험금} = \text{손해액} \times \frac{\text{각 보험계약의 보상한도액}}{\text{모든 보험계약의 보상한도액의 합계}}$$

심화TIP 타보험조항(other insurance clause) 기출 25

타보험조항(other insurance clause)은 동일한 보험의 목적의 전부 또는 일부를 담보하는 유효한 보험계약이 둘 이상 존재하는 경우 다른 보험과의 손해액을 분담하는 방법을 미리 약정한 조항이다.

- **균일분담(contribution by equal share)조항** : 각 보험자가 각자의 책임한도 범위 내에서 균등하게 분담하는 방식이다. 즉, 1차적으로 여러 보험계약 중 가장 낮은 책임한도(보험금액) 내에서 균등하게 분담하되, 총 손해액이 충당되지 못할 경우 그 다음 낮은 책임한도 내에서 균등하게 분담하고, 이것으로도 부족한 경우에는 그 다음 낮은 책임한도 내에서 균등하게 분담하는 식으로 처리하여 전체 손해액을 보상할 때까지 지급하는 방식이다.
- **비례분할부담(pro rata liability)조항** : 손실을 부담할 경우 각 보험사는 자신이 체결한 보험금액에 비례하여 보상하게 된다.
- **책임한도분담(contribution by limit of liability)조항** : 각 보험사의 책임한도를 기준으로 손해를 분담하는 방식으로서 독립책임액분담조항이라고도 한다. 다른 보험계약이 없는 것으로 가정하여 독립적으로 보상액을 구한 후 독립책임액에 대한 각 보험사의 비율에 따라 보장분담액을 정하는 방식이다.
- **요구부보율(co-insurance ; 공동보험)조항** : 보험계약자로 하여금 보험가액의 일정비율을 보험금액으로 가입을 요구하고, 사고발생시 요구보험금액을 만족시키지 못한 경우 보험계약자에게 공동보험자적인 입장에서 손해를 일부 부담하도록 하는 약관조항을 말한다.

(2) 보험료

① 확정보험료

보험계약 당시 한번 결정한 보험료를 보험기간 중에는 조정 없이 보험기간이 끝날 때까지 적용하며, 계약을 갱신할 때 다시 고지된 요율기초수를 근거로 보험료를 산정하는 방식이다.

② 정산보험료

보험계약 당시에는 예상요율기초수와 정산요율에 근거한 잠정보험료 또는 최소 및 예치보험료를 납입하고 보험기간이 종료된 후 실제 요율기초수를 정산요율에 적용하여 확정보험료를 산출한 다음 선납한 예치보험료와 차액을 정산하는 방식이다.

02 기업일반배상책임보험(CGL)

1 우리나라의 배상책임보험

(1) 근로자재해보장책임보험

근로기준법상 재해보상책임을 보장하거나 법률상의 보상책임을 초과하여 사용자가 부담하게 되는 민법상의 사용자배상책임을 보장한다.

- 국내근로자재해
- 선원근로자재해
- 해외근로자재해
- 직업훈련생재해

심화TIP 근로자재해보장책임보험에서 손해액 산정시 고려요소 기출 21

- **생활비공제** : 피해자가 사망한 경우 생존하였다면 사용될 생활비를 공제하며(판례), 피해자의 손해액 산정에 있어서 손익상계의 법리에 의하여 수입에서 생활비(1/3)를 공제한다.
- **손익공제(손익상계)** : 채무불이행 및 불법행위로 피해자가 손해를 입은 것과 동시에 이로 인하여 얻은 이익이 있는 경우에는 손해액에서 그 이익을 공제한 잔액을 배상하여야 하는데, 이와 같은 이득공제를 손익상계라 한다. 공제되는 이익의 범위는 손해배상책임이 발생하는 원인과 상당인과관계에 있는 이익에 한한다.
- **중간이자공제** : 피해자의 소득은 재해 이후부터 가동기간까지 주기적으로 발생하게 되는데 주기적으로 발생할 수입을 일시에 전액을 지급하게 되면 피해자는 이자에 해당되는 만큼 부당이득을 얻게 되므로, 그 이자를 공제하여야 한다. 공제방법으로는 중간이자를 단리로 계산하여 공제하는 호프만식과 복리로 계산하여 공제하는 라이프니츠식이 있다. 국가배상 및 법원 판결은 호프만식을, 자동차보험은 라이프니츠식을 적용한다.

(2) 일반배상책임보험 기출 17

① 영업배상책임보험

시설 및 업무수행에 기인하여 타인의 신체나 재산에 손해를 입힘으로써 발생하는 손해배상책임을 보장한다.

② 가스사고배상책임보험

가스의 제조, 판매, 대여 또는 부수사업 및 가스의 사용에 의해 발생하는 사고로 인한 배상책임을 보장한다.

③ 체육시설업자배상책임보험

체육시설 내에서 발생하는 사고에 의한 배상책임을 보장한다.

배상책임보험은 특성상 보험사고발생 후부터 보험금 지급시까지 장기간 소요되므로 환율변동 및 인플레이션 영향으로 인하여 계약초 대비 출재사의 보유책임액이 재보험자 책임한도액과의 실질 가치 면에서 불균형이 발생할 수 있으므로 상대적 화폐가치를 동등하게 유지시켜 주는 지수조항(index clause)을 포함한다. 통상적으로 지수조항은 IMF Wage Index(임금지수) 또는 Consumer Price Index(소비자물가지수)를 사용하고 있다.

심화TIP 영업배상책임보험 약관의 구성

국문약관	보통약관	일반적인 보험조건을 규정
	특별약관	개별 피보험자에 따른 담보특약 첨부 (시설소유·관리자특약, 도급업자특약, 임차자특약, 학교경영자특약, 주차장특약, 차량정비업자특약, 선박수리업자특약, 하역업자특약, 창고업자특약, 경비업자특약, 건설기계업자특약, 하청업자 배상책임담보특약 등)
영문약관 (CGL약관)	보통약관	포괄적 배상책임위험 담보
	특별약관	면책특약 또는 추가위험특약 첨부 • 사고발생기준 CGL증권(Ⅰ) • 배상청구기준 CGL증권(Ⅱ)

(3) 생산물배상책임보험 기출 23

① 생산물배상책임보험

생산물의 결함으로 인하여 제3자의 신체장해나 재물손해에 대한 법률적인 배상책임을 부담함으로써 입은 손해를 보상하며, 법률상 의무보험은 아니다. 2017년 4월 제조물책임(PL)법의 개정으로 선택이 아닌 필수로 인식되고 있으며, 주요 보험가입대상은 다음과 같다.

㉠ 제조(수출)업자(완성품제조, 부품제조, 원료제조 등)

㉡ 수입업자

㉢ 표시제조업자[OEM제조자, PB(Private Brand) 유통업자]

㉣ 판매업자, 대형마트 및 홈쇼핑 납품업체, 상표권자 등

② 생산물회수비용보험(리콜보험)

피보험자가 제조 또는 판매한 제품의 결함으로 인해 불특정 제3자가 생명·신체상의 위해 또는 재산상의 손해를 입거나 입을 우려가 있을 경우 제품의 회수 결정에 따른 피보험자의 제품회수관련 비용을 보상한다.

③ 생산물보증책임보험

생산물 자체의 손해(Product Itself)를 보상하며, 생산물배상책임보험에서 보상하는 제3자에 대한 대인 또는 대물손해는 보상하지 않는다.

(4) 전문직업인배상책임보험

전문직업인이 전문직업상의 행위로 부담하게 되는 손해배상을 책임진다.

전문직업인배상책임보험은 배상책임의 법리상 일반인의 주의의무와 전문직업인의 주의의무의 정도 및 성격이 다르고 담보위험의 성격 및 보험사고의 기준 사고발생의 빈도 및 심도도 차이가 있기 때문에 일반 영업배상책임보험과 별도로 구분하여 업무를 처리하고 있다.

2 CGL(Commercial General Liability)의 개요

(1) 의 의

국문의 영업배상책임보험은 기본적 담보위험이 특별약관에 위임되어 있기 때문에 특별약관(기본적 특별약관)을 보통약관에 첨부함으로써 구체적인 위험을 담보할 수 있다. 영문의 CGL약관은 보통약관에서 피보험자의 모든 배상책임위험을 포괄담보하고, 담보에서 제외하고자하는 위험만을 특약에 의하여 제외하도록 하고 있기 때문에 위험담보방식에 있어서 국문의 영업배상책임보험과는 차이가 있다. 즉, 국문의 영업배상책임보험은 위험의 선택담보방식인데 비하여 영문의 CGL약관은 포괄담보 방식이다.

(2) 약관의 구성

① Section Ⅰ – Coverage(담보)

구 성		
Coverage A	Bodily Injury and Property Damage Liability	타인에 대한 신체상해나 재산손해에 대한 배상책임 있는 손해를 보상
Coverage B	Personal Injury and Advertising Injury Liability	타인에 대한 인격침해나 광고침해에 대한 배상책임 있는 손해를 보상
Coverage C	Medical Payments	구내에서 피보험자의 배상책임이 없는 치료비에 대하여 일정금액을 한도로 보상
Supplementary Payments	Coverage A & B	손해배상과 별도로 보상하는 제반비용 • 보험자에 의하여 발생한 비용 • 보석보증보험료 • 차압해제보증보험료 • 피보험자 협력비용 • 소송상 피보험자에게 부과된 비용 • 예비판결이자 • 판결이자

② Section Ⅱ – Who is an insured(피보험자)

③ Section Ⅲ – Limits of Insurance(보상한도)

④ Section Ⅳ – CGL Conditions(CGL 조건)

⑤ Section Ⅴ – Definition(용어의 정의 조항)

⑥ Section Ⅵ – Extended Reporting Periods(Claims made only) : 보고연장기간

(3) 가입대상

① 국내보험사들이 보유할 수 있는 한도액을 초과하여 해외재보험이 필요한 보상한도액을 설정해야 하는 고액계약

② 영문약관을 사용할 필요가 있는 외국계 기업

③ 국문약관에서 담보하지 않는 위험을 보상받고자 하는 경우

④ 해외거래에서 수입상이 영문약관을 요구하는 경우

3 담보(Coverage)

(1) Coverage A : 신체상해와 재산손해에 대한 배상책임

① 신체상해

사람이 입는 신체적 상해, 고통, 질병과 이로 인해 발생할 수 있는 사망을 말하며, 상실수익, 휴업손해, 치료관계비, 개호비(간병비), 장례비, 위자료 등이 포함된다.

② 재산손해

유형재산에 대한 물질적 손해 또는 물질적으로 손해가 발생하지 않는 유형재산 이용의 손실로서 재산의 사용에 대한 결과적 손실을 포함한다.

㉠ 물리적으로 손괴된 유체물의 직접손해(교환가치의 손실)

㉡ 물리적으로 손괴된 유체물의 간접손해(사용가치의 손실)

㉢ 물리적으로 손괴되지 아니한 유체물의 간접손해(사용가치의 손실)

③ 면책사유

㉠ Intended or expected loss(고의)

㉡ Contractual Liability(계약상 가중책임)

㉢ Liquor Liability(주류배상책임)

㉣ Worker's Compensation(근로자재해보장책임)

㉤ Employer's Liability(고용주 배상책임)

㉥ Pollution(오염 손해)

㉦ Aircraft, Auto, Watercraft(항공기, 자동차, 선박)

㉧ Mobile Equipment Transportation(이동장비운송)

㉨ War(전쟁)

㉩ Care, Custody or Control(보호, 관리, 통제하는 재물)

㉪ Damage to Product(생산물 자체손해)

㉫ Damage to Work(완성작업 자체손해)

㉬ Business Risk(성능미달 및 지연손해)

㉭ Product Recall(생산물 회수비용)

심화TIP 전쟁면책위험(War Exclusion Clause) 기출 22

어떠한 경우에도 이 보험은 다음의 사유로 인하여 발생한 멸실, 손상 또는 비용을 담보하지 아니한다. 따라서 이들 위험을 담보받기 위해서는 전쟁위험담보 특약인 협회전쟁약관(Institute War Clause)에 별도로 가입하여야 한다.

1. 전쟁, 내란, 혁명, 모반, 반란 또는 이로 인하여 발생한 국내투쟁, 교전국에 의하여 또는 교전국에 대하여 행해진 적대행위
2. 포획, 나포, 강류, 억지 또는 억류(해적행위 제외) 및 그러한 행위의 결과 또는 그러한 행위의 기도
3. 유기된 기뢰, 어뢰, 폭탄 또는 기타의 유기된 전쟁무기

(2) Coverage B : 인격침해상해 및 광고침해상해의 배상책임

① **인격침해** : 불법체포나 구금, 명예훼손, 무고, 사생활침해 등에 의한 손해를 담보한다.

② **광고침해** : 구두나 문서화된 출판물, 광고활동, 저작권, 권원, 슬로건 침해를 담보한다.

[인격침해와 광고침해의 담보책임]

구 분	인격침해	광고침해
공통점	• 사람이나 제품의 중상 또는 비방 • 사생활 침해	
차이점	• 불법체포, 불법감금, 불법구금 • 불법주거침입 또는 불법퇴거 • 무고	• 사업과 관련된 광고 도용 • 저작권, 타이틀 또는 표어의 침해

③ 면책사유

구 분	면책사유
공통면책위험	• 허위임을 알면서도 구두 또는 출판물의 공표로 생긴 손해 • 보험기간 이전에 구두 또는 출판물의 공표로 생긴 손해 • 고의로 형법을 위반함으로써 생긴 손해 • 계약상의 가중책임
광고침해에만 적용되는 면책위험	• 계약위반 • 광고 내용에 미달되는 제품의 품질 결함 • 잘못된 가격표시 • 광고, 라디오, 또는 텔레비전 방송이나 출판을 사업으로 하는 피보험자의 위법행위로 생긴 손해

(3) Coverage C

① 의료비 지급담보

피보험자 외의 사람에게 사고 1년 이내에 발생된 응급처치, 필요한 의학 및 치과치료, 비상사태시 차량, 입원, 전문적 간호, 장례 서비스 등을 담보한다.

② 면책사유

㉠ 담보(Coverage) A에서 제외되는 신체상해 외에 운동 중인 자

㉡ 제조물-완성작업위험의 경우

㉢ 근로자보상 또는 그와 유사한 법에서 담보되는 손해

4 피보험자의 범위와 보상한도

(1) 피보험자의 범위

① 기명피보험자 또는 그 배우자

② 합작법인의 조직원 및 그들의 배우자

③ 대표이사, 임원, 주주

(2) 보상한도 기출 15

보험기간 중 총보상한도액을 설정하고, 제조물-완성작업위험을 제외한 신체상해 및 재물손해, 인격침해 및 광고침해상해, 의료비 담보에 총보상한도가 적용된다.

CGL은 다음 6개의 다른 한도가 적용될 수 있다.

① 일반 총보상한도액

② 제조물-완성작업 배상책임의 경우 별도의 총보상한도액

③ 인격침해 및 광고침해의 경우 총보상한도액 내에서 별도의 보상한도액

④ 화재로 인한 임대사업장손해의 경우 총보상한도액 내에서 별도의 보상한도액

⑤ 의료비의 경우 총보상한도액 내에서 별도의 보상한도액

⑥ 담보 A와 C에 대한 보험사고당 한도액

법률상 손해배상금과 지연이자는 보상한도 내에서 보상한다. 사고발생 후 피보험자가 의무를 불이행함으로써 늘어난 손해는 보상하지 않는다. 그러나 손해방지비용이나 방어비용은 보상한도를 초과하더라도 보험자가 보상한다.

5 사고발생기준 배상책임보험과 배상청구기준 배상책임보험

(1) 사고발생기준 배상책임보험 기출 17 · 18 · 20

① 의 의

사고발생기준 배상책임보험은 보험기간 중에 발생한 사고를 기준으로 보험자의 보상책임을 정하는 방식이다. 즉 보험사고가 보험기간에 발생하면 보험기간이 종료한 후에 피해자가 피보험자에게 손해배상 청구를 하였더라도 보험금청구권이 소멸되지 않는 한 보험자가 보험금 지급책임을 진다.

② 적 용

사건발생기준 배상책임보험은 전통적인 화재보험이나 해상보험 등 이른바 물건보험에서 오랫동안 사용되어온 방법으로 불법행위와 그 결과가 시간적으로 근접해 있을 때 적용이 용이하다.

③ 장 점

보험기간 이전에 사고원인에 접촉하거나 증상이 나타나더라도 손해가 보험기간 중에 발생하기만 하면 보험자는 책임을 지지만, 보험기간 종료 후 발생한 손해는 보상하지 않는다. 배상청구기준과 비교하면 보험자의 책임범위가 넓어서 피보험자에게 유리하다고 할 수 있다.

④ 단 점

사고발생기준 배상책임보험은 일반적인 물건보험의 경우에 적합한 방식이라 할 수 있다. 그러나 의사나 건축가 등 전문직배상책임보험이나 생산물배상책임보험의 사고에서는 행위와 그 결과가 반드시 시간적으로 근접해 있지 않은 경우가 많아 사고의 발생시점이 언제인지 확정하기 어려운 단점을 가지고 있다. 이러한 단점을 보완하기 위해 배상청구기준 배상책임보험이 도입되었다.

(2) 배상청구기준 배상책임보험 기출 24

① 의 의

배상청구기준 배상책임보험은 보험기간 중에 피보험자로부터 청구된 사고를 기준으로 보험자의 보상책임을 결정하는 방식이다. 즉 책임개시일 이후 보험기간의 종료 전에 보험사고가 발생하여야 하고, 또한 보험기간 중에 피해자가 피보험자나 보험자에게 배상청구가 있을 경우 보험자가 보상책임을 진다. 사고발생기준과 비교하여 배상청구기준은 어느 청구가 어떤 증권에 의하여 담보되는지에 대한 모호성 내지 불확실성을 감소시키고, 담보의 가격 산정 및 언더라이팅과 청구가 지불될 날짜 사이의 시간을 축소시킨다.

② 적 용 기출 19

배상청구기준 배상책임보험은 장기성 배상책임(long-tail liability)의 특성을 갖는 제조물배상책임보험, 전문직배상책임보험(회계사배상책임보험, 의사배상책임보험) 등에 적용된다

③ 장 점

최초의 손해배상청구 시점을 보험사고의 성립 시점으로 해석함에 따라 피보험자와 보험자 양자에게 보험사고를 확인하는 것이 용이해지고, 보험급부 여부를 결정할 때 보험사고를 둘러 싼 분쟁을 줄일 수 있다.

(3) 보험자의 책임기간의 확장

배상청구기준 약관도 소급담보일자(Retroactive date)와 보고기간연장(Extended Reporting Period)으로 보험자의 책임기간을 확장할 수 있다.

① 소급담보일자기준

배상청구기준 증권도 손해사고일자가 보험기간 안에 발생하여야 하는데 추가로 소급담보일자를 지정하여 소급담보일자 이후에 발생한 손해사고도 보험기간 중에 배상청구가 이루어진 경우 담보하도록 하고 있다.

② 보고기간연장(ERP ; Extended Reporting Period) 담보

㉠ 의 의

ERP는 배상청구기준 증권에서 계약자 측의 불가피한 사유로 발생할 수 있는 담보공백 상황을 배제하기 위하여 설정된 조항이다.

㉡ ERP의 전제조건

ⓐ 보험계약이 보험료 부지급 이외의 사유로 해지되었거나 갱신되지 않은 경우

ⓑ 갱신된 배상청구기준 증권의 소급담보일자가 이전 증권의 소급담보일자보다 후일로 되어 있는 경우

ⓒ 갱신한 증권이 손해사고기준 증권일 경우

㉢ ERP의 종류

종 류	내 용	
자동연장담보	단기 자동연장담보	소급담보일자와 만기일 사이에 발생한 사고에 대하여 손해배상청구가 만기일 이후 60일 이내에 제기된 경우, 그 배상청구가 만기일에 제기된 것으로 간주하여 담보한다.
	중기 자동연장담보	소급담보일자와 만기일 사이에 발생한 사고에 대하여 합리적으로 손해배상청구가 제기될 경우에 한하여 만기일 이후 60일 이내에 보험자에게 통지되고 만기일로부터 5년 이내에 손해배상청구가 제기된 경우 만기일에 제기된 것으로 간주하여 담보한다.
선택연장담보	소급담보일자와 만기일 사이에 발생한 사고에 대하여 만기일 이후에 제기되는 모든 손해배상청구를 제한 없이 담보하는 조건이다.	

03 개인용 자동차보험

1 한국의 자동차보험

(1) 자동차보험종목 및 가입대상

보험종목	가입대상
개인용 자동차보험	법정 정원 10인승 이하의 개인 소유 자가용 승용차(다만, 인가된 자동차학원 또는 자동차학원 대표자가 소유하는 자동차로서 운전교습, 도로주행교육 및 시험에 사용되는 승용자동차는 제외)
업무용 자동차보험	개인용 자동차를 제외한 모든 비사업용 자동차
영업용 자동차보험	사업용 자동차
이륜자동차보험	이륜자동차 및 원동기장치자전거
농기계보험	동력경운기, 농용트랙터 및 콤바인 등 농기계

(2) 용어의 정의

① 가지급금

자동차사고로 인하여 소요되는 비용을 충당하기 위하여, 보험회사가 피보험자에 대한 보상책임이나 피해자에 대한 손해배상책임을 확정하기 전에 그 비용의 일부를 피보험자 또는 피해자에게 미리 지급하는 것을 말한다.

② 단기요율

보험기간이 1년 미만인 보험계약에 적용되는 보험요율을 말한다.

③ 무면허운전(조종)

「도로교통법」 또는 「건설기계관리법」의 운전(조종)면허에 관한 규정에 위반되는 무면허 또는 무자격운전(조종)을 말하며, 운전(조종)면허의 효력이 정지된 상황이거나 운전(조종)이 금지된 상황에서 운전(조종)하는 것을 포함한다.

④ 무보험자동차

피보험자동차가 아니면서 피보험자를 죽게 하거나 다치게 한 자동차로서 다음 중 어느 하나에 해당하는 것을 말한다. 이 경우 자동차라 함은 「자동차관리법」에 의한 자동차, 「건설기계관리법」에 의한 건설기계, 「군수품관리법」에 의한 차량, 「도로교통법」에 의한 원동기장치자전거 및 「농업기계화촉진법」에 의한 농업기계를 말하며, 피보험자가 소유한 자동차를 제외한다.

㉠ 자동차보험 「대인배상Ⅱ」나 공제계약이 없는 자동차

㉡ 자동차보험 「대인배상Ⅱ」나 공제계약에서 보상하지 않는 경우에 해당하는 자동차

㉢ 이 약관에서 보상될 수 있는 금액보다 보상한도가 낮은 자동차보험의 「대인배상Ⅱ」나 공제계약이 적용되는 자동차. 다만, 피보험자를 죽게 하거나 다치게 한 자동차가 2대 이상이고 각각의 자동차에 적용되는 자동차보험의 「대인배상Ⅱ」 또는 공제계약에서 보상되는 금액의 합계액이 이 약관에서 보상될 수 있는 금액보다 낮은 경우에 한하는 그 각각의 자동차

㉣ 피보험자를 죽게 하거나 다치게 한 자동차가 명확히 밝혀지지 않은 경우 그 자동차

⑤ 운전(조종)

「도로교통법」상 도로[도로교통법 제44조(술에 취한 상태에서의 운전금지) · 제45조(과로한 때의 운전 금지) · 제54조(사고발생시 조치) 제1항 · 제148조(벌칙) 및 제148조의2(벌칙)의 경우에는 도로 외의 곳을 포함]에서 자동차 또는 건설기계를 그 본래의 사용방법에 따라 사용하는 것을 말한다.

⑥ 운 행

사람 또는 물건의 운송 여부와 관계없이 자동차를 그 용법에 따라 사용하거나 관리하는 것을 말한다(자동차손해배상보장법 제2조 제2호).

⑦ 음주운전(조종)

「도로교통법」에 정한 술에 취한 상태에서 운전(조종)하거나 음주측정에 불응하는 행위를 말한다.

⑧ 의무보험

「자동차손해배상보장법」 제5조에 따라 자동차보유자가 의무적으로 가입하는 보험을 말한다.

⑨ 자동차보유자

자동차의 소유자나 자동차를 사용할 권리가 있는 자로서 자기를 위하여 자동차를 운행하는 자를 말한다(자동차손해배상보장법 제2조 제3호).

⑩ 자동차 취급업자

자동차정비업, 주차장업, 급유업, 세차업, 자동차판매업, 자동차탁송업 등 자동차를 취급하는 일에 종사하는 자를 말하며, 이들 또는 이들의 피용자가 법인인 경우에는 그 법인의 이사와 감사를 포함한다.

⑪ 피보험자 기출 23

보험회사에 보상을 청구할 수 있는 자로서 다음 중 어느 하나에 해당하는 자를 말하며, 구체적인 피보험자의 범위는 각각의 보장종목에서 정하는 바에 따른다.

㉠ 기명피보험자 : 피보험자동차를 소유 · 사용 · 관리하는 자 중에서 보험계약자가 지정하여 보험증권의 기명피보험자란에 기재되어 있는 피보험자를 말한다.

㉡ 친족피보험자 : 기명피보험자와 같이 살거나 살림을 같이 하는 친족으로서 피보험자동차를 사용하거나 관리하고 있는 자를 말한다.

㉢ 승낙피보험자 : 기명피보험자의 승낙을 얻어 피보험자동차를 사용하거나 관리하고 있는 자를 말한다.

㉣ 사용피보험자 : 기명피보험자의 사용자 또는 계약에 따라 기명피보험자의 사용자에 준하는 지위를 얻은 자를 말한다. 다만, 기명피보험자가 피보험자동차를 사용자의 업무에 사용하고 있는 때에 한한다.

㉤ 운전피보험자 : 다른 피보험자(기명피보험자, 친족피보험자, 승낙피보험자, 사용피보험자를 말함)를 위하여 피보험자동차를 운전 중인 자(운전보조자를 포함)를 말한다.

'피보험자의 자녀'의 범위 기출 23

- 법률상의 혼인관계에서 출생한 자녀
- 사실혼관계에서 출생한 자녀
- 양자 또는 양녀

⑫ 피보험자동차

보험증권에 기재된 자동차를 말한다.

(3) 자동차보험의 구성

① 보장종목

보험회사가 판매하는 자동차보험은 「대인배상Ⅰ」, 「대인배상Ⅱ」, 「대물배상」, 「자기신체사고」, 「무보험자동차에 의한 상해」, 「자기차량손해」의 6가지 보장종목과 특별약관으로 구성되어 있다.

② 가입방법

㉠ 의무보험 : 「자동차손해배상보장법」 제5조에 의해 보험에 가입할 의무가 있는 자동차보유자는 「대인배상Ⅰ」과 「대물배상」(「자동차손해배상보장법」에서 정한 보상한도에 한함)을 반드시 가입하여야 한다.

㉡ 임의보험 : 의무보험에 가입하는 보험계약자는 의무보험에 해당하지 않는 보장종목을 선택하여 가입할 수 있다.

③ 보상내용

㉠ 배상책임 : 자동차사고로 인하여 피보험자가 손해배상책임을 짐으로써 입은 손해를 보상한다.

보장 종목	보상하는 내용
대인배상Ⅰ	자동차사고로 다른 사람을 죽게 하거나 다치게 한 경우에 「자동차손해배상보장법」에서 정한 한도에서 보상
대인배상Ⅱ	자동차사고로 다른 사람을 죽게 하거나 다치게 한 경우, 그 손해가 「대인배상Ⅰ」에서 지급하는 금액을 초과하는 경우에 그 초과손해를 보상
대물배상	자동차사고로 다른 사람의 재물을 없애거나 훼손한 경우에 보상

㉡ 배상책임 이외의 보장종목 : 자동차사고로 인하여 피보험자가 입은 손해를 보상한다.

보장 종목	보상하는 내용
자기신체사고	피보험자가 죽거나 다친 경우에 보상
무보험자동차에 의한 상해	무보험자동차에 의해 피보험자가 죽거나 다친 경우에 보상
자기차량손해	피보험자동차에 생긴 손해를 보상

심화TIP 자동차보험 대인배상에서 손익상계 대상 기출 21

- 가해자 또는 보험회사가 이미 지급한 치료비
- 형사합의금이나 공탁금
- 「근로기준법」 및 「산업재해보상보험법」상의 보상 및 급여
- 「공무원연금법」, 「국민연금법」 등에 의한 급여

④ 보험기간

구 분	보험기간
원칙	• 보험증권에 기재된 보험기간의 첫날 24시부터 마지막 날 24시까지 • 다만, 의무보험(책임공제를 포함)의 경우 전(前) 계약의 보험기간과 중복되는 경우에는 전 계약의 보험기간이 끝나는 시점부터 개시
자동차보험에 처음 가입하는 자동차 및 의무보험	• 보험료를 받은 때부터 마지막 날 24시까지 • 다만, 보험증권에 기재된 보험기간 이전에 보험료를 받았을 경우에는 그 보험기간의 첫날 0시부터 개시

⑤ 자동차보험료

자동차보험료는 보험회사가 금융감독원에 신고한 후 사용하는 '자동차보험요율서'에서 정한 방법에 의하여 계산한다.

납입할 보험료 = 기본보험료 × 특약요율 × 가입자특성요율(보험가입경력요율 ± 교통법규위반경력요율) × 특별요율 × 우량할인 · 불량할증요율 × 사고건수별 특성요율

심화TIP 자동차손해배상보장법상의 가불금 지급 기출 22

- 가불금 청구권자는 보험가입자 등(의무보험에 가입한 자와 그 의무보험 계약의 피보험자)이다. 즉 보험가입자 등이 자동차의 운행으로 다른 사람을 사망하게 하거나 부상하게 한 경우에는 피해자는 대통령령으로 정하는 바에 따라 보험회사 등에게 자동차보험진료수가에 대하여는 그 전액을, 그 외의 보험금 등에 대하여는 대통령령으로 정한 금액을 보험금 등을 지급하기 위한 가불금(假拂金)으로 지급할 것을 청구할 수 있다(자동차손해배상보장법 제11조 제1항).
- 보험자는 가불금을 청구받은 날로부터 국토교통부령에서 정한 기한 내에 지급해야 한다(자동차손해배상보장법 제11조 제2항).
- 보험자는 지급한 가불금이 지급할 보험금을 초과하면 그 초과액의 반환을 청구할 수 있다(자동차손해배상보장법 제11조 제3항).
- 보험회사 등은 가불금을 지급한 후 보험가입자등에게 손해배상책임이 없는 것으로 밝혀진 경우에는 가불금을 지급받은 자에게 그 지급액의 반환을 청구할 수 있다(자동차손해배상보장법 제11조 제4항).
- 보험회사 등은 반환 청구에도 불구하고 가불금을 반환받지 못하는 경우로서 대통령령으로 정하는 요건을 갖추면 반환받지 못한 가불금의 보상을 정부에 청구할 수 있다(자동차손해배상보징법 제11조 제5항).

(4) 자동차보험약관상 보험사고발생시 보험금 청구 및 지급 기출 23

① 피보험자동차를 도난당하였을 때에는 지체 없이 그 사실을 경찰관서에 신고하여야 한다.

② 피해자의 응급조치 등 긴급조치를 위한 것이 아닌 한 손해배상의 청구를 받은 경우에는 미리 보험회사의 동의 없이 그 전부 또는 일부를 합의하여서는 안 된다.

③ 피보험자의 보험금 청구가 손해배상청구권자의 직접 청구와 경합할 때에는 보험회사가 손해배상청구권자에게 우선하여 보험금을 지급한다.

④ 보험회사는 보험금 청구에 관한 서류를 받은 때에는 지체 없이 지급할 보험금을 정하고 그 정하여진 날로부터 7일 이내에 지급을 한다.

2 개인용 자동차보험

(1) 미국 ISO(Insurance Service Office)의 표준 개인용 자동차보험증권

① Part A – 배상책임 담보

② Part B – 의료비 담보

③ Part C – 무보험운전자 담보

④ Part D – 자기차량에 대한 손해의 담보

⑤ Part E – 사고발생 또는 손실이 발생한 후의 의무

⑥ Part F – 일반조항

(2) 선언문(Declarations)

① 피보험자의 이름과 주소, 보험계약기간, 부과된 보험료, 제공된 담보, 담보의 배상책임 한도를 보여준다.

② 담보되는 자동차의 기재사항은 연식, 차량명, 모델, 차량등록 또는 차량고유번호, 구입일자 등이 포함된다.

(3) Part A – 배상책임 담보 기출 23

① 제3자 담보

보험금은 계약을 한 두 당사자인 피보험자와 보험회사가 아닌 제3자에게 지급된다.

② 피보험자의 정의

㉠ 자동차 또는 트레일러의 소유, 유지, 사용을 위한 피보험자 또는 가족구성원

㉡ 피보험자의 담보자동차를 사용하는 사람

㉢ 피보험자의 자동차에 대하여 담보가 제공되는 사람의 작위 또는 부작위에 대한 법적 책임에만 관련된 사람 또는 조직

③ 우리나라 개인용 자동차보험의 배상책임담보

㉠ 대인배상 I

ⓐ 피보험자가 피보험자동차의 운행으로 인하여 다른 사람을 죽거나 다치게 하여 「자동차손해배상보장법」 제3조에 의한 손해배상책임을 짐으로써 입은 손해를 보상한다.

ⓑ 「자동차손해배상보장법 및 동법 시행령」에 규정된 예외 인정 차량을 제외하고는 미가입 운행시 처벌되는 강제보험이다.

ⓒ 강제가입대상은 도로상의 일반자동차(외교관 소유 및 군용차량 제외), 이륜자동차, 「건설기계관리법」상 9종 건설기계이다.

ⓓ 피보험자의 고의로 인한 사고의 경우에도 피해자 직접청구권이 인정되며, 약관상 정하고 있는 사유 이외에는 계약자의 요청에 의한 임의해지가 불가능하다.

ⓔ 보험금액은 피해자 1인당 한도이며, 1사고당 한도는 없으며, 부상 및 후유장해의 경우에는 급별 한도가 있다.

㉡ 대인배상Ⅱ

ⓐ 피보험자가 피보험자동차를 소유·사용·관리하는 동안에 생긴 피보험자동차의 사고로 인하여 다른 사람을 죽게 하거나 다치게 하여 법률상 손해배상책임을 짐으로써 입은 손해(「대인배상Ⅰ」에서 보상하는 손해를 초과하는 손해에 한함)를 보상한다.

ⓑ 보험금액은 피해자 1인당 한도이며, 1사고당 한도는 없다.

㉢ 대물배상 기출 24

ⓐ 피보험자가 피보험자동차를 소유·사용·관리하는 동안에 생긴 피보험자동차의 사고로 인하여 다른 사람의 재물을 없애거나 훼손하여 법률상 손해배상책임을 짐으로써 입은 손해를 보상한다.

ⓑ 보상범위는 직·간접 손해 및 각종 비용이 포함된다.

ⓒ 보험금액은 1사고 한도이며, 2,000만원까지 의무적으로 가입해야 한다.

대물배상보험금 중 간접손해 기출 18

자동차보험의 대물배상보험금 중 간접손해란 자동차 파손 등으로 발생한 수리비(직접손해) 이외에 차량을 사용하지 못해 생기는 2차적인 경제적 손해를 말한다. 여기에는 "대체비용, 대차료, 휴차료, 영업손실" 등이 포함된다.

심화TIP 12대 중과실사고에 포함되지 않는 것(교통사고처리특례법 제3조 제2항) 기출 23

1. 「도로교통법」 제5조에 따른 신호기가 표시하는 신호 또는 교통정리를 하는 경찰공무원 등의 신호를 위반하거나 통행금지 또는 일시정지를 내용으로 하는 안전표지가 표시하는 지시를 위반하여 운전한 경우
2. 「도로교통법」 제13조 제3항을 위반하여 중앙선을 침범하거나 같은 법 제62조를 위반하여 횡단, 유턴 또는 후진한 경우
3. 「도로교통법」 제17조 제1항 또는 제2항에 따른 제한속도를 시속 20킬로미터 초과하여 운전한 경우
4. 「도로교통법」 제21조 제1항, 제22조, 제23조에 따른 앞지르기의 방법·금지시기·금지장소 또는 끼어들기의 금지를 위반하거나 같은 법 제60조 제2항에 따른 고속도로에서의 앞지르기 방법을 위반하여 운전한 경우
5. 「도로교통법」 제24조에 따른 철길건널목 통과방법을 위반하여 운전한 경우
6. 「도로교통법」 제27조 제1항에 따른 횡단보도에서의 보행자 보호의무를 위반하여 운전한 경우
7. 「도로교통법」 제43조, 「건설기계관리법」 제26조 또는 「도로교통법」 제96조를 위반하여 운전면허 또는 건설기계조종사면허를 받지 아니하거나 국제운전면허증을 소지하지 아니하고 운전한 경우. 이 경우 운전면허 또는 건설기계조종사면허의 효력이 정지 중이거나 운전의 금지 중인 때에는 운전면허 또는 건설기계조종사면허를 받지 아니하거나 국제운전면허증을 소지하지 아니한 것으로 본다.
8. 「도로교통법」 제44조 제1항을 위반하여 술에 취한 상태에서 운전을 하거나 같은 법 제45조를 위반하여 약물의 영향으로 정상적으로 운전하지 못할 우려가 있는 상태에서 운전한 경우
9. 「도로교통법」 제13조 제1항을 위반하여 보도(步道)가 설치된 도로의 보도를 침범하거나 같은 법 제13조 제2항에 따른 보도 횡단방법을 위반하여 운전한 경우
10. 「도로교통법」 제39조 제3항에 따른 승객의 추락 방지의무를 위반하여 운전한 경우
11. 「도로교통법」 제12조 제3항에 따른 어린이 보호구역에서 같은 조 제1항에 따른 조치를 준수하고 어린이의 안전에 유의하면서 운전하여야 할 의무를 위반하여 어린이의 신체를 상해(傷害)에 이르게 한 경우
12. 「도로교통법」 제39조 제4항을 위반하여 자동차의 화물이 떨어지지 아니하도록 필요한 조치를 하지 아니하고 운전한 경우

(4) Part B – 의료비 담보

① 보상책임

피보험자에 의하여 지출된 필요성 의료 및 장례 서비스를 위하여 사고일로부터 3년 이내에 발생한 합리적 비용을 지급하게 된다.

② 우리나라의 개인용 자동차보험 – "자기신체사고"

㉠ 보상책임 : 피보험자가 피보험자동차를 소유·사용·관리하는 동안에 생긴 자동차의 사고로 인하여 죽거나 다친 때 그로 인한 손해를 보상한다.

㉡ 보험금의 종류와 한도

ⓐ 사망보험금 : 보험증권에 기재된 사망보험가입금액을 한도로 한다.

ⓑ 부상보험금 : 상해구분 및 급별 보험가입금액표 상의 보험가입금액을 한도로 한다.

ⓒ 후유장애보험금 : 보험증권에 기재된 후유장애 보험가입금액에 해당하는 각 장애등급별 보험금액을 한도로 한다.

③ 플러스자동차보험 – "자동차상해"

"자기신체사고"를 "자동차상해"로 명칭을 바꾸고 보험가입자에 대한 상해보상범위를 대폭 강화하였다.

심화TIP 우선 지급할 치료비 외의 손해배상금의 범위(교통사고처리특례법 시행령 제3조 제1항) 기출 21

1. **부상의 경우**
   보험약관 또는 공제약관에서 정한 지급기준에 의하여 산출한 위자료의 전액과 휴업손해액의 100분의 50에 해당하는 금액
2. **후유장애의 경우**
   보험약관 또는 공제약관에서 정한 지급기준에 의하여 산출한 위자료 전액과 상실수익액의 100분의 50에 해당하는 금액
3. **대물손해의 경우**
   보험약관 또는 공제약관에서 정한 지급기준에 의하여 산출한 대물배상액의 100분의 50에 해당하는 금액

(5) Part C – 무보험운전자 담보

① 보상책임

상대방 자동차 운전자의 과실이 있고, 상대방 자동차에 의한 사고로 입은 신체적 상해에 대해 보상한다.

㉠ 배상책임보험에 가입하지 않았거나 또는 법에서 규정하고 있는 범위보다 적은 배상책임보험을 가입하고 있는 경우

㉡ 뺑소니 자동차 운전자

㉢ 보험에 가입한 회사가 지불을 거절하거나 파산한 경우

② 담보 적용

㉠ 피보험자 및 가족

㉡ 피보험자동차를 점유 중인 다른 사람

㉢ 손해를 회복할 법적 권리가 주어져 있는 사람

③ 우리나라의 개인용 자동차보험 – "무보험자동차에 의한 상해"

㉠ 보상책임 : 피보험자가 무보험자동차로 인하여 생긴 사고로 죽거나 다친 때에 그로 인한 손해에 대하여 배상의무자가 있는 경우에 약관에서 정하는 바에 따라 보상한다.

㉡ 보상한도 : 피보험자 1인당 책임보험을 초과하여 2억/5억을 한도로 보상하며, 1사고당 한도액은 없다.

심화TIP 자동차손해배상 보장사업(자동차손해배상보장법 제30조)의 적용대상 기출 22

- 보유자 불명(뺑소니) 자동차사고 피해자
- 무보험(책임보험 미가입) 자동차사고 피해자
- 도난자동차 및 무단운전중인 자동차사고 피해자(보유자가 피해자에 대한 손해배상책임을 면한 경우)
- 보유자를 알 수 없는 자동차로부터 낙하된 물체에 의한 사고 피해자

(6) Part D – 자기차량손해담보

① 제1당사자 담보

보험회사는 보험증권 한도 및 면책조항하에서 피보험자 부보차량, 피보험자 또는 가족구성원에 의해 사용된 비소유 차량에 관한 직접적·우연적 손실에 대해 보상한다.

② 충돌담보

피보험자는 충돌담보(collision) 및 충돌 이외의 담보(other than collision)를 구입함으로써 전위험방식을 기초로 자동차에 대한 담보를 선택할 수 있다.

심화TIP 교차책임제도(principle of cross liability) 기출 19

교차책임제도는 쌍방과실 사고시 각자가 서로 상대방 손해액에 자기과실비율을 곱해 산출된 금액을 쌍방이 교차해 배상하는 제도이다.

③ 우리나라의 개인용 자동차보험 – "자기차량손해"

㉠ 보상책임 : 피보험자가 피보험자동차를 소유·사용·관리하는 동안에 발생한 사고로 인하여 피보험자동차에 직접적으로 생긴 손해를 보험증권에 기재된 보험가입금액을 한도로 보상한다. 다만, 보험가입금액이 보험가액보다 많은 경우에는 보험가액을 한도로 보상한다. 손해의 방지와 경감을 위하여 지출한 비용은 보험가입금액과 관계없이 보상한다.

'보험가액'이라 함은 보험개발원이 정한 차량기준가액표에 따라 보험계약을 맺었을 때에는 사고발생 당시 보험개발원이 정한 최근의 차량기준가액을 말한다.

㉡ 보상한도 : 보험가액 한도 내에서 보험가액의 전액 또는 일부(보험가액의 60% 이상)를 보험가입금액으로 하여 보험에 가입한다.

심화TIP 자동차보험에서 상실수익액 산정시 사용되는 계수법 기출 21

- 호프만계수법은 중간이자를 단리로 계산하고, 라이프니츠계수법은 중간이자를 복리로 계산한다.
- 호프만계수법은 인플레이션 상황에서 화폐가치의 하락분을 어느 정도 메울 수 있다.
- 라이프니츠계수법은 과잉배상 문제가 발생되지 않는다.
- 라이프니츠계수법은 약관에서 적용되고, 호프만계수법은 법원에서 주로 사용되는 방법이다.

3 자동차보험의 규제

(1) 자동차보험의 요율(Rating) 시스템

① 운전자등급(Classes)

㉠ 운전기록

ⓐ 피보험자들의 과거의 사고 및 교통법규위반은 추가적인 보험료를 발생시키며, 과실사고는 일반적으로 운전자에게 요율을 증가시킨다.

ⓑ 우리나라의 경우 보험가입경력과 교통위반경력요율로 구성된 가입자 특성요율을 사용하고 있다. 또한, 각 개인의 과거사고발생실적을 적용하는 우량할인·불량할증요율을 사용하고 있고, 개별할인·할증과 단체할인·할증이 있다.

㉡ 자동차의 용도, 가치 및 숫자/동반가정소유주

ⓐ 일반적으로 사업용으로 사용되는 차량은 그렇지 않은 차량보다 높은 요율을 적용한다.

ⓑ 다수의 차를 보유하는 가구에는 할인이 제공되는데, 우리나라의 경우 동반가정소유주에 따라 부부한정특약, 가족운전자한정특약 등에서 특약요율이 적용된다.

㉢ 나이, 성별, 결혼상태

ⓐ 보험요율은 젊은 운전자에게 높고, 대략 30세까지는 나이에 따라 감소하다가 그 다음은 일정하다.

ⓑ 고령에서는 30~55세 운전자보다 높은 요율이 부과된다.

ⓒ 젊은 남자들은 젊은 여자들보다 요율이 높고, 25~30세까지의 기혼남녀는 미혼 남녀보다 할인이 제공된다.

ⓓ 우리나라의 경우 보험료 계산시 기명피보험자 연령요율을 적용하고 있고, 운전자연령한정 운전 특약에 의해 젊은 운전자의 운전을 배제함으로써 보험료를 절감할 수도 있다.

② 지역요율(Territorial Rating)

㉠ 지역요율은 지리적 위치에 따른 자동차사고손해를 나타내는 보험회사 데이터가 사용된다.

㉡ 피보험자는 본인이 살고 있는(또는 차량이 주차되는) 장소에 근거하여 요율을 지불한다.

㉢ 자동차보험요율은 도심지역이 높은 경향이 있다. 도시지역이 보다 교통정체가 심하고, 오래된 도시의 경우 도로사정이 열악하기 때문이다. 범죄도 도시 중심가에서 많이 발생하여 포괄담보(comprehensive coverage) 가격을 인상시킨다.

㉣ 미국 상당수의 주들은 지역요율을 제한하고 있다.

(2) 미국의 거절운전자 보험시장(Residual Markets)

담보를 얻기 어려운 고위험 운전자들이 규제된 가격으로 담보를 얻을 수 있도록 하는 자동차보험 거절운전자 보험시장은 다음과 같다.

① 자동차보험계획(Automobile Insurance Plan 또는 Assigned Risk Plan)
② 재보험기구(Reinsurance Facility)
③ 연대언더라이팅협회(Joint Underwriting Association)

(3) 무과실손해배상법(No-fault Law)

교통사고가 나면 누구의 과실이냐를 불문하고 법에 지정된 보험회사(No Fault Insurance Company)가 교통사고로 사고를 당한 사람(피해자와 가해자)의 병원비용, 소득손실 등을 지급하는 제도이다.

① 장 점
㉠ 불법행위 배상책임 시스템과 비교하여 보상을 개선한다.
㉡ 고통·괴로움과 같은 비경제적 손실담보의 감소를 가져온다.
㉢ 거래비용(변호사비용, 청구진행비용)을 감소시킨다.
㉣ 손실에 대한 지불이 불법행위 배상책임 소송보다 빠르다.

② 단 점
㉠ 불법행위 배상책임에 대한 제한으로 더 많은 사고를 초래할 수 있다.
㉡ 보험사기 청구가 문제될 수 있다.

심화TIP 외부성(외부효과) 기출 23

외부성(externality)이란 한 경제주체가 다른 경제주체에게 의도하지 않은 이득이나 손실을 주었음에도 불구하고 이에 대한 보상이 적절히 이루어지지 않은 상태를 말한다. 다른 경제주체에게 유리한 영향을 미치는 경우를 외부경제(external economy), 불리한 영향을 미치는 경우를 외부불경제(external diseconomy)라고 한다.

구 분	의 미	자원 배분
외부불경제 (부정적 외부성)	제3자에게 손해를 입히고도 이에 대한 손해 배상이나 비용을 부담하지 않는 경우 예 화학공장이 오염물질을 배출함에 따라 하류의 어부들이 피해를 입는 것	사회적 최적 수준보다 많이 생산 (과잉 생산)
외부경제 (긍정적 외부성)	제3자에게 이익을 받았지만 이에 대한 대가를 지불하지 않는 경우 예 과수원 옆으로 양봉업자가 이사를 해옴에 따라 과일생산량이 증가한 것	사회적 최적 수준보다 적게 생산 (과소 생산)

고가의 외제차가 증가한 주변 환경으로 인하여 선의의 자동차보험 가입자의 보험료 부담이 증가한 현상은 외부불경제(external diseconomy)의 사례라고 볼 수 있다.

04 기타 주요 배상책임보험

1 전문직배상책임보험

(1) 의 의 기출 22

① 의사, 변호사, 공인회계사, 건축사 등 전문직업인이 그 업무의 특수성으로 말미암아 타인에게 지게 되는 배상책임을 보장하는 보험상품을 말한다.

② 일반배상책임보험이 사고로 타인에게 입힌 손해에 대한 배상책임을 담보하는데 비하여, 의사배상책임보험의 경우는 사고를 전제로 하고 회계사, 변호사, 건축사 등의 경우는 피보험자의 업무상 실수 자체를 전제로 하는 점이 차이점이다.

③ 일반배상책임보험의 경우 일반적으로 손해사고기준으로 보상하는데 반해 전문직배상책임보험은 일반적으로 배상청구기준이기 때문에 사고와 보상청구가 모두 보험기간 안에 이루어져야 한다.

(2) 전문직업인의 의무

전문직업인은 직무를 수행함에 있어 동일한 직위와 전공을 통하여 적절한 능력을 보유하여야 하며, 그 직무를 수행함에 있어서 상당한 주의의무가 요구되고 있다.

(3) 보험가입의 필요성

전문직업인은 자신의 업무수행에 따른 부주의, 과실행위시 이해당사자로부터 소송제기 가능성이 크다. 사회의식의 발전에 따라 전문직업인에 대한 손해배상이 증가하고 있으며, 청구금액의 고액화 현상이 나타나고 있다. 따라서 손해배상청구로 인한 재정적 위험을 회피하기 위한 수단으로 보험가입의 필요성이 제기되고 있다.

(4) 손해배상책임이 성립하기 위한 조건

① 전문인의 업무수행 중 주의의무위반

② 제3자의 손해의 발생

③ 주의의무위반과 손해의 발생 사이에 상당인과관계의 존재

(5) 배상책임의 법적 근거

① 계약상의 의무위반책임(채무불이행책임)

고객을 위해 서비스를 수행하는 약속이 있고, 이 약속의 수행 실패는 계약의 위반을 초래한다. 계약의 위반에 따라 배상하여야 하는 손해는 계약의 내용대로 이루어지지 못해 발생하는 손해와 그의 결과적 손해를 포함한다.

② 불법행위책임

전문적인 서비스 제공 실패가 전문인의 고의 또는 과실에 의한 것인 경우 계약불이행에 따른 책임과 함께 불법행위에 따른 배상책임도 양립한다.

(6) 전문직배상책임의 특성 기출 20

① 위험의 종류

구 분	내 용
비행배상책임보험 (Malpractice Liability Insurance)	• 사람의 신체에 관한 전문직 위험을 담보한다. • 의사(비행)배상책임보험 또는 미용사전문직업배상책임보험 등이 이에 해당한다.
하자배상책임보험 (Errors & Omissions Liability Insurance)	• 신체 이외의 경제적 손해를 담보한다. • 변호사, 설계사, 공인회계사, 손해사정사, 보험중개인 전문배상책임보험 및 임원배상책임보험이 이에 해당한다.

② 담보의 기준 및 보상한도액

구 분	일반배상책임보험	전문직배상책임보험
담보기준	손해사고배상기준	배상청구기준을 적용하고 있어 책임개시일 이전 사고를 담보하고 있다.
보상한도액	1사고당 기준	1사고당 한도액과 함께 연간 총보상한도액을 설정하고 있다.

③ 위험의 다양성

㉠ 위험의 유형이 지역이나 업종에 따라 매우 다양하므로, 표준약관 형식보다는 주문식 약관이 제공된다.

㉡ 위험의 특성상 전문직업인 협회 또는 단체에서 공제조합 형태로 담보를 제공하는 경우가 많다.

(7) 건축사 및 기술사배상책임보험

① 의 의

㉠ 건물이나 공장설비, 터널, 교량, 댐, 철도 등 각종 구축물사고는 다중시설로서 이러한 시설물사고는 그 물건 자체손해도 거액이지만, 그로 인한 인명피해나 재산피해는 실로 상상하기 어려운 고액일 수 있다. 이러한 사고에 관하여 시공결함일 경우에는 시공회사, 관리부주의일 경우 소유자, 자재결함일 경우에는 자재의 제조·공급업자에게 책임이 있지만, 설계결함일 경우에는 건축사나 기술자에게 책임이 있다.

㉡ 건축사 및 기술사배상책임보험은 이와 같이 시공 중이거나 시공이 끝난 각종 구축물이 설계결함에 기인된 사고로 구축물이 입은 손해 및 그로 인하여 타인이 입은 손해에 대하여 건축사나 기술사가 배상하여야 할 책임 있는 손해를 보상한다.

② 약관의 종류

㉠ 건축사 및 기술사배상책임보험약관은 전 세계적으로 다양한 형태가 있지만 일부 조건에만 차이가 있을 뿐, 기본적 담보위험을 비롯한 주요 보험조건은 유사하다.

㉡ 현재 우리나라에서 인가되어 있는 약관은 독일식 영문약관을 원문 그대로 도입한 것이다.

(8) 의료과실배상책임보험

① 의 의

의사 및 병원의 의료행위와 관련된 과실, 부주의로 인한 손해배상책임과 병원시설 및 일반업무수행에 따른 손해배상책임을 담보함으로써 진료활동을 보장하고 경영상의 안정성을 제고하는 보험상품이다.

② 의료과실의 정의

의사가 의료행위를 함에 있어서 당시의 의료수준에 비추어 일반적인 의사에게 요구되는 주의의무를 위반한 것이다.

③ 의료과실의 판정기준

㉠ 임상의학 분야에서 일반적으로 실천되고 있는 의료수준을 기준으로 한다.

㉡ 의료수준은 규범적으로 요구되는 수준으로 파악되어야 하고, 해당 의사나 의료기관의 구체적 상황을 고려해서는 아니 된다(대법원 1997.2.11., 선고, 96다5933, 판결 등).

㉢ 진료환경 및 조건이나 의료행위의 특수성 등은 고려해야 한다(대법원 1987.1.20., 선고, 86다카1469, 판결 등).

④ 의료사고의 손해배상 청구요건

의료과오소송에서 환자 측의 손해배상청구권이 인용되기 위해서는 불법행위에 기한 책임이든 혹은 계약관계에 근거한 채무불이행에 기한 책임이든 어느 것이나 ㉠ 주의의무위반(과실), ㉡ 위법성, ㉢ 손해의 발생, ㉣ 과실과 손해 사이의 인과관계가 존재할 것이 요구되는데, 의료과오소송은 청구원인을 어떻게 구성하든 원칙적으로 입증책임이 환자 측에게 있다.

2 임원배상책임보험

(1) 의 의

임원배상책임보험은 회사의 이사 또는 직위 여부를 불문하고 경영에 참가하고 있는 간부직원이 그 업무를 수행하는 도중 저지른 과실, 태만, 의무위반, 신의위반 등의 행위로 인하여 지게 되는 개인적 배상책임을 담보하는 보험이다.

(2) 담보위험의 구성

① Coverage A : D & O Liability Coverage(임원배상책임 담보)

임원 각자가 개별적으로 주주 또는 제3자에 대하여 부담하는 배상책임을 담보한다.

② Coverage B : Company Reimbursement Coverage(회사보상 담보)

임원에 대한 배상청구에 대하여 임원이 승소하였을 때 회사가 해당 임원에게 동 손해배상금(방어비용 포함)을 적법하게 보상하는 경우에 그 금액을 담보한다.

③ Coverage C

유가증권과 관련한 소송의 경우 법인에 대해 직접 제기되는 소송을 담보한다.

(3) 보험사고 기준

배상청구기준 약관으로 책임개시일 이후 보험기간의 종료 전에 보험사고가 발생하여야 하고, 또한 보험기간 중에 피해자가 피보험자나 보험자에게 배상청구가 있을 경우 보험자가 보상책임을 부담한다.

(4) 피보험자

① 법인의 모든 임원을 말하며, 이미 퇴임한 임원 및 이 보험계약의 보험기간 중에 새로 선임된 임원을 포함한다. 다만, 초년도(첫째년도) 계약의 보험기간의 개시일 이전에 퇴임한 임원을 제외한다.

② 임원이 사망하였을 경우에는 그 임원과 그 임원 상속인 또는 상속재산 법인을, 임원이 파산하였을 경우에는 그 임원과 그 임원의 파산관재인을 동일한 피보험자로 간주한다.

(5) 보고기간연장

① 자동보고연장담보기간

㉠ 보험기간 만료일로부터 60일간(단기)

㉡ 보험기간 만료일로부터 5년간(중기)

> 자동보고연장담보기간은 해지할 수 없다.

② 선택보고연장담보기간

㉠ 선택적인 보고연장담보기간 배서가 발행된 경우 그 보고연장담보기간은 이 보험기간 만료일로부터 무기한이 된다.

㉡ 회사에 대하여 서면으로 보험기간 만료일로부터 60일 이내에 서면으로 보고기간의 연장을 요청하여야 한다.

㉢ 소정의 납입기일에 추가보험료를 납입하여야 한다. 납입기일까지 추가보험료가 납입되지 않을 경우에는 보고연장담보기간 배서는 무효가 된다.

㉣ 추가보험료가 납입기일까지 납입되었을 때에는 보고연장담보기간 배서는 해지할 수 없다.

(6) 보상한도액

임원배상책임보험의 보상한도액은 배상청구당 보상한도와 연간 총보상한도액에 의해 제한된다. 통상 보상한도액은 Coverage A(임원배상책임)와 Coverage B(회사보상)를 구분하지 않고 적용되며, 보험기간 중 연간 총보상한도액을 초과할 수 없으며, 배상책임액은 물론 방어비용까지도 포함된다.

3 환경오염배상책임보험

(1) 의 의

① 환경오염배상책임보험은 사업자와 보험자가 환경오염피해가 발생한 경우 환경오염피해 배상책임 및 구제에 관한 법률에 따른 환경오염피해 배상책임을 보장하는 내용을 약정하는 보험을 말한다.

② 환경책임보험이 2016년 7월부터 도입되어 환경오염사고로 인한 피해자는 신속한 피해배상을 받을 수 있게 되고 기업도 지속가능한 경영을 유지할 수 있게 되었다.

(2) 담보위험의 유형

① 피보험자가 소유, 사용, 관리하는 시설에서 발생하는 오염사고

㉠ 보험개시일 이전에 이미 내재한 오염물질로 인한 오염사고

㉡ 보험개시일 이후에 새롭게 발생한 오염사고

② 시설 밖에서 발생한 오염사고

③ 피보험자의 화물을 운송 중 발생하는 오염사고

(3) 보상하는 손해

① 오염사고로 피해자인 제3자가 청구한 손해배상금

② 법률상 소송방어비용

③ 담보시설에서 발생한 오염사고의 오염제거비용 등 원상회복에 소요되는 개선비용

(4) 보험사고 기준

① 배상청구기준방식

환경오염배상책임보험은 보험사고에 대한 보험금 지급기준이 종합배상책임보험(CGL)의 사고발생기준방식과 달리 배상청구기준방식으로 되어 있다. 따라서 보험기간 중 보험사고(환경오염사고)가 발생해야 보험회사로부터 보험금을 받을 수 있는 것이 아니라, 보험기간 중 피해자의 피보험자에 대한 손해배상청구가 있어야 보험회사로부터 보험금을 받을 수 있다.

② 연장보고기간의 규정

보험금 지급기준이 배상청구기준방식으로 되어 있기 때문에 보험기간 중에 행해진 오염사고로 인하여 오염손해를 입었으나, 그 손해가 실제로 피해자에게 인식된 때에는 이미 보험기간이 종료하여 배상청구를 제기하지 못할 수가 있다. 따라서 환경오염배상책임보험에서는 '연장보고기간'을 규정하여 보험기간이 종료한 이후에도 보험기간 중에 발생한 사고에 대한 클레임의 제기를 일정기간동안 인정해 주고 있다.

③ 연장보고기간의 종류

구 분	내 용
자동연장보고기간	통상 60일로 정하나 30일로 제한하는 경우도 있음
선택연장보고기간	통상 3년으로 제한

4 포괄(Umbrella)배상책임보험

(1) 기초배상책임보험과 초과배상책임보험

① 기초배상책임보험

동일한 배상책임 위험에 대하여 피보험자가 최초로 가입한 배상책임보험을 말한다.

② 초과배상책임보험

동일한 배상책임 위험에 대하여 기초배상책임보험의 보상한도를 초과하여 일정한도까지 보험자가 보상하는 배상책임보험을 말한다.

(2) 포괄배상책임보험의 개념

개인이나 기업이 영업배상책임, 산재보험, 자동차배상책임 등 여러 배상책임 위험에 대하여 이미 체결된 기초배상책임보험의 보상한도를 초과하거나 기초배상책임보험에 없는 위험에 대해서 새로 보상한도를 정하여 하나의 보험계약으로 포괄하여 인수하는 배상책임보험을 말한다.

(3) 포괄배상책임보험의 기능 기출 16

포괄배상책임보험은 배상책임보험계약이 기초담보의 형식으로 부보된 후 그 뒤에 우산을 씌우듯이 포괄적으로 모든 종류의 배상책임에 대하여 초과담보하는 것이다. 즉 포괄배상책임보험은 이미 가입하고 있는 기초배상책임보험의 보상한도액을 초과하는 손해와 부담보 배상책임위험을 포괄하여 담보하는 보험으로, 개인 또는 기업에 발생하는 배상책임리스크를 포괄적으로 확실하게 관리하는 수단으로 이용된다.

① 기초배상책임보험의 보상한도를 증액하는 기능을 한다.

② 기초배상책임보험에서 담보되지 않는 배상책임위험 보장 기능을 한다.

③ 기초배상책임보험의 보상한도 소진시 기초배상책임보험 기능을 한다.

(4) 포괄배상책임보험의 종류

① 개인포괄배상책임보험

㉠ 기본담보를 제공하지 않고 기본담보의 한도를 초과한 부분만 지급한다.

㉡ 기본담보에 의해 담보되지 않는 일부의 노출위험도 담보하게 되고 이 경우 공제액을 적용한다.

㉢ 개인포괄배상책임보험의 구매자는 기본담보의 명시된 최소금액을 보험자에게 제공해야 한다.

② 기업포괄배상책임보험

㉠ CGL에서 담보되는 것과 같이 신체상해, 재산손해, 인격침해손해, 광고침해상해를 담보하고, 치료비는 담보하지 않는다.

㉡ 보상한도액은 매우 높고 면책조항이 개인포괄배상책임보다는 광범위하다.

5 재난배상책임보험

(1) 의무가입대상

「재난 및 안전관리기본법」 제76조의5에 따라 음식점 등 20개 업종 시설은 화재 · 붕괴 · 폭발 등으로 인한 타인의 피해 보상을 위한 재난배상책임보험 의무가입대상에 해당한다.

(2) 보상하는 손해 기출 23

재난취약시설에서 발생하는 화재 · 붕괴 · 폭발 사고 등으로 인해 타인이 입은 생명 · 신체 및 재산상의 손해를 보상한다(재난 및 안전관리기본법 제76조의5).

① 피보험자가 피해자에게 지급할 책임을 지는 법률상의 손해배상금(단, 피보험자의 과실 여부를 불문한다)

② 계약자 또는 피보험자가 지출한 아래의 비용

㉠ 피보험자가 손해의 방지 또는 경감을 위하여 지출한 필요 또는 유익하였던 비용

㉡ 피보험자가 제3자로부터 손해의 배상을 받을 수 있는 그 권리를 지키거나 행사하기 위하여 지출한 필요 또는 유익하였던 비용

㉢ 피보험자가 지급한 소송비용, 변호사비용, 중재, 화해 또는 조정에 관한 비용

㉣ 보험증권상의 보상한도액 내의 금액에 대한 공탁보증보험료. 그러나 회사는 그러한 보증을 제공할 책임은 부담하지 않는다.

㉤ 피보험자가 회사의 요구에 따르기 위하여 지출한 비용

(3) 보상하지 않는 주요 손해

① 피보험자 등의 고의 사고

② 피보험자 자신의 신체, 재물 피해

③ 피보험자가 소유, 관리 또는 점유하는 재물이 손해를 입었을 때 그 재물에 대하여 정당한 권리를 가진 사람에게 부담하는 손해에 대한 배상책임

④ 벌과금 및 징벌적 손해에 대한 배상책임

⑤ 천재지변 또는 전쟁, 혁명, 내란, 테러 등으로 생긴 손해에 대한 배상책임

(4) 보장특성

① 재난배상책임보험은 보험가입자의 과실이 없는 경우에도 피해자가 입은 손해를 보상한다.

② 재난배상책임보험의 무과실책임주의에 따라 피해자에 대한 신속하고 실질적인 구제가 용이하다.

(5) 보상한도(가입금액)

인명피해에 대해서는 1명당 최대 1억 5천만원, 재산피해에 대해서는 사고 1건당 최대 10억원의 범위에서 보상한다.

CHAPTER

05 기출유형문제

01 다음 중 배상책임보험의 특성이라고 보기 어려운 것은?

① 중과실사고의 보상　　② 선이행주의
③ 가입의 자유　　④ 보험가액의 부존재

| 해설 |

배상책임보험의 특성
- 중과실사고의 보상
- 가입의 강제
- 압류, 양도, 상계의 금지
- 입증책임의 전환
- 보험가액의 부존재
- 선이행주의

02 다음 중 배상책임보험의 사회적 기능과 역할을 확대시켜주는 것을 모두 고른 것은? 기출 22

ⓐ 피해자 직접청구권제도
ⓑ 의무보험제도
ⓒ 과실책임주의
ⓓ 보험자 대위제도
ⓔ 무과실책임주의

① ⓐ, ⓑ, ⓔ　　② ⓐ, ⓒ, ⓓ
③ ⓑ, ⓒ, ⓓ　　④ ⓑ, ⓓ, ⓔ

| 해설 |

배상책임보험의 사회적 기능
1. **피보험자의 보호기능**
   배상책임보험은 피보험자의 배상책임손해를 보상함으로써 피보험자의 경제적 불확실성을 제거하여 개인 또는 기업이 지속적인 경제활동을 할 수 있게 유지해 준다. → **의무보험제도**
2. **피해자의 보호기능**
   대부분의 배상책임보험에서는 그 가입을 강제하여 사고발생시 보험자가 피해자의 경제적 손해를 보상하도록 하고 있다.
   - **피해자 직접청구권** : 피보험자가 배상책임을 질 사고가 발생한 경우 피해자가 보험금액 내에서 보험자에 대하여 보험금을 직접 청구할 수 있는 권리
   - **무과실책임주의** : 가해자에게 고의 또는 과실이 없더라도 손해와 사고 사이에 인과관계만 있으면 무조건적인 손해배상책임을 지우는 것

정답 01 ③ 02 ①

03 배상책임보험에 대한 설명으로 옳지 않은 것은?

① 피보험자가 보험사고로 타인에게 피해를 입힘으로써 민사상 배상하여야 할 책임이 있는 손해를 담보하는 보험제도를 말한다.
② 피보험자(보험계약자)와 보험자 및 피해자로 구성되는 보험이다.
③ 피보험이익 및 보험가액의 관념은 인정되지 않는다.
④ 타인의 피해액을 법률상 배상책임한도 내에서 보상한다.

| 해설 |

배상책임보험은 원칙적으로 피보험이익의 관념은 인정되지만, 보험가액의 관념은 인정되지 않는다.

04 다음 중 배상책임보험의 일반적 성질에 대한 설명으로 올바르지 않은 것은? 기출 22

① 피보험자가 제3자에게 법률상 손해배상책임을 부담함으로써 입게 되는 피보험자의 직접손해를 보상하는 적극보험의 성질을 가진다.
② 보관자의 책임보험과 같이 보험자의 책임이 일정한 목적물에 생긴 손해로 제한된 경우를 제외하고는 원칙적으로 보험가액이라는 개념이 존재하지 않는다.
③ 피해자인 제3자는 보험금액의 한도 내에서 보험자에게 손해의 전보를 직접 청구할 수 있다.
④ 보험자는 피보험자가 그 사고에 관하여 가지는 항변으로써 피해자인 제3자에게 대항할 수 있다.

| 해설 |

배상책임보험은 피보험자가 제3자(타인)의 신체 · 생명이나 재산에 손해를 입힘으로써 부담하는 법률상 배상책임을 보장하며, 피보험자 자신이 입은 손해는 보상하지 않는 소극보험의 성질을 가진다.
② 배상책임보험에서는 일반손해보험에서와 같은 보험가액이 존재하지 않기 때문에 초과 · 중복 · 일부보험의 문제는 생기지 않고, 손해배상액은 단순히 보험금액과 손해액의 범위에서 결정된다. 다만, 보관자책임보험의 경우(상법 제725조) 목적물이나 보상한도액이 제한되므로 보험가액이 측정되어 초과 · 중복 · 일부보험이 인정된다.
③ · ④ 상법 제724조 제2항

05 다음 중 배상책임보험에 대한 설명으로 옳지 않은 것은?

① 배상책임보험은 당사자 외에 제3자의 존재를 전제로 하고, 피보험자와 제3자는 서로 배상책임관계에 있다.
② 보상책임은 피보험자의 과실을 담보로 한다는 측면에서 일반손해보험과는 다르다.
③ 손해보험성과 재산보험성, 소극보험성의 특성을 가지고 있다.
④ 배상책임보험은 법률상 배상책임보험만을 말하는 것이다.

| 해설 |

배상책임보험이라 함은 피보험자가 보험기간 중에 발생한 사고로 인하여 제3자에게 배상할 책임을 진 경우에 이로 인한 피보험자의 손해를 보험자가 보상할 것을 목적으로 하는 손해보험계약을 말한다(상법 제719조). 이러한 배상책임의 종류에는 불법행위로 인하여 법률에 의해 배상책임이 발생하는 법률상 배상책임과 자기의 불법행위로 인하여 제3자에게 끼친 손해배상책임을 계약에 의해 보험자 등 타인에게 전가하는 계약상 배상책임이 있다. 배상책임보험은 법률상 배상책임보험뿐만 아니라 모든 민사배상책임을 포괄하는 개념이다.

06 책임보험의 일반적 성질과 거리가 가장 먼 것은? 기출 17

① 손해를 보상하는 손해보험의 성질을 가진다.
② 피해자가 보험자에게 손해의 전보를 직접 청구할 수 있다.
③ 피보험자에게 발생하는 적극적 손해를 보상하는 적극보험의 성질을 가진다.
④ 원칙적으로 보험가액이라는 개념이 존재하지 않는다.

| 해설 |

피보험자가 제3자에게 손해배상책임을 부담함으로써 입게 되는 피보험자의 간접손해를 보상하는 특성이 있다(**소극보험**).
① 책임보험은 피보험자가 제3자에게 법률상의 손해배상을 함으로써 발생한 손해를 보상하는 손해보험의 일종이다.
② 책임보험에서는 피해자의 직접청구권을 인정함으로써 피해자를 보다 강력하게 보호하고 있다.
④ 책임보험에서 손해의 크기는 계약 체결 시점에서는 불확정적이고 보험사고가 발생한 후에야 확정될 수 있기 때문에 피보험이익의 금전적 평가액인 보험가액을 정확히 산정한다는 것은 원칙적으로 불가능하다.

07 배상책임보험의 보험사고에 대한 설명으로 옳은 것은?

① 피보험자의 재산이나 신체에 직접적으로 발생한 사고로 입은 손해를 보상하는 보험이다.
② 배상책임보험은 실무적으로 손해사고설을 원칙으로 하고 있다.
③ 손해배상책임부담이 확정된 시점을 사고발생 시점으로 보는 학설이 배상청구설이다.
④ 손해사고발생 시점을 특정하기 어려운 경우에 책임부담기준을 사용하고 있다.

| 해설 |

① 배상책임보험은 피보험자의 재산이나 신체에 직접적으로 발생한 사고로 입은 손해를 보상하는 보험이 아니라, 피보험자가 사고로 타인의 재산이나 신체에 손해를 입히고, 그 손해에 대해서 법률상 손해배상책임을 부담하는 보험이다.
③ 손해배상책임부담이 확정된 시점을 사고발생 시점으로 보는 학설은 책임부담설이다.
④ 손해사고발생 시점을 특정하기 어려운 경우에 배상청구기준을 사용하고 있다.

정답 03 ③ 04 ① 05 ④ 06 ③ 07 ②

08 다음 중 고의와 과실에 대한 설명으로 옳지 않은 것은?

① 고의란 일정한 결과가 발생하리라는 것을 알면서도 감히 이를 행하는 심리상태를 말한다.
② 과실은 통상적인 사람을 기준으로 마땅히 하여야 할 주의의무를 다하지 않았기 때문에 일정한 결과의 발생을 인식하지 못한 것을 말한다.
③ 고의에는 반드시 결과를 발생하려고 하는 의도까지 필요하다.
④ 고의는 결과발생을 인식하는 정도면 족하므로 미필적 고의도 포함하는 개념이다.

해설

고의에는 반드시 결과를 발생하려고 하는 의도까지는 필요하지 않다.

09 다음 중 과실에 대한 설명으로 옳지 않은 것은?

① 통상적으로 같은 직업에 종사하는 사람으로는 보통 누구나 할 수 있는 주의의 정도를 '선량한 관리자의 주의'라고 한다.
② 선량한 관리자의 주의를 다하지 못한 것을 '구체적 과실'이라고 한다.
③ 과실은 주의를 게을리한 정도에 따라서 경과실과 중과실로 나뉜다.
④ 선량한 관리자의 주의를 심하게 결여한 경우를 '중과실'이라고 한다.

해설

선량한 관리자의 주의를 다하지 못한 것을 '**추상적 과실**'이라 하고, 법률이 이러한 주의의무를 경감하여 행위자 자신의 주의능력에 따른 주의만을 요구하는 것을 '**구체적 과실**'이라고 한다.

10 쌍방간의 과실로 보험사고가 발생하였을 경우 당사자들은 과실비율에 대한 규명 없이 각자의 보험회사로부터 손실을 보상 받을 수 있도록 하는 배상책임제도는? 기출 17

① 손익상계제도
② 교차책임제도
③ 과실상계제도
④ 무과실책임제도

| 해설 |

무과실책임제도는 자동차사고에 대한 과실 여부 및 책임소재를 불문하고 자기가 가입한 보험회사에서 자동차의 사용 또는 작동 중의 사고로 입은 신체손해를 일정 한도 내에서 보상하는 제도로 'No-Fault'라고 불린다. 예를 들면, 도로상에서 타인의 과실로 인한 자동차사고로 자신이 상해를 입고 자신의 자동차가 파손되었을 경우, 자신이 가입한 보험회사에 치료비와 자동차 수리비를 청구하고 보험회사로부터 우선 보상받는 방식이다. 이 제도는 신속하고 효율적인 피해자 구제를 목적으로 한다.

① 손익상계제도는 사고로 손해를 입음과 동시에 이익도 얻는 경우 형평의 원칙에 따라 가해자의 손해배상금에서 이익해당액 만큼 공제하는 제도이다.

② 교차책임제도는 쌍방과실 사고시 각자가 서로 상대방 손해액에 자기과실비율을 곱해 산출된 금액을 쌍방이 교차해 배상하는 제도이다.

③ 과실상계제도는 사고발생에 피해자도 기여하였다면 형평의 원칙에 입각하여 기여한 만큼에 해당하는 금액을 손해배상금에서 공제하는 제도이다.

11 다음 중 배상책임에서 무과실책임주의가 확대될 때 보험산업에 미치는 영향으로 적절하지 않은 것은? 기출 19

① 피해자 보호 증진
② 도덕적 위험의 감소
③ 보험시장의 확대
④ 손해율의 상승

| 해설 |

무과실책임주의는 과실의 유무가 불확실하더라도 가해의 사실이 있다면 책임을 지는 것을 의미하는 것으로서, 과실책임주의와 반대되는 개념이다. 즉, 가해자에게 고의 또는 과실이 없더라도 손해와 사고 사이에 인과관계만 있으면 무조건적인 손해배상책임을 지우는 것으로 피해자를 보호하기 위해 등장하였다. 따라서 무과실책임주의는 손해율을 상승시키거나 도덕적 위험의 증대를 가져올 수 있다.

12 다음 중 과실배상책임에 따른 손해배상에서 가해자가 항변할 수 있는 법리와 관련 없는 것은? 기출 19

① 비교과실(comparative negligence)
② 리스크의 인식(assumption of risk)
③ 기여과실(contributory negligence)
④ 연대배상책임(joint and several liability)

정답 08 ③ 09 ② 10 ④ 11 ② 12 ④

| 해설 |

연대배상책임은 가해자들 중 하나가 피해의 발생에 대하여 약간의 과실만 있더라도 전체 보상에 대해 책임을 지는 법리이다.

① 비교과실은 피해자와 가해자 사이의 과실을 비교하고, 피해자의 과실의 정도에 따라 가해자의 배상금을 감액하는 항변이다.

② 리스크의 인식은 피해자가 피해를 초래할 행위에 포함될 리스크를 알고 있었음에도 불구하고 그러한 행위를 선택했다면 가해자는 책임을 지지 않는다는 항변이다.

③ 기여과실은 피해자가 자신의 손해에 기여한 점이 인정이 되는 경우에는 비록 그것이 아주 경미한 정도의 것이라도 가해자의 법적 책임은 부여되지 않는다는 항변이다.

13 **다음 중 보증책임, 과실책임, 엄격책임에 대한 설명으로 옳지 않은 것은?**

① 보증책임이나 엄격책임은 모두 결함 있는 제품으로 피해자가 입은 손해에 대한 배상책임을 부담한다.

② 엄격책임은 비영리·영리목적에 상관없이 판매된 모든 제조물에 적용된다.

③ 과실책임이나 엄격책임은 모두 결함 있는 제품으로 피해자가 입은 손해에 대한 배상책임을 부담한다.

④ 과실책임은 제품의 결함에 관하여 제조업자의 과실이 있어야만 책임을 부담하는데 비하여 엄격책임은 제조업자의 과실과 상관없이 제조물의 결함만으로 엄격하게 책임이 발생한다.

| 해설 |

엄격책임은 제품의 결함에 관하여 제조업자에 대한 통지기간의 제한이 없고 결함과 보증과의 관련성을 요하지 않는다는 점에서 보증책임과는 다르며, 엄격책임은 영리의 목적으로 제조·판매한 제조물에만 적용된다는 특징이 있다.

14 **다음 중 과실배상책임에서 과실책임의 요건에 포함되어 있지 않은 것은?**

① 법적 의무의 위반
② 피해자의 법적 의무
③ 피해자에 손실발생
④ 근인(proximate cause)의 성립

| 해설 |

과실배상책임의 성립요건

1. 피보험자에게 주의의무 등 법적 의무가 존재할 것
2. 피보험자가 법적 의무를 위반할 것
3. 피해자에게 손실이 발생할 것
4. 피보험자의 위반행위와 손실사이에 상당인과관계(근인)가 존재할 것

15 다음 중 보험자에게 위험을 면책하는 일반적인 이유라고 보기 어려운 것은?

① 우연성이 결여되어 있는 경우
② 위험의 규모가 지나치게 큰 경우
③ 보험자의 고의 또는 중대한 과실
④ 위험을 부담하는 것이 공공질서에 위배되는 경우

해설

보험자에게 위험을 면책하는 일반적인 이유
- 보험의 목적의 성질 또는 하자로 인하여 발생하였거나 또는 우연성이 결여되어 있는 경우
- 위험을 일반 보험료로 부담하기에는 위험의 규모가 지나치게 큰 경우
- 보험계약자 또는 피보험자의 고의 또는 중대한 과실
- 위험을 부담하는 것이 공공질서에 위배되는 경우
- 위험도가 지나치게 높은 경우

16 다음 중 보험계약법상에 규정된 손해보험에 공통적으로 적용되는 보험자의 법정 면책사유에 해당하지 않는 것은? 기출 14

① 보험계약자 등의 고의·중과실로 인하여 발생한 사고로 인한 손해
② 전쟁 기타 변란으로 인하여 발생한 사고로 인한 손해
③ 천재지변으로 인한 손해
④ 보험목적의 성질, 하자 또는 자연소모로 인한 손해

해설

천재지변으로 인한 손해는 보험약관상 면책사유이다.

17 다음 중 보험회사의 보험금 지급의무의 면책사유에 해당하는 것은?

① 피보험자의 사소한 과실
② 보험목적의 성질, 하자 또는 자연소모로 인한 손해
③ 보험금 지급일로부터 1년이 지난 경우
④ 보험목적의 인위적 소모로 인한 손해

정답 13 ② 14 ② 15 ③ 16 ③ 17 ②

| 해설 |

우리 상법에서는 전쟁위험(제660조), 피보험자나 보험수익자의 고의 또는 중대한 과실(제659조), 보험의 목적의 성질, 하자 또는 자연소모로 인한 손해(제678조) 등이 면책사유로 규정되어 있는데, 이를 법정 면책사유라 한다. 면책사유는 법정 면책사유 외에 법률 또는 약관에 의해서 면책되고 있는데, 계약 당사자의 합의하에 특약을 체결함으로써 담보 가능한 상대적 면책사유와 공공질서의 차원에서 특약을 체결하더라도 절대적으로 담보할 수 없는 절대적 면책사유가 있다. 법정 면책사유는 대부분의 보험 분야에서 절대적 면책사유가 되고 있지만, 양자가 반드시 일치한다고는 할 수 없다.

18 다음 중 고의로 인한 보험사고의 면책요건에 해당하지 않는 것은?

① 상당인과관계의 존재
② 보험계약자의 행위
③ 피보험자의 행위
④ 피보험자 가족의 행위

| 해설 |

고의로 인한 보험사고의 면책요건
상법 제659조에서는 보험사고가 보험계약자 또는 피보험자나 보험수익자의 고의 또는 중대한 과실로 생긴 때에 보험자는 보험금액을 지급할 책임이 없다고 규정하고 있다. 즉 보험계약자 또는 피보험자나 보험수익자의 고의만 면책대상이다. 또한, 보험자가 보상책임을 면하려면 보험사고가 보험계약자 등의 미필적 고의에 의해 발생한 것만으로는 부족하고, 미필적 고의와 사고 사이에 상당인과관계가 존재한다는 것을 보험자가 입증하여야 한다.

19 다음 중 가해자의 과실에 따른 배상책임을 면제 또는 경감하기 위하여 적용하는 법리가 아닌 것은? 기출 16

① 리스크의 감수(assumption of risk)
② 기여과실(contributory negligence)
③ 비교과실(comparative negligence)
④ 최종적 명백한 기회(last clear chance)

| 해설 |

최종적 명백한 기회(last clear chance)는 기여과실이 있는 자가 손해배상청구를 할 수 없다는 것이 너무 가혹하기 때문에 어느 일방이 최종적으로 사고발생을 회피할 명백한 기회를 가졌는가를 조사하고 이 기회를 가졌던 자가 일체의 책임을 진다는 것이다. 예컨대 도로를 무단 횡단하던 자의 사고로 인하여 과실을 참작함에 있어서 가해자의 과실이 90%이고, 피해자의 과실이 10%였다면 기여과실의 경우 피해자에게도 기여과실이 인정된다 할 것이므로 보상책임이 발생하지 않는다. 하지만, **최종적 명백한 기회(last clear chance)**는 90%의 가해자일지라도 마지막에 사고 회피를 위한 책임이 10%의 피해자에게 있다는 것이 명백하다면 피해자에게 모든 책임이 있게 되므로 손해배상청구권이 90%의 가해자에게도 존재할 수 있다는 과실이론이다.

20 다음 예문과 가장 관련이 깊은 개념은 무엇인가?

> 권투경기에 참가하는 선수간에 서로 다치더라도 그들 상호간에 배상책임이 발생하지 않는 것은 권투경기와 같이 격한 상황에 스스로를 노출시키는 위험에의 자발적 접근이라는 심리상태가 있었기 때문인 것이다.

① 기여과실의 법리
② 리스크의 감수
③ 최종적 명백한 기회
④ 추정과실책임

|해설|

리스크의 감수는 특정 활동 또는 업무에 항상 위험이 있다는 것을 이해하고 인식하는 사람은 그러한 활동 또는 업무에 연관되어 손실을 입었다고 하더라도 스스로 그러한 위험에 자신을 자발적으로 노출한 것인 만큼 보상을 요구할 수 없다는 것이다.

① 기여과실의 법리는 과실책임의 원인이 되는 사고 또는 사건의 발생에 있어 피해자의 과실이 조금이라도 기여했다면, 가해자인 피고에게 과실책임을 부과할 수 없다는 것이다.
③ 최종적 명백한 기회의 법리는 사고발생에 자기의 과실이 어느 정도 있다고 하더라도 피고인 가해자가 사고를 피할 수 있는 최후의 기회가 있음에도 불구하고, 사고를 방지하지 못했을 때는 가해자로부터 손해배상을 받을 수 있다는 것이다.
④ 일반적으로 과실책임에 따른 민사소송이 성립되려면 원고가 피고의 과실을 분명하게 입증해야 한다. 그러나 특정의 상황에서는 사건의 발생 사실만으로 피고의 과실이 있었다는 것을 추정하는 것이다. 이러한 법리를 추정과실책임이라고 한다. 이때 추정과실책임에 대한 항변은 피고인에게 달려 있다.

21 아래 사례에 적용된 배상책임의 법리는?

> 신호를 무시하고 길을 건너는 사람을 피할 수 있었음에도 불구하고 운전자가 그렇게 하지 않았다. 이런 상황에서 운전자는 원고인 피해자(신호를 무시하고 길을 건너다 상해를 입은 사람)의 손실을 배상할 책임이 있다.

① 과실추정의 원칙(res ipsa loquitur)
② 최종적 명백한 기회(last clear chance)
③ 엄격책임(strict liability)
④ 의도적 행위(intentional torts)

|해설|

최종적 명백한 기회(last clear chance)
과실을 통해 위험을 가정하였거나 사고에 책임이 있는 원고는 만약 피고가 사고를 피할 기회가 있었으나 그렇게 하지 않았다고 명백히 입증한다면 피고의 배상책임을 인정하여야 한다는 원칙이다. 예를 들어 사고발생에 10%의 책임을 지는 자라도 이 기회를 갖고 있었다고 인정되면 사고발생에 90%의 책임을 가진 자가 배상금 청구를 할 수 있게 된다. 따라서 교통신호를 무시한 횡단자가 부상한 경우에도 운전자에게 이 기회가 있었다고 인정되면 운전자에게 대해서 배상을 청구할 수 있다.

정답 18 ④ 19 ④ 20 ② 21 ②

22 다음 글에 나타난 내용과 가장 근접한 과실책임의 법리는 무엇인가? 기출 16

> 일반적으로 부동산 소유자는 자신의 구내에 허락 없이 침입한 사람의 안전에 관한 주의의무는 없다고 본다. 그러나 지붕을 수리하기 위하여 세워둔 사다리에 이웃집 어린아이가 올라가다가 떨어져 다리를 다친 사례에서 부동산 소유자는 어린아이의 상해에 대하여 배상책임을 진다.

① 추정과실책임(resipsa loquitur)
② 유혹과실책임(attractive nuisance)
③ 전가과실책임(imputed negligence)
④ 가족용도주의(family purpose doctrine)

해설

유혹과실책임(attractive nuisance)
부동산의 소유자나 점유자는 어린이가 부동산에 무단 침입하였는지의 사실 여부에 대하여 일부러 확인할 의무를 부담하지는 않지만 어린이가 부동산에 무단 침입한 사실을 일단 인지한 경우에는 어린이의 흥미를 유발할 수 있는, 그럼에도 불구하고 어린이가 미성숙하여 그 위험성을 알지 못하는 위험물로부터 어린이를 보호할 의무를 부담한다. 이를 '**유혹과실책임**'이라고 한다. 이러한 위험물에는 농기구, 전기톱, 각종 기계 및 폭발물 등이 해당된다.

23 아래의 사례에서 피해자인 환자가 치과의사를 상대로 제기한 손해배상청구소송에서 주장할 수 있는 배상책임의 법리는? 기출 17

> 치아를 뽑기 위해 치과의사를 방문한 환자가 일반적인 마취제를 사용하여 치료를 받은 후 마취에서 깨어났을 때 턱뼈가 부러져 있었다.

① 기여과실책임(contributory negligence)
② 전가과실책임(imputed negligence)
③ 최종적 명백한 기회(last clear chance)
④ 과실추정의 원칙(res ipsa loquitur)

| 해설 |

피해자인 환자는 치아를 뽑는 과정에서 발생할 수 있는 과실을 관찰할 수 없기 때문에 치과의사의 과실을 증명하는 것이 불가능하다. 따라서 환자가 미취에서 깨어났을 때 턱이 부러져 있었으면 '과실추정의 원칙'을 적용할 수 있다.

TIP **과실추정의 원칙**

과실의 입증책임은 상해를 입은 사람(환자)에게 있다. 즉 피해 당사자는 보상을 받기 위하여 피고(의사)의 과실을 입증해야 한다. 그러나 과실을 입증할 수 없는 일부 상황에 대해 법원은 피고에 대한 입증책임을 전환하기 위해 과실추정의 원칙을 적용한다.

① **기여과실책임** : 원고가 관련 피해를 피하지 않는데 어느 정도 과실이 있었음이 증명되면, 구제가 허용되지 않는다는 원칙이다.
② **전가과실책임** : 어떤 특정한 조건아래서 한 사람의 과실이 다른 사람에게 전가될 수 있다는 원칙으로 대리배상책임이라고 한다. 운전자에 대한 운행자의 책임, 피용자에 대한 사용자의 책임 등이 해당된다.
③ **최종적 명백한 기회** : 사고에 책임이 있는 원고는 만약 피고가 사고를 피할 기회가 있었으나, 그렇게 하지 않았다면 피고는 배상책임을 면제받지 못한다는 원칙이다.

24 다음의 사례에서 경기장 운영자가 주장할 수 있는 법리는? 기출 18

> 야구경기장에서 경기를 관람하는 도중에 파울볼(foul ball)에 맞아 상해를 입은 관객이 경기장 운영자에게 상해에 대한 배상을 요구하였다.

① 기여과실(contributory negligence)
② 상계과실(comparative negligence)
③ 리스크의 인정(assumption of risk)
④ 최종적 명백한 기회(last clear chance)

| 해설 |

경기장 운영자는 관객이 야구경기장에서 경기를 관람하는 도중에 파울볼(foul ball)이 날아 올 수 있다는 사실을 인지하고도 자발적으로 경기를 보러 갔기 때문에 '리스크의 인정(assumption of risk)'의 법리를 주장하여 책임을 경감 또는 면제받을 수 있다. 즉 과실로 발생된 위험사항에 대한 인지(認知) 및 그 인지된 위험에 대한 자발적 감수가 필수적으로 증명되어야 한다.
① 기여과실은 피해자가 자신의 손해에 기여한 점이 인정이 되는 경우에는 비록 그것이 아주 경미한 정도의 것이라도 가해자의 법적 책임은 부여되지 않는다는 법리이다.
② 상계과실은 사고발생에 피해자도 기여하였다면 형평의 원칙에 입각하여 기여한 만큼에 해당하는 금액을 손해배상금에서 공제하는 법리이다.
④ 최종적 명백한 기회는 어느 일방이 최종적으로 사고발생을 회피할 명백한 기회를 가졌는가를 조사하고 이 기회를 가졌던 자가 일체의 책임을 진다는 법리이다.

정답 22 ② 23 ④ 24 ③

25 의무보험의 기대효과와 거리가 먼 것은? 기출 21

① 도덕적 위태의 완화
② 역선택 문제의 완화
③ 거래비용의 절약
④ 피해자 구호 및 배상자력의 확보

| 해설 |

의무보험에 가입하였다고 해도 보험사고시 보험금을 지급받기 위한 도덕적 위태는 감소되지 않는다.

TIP 의무보험의 기대효과

법률적·사회학적 측면	• 배상자력(financial responsibility)의 확보 • 피해자 보호장치의 강화 • 손해배상비용의 부담 적정화 도모
경제학적 측면	• 정보의 비대칭성으로 인해 발생하는 역선택 문제의 완화 • 보험가입의 의무화를 통한 거래비용 절감으로 사회 전체적으로 후생증대효과를 기대 • 제한적 합리성(bounded rationality)의 완화 ※ 제한적 합리성이란 경제주체가 미래 특정사건의 발생확률과 사건에 따른 수익(payoff)을 정확히 평가하지 못하고 과거경험에 의한 불완전한 정보를 바탕으로 의사결정을 하는 것을 말한다.

26 다음 중 보험금 지급에 관한 설명으로 옳지 않은 것은?

① 보험금은 현금지급이 원칙이다.
② 현물보상의 경우 신구교환공제를 하여야 하지만, 분손의 경우 적용의 실익이 적다.
③ 특혜지급의 경우 보험자대위를 인정할 필요가 없다.
④ 보험자가 특혜지급을 약속하였더라도 보험업법에 반한다면 특혜지급을 거부할 수 있다.

| 해설 |

보험자가 특혜지급을 약속하고서는 사고가 발생할 때 이를 보험의 단체성이나 보험업법에 반하는 조항이라는 이유를 들어 특혜지급을 거부하는 것은 금반언의 원칙에 반하기 때문에 그 사법적 효력을 인정하여 약정한 바를 이행하라는 것이 대법원 판례의 입장이다.

27 다음 중 비례보상주의에 대한 설명으로 옳지 않은 것은?

① 비례보상주의는 일부보험의 경우 분손에 대한 보험자의 보상책임에 관하여, 그 손해는 보험금액의 보험가액에 대한 비율에 따라 보상하도록 하는 원칙이다.
② 비례보상주의는 비례적 책임분담주의 또는 안분의 원칙이라고도 한다.
③ 비례보상주의는 주로 전부보험과 초과보험의 경우에 적용된다.
④ 일부보험의 경우 전손에 대하여는 보험자가 보험금액을 보험금으로 보상하는 것이므로 비례보상주의원칙은 적용될 여지가 없다.

해설

비례보상주의는 중복보험을 구성하는 모든 보험계약에 적용된다. 전부보험과 초과보험의 경우에는 손해의 전액이 보상되므로 비례보상주의의 적용이 배제된다.

28 배상책임보험에서 담보하는 손해가 아닌 것은?

① 피보험자가 제3자에 대하여 법률상 손해배상책임을 짐으로써 입은 손해
② 피보험자가 사고발생 통지를 지연하여 증가된 손해
③ 피보험자가 제3자의 소송에 대하여 방어활동을 함으로써 소요된 비용
④ 피보험자의 협조의무 이행에 따른 비용

해설

피보험자가 사고발생 통지를 게을리하여 손해가 증가된 때에는 보험회사는 그 증가된 손해를 보상하지 않는다(보험업감독업무시행세칙 별표 15. 배상책임보험표준약관 제5조 제2항).

TIP 보험회사가 보상하는 손해(보험업감독업무시행세칙 별표 15. 배상책임보험표준약관 제3조)

- 피보험자가 피해자에게 지급한 법률상 손해배상금
- 피보험자가 손해의 방지 또는 경감을 위하여 지출한 필요 또는 유익하였던 비용
- 피보험자가 제3자로부터 손해의 배상을 받을 수 있는 경우에 그 권리를 지키거나 행사하기 위한 필요한 조치를 취하기 위하여 지출한 필요 또는 유익하였던 비용
- 피보험자가 지급한 소송비용, 변호사비용, 중재, 화해 또는 조정에 관한 비용
- 보험증권상의 보상한도액 내의 금액에 대한 공탁보증보험료(다만, 보증제공 책임 제외)
- 피보험자가 손해배상청구에 대한 회사의 요구(필요한 서류증거의 제출, 증언 또는 증인출석 및 피보험자가 피해자로부터 손해배상의 청구를 받았을 경우에 회사가 피보험자를 대신하여 회사의 비용으로 이를 해결하는 경우 계약자 또는 피보험자의 협조비용)에 따르기 위하여 지출한 비용

정답 25 ① 26 ④ 27 ③ 28 ②

29 배상책임보험에 대한 설명으로 옳지 않은 것은?

① 제3자 배상책임보험에서 보험가액의 개념은 존재하지 않는다.
② 배상책임보험은 가해자와 피해자간에 합의 또는 소송의 확정시점에 손해액이 결정된다.
③ 배상책임보험의 손해액은 피보험자가 실제로 피해를 입은 금액이 된다.
④ 배상책임보험의 담보대상은 불특정 제3자의 모든 재산과 생명, 신체이다.

| 해설 |

배상책임보험의 손해액은 피해자가 입은 재산손해 또는 인명피해손해에 관하여 피보험자(가해자)와 피해자간에 합의 또는 소송상의 변론과정에서 끊임없이 변화되어 가다가 합의 또는 판결확정시점에 비로소 확정된다.

30 배상책임보험에서 손해에 대한 설명으로 옳지 않은 것은?

① 신체상해는 보험사고로 인한 신체의 부상, 질병 및 그로 인한 사망을 말한다.
② 인격침해는 신체의 자유나 인격을 침해하는 행위를 말한다.
③ 재물손해에는 무체물도 포함된다.
④ 물리적으로 손괴되지 아니한 유체물의 사용손실도 재물손해에 해당한다.

| 해설 |

재물은 유체물과 무체물로 구분할 수 있는데, 재물손해라 함은 이 중 유체물 손해만을 말한다.

31 배상책임보험의 법률상 배상책임과 계약상 배상책임에 대한 설명으로 옳지 않은 것은?

① 배상책임보험은 일반적으로 피보험자가 타인의 신체나 재물에 손해를 가함으로써 부담하게 되는 법률상 배상책임을 보상하는 것으로 규정되어 있다.
② 계약상 가중책임이란 당사자간의 약정에 의하여 일방이 부담하기로 한 배상책임이다.
③ 우리나라 국문영업배상책임보험의 경우에는 보통약관에서 계약상 가중책임도 담보하고 있다.
④ 영문배상책임보험약관(Commercial General Liability Policy)에서는 일부 계약 등에서 통상적인 계약상 배상책임을 담보하고 있다.

| 해설 |

우리나라 국문영업배상책임보험의 특약(계약상 가중책임특별약관)에 의하여 일정형태의 계약상의 가중책임을 추가보험료 납부조건으로 담보할 수 있도록 하고 있으며, 영문배상책임보험약관(Commercial General Liability Policy)에서는 일부 계약 등에서 통상적인 계약상 배상책임을 담보하고 있다.

32 다음 중 배상책임보험에서 전액 보상하는 보험금은?

① 보험회사가 산정한 손해배상금에 따라 피보험자 및 배상청구인이 합의한 민사합의금

② 민사합의가 결렬되어 보험회사의 동의를 받아 법원의 재판을 거치는 경우 판결금액 중 보험에서 담보하는 손해

③ 사망사고의 경우 상속권이 있는 유족 또는 이들로부터 법률상 정당한 권리를 위임 받은 자와 합의한 금액

④ 사고발생 후 손해를 경감하거나 방지하기 위하여 필요 또는 유익했던 비용

해설

①, ②, ③은 보상한도액 내에서 지급한다.

33 보험금 지급기한에 대한 설명으로 옳지 않은 것은?

① 손해액은 법률상 손해배상액이 되고 법률상 손해배상액은 통상 당사자간의 합의나 법원의 판결에 의하여 결정된다.

② 손해배상금이 결정되면 보험자가 부담하는 지급보험금은 보험증권상의 보상한도액과 보상범위, 자기부담액 등 보험약관상의 제반조건과 규정에 의하여 결정된다.

③ 피보험자가 보험금 청구서를 보험자에게 제출하면 보험자는 청구서를 접수한 날로부터 3일 이내에 보험금을 지급한다.

④ 지급보험금이 결정되기 전이라도 피보험자 청구가 있을 때는 보험사가 추정한 금액의 50%를 가지급금으로 지급한다.

해설

피보험자가 보험금 청구서를 보험자에게 제출하면 보험자는 청구서를 접수한 날로부터 10일 이내에 보험금을 지급한다.

정답 29 ③ 30 ③ 31 ③ 32 ④ 33 ③

34 손해배상금 산정시의 중간이자공제에 관한 다음 설명 중 옳은 것은? 기출 17

① 상실수익액에 대한 중간이자공제는 약관에서 정하는 약관대출이자율을 적용한다.
② 여타의 조건이 동일한 경우 호프만 방식보다 라이프니츠 방식에서 배상금이 더 많이 산정된다.
③ 국가배상법에서는 5% 복리할인법에 의거하여 배상금을 산정할 것을 규정하고 있다.
④ 중간이자공제는 일시금 배상에 따른 과잉배상을 방지하기 위한 것이다.

해설

중간이자는 일시금으로 지급할 때만 공제하며, 정기금일 경우에는 공제하지 않는다. 즉 일시금으로 배상할 경우 순차적으로 발생하는 일실이익기간 동안 이자가 발생되어 과잉배상이 되므로 그 이자를 공제하여야 한다.

① 자동차보험에서 상실수익액에 대한 중간이자공제는 라이프니츠 방식을 사용하여 산정하도록 규정하고 있다.
② 중간이자공제방법은 호프만 방식과 라이프니츠 방식이 있다. 여타의 조건이 동일한 경우 라이프니츠 방식보다 호프만 방식에서 배상금이 더 많이 산정된다. 왜냐하면 라이프니츠 방식은 복리계산으로 중간이자를 공제하고, 호프만 방식은 단리계산으로 중간이자를 공제하기 때문이다.
③ 민법 제379조(법정이율)에는 "이자있는 채권의 이율은 다른 법률의 규정이나 당사자의 약정이 없으면 연 5분으로 한다"고 규정되어 있다.

35 배상책임보험의 보험금 분담에 대한 설명으로 옳지 않은 것은?

① 국문약관은 균등액 분담방식을 채택하고 있다.
② 국문약관의 경우 각자가 다른 보험회사가 없는 것으로 간주하여 책임져야 할 지급보험금을 계산하여 각자의 책임액을 각자 책임액의 합계의 비율로 나눈 값을 손해액에 곱하는 방법을 취한다.
③ 영문약관의 경우 균등액 분담방식과 보상한도액 비례분담방식의 2가지 방법을 택하고 있다.
④ 보상한도액 비례분담방식은 중복하여 가입한 보험의 보상한도액 총액에 대한 각 보험계약의 보상한도액 비율에 따라 비례 분담하는 방식이다.

해설

국문약관은 독립책임액 분담방식을 채택하고 있다.

36 근로자재해보장책임보험에서 피해자가 사망한 경우 가해자가 배상해야 할 손해액 산정시 고려 요소로 볼 수 없는 것은? 기출 21

① 생활비공제
② 손익공제
③ 중간이자공제
④ 참여비율공제

해설

참여비율공제는 손해배상에 있어서 사업소득자의 경우에는 현실소득액 산정시 세법에 따른 관계증빙서에 의하여 입증된 수입액에서 그 수입을 위하여 필요한 제경비 및 제세액을 공제하고, 본인의 노무기여율(참여비율)을 감안하여 산정한다.

① **생활비공제** : 피해자가 사망한 경우 생존하였다면 사용될 생활비를 공제하며(판례), 피해자의 손해액 산정에 있어서 손익상계의 법리에 의하여 수입에서 생활비(1/3)를 공제한다.
② **손익공제(손익상계)** : 채무불이행 및 불법행위로 피해자가 손해를 입은 것과 동시에 이로 인하여 얻은 이익이 있는 경우에는 손해액에서 그 이익을 공제한 잔액을 배상하여야 하는데, 이와 같은 이득공제를 손익상계라 한다. 공제되는 이익의 범위는 손해배상책임이 발생하는 원인과 상당인과관계에 있는 이익에 한한다.
③ **중간이자공제** : 피해자의 소득은 재해 이후부터 가동기간까지 주기적으로 발생하게 되는데 주기적으로 발생할 수입을 일시에 전액을 지급하게 되면 피해자는 이자에 해당되는 만큼 부당이득을 얻게 되므로, 그 이자를 공제하여야 한다. 공제방법으로는 중간이자를 단리로 계산하여 공제하는 호프만식과 복리로 계산하여 공제하는 라이프니츠식이 있다. 국가배상 및 법원 판결은 호프만식을, 자동차보험은 라이프니츠식을 적용한다.

정답 34 ④ 35 ① 36 ④

37 손해사고기준약관에 대한 설명으로 옳지 않은 것은?

① 보험사고가 보험기간에 발생하면 보험기간이 종료한 후에 피해자가 피보험자에게 손해배상청구를 하였더라도 보험금청구권이 소멸되지 않는 한 보험자가 보험금 지급 책임을 지게 되는 배상책임보험 약관이다.

② 보험기간 이전에 사고원인에 접촉하거나 증상이 나타나더라도 손해가 보험기간 중에 발생하면 보험자는 책임을 진다.

③ 보험기간 이전에 사고원인에 접촉하거나 증상이 나타나더라도 보험기간 종료 후 발생한 손해는 보상한다.

④ 배상청구기준과 비교하면 보험자의 책임범위가 넓어서 피보험자에게 유리하다고 할 수 있다.

해설

보험기간 이전에 사고원인에 접촉하거나 증상이 나타나더라도 손해가 보험기간 중에 발생하기만 하면 보험자는 책임을 지지만, 보험기간 종료 후 발생한 손해는 보상하지 않는다.

38 배상청구기준약관에 대한 설명으로 옳지 않은 것은?

① 책임개시일 이후 보험기간의 종료 전에 보험사고가 발생하여야 한다.

② 보험기간 경과 후에 피해자가 피보험자나 보험자에게 배상청구가 있을 경우 보험자가 보상책임을 지는 약관이다.

③ 의료인의 의료과실 배상책임, 설계사 또는 회계사 등의 전문직배상책임보험 및 임원배상책임보험에서 사용하는 담보기준 증권이다.

④ 배상청구기준약관도 소급담보일자와 보고기간연장으로 보험자의 책임기간을 확장할 수 있다.

해설

책임개시일 이후 보험기간의 종료 전에 보험사고가 발생하여야 하고, 또한 보험기간 중에 피해자가 피보험자나 보험자에게 배상청구가 있을 경우 보험자가 보상책임을 지는 약관이다.

39 사건발생기준(occurrence basis) 배상책임보험과 배상청구기준(claims-made basis) 배상책임보험에 대한 다음 설명 중 옳지 않은 것은? 기출 17

① 사건발생기준 배상책임보험은 불법행위와 그 결과가 시간적으로 근접해 있을 때 적용이 용이하다.

② 배상청구기준 배상책임보험은 보험기간 중에 피보험자로부터 청구된 사고를 기준으로 배상책임을 결정한다.

③ 사건발생기준 배상책임보험은 장기성 배상책임(long-tail liability)의 특성을 갖는 전문직 배상책임보험 등에 적용된다.

④ 배상청구기준 배상책임보험에서는 보험급부 여부를 결정할 때 보험사고를 둘러싼 분쟁을 줄일 수 있다.

해설

의사나 건축가 등 전문직 배상책임보험이나 생산물배상책임보험의 사고에서는 행위와 그 결과가 반드시 시간적으로 근접해 있지 않은 경우가 많아 사고의 발생시점이 언제인지 확정하기 어려운 단점을 가지고 있다. 이러한 단점을 보완하기 위해 배상청구기준 배상책임보험이 도입되었다. 즉 배상청구기준 배상책임보험은 장기성 배상책임(long-tail liability)의 특성을 갖는 전문직 배상책임보험 등에 적용된다.

40 다음 중 일반적으로 배상청구기준(claims-made basis)을 사용하는 배상책임보험을 모두 고른 것은? 기출 19

ⓐ 회계사배상책임보험	ⓑ 제소물배상책임보험
ⓒ 자동차손해배상책임보험	ⓓ 의사배상책임보험

① ⓐ, ⓑ, ⓒ

② ⓐ, ⓑ, ⓓ

③ ⓑ, ⓒ, ⓓ

④ ⓐ, ⓒ, ⓓ

해설

배상청구기준(claims-made basis) 배상책임보험은 보험기간 중에 피보험자로부터 청구된 사고를 기준으로 보험자의 보상책임을 결정하는 방식이다. 즉 책임개시일 이후 보험기간의 종료 전에 보험사고가 발생하여야 하고, 또한 보험기간 중에 피해자가 피보험자나 보험자에게 배상청구가 있을 경우 보험자가 보상책임을 진다. 배상청구기준 배상책임보험은 장기성 배상책임(long-tail liability)의 특성을 갖는 제조물배상책임보험, 전문직배상책임보험(회계사배상책임보험, 의사배상책임보험) 등에 적용된다.

정답 37 ③ 38 ② 39 ③ 40 ②

41 다음 중 사고발생기준(occurrence basis) 배상책임보험에 대한 설명으로 옳지 않은 것은?

기출 20

① 보험기간 중에 발생한 사고를 기준으로 보험자의 보상책임을 정하는 방식이다.
② 보험사고가 보험기간에 발생하면 보험기간이 종료한 후에 손해배상 청구를 하였더라도 보험금청구권이 소멸되지 않는 한 보험자는 보험금 지급책임을 진다.
③ 화재보험, 자동차손해배상책임보험 등에 적합한 방식이라 할 수 있다.
④ 보험급부의 여부를 결정할 때 보험사고의 파악을 둘러 싼 분쟁을 회피할 수 있다.

| 해설 |

사고발생기준(occurrence basis) 배상책임보험은 보험기간 중에 발생한 사고를 기준으로 보험자의 보상책임을 정하는 방식이다. 보험사고가 보험기간에 발생하면 보험기간이 종료한 후에 손해배상 청구를 하였더라도 보험금청구권이 소멸되지 않는 한 보험자는 보험금 지급책임을 진다. 화재보험, 해상보험, 자동차손해배상책임보험 등에 적합한 방식이라 할 수 있다. 사고발생기준 배상책임보험은 사고발생 시점이 언제인지 확정하기 어려운 단점을 가지고 있다. 보험급부 여부를 결정할 때 보험사고를 둘러 싼 분쟁을 줄일 수 있는 것은 배상청구기준 배상책임보험이다. 즉 배상청구기준 배상책임보험은 사건발생기준 배상책임보험에서 문제가 되었던 사고발생 시점의 확인상의 어려움을 제거하기 위해 피보험자에게 제기된 최초의 손해배상청구 시점을 보험사고의 성립 시점으로 해석함에 따라 피보험자와 보험자 양자에게 보험사고를 확인하는 것이 용이해지고, 보험급부의 여부를 결정할 때의 보험사고의 파악을 둘러 싼 분쟁을 회피할 수 있다.

42 아래는 「제조물책임법」 상 손해배상청구권의 소멸시효 등에 관한 내용이다. (   ) 안에 들어갈 숫자를 순서대로 바르게 짝지은 것은? 기출 21

> 이 법에 따른 손해배상의 청구권은 피해자 또는 그 법정대리인이 손해와 손해배상책임을 지는 자를 알게 된 날로부터 (   )년간 행사하지 아니하면 시효의 완성으로 소멸하고, 제조업자가 손해를 발생시킨 제조물을 공급한 날로부터 (   )년 이내에 행사하여야 한다.

① 1, 3
② 1, 10
③ 3, 5
④ 3, 10

| 해설 |

손해배상청구권의 소멸시효 등(제조물책임법 제7조)
이 법에 따른 손해배상의 청구권은 피해자 또는 그 법정대리인이 손해와 손해배상책임을 지는 자의 사항을 모두 알게 된 날부터 (3)년간 행사하지 아니하면 시효의 완성으로 소멸하고, 제조업자가 손해를 발생시킨 제조물을 공급한 날부터 (10)년 이내에 행사하여야 한다.

43 무보험자동차 등에 의한 사고 피해자에 대하여 정부가 책임보험금액 한도 내에서 피해를 보상하는 근거가 되는 법률은? 기출 22

① 교통사고처리특례법
② 도로교통법
③ 산업재해보상보험법
④ 자동차손해배상보장법

| 해설 |

자동차손해배상보장법은 자동차의 운행으로 사람이 사망 또는 부상하거나 재물이 멸실 또는 훼손된 경우에 손해배상을 보장하는 제도를 확립하여 피해자를 보호하고, 자동차사고로 인한 사회적 손실을 방지함으로써 자동차운송의 건전한 발전을 촉진함을 목적으로 한다.
무보험(책임보험 미가입) 자동차사고 피해자에 대하여 정부는 자동차손해배상보장법 제30조(자동차손해배상보장사업)에 의거하여 피해자의 청구에 따라 책임보험의 보험금 한도에서 그가 입은 피해를 보상한다.

TIP **자동차손해배상 보장사업(자동차손해배상보장법 제30조)의 적용대상**
- 보유자 불명(뺑소니) 자동차사고 피해자
- 무보험(책임보험 미가입) 자동차사고 피해자
- 도난자동차 및 무단운전중인 자동차사고 피해자(보유자가 피해자에 대한 손해배상책임을 면한 경우)
- 보유자를 알 수 없는 자동차로부터 낙하된 물체에 의한 사고 피해자

44 자동차보험에서 피보험자의 범위에 대한 설명으로 옳지 않은 것은?

① 친족피보험자 – 기명피보험자와 같이 살거나 살림을 같이하는 친족으로 피보험자동차를 사용 또는 관리 중인 자
② 사용피보험자 – 기명피보험자의 사용자로서 피보험자동차를 사용자 업무에 사용하는 경우
③ 운전피보험자 – 기명피보험자의 승낙을 얻어 피보험자동차를 사용 또는 관리 중인 자
④ 기명피보험자 – 보험증권에 기재된 피보험자

| 해설 |

③은 허락피보험자에 대한 설명이다.

TIP **자동차보험에서 피보험자의 범위(대인배상Ⅱ, 대물배상)**
- **기명피보험자** : 보험증권에 기재된 피보험자(자동차소유자 본인)
- **친족피보험자** : 기명피보험자와 같이 살거나 살림을 같이 하는 친족으로 피보험자동차를 사용 또는 관리 중인 자
- **허락피보험자** : 기명피보험자의 승낙을 얻어 피보험자동차를 사용 또는 관리중인 자
- **사용피보험자** : 기명피보험자의 사용자(단, 기명피보험자가 피보험자동차를 사용자 업무에 사용하고 있는 때에 한함)
- **운전피보험자** : 위의 피보험자를 위하여 피보험자동차를 운전 중인 자(운전보조자 포함)

정답 41 ④ 42 ④ 43 ④ 44 ③

45 아래 내용 중 자동차보험 보통약관상 '피보험자의 자녀'의 범위에 포함되는 것을 모두 고른 것은?

기출 23

> ⓐ 법률상의 혼인관계에서 출생한 자녀
> ⓑ 양자 또는 양녀
> ⓒ 사실혼관계에서 출생한 자녀

① ⓐ
② ⓐ, ⓑ
③ ⓐ, ⓒ
④ ⓐ, ⓑ, ⓒ

| 해설 |

'피보험자의 자녀'의 범위
- 법률상의 혼인관계에서 출생한 자녀
- 사실혼관계에서 출생한 자녀
- 양자 또는 양녀

46 자동차보험의 '종목 및 가입대상'에 대한 설명으로 옳지 않은 것은?

① 법정 정원이 10인승인 법인소유 자가용 승용차는 개인용 자동차보험 가입대상이다.
② 개인소유의 비사업용 자가용 화물차는 업무용 자동차보험 가입대상이다.
③ 법인소유의 사업용 화물차는 영업용 자동차보험 가입대상이다.
④ 원동기장치 자전거는 이륜자동차보험 가입대상이다.

| 해설 |

자동차보험 종목 및 가입대상

보험종목	가입대상
개인용 자동차보험	법정 정원 10인승 이하의 개인소유 자가용 승용차(다만, 인가된 자동차학원 또는 자동차학원 대표자가 소유하는 자동차로서 운전교습, 도로주행교육 및 시험에 사용되는 승용자동차는 제외)
업무용 자동차보험	개인용 자동차를 제외한 모든 비사업용 자동차
영업용 자동차보험	사업용 자동차(법인소유 승용차 등)
이륜자동차보험	이륜자동차 및 원동기장치 자전거
농기계보험	동력경운기, 농용트랙터 및 콤바인 등 농기계

47 자동차사고로 인한 손해 중에서 타인을 죽게 하거나 다치게 하여 법률상 손해배상책임을 짐으로써 입은 손해에 해당하는 것은?

① 자기신체손해
② 자기차량손해
③ 대물배상책임손해
④ 대인배상책임손해

해설

자동차사고로 인한 손해

- **대인배상책임손해** : 자동차사고로 타인을 사망케 하거나 다치게 하여 법률상 손해배상책임을 짐으로써 입은 손해
- **대물배상책임손해** : 자동차사고로 타인의 재물에 입힌 손해에 대하여 법률상 손해배상책임을 짐으로써 입은 손해
- **자기신체손해** : 차주와 운전자 및 그 가족 등이 자동차사고로 죽거나 다친 손해
- **자기차량손해** : 자동차를 소유・사용・관리하는 동안에 자동차가 파손되거나 도난당하여 입은 손해

48 다음 중 자동차보험에 대한 설명으로 옳지 않은 것은?

① 무보험자동차에 의한 1사고당 한도액은 없다.
② 자기차량손해에서 자기부담금을 50만원으로 하여 가입할 수 있다.
③ 대인배상 I 의 1사고당 보상한도는 1억원이다.
④ 대인배상 II 는 대인배상 I 초과분을 보상한다.

해설

대인배상 I 의 보상한도는 피해자 1인당 한도이며, 1사고당 한도는 없다.

49 자동차보험표준약관상 대인배상 I 에 대한 설명으로 옳지 않은 것은?

① 보상한도는 피해자 1인당 사망 1억 5천만원, 부상 1급 3,000만원, 후유장애 1급 1억 5천만원 등이다.
② 1사고당 한도는 없다.
③ 보험자는 특별한 사정이 없는 한 계약을 거절하지 못한다.
④ 피해자에게 직접청구권은 인정되지 않는다.

해설

피해자에게 직접청구권 및 가불금청구권이 모두 인정된다.

정답 45 ④ 46 ① 47 ④ 48 ③ 49 ④

50 자동차보험표준약관상 대인배상Ⅱ에 대한 설명으로 옳지 않은 것은?

① 보상한도를 무한으로 할 수 있다.
② 우선지급금을 청구할 수 없다.
③ 직접청구권에 대한 압류 및 양도가 가능하다.
④ 가불금청구권을 청구할 수 없다.

| 해설 |

대인배상Ⅱ의 청구
- 피해자 직접청구권이 인정되며, 직접청구권에 대하여 압류 및 양도가 가능하다.
- 가불금청구권은 인정되지 않는다.
- 「교통사고처리특례법」상의 우선지급금을 청구할 수 있다.

51 다음 중 담보별로 보상하지 않는 손해가 올바르게 기재되지 않은 것은?

① 대인배상Ⅰ : 보험계약자 또는 피보험자의 고의로 인한 손해
② 자기신체사고 : 피보험자가 음주운전 중 생긴 사고로 그 본인이 상해를 입은 때
③ 대인배상Ⅱ : 피보험자 본인이 무면허 운전을 하였을 때 생긴 사고로 인한 손해
④ 자기차량손해 : 피보험자동차 타이어의 도난

| 해설 |

자기신체사고는 상해보험적 성격을 갖고 있기 때문에 피보험자의 중과실을 면책사항으로 할 수 없다(상법 제732조의2). 따라서 피보험자의 음주운전, 무면허운전 중에 생긴 사고로 입은 손해는 보상한다.

52 다음 중 자동차 시세하락 손해를 보상하는 자동차보험 표준약관상의 보장종목은? 기출 24

① 대인배상Ⅰ
② 자동차상해
③ 대물배상
④ 자기차량손해

| 해설 |

대물배상

'대물배상'은 피보험자가 피보험자동차를 소유・사용・관리하는 동안에 생긴 피보험자동차의 사고로 인하여 다른 사람의 재물을 없애거나 훼손하여 법률상 손해배상책임을 짐으로써 입은 손해를 보상한다. 보상범위는 직・간접 손해(수리비, 교환가액, 대차료, 휴차료, 영업손실 등) 및 각종 비용(손해방지경감비용, 권리보전행사비용, 소송・화해중재비용 등)이 포함된다.

자동차 시세하락 손해는 피해자동차가 수리를 거쳐 외관상, 사회 통념상 원상회복돼 차량 운행에 문제가 없음에도 불구하고, 사고차량이라는 이유로 교환가치 하락으로 인하여 발생하는 손해를 말한다. 자동차 시세하락 손해의 지급보험금은 대물배상책임보험의 피해자에게 지급되는 보험금으로 자동차보험약관의 '대물배상 지급기준'에 따라 산출된다.

53 자동차보험의 대물배상보험금 중 간접손해에 포함되지 않는 것은? 기출 18

① 대차료 ② 자동차 시세하락 손해
③ 휴차료 ④ 영업손실

해설

자동차보험의 대물배상보험금 중 간접손해란 자동차 파손 등으로 발생한 수리비(직접손해) 이외에 차량을 사용하지 못해 생기는 2차적인 경제적 손해를 말한다. 여기에는 '**대체비용, 대차료, 휴차료, 영업손실**' 등이 포함된다.

TIP **자동차 시세하락 손해(격락손해)가 통상손해로 인정되는 경우**
불법행위로 인하여 물건이 훼손되었을 때 통상의 손해액은 수리가 가능한 경우에는 그 수리비, 수리가 불가능한 경우에는 교환가치의 감소액이 되고, 수리를 한 후에도 일부 수리가 불가능한 부분이 남아있는 경우에는 수리비 외에 수리불능으로 인한 교환가치의 감소액도 통상의 손해에 해당한다(대법원 2001.11.13., 선고, 2001다52889, 판결).

54 다음 중 대인배상Ⅱ 담보에서 보상하는 경우에 해당하는 것은?

① 보험계약자 또는 기명피보험자의 고의로 인한 손해
② 기명피보험자 또는 그 부모, 배우자 및 자녀가 죽거나 다친 경우
③ 피보험자의 중대한 과실로 인한 사고
④ 지진, 분화, 태풍, 홍수, 해일 등의 천재지변에 의한 손해

해설

대인배상Ⅱ에서 중대한 과실을 면책한다면 피해자에 대한 피해구제가 불가능해지는 문제가 발생하므로 중대한 과실로 인한 사고는 보상해야 한다.

55 "무보험자동차에 의한 상해"에 관한 설명으로 옳지 않은 것은?

① 대인배상Ⅰ, 대인배상Ⅱ, 대물배상, 자기신체사고 담보에 모두 가입하는 경우에 한하여 가입할 수 있다.
② 지급보험금은 피보험자 1인당 보험가입금액을 한도로 한다.
③ 기명피보험자의 부모는 피보험자동차에 탑승 중이었는지를 불문하고 피보험자의 범위에 포함된다.
④ 비용(손해방지경감비용, 권리보전행사비용)은 보상하지 않는다.

해설

비용(손해방지경감비용, 권리보전행사비용)은 보상한다.

정답 50 ② 51 ② 52 ③ 53 ② 54 ③ 55 ④

56 **자기차량손해에 대한 설명으로 옳지 않은 것은?**

① 열거책임주의를 채택하고 있다.
② 휴차료, 수리비, 대차료 등을 보상한다.
③ 피보험자동차 전부의 도난으로 인한 손해를 보상한다.
④ 연료, 장난감, 장식품 등은 보상대상이 되지 않는다.

| 해설 |

자기차량손해의 경우 수리비와 같은 직접손해만을 보상하고, 간접손해인 휴차료, 대차료 등은 보상하지 않는다.

57 **다음 중 상실수익액 산정시 사용되는 계수법에 대한 설명으로 올바르지 않은 것은?** 기출 21

① 호프만계수법은 중간이자를 복리로 계산한다.
② 라이프니츠계수법은 과잉배상 문제가 발생되지 않는다.
③ 라이프니츠계수법은 약관에서 적용되고, 호프만계수법은 법원에서 주로 사용되는 방법이다.
④ 호프만계수법은 인플레이션 상황에서 화폐가치의 하락분을 어느 정도 메울 수 있다.

| 해설 |

호프만계수법은 중간이자를 단리로 계산하고, 라이프니츠계수법은 중간이자를 복리로 계산한다.

58 다음 중 「교통사고처리특례법」상 12대 중과실사고(동법 제3조 제2항 단서에 의함)에 포함되지 않는 것은? 기출 23

① 제한속도보다 시속 10km를 초과하여 운전한 경우
② 어린이 보호구역에서 안전운전유지의무를 위반하여 어린이의 신체를 상해에 이르게 한 경우
③ 철도건널목 통과방법을 위반하여 운전한 경우
④ 자동차의 화물이 떨어지지 않도록 필요한 조치를 하지 않고 운전한 경우

해설

12대 중과실사고에 포함되지 않는 것(교통사고처리특례법 제3조 제2항)

1. 「도로교통법」 제5조에 따른 신호기가 표시하는 신호 또는 교통정리를 하는 경찰공무원 등의 신호를 위반하거나 통행금지 또는 일시정지를 내용으로 하는 안전표지가 표시하는 지시를 위반하여 운전한 경우
2. 「도로교통법」 제13조 제3항을 위반하여 중앙선을 침범하거나 같은 법 제62조를 위반하여 횡단, 유턴 또는 후진한 경우
3. 「도로교통법」 제17조 제1항 또는 제2항에 따른 제한속도를 시속 20킬로미터 초과하여 운전한 경우
4. 「도로교통법」 제21조 제1항, 제22조, 제23조에 따른 앞지르기의 방법・금지시기・금지장소 또는 끼어들기의 금지를 위반하거나 같은 법 제60조 제2항에 따른 고속도로에서의 앞지르기 방법을 위반하여 운전한 경우
5. 「도로교통법」 제24조에 따른 철길건널목 통과방법을 위반하여 운전한 경우
6. 「도로교통법」 제27조 제1항에 따른 횡단보도에서의 보행자 보호의무를 위반하여 운전한 경우
7. 「도로교통법」 제43조, 「건설기계관리법」 제26조 또는 「도로교통법」 제96조를 위반하여 운전면허 또는 건설기계조종사면허를 받지 아니하거나 국제운전면허증을 소지하지 아니하고 운전한 경우. 이 경우 운전면허 또는 건설기계조종사면허의 효력이 정지 중이거나 운전의 금지 중인 때에는 운전면허 또는 건설기계조종사면허를 받지 아니하거나 국제운전면허증을 소지하지 아니한 것으로 본다.
8. 「도로교통법」 제44조 제1항을 위반하여 술에 취한 상태에서 운전을 하거나 같은 법 제45조를 위반하여 약물의 영향으로 정상적으로 운전하지 못할 우려가 있는 상태에서 운전한 경우
9. 「도로교통법」 제13조 제1항을 위반하여 보도(步道)가 설치된 도로의 보도를 침범하거나 같은 법 제13조 제2항에 따른 보도 횡단방법을 위반하여 운전한 경우
10. 「도로교통법」 제39조 제3항에 따른 승객의 추락 방지의무를 위반하여 운전한 경우
11. 「도로교통법」 제12조 제3항에 따른 어린이 보호구역에서 같은 조 제1항에 따른 조치를 준수하고 어린이의 안전에 유의하면서 운전하여야 할 의무를 위반하여 어린이의 신체를 상해(傷害)에 이르게 한 경우
12. 「도로교통법」 제39조 제4항을 위반하여 자동차의 화물이 떨어지지 아니하도록 필요한 조치를 하지 아니하고 운전한 경우

CHAPTER 05 배상책임보험

정답 56 ② 57 ① 58 ①

59 「교통사고처리특례법」상 교통사고발생시 보험회사의 피해자에 대한 우선지급금액 범위로 올바르지 않은 것은? 기출 21

① 통상의 치료비 전액
② 부상시 위자료 전액
③ 후유장애시 상실수익액의 전액
④ 대물배상 발생시 대물배상금의 50%

| 해설 |

피해자의 치료비에 관하여는 통상비용의 전액을, 그 밖의 손해에 관하여는 보험약관이나 공제약관으로 정한 지급기준금액을 대통령령으로 정하는 바에 따라 우선 지급한다(교통사고처리특례법 제4조 제2항).
후유장애시 상실수익액의 50%를 우선 지급한다.

TIP 우선 지급할 치료비 외의 손해배상금의 범위(교통사고처리특례법 시행령 제3조 제1항)

1. **부상의 경우**
   보험약관 또는 공제약관에서 정한 지급기준에 의하여 산출한 위자료의 전액과 휴업손해액의 100분의 50에 해당하는 금액
2. **후유장애의 경우**
   보험약관 또는 공제약관에서 정한 지급기준에 의하여 산출한 위자료 전액과 상실수익액의 100분의 50에 해당하는 금액
3. **대물손해의 경우**
   보험약관 또는 공제약관에서 정한 지급기준에 의하여 산출한 대물배상액의 100분의 50에 해당하는 금액

60 다음 중 피해자의 직접청구권의 특성이라고 보기 어려운 것은?

① 독립성
② 배타성
③ 임의성
④ 강행성

| 해설 |

피해자의 직접청구권의 특성

- **독립성** : 피보험자의 보험금청구권과 별개의 권리이다.
- **강행성** : 상법에 의해 보장된 권리이다.
- **배타성** : 피보험자의 보험금청구권과 경합시 피해자가 우선하여 변제받게 된다.

61 다음 중 책임보험에서 피해자(제3자)의 직접청구권에 관한 설명으로 옳지 않은 것은? 기출 20

① 대법원은 직접청구권의 법적 성질을 피해자가 보험자에게 가지는 손해배상청구권으로 보고 있다.
② 보험자가 피해자로부터 직접 청구를 받은 때에는 지체 없이 피보험자에게 이를 통지하여야 한다.
③ 피보험자의 보험금청구권과 피해자의 직접청구권이 경합하는 경우에는 피보험자의 보험금청구권이 우선한다.
④ 보험자는 피보험자가 사고에 관하여 가지는 항변으로써 피해자에게 대항할 수 있다.

| 해설 |

피보험자의 보험금청구권과 피해자의 직접청구권이 경합하는 경우에는 피해자(제3자)의 보험금청구권이 우선한다. 즉 상법 제724조 제1항은, 피보험자가 상법 제723조 제1항, 제2항의 규정에 의하여 보험자에 대하여 갖는 보험금청구권과 제3자(피해자)가 상법 제724조 제2항의 규정에 의하여 보험자에 대하여 갖는 직접청구권의 관계에 관하여, 제3자의 직접청구권이 피보험자의 보험금청구권에 우선한다는 것을 선언하는 규정이다(대법원 2014.9.25., 선고, 2014다207672, 판결).

62 아래는 청구권 소멸시효에 대한 상법 규정이다. (   ) 안에 들어갈 내용을 순서대로 바르게 나열한 것은? 기출 25

> 보험금청구권은 (   )년간, 보험료반환청구권은 (   )년간, 보험료청구권은 (   )년간 행사하지 아니하면 시효의 완성으로 소멸한다.

① 2, 2, 3
② 3, 3, 2
③ 3, 2, 3
④ 2, 3, 3

| 해설 |

보험금청구권은 (3)년간, 보험료 또는 적립금의 반환청구권은 (3)년간, 보험료청구권은 (2)년간 행사하지 아니하면 시효의 완성으로 소멸한다(상법 제662조).

정답 59 ③ 60 ③ 61 ③ 62 ②

63 다음 중 손해배상책임액의 산정과 관련하여 아래 사례에서 해당되는 것은? 기출 20

• 주최측에서 체재비 전액을 부담하기로 한 공연 계약이 공연단의 귀책사유로 취소된 경우 공연단이 부담하는 채무불이행으로 인한 손해배상액은 주최측이 입은 손해액에서 지급을 면한 체재비를 공제하여야 한다.
• 불법행위로 타인을 사망케 한 경우의 손해배상액은 피해자가 입은 손해액에서 피해자가 지출을 면하게 된 장래의 생활비를 공제하여야 한다.

① 손익상계 ② 과실상계
③ 배상액의 경감 ④ 사정변경

해설

손익상계
채무불이행이나 불법행위 등으로 인하여 손해를 입은 채권자 또는 피해자 등이 동일한 원인에 의하여 이익을 얻은 경우에는 공평의 관념상 그 이익은 손해배상액을 산정함에 있어서 공제되어야 하고, 이와 같이 손해배상액의 산정에 있어 손익상계가 허용되기 위해서는 손해배상책임의 원인이 되는 행위로 인하여 피해자가 새로운 이득을 얻었고, 그 이득과 손해배상책임의 원인인 행위 사이에 상당인과관계가 있어야 한다(대법원 2013.9.26., 선고, 2011다42348, 판결). 즉 손익상계란 손해배상청구권자가 손해를 발생시킨 동일한 원인에 의하여 이익도 얻은 때에는 손해로부터 그 이익을 공제한 잔액을 배상할 손해로 하는 것을 의미한다.

64 다음 중 자동차보험 대인배상에서 손익상계 대상이 아닌 것은? 기출 21

① 국민연금급여
② 공무원연금급여
③ 상해보험금
④ 산재보험금

해설

상해보험은 피보험자가 우연한 사고로 신체에 상해를 입은 경우에 보험금을 급부하기로 하는 보험이다. 상해보험은 보험사고의 객체가 사람인 점에서 생명보험과 마찬가지로 인보험이지만, 사람의 생사를 보험사고로 하는 것이 아닌 점에서 생명보험과 다르다. 상해보험의 보험금 지급방식에는 실제 손해액과 관계없이 일정한 금액을 지급하기로 하는 정액보상방식도 있지만, 상해의 정도에 따라 손해액을 지급하는 손해보상방식도 있다. 그래서 상해보험은 생명보험과 손해보험의 중간적인 성격을 갖는 것이며, 특히 정액보상방식의 상해보험은 생명보험과 같은 인보험적 성격을 가지며, 손해보상방식의 상해보험은 손해보험적 성격을 갖는다. 따라서 인보험에 대하여는 보험자의 대위가 금지되어 있는 점에 비추어보면 공제하지 않는 것이 타당하다.

TIP 손익상계의 대상
• 가해자 또는 보험회사가 이미 지급한 치료비
• 형사합의금이나 공탁금
• 「근로기준법」 및 「산업재해보상보험법」상의 보상 및 급여
• 「공무원연금법」, 「국민연금법」 등에 의한 급여

65 **과실상계에 대한 설명으로 옳지 않은 것은?** 기출 18

① 과실상계란 손해배상책임을 정함에 있어서 손해발생이나 손해확대에 대한 피해자의 과실을 참작하는 제도를 말한다.

② 고액의 배상액을 공평분담의 견지에서 감액함으로써 위자료와 함께 손해배상액 산정에 있어서 조정 기능을 한다.

③ 과실상계율은 자기과실에 대한 비율로서 손해배상액 산정시 통상적으로 자기부담부분을 의미한다.

④ 피해자의 과실은 의무위반에 한정되지 않고 사회통념상 신의성실의 원칙에 따라 요구되는 약한 부주의를 포함한다.

해설

③은 과실(분담)비율에 대한 설명이다. 과실상계율은 과실상계할 때 피해자의 과실을 참작하는 정도를 의미한다.

① 과실상계란 불법행위나 채무불이행으로 인한 손해배상청구의 경우에 그 손해의 발생 또는 그 증대에 대하여 피해자(채권자・배상권리자)에게도 과실이 있으면 배상유무 및 손해액을 정하는데 참작하는 것이다(민법 제396, 제763조). 상계라고는 하나 고유한 의미의 상계(민법 제492, 제499조)는 아니며, 오로지 자기의 과실에 의한 손해를 전부 타인에게 전가하는 것은 형평의 정신에 반한다는 취지의 제도이다. 따라서 사고발생에 피해자도 기여하였다면 형평의 원칙에 입각하여 기여한 만큼에 해당하는 금액을 손해배상금에서 공제하는 것을 말한다.

② 과실상계의 기능에 대한 설명이다(대법원 1987.9.8., 선고, 86다카1045, 판결).

④ 불법행위에 있어서 피해자의 과실을 따지는 과실상계에서의 과실은 가해자의 과실과 달리 사회통념이나 신의성실의 원칙에 따라 공동생활에 있어 요구되는 약한 의미의 부주의를 가리키는 것으로 보아야 한다(대법원 1999.2.26., 선고, 98다52469, 판결).

66 **다음 중 손익상계에 대한 설명으로 옳지 않은 것은?**

① 손익상계란 손해배상청구권자가 손해를 발생시킨 동일한 원인에 의하여 이익도 얻은 때에는 손해로부터 그 이익을 공제한 잔액을 배상할 손해로 하는 것을 의미한다.

② 불법행위로 인하여 손해와 더불어 이익이 생겼는데 피해자에게도 과실이 있는 경우 먼저 산정된 손해액에서 손익상계를 한 다음에 과실상계를 하여야 한다는 것이 확립된 판례의 입장이다.

③ 생명보험금이나 상해보험금은 손익상계의 대상이 되지 않는다.

④ 개별 보험약관에서 동일한 보험사고로 타법령이나 타보험약관에서 보상받을 수 있는 경우, 이를 보상액에서 제외하거나 비례보상하는 경우도 넓은 의미의 손익상계 개념에 포함시킬 수 있는 것으로 본다.

해설

불법행위 또는 채무불이행에 관하여 채권자의 과실이 있고 채권자가 그로 인하여 이익을 받은 경우에 손해배상액을 산정함에 있어서는 과실상계를 한 다음 손익상계를 하여야 하고, 이는 과실상계뿐만 아니라 손해부담의 공평을 기하기 위한 책임제한의 경우에도 마찬가지이다(대법원 2008.5.15., 선고, 2007다37721, 판결).

정답 63 ① 64 ③ 65 ③ 66 ②

67

A차와 B차가 충돌한 후 B차가 주차된 C의 오토바이와 충돌하여 C에게 2,000,000원의 손해를 입혔다. 이때 A차의 과실은 60%, B차의 과실은 40%인 경우 A차의 대물배상으로 지급되는 금액은 얼마인가?

① 600,000원
② 1,200,000원
③ 1,500,000원
④ 2,000,000원

| 해설 |

A, B차량의 손해에 대하여는 부보 내용에 따라 쌍방과실의 경우 대물 및 차량보험금 계산방법에 의하여 처리하고, C의 오토바이에 대하여는 손해액에 각 차량의 과실비율을 곱하여 산출한 금액을 보험금으로 지급한다.

- A차의 대물배상으로 지급되는 금액은 2,000,000원 × 60% = 1,200,000원
- B차의 대물배상으로 지급되는 금액은 2,000,000원 × 40% = 800,000원

68

A와 B의 쌍방과실로 인한 양측의 손해액과 과실비율이 다음과 같을 때 단일책임주의(principle of single liability) 방식에 의한 상호 배상책임액 정산으로 옳은 것은? 기출 17

- A의 손해액 : 500만원
- B의 손해액 : 200만원
- A의 과실비율 : 60%
- B의 과실비율 : 40%

① A가 B에게 120만원을 배상하여야 한다.
② A가 B에게 140만원을 배상하여야 한다.
③ B가 A에게 80만원을 배상하여야 한다.
④ B가 A에게 200만원을 배상하여야 한다.

| 해설 |

단일책임주의

쌍방의 손해액을 합산한 금액에 쌍방의 과실비율을 곱하여 각각 자기부담금을 산출한 후 자기공제액을 공제하고 차액만을 배상하는 방법이다.

- A의 부담액 = (500만원 + 200만원) × 0.6 = 420만원
- B의 부담액 = (500만원 + 200만원) × 0.4 = 280만원
- B의 배상책임액 = 280만원 − 200만원 = 80만원

또는 (500만원 × 0.4) − (200만원 × 0.6) = 80만원

따라서, B가 A에게 80만원을 배상하여야 한다.

69 A와 B의 쌍방과실로 인한 손해액과 과실비율이 다음과 같을 때, 비교과실(comparative negligence)에 의한 순배상금액을 옳게 설명한 것은?

구 분	손해액	과실비율
A	100만원	40%
B	200만원	60%

① A가 B에게 20만원을 지급한다.
② A가 B에게 80만원을 지급한다.
③ B가 A에게 20만원을 지급한다.
④ B가 A에게 80만원을 지급한다.

| 해설 |

A의 손해액에 대하여 B는 과실비율 60%에 따른 60만원을 A에게 지급하고, B의 손해액에 대하여 A는 과실비율 40%에 따른 80만원을 B에게 지급하여야 한다. 결국 A가 B에게 20만원을 지급한다.

TIP **비교과실(comparative negligence)**
발생된 사고에 관하여 가해자와 피해자인 양 당사자에게 과실이 있는 경우의 배상액 결정에 있어서 피해자의 과실을 고려하는 미국법상의 제도

70 피보험자 갑이 동일한 피보험이익에 대하여 A, B 두 보험회사에 각각 보험금액 200만원, 800만원의 보험계약을 체결하고, 보험기간 중 600만원의 손해가 발생하였다. 다음 중 A보험회사의 보상금액이 가장 낮게 산정되는 타보험조항(other insurance clause)은? 기출 15

① 책임한도분담조항(contribution by limit of liabililty clause)
② 균등액분담조항(contribution by equal shares clause)
③ 비례책임조항(pro rata liability clause)
④ 초과분담조항(excess other insurance clause)(단, A보험회사가 1차 보험자)

| 해설 |

③ **비례책임조항의 경우**
A보험회사 보상금액은 600만원 × 200만원 / 1,000만원 = 120만원
① **책임한도분담조항의 경우**
A보험회사 보상금액은 600만원 × 200만원 / 800만원 = 150만원
② **균등액분담조항의 경우**
우선, 여러 보험계약 중 가장 낮은 책임한도(보험금액) 내에서 균등하게 분담하므로 A보험회사 보상금액은 200만원이다.
④ **초과분담조항의 경우**
다른 유효한 보험계약이 존재하는 경우 그 보험으로부터 보상한도액까지 우선 보상을 받고 난 후에 그를 초과하는 손해액을 지급하는 방식이므로, 1차 보험자인 A보험회사 보상금액은 200만원이다.

정답 67 ② 68 ③ 69 ① 70 ③

71 피보험자 '갑'은 자신이 소유하고 있는 건물(가액 : 5억 5천만원)을 A, B, C 3개 보험회사에 각각 보험가입금액 1억원, 3억원, 2억원의 화재보험계약에 가입하였고, 3건의 보험계약 모두에서 담보하는 화재사고로 인하여 전손이 발생하였다. 동 사고에 대하여 균일부담(Contributions by Equal Shares) 방식에 의하면 A, B, C 보험자의 보상금액은 각각 얼마인가? 기출 14

	A	B	C
①	1억원	3억원	1.5억원
②	1억원	2.5억원	2억원
③	0.5억원	3억원	2억원
④	1.5억원	2억원	2억원

해설

균등액분담조항(Contribution by Equal Share Clause)
각 보험자가 각자의 책임한도 범위 내에서 균등하게 분담하는 방식이다. 즉, 1차적으로 여러 보험계약 중 가장 낮은 책임한도(보험금액) 내에서 균등하게 분담하되, 총손해액이 충당되지 못할 경우 그 다음 낮은 책임한도 내에서 균등하게 분담하고, 이것으로도 부족한 경우에는 그 다음 낮은 책임한도 내에서 균등하게 분담하는 식으로 처리하여 전체 손해액을 보상할 때까지 지급하는 방식이다. 주로 배상책임보험에서 활용된다.
설문의 경우 모두 1억원 한도에서 1차로 공동부담하고, B, C 보험자가 2억원 한도에서 공동부담하고, B 보험자가 3억원 한도에서 남은 금액을 부담한다.

72 다음 전문직배상책임보험(professional liability insurance)의 종류 중 그 분류기준이 나머지 셋과 다른 것은? 기출 20

① 의사(doctors)배상책임보험
② 공인회계사(certifide public accountants)배상책임보험
③ 신탁자(fiduciaries)배상책임보험
④ 정보처리업자(data processors)배상책임보험

해설

의사(doctors)배상책임보험은 비행배상책임보험(Malpractice Liability Insurance)으로 사람의 신체에 관한 전문직 위험을 담보한다.
공인회계사(certifide public accountants)배상책임보험, 신탁자(fiduciaries)배상책임보험, 정보처리업자(data processors)배상책임보험은 하자배상책임보험(Errors & Omissions Liability Insurance)으로 신체 이외의 경제적 손해를 담보한다.

73 다음 중 전문직배상책임보험에 대한 설명으로 올바르지 않은 것은? 기출 22

① 의사, 변호사 등 전문직업인이 그 업무의 특수성으로 말미암아 타인에게 지게 되는 배상책임을 보장하는 보험상품을 말한다.
② 전문직배상책임보험은 일반적으로 사고발생기준이기 때문에 사고와 보상청구가 모두 보험기간 안에 이루어져야 한다.
③ 통상 1사고당 한도액과 함께 연간 총보상한도액을 설정하고 있다.
④ 사람의 신체에 관한 전문직 리스크뿐만 아니라 변호사, 공인회계사 등의 과실, 태만 등으로 인한 경제적 손해도 담보한다.

| 해설 |

일반배상책임보험의 경우 일반적으로 사고발생기준으로 보상하는데 반해 전문직배상책임보험은 사고발생기준이 아니라 배상청구기준으로 보상하며, 사고와 보상청구가 모두 보험기간 안에 이루어져야 한다.

74 전문직배상책임보험의 특성에 대한 설명으로 옳지 않은 것은?

① 의사(비행)배상책임보험은 사람의 신체에 관한 전문직업위험을 담보한다.
② 손해사정사, 보험중개인 전문배상책임보험 및 임원배상책임보험 등은 신체 이외의 경제적 손해를 담보한다.
③ 변호사비용, 소송비용 등 부대비용을 보상한도액과 별도로 보상한다.
④ 1사고당 한도액과 함께 연간 총보상한도액을 설정한다.

| 해설 |

일반배상책임보험에서는 변호사비용, 소송비용 등 부대비용을 보상한도액과 별도로 보상하지만, 전문직배상책임보험에서는 부대비용도 보상한도액에 포함하여 보험자의 지급액을 제한한다.

75 건축사 및 기술사배상책임보험에 대한 설명으로 옳지 않은 것은?

① 시공 중이거나 시공이 끝난 각종 구축물이 설계결함에 기인된 사고로 구축물이 입은 손해 및 그로 인하여 타인이 입은 손해에 대하여 건축사나 기술사가 배상하여야 할 책임이 있는 손해를 보상한다.
② 현재 우리나라에서 인가되어 있는 약관은 독일식 영문약관을 원문 그대로 도입한 것이다.
③ 보험기간 중 처음으로 제기된 손해배상청구를 담보의 기준으로 하는 배상청구기준증권이다.
④ 보험회사가 동의한 부대비용을 보상하며, 손해배상청구에 대한 총보상한도액을 설정할 필요는 없다.

정답 71 ② 72 ① 73 ② 74 ③ 75 ④

| 해설 |

보상한도액은 다른 배상청구기준 배상책임보험의 경우와 같이 1청구당 보상한도액을 설정함은 물론, 보험기간 중의 모든 손해배상청구에 대한 총보상한도액을 반드시 설정하여야 한다.

76 **임원배상책임보험의 담보기준에 대한 설명으로 옳지 않은 것은?**

① 회사보상조항은 임원이 승소하였을 때 회사가 부담하는 소송비용을 담보한다.
② 임원배상책임조항은 임원이 패소하였을 경우 임원의 개인책임인 손해배상금과 방어비용을 담보한다.
③ 우리나라의 경우 회사보상조항과 임원배상책임조항이 구분되어 명시되어 있다.
④ 법인담보조항은 임원개인의 배상책임과 법인의 배상책임을 동시에 담보한다.

| 해설 |

우리나라의 경우에는 회사보상조항이 없기 때문에 보완이 필요한 실정이다.

77 **환경오염배상책임보험에서 보상하지 않는 손해에 해당하지 않는 것은?**

① 계약상의 가중책임
② 피보험자의 소유, 보호, 관리, 통제하는 재물
③ 정부기관 명령 등에 대한 고의적인 불응
④ 피보험자의 중과실 위법행위

| 해설 |

피보험자의 '**중과실**'이 아니라 '**고의적**' 위법행위가 보상하지 않는 손해에 해당한다.

78 **다음 중 일반적으로 배상청구기준(claims-made basis)을 사용하는 배상책임보험이 아닌 것은?**

① 자동차손해배상책임보험
② 임원배상책임보험
③ 환경배상책임보험
④ 전문직배상책임보험

| 해설 |

배상청구기준 보험증권은 청구권자에 의해 배상청구가 행해진 시점을 기준으로 담보하며, 손해사고기준 보험증권은 실제 사고가 발생한 시점을 기준으로 담보한다. 자동차손해배상책임보험은 실제 사고가 발생한 시점을 기준으로 담보하므로 손해사고기준 배상책임보험에 해당한다.

79 포괄(Umbrella)배상책임보험에 대한 설명으로 옳지 않은 것은?

① 기초배상책임보험은 동일한 배상책임 위험에 대하여 피보험자가 최초로 가입한 배상책임보험을 말한다.

② 초과배상책임보험은 동일한 배상책임 위험에 대하여 기초배상책임보험의 보상한도를 초과하여 일정한도까지 보험자가 보상하는 배상책임보험을 말한다.

③ 개인포괄배상책임보험은 기본담보를 포함하여 기본담보의 한도를 초과한 부분까지도 지급한다.

④ 기업포괄배상책임보험은 신체상해, 재산손해, 인격침해손해, 광고침해상해를 담보하고, 치료비는 담보하지 않는다.

| 해설 |

개인포괄배상책임보험은 기본담보를 제공하지 않고, 기본담보의 한도를 초과한 부분만 지급한다.

80 다음 중 포괄배상책임보험(Umbrella liability insurance)에 대한 설명으로 옳지 않은 것은?

① 기업의 배상책임리스크를 관리하는데 많이 이용되고 있으나, 개인의 배상책임에도 활용된다.

② 보험증권을 발급할 때 피보험자에게 영업배상책임보험(commercial general liability insurance)과 같은 기초담보증권을 소유하고 있을 것을 요구한다.

③ 기초담보증권이 일차적으로 손실을 보상하고 보상한도가 초과되면 이 umbrella 배상책임보험에서 보상하게 되는 초과보험계약(excess coverage)이다.

④ 기초담보증권에서 면책된 배상책임리스크까지 보상하는 것은 아니다.

| 해설 |

포괄배상책임증권은 배상책임보험계약이 기초담보의 형식으로 부보된 후 그 뒤에 우산을 씌우듯이 <u>포괄적으로 모든 종류의 배상책임에 대하여 초과담보하는 것이다</u>. 포괄배상책임증권은 개인 또는 기업에 발생하는 배상책임리스크를 포괄적으로 확실하게 관리하는 수단으로 이용된다.

정답 76 ③ 77 ④ 78 ① 79 ③ 80 ④

CHAPTER

06 사회보험

학습목표

❶ 사회보험제도의 특징과 현황을 알아본다.
❷ 우리나라 사회보험의 급여구조와 재원조달방법을 학습한다.
❸ 우리나라 사회보험의 한계점 및 발전방안에 대해 학습한다.

01 사회보험의 개요

1 사회적 위험

(1) 경제적 안정성

① 정 의

경제적 안정성은 개인이 기본적인 필요와 욕구(음식, 주택, 의복, 의료와 기타 필수품에 대한 개인의 바람)를 현재와 미래에 충족할 수 있다고 상대적으로 확신하고 있는 마음상태나 감각으로 정의할 수 있다.

② 경제적 안정성의 확보

㉠ 소득은 연속적이어야 하며, 소득이 감소하거나 끊기면 경제적 안정성은 위협받게 된다.
㉡ 소득은 실질적이어야 하며, 실질 소득이 증가하면 경제적 안정성을 개선할 수 있다.
㉢ 상대적 기준에서 경제적 안정성이 확보되어야 한다.
㉣ 절대적 기준도 중요한데 경제적 안정성은 실질적 생활수준(빈곤선) 이상의 소득이 확보되어야 한다.

(2) 경제적 불안정성

① 정 의

경제적 불안정성은 개인이 기본적인 필요와 욕구를 현재와 미래에 충족할 수 있다고 상대적으로 확신하고 있는 마음상태나 감정 대신에 걱정, 불안, 두려움, 불편함이 존재하는 상태를 말한다.

② 경제적 불안정성의 발생 이유

㉠ 소득상실 : 기존에 있는 소득상실은 경제적 불안정성을 높아지게 한다.
㉡ 추가적 지출 : 의료비, 교육비와 같은 추가적 지출은 경제적 불안정성을 유발한다.
㉢ 불충분한 소득 : 고용이 되어 일을 해도 소득이 불충분하다면 '근로빈곤자'가 되어 경제적 불안정 상태가 된다.
㉣ 소득의 불확실성 : 미래 소득의 불확실성 때문에 경제적 불안정성을 겪게 된다.

(3) 경제적 불안정성의 원인들

① 가장의 조기사망

피부양자의 소득상실을 의미하고, 장례비, 상속세, 치료비 등으로 추가적 지출이 발생하므로 경제적 불안정성을 초래한다.

② 노 령

노인들은 조기 퇴직과 불충분한 소득, 인플레이션으로 인한 실질 소득의 감소, 의료비 지출 때문에 경제적 불안정성에 놓이게 된다.

③ 건강 문제

㉠ 심각한 질병과 부상에 따른 의료비로 심각한 재정적 곤란을 겪을 수 있다.

㉡ 심각한 질병이나 상해로 근로소득이 중단된다.

④ 실 업

㉠ 실업으로 인해 근로소득이 중단되거나 감소한다.

㉡ 경제적 이유로 파트타임으로만 일한다면 소득이 감소하고 가족의 생계유지가 어렵게 된다.

㉢ 소득의 불확실성은 결국 경제적 불안정성을 유발한다.

㉣ 노령근로자, 장애인 등 근로자들의 실업기간이 길어지면 경제적으로 불안정하게 된다.

⑤ 기준 이하의 저임금

자신과 가족의 생존에 필요한 최소수준 이하의 소득을 장기간 받는다면 경제적 불안정성이 발생한다.

> 기준 이하의 소득과 불충분한 소득
>
> • **기준 이하의 소득** : 근로자가 자신과 가족을 충분히 부양할 수 없는 수준의 임금수준(원인)
>
> • **불충분한 소득** : 일정기간 동안 근로자의 기본적인 필요와 욕구에 비교하여 절대적으로 불충분한 소득을 의미(결과)

⑥ 인플레이션

물가수준이 화폐소득보다 빠른 속도로 증가하는 경우 실질 소득이 감소하므로 경제적으로 불안정한 상태에 있게 된다.

⑦ 자연재해

홍수, 태풍, 지진, 산불 등 자연재해는 상당한 인명손실과 재산피해를 가져오므로 그 피해를 당한 가족들의 소득 상실로 이어져 경제적 불안정성을 발생시킨다.

⑧ 개인적 요인들

경제적 불안성을 발생시킬 수 있는 개인적 요인들은 다음과 같다.

㉠ 소득에 대한 적극적 의지와 동기부족

㉡ 낭비적인 성격으로 인해 투자 · 저축 · 보험에 무관심

㉢ 지속적인 교육과 자기개발에 무관심

㉣ 경제사회적 변화에 대한 준비부족과 대처능력 미흡

㉤ 알코올중독, 약물중독, 도박, 가정폭력 등 개인책임의 인적 요인

2 사회보험제도의 의의

(1) 목 적

사회보험은 그 대상인 피보험자가 질병, 노령, 상해, 실업 및 사망 등과 같은 일정한 사회적 위험의 발생에 따른 생활 불안을 보험을 통해 보장하려는 제도이다.

(2) 사회보험과 사회보장

① 사회보험

국민에게 발생하는 사회적 위험을 보험의 방식으로 대처함으로써 국민의 건강과 소득을 보장하는 제도를 말한다(사회보장기본법 제3조 제2호).

② 사회보장

출산, 양육, 실업, 노령, 장애, 질병, 빈곤 및 사망 등의 사회적 위험으로부터 모든 국민을 보호하고 국민 삶의 질을 향상시키는데 필요한 소득・서비스를 보장하는 사회보험, 공공부조, 사회서비스를 말한다(사회보장기본법 제3조 제1호).

(3) 사회보험과 사회보장의 공통점

① 두 제도 모두 국민의 경제생활 보장을 목적으로 한다.

② 소득보장을 중심으로 한다.

③ 현금급부를 대신하여 현물급부방식을 취한다.

(4) 사회보험과 사회보장의 차이점

① 사회보험은 일정한도의 범위를 가지나, 사회보장은 전 국민을 대상으로 한다.

② 사회보험은 개별적으로 제도화(의료, 질병, 모성, 실업, 노동재해, 노년, 폐질, 유족 등)되지만, 사회보장은 총괄하여 하나의 제도에 포함시킨다.

③ 사회보험은 근로자, 사용자, 국가가 부담하는 보험료에 의존하지만, 사회보장은 국가의 일반세금에 의존한다.

3 사회보험제도의 특징

(1) 우발적 경제필요의 충족

① 민영보험은 개인의 개별적 필요에 부응하여 임의적으로 보장범위를 정한다.

② 사회보험은 법에 의해 가입대상자가 정해지고 보험료를 납입하며, 우연한 사회적 위험이 발생했을 때 보험급여가 지급된다. 즉 법에 의해 강제적으로 시행된다는 점이 민영보험과 구분되는데, 법은 개인적 필요보다는 사회적 평균필요를 전제로 보험료와 보험급여가 설계되므로 소득재분배적 요소를 가지고 있다.

(2) 개별보험료 대 평균보험료

① 민영보험은 개인의 연령·성별·직업에 의한 위험률 차이에 상응하여 차등되는 개별보험료를 부과한다.

② 사회보험은 보험가입자 전체의 평균위험률을 기초하여 평균보험료를 부과한다.

사회보험에서 평균위험률을 실행하는 근거

- 위험률이 낮은 계약자가 높은 계약자를 분담하므로 사회적 공평성을 실현한다.
- 강제가입보험이므로 민영보험처럼 역선택이 존재하지 않는다. 다만, 법에 정한 급여와 보험료가 획일적으로 적용되기 때문에 각 개인별 예정위험률과 현실의 위험과의 편차가 클 수 있다.
- 가입대상자가 강제적이므로 관리가 간편하다.
- 항상 새로운 가입자를 기대할 수 있고, 특정 평균보험료의 유지가 용이하다.
- 고소득자에게는 높은 보험료, 저소득자에게는 낮은 보험료를 부과하여 소득분배의 정의를 실현한다.
- 위험률이 높고 보험부담 능력이 낮은 자에게도 경제적 보장을 제공함으로써 국가적 부양책임의 수단이 된다.

(3) 필요에 상응하는 급부

사회보험 급여는 생존보장을 위한 경제적 필요를 전제로 하므로 보험료 부담 정도와 관계없이 필요에 상응하는 급부를 제공한다(국가에 의한 소득재분배).

(4) 현물급부

① 건강보험 및 산재보험의 경우 현금대신 직접적인 진료, 치료 등의 현물 내지는 서비스 형태의 급여를 받을 수 있다.

② 보험자의 입장에서는 물가상승 및 생활수준 향상, 의료수준의 상승에 따른 비용 발생 위험을 부담하게 된다.

(5) 도덕적 위험의 문제

① 고의적인 사고에 대해서는 보험급부의 청구를 엄격히 제한하고 있다.

② 사회보험은 보험급부를 인정하는데 관용적 태도와 관리공단 비적극성으로 도덕적 위험을 조장할 수 있다. 이러한 요소 때문에 사회보험에서 보험사기가 자주 발생하는 원인이 되고 있다.

(6) 다수 경제주체의 결합

① 민영보험에서 상호의존성은 가입자 각자가 위험에 대응하여 객관적이고 공평한 보험료를 부담하고 대수의 법칙을 작용토록 하여 결과적으로 각자의 이익이 된다는 의미이다.

② 사회보험의 상호의존성은 공동체적 성격(연대성)을 지니고 있어서 다수 경제주체의 결합에 관해서도 적용계층을 한정(선원, 공무원)하거나 전 국민을 결합하는 경우도 있고, 특정계층이 한정되기도 한다.

심화TIP 사회보험과 사(민영)보험의 차이점 기출 18

구 분	사회보험	사(민영)보험
가 입	강제적	자발적
보험료 부과 기준	소득 수준	위험 정도・급여수준
보호수준	최저 소득 보호	더 많은 보호 가능
강조점	사회적 적절성, 보장성	개인적 적절성, 효율성
권 리	법	계약
운영 형태	정부 독점	경쟁
비용 예측	어려움	비교적 쉬움
투 자	대체로 정부 업무	주로 민간 분야
인플레이션 보상	세금을 통해 바로 가능	인플레이션에 아주 약함

4 사회보험의 원리 및 사회보험시스템

(1) 사회보험의 원리

① 최저생활보장의 원리

㉠ 「사회보험법」에서 보장하는 소득수준은 최저생활수준을 원칙으로 한다. 즉, 최저생계비 개념에 근거하여 수준을 정하고 그 수준을 보장하는 것이다.

㉡ 연금보험에서 보장하려는 소득보장 수준은 그 하한이 최저생활보장에 있고, 그 상한은 퇴직 전의 생활수준을 보장하려는 것으로 하고 있다.

㉢ 「공공부조법」에서는 공공부조 대상자로 생활하고 있는 소득계층의 근로자가 스스로 노력하여 획득한 소득에 의한 생활수준의 최저한까지를 공공부조의 상한으로 한다.

② 소득재분배의 원리

㉠ 사회보험제도는 소득재분배의 원리를 기초로 하고 있다.

㉡ 소득재분배는 보험료의 징수나 급여의 지급을 소득계층에 따라 차등하게 적용함으로써 달성하게 된다.

㉢ 보험료의 납부시에는 소득에 비례하거나 소득에 누진율을 적용하여 보험료율을 책정함으로써 재분배 효과가 나타나게 한다.

㉣ 저소득자에게는 보험료를 소액으로 납부하게 하거나 감면을 하고, 또는 국고로 보조금을 지급하는 방법으로 소득재분배 효과를 얻을 수 있다.

㉤ 급여의 지급에 있어서는 소득과는 무관하게 요구의 크기에 따라 급여를 지급하여 재분배 효과를 기대하게 된다.

㉥ 고소득자 또는 가족 수가 적은 가족에게는 낮은 급여를, 저소득자 또는 가족 수가 많은 가족에게는 높은 급여를 지급하는 방법으로 소득재분배 효과를 달성할 수 있다.

㉦ 건강보험은 개인의 소득에 비례하여 보험료가 산정되나 질병이 발생한 모든 가입자 또는 피부양자에게 동일한 양과 질의 현금급여가 지급되므로 소득재분배 효과가 가장 크다.

㉧ 국민연금은 보험료의 수준에 비례하여 급여가 산정되므로 상대적으로 소득재분배 효과가 작다.

③ 보편주의 원리

㉠ 「사회보험법」의 적용범위는 전 국민을 대상으로 하여야 한다는 원리이다.

㉡ 보편주의의 원리는 제도운영상의 기술축적과 국가재정의 충분성 등에 따라 적용범위를 점차 확대해 나감에 따라 해결한다.

㉢ 우리나라의 경우, 거의 모든 사회보험이 이러한 과정을 거쳐 보편주의 원리를 실현하여 왔다.

④ 보험료부담의 원리

㉠ 사회보험의 재원은 사업주, 근로자, 국가가 분담하여 조달한다.

㉡ 근로자는 자기책임의 원리에 따라, 사업주는 무과실책임의 원리에 따라, 국가는 생존권적 기본권과 국가책임의 원리에 따라 각각 보험료를 분담하는 것이다.

㉢ 사회보험의 재원은 국민이 분담한다는 점에서 국가가 전액 부담하는 공공부조와 구별된다.

(2) 사회보험시스템

① 의료보장

㉠ 업무상과 업무 외를 불문하고 상병의 경우 필요한 의료급여를 보장하는 것이다.

㉡ 의료보호와 일반보건서비스를 통합하고 하나의 공적인 서비스 형태로 전 국민에 대하여 예방적이고 치료적인 포괄적인 의료를 제공하는 것이다.

㉢ 국민의 경제적 지위 여부와 관계없이 어떤 사람에 대하여도 제공되어야 한다.

② 소득보장

㉠ 상병, 출산, 실업 등으로 인하여 소득의 일시중단 또는 신체장해, 노령, 사망 등에 의하여 소득의 현저한 감소 내지 상실의 경우 최저생활을 유지하기 위해 필요한 소득을 보장하는 것이다.

㉡ 소득보장의 효과는 최저임금제도의 확립 및 고용의 보장, 주택 및 교육의 정비 등의 전제조건과 함께 기대할 수 있다.

5 우리나라 사회보험제도의 현황

(1) 우리나라 사회보험제도의 특징

① 각 제도가 분립적으로 발전하여 왔다.

② 정부주도적으로 도입되었다.

③ 재원은 주로 사회보험료의 징수를 통하여 조달하고 정부예산지원은 극히 제한적이다.

④ 사회보험을 적극적인 소득재분배의 수단화하고 있다.

⑤ 제도간 중복과 상충이 존재하는 반면에 광범위한 사각지대를 가지고 있다.

(2) 우리나라 사회보험제도의 종류 기출 17

우리나라의 5대 사회보험제도는 건강보험, 연금보험, 고용보험, 산재보험, 노인장기요양보험 등이 있으며, 각 제도간 상호 연계성 없이 각기 순차적으로 도입되어 분립적으로 발전하여 왔다.

[사회보험제도의 종류]

구 분	도 입	법 률	기 능	관장부처 및 집행기관	재정관리
산재보험	1964년	산업재해보상보험법	산업재해보상급여 제공 등	노동부, 근로복지공단	산업재해보상보험 및 예방기금
국민건강보험	1977년	국민건강보험법, 국민건강보험재정 건전화특별법	질병발생시 보험급여 제공	보건복지부, 국민건강보험공단	공단특별회계
국민연금보험	1988년	국민연금법	소득상실시 노령, 장애, 유족연금 제공	보건복지부, 국민연금공단	국민연금기금
고용보험	1995년	고용보험법	실업급여, 고용안정사업, 직업능력개발사업	노동부, 근로복지공단	고용보험기금
노인장기요양보험	2008년	노인장기요양보험법	치매, 중풍 등 수발서비스	보건복지부, 국민건강보험공단	특별회계

〈자료출처 : 각 사회보험법〉

심화TIP 주요국의 사회보험제도 도입시기

구 분	한 국	미 국	영 국	스웨덴	독 일	프랑스
산재보험	1964년	1908년	1897년	1901년	1884년	1898년
의료보험	1977년	–	1948년	1962년	1880년	1945년
연금보험	1988년	1935년	1908년	1913년	1889년	1905년
고용보험	1995년	1935년	1911년	1934년	1927년	1905년

(3) 우리나라 사회보험 급여의 종류 기출 25

① 급여의 종류

㉠ 현금급여 : 연금, 실업급여, 장해급여 등

㉡ 현물급여 : 요양급여, 분만급여 등

㉢ 서비스급여 : 직장알선, 사회생활, 직업재활 및 복지사업, 수발서비스 등

② 건강보험

현금급여와 현물급여를 모두 제공한다.

③ 국민연금

㉠ 장기 현금급여 : 노령연금, 장애연금, 유족연금

㉡ 단기 현금급여 : 사망일시금

④ 산재보험

㉠ 현물급여 : 요양급여

㉡ 장기 현금급여 : 장해급여, 유족급여

㉢ 단기 현금급여 : 상병보상금, 휴업급여, 장의비

⑤ 고용보험

㉠ 현금급여 : 실업급여

㉡ 현물급여 : 직장알선, 직업능력개발

⑥ 노인장기요양보험

㉠ 현물급여(원칙) : 노인수발서비스

㉡ 현금급여 : 특별 현금급여(가족수발)

[사회보험 급여의 종류]

구 분	국민연금	건강보험	고용보험	산재보험	노인장기 요양보험
현물급여		• 요양급여 • 분만급여 • 건강진단	• 고용알선 • 직업능력개발	• 요양급여	• 재가급여 • 시설급여
현금급여	• 노령연금 • 장애연금 • 유족연금 • 반환일시금 • 사망일시금	• 요양비 • 분만비 • 장제비 • 본인분담금보상금	• 실업급여	• 휴업급여 • 장해급여 • 유족급여 • 장례비 • 상병보상연금 • 특별급여	• 특별현금급여
관련 사업 (서비스)	• 대부사업 • 복지사업	• 보건교육 • 직영의료기관		• 재활사업 • 산업안전관리 • 산재의료원 관리사업	

〈자료출처 : 리스크와 보험, 보험경영연구회, 문영사〉

(4) 우리나라 사회보험의 적용현황

① 적용대상

㉠ 건강보험 : 전 국민 대상

㉡ 국민연금 : 18세~59세 소득이 있는 국민 대상

㉢ 고용보험 및 산재보험 : 근로자 대상

㉣ 노인장기요양보험 : 노인 및 노인성 질환을 가진 사람

② 사회보험의 재원

가입자와 사업주가 비용을 분담하는 것이 원칙이지만, 자영업자의 경우 자영업자가 전액 부담하거나 정부가 일부 지원하기도 한다.

③ 관리운영비

정부가 일부 지원하고 대부분 보험료 수입으로 조달한다.

[사회보험의 적용 현황(2025년 기준)]

구 분	국민연금	건강보험	고용보험	산재보험	노인장기요양보험
보험료율	9% (직장 : 사용자·본인 1/2)	7.09% (직장 : 사용자·본인 1/2 지역 : 부과표준소득 점수 기준)	• 고용안정·직업능력개발 : 보수총액의 0.25~0.85%(사용자) • 실업급여 : 보수총액의 1.8%(사용자·본인 1/2)	업종별 보험료율 (0.5~18.5%) 적용 (출퇴근재해 포함)	건강보험료의 12.95% (사용자·본인 1/2)
정부지원	• 농어촌지역가입자 보험료 일부 • 관리운영비 일부	• 보험급여 일부 • 관리운영비 일부	관리운영비 일부	관리운영비 일부	• 보험급여 일부 • 관리운영비 일부

〈자료출처 : 각 공단별 자료〉

02 국민연금

1 국민연금제도의 개요

(1) 목 적

국민이 노령, 장애 또는 사망으로 소득이 상실 또는 감퇴된 경우에 국가가 일정한 연금급여를 실시하여 소득을 보장함으로써 국민의 생활 안정과 복지 증진에 이바지하는 것을 목적으로 한다.

(2) 국민연금의 특징

① 모든 국민이 가입대상으로 강제성이 있다.
② 소득재분배로 사회통합에 기여한다.
③ 국민연금은 국가가 최종적으로 지급을 보장하기 때문에 국가가 존속하는 한 반드시 지급된다.
④ 국민연금에는 노령연금뿐만 아니라, 장애연금, 유족연금이 포함된다.
⑤ 국민연금은 물가가 오르더라도 실질가치가 항상 보장된다.

(3) 연 혁

① 1973년 국민복지연금법 제정·공포
② 1973년 석유파동의 영향에 의한 경제불황으로 국민연금제도의 무기한 연기
③ 1986년 종래의 '국민복지연금법'을 '국민연금법'으로 전면 개정
④ 1988년 1월 국민연금제도 시행(10인 이상 사업장 근로자 대상)
⑤ 1992년 상시 5인 이상의 근로자를 사용하는 사업장의 근로자와 사용자들까지 강제 가입대상자로 확대
⑥ 1995년 7월 농어촌지역(군 지역)으로 확대 실시
⑦ 1999년 4월 도시지역으로 확대 실시(전 국민 연금시대로 진입)
⑧ 2001년 7월 5인 미만 사업장에 대해 임의적용사업장으로 확대
⑨ 2003년 7월 1인 이상 사업장에 대해 당연적용 확대(진정한 국민연금 실현)
⑩ 2008년 1월 완전노령연금 지급 시작
⑪ 2014년 7월 기초연금 지급 개시
⑫ 2015년 6월 노후준비지원법 제정
⑬ 2016년 8월 구직급여 수급자를 대상으로 실업크레딧 시행
⑭ 2016년 11월 경력단절 여성 대상으로 추후납부 확대(1국민 1연금 시대 개막)
⑮ 2022년 7월 저소득 지역가입자 연금 보험료 지원사업 시행

우리나라의 공적연금제도
공무원연금(1960년), 군인연금(1963년), 사립학교교직원연금(1975년), 별정우체국직원연금(1992년)

2 국민연금가입자

(1) 가입대상

국내에 거주하는 국민으로서 18세 이상 60세 미만인 자는 국민연금 가입대상이 된다. 다만, 「공무원연금법」, 「군인연금법」, 「사립학교교직원 연금법」 및 「별정우체국법」을 적용받는 공무원, 군인, 교직원 및 별정우체국 직원, 그 밖에 대통령령으로 정하는 자는 제외한다(국민연금법 제6조).

(2) 가입자의 종류

가입자는 사업장가입자, 지역가입자, 임의가입자 및 임의계속가입자로 구분한다(국민연금법 제7조).

3 급여구조

(1) 기본연금과 부양가족연금

① 기본연금

기본연금 = 소득균등부분 + 소득비례부분

㉠ 소득균등부분 : 사업장가입자 및 지역가입자의 평균소득을 기초로 산출한다.

㉡ 소득비례부분 : 가입자 개인의 가입기간 동안의 소득수준에 의해 산출한다.

② 부양가족연금

부양가족연금은 수급권자(유족연금의 경우에는 사망한 가입자 또는 가입자였던 자를 말한다)를 기준으로 배우자나 자녀, 부모로서 수급권자에 의해 생계를 유지하고 있는 자에 대하여 지급하는 일종의 가족수당 성격의 부가급여이다.

(2) 노령연금 기출 23

① 노령연금의 수급권자

가입기간이 10년 이상인 가입자 또는 가입자였던 자에 대하여는 60세(특수직종근로자는 55세)가 된 때부터 그가 생존하는 동안 노령연금을 지급한다.

② 노령연금의 수급개시 연령

출생연도	수급개시 연령		
	노령연금	조기노령연금	분할연금
1952년생 이전	60세	55세	60세
1953~56년생	61세	56세	61세
1957~60년생	62세	57세	62세
1961~64년생	63세	58세	63세
1965~68년생	64세	59세	64세
1969년생 이후	65세	60세	65세

③ 노령연금의 종류

연령, 가입기간, 소득활동 유무에 따라 노령연금, 조기노령연금 등이 있다.

㉠ 노령연금(국민연금법 제61조 제1항)

가입기간이 10년 이상인 가입자가 60세(수급연령 상향조정 60~65세)가 된 때부터 기본연금액과 부양가족연금액을 더한 금액을 지급한다.

㉡ 조기노령연금(국민연금법 제61조 제2항)

가입기간이 10년 이상이고, 55세(수급연령 상향조정 55~60세) 이상인 자가 소득이 있는 업무에 종사하지 아니하는 경우 본인이 희망하면 60세가 되기 전이라도 본인이 청구한 때부터 그가 생존하는 동안 일정한 금액의 연금을 받을 수 있다.

④ 노령연금의 급여수준

전체 국민연금 가입자의 평균소득(균등부분)과 본인의 가입기간 및 가입기간 동안의 평균소득(소득비례부분)을 바탕으로 결정한다.

[노령연금의 수급요건 및 급여수준]

구 분	수급요건	급여수준
노령연금	가입기간 10년 이상으로 출생연도별 노령연금 지급개시연령이 된 때(출생연도별 노령연금 지급개시연령 도달일로부터 5년 이내이면 소득이 없는 경우에 한함)	기본연금액 × 가입기간별 지급률* + 부양가족연금액 * 가입기간 10년 기준 50%에 가입기간 10년을 초과하는 1년마다 5%를 가산(1년 미만이면 매 1개월마다 5/12% 가산)
	노령연금 수급권자가 출생연도별 노령연금 지급개시연령 도달일로부터 5년 이내에 소득이 있는 업무에 종사하는 기간	• 2015. 7. 29. 이후 수급권 취득자 노령연금액(月) = [(기본연금액 × 가입기간별 지급률*) ÷ 12] − 월감액금액** • 2015. 7. 29. 전 수급권 취득자 노령연금액(月) = (기본연금액 × 가입기간별 지급률*) − 연령별 지급률*** * 가입기간 10년 기준 50%에 가입기간 10년을 초과하는 1년마다 5%를 가산(1년 미만이면 매 1개월마다 5/12% 가산) ** A값을 초과하는 소득월액에 따라 감액하여 지급 (최대 50%까지 감액) *** 연금수급개시연령부터 1년마다 감액률 차등 적용(50% ~ 10% 감액) ※ 부양가족연금액은 지급되지 않음
조기노령연금	가입기간 10년 이상, 출생연도별 조기노령연금 지급개시연령 이상인 자가 소득이 있는 업무에 종사하지 아니하고, 출생연도별 조기노령연금 지급개시연령 도달일로부터 5년 이내에 청구한 경우(소득이 있는 업무에 종사하면 지급정지)	[노령연금액 − 부양가족연금액] × 연령별 지급률* + 부양가족연금액 * 59세 수급연령 개시 기준 : 59세 70%, 60세 76%, 61세 82%, 62세 88%, 63세 94% 지급

(3) 분할연금(국민연금법 제64조)

① 분할연금의 수급요건

혼인기간(배우자의 가입기간 중의 혼인기간으로서 별거, 가출 등의 사유로 인하여 실질적인 혼인 관계가 존재하지 아니하였던 기간을 제외한 기간)이 5년 이상인 자가 다음의 요건을 모두 갖추면 그때부터 그가 생존하는 동안 배우자였던 자의 노령연금을 분할한 일정한 금액의 연금(분할연금)을 받을 수 있다.

㉠ 배우자와 이혼하였을 것

㉡ 배우자였던 사람이 노령연금수급권자일 것

㉢ 분할연금 수급권자 본인이 출생연도별 지급개시연령이 될 것(60세가 되었을 것)

② 분할연금의 급여수준

배우자였던 자의 노령연금액(부양가족연금액 제외) 중 혼인기간에 해당하는 연금액의 1/2을 지급한다.

(4) 장애연금

① 장애연금의 수급권자

가입자 또는 가입자였던 자가 질병이나 부상으로 신체상 또는 정신상의 장애가 있고 다음의 요건을 모두 충족하는 경우에는 장애 정도를 결정하는 기준이 되는 날(장애결정 기준일)부터 그 장애가 계속되는 기간 동안 장애 정도에 따라 장애연금을 지급한다.

㉠ 해당 질병 또는 부상의 초진일 당시 연령이 18세(다만, 18세 전에 가입한 경우에는 가입자가 된 날을 말한다) 이상이고 노령연금의 지급 연령 미만일 것

㉡ 다음의 어느 하나에 해당할 것

ⓐ 해당 질병 또는 부상의 초진일 당시 연금보험료를 낸 기간이 가입대상기간의 3분의 1 이상일 것

ⓑ 해당 질병 또는 부상의 초진일 5년 전부터 초진일까지의 기간 중 연금보험료를 낸 기간이 3년 이상일 것. 다만, 가입대상기간 중 체납기간이 3년 이상인 경우는 제외한다.

ⓒ 해당 질병 또는 부상의 초진일 당시 가입기간이 10년 이상일 것

② 장애결정 기준일

㉠ 초진일부터 1년 6개월이 지나기 전에 완치일이 있는 경우 : <u>완치일</u>

㉡ 초진일부터 1년 6개월이 지날 때까지 완치일이 없는 경우 : <u>초진일부터 1년 6개월이 되는 날의 다음 날</u>

㉢ 초진일부터 1년 6개월이 되는 날의 다음 날에 장애연금의 지급 대상이 되지 아니하였으나, 그 후 그 질병이나 부상이 악화된 경우 : <u>장애연금의 지급을 청구한 날(노령연금 지급연령 전에 청구한 경우만 해당한다)과 완치일 중 빠른 날</u>

㉣ 장애연금의 수급권이 소멸된 사람이 장애연금 수급권을 취득할 당시의 질병이나 부상이 악화된 경우 : <u>청구일과 완치일 중 빠른 날</u>

③ 장애연금액

장애등급	급여수준
1급	기본연금액 + 부양가족연금액
2급	기본연금액의 80%에 해당하는 금액 + 부양가족연금액
3급	기본연금액의 60%에 해당하는 금액 + 부양가족연금액
4급	기본연금액의 225%에 해당하는 금액(일시보상금)

(5) 유족연금

① 유족연금의 수급권자

다음의 어느 하나에 해당하는 사람이 사망하면 그 유족에게 유족연금을 지급한다.

㉠ 노령연금 수급권자

㉡ 가입기간이 10년 이상인 가입자 또는 가입자였던 자

㉢ 연금보험료를 낸 기간이 가입대상기간의 3분의 1 이상인 가입자 또는 가입자였던 자

㉣ 사망일 5년 전부터 사망일까지의 기간 중 연금보험료를 낸 기간이 3년 이상인 가입자 또는 가입자였던 자. 다만, 가입대상기간 중 체납기간이 3년 이상인 사람은 제외한다.

㉤ 장애등급이 2급 이상인 장애연금 수급권자

유족연금의 순위(국민연금법 제73조 제2항) 기출 22

1. 배우자
2. 자녀. 다만, 25세 미만이거나 제52조2에 따른 장애상태에 있는 사람만 해당한다.
3. 부모(배우자의 부모를 포함한다). 다만, 60세 이상이거나 제52조2에 따른 장애상태에 있는 사람만 해당한다.
4. 손자녀. 다만, 19세 미만이거나 제52조2에 따른 장애상태에 있는 사람만 해당한다.
5. 조부모(배우자의 조부모를 포함한다). 다만, 60세 이상이거나 제52조2에 따른 장애상태에 있는 사람만 해당한다.

② 유족연금액

가입기간	급여수준
10년 미만	기본연금액의 40%에 해당하는 금액 + 부양가족연금액
10년 이상 20년 미만	기본연금액의 50%에 해당하는 금액 + 부양가족연금액
20년 이상	기본연금액의 60%에 해당하는 금액 + 부양가족연금액

③ 유족연금 수급권의 소멸

㉠ 수급권자가 사망한 때

㉡ 배우자인 수급권자가 재혼한 때

㉢ 자녀나 손자녀인 수급권자가 다른 사람에게 입양되거나 파양된 때

㉣ 제52조2에 따른 장애상태에 해당하지 아니한 자녀인 수급권자가 25세가 된 때 또는 제52조2에 따른 장애상태에 해당하지 아니한 손자녀인 수급권자가 19세가 된 때

④ 배우자에 대한 유족연금의 지급 정지

유족연금의 수급권자인 배우자에 대하여는 수급권이 발생한 때부터 3년 동안 유족연금을 지급한 후 55세가 될 때까지 지급을 정지한다. 다만, 그 수급권자가 다음의 어느 하나에 해당하면 지급을 정지하지 아니한다.

㉠ 제52조2에 따른 장애상태인 경우

㉡ 가입자 또는 가입자였던 자의 25세 미만인 자녀 또는 제52조2에 따른 장애상태인 자녀의 생계를 유지한 경우

㉢ 대통령령으로 정하는 소득이 있는 업무에 종사하지 아니하는 경우

제52조의2에 따른 장애상태(부양가족연금액 및 유족연금 지급 대상의 장애 인정기준)

다음 각 호의 어느 하나에 해당하는 상태를 말한다.

1. 장애등급 1급 또는 2급에 해당하는 상태
2. 「장애인복지법」 제2조에 따른 장애인 중 장애의 정도가 심한 장애인으로서 대통령령으로 정하는 장애 정도에 해당하는 상태

(6) 반환일시금

① 수급요건

가입자 또는 가입자였던 자가 다음의 어느 하나에 해당하게 되면 본인이나 그 유족의 청구에 의하여 반환일시금을 지급받을 수 있다.

㉠ 가입기간이 10년 미만인 자가 60세가 된 때

㉡ 가입자 또는 가입자였던 자가 사망한 때. 다만, 유족연금이 지급되는 경우에는 그러하지 아니하다.

㉢ 국적을 상실하거나 국외로 이주한 때

② 급여수준

반환일시금은 가입기간 중 본인이 납부한 연금보험료에 대통령령으로 정하는 이자를 더하여 받게 된다. 반환일시금 산정시 적용하는 이자율은 연금보험료를 낸 날이 속하는 달의 다음 달부터 지급사유발생일이 속하는 달까지의 기간에 대하여 해당 기간의 3년 만기 정기예금 이자율을 적용한다.

③ 반환일시금 수급권의 소멸

㉠ 수급권자가 다시 가입자로 된 때

㉡ 수급권자가 노령연금의 수급권을 취득한 때

㉢ 수급권자가 장애연금의 수급권을 취득한 때

㉣ 수급권자의 유족이 유족연금의 수급권을 취득한 때

(7) 사망일시금

① 수급요건

가입자 또는 가입자였던 사람, 노령연금 수급권자, 장애등급이 3급 이상인 장애연금 수급권자에 해당하는 사람이 사망한 때에 유족이 없으면 그 배우자·자녀·부모·손자녀·조부모·형제자매 또는 4촌 이내 방계혈족에게 사망일시금을 지급한다.

② 급여수준

㉠ 가입자 또는 가입자였던 사람에 해당하는 경우 : 가입자 또는 가입자였던 사람의 반환일시금에 상당한 금액으로 하되, 그 금액은 사망한 가입자 또는 가입자였던 자의 최종기준소득월액을 연도별 재평가율에 따라 사망일시금 수급 전년도의 현재가치로 환산한 금액과 가입기간 중 기준소득월액의 평균액 중에서 많은 금액의 4배를 초과할 수는 없다.

㉡ 노령연금 수급권자, 장애등급이 3급 이상인 장애연금 수급권자에 해당하는 경우 : 수급권자가 사망할 때까지 지급받은 연금액이 ㉠을 준용하여 산정한 금액(이 경우 "가입자 또는 가입자였던 사람"은 "노령연금 수급권자 또는 장애등급이 3급 이상인 장애연금 수급권자"로 본다)보다 적은 경우에 그 차액에 해당하는 금액

4 재원조달

각종 연금급여의 지급 등 국민연금사업에 소요되는 비용을 충당하기 위하여 가입자 및 사용자로부터 가입기간 동안의 가입자 소득에 비례하여 일정비율의 연금보험료를 징수한다.

(1) 연금보험료의 의의

① 연금보험료는 연금급여를 지급하기 위한 재정 마련을 목적으로 법률에 근거하여 납부되는 것으로서 국민연금의 주된 재원이 된다.

② 법에 근거하기 때문에 연금보험료를 납부기간 내에 납부하지 않으면 다른 공과금과 마찬가지로 연체금(연금보험료의 3~9%)이 가산된다.

③ 일정기간 납부하지 않을 경우는 국세체납처분의 예에 따라 납부의무자의 재산에 압류처분 등 강제징수를 통하여 연금보험료로 충당하게 되므로 재산상의 불이익이 가해질 수도 있다.

(2) 연금보험료 금액

가입자 자격취득시의 신고 또는 정기결정에 의하여 결정되는 기준소득월액에 보험료율을 곱하여 산정한다.

연금보험료 = 가입자의 기준소득월액 × 연금보험료율

기준소득월액이란 국민연금의 보험료 및 급여 산정을 위하여 가입자가 신고한 소득월액에서 천원미만을 절사한 금액을 말하며, 최저 39만원에서 최고 617만원까지의 범위로 결정하게 된다(2024.7.1.부터 2025.6.30.까지).

(3) 연금보험료율

① 사업장가입자의 보험료율

사업장가입자의 경우 보험료율인 소득의 9%에 해당하는 금액을 본인과 사업장의 사용자가 각각 절반, 즉 4.5%씩 부담하여 매월 사용자가 납부하여야 한다. 사업장가입자의 연금보험료는 가입자가 개별적으로 납부할 수 없고, 사용자에 의하여 일괄적으로 납부한다.

② 지역가입자의 보험료율

지역가입자・임의・임의계속가입자는 보험료를 본인이 전액 부담한다. 다만, 제도 시행 초기 보험료 납부에 대한 부담을 줄여주기 위하여 3%에서 시작하여, 2000년 7월부터 매년 1%씩 상향조정되어 2005년 7월 이후 9%까지 상향 조정되었다.

농어업인의 경우 일정한 조건에 해당되면 보험료의 일부를 국고에서 지원받을 수 있다.

심화TIP 연금보험료 납부의 예외 사유(국민연금법 제91조 제1항)

1. 사업 중단, 실직 또는 휴직 중인 경우
2. 「병역법」 제3조에 따른 병역의무를 수행하는 경우
3. 「초・중등교육법」 제2조나 「고등교육법」 제2조에 따른 학교에 재학 중인 경우
4. 「형의 집행 및 수용자의 처우에 관한 법률」 제11조에 따라 교정시설에 수용 중인 경우
5. 종전의 「사회보호법」에 따른 보호감호시설이나 「치료감호법」에 따른 치료감호시설에 수용 중인 경우
6. 1년 미만 행방불명된 경우. 이 경우 행방불명의 인정 기준 및 방법은 대통령령으로 정한다.
7. 재해・사고 등으로 소득이 감소되거나 그 밖에 소득이 있는 업무에 종사하지 아니하는 경우로서 대통령령으로 정하는 경우

03 건강보험

1 건강보험제도의 개요

(1) 목 적

국민의 질병・부상에 대한 예방・진단・치료・재활과 출산・사망 및 건강증진에 대하여 보험급여를 실시함으로써 국민보건 향상과 사회보장 증진에 이바지함을 목적으로 한다.

(2) 특 성

① 의무적인 보험가입 및 보험료 납부

보험가입을 기피할 수 있도록 제도화될 경우 질병위험이 큰 사람만 보험에 가입하여 국민 상호간 위험분담 및 의료비 공동해결이라는 건강보험제도의 목적을 실현할 수 없기 때문에 일정한 법적요건이 충족되면 본인의 의사와 관계없이 건강보험가입이 강제되며, 보험료 납부의무가 부여된다.

② 부담능력에 따른 보험료 부과

민간보험은 보장의 범위, 질병위험의 정도, 계약의 내용 등에 따라 보험료를 부담하는데 비해, 사회보험방식으로 운영되는 국민건강보험은 사회적 연대를 기초로 의료비 문제를 해결하는 것을 목적으로 하므로 소득수준 등 보험료 부담능력에 따라서 보험료를 부과한다.

③ 균등한 보장

민간보험은 보험료 수준과 계약내용에 따라 개인별로 다르게 보장되지만, 사회보험인 국민건강보험은 보험료 부담수준과 관계없이 관계법령에 의하여 균등하게 보험급여가 이루어진다.

(3) 기능 및 역할 기출 18・19

① 의료보장 기능

건강보험은 피보험대상자 모두에게 필요한 기본적 의료를 적정한 수준까지 보장함으로써 그들의 의료문제를 해결하고 누구에게나 균등하게 적정수준의 급여를 제공한다.

② 사회연대 기능

건강보험은 사회보험으로서 건강에 대한 사회공동의 책임을 강조하여 비용(보험료)부담은 소득과 능력에 따라 부담하고 가입자 모두에게 균등한 급여를 제공함으로써 사회적 연대를 강화하고 사회통합을 이루는 기능을 가지고 있다.

③ 소득재분배 기능

질병은 개인의 경제생활에 지장을 주어 소득을 떨어뜨리고 다시 건강을 악화시키는 악순환을 초래하기 때문에 각 개인의 경제적 능력에 따른 일정한 부담으로 재원을 조성하고 개별부담과 관계없이 필요에 따라 균등한 급여를 제공하여 질병의 치료부담을 경감시키는 건강보험은 소득재분배 기능을 수행한다.

심화TIP 국민건강보험의 구상제도 기출 18

국민건강보험법 제58조 제1항에 의하면 "국민건강보험공단은 제3자의 행위로 보험급여 사유가 생겨 가입자 또는 피부양자에게 보험급여를 한 경우에는 그 급여에 들어간 비용 한도에서 그 제3자에게 손해배상을 청구할 권리를 얻는다"라고 규정되어 있으므로 구상제도가 있다.

판례 국민건강보험공단이 대위취득하는 손해배상채권의 범위

국민건강보험공단은 불법행위의 피해자에게 국민건강보험법에 따른 건강보험 보험급여를 한 경우 그 급여에 들어간 비용의 한도에서 피해자의 가해자에 대한 손해배상채권을 얻는다(국민건강보험법 제58조 제1항). 이는 건강보험 보험급여를 받은 피해자가 다시 가해자로부터 손해배상을 받음으로써 이중의 이익을 얻는 것을 방지하기 위한 것이므로, 국민건강보험공단이 피해자를 대위하여 얻는 손해배상채권은 피해자의 전체 손해배상채권 중 건강보험 보험급여와 동일한 사유에 의한 손해배상채권으로 한정된다(대법원 1993.12.21., 선고, 93다34091, 판결 / 대법원 2011.5.13., 선고, 2009다100920, 판결 등 참조). 따라서 손해의 발생 또는 확대에 피해자의 과실이 경합한 경우에 위 규정에 따라 국민건강보험공단이 가해자에 대하여 주장할 수 있는 손해배상채권액은 전체 손해배상채권이 아니라 국민건강보험공단이 대위하여 얻는 손해배상채권, 즉 건강보험 보험급여와 동일한 사유에 의한 손해배상채권에 과실상계를 한 범위 내에서 보험급여에 들어간 비용을 한도로 산정하여야 한다(대법원 2015.9.10., 선고, 2014다206853, 판결).

(4) 의료보장제도로서 건강보험

의료보장제도는 각국의 고유한 문화와 전통을 배경으로 하는 역사적 산물로서 단순 분류에는 어려움이 있으나, 일반적으로 사회보험방식(SHI ; Social Health Insurance)과 국가보건서비스방식(NHS ; National Health Service)으로 대별된다.

우리나라 의료보장제도의 유형은 사회보험방식을 취하면서 전 국민을 대상으로 단일한 보험자가 운영하는 국민건강보험방식(NHI ; National Health Insurance)이다.

① 사회보험방식(SHI)

㉠ 사회보험방식은 국가가 기본적으로 의료보장에 대한 책임을 지지만, 의료비에 대한 국민의 자기 책임을 일정부분 인정하는 체계이다.

㉡ 정부기관이 아닌 보험자가 보험료를 통해 재원을 마련하여 의료를 보장하는 방식으로, 정부에 대해 상대적으로 자율성을 지닌 기구를 통한 자치적 운영을 근간으로 하며, 의료공급자가 국민과 보험자간에서 보험급여를 대행하는 방식이다.

㉢ 사회보험방식으로 의료보장을 제공하는 대표적인 국가는 독일, 프랑스, 일본 등이다.

② 국민건강보험방식(NHI)

㉠ 국민건강보험방식은 사회보험방식과 마찬가지로 사회연대성을 기반으로 보험의 원리를 도입한 의료보장체계이지만 다수 보험자를 통해 운영되는 전통적인 사회보험방식과 달리 단일한 보험자가 국가전체의 건강보험을 관리·운영한다.

㉡ 국민건강보험방식을 채택한 대표적인 국가는 한국과 대만 등이다.

③ 국가보건서비스방식(NHS)

㉠ 국가보건서비스방식은 국민의 의료문제는 국가가 모두 책임져야 한다는 관점에서 정부가 일반 조세로 재원을 마련하고 모든 국민에게 무상으로 의료를 제공하여 국가가 직접적으로 의료를 관장하는 방식이다.

㉡ 의료기관의 상당부분이 사회화 내지 국유화되어 있다.

㉢ 국가보건서비스방식을 채택한 대표적인 국가는 영국, 스웨덴, 이탈리아 등이다.

(5) 연 혁

① 1963년 12월 의료보험법 제정

② 1977년 7월 500인 이상 사업장 근로자 의료보험 실시

③ 1981년 1월 100인 이상 사업장 의료보험 적용 확대

④ 1988년 1월 농어촌 지역의료보험 확대실시

⑤ 1988년 7월 5인 이상 사업장 의료보험적용 확대

⑥ 1989년 7월 도시지역의료보험 실시(전 국민 의료보험 실현)

⑦ 1997년 12월 국민의료보험법 제정

⑧ 1999년 2월 국민건강보험법 제정

⑨ 2000년 7월 국민건강보험공단 출범(의료보험 완전통합)

⑩ 2002년 1월 국민건강보험재정건전화특별법 제정

⑪ 2003년 7월 직장재정과 지역재정 통합(실질적인 건강보험 통합)

⑫ 2007년 4월 노인장기요양보험법 제정 및 2008년 7월 노인장기요양보험 실시

⑬ 2011년 1월 사회보험 징수통합(건강보험, 국민연금, 고용보험, 산재보험)

⑭ 2012년 7월 포괄수가제 병・의원급 의료기관 당연적용(7개 질병군 입원환자)

⑮ 2013년 8월 중증질환 재난적 의료비 지원사업 실시

⑯ 2015년 1월 간호・간병통합서비스 보험급여 적용

⑰ 2019년 7월 외국인 지역가입자 당연적용 실시

2 가입자

(1) 적용 대상

국내에 거주하는 국민은 건강보험의 가입자 또는 피부양자가 된다. 다만, 다음의 어느 하나에 해당하는 사람은 제외한다.

① 「의료급여법」에 따라 의료급여를 받는 사람(수급권자)

② 「독립유공자예우에 관한 법률」 및 「국가유공자 등 예우 및 지원에 관한 법률」에 따라 의료보호를 받는 사람(유공자 등 의료보호대상자). 다만, 다음의 어느 하나에 해당하는 사람은 가입자 또는 피부양자가 된다.

㉠ 유공자 등 의료보호대상자 중 건강보험의 적용을 보험자에게 신청한 사람

㉡ 건강보험을 적용받고 있던 사람이 유공자 등 의료보호대상자로 되었으나 건강보험의 적용배제 신청을 보험자에게 하지 아니한 사람

(2) 가입자의 종류

① 가입자는 직장가입자와 지역가입자로 구분한다.

② 모든 사업장의 근로자 및 사용자와 공무원 및 교직원은 직장가입자가 된다. 다만, 다음의 어느 하나에 해당하는 사람은 제외한다.

㉠ 고용 기간이 1개월 미만인 일용근로자

㉡ 「병역법」에 따른 현역병(지원에 의하지 아니하고 임용된 하사를 포함한다), 전환복무된 사람 및 무관후보생

㉢ 선거에 당선되어 취임하는 공무원으로서 매월 보수 또는 보수에 준하는 급료를 받지 아니하는 사람

㉣ 그 밖에 사업장의 특성, 고용 형태 및 사업의 종류 등을 고려하여 대통령령으로 정하는 사업장의 근로자 및 사용자와 공무원 및 교직원

③ 지역가입자는 직장가입자와 그 피부양자를 제외한 가입자를 말한다.

3 급여구조

(1) 보험급여

① 보험급여의 정의

가입자 및 피부양자의 질병과 부상에 대한 예방, 진단, 치료, 재활, 출산, 사망 및 건강증진에 대하여 법령이 정하는 바에 따라 현물 또는 현금의 형태로 제공하는 서비스를 말한다.

② 보험급여 구분

보험급여는 현물급여와 현금급여로 구분된다.

③ 보험급여의 종류

구 분		수급권자
현물급여	요양급여	가입자 및 피부양자
	건강검진	가입자 및 피부양자
현금급여	요양비	가입자 및 피부양자
	장애인보장구	가입자 및 피부양자 중 「장애인복지법」에 의해 등록한 장애인
	본인부담액 상한제	가입자 및 피부양자
	임신·출산 진료비	가입자 및 피부양자 중 임산부

(2) 요양급여(국민건강보험법 제41조)

① 요양급여의 제공

가입자와 피부양자의 질병, 부상, 출산 등에 대하여 진찰·검사, 약제(藥劑)·치료재료의 지급, 처치·수술 및 그 밖의 치료, 예방·재활, 입원, 간호, 이송(移送)의 요양급여를 실시한다.

② 요양급여의 범위(요양급여대상)

㉠ 요양급여(약제는 제외한다) : 보건복지부장관이 비급여대상으로 정한 것을 제외한 일체의 것

㉡ 약제 : 요양급여대상으로 보건복지부장관이 결정하여 고시한 것

③ 선별급여

㉠ 요양급여를 결정함에 있어 경제성 또는 치료효과성 등이 불확실하여 그 검증을 위하여 추가적인 근거가 필요하거나, 경제성이 낮아도 가입자와 피부양자의 건강회복에 잠재적 이득이 있는 등 대통령령으로 정하는 경우에는 예비적인 요양급여인 선별급여로 지정하여 실시할 수 있다.

㉡ 보건복지부장관은 대통령령으로 정하는 절차와 방법에 따라 선별급여에 대하여 주기적으로 요양급여의 적합성을 평가하여 요양급여 여부를 다시 결정하고, 요양급여의 기준을 조정하여야 한다.

④ 방문요양급여

가입자 또는 피부양자가 질병이나 부상으로 거동이 불편한 경우 등 보건복지부령으로 정하는 사유에 해당하는 경우에는 가입자 또는 피부양자를 직접 방문하여 요양급여를 실시할 수 있다.

⑤ 요양기관

요양급여(간호와 이송은 제외한다)는 다음의 요양기관에서 실시한다. 이 경우 보건복지부장관은 공익이나 국가정책에 비추어 요양기관으로 적합하지 아니한 대통령령으로 정하는 의료기관 등은 요양기관에서 제외할 수 있다.

㉠ 「의료법」에 따라 개설된 의료기관

㉡ 「약사법」에 따라 등록된 약국

㉢ 「약사법」 제91조에 따라 설립된 한국희귀・필수의약품센터

㉣ 「지역보건법」에 따른 보건소・보건의료원 및 보건지소

㉤ 「농어촌 등 보건의료를 위한 특별조치법」에 따라 설치된 보건진료소

⑥ 비용의 일부부담

㉠ 요양급여를 받는 자는 대통령령으로 정하는 바에 따라 비용의 일부(본인일부부담금)를 본인이 부담한다. 이 경우 선별급여에 대해서는 다른 요양급여에 비하여 본인일부부담금을 상향 조정할 수 있다.

㉡ 본인이 연간 부담하는 다음 금액의 합계액이 대통령령으로 정하는 금액(본인부담상한액)을 초과한 경우에는 공단이 그 초과 금액을 부담하여야 한다. 이 경우 공단은 당사자에게 그 초과 금액을 통보하고, 이를 지급하여야 한다. 〈2024.2.20. 개정〉

ⓐ 본인일부부담금의 총액

ⓑ 요양이나 출산의 비용으로 부담한 금액(요양이나 출산의 비용으로 부담한 금액이 보건복지부장관이 정하여 고시한 금액보다 큰 경우에는 그 고시한 금액으로 한다)에서 요양비로 지급받은 금액을 제외한 금액

㉢ 본인부담상한액은 가입자의 소득수준 등에 따라 정한다.

(3) 요양비(국민건강보험법 제49조)

① 공단은 가입자나 피부양자가 보건복지부령으로 정하는 긴급하거나 그 밖의 부득이한 사유로 요양기관과 비슷한 기능을 하는 기관으로서 보건복지부령으로 정하는 기관(업무정지기간 중인 요양기관을 포함한다. 이하 "준요양기관"이라 한다)에서 질병・부상・출산 등에 대하여 요양을 받거나 요양기관이 아닌 장소에서 출산한 경우에는 그 요양급여에 상당하는 금액을 보건복지부령으로 정하는 바에 따라 가입자나 피부양자에게 요양비로 지급한다.

② 준요양기관은 보건복지부장관이 정하는 요양비 명세서나 요양 명세를 적은 영수증을 요양을 받은 사람에게 내주어야 하며, 요양을 받은 사람은 그 명세서나 영수증을 공단에 제출하여야 한다.

③ 준요양기관은 요양을 받은 가입자나 피부양자의 위임이 있는 경우 공단에 요양비의 지급을 직접 청구할 수 있다. 이 경우 공단은 지급이 청구된 내용의 적정성을 심사하여 준요양기관에 요양비를 지급할 수 있다.

(4) 부가급여(국민건강보험법 제50조)

공단은 요양급여 외에 대통령령으로 정하는 바에 따라 임신·출산 진료비, 장제비, 상병수당, 그 밖의 급여를 실시할 수 있다.

(5) 건강검진(국민건강보험법 제52조)

공단은 가입자와 피부양자에 대하여 질병의 조기 발견과 그에 따른 요양급여를 하기 위하여 건강검진을 실시한다.

① 일반건강검진

㉠ 검진대상

구 분	대 상	실시주기
지역가입자	세대주 및 20세 이상 세대원	2년에 1회
직장가입자	비사무직 근로자 전체 사무직 근로자 중 격년제 실시에 따른 대상자	비사무직 : 1년에 1회 사무직 : 2년에 1회
직장피부양자	20세 이상 피부양자	2년에 1회
의료급여수급권자	19세~64세 의료급여 수급권자 ※ 65세 이상은 노인복지법에 의한 검진실시로 제외	2년에 1회

㉡ 공통검사항목

문진 및 체위검사, 흉부방사선 검사, 혈액검사(혈색소, 공복혈당, AST, ALT, γ-GTP, 혈청크레아티닌, e-GFR), 요검사(요단백), 구강검진 등

② 암 검진

㉠ 검진대상

구 분	대 상	검진주기
위 암	40세 이상의 남·여	2년
유방암	40세 이상인 여성	2년
대장암	50세 이상의 남·여	1년
자궁경부암	20세 이상인 여성	2년
간 암	40세 이상의 남·여 중 간암발생 고위험군 ※ "간암발생 고위험군"이란 간경변증, B형간염 항원 양성, C형간염 항체 양성, B형 또는 C형 간염 바이러스에 의한 만성 간질환 환자를 말한다.	6개월
폐 암	54세 이상 74세 이하의 남·여 중 폐암발생 고위험군 ※ "폐암발생 고위험군"이란 30갑년[하루 평균 담배소비량(갑)×흡연기간(년)] 이상의 흡연력을 가진 현재 흡연자와 폐암 검진의 필요성이 높아 보건복지부장관이 정하여 고시하는 사람을 말한다.	2년

ⓛ 비용부담 : 공단 90%, 수검자 10%(다만, 자궁경부암, 대장암은 공단이 전액 부담)

③ 영유아 건강검진

㉠ 검진대상 : 6세 미만의 가입자 및 피부양자

ⓛ 검진주기와 검진횟수 : 영유아의 나이 등을 고려하여 보건복지부장관이 정하여 고시하는 바에 따라 검진주기와 검진횟수를 다르게 할 수 있다.

ⓒ 건강검진의 실시 통보 : 직장가입자의 피부양자인 영유아에게 실시하는 건강검진의 경우에는 그 직장가입자에게, 지역가입자인 영유아에게 실시하는 건강검진의 경우에는 해당 세대주에게 통보한다.

ⓔ 비용부담 : 건강보험가입자·피부양자는 공단이 전액 부담한다.

(6) 급여의 제한(국민건강보험법 제53조 제1항) 기출 24

공단은 보험급여를 받을 수 있는 사람이 다음의 어느 하나에 해당하면 보험급여를 하지 아니한다.

① 고의 또는 중대한 과실로 인한 범죄행위에 그 원인이 있거나 고의로 사고를 일으킨 경우

② 고의 또는 중대한 과실로 공단이나 요양기관의 요양에 관한 지시에 따르지 아니한 경우

③ 고의 또는 중대한 과실로 법 제55조에 따른 문서와 그 밖의 물건의 제출을 거부하거나 질문 또는 진단을 기피한 경우

④ 업무 또는 공무로 생긴 질병·부상·재해로 다른 법령에 따른 보험급여나 보상(報償) 또는 보상(補償)을 받게 되는 경우

> 보험급여를 받을 수 있는 사람이 국외에 체류하는 경우 그 기간에는 보험급여를 하지 아니한다(국민건강보험법 제54조 제1항). ⇒ **보험급여의 정지 사유**

4 재원조달

(1) 개 요

국민건강보험제도 운영에 소요되는 재원은 보험료와 정부지원금(국고, 기금) 및 기타 수입으로 구성된다.

(2) 보험료(국민건강보험법 제69조)

공단은 건강보험사업에 드는 비용에 충당하기 위하여 보험료의 납부의무자로부터 보험료를 징수한다.

① 직장가입자

㉠ 보수월액보험료 : 직장가입자가 지급받는 보수를 기준으로 하여 산정하며, 산정한 보수월액에 보험료율을 곱하여 보험료를 산정한 후, 경감률 등을 적용하여 가입자 단위로 부과한다.

ⓐ 보험료 산정방법

- 건강보험료 = 보수월액 × 건강보험료율
- 장기요양보험료 = 건강보험료 × 장기요양보험료율 / 건강보험료율

보수월액 : 동일사업장에서 당해 연도에 지급받은 보수총액을 근무월수로 나눈 금액

ⓑ 보험료율 : 2025년 기준 건강보험료율 7.09%, 장기요양보험료율 0.9182%

ⓒ 보험료 부담비율

구 분	계	가입자부담	사용자부담	국가부담
근로자	7.09%	3.545%	3.545%	–
공무원	7.09%	3.545%	–	3.545%
사립학교교원	7.09%	3.545%	2.127%(30%)	1.418%(20%)

㉡ 소득월액보험료 : 보수월액의 산정에 포함된 보수를 제외한 직장가입자의 소득(보수 외 소득)이 연간 2,000만원을 초과하는 직장가입자는 소득월액보험료 부과대상자가 된다. 소득월액보험료는 '보수외 소득'에서 2,000만원을 공제한 나머지 금액을 12로 나누어 소득종류에 따른 금액비율로 곱해 산정한 소득월액보험료를 부과한다(2022.9.1.부터~).

ⓐ 소득월액

소득월액 = {연간 '보수 외 소득' – 2,000만원(공제금액) ÷ 12} × 소득평가율

소득월액 : 보수월액에 포함된 보수를 제외한 직장가입자의 소득으로 이자, 배당, 사업, 근로, 연금, 기타 소득을 12로 나눈 금액

ⓑ 소득월액보험료 산정방법

- 소득월액보험료 = {연간 '보수 외 소득' – 2,000만원(공제금액) ÷ 12} × 소득평가율 × 건강보험료율

  ※ **소득평가율** : 이자 · 배당 · 사업 · 기타 소득(100%), 근로 · 연금소득(50%)
- 장기요양보험료 = 소득월액보험료 × 장기요양보험료율 / 건강보험료율
- 소득월액보험료는 직장가입자 본인이 부담한다.

② 지역가입자

지역가입자의 건강보험료는 가입자의 소득, 재산(전월세 포함)을 기준으로 각 부과요소별로 산정한 후 합산한 보험료에 경감률 등을 적용하여 세대 단위로 부과한다.

㉠ 부과요소별 산정기준

ⓐ 소득월액 : 「소득세법」에 따라 산정한 이자·배당·사업·기타 소득금액, 「소득세법」에 따른 근로·연금소득의 금액 합계액을 12개월로 나눈 금액

ⓑ 재산 점수(60등급) : 주택, 건물, 토지, 선박, 항공기, 전월세
재산등급별 부과점수에 점수당 금액을 곱하여 산정한다.

㉡ 보험료 산정방법

ⓐ 건강보험료 = (소득월액 × 건강보험료율) + {재산(전월세 등 포함)보험료 부과점수 × 부과점수당 금액(208.4원)}

※ **소득월액** : 연간 소득을 12개월로 나눈 금액

ⓑ 장기요양보험료 = 건강보험료 × 장기요양보험료율 / 건강보험료율

(3) 보험료의 면제(국민건강보험법 제74조)

① 공단은 직장가입자가 다음의 어느 하나에 해당하는 경우(국외에 체류하는 경우에는 1개월 이상의 기간으로서 대통령령으로 정하는 기간 이상 국외에 체류하는 경우에 한정한다) 그 가입자의 보험료를 면제한다. 다만, 국외에 체류하는 직장가입자의 경우에는 국내에 거주하는 피부양자가 없을 때에만 보험료를 면제한다.

㉠ 국외에 체류하는 경우

㉡ 「병역법」에 따른 현역병(지원에 의하지 아니하고 임용된 하사를 포함한다), 전환복무된 사람 및 군간부후보생이 된 경우

㉢ 교도소, 그 밖에 이에 준하는 시설에 수용되어 있는 경우

> "대통령령으로 정하는 기간"이란 3개월을 말한다. 다만, 업무에 종사하기 위해 국외에 체류하는 경우라고 공단이 인정하는 경우에는 1개월을 말한다.

② 지역가입자가 ①항의 어느 하나에 해당하면 그 가입자가 속한 세대의 보험료를 산정할 때 그 가입자의 소득월액 및 재산보험료부과점수를 제외한다. 〈2024.2.6. 개정〉

심화TIP 보험료의 경감 대상자(국민건강보험법 제75조 제1항)

1. 섬·벽지(僻地)·농어촌 등 대통령령으로 정하는 지역에 거주하는 사람
2. 65세 이상인 사람
3. 「장애인복지법」에 따라 등록한 장애인
4. 「국가유공자 등 예우 및 지원에 관한 법률」 제4조 제1항 제4호, 제6호, 제12호, 제15호 및 제17호에 따른 국가유공자
5. 휴직자
6. 그 밖에 생활이 어렵거나 천재지변 등의 사유로 보험료를 경감할 필요가 있다고 보건복지부장관이 정하여 고시하는 사람

(4) 보험재정에 대한 정부지원금(국민건강보험법 제108조의2)

① 정부지원금

보험료 수입의 20%에 상당하는 금액을 지원한다.

정부지원(20%) : 국고지원(14%) + 국민건강증진기금(6%)

② 국고지원

국가는 매년 예산의 범위 안에서 당해 연도 보험료 예상수입액의 100분의 14에 상당하는 금액을 국고에서 공단에 지원한다. 공단은 지원된 재원을 다음의 사업에 사용한다.

㉠ 가입자 및 피부양자에 대한 보험급여

㉡ 건강보험사업에 대한 운영비

㉢ 보험료 경감에 대한 지원(국민건강증진법 제75조 및 제110조 제4항)

③ 기금지원

공단은 「국민건강증진법」에서 정하는 바에 따라 같은 법에 따른 국민건강기금에서 자금을 지원받을 수 있다. 공단은 지원된 재원을 다음의 사업에 사용한다.

㉠ 건강검진 등 건강증진에 관한 사업

㉡ 가입자와 피부양자의 흡연으로 인한 질병에 대한 보험급여

㉢ 가입자와 피부양자 중 65세 이상 노인에 대한 보험급여

국민건강증진법 부칙〈제6619호〉

매년 기금에서 「국민건강보험법」에 따른 당해 연도 보험료 예상수입액의 100분의 6에 상당하는 금액을 국민건강보험공단에 지원한다. 다만, 그 지원금액은 당해 연도 부담금 예상수입액의 100분의 65를 초과할 수 없다.

(5) 기타 수입

기타 수입은 연체금, 부당이득금, 기타 징수금 등이 있다.

04 산재보험

1 산재보험의 개요

(1) 목 적

산재보험은 산재근로자와 그 가족의 생활을 보장하기 위하여 국가가 책임지는 의무보험으로 원래 사용자의 「근로기준법」상 재해보상책임을 보장하기 위하여 국가가 사업주에게서 소정의 보험료를 징수하여 그 기금(재원)으로 사업주를 대신하여 산재근로자에게 보상을 해주는 제도이다.

근거 법령인 「산업재해보상보험법」에는 "근로자의 업무상의 재해를 신속하고 공정하게 보상하며, 재해근로자의 재활 및 사회 복귀를 촉진하기 위하여 이에 필요한 보험시설을 설치·운영하고, 재해 예방과 그 밖에 근로자의 복지 증진을 위한 사업을 시행하여 근로자 보호에 이바지하는 것을 목적으로 한다"고 규정되어 있다.

(2) 특 징 기출 18

① 근로자재해배상책임보험의 성격을 가진 사회보험으로 근로복지공단에서 운영하고 있다.
② 근로자의 업무상 재해는 사용자의 고의·과실 유무를 불문하는 무과실책임주의이다.
③ 보험사업에 소요되는 재원인 보험료는 원칙적으로 사업주가 전액 부담한다.
④ 산재보험급여는 재해발생에 따른 손해 전체를 보상하는 방식이 아니라, 평균임금을 기초로 정률 보상방식으로 지급된다.
⑤ 자진신고와 자진납부를 원칙으로 한다.
⑥ 재해보상과 관련되는 이의신청을 신속히 하기 위하여 심사 및 재심사청구제도를 운영하고 있다.
⑦ 다른 사회보험과 달리 사업장 중심의 관리가 이루어진다.

심화TIP 중대산업재해 기출 25

중대산업재해는 「산업안전보건법」 제2조 제1호에 따른 산업재해 중 다음의 어느 하나에 해당하는 결과를 야기한 재해를 말한다(중대재해처벌법 제2조 제2호).

- 사망자가 1명 이상 발생
- 동일한 사고로 6개월 이상 치료가 필요한 부상자가 2명 이상 발생
- 동일한 유해요인으로 급성중독 등 대통령령으로 정하는 직업성 질병자가 1년 이내에 3명 이상 발생

(3) 적용범위

근로자를 사용하는 모든 사업 또는 사업장에 적용한다. 다만, 위험률·규모 및 장소 등을 고려하여 대통령령으로 정하는 사업에 대하여는 적용하지 않는다.

적용 제외 사업

- 「공무원재해보상법」 또는 「군인재해보상법」에 따라 재해보상이 되는 사업. 다만, 「공무원재해보상법」 제60조에 따라 순직유족급여 또는 위험직무순직유족급여에 관한 규정을 적용받는 경우는 제외한다.
- 「선원법」, 「어선원 및 어선재해보상보험법」 또는 「사립학교교직원연금법」에 따라 재해보상이 되는 사업
- 가구내 고용활동
- 농업, 임업(벌목업은 제외한다), 어업 및 수렵업 중 법인이 아닌 자의 사업으로서 상시근로자 수가 5명 미만인 사업

심화TIP 업무상의 재해의 인정 기준(산업재해보상보험법 제37조 제1항) 기출 18·23

근로자가 다음의 어느 하나에 해당하는 사유로 부상·질병 또는 장해가 발생하거나 사망하면 업무상의 재해로 본다. 다만, 업무와 재해 사이에 상당인과관계가 없는 경우에는 그러하지 아니하다.

업무상 사고	• 근로자가 근로계약에 따른 업무나 그에 따르는 행위를 하던 중 발생한 사고 • 사업주가 제공한 시설물 등을 이용하던 중 그 시설물 등의 결함이나 관리소홀로 발생한 사고 • 사업주가 주관하거나 사업주의 지시에 따라 참여한 행사나 행사준비 중에 발생한 사고 • 휴게시간 중 사업주의 지배관리하에 있다고 볼 수 있는 행위로 발생한 사고 • 그 밖에 업무와 관련하여 발생한 사고
업무상 질병	• 업무수행 과정에서 물리적 인자(因子), 화학물질, 분진, 병원체, 신체에 부담을 주는 업무 등 근로자의 건강에 장해를 일으킬 수 있는 요인을 취급하거나 그에 노출되어 발생한 질병 • 업무상 부상이 원인이 되어 발생한 질병 • 「근로기준법」 제76조의2에 따른 직장내 괴롭힘, 고객의 폭언 등으로 인한 업무상 정신적 스트레스가 원인이 되어 발생한 질병 • 그 밖에 업무와 관련하여 발생한 질병
출퇴근 재해	• 사업주가 제공한 교통수단이나 그에 준하는 교통수단을 이용하는 등 사업주의 지배관리하에서 출퇴근하는 중 발생한 사고 • 그 밖에 통상적인 경로와 방법으로 출퇴근하는 중 발생한 사고

(4) 연 혁 기출 16

① 1964년 7월 산재보험법 최초 시행

② 2000년 7월 근로자 1인 이상을 고용하는 사업장까지 적용 확대

③ 2005년 1월「고용보험 및 산업재해보상보험의 보험료징수에 관한 법률」제정・시행

④ 2008년 7월 특수형태 근로종사자(보험설계사, 학습지교사, 골프장캐디 등)에 적용 확대

⑤ 2010년 4월 근로복지공단과 한국산재의료원 통합

⑥ 2010년 12월 퇴직연금사업 수행

⑦ 2011년 1월 고용・산재보험 징수업무 이관(국민건강보험공단)

⑧ 2012년 1월 자영업자 고용보험(실업급여) 사업 확대

⑨ 2012년 5월 택배, 퀵서비스 기사 적용 확대

⑩ 2012년 11월 예술인 산재보험 임의가입 허용

⑪ 2014년 3월 근로복지공단 본사 울산 이전

⑫ 2017년 1월 고용보험 피보험자격 관리업무 수행

⑬ 2018년 1월 통상의 출퇴근재해 보상범위 확대

⑭ 2018년 7월 소규모사업 산재보상 범위 확대

⑮ 2019년 1월 특수형태근로종사자(건설기계조종사 27종) 산재보험 적용확대

⑯ 2020년 1월 중소기업사업주 산재보험 전면 확대(직종・구분 없음, 300인 미만)

⑰ 2020년 7월 특수형태근로종사자(방문판매, 방문점검원 등 13개 직종) 산재보험 적용 확대

⑱ 2021년 7월 노무제공자 고용보험 적용 확대(보험설계사 등 12개 직종)

⑲ 2022년 7월 고용보험(5개 직종) 및 산재보험(화물차주) 적용 확대

2 산재보험의 가입자(사업주)

(1) 당연가입

「산업재해보상보험법」의 적용을 받는 사업의 사업주는 산재보험의 보험가입자가 된다(고용보험 및 산업재해보상보험의 보험료징수 등에 관한 법률 제5조 제3항).

(2) 임의가입

「산업재해보상보험법」의 적용을 받지 않는 사업의 사업주는 근로복지공단의 승인을 받아 산재보험에 가입할 수 있다(고용보험 및 산업재해보상보험의 보험료징수 등에 관한 법률 제5조 제4항).

(3) 의제가입

① 사업주가 산재보험의 당연가입자가 되는 사업이 사업규모의 변동 등으로 인해 「산업재해보상보험법」 적용 제외 사업에 해당하게 된 때에는 그 사업주는 그 해당하게 된 날부터 산재보험에 임의가입한 것으로 본다(고용보험 및 산업재해보상보험의 보험료징수 등에 관한 법률 제6조 제2항).

② 당연 가입되거나 임의가입한 사업주가 그 사업의 운영 중에 근로자를 고용하지 않게 된 경우에는 그 날부터 1년의 범위 안에서 근로자를 사용하지 않은 기간 동안에도 산재보험에 가입한 것으로 본다(고용보험 및 산업재해보상보험의 보험료징수 등에 관한 법률 제6조 제3항).

3 급여구조

(1) 보험급여 기출 16 · 20 · 21

① 업무상 재해를 당한 근로자는 「산업재해보상보험법」에서 정한 요건에 따라 <u>요양급여, 휴업급여, 장해급여, 간병급여, 유족급여, 상병보상연금, 장례비, 직업재활급여 등의 보험급여</u>를 받는다(산업재해보상보험법 제36조 제1항).

② 다만, 진폐에 따른 보험급여의 종류는 요양급여, 간병급여, 장례비, 직업재활급여, 진폐보상연금 및 진폐유족연금으로 하고, 건강손상자녀에 대한 보험급여의 종류는 요양급여, 장해급여, 간병급여, 장례비, 직업재활급여로 한다(산업재해보상보험법 제36조 제1항 단서).

(2) 요양급여

① 요양급여는 근로자가 업무상의 사유로 부상을 당하거나 질병에 걸린 경우에 그 근로자에게 지급한다.

② 요양급여는 산재보험 의료기관에서 요양을 하게 한다. 다만, 부득이한 경우에는 요양을 갈음하여 요양비를 지급할 수 있다

③ 부상 또는 질병이 3일 이내의 요양으로 치유될 수 있으면 요양급여를 지급하지 않는다.

④ 요양급여의 범위
  ㉠ 진찰 및 검사
  ㉡ 약제 또는 진료재료와 의지 그 밖의 보조기의 지급
  ㉢ 처치, 수술, 그 밖의 치료
  ㉣ 재활치료
  ㉤ 입원
  ㉥ 간호 및 간병
  ㉦ 이송
  ㉧ 그 밖에 고용노동부령으로 정하는 사항

(3) 휴업급여

① 휴업급여는 업무상 사유로 부상을 당하거나 질병에 걸린 근로자에게 요양으로 취업하지 못한 기간에 대하여 지급하되, 1일당 지급액은 평균임금의 100분의 70에 상당하는 금액으로 한다.
② 다만, 취업하지 못한 기간이 3일 이내이면 지급하지 않는다.

(4) 장해급여

① 장해급여는 근로자가 업무상의 사유로 부상을 당하거나 질병에 걸려 치유된 후 신체 등에 장해가 있는 경우에 그 근로자에게 지급한다.
② 장해급여는 장해등급에 따라 장해보상연금 또는 장해보상일시금으로 하되, 그 장해등급의 기준은 대통령령으로 정한다.
③ 장해보상연금 또는 장해보상일시금은 수급권자의 선택에 따라 지급한다. 다만, 노동력을 완전히 상실한 장해등급의 근로자(장해등급 제1급부터 제3급까지의 근로자)에게는 장해보상연금을 지급하고, 장해급여 청구사유 발생 당시 대한민국 국민이 아닌 사람으로서 외국에서 거주하고 있는 근로자에게는 장해보상일시금을 지급한다.

(5) 간병급여

간병급여는 요양급여를 받은 사람 중 치유 후 의학적으로 상시 또는 수시로 간병이 필요하여 실제로 간병을 받는 사람에게 지급한다.

(6) 유족급여

① 유족급여는 근로자가 업무상의 사유로 사망한 경우에 유족에게 지급한다.
② 유족급여는 유족보상연금이나 유족보상일시금으로 하되, 유족보상일시금은 근로자가 사망할 당시 유족보상연금을 받을 수 있는 자격이 있는 사람이 없는 경우에 지급한다.
③ 유족보상연금을 받을 수 있는 자격이 있는 사람이 원하면 유족보상일시금의 100분의 50에 상당하는 금액을 일시금으로 지급하고 유족보상연금은 100분의 50을 감액하여 지급한다.

④ 유족보상연금을 받던 사람이 그 수급자격을 잃은 경우 다른 수급자격자가 없고, 이미 지급한 연금액을 지급 당시의 각각의 평균임금으로 나누어 산정한 일수의 합계가 1,300일에 못 미치면 그 못 미치는 일수에 수급자격 상실 당시의 평균임금을 곱하여 산정한 금액을 수급자격 상실 당시의 유족에게 일시금으로 지급한다.

[유족급여]

유족급여의 종류	유족급여의 금액
유족보상연금	유족보상연금액은 다음의 기본금액과 가산금액을 합한 금액으로 한다. 1. 기본금액 급여기초연액(평균임금에 365를 곱하여 얻은 금액)의 100분의 47에 상당하는 금액 2. 가산금액 유족보상연금수급권자 및 근로자가 사망할 당시 그 근로자와 생계를 같이 하고 있던 유족보상연금수급자격자 1인당 급여기초연액의 100분의 5에 상당하는 금액의 합산액. 다만, 그 합산금액이 급여기초연액의 100분의 20을 넘을 때에는 급여기초연액의 100분의 20에 상당하는 금액으로 한다.
유족보상일시금	평균임금의 1,300일분

유족보상연금 수급자격자의 범위(산업재해보상보험법 제63조 제1항)

유족보상연금을 받을 수 있는 자격이 있는 사람(유족보상연금 수급자격자)은 근로자가 사망할 당시 그 근로자와 생계를 같이 하고 있던 유족(그 근로자가 사망할 당시 대한민국 국민이 아닌 사람으로서 외국에서 거주하고 있던 유족은 제외한다) 중 배우자와 다음의 어느 하나에 해당하는 사람으로 한다. 이 경우 근로자와 생계를 같이 하고 있던 유족의 판단 기준은 대통령령으로 정한다.

1. 부모 또는 조부모로서 각각 60세 이상인 사람
2. 자녀로서 25세 미만인 사람
3. 손자녀로서 25세 미만인 사람
4. 형제자매로서 19세 미만이거나 60세 이상인 사람
5. 제1호부터 제4호까지의 규정 중 어느 하나에 해당하지 아니하는 자녀・부모・손자녀・조부모 또는 형제자매로서 「장애인복지법」 제2조에 따른 장애인 중 고용노동부령으로 정한 장애등급 이상에 해당하는 사람

(7) 상병보상연금

① 요양급여를 받는 근로자가 요양을 시작한 지 2년이 지난 날 이후에 다음의 요건 모두에 해당하는 상태가 계속되면 휴업급여 대신 상병보상연금을 그 근로자에게 지급한다.

㉠ 그 부상이나 질병이 치유되지 아니한 상태일 것

㉡ 그 부상이나 질병에 따른 중증요양상태의 정도가 대통령령으로 정하는 중증요양상태등급 기준에 해당할 것

㉢ 요양으로 인하여 취업하지 못하였을 것

② 상병보상연금은 중증요양상태등급에 따라 지급한다.

(8) 장례비

① 장례비는 근로자가 업무상의 사유로 사망한 경우에 지급하되, 평균임금의 120일분에 상당하는 금액을 그 장례를 지낸 유족에게 지급한다. 다만, 장례를 지낼 유족이 없거나 그 밖에 부득이한 사유로 유족이 아닌 사람이 장례를 지낸 경우에는 평균임금의 120일분에 상당하는 금액의 범위에서 실제 드는 비용을 그 장례를 지낸 사람에게 지급한다.

② 장례비가 고용노동부장관이 고시하는 최고 금액을 초과하거나 최저 금액에 미달하면 그 최고 금액 또는 최저 금액을 각각 장례비로 한다.

③ 대통령령으로 정하는 바에 따라 근로자가 업무상의 사유로 사망하였다고 추정되는 경우에는 장례를 지내기 전이라도 유족의 청구에 따라 ②에 따른 최저 금액을 장례비로 미리 지급할 수 있다. 장례비를 지급한 경우 ① 및 ②에 따른 장례비는 ③에 따라 지급한 금액을 공제한 나머지 금액으로 한다.

(9) 직업재활급여

직업재활급여의 종류는 다음과 같다.

① 장해급여 또는 진폐보상연금을 받은 사람이나 장해급여를 받을 것이 명백한 사람으로서 장해급여자 중 취업을 위하여 직업훈련이 필요한 사람(훈련대상자)에 대하여 실시하는 직업훈련에 드는 비용 및 직업훈련수당

② 업무상의 재해가 발생할 당시의 사업에 복귀한 장해급여자에 대하여 사업주가 고용을 유지하거나 직장적응훈련 또는 재활운동을 실시하는 경우(직장적응훈련의 경우에는 직장 복귀 전에 실시한 경우도 포함한다)에 각각 지급하는 직장복귀지원금, 직장적응훈련비 및 재활운동비

4 재원조달

(1) 보험료의 징수

근로복지공단은 산재보험 사업에 드는 비용에 충당하기 위해 보험가입자(사업주)로부터 산재보험료를 징수한다.

(2) 산재보험료

사업주가 부담하여야 하는 산재보험료는 그 사업주가 경영하는 사업에 종사하는 근로자의 개인별 보수총액에 산재보험료율을 곱한 금액으로 한다.

(3) 보험료율

① 보험료율의 고시(업종별)

㉠ 보험료율은 매년 노동부장관이 사업종류(업종)별로 고시한다.

㉡ 2025년 현재 산재보험료율(출퇴근재해 0.6 포함)의 경우 최저 5/1,000 최고 185/1,000으로 결정・고시되어 있다.

② 산재보험료율의 결정

㉠ 업무상의 재해에 관한 산재보험료율은 매년 6월 30일 현재 과거 3년 동안의 보수총액에 대한 산재보험급여총액의 비율을 기초로 하여, 「산업재해보상보험법」에 따른 연금 등 산재보험급여에 드는 금액, 재해예방 및 재해근로자의 복지증진에 드는 비용 등을 고려하여 사업의 종류별로 구분하여 고용노동부령으로 정한다. 이 경우 통상적인 경로와 방법으로 출퇴근하는 중 발생한 사고에 따른 업무상의 재해를 이유로 지급된 보험급여액은 산재보험급여총액에 포함시키지 아니한다.

㉡ 산재보험의 보험관계가 성립한 후 3년이 지나지 아니한 사업에 대한 산재보험료율은 산업재해보상보험 및 예방심의위원회의 심의를 거쳐 고용노동부장관이 사업의 종류별로 따로 정한다.

㉢ 고용노동부장관은 산재보험료율을 정하는 경우에는 특정 사업 종류의 산재보험료율이 전체 사업의 평균 산재보험료율의 20배를 초과하지 아니하도록 하여야 한다.

㉣ 고용노동부장관은 특정 사업 종류의 산재보험료율이 인상되거나 인하되는 경우에는 직전 보험연도 산재보험료율의 100분의 30의 범위에서 조정하여야 한다.

㉤ 통상적인 경로와 방법으로 출퇴근하는 중 발생한 사고(산업재해보상보험법 제37조 제1항 제3호 나목)에 따른 업무상의 재해에 관한 산재보험료율은 사업의 종류를 구분하지 아니하고, 그 재해로 인하여 연금 등 산재보험급여에 드는 금액, 재해예방 및 재해근로자의 복지증진에 드는 비용 등을 고려하여 고용노동부령으로 정한다.

05 고용보험

1 고용보험의 개요

(1) 목 적

① 고용보험은 실직근로자에게 실업급여를 지급하는 전통적 의미의 실업보험사업 외에 적극적인 취업알선을 통한 재취업의 촉진과 근로자의 고용안정을 위한 고용안정사업, 근로자의 직업능력개발사업 등을 상호 연계하여 실시하는 사회보험제도이다.

② 실업보험은 단순하게 실직자의 생계를 지원하는 사후적 소극적인 사회보장제도에 그치는 반면, 고용보험은 실직자에 대한 생계지원은 물론 재취업을 촉진하고 더 나아가 실업의 예방 및 고용안정, 노동시장의 구조개편, 직업능력개발을 강화하기 위한 사전적·적극적 차원의 종합적인 노동시장정책의 수단이라고 할 수 있다.

심화TIP 고용보험과 실업보험의 차이

고용보험	• 산업구조의 조정 및 경기변동에 따른 휴업 및 전직훈련 등 고용구조의 개선을 통하여 실업을 사전에 예방할 수 있도록 다양한 고용안정정책과 재직 근로자의 직업능력을 개발하도록 하는 사전적이고 예방적인 적극적 고용정책이다. • 기업이 경쟁력을 확보할 수 있도록 각종 지원을 행하는 제도이기도 하다. • 실업의 방지, 취업의 촉진, 고용구조의 개선, 노동자의 능력 개발 등을 통하여 근로자의 바람직한 고용상태의 확보를 지향하고 실업 중의 생활안정을 도모한다.
실업보험	• 실업을 일종의 보험사고로 취급하고 보험원리에 입각하여 근로자가 실직으로 소득을 상실하였을 경우 일정 기간 일정 수준의 보험급여를 지급하여 근로자의 생활안정을 도모하기 위한 사회보험제도이다. • 실업보험은 사후적이며 소극적인 소득보장제도이다.

(2) 고용보험의 특징 기출 16·22

① 고용보험은 사회보험으로 사보험인 화재보험, 상해보험, 배상책임보험에 비하여 보험의 원리가 엄격하게 적용되지 않는다.

② 고용보험은 적극적이면서도 동시에 소극적인 노동시장정책을 통합해 실시하고 있다. 고용안정사업이나 직업능력개발사업과 같은 적극적인 노동시장정책과 실업급여와 같은 소극적인 노동시장정책을 동시에 실시하여 실직자의 재취업과 생활안정을 동시에 도모하고 있다.

③ 실업정책과 고용정책을 통합적으로 운영하면서도 고용보장제도의 사회보장적 기능보다는 고용정책적 기능에 더 큰 비중을 두고 있다.

④ 고용보험사업은 상호 연계되어 있다.

(3) 고용보험의 필요성

① 산업구조조정에 따른 잉여인력이 새로운 산업으로 신속히 이동할 수 있도록 지원할 필요가 있다.

② 「고용보험법」의 제정으로 국가의 직업안정기능이 체계화되어 고용정보가 정확히 파악됨으로써 구조적인 인력수급의 불균형에 대응하고 인력수급의 원활을 기할 수 있다.

③ 기업의 필요에 따른 자율적인 훈련의 실시를 유도하여 산업수요에 부응하는 근로자의 직업능력개발을 활성화함으로써 기업의 경쟁력을 강화 할 수 있다.

④ 실직근로자의 생활안정과 재취업을 촉진할 수 있다.

(4) 연 혁

① 1993년 12월 고용보험법 제정

② 1995년 7월 고용보험 시행(상시 근로자 30인 이상 사업장)

③ 1998년 1월 10인 이상 사업장으로 고용보험 적용 확대

④ 1998년 3월 5인 이상 사업장으로 고용보험 적용 확대

⑤ 1998년 10월 1인 이상 사업장으로 고용보험 적용 확대(농업·임업·수렵업 등 일부 업종 외)

⑥ 2001년 11월 고용보험을 통해 모성보호급여(육아 휴직, 산전후 휴가 급여) 지급

⑦ 2002년 12월 일용근로자 고용보험 적용

⑧ 2003년 12월 고용보험과 산재보험 통합징수를 위한 관련 규정 정비

⑨ 2005년 1월 고용보험 및 산업재해보상보험의 보험료징수에 관한 법률 제정

⑩ 2010년 1월 4대 사회보험 통합에 따라 보험료 산정기준을 임금에서 보수로 변경

⑪ 2012년 1월 자영업자 고용보험(실업급여) 적용

⑫ 2013년 6월 65세 이상자 고용보험(실업급여) 적용

⑬ 2014년 10월 '아빠의 달' 육아 휴직 특례제도 실시

⑭ 2016년 5월 '실업크레딧' 제도 도입

⑮ 2017년 1월 고용장려금 제도 개편

⑯ 2018년 8월 전자우편(e그린카드)발송 시스템 구축

⑰ 2019년 9월 배우자 출산휴가 지급 시스템 구축

⑱ 2020년 1월 피보험자 관리 이관(고용노동부 → 근로복지공단)

⑲ 2021년 3월 고용보험 인터넷 서비스 개편

2 적용대상

(1) 적용원칙

① 근로자를 사용하는 모든 사업 또는 사업장에 적용한다.

② 예술인 또는 노무제공자의 노무를 제공받는 사업에 적용하되, 고용보험법 제1장, 제2장, 제4장, 제5장의2, 제5장의3, 제6장, 제8장 또는 제9장의 예술인 또는 노무제공자에 관한 규정을 각각 적용한다. 〈2022.12.31. 개정〉

(2) 적용제외 사업

산업별 특성 및 규모 등을 고려하여 다음의 어느 하나에 해당하는 공사에 대하여는 적용하지 않는다. 다만, 「고용보험법」 제15조 제2항에 해당하는 자가 시공하는 공사는 제외한다.

① 「고용보험 및 산업재해보상보험의 보험료징수 등에 관한 법률 시행령」 제2조 제1항 제2호에 따른 총 공사금액이 2천만원 미만인 공사

② 연면적이 100m^2 이하인 건축물의 건축 또는 연면적이 200m^2 이하인 건축물의 대수선에 관한 공사

③ 가구 내 고용활동 및 달리 분류되지 아니한 자가소비 생산활동

「고용보험법」 제15조 제2항에 해당하는 자

1. 「건설산업기본법」 제2조 제7호에 따른 건설업자
2. 「주택법」 제4조에 따른 주택건설사업자
3. 「전기공사업법」 제2조 제3호에 따른 공사업자
4. 「정보통신공사업법」 제2조 제4호에 따른 정보통신공사업자
5. 「소방시설공사업법」 제2조 제1항 제2호에 따른 소방시설업자
6. 「국가유산수리 등에 관한 법률」 제14조에 따른 국가유산수리업자

(3) 적용제외 근로자 기출 24

다음의 어느 하나에 해당하는 사람에게는 적용하지 아니한다.

① 해당 사업에서 소정(所定)근로시간이 대통령령으로 정하는 시간 미만인 근로자

- "해당 사업에서 소정(所定)근로시간이 대통령령으로 정하는 시간 미만인 근로자"란 해당 사업에서 1개월간 소정근로시간이 60시간 미만이거나 1주간의 소정근로시간이 15시간 미만인 근로자를 말한다.
- 다만, 해당 사업에서 3개월 이상 계속하여 근로를 제공하는 근로자는 법 적용 대상으로 한다.

③ 「국가공무원법」과 「지방공무원법」에 따른 공무원. 다만, 별정직공무원, 임기제공무원의 경우는 본인의 의사에 따라 고용보험에 가입할 수 있다.

④ 「사립학교교직원 연금법」의 적용을 받는 사람

⑤ 그 밖에 대통령령으로 정하는 사람(「별정우체국법」에 따른 별정우체국 직원)

외국인근로자 · 예술인 · 노무제공자에 대한 적용(고용보험법 제10조의2)

① 「외국인근로자의 고용 등에 관한 법률」의 적용을 받는 외국인근로자에게는 이 법을 적용한다. 다만, 고용노동부령으로 정하는 바에 따른 신청이 있는 경우에만 적용한다.

② 제1항에 해당하는 외국인근로자를 제외한 외국인이 근로계약, 제77조의2 제1항의 문화예술용역 관련 계약 또는 제77조의6 제1항의 노무제공계약을 체결한 경우에는 「출입국관리법」 제10조에 따른 체류자격의 활동범위 및 체류기간 등을 고려하여 대통령령으로 정하는 바에 따라 이 법의 전부 또는 일부를 적용한다.

3 급여구조

(1) 기업(사업주) 혜택

① 고용창출장려금 지원

통상적 조건하에 취업이 어려운 취약계층을 고용하거나 교대제 개편, 실근로시간의 단축, 시간선택제 일자리 도입 등 근무형태를 변경하여 고용기회를 확대한 사업주를 지원한다.

② 고용유지지원금 지원

경기의 변동, 산업구조의 변화 등으로 생산량・매출액이 감소하거나 재고량이 증가하는 등의 고용조정이 불가피하게 된 사업주가 근로자를 감원하지 않고 근로시간 조정, 교대제 개편, 휴업, 훈련, 휴직과 같은 고용유지조치를 실시하고 고용을 유지하는 경우 임금(수당) 및 훈련비를 지원하여 사업주의 경영 부담을 완화하고 근로자의 실직을 예방한다.

③ 고용안정장려금 지원

학업, 육아, 간병 등 생애주기별로 고용불안이 가속될 때 근로시간 단축, 근로형태 유연화 등을 도입하여 근로자의 계속고용을 지원하거나 기간제 근로자 등을 정규직으로 전환하는 사업주를 지원하여 기존 근로자의 고용안정과 일자리 질 향상을 도모한다.

④ 직장어린이집 지원

직장어린이집 설치를 위한 사업주의 적극적인 참여를 유인하고 보육 서비스의 질적 제고를 위하여 직장보육교사 등 인건비 및 중소기업 직장어린이집 운영비를 지원한다.

⑤ 장년고용안정지원금 지원

고령자와 장년 미취업자의 고용촉진 및 안정을 도모하기위해 사업주에게 지원금을 지원하여 기업의 임금부담을 완화하고, 일할 의욕이 있고 경험이 풍부한 직원을 채용할 수 있는 기회를 제공한다.

⑥ 지역고용촉진지원금 지원

지역 노동시장간 형평성 제고와 균형 있는 발전을 위해 고용사정이 현저히 악화된 지역을 「고용위기지역」으로 지정하고 지정지역에서 고용을 창출하는 사업주에게 지원금을 지급한다.

⑦ 청년내일채움공제 지원

중소기업 등에 취업한 청년에게는 장기근속 및 목돈마련의 기회를, 기업에게는 우수인재 고용유지를 지원하는 제도이다.

(2) 개인(근로자) 혜택

① 실업급여

고용보험 가입 근로자가 실직하여 재취업 활동을 하는 기간에 소정의 급여를 지급함으로써 실업으로 인한 생계불안을 극복하고 생활의 안정을 도와주며 재취업의 기회를 지원해주는 제도로서 크게 구직급여와 취업촉진수당으로 구분한다.

㉠ 구직급여

ⓐ 수급요건

- 이직일 이전 18개월(초단시간 근로자의 경우 24개월) 동안 피보험 단위기간이 합산하여 180일 이상일 것
  ※ (예술인) 이직일 이전 24개월 중 고용보험 가입 사업장에서 피보험 단위기간이 통산하여 9개월 이상
  ※ (노무제공자) 이직일 이전 24개월간 피보험 단위기간이 통산하여 12개월 이상
- 근로의 의사와 능력이 있음에도 불구하고 취업(영리를 목적으로 사업을 영위하는 경우를 포함한다)하지 못한 상태에 있을 것
- 이직사유가 수급자격의 제한 사유에 해당하지 아니할 것
- 재취업을 위한 노력을 적극적으로 할 것
- 최종 이직 당시 일용근로자였던 사람일 것

최종 이직 당시 일용근로자였던 사람의 조건

- 수급자격 인정신청일이 속한 달의 직전 달 초일부터 수급자격 인정신청일까지의 근로일 수의 합이 같은 기간 동안의 총 일수의 3분의 1 미만일 것
- 건설일용근로자로서 수급자격 인정신청일 이전 14일간 연속하여 근로내역이 없을 것
- 최종 이직 당시의 기준기간 동안의 피보험 단위기간 중 다른 사업에서 수급자격의 제한 사유에 해당하는 사유로 이직한 사실이 있는 경우에는 그 피보험 단위기간 중 90일 이상을 일용근로자로 근로하였을 것

ⓑ 구직급여 지급액

구직급여 지급액 = 이직전 평균임금의 60% × 소정급여일수

※ 예술인 · 노무제공자의 경우 이직전 평균보수의 60% × 소정급여일수

ⓒ 구직급여의 소정급여일수(이직일 2019년 10월 1일 이후)

연령 및 가입기간	1년 미만	1년 이상 3년 미만	3년 이상 5년 미만	5년 이상 10년 미만	10년 이상
50세 미만	120일	150일	180일	210일	240일
50세 이상 및 장애인	120일	180일	210일	240일	270일

* 장애인이란 수급자격 신청일 당시 「장애인고용촉진 및 직업재활법」에 따른 장애인을 말함

ⓛ 상병급여

ⓐ 실업신고를 한 이후 질병·부상·출산으로 취업이 불가능하여 실업의 인정을 받지 못한 경우 지급할 수 있다.

ⓑ 7일 이상의 질병·부상으로 취업할 수 없는 경우 증명서를 첨부하여 청구한다.

ⓒ 출산의 경우는 출산일로부터 45일간 지급한다.

ⓒ 연장급여

훈련연장급여	직업안정기관의 장은 직업능력개발 훈련 등을 받도록 지시한 경우에는 수급자격자가 그 직업능력개발 훈련 등을 받는 기간 중 실업의 인정을 받은 날에 대하여는 소정급여일수를 초과하여 구직급여를 연장하여 지급할 수 있다.
개별연장급여	직업안정기관의 장은 취업이 특히 곤란하고 생활이 어려운 수급자격자에게는 그가 실업의 인정을 받은 날에 대하여 소정급여일수를 초과하여 구직급여를 연장하여 지급할 수 있다.
특별연장급여	고용노동부장관은 실업의 급증 등 대통령령으로 정하는 사유가 발생한 경우에는 60일의 범위에서 수급자격자가 실업의 인정을 받은 날에 대하여 소정급여일수를 초과하여 구직급여를 연장하여 지급할 수 있다.

ⓔ 취업촉진수당 기출 22·23

조기재취업수당	수급자격자(외국인 근로자는 제외)가 안정된 직업에 재취직하거나 스스로 영리를 목적으로 하는 사업을 영위하는 경우로서 다음 기준에 해당하면 지급한다. 즉 대기기간이 지난 후 재취업한 날의 전날을 기준으로 소정급여일수를 1/2 이상 남기고 재취업한 경우로서 다음의 어느 하나에 해당하는 경우를 말한다. • 12개월 이상 계속하여 고용된 경우(다만, 수급자격자가 최후에 이직한 사업의 사업주나 그와 관련된 사업주로서 고용노동부령으로 정하는 사업주에게 재고용되거나 실업의 신고일 이전에 채용을 약속한 사업주에게 고용된 경우는 제외) • 12개월 이상 계속하여 사업을 영위한 경우(이 경우 수급자격자가 해당 수급기간에 해당 사업을 영위하기 위한 준비활동을 재취업활동으로 신고하여 실업으로 인정받았을 때로 한정)
직업능력개발수당	수급자격자가 직업안정기관의 장이 지시한 직업능력개발 훈련 등을 받는 경우에 그 직업능력개발 훈련 등을 받는 기간에 대하여 지급한다.
광역구직활동비	수급자격자가 직업안정기관의 소개에 따라 광범위한 지역에 걸쳐 구직 활동을 하는 경우로서 다음 기준에 따라 직업안정기관의 장이 필요하다고 인정하면 지급할 수 있다. • 구직활동에 드는 비용이 구직활동을 위하여 방문하는 사업장의 사업주로부터 지급되지 아니하거나 지급되더라도 그 금액이 광역 구직활동비의 금액에 미달할 것 • 수급자격자의 거주지로부터 구직활동을 위하여 방문하는 사업장까지의 거리가 편도 25km 이상일 것 → 이 경우 거리는 거주지로부터 사업장까지의 통상적인 거리에 따라 계산하되, 수로(水路)의 거리는 실제 거리의 2배로 본다.
이주비	수급자격자가 취업하거나 직업안정기관의 장이 지시한 직업능력개발훈련을 받기 위해 그 주거를 이전하는 경우로서 다음 기준에 따라 직업안정기관의 장이 필요하다고 인정하면 지급할 수 있다. • 취업하거나 직업훈련 등을 받게 된 경우로서 고용노동부장관이 정하는 기준에 따라 신청지 관할 직업안정기관의 장이 주거의 변경이 필요하다고 인정할 것 • 해당 수급자격자를 고용하는 사업주로부터 주거의 이전에 드는 비용이 지급되지 아니하거나 지급되더라도 그 금액이 이주비에 미달할 것 • 취업을 위한 이주인 경우 1년 이상의 근로계약기간을 정하여 취업할 것

② 재직근로자 훈련지원

㉠ 목적 : 기업과 근로자의 직업능력개발지원을 통해 인적자원의 질을 향상시키고 근로자 스스로의 직무능력 향상 노력을 유인하여 급변하는 경제상황에 능동적으로 대처하는데 목적이 있다.

㉡ 근로자 수강 지원금 지원 : 고용보험 피보험자인 재직근로자가 자발적으로 직업능력개발 훈련을 수강하는 경우 수강비용을 지원한다.

③ 실업자 훈련지원

㉠ 고용보험에서는 실업자의 재취업을 위한 훈련을 지원하고 있다. 훈련 지원에 대한 훈련비, 훈련 수당을 지원 하고 있으며, 민간 훈련기관, 대한상공회의소 등의 취업훈련을 실시한다.

㉡ 실업자 재취업 훈련지원 : 고용보험 사업장에서 실직한 근로자가 재취업을 위해 훈련을 받는 경우 훈련비(전액 국비지원이나 일부 훈련의 정부지원훈련비 초과분은 훈련생부담)와 훈련수당을 지원한다.

④ 출산 전후 휴가급여

임신, 출산 등으로 인하여 소모된 체력을 회복시키기 위하여 부여하는 제도이다. 고용노동부장관은 「남녀고용평등과 일·가정 양립 지원에 관한 법률」 제18조에 따라 피보험자가 「근로기준법」 제74조에 따른 출산 전후 휴가 또는 유산·사산휴가를 받은 경우와 「남녀고용평등과 일·가정 양립 지원에 관한 법률」 제18조의2에 따른 배우자 출산 휴가를 받은 경우로서 다음의 요건을 모두 갖춘 경우에 출산 전후 휴가급여 등을 지급한다.

㉠ 휴가가 끝난 날 이전에 피보험 단위기간이 합산하여 180일 이상일 것

㉡ 휴가를 시작한 날[출산 전후 휴가 또는 유산·사산 휴가를 받은 피보험자가 속한 사업장이 우선지원 대상기업이 아닌 경우에는 휴가 시작 후 60일(한 번에 둘 이상의 자녀를 임신한 경우에는 75일)이 지난 날로 본다] 이후 1개월부터 휴가가 끝난 날 이후 12개월 이내에 신청할 것. 다만, 그 기간에 대통령령으로 정하는 사유로 출산 전후 휴가급여 등을 신청할 수 없었던 사람은 그 사유가 끝난 후 30일 이내에 신청하여야 한다.

⑤ 육아휴직급여

고용노동부장관은 육아휴직을 30일(「근로기준법」 제74조에 따른 출산 전후 휴가기간과 중복되는 기간은 제외) 이상 부여받은 피보험자 중 육아휴직을 시작한 날 이전에 피보험 단위기간이 합산하여 180일 이상인 피보험자에게 육아휴직급여를 지급한다.

3+3부모육아휴직제

같은 자녀에 대하여 자녀 생후 12개월 내 부모가 동시에 또는 순차적으로 육아휴직 사용하는 경우, 첫 3개월에 대해 부모 각각의 육아휴직 급여를 상향하여 지급한다.

* 부모 모두 3개월+3개월 육아휴직급여 지원 신설(만 0세 이하 자녀)

⑥ 육아기 근로시간 단축급여

고용노동부장관은 육아기 근로시간 단축을 30일(「근로기준법」 제74조에 따른 출산 전후 휴가기간과 중복되는 기간은 제외) 이상 실시한 피보험자 중 육아기 근로시간 단축을 시작한 날 이전에 따른 피보험 단위기간이 합산하여 180일 이상인 피보험자에게 육아기 근로시간 단축급여를 지급한다.

⑦ 고용보험 미적용자 출산급여

㉠ 의의 : 소득활동을 하지만, 고용보험 미적용으로 '출산 전후 휴가급여'를 받지 못하는 여성에게 출산급여를 지원하는 제도이다(유산・사산의 경우도 포함).

㉡ 지급요건 : 출산 전 18개월 중 3개월 이상, 그리고 출산일 현재도 소득활동을 하고 있어야 하며 소득이 발생하여야 한다.

⑧ 배우자 출산휴가급여

㉠ 의의 : 근로자의 배우자가 출산할 경우 배우자와 태아의 건강보호와 육아에 참여토록 하기 위해 「남녀고용평등과 일・가정 양립 지원에 관한 법률」 제18조의2에 의한 배우자 출산휴가를 부여 받고, 소정의 수급요건을 충족하는 경우 우선지원대상기업 소속 근로자에 한해 최초 5일분을 배우자 출산휴가급여로 지급한다.

㉡ 배우자 출산휴가급여 지급대상 : 「고용보험법」에 따른 우선지원 대상기업 소속 근로자

㉢ 배우자 출산휴가급여 지급기간 : 「남녀고용평등과 일・가정 양립 지원에 관한 법률」 제18조의 2에 따른 배우자 출산휴가기간 중 최초 5일

㉣ 배우자 출산휴가급여 지급조건

ⓐ 「남녀고용평등과 일・가정 양립 지원에 관한 법률」 제18조의2에 따른 배우자 출산휴가를 사용하여야 한다.

ⓑ 배우자 출산휴가가 끝난 날 이전에 「고용보험법」 제41조에 따른 피보험 단위기간(재직하면서 임금 받은 기간)이 모두 합하여 180일 이상이 되어야 한다.

ⓒ 배우자 출산휴가를 시작한 날 이후 1개월부터 끝난 날 이후 12개월 이내에 신청하여야 한다.

4 재원조달

(1) 실업급여 사업비

사업주와 근로자가 보험료의 1/2를 각각 부담한다.

(2) 고용안정 및 직업능력개발 사업비

사업주가 전액 부담한다.

(3) 고용보험요율

구 분		노동자	사업주
실업급여		0.9%	0.9%
고용안정사업 및 직업능력개발사업	150인 미만 기업	–	0.25%
	150인 이상 기업(우선지원 대상기업)	–	0.45%
	150인 이상～1,000인 미만 기업(우선지원 대상기업 제외)	–	0.65%
	1,000인 이상 기업 및 국가, 지방자치단체가 직접 행하는 사업	–	0.85%

06 노인장기요양보험

1 노인장기요양보험의 개요

(1) 목 적

고령이나 노인성 질병 등의 사유로 일상생활을 혼자서 수행하기 어려운 노인 등에게 신체활동 또는 가사활동 지원 등의 장기요양급여를 제공하여 노후의 건강증진 및 생활안정을 도모하고 그 가족의 부담을 덜어줌으로써 국민의 삶의 질을 향상하도록 하는데 있다.

(2) 노인장기요양보험제도의 특징 기출 19

① 건강보험제도와 별도 운영

장기요양급여 운영, 장기요양제도의 특성을 살릴 수 있도록 「국민건강보험법」과는 별도로 「노인장기요양보험법」을 제정하여 운영하고 있다.

② 사회보험방식을 기본으로 한 국고지원 부가방식

사회보험방식을 근간으로 일부는 공적부조방식을 가미한 형태로 설계·운영되고 있다.

③ 보험자 및 관리운영기관의 일원화

별도로 관리·운영할 기관을 설치하지 않고 「국민건강보험법」에 의하여 설립된 기존의 국민건강보험공단을 관리운영기관으로 하고 있다. 즉 건강보험과 독립적인 형태로 설계하되, 그 운영에 있어서는 제도운영의 효율성을 도모하기 위하여 보험자 및 관리운영기관을 국민건강보험공단으로 일원화하고 있다.

④ 노인중심의 급여

65세 미만자의 노인성 질병이 없는 일반적인 장애인은 제외되어 노인을 중심으로 운영되고 있다. 즉 65세 이상의 노인 또는 65세 미만의 사람으로서 치매·뇌혈관성 질환 등 노인성 질병을 가진 사람 중 6개월 이상 혼자서 일상생활을 수행하기 어렵다고 인정되는 사람을 그 수급대상자로 하고 있다.

장기요양급여 제공의 기본원칙(노인장기요양보험법 제3조)

1. 장기요양급여는 노인 등이 자신의 의사와 능력에 따라 최대한 자립적으로 일상생활을 수행할 수 있도록 제공하여야 한다.
2. 장기요양급여는 노인 등의 심신상태·생활환경과 노인 등 및 그 가족의 욕구·선택을 종합적으로 고려하여 필요한 범위 안에서 이를 적정하게 제공하여야 한다.
3. 장기요양급여는 노인 등이 가족과 함께 생활하면서 가정에서 장기요양을 받는 재가급여를 우선적으로 제공하여야 한다.
4. 장기요양급여는 노인 등의 심신상태나 건강 등이 악화되지 아니하도록 의료서비스와 연계하여 이를 제공하여야 한다.

(3) 연 혁

① 2008년 7월 노인장기요양보험제도 시행

② 2009년 3월 외국인근로자 장기요양보험 가입자제외 제도 도입

③ 2009년 5월 농어촌지역거주 수급자 본인일부부담금 감경 도입

④ 2014년 7월 노인장기요양 등급체계 개편(5등급 '치매특별등급' 신설)

⑤ 2019년 12월 장기요양기관 지정제 · 지정갱신제 시행

2 노인장기요양보험의 적용

(1) 적용대상

장기요양보험의 가입자는 건강보험 가입자가 되며, 건강보험의 적용에서와 같이 법률상 가입이 강제되어 있다. 또한 공공부조의 영역에 속하는 의료급여 수급권자의 경우 건강보험과 장기요양보험의 가입자에서는 제외되지만, 국가 및 지방자치단체의 부담으로 장기요양보험의 적용대상으로 하고 있다.

(2) 장기요양인정

① 장기요양인정 신청자격

장기요양보험 가입자 및 그 피부양자 또는 의료급여수급권자 중 65세 이상의 노인 또는 65세 미만 자로서 치매, 뇌혈관성 질환 등 노인성 질병을 가진 자이다.

② 장기요양인정절차

공단에 장기요양인정신청 → 공단직원의 방문에 의한 인정조사 → 등급판정위원회의 등급판정 → 장기요양인정서와 표준장기요양이용계획서의 작성 및 송부

심화TIP 장기요양등급판정 기준 기출 25

장기요양 등급	심신의 기능상태
1등급	심신의 기능상태 장애로 일상생활에서 전적으로 다른 사람의 도움이 필요한 자로서 장기요양인정 점수가 95점 이상인 자
2등급	심신의 기능상태 장애로 일상생활에서 상당 부분 다른 사람의 도움이 필요한 자로서 장기요양인정 점수가 75점 이상 95점 미만인 자
3등급	심신의 기능상태 장애로 일상생활에서 부분적으로 다른 사람의 도움이 필요한 자로서 장기요양인정 점수가 60점 이상 75점 미만인 자
4등급	심신의 기능상태 장애로 일상생활에서 일정 부분 다른 사람의 도움이 필요한 자로서 장기요양인정 점수가 51점 이상 60점 미만인 자
5등급	치매(노인성 질병에 해당하는 치매로 한정)환자로서 장기요양인정 점수가 45점 이상 51점 미만인 자
장기요양 인지지원등급	치매(노인성 질병에 해당하는 치매로 한정)환자로서 장기요양인정 점수가 45점 미만인 자

3 장기요양급여의 종류

(1) 재가급여

① 방문요양

장기요양요원이 수급자의 가정 등을 방문하여 신체 활동 및 가사활동 등을 지원하는 장기요양급여

② 주·야간보호

수급자를 하루 중 일정한 시간 동안 장기요양기관에 보호하여 신체활동 지원 및 심신기능의 유지·향상을 위한 교육·훈련 등을 제공하는 장기요양급여

③ 방문목욕

장기요양요원이 목욕설비를 갖춘 차량을 이용하여, 수급자의 가정을 방문하여 목욕을 제공하는 급여

④ 방문간호

장기요양요원인 간호사 등이 의사, 한의사 또는 치과의사의 지시서(방문간호지시서)에 따라 수급자의 가정 등을 방문하여 간호, 진료의 보조, 요양에 관한 상담 또는 구강위생 등을 제공하는 장기요양급여

⑤ 단기보호

수급자를 월 15일 이내 기간 동안 장기요양기관에 보호하여 신체활동 지원 및 심신기능의 유지·향상을 위한 교육·훈련 등을 제공하는 장기요양급여

⑥ 기타 재가급여

수급자의 일상생활·신체활동 지원 및 인지기능의 유지·향상에 필요한 용구를 제공하거나 가정을 방문하여 재활에 관한 지원 등을 제공하는 장기요양급여

예 휠체어, 전동·수동침대, 욕창방지 매트리스·방석, 목욕리프트, 이동욕조, 보행기 등

(2) 시설급여

장기요양기관에 장기간 입소한 수급자에게 신체활동 지원 및 심신기능의 유지·향상을 위한 교육·훈련 등을 제공하는 장기요양급여이다.

① 노인요양시설

장기간 입소한 수급자에게 신체활동 지원 및 심신기능의 유지·향상을 위한 교육·훈련 등을 제공하는 장기요양급여(※ 입소정원 ; 10명 이상)

② 노인요양공동생활가정

장기간 입소한 수급자에게 가정과 같은 주거여건에서 신체활동 지원 및 심신기능의 유지·향상을 위한 교육·훈련 등을 제공하는 장기요양급여(※ 입소정원 ; 5~9명)

(3) 특별현금급여

① 가족요양비

공단은 다음의 어느 하나에 해당하는 수급자가 가족 등으로부터 방문요양에 상당한 장기요양급여를 받은 때 해당 수급자에게 가족요양비를 지급할 수 있다.

㉠ 도서・벽지 등 장기요양기관이 현저히 부족한 지역으로서 보건복지부장관이 정하여 고시하는 지역에 거주하는 자

㉡ 천재지변이나 그 밖에 이와 유사한 사유로 인하여 장기요양기관이 제공하는 장기요양급여를 이용하기가 어렵다고 보건복지부장관이 인정하는 자

㉢ 신체・정신 또는 성격 등 대통령령으로 정하는 사유로 인하여 가족 등으로부터 장기요양을 받아야 하는 자

② 특례요양비

공단은 수급자가 장기요양기관이 아닌 노인요양시설 등의 기관 또는 시설에서 재가급여 또는 시설급여에 상당한 장기요양급여를 받은 경우 해당 장기요양급여비용의 일부를 당해 수급자에게 특례요양비로 지급할 수 있다.

③ 요양병원간병비

공단은 수급자가 요양병원에 입원한 때 대통령령으로 정하는 기준에 따라 장기요양에 사용되는 비용의 일부를 요양병원간병비로 지급할 수 있다.

(4) 복지용구급여

복지용구급여란 심신기능이 저하되어 일상생활을 영위하는데 지장이 있는 노인장기요양보험 대상자에게 일상생활 또는 신체활동 지원에 필요한 용구로써 보건복지부장관이 정하여 고시하는 것을 구입하거나 대여하여 주는 것을 말한다.

① 급여대상자

㉠ 「노인장기요양보호법」 수급자(1~5등급, 인지지원등급)

㉡ 시설급여를 제공하는 장기요양기관에서 입소하지 않은 수급자

② 급여품목

구입품목(10종)	대여품목(6종)	구입 또는 대여품목(2종)
• 이동변기 • 목욕의자 • 성인용보행기 • 안전손잡이 • 미끄럼 방지용품(미끄럼방지매트, 미끄럼방지액, 미끄럼방지양말) • 간이변기(간이대변기・소변기) • 지팡이 • 욕창예방 방석 • 자세변환용구 • 요실금팬티	• 수동휠체어 • 전동침대 • 수동침대 • 이동욕조 • 목욕리프트 • 배회감지기	• 욕창예방 매트리스 • 경사로(실내용, 실외용)

※ 품목은 18종으로 한정되나 품목에 따른 각각의 제품은 수십 가지가 될 수 있으며, 구입 품목과 대여 품목은 보건복지부 고시 과정에서 변경될 수 있음

③ 급여방식

㉠ 구입방식 : 구입품목 10종에 대해 제품별 수가에서 본인 부담금을 부담하고 구입하여 사용하는 방식

㉡ 대여방식 : 대여품목 6종을 일정기간 대여하여 사용하는 것으로 제품별 대여수가에서 본인부담금을 부담하고 사용하는 방식

㉢ 구입 또는 대여방식 : 구입 또는 대여품목 2종에 대해 수급자가 구입 또는 대여방식 중 선택 가능

④ 급여비용 본인부담률

㉠ 일반대상자 : 15%

㉡ 경감대상자 : 6%[의료급여자, 차상위 감경대상자, 천재지변 등 생계곤란자, 보험료 감경대상자(보험료순위 25% 이하인 자)] 또는 9%[보험료 감경대상자(보험료 순위 25% 초과 50% 이하인 자)]

㉢ 기초생활수급자 : 0%(본인부담금 없음)

⑤ 급여비용 연간한도액

복지용구 연간 한도액 적용기간은 수급자의 유효기간 개시일로부터 1년간이며, 한도액은 보건복지부장관이 고시하는 금액(연간한도액 160만원)이다.

4 재원조달

노인장기요양보험 운영에 소요되는 재원은 가입자가 납부하는 장기요양보험료 및 국가 및 지방자치단체 부담금, 장기요양급여 이용자가 부담하는 본인일부부담금으로 조달된다.

(1) 장기요양보험료 징수 및 산정

① 장기요양보험료의 징수

㉠ 공단은 장기요양사업에 사용되는 비용에 충당하기 위하여 장기요양보험료를 징수한다.

㉡ 장기요양보험료는 건강보험료와 통합하여 징수한다. 이 경우 공단은 장기요양보험료와 건강보험료를 구분하여 고지하여야 한다.

㉢ 공단은 통합 징수한 장기요양보험료와 건강보험료를 각각의 독립회계로 관리하여야 한다.

② 장기요양보험료의 산정

장기요양보험료는 건강보험료액에서 경감 또는 면제되는 비용을 공제한 금액에 장기요양보험료율(2024년 현재 : 건강보험료 대비 12.95%)을 곱하여 산정한 금액으로 한다.

(2) 국가의 부담

① 국고지원금

국가는 매년 예산의 범위 안에서 해당 연도 장기요양보험료 예상 수입액의 100분의 20에 상당하는 금액을 공단에 지원한다.

② 국가 및 지방자치단체의 부담

국가와 지방자치단체는 의료급여수급권자에 대한 장기요양급여비용, 의사소견서 발급비용, 방문간호지시서 발급비용 중 공단이 부담해야 할 비용 및 관리운영비의 전액을 부담한다.

(3) 본인부담금

① 재가 및 시설 급여비용

장기요양급여(특별현금급여는 제외한다)를 받는 자는 대통령령으로 정하는 바에 따라 비용의 일부를 본인이 부담한다. 이 경우 장기요양급여를 받는 수급자의 장기요양등급, 이용하는 장기요양급여의 종류 및 수준 등에 따라 본인부담의 수준을 달리 정할 수 있다.

㉠ 재가급여 : 해당 장기요양급여비용의 100분의 15

㉡ 시설급여 : 해당 장기요양급여비용의 100분의 20

② 본인부담금의 제외

수급자 중 「국민기초생활보장법」에 따른 의료급여 수급자(의료급여법 제3조 제1항 제1호)는 부담하지 않는다.

「의료급여법」에 따른 수급권자(의료급여법 제3조 제1항) 〈2024.2.13. 개정〉

1. 「국민기초생활보장법」에 따른 의료급여 수급자
2. 「재해구호법」에 따른 이재민으로서 보건복지부장관이 의료급여가 필요하다고 인정한 사람
3. 「의사상자 등 예우 및 지원에 관한 법률」에 따라 의료급여를 받는 사람
4. 「입양특례법」에 따라 국내에 입양된 18세 미만의 아동
5. 「독립유공자예우에 관한 법률」, 「국가유공자 등 예우 및 지원에 관한 법률」 및 「보훈보상대상자 지원에 관한 법률」의 적용을 받고 있는 사람과 그 가족으로서 국가보훈부장관이 의료급여가 필요하다고 추천한 사람 중에서 보건복지부장관이 의료급여가 필요하다고 인정한 사람
6. 「무형문화재 보전 및 진흥에 관한 법률」에 따라 지정된 국가무형문화재의 보유자(명예보유자를 포함한다)와 그 가족으로서 국가유산청장이 의료급여가 필요하다고 추천한 사람 중에서 보건복지부장관이 의료급여가 필요하다고 인정한 사람
7. 「북한이탈주민의 보호 및 정착지원에 관한 법률」의 적용을 받고 있는 사람과 그 가족으로서 보건복지부장관이 의료급여가 필요하다고 인정한 사람
8. 「5·18민주화운동 관련자 보상 등에 관한 법률」 제8조에 따라 보상금 등을 받은 사람과 그 가족으로서 보건복지부장관이 의료급여가 필요하다고 인정한 사람
9. 「노숙인 등의 복지 및 자립지원에 관한 법률」에 따른 노숙인 등으로서 보건복지부장관이 의료급여가 필요하다고 인정한 사람
10. 그 밖에 생활유지 능력이 없거나 생활이 어려운 사람으로서 대통령령으로 정하는 사람

③ 장기요양급여에 대한 비용

다음의 장기요양급여에 대한 비용은 수급자 본인이 전부 부담한다.

㉠ 「노인장기요양보험법」의 규정에 따른 급여의 범위 및 대상에 포함되지 아니하는 장기요양급여

㉡ 수급자가 장기요양인정서에 기재된 장기요양급여의 종류 및 내용과 다르게 선택하여 장기요양급여를 받은 경우 그 차액

㉢ 장기요양급여의 월 한도액을 초과하는 장기요양급여

④ 본인부담금의 60%를 감경하는 경우

㉠ 「의료급여법」 제3조 제1항 제2호부터 제9호까지의 규정에 따른 수급권자

㉡ 소득・재산 등이 보건복지부장관이 정하여 고시하는 일정 금액 이하인 자. 다만, 도서・벽지・농어촌 등의 지역에 거주하는 자에 대하여 따로 금액을 정할 수 있다.

㉢ 천재지변 등 보건복지부령으로 정하는 사유로 인하여 생계가 곤란한 자

천재지변 등으로 인한 본인부담금 감경대상자(노인장기요양보험법 시행규칙 제34조)

"천재지변 등 보건복지부령으로 정하는 사유로 인하여 생계가 곤란한 자"란 천재지변 또는 재난에 준하는 사유에 해당되어 보건복지부장관이 정하여 고시하는 지역에 거주하고 피해정도가 일정 기준에 이르는 생계곤란자를 말한다.

5 기존 건강보험제도 및 노인복지서비스 체계와의 차이점

(1) 국민건강보험제도와의 차이

국민건강보험은 질환의 진단, 입원 및 외래 치료, 재활 등을 목적으로 주로 병・의원 및 약국에서 제공하는 서비스를 급여 대상으로 하는 반면, 노인장기요양보험은 고령이나 노인성 질병 등으로 인하여 혼자의 힘으로 일상생활을 영위하기 어려운 대상자에게 요양시설이나 재가기관을 통해 신체활동 또는 가사지원 등의 서비스를 제공하는 제도이다.

(2) 기존 노인복지서비스 체계와의 차이

기존 「노인복지법」상의 노인요양은 주로 국민기초생활보장 수급자 등 특정 저소득층을 대상으로 국가나 지방자치단체가 공적부조방식으로 제공하는 서비스 위주로 운영되어 왔으나, 「노인장기요양보험법」상 서비스는 소득에 관계없이 심신기능 상태를 고려한 요양 필요도에 따라 장기요양인정을 받은 자에게 서비스가 제공되는 보다 보편적인 체계로 운영되고 있다.

[노인장기요양보험제도와 기존 노인복지서비스 체계의 비교]

구 분	노인장기요양보험	기존 노인복지서비스 체계
관련법	노인장기요양보험법	노인복지법
서비스 대상	• 보편적 제도 • 장기요양이 필요한 65세 이상 노인 및 치매 등 노인성 질병을 가진 65세 미만자	• 특정대상 한정(선택적) • 국민기초생활보장 수급자를 포함한 저소득층 위주
서비스 선택	수급자 및 부양가족의 선택에 의한 서비스 제공	지방자치단체장의 판단(공급자 위주)
재 원	장기요양보험료 + 국가 및 지방자치단체 부담 + 이용자 본인 부담	국가 및 지방자치단체의 부담

CHAPTER

06 기출유형문제

01 **다음은 사회보험과 사회보장에 관한 내용이다. 옳지 않은 것은?**

① 사회보장제도는 사회보험의 개념을 포괄하는 개념이다.
② 사회보장의 대상은 일정 한도의 범위가 있을 수 있으나, 사회보험은 전 국민을 대상으로 한다.
③ 사회보장은 국가의 일반세금에 의하여 그 비용이 조달되는 것이 보통이나, 사회보험은 근로자, 사용자 및 국가가 보험료를 부담한다.
④ 사회보험은 질병, 실업, 노동재해, 노년 등과 같이 개별적으로 제도화 되지만, 사회보장은 하나의 제도로 포괄하고 있다.

| 해설 |

사회보장은 전 국민을 대상으로 하는 반면, 사회보험은 일정 한도의 범위를 가지는 것이 보통이다.

02 **다음 중 우리나라에서 현재 시행 중인 사회보험을 모두 고른 것은?** 기출 17

ⓐ 고용보험	ⓑ 산업재해보상보험
ⓒ 질병보험	ⓓ 간병보험
ⓔ 장애인복지보험	

① ⓐ, ⓑ　　② ⓑ, ⓔ
③ ⓑ, ⓓ　　④ ⓐ, ⓔ

| 해설 |

ⓒ 질병보험, ⓓ 간병보험, ⓔ 장애인복지보험은 모두 민영보험에 해당한다.

03 **다음 중 일반적으로 민영보험과 사회보험의 유사점에 해당하지 않는 것은?** 기출 24

① 리스크 전가　　② 소득재분배 효과
③ 보험료 납부　　④ 보험수리 적용

| 해설 |

사회보험(국민연금, 산재보험, 의료보험, 고용보험 등)은 국가나 지방공공단체가 운영하고 가입을 강제하며, 국민의 최저생활 보장이 주목적이다. 사회보험은 상대적으로 과다한 재정의 부담을 경감시킬 수 있으며, 일정한 소득재분배 효과가 나타난다.
민영보험(생명보험, 손해보험, 보증보험 등)은 사기업이 운영하고 임의가입하며, 개인이나 조직의 다양한 위험제거 또는 경감이 목적이다.

04 **민영보험과 사회보험의 공통적인 특징으로 옳지 않은 것은?** 기출 18

① 우연한 사고로 인한 경제적 필요의 충족을 목적으로 한다.
② 다수 경제주체의 결합을 요건으로 한다.
③ 역선택의 문제가 발생한다.
④ 고의적 사고의 발생과 같은 도덕적 위태의 문제가 존재한다.

| 해설 |

사회보험은 강제가입보험이므로 민영보험처럼 역선택이 존재하지 않는다. 즉 민영보험에서는 보험계약자는 손해발생가능성이 큰 위험을 스스로 선택하여 보험에 가입하려고 하는 역선택 성향을 보일 수 있다.
①·②·④는 보험의 공통적인 특징을 설명하고 있다.

05 **사회보험과 민영보험간의 차이점으로 옳지 않은 것은?**

① 사회보험은 강제적 가입이 원칙이나, 민영보험은 임의가입이 원칙이다.
② 사회보험은 주로 정부독점이나, 민영보험은 보험시장에서 경쟁이 이루어진다.
③ 사회보험은 법에 의해 강제가입이 되기 때문에 개별적 보험계약이 필요 없으나, 민영보험은 보험회사와 가입자간에 개별적 보험계약이 있어야 한다.
④ 사회보험은 개인적 적절성을 강조하여 보험수리원칙을 엄격히 적용하나, 민영보험은 사회적 적절성을 강조하여 보험수리원칙의 수정을 가하여 복지요소에 초점을 둔다.

| 해설 |

민영보험은 개인적 적절성을 강조하는 반면, 사회보험은 사회적 적절성을 강조한다.

06 **사회보험과 민영보험에 대한 비교·설명으로 옳지 않은 것은?**

① 사회보험은 강제적이고, 민영보험은 자발적이다.
② 사회보험의 부과기준은 소득수준이고, 민영보험은 위험정도와 급여수준이다.
③ 사회보험은 비용예측이 쉬우나, 민영보험은 비용예측이 어렵다.
④ 사회보험은 완전한 재정준비가 필요하지 않으나, 민영보험은 완전한 재정준비가 필요하다.

정답 01 ② 02 ① 03 ② 04 ③ 05 ④ 06 ③

| 해설 |

사회보험은 비용예측이 어려우나, 민영보험은 비용예측이 쉬운 편이다.

07 다음 중 사회보험법의 4대 기본원리와 거리가 먼 것은?

① 보편주의 원리
② 최저생활보장의 원리
③ 소득재분배의 원리
④ 책임의 원리

| 해설 |

사회보험의 4대 기본원리는 보편주의 원리, 최저생활보장의 원리, 소득재분배의 원리, 보험료부담의 원리이다.

08 다음 중 사업주가 보험료 전액을 부담하여야 하는 사회보험은?

① 국민연금
② 건강보험
③ 고용보험
④ 산업재해보상보험

| 해설 |

산업재해보상보험은 업무상 일어난 재해에 대해 무과실책임의 원칙에 의해 사업주가 전액 부담한다.

09 다음 사회보험 중 현물급여를 제공하지 않는 것은? 기출 25

① 국민연금
② 국민건강보험
③ 고용보험
④ 산재보험

| 해설 |

국민연금은 현금급여로만 지급되며, 종류로는 노령연금, 장애연금, 유족연금, 반환일시금, 사망일시금 등이 있다.

② 국민건강보험은 현금급여(요양비, 분만비, 장제비, 본인분담금보상금)와 현물급여(요양급여, 분만급여, 건강진단)를 모두 제공한다.
③ 고용보험은 현금급여(실업급여)와 현물급여(직장알선, 직업능력개발)를 모두 제공한다.
④ 산재보험은 현금급여(휴업급여, 장해급여, 유족급여, 장례비, 상병보상연금, 특별급여)와 현물급여(요양급여)를 모두 제공한다.

10 국민연금의 특징으로 옳지 않은 것은?

① 모든 국민이 가입대상이며, 강제성이 있다.
② 소득재분배로 사회통합에 기여한다.
③ 국민연금은 물가가 오르면 실질가치가 하락한다.
④ 국민연금은 국가가 최종적으로 지급을 보장하기 때문에 국가가 존속하는 한 반드시 지급된다.

해설

국민연금은 물가가 오르더라도 실질가치는 항상 보장된다.

11 「국민연금법」상 급여의 종류가 아닌 것은?

① 반환일시금 ② 장애연금
③ 유족연금 ④ 상병연금

해설

급여의 종류(국민연금법 제49조)
- 노령연금
- 장애연금
- 유족연금
- 반환일시금

12 「국민연금법」상 노령연금에 관한 설명이다. ( ) 안에 들어갈 내용으로 옳은 것은?

> 국민연금 가입기간이 (ㄱ)년 이상인 가입자 또는 가입자였던 자에 대하여는 (ㄴ)세[특수직종근로자는 (ㄷ)세]가 된 때부터 그가 생존하는 동안 노령연금을 지급한다.

① ㄱ : 10, ㄴ : 55, ㄷ : 60
② ㄱ : 10, ㄴ : 60, ㄷ : 55
③ ㄱ : 10, ㄴ : 60, ㄷ : 65
④ ㄱ : 15, ㄴ : 55, ㄷ : 60

해설

국민연금 가입기간이 (10)년 이상인 가입자 또는 가입자였던 자에 대하여는 (60)세[특수직종근로자는 (55)세]가 된 때부터 그가 생존하는 동안 노령연금을 지급한다(국민연금법 제61조 제1항).

CHAPTER 06 사회보험

정답 07 ④ 08 ④ 09 ① 10 ③ 11 ④ 12 ②

13 다음 중 국민연금에서 지급되는 노령연금의 기본연금액을 결정하는 요인으로 올바르지 않은 것은?

기출 23

① 전체 가입자 소득수준
② 부양가족 수
③ 가입기간
④ 가입자 본인 소득수준

| 해설 |

노령연금의 기본연금액은 전체 국민연금 가입자의 평균소득(균등부분)과 본인의 가입기간 및 가입기간 동안의 평균소득(소득비례부분)을 바탕으로 결정한다.

14 다음은 분할연금의 수급권자에 관한 요건이다. 다음 중 요건으로 옳지 않은 것은?

① 배우자의 국민연금 가입기간 중의 혼인기간이 5년 이상인 자
② 배우자와 이혼한 자
③ 배우자였던 사람이 노령연금 수급권자일 것
④ 65세가 되었을 것

| 해설 |

혼인기간(배우자의 가입기간 중의 혼인기간으로서 별거, 가출 등의 사유로 인하여 실질적인 혼인관계가 존재하지 아니하였던 기간을 제외한 기간을 말한다)이 5년 이상인 자가 다음 각 호의 요건을 모두 갖추면 그때부터 그가 생존하는 동안 배우자였던 자의 노령연금을 분할한 일정한 금액의 연금(분할연금)을 받을 수 있다(국민연금법 제64조 제1항).

1. 배우자와 이혼하였을 것
2. 배우자였던 사람이 노령연금 수급권자일 것
3. 60세가 되었을 것

15 다음은 국민연금에 관한 내용이다. 다음 중 옳은 것은?

① 노령연금의 수급권자는 가입기간이 20년 이상인 가입자 또는 가입자였던 자이며, 60세가 된 때부터 그가 생존하는 동안 노령연금을 지급한다.
② 장애연금의 지급대상이 되는 경우에도 불구하고 해당 질병 또는 부상의 초진일이 국외이주·국적상실 기간 중에 있는 경우에는 장애연금을 지급하지 아니한다.
③ 가입기간이 5년 이상인 가입자가 사망하면 그 유족에게 유족연금을 지급한다.
④ 가입자가 국외로 이주하면 반환일시금은 지급받을 수 없다.

해설

장애연금의 지급대상이 되는 경우에도 불구하고 초진일이 국외이주·국적상실 기간 중에 있는 경우에는 장애연금을 지급하지 아니한다(국민연금법 제67조 제3항 제2호).

① 가입기간이 20년이 아니라 10년 이상인 가입자이다. 노령연금의 수급권자는 가입기간이 10년 이상인 가입자 또는 가입자였던 자이며, 60세가 된 때부터 그가 생존하는 동안 노령연금을 지급한다(국민연금법 제61조 제1항).
③ 가입기간이 10년 이상인 가입자 또는 가입자였던 자가 사망하면 그 유족에게 유족연금을 지급한다(국민연금법 제72조 제1항 제2호).
④ 가입자 또는 가입자였던 자가 국적을 상실하거나 국외로 이주한 때에 본인이나 그 유족의 청구에 의하여 반환일시금을 지급받을 수 있다(국민연금법 제77조 제1항 제3호).

16 다음 중 국민연금법상 가입자가 사망할 당시 그에 의하여 생계를 유지하고 있던 자(인정기준 충족) 중 유족연금을 지급받을 수 있는 유족의 순위를 바르게 나열한 것은? 기출 22

① 배우자 – 부모 – 자녀 – 조부모 – 손자녀
② 배우자 – 자녀 – 부모 – 손자녀 – 조부모
③ 자녀 – 배우자 – 부모 – 손자녀 – 조부모
④ 자녀 – 배우자 – 부모 – 조부모 – 손자녀

해설

유족연금의 순위(국민연금법 제73조 제2항)

1. 배우자
2. 자녀. 다만, 25세 미만이거나 제52조2에 따른 장애상태에 있는 사람만 해당한다.
3. 부모(배우자의 부모를 포함한다). 다만, 60세 이상이거나 제52조2에 따른 장애상태에 있는 사람만 해당한다.
4. 손자녀. 다만, 19세 미만이거나 제52조2에 따른 장애상태에 있는 사람만 해당한다.
5. 조부모(배우자의 조부모를 포함한다). 다만, 60세 이상이거나 제52조2에 따른 장애상태에 있는 사람만 해당한다.

정답 13 ② 14 ④ 15 ② 16 ②

17 「국민연금법」상 유족연금 수급권의 소멸사유에 해당하지 않는 것은?

① 유족연금 수급권자가 사망한 때
② 배우자인 유족연금 수급권자가 재혼한 때
③ 손자녀인 유족연금 수급권자가 파양된 때
④ 장애등급 2급 이상에 해당하지 아니한 자녀인 유족연금 수급권자가 19세가 된 때

해설

유족연금 수급권의 소멸사유(국민연금법 제75조 제1항)

1. 수급권자가 사망한 때
2. 배우자인 수급권자가 재혼한 때
3. 자녀나 손자녀인 수급권자가 파양된 때
4. 제52조2에 따른 장애상태에 해당하지 아니한 자녀인 수급권자가 25세가 된 때 또는 제52조2에 따른 장애상태에 해당하지 아니한 손자녀인 수급권자가 19세가 된 때

18 다음은 「국민연금법」상 반환일시금에 관한 수급요건이다. 다음 중 옳지 않은 것은?

① 가입기간이 10년 이상인 자가 60세가 된 때
② 가입자 또는 가입자였던 자가 사망한 때
③ 국적을 상실한 때
④ 국외로 이주한 때

해설

반환일시금의 수급요건(국민연금법 제77조 제1항)

1. 가입기간이 10년 미만인 자가 60세가 된 때
2. 가입자 또는 가입자였던 자가 사망한 때. 다만, 가입자 또는 가입기간이 10년 이상인 가입자였던 자가 사망한 때에는 유족연금이 지급되지 아니하는 경우만 해당한다.
3. 국적을 상실하거나 국외로 이주한 때

19 국민연금보험료의 재원조달에 대한 설명으로 옳지 않은 것은?

① 가입기간 동안의 가입자 소득에 비례하여 일정비율의 연금보험료를 징수한다.
② 사업장가입자의 경우 보험료율인 소득의 9%에 해당하는 금액을 본인과 사업장의 사용자가 각각 절반, 즉 4.5%씩 부담한다.
③ 지역가입자 · 임의 · 임의계속가입자는 보험료를 본인이 전액 부담한다.
④ 연금보험료를 납부기간 내에 납부하지 않으면 연체금이 붙지 않는다.

해설

법에 근거하기 때문에 연금보험료를 납부기간 내에 납부하지 않으면 다른 공과금과 마찬가지로 연체금(연금보험료의 3~9%)이 가산된다.

20 다음은 사회보험방식(SHI)과 국가보건서비스(NHS)방식을 비교 · 설명한 내용이다. 옳지 않은 것은?

① 사회보험방식은 보험료를 통해 재원을 조달하는 반면, 국가보건서비스방식은 일반조세를 통해 재원을 조달한다.
② 사회보험방식은 보험자중심의 자율운영을 하고, 국가보건서비스방식은 정부기관이 직접 관리한다.
③ 국가보건서비스방식보다 사회보험방식이 소득재분배 효과가 더 강하다.
④ 사회보험방식은 국민을 임금소득자, 공무원, 자영자 등으로 구분하여 적용하는 반면, 국가보건서비스방식은 전 국민을 대상으로 일괄 적용한다.

해설

사회보험방식보다 국가보건서비스방식이 소득재분배 효과가 더 강하다. 사회보험방식은 보험자가 다수일 경우 보험자간 재정불균형이 발생하는 반면, 국가보건서비스방식은 일반조세에 의한 재원조달로 소득재분배 효과가 강하다.

정답 17 ④ 18 ① 19 ④ 20 ③

21 국민건강보험의 적용대상과 가입자에 대한 설명으로 옳지 않은 것은?

① 국내에 거주하는 국민은 건강보험의 가입자 또는 피부양자가 된다.
② 「의료급여법」에 따라 의료급여를 받는 사람은 제외한다.
③ 가입자는 직장가입자와 지역가입자로 구분한다.
④ 고용기간이 1개월 미만인 일용근로자도 직장가입자에 포함된다.

해설

고용기간이 1개월 미만인 일용근로자는 직장가입자에서 제외된다.

22 국민건강보험에 대한 설명으로 옳지 않은 것은? 기출 18

① 소득재분배 성격을 가지고 있다.
② 직장가입자와 지역가입자의 보험료 산정기준이 다르다.
③ 구상제도가 없다.
④ 공제(deductible)제도가 있다.

해설

「국민건강보험법」 제58조 제1항에 의하면 "국민건강보험공단은 제3자의 행위로 보험급여 사유가 생겨 가입자 또는 피부양자에게 보험급여를 한 경우에는 그 급여에 들어간 비용 한도에서 그 제3자에게 손해배상을 청구할 권리를 얻는다"라고 규정되어 있으므로 구상제도가 있다.

23 다음은 「국민건강보험법」상 요양급여에 관한 설명이다. 옳지 않은 것은?

① 가입자가 요양기관이 아닌 장소에서 출산을 한 경우 요양급여에 상당하는 금액을 지급한다.
② 가입자가 부득이한 사유로 인하여 요양기관을 이용할 수 없어 요양기관에서 제외되는 의료기관에서 요양을 받은 경우에는 요양급여를 지급하지 않는다.
③ 공단은 요양급여 외에 임신·출산 진료비, 장제비, 상병수당, 그 밖의 급여를 실시할 수 있다.
④ 「장애인복지법」에 의하여 등록한 장애인인 가입자 및 피부양자가 구입한 보조기기에 대하여 보험급여를 할 수 있다.

해설

가입자나 피부양자가 보건복지부령으로 정하는 긴급하거나 그 밖의 부득이한 사유로 요양기관과 비슷한 기능을 하는 기관으로서 보건복지부령으로 정하는 기관(업무정지기간 중인 요양기관을 포함한다. 이하 "준요양기관"이라 한다)에서 질병·부상·출산 등에 대하여 요양을 받거나 요양기관이 아닌 장소에서 출산한 경우에는 그 요양급여에 상당하는 금액을 보건복지부령으로 정하는 바에 따라 가입자나 피부양자에게 요양비로 지급한다(국민건강보험법 제49조 제1항).

24 「국민건강보험법」상 보험급여에 관한 설명으로 옳지 않은 것은?

① 요양급여는 진찰, 약제지급, 수술, 재활, 입원 등 현물급여이다.
② 일상생활에 지장이 없는 질환은 요양급여 대상에서 제외할 수 있다.
③ 요양기관으로 지정된 경우에는 정당한 이유 없이 요양급여를 거부하지 못한다.
④ 지역별 의료자원의 불균형 및 의료서비스 격차의 해소 등을 위하여 지역별로 요양급여비용을 달리 정해서는 안 된다.

| 해설 |

지역별 의료자원의 불균형 및 의료서비스 격차의 해소 등을 위하여 지역별로 요양급여비용을 달리 정하여 지급할 수 있다(국민건강보험법 제47조의3).

25 다음 중 「국민건강보험법」 제53조(급여의 제한)상 보험급여의 제한 사유에 해당하지 않는 것은?

기출 24

① 국외에 체류하는 경우
② 고의 또는 중대한 과실로 인한 범죄행위에 그 원인이 있는 경우
③ 고의 또는 중대한 과실로 공단이나 요양기관의 요양에 관한 지시에 따르지 아니한 경우
④ 업무 또는 공무로 생긴 질병·부상·재해로 다른 법령에 따른 보상 등을 받게 되는 경우

| 해설 |

보험급여를 받을 수 있는 사람이 국외에 체류하는 경우 그 기간에는 보험급여를 하지 아니한다(국민건강보험법 제54조 제2호). ⇒ **보험급여의 정지 사유**

TIP 급여의 제한(국민건강보험법 제53조 제1항)

공단은 보험급여를 받을 수 있는 사람이 다음 각 호의 어느 하나에 해당하면 보험급여를 하지 아니한다.

1. 고의 또는 중대한 과실로 인한 범죄행위에 그 원인이 있거나 고의로 사고를 일으킨 경우
2. 고의 또는 중대한 과실로 공단이나 요양기관의 요양에 관한 지시에 따르지 아니한 경우
3. 고의 또는 중대한 과실로 법 제55조에 따른 문서와 그 밖의 물건의 제출을 거부하거나 질문 또는 진단을 기피한 경우
4. 업무 또는 공무로 생긴 질병·부상·재해로 다른 법령에 따른 보험급여나 보상(報償) 또는 보상(補償)을 받게 되는 경우

26 「국민건강보험법」상 보험급여가 정지되는 경우로 옳지 않은 것은?

① 국외에 체류하는 경우
② 교도소에 수용되어 있는 경우
③ 「병역법」에 따른 현역병인 경우
④ 정신병원에 수용되어 있는 경우

정답 21 ④ 22 ③ 23 ② 24 ④ 25 ① 26 ④

| 해설 |

보험급여의 정지사유(국민건강보험법 제54조)
- 국외에 체류하는 경우
- 「병역법」에 따른 현역병(지원에 의하지 아니하고 임용된 하사를 포함한다), 전환복무된 사람 및 군간부후보생에 해당하게 된 경우
- 교도소, 그 밖에 이에 준하는 시설에 수용되어 있는 경우

27 국민건강보험의 보장성을 높일 때 민영보험 시장에 미치는 영향으로 가장 거리가 먼 것은?

기출 19

① 국민건강보험의 비급여 항목을 급여화 하면, 관련 민영보험의 보험금 지급액이 감소 가능하다.
② 국민건강보험의 본인부담률의 인하는 관련 민영보험 보험금 지급액과 관련성이 약하다.
③ 국민건강보험의 보장성을 확대하면 관련 민영보험의 손해율은 낮아질 수 있다.
④ 국민건강보험의 보장성 확대는 관련 민영보험 상품의 보험료 인하 요구를 받을 수 있다.

| 해설 |

국민건강보험의 본인부담률의 인하는 관련 민영보험 보험금 지급액 감소에 효과가 확인되었다.

〈자료출처〉 건강보험의 보장성 강화가 민간의료보험 시장에 미치는 영향, 권기헌, 2013

28 산업재해보상보험에 대한 설명으로 옳지 않은 것은? 기출 18

① 근로자재해배상책임보험의 성격을 가진다.
② 사회보험으로 근로복지공단에서 운영하고 있다.
③ 출퇴근 재해는 보상범위에 포함되지 않는다.
④ 장해급여와 유족급여는 연금으로 수급가능하다.

| 해설 |

산업재해보상보험은 근로자의 '업무상 재해'에 대해 고의·과실 유무를 불문하고 산업재해보상 보험급여를 지급하는 보험이다. 근로자가 출퇴근 재해로 부상·질병 또는 장해가 발생하거나 사망하면 업무상의 재해로 보기 때문에 출퇴근 재해는 보상범위에 포함된다(산업재해보상보험법 제37조 제1항 제3호).

29 다음은 산재보험의 특징이다. 옳은 것은?

① 근로자의 업무상 재해에 대하여 사용자에게 고의·과실을 묻는 과실책임주의이다.
② 보험사업에 소요되는 재원인 보험료는 원칙적으로 사업주와 근로자가 분담한다.
③ 산재보험급여는 재해발생에 따른 손해 전체를 보상한다.
④ 자진신고와 자진납부를 원칙으로 하고 있다.

| 해설 |

① 산재보험은 근로자의 업무상 재해에 대하여 사용자가 고의나 과실의 유무를 불문하고 책임을 지는 무과실 책임주의를 채택하고 있다.
② 보험사업에 소요되는 재원인 보험료는 원칙적으로 사업주가 전액 부담한다.
③ 산재보험급여는 평균임금을 기초로 하는 정률보상방식으로 보상한다.

30 「산업재해보상법」에 대한 설명으로 옳지 않은 것은?

① 산업재해보상보험 사업은 고용노동부장관이 관장한다.
② 근로자를 사용하는 모든 사업 또는 사업장에 적용한다.
③ 산업재해보상보험 및 예방에 관한 중요 사항을 심의하게 하기 위하여 근로복지공단에 산업재해보상보험 및 예방심의위원회를 둔다.
④ 고용노동부장관은 보험사업을 효율적으로 관리·운영하기 위하여 조사·연구 사업 등을 할 수 있다.

| 해설 |

위원회는 근로복지공단이 아니라 고용노동부에 둔다. 산업재해보상보험 및 예방에 관한 중요 사항을 심의하게 하기 위하여 고용노동부에 산업재해보상보험 및 예방심의위원회를 둔다(산업재해보상법 제8조 제1항).
① 산업재해보상법 제2조 제1항
② 산업재해보상법 제6조
④ 산업재해보상법 제9조 제1항

31 「산업재해보상보험법」에서 명시하고 있는 보험급여가 아닌 것은? 기출 21

① 휴업급여
② 구직급여
③ 간병급여
④ 직업재활급여

| 해설 |

구직급여는 고용보험에 가입한 근로자가 실직했을 때 근로자의 안정적 생활과 구직활동을 돕기 위해 일정 기간 지급하는 급여로서 「고용보험법」 제37조에서 규정하고 있다.

TIP 보험급여의 종류(산업재해보상보험법 제36조 제1항)

- 요양급여
- 장해급여
- 유족급여
- 장례비
- 휴업급여
- 간병급여
- 상병(傷病)보상연금
- 직업재활급여

정답 27 ② 28 ③ 29 ④ 30 ③ 31 ②

32 「산업재해보상보험법」상 요양급여에 관한 내용으로 옳은 것은?

① 근로자가 업무상의 사유로 부상을 당했으나, 그 부상이 5일 이내의 요양으로 치유될 수 있으면 요양급여를 지급하지 아니한다.

② 요양급여의 신청을 한 사람은 공단이 「산업재해보상보험법」에 따른 요양급여에 관한 결정을 하기 전에는 「국민건강보험법」에 따른 요양급여를 받을 수 없다.

③ 요양급여의 범위나 비용 등 요양급여의 산정기준은 고용노동부령으로 정한다.

④ 업무상의 재해를 입은 근로자가 요양할 산재보험 의료기관이 상급종합병원인 경우에는 그 환자가 응급환자이더라도 상급종합병원에서 요양할 필요가 있다는 의학적 소견이 있어야 한다.

해설

③ 산업재해보상보험법 제40조 제5항

① 요양급여는 근로자가 업무상의 사유로 부상을 당하거나 질병에 걸린 경우에 근로자에게 지급한다(산업재해보상보험법 제40조 제1항). 이 경우에 부상 또는 질병이 3일 이내의 요양으로 치유될 수 있으면 요양급여를 지급하지 아니한다(산업재해보상보험법 제40조 제3항).

② 건강보험이 우선적으로 적용 가능하다. 즉 요양급여의 신청을 한 사람이 공단이 「산업재해보상보험」에 따른 요양급여에 관한 결정을 하기 전에는 「국민건강보험법」 제41조에 따른 요양급여 또는 「의료급여법」 제7조에 따른 의료급여를 받을 수 있다(산업재해보상보험법 제42조 제1항).

④ 업무상의 재해를 입은 근로자가 요양할 산재보험 의료기관이 상급종합병원인 경우에는 응급환자이거나 그 밖에 부득이한 사유가 있는 경우를 제외하고는 그 근로자가 상급종합병원에서 요양할 필요가 있다는 의학적 소견이 있어야 한다(산업재해보상보험법 제40조 제6항).

33 「산업재해보상법」상 보험급여에 관한 설명으로 옳지 않은 것은?

① 장해급여는 근로자가 업무상의 사유로 부상을 당하거나 질병에 걸려 치유된 후 신체 등에 장해가 있는 경우에 그 근로자에게 지급한다.

② 간병급여는 요양급여를 받은 사람 중 치유 후 의학적으로 상시 또는 수시로 간병이 필요하여 실제로 간병을 하는 사람에게 지급한다.

③ 유족급여는 근로자가 업무상의 사유로 사망한 경우에 유족에게 지급한다.

④ 휴업급여는 업무상 사유로 부상을 당한 근로자에게 요양으로 취업하지 못한 기간에 대하여 지급하되, 그 기간이 3일 이내이면 지급하지 아니한다.

해설

간병급여는 요양급여를 받은 사람 중 치유 후 의학적으로 상시 또는 수시로 간병이 필요하여 실제로 간병을 받는 사람에게 지급한다(산업재해보상보험법 제61조 제1항).

① 산업재해보상보험법 제57조 제1항

③ 산업재해보상보험법 제62조 제1항

④ 산업재해보상보험법 제52조

34 「산업재해보상법」상 유족급여에 관한 설명으로 옳지 않은 것은?

① 유족급여는 근로자가 업무상의 사유로 사망한 경우에 유족에게 지급한다.
② 유족급여는 유족보상연금이나 유족보상일시금으로 하되, 유족보상일시금은 근로자가 사망할 당시 유족보상연금을 받을 수 있는 자격이 있는 사람이 없는 경우에 지급한다.
③ 유족보상일시금은 평균임금의 1,200일분으로 한다.
④ 유족보상연금을 받을 수 있는 자격이 있는 사람이 원하면 유족보상일시금의 100분의 50에 상당하는 금액을 일시금으로 지급하고 유족보상연금은 100분의 50을 감액하여 지급한다.

해설

유족보상일시금은 평균임금의 1,300일분으로 한다.

35 「산업재해보상보험법」상 진폐(분진을 흡입하여 폐에 생기는 섬유증식성 변화를 주된 증상으로 하는 질병)에 따른 보험급여의 종류에 해당하지 않는 것은? 기출 20

① 장해급여
② 간병급여
③ 장례비
④ 직업재활급여

해설

진폐에 따른 보험급여의 종류는 요양급여, 간병급여, 장례비, 직업재활급여, 진폐보상연금 및 진폐유족연금으로 하고, 건강손상자녀에 대한 보험급여의 종류는 요양급여, 장해급여, 간병급여, 장례비, 직업재활급여로 한다(산업재해보상보험법 제36조 제1항 단서). 〈2022.1.11. 개정〉

36 아래는 「중대재해처벌법」의 내용이다. (　　) 안에 들어갈 내용을 순서대로 바르게 나열한 것은? 기출 25

> 중대산업재해는 「산업안전보건법」 제2조 제1호에 따른 산업재해 중 사망자 (　　)명 이상, 동일한 사고로 6개월 이상 치료가 필요한 부상자가 (　　)명 이상 발생한 재해이다.

① 1, 2
② 1, 10
③ 2, 5
④ 2, 10

해설

중대산업재해는 「산업안전보건법」 제2조 제1호에 따른 산업재해 중 다음의 어느 하나에 해당하는 결과를 야기한 재해를 말한다(중대재해처벌법 제2조 제2호).
• 사망자가 (1)명 이상 발생
• 동일한 사고로 6개월 이상 치료가 필요한 부상자가 (2)명 이상 발생
• 동일한 유해요인으로 급성중독 등 대통령령으로 정하는 직업성 질병자가 1년 이내에 3명 이상 발생

정답 32 ③ 33 ② 34 ③ 35 ① 36 ①

37 다음 중 보험가능 리스크(insurable risk)의 요건이 비교적 덜 엄격하게 적용되는 보험종목은?

① 고용보험　　② 화재보험
③ 상해보험　　④ 배상책임보험

| 해설 |

천재지변, 전쟁, 대량실업과 같은 대형 재난적 위험은 보험회사의 지급능력 범위를 초과하는 위험이므로 보험가능 리스크의 요건에서 벗어난다. 즉 고용보험은 대량실업을 대비하기 위한 사회보험으로 민영보험인 화재보험, 상해보험, 배상책임보험보다 보험가능 리스크의 요건이 비교적 덜 엄격하게 적용된다고 볼 수 있다.

38 다음 중 고용보험의 특징이 아닌 것은?

① 고용보험은 실직자의 생계를 지원하는 사후적・소극적인 사회보장제도이다.
② 고용보험은 단계적인 노동시장적 접근방법을 취하고 있다.
③ 고용안정사업, 근로자의 직업능력개발사업 등을 상호 연계하여 실시한다.
④ 기업이 경쟁력을 확보할 수 있도록 각종 지원을 행하는 제도이다.

| 해설 |

고용보험은 실직자에 대한 생계지원은 물론 재취업을 촉진하고 더 나아가 실업의 예방 및 고용안정, 노동시장의 구조개편, 직업능력개발을 강화하기 위한 사전적・적극적 차원의 종합적인 노동시장정책의 수단이라고 할 수 있다.

39 고용보험법령상 적용 제외 근로자에 관한 아래 설명에서 (　　) 안에 들어갈 숫자를 순서대로 바르게 나열한 것은? 기출 24

> 해당 사업에서 1개월간 소정근로시간이 (　　)시간 미만인 근로자에게는 고용보험법을 적용하지 아니한다. 다만, 해당 사업에서 (　　)개월 이상 계속하여 근로를 제공하는 근로자와 일용근로자는 법 적용 대상으로 한다.

① 15, 1　　② 30, 1
③ 60, 3　　④ 120, 3

| 해설 |

적용 제외 근로자(고용보험법 제10조 제1항 제2호, 동법 시행령 제3조 제1항, 제2항 제1호)

- 해당 사업에서 소정(所定)근로시간이 대통령령으로 정하는 시간 미만인 근로자에 해당하는 사람에게는 고용보험법을 적용하지 아니한다.
- "해당 사업에서 소정(所定)근로시간이 대통령령으로 정하는 시간 미만인 근로자"란 해당 사업에서 1개월간 소정근로시간이 (60)시간 미만이거나 1주간의 소정근로시간이 15시간 미만인 근로자를 말한다.
- 다만, 해당 사업에서 (3)개월 이상 계속하여 근로를 제공하는 근로자는 법 적용 대상으로 한다.

40 다음 중 「고용보험법」상의 취업촉진수당에 해당하지 않는 것은? 기출 23

① 이주비
② 구직급여
③ 광역구직활동비
④ 조기재취업수당

| 해설 |

실업급여는 구직급여와 취업촉진수당으로 구분한다(고용보험법 제37조 제1항).
취업촉진 수당의 종류는 다음 각 호와 같다(고용보험법 제37조 제2항).
1. 조기(早期)재취업수당
2. 직업능력개발 수당
3. 광역구직활동비
4. 이주비

41 다음 중 「고용보험법」상 구직급여에 해당하는 것은? 기출 22

① 상병급여
② 광역구직활동비
③ 조기재취직수당
④ 직업능력개발수당

| 해설 |

수급자격자가 실업의 신고를 한 이후에 질병 · 부상 또는 출산으로 취업이 불가능하여 실업의 인정을 받지 못한 날에 대하여는 그 수급자격자의 청구에 의하여 구직급여일액에 해당하는 금액("상병급여"라 한다)을 구직급여를 갈음하여 지급할 수 있다(고용보험법 제63조 제1항).

42 「고용보험법」상 자영업자인 피보험자의 실업급여의 종류가 아닌 것은?

① 구직급여
② 조기재취업수당
③ 직업능력개발수당
④ 이주비

| 해설 |

자영업자인 피보험자의 실업급여의 종류는 구직급여와 취업촉진수당으로 구분되며, 취업촉진수당으로는 조기재취업수당, 직업능력개발수당, 광역구직활동비, 이주비가 있다. 다만, 연장급여와 조기재취업수당은 제외한다(고용보험법 제69조의2).

정답 37 ① 38 ① 39 ③ 40 ② 41 ① 42 ②

43 **다음은 「고용보험법」상 실업급여에 대한 설명이다. 옳은 것은?**

① 실업급여는 구직급여와 취업촉진수당으로 구분한다.

② 구직급여는 이직일 이전 12개월간 피보험 단위기간이 합산하여 180일 이상이어야 한다.

③ 광역구직활동비는 직업안정기관장의 소개로 거주지에서 50km 이상 떨어진 회사에 구직활동을 하는 경우 지급한다.

④ 실업급여를 받을 권리는 양도 또는 압류하거나 담보로 제공할 수 있다.

해설

① 고용보험법 제37조 제1항

② 구직급여는 이직일 이전 18개월간 피보험 단위기간이 합산하여 180일 이상이어야 한다(고용보험법 제40조 제1항 제1호).

③ 광역구직활동비는 직업안정기관장의 소개로 거주지에서 25km 이상 떨어진 회사에 구직활동을 하는 경우 지급한다(고용보험법 시행규칙 제111조 제1항).

④ 실업급여를 받을 권리는 양도 또는 압류하거나 담보로 제공할 수 없다(고용보험법 제38조 제1항).

44 **「고용보험법」상 구직급여의 수급요건으로 옳지 않은 것은?**

① 근로의 의사와 능력이 있음에도 불구하고 취업하지 못한 상태에 있을 것

② 이직사유가 수급자격의 제한사유에 해당하지 아니할 것

③ 이직일 이전 18개월 기간 동안 피보험 단위기간이 합산하여 180일 이상일 것

④ 최종 이직 당시 일용근로자의 경우 최종 이직 당시의 기준기간 동안의 피보험 단위기간 중 다른 사업에서 수급자격의 제한 사유에 해당하는 사유로 이직한 사실이 있는 경우에는 그 피보험 단위기간 중 30일 이상을 일용근로자로 근로하였을 것

해설

최종 이직 당시 일용근로자의 경우 최종 이직 당시의 기준기간 동안의 피보험 단위기간 중 다른 사업에서 수급자격의 제한 사유에 해당하는 사유로 이직한 사실이 있는 경우에는 그 피보험 단위기간 중 90일 이상을 일용근로자로 근로하여야 한다(고용보험법 제40조 제1항 제6호).

45 다음은 출산 전후 휴가급여와 육아휴직급여에 대한 설명이다. 옳지 않은 것은?

① 출산 전후 휴가급여 대상은 출산 전후 휴가가 끝난 날 이전에 고용보험 피보험단위기간이 합산하여 180일 이상이어야 한다.
② 육아휴직급여를 지급받으려는 사람은 육아휴직을 시작한 날 이후 1개월부터 육아휴직이 끝난 날 이후 12개월 이내에 신청하여야 한다.
③ 우선지원 대상기업이 아닌 경우에 출산 전후 휴가급여는 휴가기간 중 90일을 초과한 일수로 한정한다.
④ 피보험자가 육아휴직급여 기간 중에 그 사업에서 이직하거나 새로 취업한 경우에는 그 이직 또는 취업하였을 때부터 육아휴직급여를 지급하지 아니한다.

해설

우선지원 대상기업이 아닌 경우에 출산 전후 휴가급여는 휴가기간 중 60일(한 번에 둘 이상의 자녀를 임신한 경우에는 75일)을 초과한 일수(30일을 한도로 하되, 한 번에 둘 이상의 자녀를 임신한 경우에는 45일을 한도로 한다)로 한정한다(고용보험법 제76조 제1항).

46 다음 중 노인장기요양보험제도의 특징이 아닌 것은?

① 건강보험제도와 통합 운영
② 사회보험방식을 기본으로 한 국고지원 부가방식
③ 보험자 및 관리운영기관의 일원화
④ 노인중심의 급여

해설

장기요양급여 운영, 장기요양제도의 특성을 살릴 수 있도록 「국민건강보험법」과는 별도로 「노인장기요양보험법」을 제정하여 운영하고 있다.

47 다음 중 노인장기요양보험의 적용대상이 아닌 자는?

① 장기요양보험 가입자 및 그 피부양자
② 의료급여수급권자 중 65세 이상의 노인
③ 65세 미만으로 노인성 질병이 없는 장애인
④ 의료급여수급권자 중 65세 미만자로서 치매, 뇌혈관성 질환 등 노인성 질병을 가진 자

해설

65세 미만으로 노인성 질병이 없는 장애인은 적용 제외된다.

정답 43 ① 44 ④ 45 ③ 46 ① 47 ③

48 「노인장기요양보험법」상 장기요양보험에 대한 설명으로 옳지 않은 것은?

① 장기요양보험사업은 보건복지부장관이 관장한다.

② 공단은 장기요양사업에 사용되는 비용에 충당하기 위하여 장기요양보험료를 징수한다.

③ 장기요양인정을 신청할 수 있는 자는 노인 등으로서 장기요양보험가입자 또는 그 피부양자, 의료급여수급권자에 해당하는 자격을 갖추어야 한다.

④ 공단은 장기요양인정 신청의 조사가 완료된 때 조사결과서, 신청서, 의사소견서, 그 밖에 심의에 필요한 자료를 장기요양위원회에 제출하여야 한다.

해설

공단은 장기요양인정 신청의 조사가 완료된 때 조사결과서, 신청서, 의사소견서, 그 밖에 심의에 필요한 자료를 등급판정위원회에 제출하여야 한다(노인장기요양보험법 제15조 제1항).

① 노인장기요양보험법 제7조 제1항

② 노인장기요양보험법 제8조 제1항

③ 노인장기요양보험법 제12조

49 「노인장기요양보험법」상 장기요양급여에 관한 설명으로 옳지 않은 것은?

① 장기요양급여는 노인 등이 자신의 의사와 능력에 따라 최대한 자립적으로 일상생활을 수행할 수 있도록 제공하여야 한다.

② 장기요양급여는 노인 등이 가족과 함께 생활하면서 가정에서 장기요양을 받는 시설급여를 우선적으로 제공하여야 한다.

③ 장기요양급여는 노인 등의 심신상태나 건강 등이 악화되지 아니하도록 의료서비스와 연계하여 이를 제공하여야 한다.

④ 장기요양급여는 노인 등의 심신상태・생활환경과 노인 등 및 그 가족의 욕구・선택을 종합적으로 고려하여 필요한 범위 안에서 이를 적정하게 제공하여야 한다.

해설

장기요양급여는 노인 등이 가족과 함께 생활하면서 가정에서 장기요양을 받는 재가급여를 우선적으로 제공하여야 한다(노인장기요양보험법 제3조 제3항).

① 노인장기요양보험법 제3조 제1항

③ 노인장기요양보험법 제3조 제4항

④ 노인장기요양보험법 제3조 제2항

50 다음에서 장기요양급여 중 재가급여에 해당하는 것으로만 묶인 것은?

㉠ 방문요양	㉡ 특별현금급여
㉢ 주 · 야간보호	㉣ 단기보호
㉤ 요양병원간병비	

① ㉠, ㉢, ㉣　　② ㉠, ㉡, ㉢
③ ㉡, ㉣, ㉤　　④ ㉢, ㉣, ㉤

해설

장기요양급여의 종류는 크게 재가급여, 시설급여, 특별현금급여 등으로 구분한다.
재가급여에는 ㉠ 방문요양, ㉢ 주 · 야간보호, ㉣ 단기보호 외에 방문목욕, 방문간호, 복지용구 대여 등이 있다.
㉡ 특별현금급여에는 가족요양비, 특례요양비, ㉤ 요양병원간병비 등이 있다.

51 노인장기요양보험의 장기요양급여 중 특별현금급여에 해당하지 않는 것은?

① 질병요양비　　② 가족요양비
③ 특례요양비　　④ 요양병원간병비

해설

질병요양비는 건강보험의 현금급여에 해당한다.

52 다음 중 사회보험으로 운영되는 노인장기요양보험에 대한 설명으로 옳지 않은 것은?

기출 19

① 보험급여에는 재가급여, 시설급여, 특별현금급여 등이 있다.
② 피보험자는 65세 이상 노인으로 한정한다.
③ 노인장기요양보험의 보험료는 국민건강보험 보험료에 장기요양보험료율을 곱하여 산정한다.
④ 재원 중 일부는 국고에서 지원된다.

해설

노인장기요양보험의 피보험자는 65세 이상의 노인 또는 65세 미만의 자로서 치매 · 뇌혈관성 질환 등 노인성 질병을 가진 자 중 6개월 이상 혼자서 일상생활을 수행하기 어렵다고 인정되는 자를 수급대상자로 하고 있다.

정답 48 ④　49 ②　50 ①　51 ①　52 ②

53 건강보험과 노인장기요양보험을 비교한 내용으로 옳은 것은?

① 건강보험은 65세 이상 노인 대상이고, 노인장기요양보험은 전 국민 대상이다.
② 건강보험은 월 한도액 범위 내에서 서비스를 받을 수 있고, 노인장기요양보험은 의학적으로 질병이나 부상의 치료가 종료될 때까지 서비스를 받을 수 있다.
③ 건강보험은 의사의 판단에 따라 의료서비스를 제공하고, 노인장기요양보험은 수발등급판정을 인정받은 자에게 서비스를 제공한다.
④ 건강보험은 수발신청에 의한 등급별 판정자만이 서비스를 받을 수 있고, 노인장기요양보험은 강제 적용된다.

해설

① 건강보험은 전 국민 대상이고, 노인장기요양보험은 65세 이상 노인 및 65세 미만 노인성 질환을 가진 자가 대상이다.
② 건강보험은 의학적으로 질병이나 부상의 치료가 종료될 때까지 서비스를 받을 수 있고, 노인장기요양보험은 월 한도액 범위 내에서 서비스를 받을 수 있다.
④ 건강보험은 강제 적용인 반면에, 노인장기요양보험은 수발신청에 의한 등급별 판정자만이 서비스를 받을 수 있다.

54 노인장기요양보험제도와 기존 노인복지서비스체계 비교한 내용이다. 옳지 않은 것은?

구 분	노인장기요양보험	기존 노인복지서비스 체계
① 관련법	노인장기요양보험법	노인복지법
② 서비스 대상	특정대상 한정	보편적 대상
③ 서비스 선택	수급자 및 부양가족의 선택에 의한 서비스 제공	지방자치단체장의 판단 (공급자 위주)
④ 재원	장기요양보험료 + 국가 및 지방자치단체 부담 + 이용자 본인 부담	국가 및 지방자치단체의 부담

해설

노인장기요양보험은 장기요양이 필요한 65세 이상 노인 및 치매 등 노인성 질병을 가진 65세 미만자를 서비스 대상으로 하므로 보편적이고, 기존 노인복지서비스 체계는 국민기초생활보장 수급자를 포함한 저소득층 위주로 하므로 대상이 한정적이다.

53 ③ 54 ② 정답

CHAPTER

07 언더라이팅 및 재보험

학습목표

❶ 언더라이팅의 주요 목적, 기본원칙, 수행과정을 학습한다.
❷ 재보험의 개념, 기능, 종류에 대해 학습한다.
❸ 보험사기의 유형과 특성, 예방대책 등을 학습한다.

01 언더라이팅

1 개 요

(1) 언더라이팅의 개념 기출 15

언더라이팅이란 보험회사가 위험을 인수하거나 거절하는 과정이며, 위험을 인수할 경우 그 조건을 결정하는 것을 포함한다. 즉 피보험자 및 피보험물건의 위험평가 및 선택, 가입조건의 결정, 보험요율의 결정 등 일련의 계약 체결전 과정을 의미한다.

(2) 언더라이팅의 주요 목적 기출 23

① 역선택을 방지한다.
② 물리적·도덕적 위험 측면을 포함한 리스크 분석을 통해 각 리스크 특성에 적절한 보험료가 부과되게 함으로써 보험사업자에게 전반적으로 안전하고 수익성이 있는 보험계약을 인수하게 하는데 있다.
③ 보험운영의 기본인 수지상등의 원칙을 유지하기 위한 기능을 수행한다.

> **언더라이팅(underwriting)의 목적**
> • 역선택 방지
> • 적정요율의 합리적 적용
> • 보험범죄의 방지
> • 보험사업의 수익성 확보

(3) 언더라이팅의 과정

언더라이팅이란 청약된 리스크를 선택하고 분류하는 과정이다.
① 선택이란 보험사에 보험가입을 신청한 피보험자의 리스크를 평가하여 해당 보험계약을 인수할 것인지 또는 거절할 것인지를 결정하는 행위를 말한다.
② 분류란 선택된 개별 리스크를 유사한 기대손실을 지닌 일정등급에 배정하는 과정을 말한다.

(4) 언더라이팅의 기본 원칙 기출 24

① 언더라이팅 기준에 의한 선택

보험사의 경영진은 먼저 달성하고자 하는 목표에 부합하는 언더라이팅 정책을 설정해야 한다. 이를 토대로 실무진이 적용할 수 있도록 구체화한 언더라이팅 지침을 만들고, 이에 따라 일선의 언더라이터가 언더라이팅을 수행한다.

② 각 요율등급 내에서의 적절한 균형

리스크 특성이 유사한 피보험자들은 동일한 요율등급으로 분류되고, 그 등급의 기대평균손실에 따라 산출된 보험료를 동일하게 적용받는다. 즉 동일 보험료의 요율등급 내에서 그 등급의 모든 손실과 비용을 충당할 수 있도록 각 등급 내에서 피보험자의 분포가 적정한 균형을 이루어야 한다.

③ 인수리스크간의 형평성 확보

보험에 있어 형평성은 리스크가 높은 계약자는 높은 보험료를 내고, 리스크가 낮은 계약자는 낮은 보험료를 내는 것이다. 그렇지 않으면 양질의 계약자가 불량계약자로 인해 적정 수준 이상의 높은 보험료를 부담하는 교차보조현상이 발생하게 된다. 즉 모든 보험계약자 사이에 공평성을 유지하여 적정한 요율을 적용해야 한다.

심화TIP 언더라이팅 리스크(underwriting risk) 기출 25

언더라이팅 리스크(underwriting risk)는 보험사가 보험계약을 인수할 때 발생할 수 있는 리스크를 말한다. 즉 ① 악성물건을 인수해 당초 예상한 것보다 더 많은 보험금을 지출할 수 있는 리스크나 ② 가격결정에서 기대했던 수준에 못 미치는 언더라이팅으로 인해 전반적으로 손해율이 높아지는 리스크 혹은 ③ 가격결정에서 예상했던 수준 이하로 개별물건을 할인해 일반적인 보험료율이 낮아져 손해율이 높아지는 리스크를 말한다. 이러한 리스크는 보험사의 수익성과 재무건전성에 부정적인 영향을 줄 수 있다.

언더라이팅 리스크의 주요 요인은 다음과 같다.

- **역선택(adverse selection)** : 역선택은 보험계약 체결 전에 보험대상자와 보험사간의 정보비대칭으로 인해 발생하는 리스크로 언더라이팅 리스크의 주요 요인이다.
- **리스크 평가 오류** : 보험가입자의 건강 상태, 사고 위험 등을 잘못 평가해서 너무 낮은 보험료를 책정할 수 있다.
- **보험상품 설계 오류** : 잘못된 보험상품 설계로 인해 과도한 보험금 지급의무가 발생할 수 있다.
- **예상 손해율 초과** : 실제 손해율이 예상 손해율을 초과하면, 수익이 줄거나 손실이 발생한다.
- **부정확한 통계자료 사용** : 과거 데이터를 기반으로 한 예측이 부정확하면 언더라이팅 리스크가 증가한다.

2 언더라이팅의 단계 및 과정

(1) 언더라이팅의 단계

① 보험판매인(설계사)에 의한 1차 언더라이팅

㉠ 보험판매인(설계사)에 의한 선택은 보험청약 초기에 행하여진다는 의미에서 제1차 선택이라고 한다.

㉡ 이와 같은 선택제도는 설계사가 보험계약 청약자와 직접 면접하는 과정에서 그 청약자가 피보험체로서의 적격성을 보유하고 있는가를 외모, 건강상태, 경력, 직업, 생활환경 등 여러 각도에서 관찰, 질문하고 이에 대한 보고서를 작성하여 회사에 보고함으로써 사정·결정을 위한 자료를 제공하는 것으로 언더라이팅 단계 중 가장 중요하다.

② 건강진단(진단의)에 의한 의학적 언더라이팅

㉠ 회사에 고용된 사의(社醫)와 회사에서 위촉한 촉탁의(囑託醫)가 의학적 진단이 필요한 피보험자를 대상으로 진단을 하는 것이다.

㉡ 보험사의 건강진단(보험의학)은 질병 진단이나 치료가 목적이 아닌 보험기간 동안 보장급부(보험금지급)가 발생할 가능성을 예측하는 것으로 임상의학에 비해 위험을 높게 측정하고 있다.

③ 보험사 언더라이터에 의한 언더라이팅

보험사의 언더라이팅에 전문적으로 종사하는 자가 ㉠ 보험청약서상의 고지내용과 설계사 취급보고서, ㉡ 진단의가 작성·제출한 진단보고서, ㉢ 별도의 위험선택자료인 위험직종별 가입기준표와 계약사정기준표 등으로 피보험자의 신체적 위험, 환경적 위험을 종합적으로 판단하여, 보험청약의 승낙 여부와 계약상의 조건(보험료, 보험금액 등)을 확정하는 것을 말한다.

④ 계약적부 조사

㉠ 보험계약자나 피보험자는 「상법」 제651조에 따라 청약시에 보험회사가 서면으로 질문한 중요한 사항에 대해 사실대로 알려야 하며, 위반시 보험계약의 해지 또는 보험금 부지급 등의 불이익을 입을 수 있는데, 이를 고지의무제도라 한다.

㉡ 언더라이팅 완료 후 계약 체결 전에 계약자와 피보험자가 청약시에 알린 사항이 실제로 일치하는지 여부를 검증하는 제도이다.

(2) 언더라이팅의 과정

① 정보수집

언더라이팅 결과는 보험영업 손익 및 기업목표 달성과 직결되므로 언더라이터는 피보험자, 보험목적물 및 미래손실발생과 관련이 있다고 판단되는 모든 사항에 대해 정확하고 다양한 정보를 얻고자 노력해야 한다. 일반적으로 언더라이터는 보험계약청약서, 보험판매담당자, 마케팅부서의 정보보고, 직접조사 및 검사활동, 과거 수년간의 손실자료, 의사의 검진보고서 등 다양한 원천을 통해 정보를 수집한다.

㉠ 보험계약청약서 : 가장 기초적인 정보의 원천으로서 언더라이터는 의사결정에 필요한 기본적인 정보를 얻을 수 있다. 생명보험의 경우 피보험자의 연령, 성별, 직업, 개인 및 가족의 건강사항, 취미활동의 위험성 등 필요한 기본적인 정보가 제공된다.

㉡ 보험판매담당자 : 보험판매에 종사하는 대리점이나 설계사 또는 영업직원들이 1차적인 언더라이팅 기능을 수행한다. 현장 언더라이팅 과정에서 수집되는 정보의 가치는 다른 어떤 정보보다도 중요한데 현실적으로 언더라이팅 기능보다 마케팅 기능에 더 관심을 갖게 되어 정확한 판단을 하기 어렵고, 편향된 정보를 제공할 수 있다는 문제가 있다.

㉢ 직접조사 및 검사활동 : 심층적인 정보와 자료를 얻기 위하여 언더라이팅 부서의 전문인에 의한 직접 현장조사 및 검사활동이 이루어지기도 한다.

ⓐ 손해보험분야 : 현장을 직접 답사하고, 보험계약 청약자와 대담을 통해 얻은 정보를 회사에 보고한다.

ⓑ 생명보험분야 : 피보험자의 건강상태를 확인하기 위해 전문의사에 의해 진단을 하고, 직접 피보험자의 생활환경 및 습관 등에 대한 정보를 알아본다.

② 평가와 인수 결정

㉠ 평가 : 언더라이터는 계약 인수 여부를 최종 결정하기 위해 수집된 정보를 평가하여 선택하고 분류하는 과정을 거쳐야 한다.

언더라이팅 과정에서 직·간접적으로 의사결정에 영향을 미치는 요인

- **보험요율의 적정성** : 등급별 요율의 적용시 요율수준이 충분히 높다고 판단되면 언더라이터는 계약인수에 덜 엄격한 태도를 취하는 경향이 있고, 요율수준이 충분치 않다고 판단되면 매우 보수적으로 리스크를 심사하려는 경향이 있다. 또한 도덕적 위태가 매우 큰 리스크는 요율수준에 관계없이 인수하지 않으려는 경향이 있다.
- **재보험 가능성 및 거래조건** : 인수대상인 리스크가 재보험이 가능하고 재보험 거래조건이 좋으면 언더라이팅은 덜 엄격해 진다. 반면에 재보험이 불가능하거나 거래조건이 까다로우면 언더라이팅이 엄격해 질 수 밖에 없다.
- **계약갱신** : 생명보험과 달리 재산보험과 배상책임보험에 있어서 계약기간 중 해약하거나 보험계약을 갱신하는 경우 재계약을 하지 않을 수 있다. 이는 언더라이팅에 부여된 권한이지만 보험계약자의 권익을 침해받지 않도록 해야 한다.

㉡ 인수 결정 : 언더라이팅 인수 결정은 기본적으로 다음 3가지 중 한 형태로 이루어진다.

ⓐ 계약청약의 인수

ⓑ 계약청약의 거절

ⓒ 특정조건을 수정하거나 제한한 후 인수

조건의 수정에는 일반적으로 다음의 4가지 형태 중 한가지나 두가지 이상이 혼합되어 사용된다.

- **손실통제 수단의 선택** : 보험가입 청약자가 스스로 미래손실의 발생가능성 및 손실액의 규모를 감소시킬 수 있는 수단을 채택한다는 조건하에 인수하는 것을 말한다.
  예 화재경보기·스프링클러 설치, 도난경보장치 설치, 경비원 상주 등
- **요율 및 요율구조의 변경** : 보험가입 청약자가 요구하는 보험료나 기존의 요율구조로는 인수를 거절하지만, 청약자가 더 높은 보험료를 납부하거나 보험자가 변경한 보험료 산정구조를 따른다는 조건하에 인수를 허락하는 것을 말한다.
  예 과거 수차례의 사고경력이 있는 운전자는 무사고 운전자에 적용되는 보험료로는 가입이 거절되지만, 보다 높은 보험료를 지급함으로써 자동차보험에 가입하는 경우
- **계약조건의 수정** : 보험가입자가 청약한 계약의 형태를 수정한다는 조건으로 리스크를 인수하는 것을 말한다.
  예 특정한 손실원인으로 인한 손실에 대한 보험금 지급의 배제, 공제액의 설정, 보험금 한도의 하향 조정 등
- **임의재보험이나 공동보험의 사용** : 청약자의 예상손실액이 거대한 경우에는 보험자가 이미 가입한 특약재보험에서 변제할 수 없거나, 보험가입금액이 특약재보험의 지급한도를 초과할 수 있다. 이 경우 보험자는 임의재보험이나 공동보험을 사용하여 리스크를 분산시킬 수 있다.

③ 인수 결정의 수행과 감시

㉠ 인수결정의 통보 : 결정사항은 보험판매자와 보험사의 내부 관련 부서는 물론 가입신청자에게 신속하게 알려야 한다.

㉡ 관련 정보의 문서화 : 보험사는 회계·통계적 목적 및 향후 보험료 조정 등을 위해 보험계약자의 보상한도, 보상의 종류, 보험료 수정내역, 인수위험이 배정된 분류계층 등에 관한 상세한 기록이 필요하다.

㉢ 감시 : 인수된 위험이 변경되거나 인수조건이 수행되는지에 대한 보험자의 감시기능이 수행되어야 한다.

심화TIP 언더라이팅 주기(underwriting cycle) 기출 17

언더라이팅 과정에서 직·간접적으로 의사결정에 영향을 미치는 요인으로는 보험요율의 적정성, 재보험 가능성, 계약갱신 등이 있다. 특히 보험요율의 적정성과 관련하여 고려해야 할 사항은 언더라이팅 주기이나. 인더라이팅 주기는 보험요율의 적정성과 언더라이팅 손익 사이의 밀접한 관계에 따라 나타나는 보험요율과 손익의 기복현상으로서 주로 재산·배상책임보험 분야에서 나타난다. 이는 감독기관의 규제·간섭에 의해 야기되기도 하고, 보험회사간의 극심한 경쟁이나 보험수요 측면에서의 보험가격의 비탄력성으로 인해 나타나기도 한다. 언더라이팅 주기는 그 요인에 따라 감독규제 주기와 경제적 주기로 설명할 수 있다.

- **감독규제 주기** : 감독기관의 규제·간섭에 의해 발생한다.
  예 보험영업이익이 어느 정도 적정 수준에 있을 때 감독규제자는 보험요율을 변화시키지 않거나 요율인상을 지연시키는 경향을 보인다. 이러한 상황의 지속은 결국 보험영업이익의 감소와 보험상품의 공급감소로 이루어지면서 보험시장의 불균형으로 귀결되고, 감독규제자는 이 시기에 보험요율의 인상을 서서히 허락하면서 보험영업이익은 다시 종전의 상태로 복귀되고, 이러한 현상이 반복되는 주기로 나타난다.
- **경제적 주기** : 보험회사간의 극심한 경쟁과 보험수요의 보험가격 비탄력성으로 나타난다.
  예 보험영업이익이 적정한 수익에 이른 보험회사는 사업 확장의 의욕으로 보험요율을 인하하게 되는데 이러한 경쟁의 심화로 보험가격이 하락함에도 불구하고 보험수요는 민감하게 변하지 않으므로(비탄력성), 결국 수익의 감소가 누적된 보험회사는 다시 보험요율을 올리게 되며, 이 현상이 주기적으로 반복된다.

3 언더라이팅의 대상

(1) 환경적 위험

① 직업, 부업, 취미, 운전, 여행, 해외체류 등을 알리지 아니하거나 거짓으로 알리는 위험이다.

② 환경적 위험의 주요 항목

구 분	주요 항목
인보험	직업, 생활습관, 취미, 해외여행, 거주지, 취미 등
재물보험	영위업종, 인화물질 사용 여부, 소재지, 소방시설, 작업장내 금연 여부

(2) 신체적 위험

① 과거병력(기왕력), 현재 건강상태(현증), 흡연, 음주 등을 알리지 아니하거나 거짓으로 알리는 위험이다.

② 신체적 위험의 주요 항목

구 분	주요 항목
체증성 위험	• 시간의 경과에 따라 위험의 정도와 크기가 증가하는 위험 • 비만, 고혈압, 당뇨, 정신병, 동맥경화 등
항상성 위험	• 위험의 크기가 시간의 경과와 상관없이 일정하게 유지되는 위험 • 시력장애, 청력장애, 만성기관지염, 류마티스, 관절염 등
체감성 위험	• 초기에 위험도가 가장 높고 점차 위험도가 감소하는 위험 • 외상, 위궤양 등의 염증성 질환

(3) 도덕적 위험

① 여러 건의 보험금을 수령한 사실이 있었음에도 불구하고 이를 알리지 않거나 거짓으로 알리는 위험이다.

② 보장내용이 유사한 보험을 비슷한 시기에 집중적으로 가입하는 위험(사행적 보험가입, 고의적 보험사고발생 등에 대한 위험)이다.

(4) 재정적 위험

① 보험계약자의 소득에 비해 지나치게 많은 보험료를 납입하는 위험(과다 보험가입에 따른 재정적 위험)이다.

② 화재보험에서 공장을 가동하지 않고 휴업상태에서 화재보험에 가입하는 위험이다.

4 언더라이팅과 손해사정

(1) 의 의

언더라이팅은 보험청약에 대하여 인수 여부 및 인수조건을 결정하고 보유량을 결정하는 일련의 인수심사과정을 말한다. 이러한 언더라이팅의 결과로서 나타나는 손해사정은 보험사고로 생긴 손해에 대하여 그 손해액을 결정하고 지급하는 업무를 말한다.

일반적인 손해사정 절차 기출 14

사고통지의 접수 → 계약사항의 확인 → 현장조사 → 손해액 및 보험금 산정 → 손해사정서 작성·교부 → 보험금 지급 → 대위 및 구상권 행사

(2) 언더라이팅 요소와 손해사정

① 보험계약의 주요요소

손해사정시 처리절차에서 사고통지를 접수 받으면 손해사정사는 사고일시, 장소, 목적, 원인, 손해상황 등을 파악한 후 계약상황을 확인한다.

② 보험가입금액(보상한도)

재물보험에서는 피보험이익의 금전적 평가액인 보험가액과 보험가입금액과의 관계를 살펴서 일부보험, 중복보험, 초과보험에 따라 손해액 대비 보험금을 산정한다.

③ 보험인수조건

언더라이팅 절차에서 어떤 조건으로 인수하였는가가 손해사정시 보험금 산정에 결정적인 요소가 된다. 보험조건은 손해사정시 최종보험금을 결정하는데 고려하게 된다.

보험조건 항목

보험조건에 해당하는 사항으로는 소손해면책, 공동보험조항, 담보조건(warranty), 위험특정방식, 타보험조항, 보험금액의 복원, 신구교차차액공제, 신가보험 등이 있다.

④ 면·부책 사항

언더라이팅시 보험자와 보험계약자간에 상호 약정한 면·부책사항은 손해사정에 있어서 가장 중요하게 고려할 요소이다. 따라서 손해사정시 접수된 사고가 면책사유에 해당되는지의 여부를 중점적으로 검토해야 한다.

⑤ 사고와 손해와의 인과관계

보험자가 손해보상을 하기 위해서는 보험사고와 손해가 발생한 것만으로는 부족하고 이들간에 인과관계가 존재해야 한다. 해상보험에서는 근인설, 기타 보험에서는 상당인과관계설을 취하고 있다.

(3) 손해사정기능의 중요성

① 경쟁력 확보

보험사고발생시 피보험자로서는 신속하고 공정한 보험금을 수취하는 일이 중요하다. 보험에서 가장 중요한 경쟁요소는 고객에게 제공하는 서비스의 질이다. 보험자가 보험모집과정에서부터 계약 체결 및 계약유지의 모든 부분에서 가입자에게 제공한 서비스의 효과는 클레임 처리과정에서 부적절함과 보험금의 지연지급 등의 미비한 서비스에 의해 붕괴될 수 있다.

② 손해사정결과의 영향력

㉠ <u>제한적 손해사정</u> : 과도하게 제한적인 클레임정책은 고객들로 하여금 나쁜 평판을 가져올 것이며, 결국 보험가입자들의 이탈로 이어져 보험의 기본요건인 대수의 법칙을 적용할 수 없게 된다. 그 결과, 수지상등의 원칙이 무너져 보험경영 자체의 안정성이 무너지게 된다. 보험기업의 전체적인 측면에서는 대중의 보험에 대한 인식을 악화시켜 종국적으로 보험회사의 기반이 약화될 수 있다.

㉡ <u>관대한 손해사정</u> : 지나치게 관대한 클레임정책은 보험가입자로 하여금 역선택을 조장하고, 보험가입자들은 보험금 수취를 위하여 고의적으로 사고를 유발하는 등의 도덕적 위험을 유발하게 한다. 그 결과 보험요율의 인상 또는 제한적인 언더라이팅이 필요하게 되고 이로 인한 보험모집의 위축으로 모집인과 대리점 등의 불만이 고조되어 모집조직의 붕괴를 초래할 수 있다.

(4) 손해사정업무 기출 15·17·18·19·20·22·24·25

- 손해사정을 업으로 하려는 법인은 2명 이상의 상근 손해사정사를 두어야 한다(보험업법 시행령 제98조 제1항).
- 손해사정업자는 등록일부터 1개월 내에 업무를 시작하여야 한다. 다만, 불가피한 사유가 있다고 금융위원회가 인정하는 경우에는 그 기간을 연장할 수 있다(보험업법 시행령 제98조 제7항).

① 검정업무(survey)

보험사고를 조사하여 <u>보험자의 보상책임 여부와 손해액을 결정하는 과정</u>을 말한다.

㉠ 사고접수

㉡ 보험계약사항의 확인

㉢ 현장조사 및 사고사실 확인

㉣ 손해액 산정

㉤ 구상관계 조사

② 정산업무(adjustment)

보험금 결정 과정으로 제3자에 대한 구상권을 행사하는 것을 포함한다.

㉠ 보험가액 결정

㉡ 보상한도의 결정

㉢ 보험금 산출방법 결정

㉣ 지급보험금 결정과 합의

㉤ 구상권 대위

손해사정업무

- 사고통보를 접수하면 손해발생 사실을 확인하고, 보험약관 및 관계법규 적용을 적정 여부를 판단한다.
- 사고특성에 따른 조사자를 선임하여 사고원인이나 손해정도, 손해액을 조사자에게 위임하거나 함께 조사한다.
- 조사내용을 분석·정리하여 손해액이나 보험금의 적정 가격을 결정한다.
- 손해사정서를 작성하여 보험회사 등에 제출한다.
- 의견을 진술하거나 손해사정서 내용을 보험회사와 보험계약자 등에게 설명한다.

심화TIP 구상권 행사의 절차 기출 18

1. **구상권 성립 여부의 확인**
   구상권 행사에 있어서 가장 먼저 해야 할 일은 구상권 성립 여부를 확인하는 것이다.
2. **구상권 행사가치 존재 여부의 판단**
   구상권 성립 여부가 확인되면 구상권을 행사할 가치가 있는지를 판단한다.
3. **구상채권의 확보**
   구상할 가치가 있다고 판단되면 구상채권의 확보가 요청된다. 구상채권의 확보란 피구상자의 재산조사 등을 행하여 부동산 등의 재산이 확인되면 가압류조치를 하여 재산도피 등을 방지하는 것을 말한다.
4. **임의변제의 요청**
   구상채권의 확보절차를 거친 후에 구상가액을 정하고 피구상자에게 임의변제를 요청한다.
5. **소송의 제기, 구상청구금액 감액 합의 또는 포기 여부의 판단과 결정**
   임의변제에 응하지 않으면 ① 구상소송을 제기할 것인지, ② 구상청구금액을 감액하여 피구상자와 합의할 것인지, ③ 미래의 구상채권으로 남겨두고 계속 관리할 것인지, ④ 구상포기를 할 것인지의 여부를 판단하여 결정한다.

판례 보험자의 구상권 행사(대법원 1992.11.27., 선고, 92다20408, 판결)

보증보험에서 보험자는 보험사고 발생으로 보험금을 지급하면 보험계약자에 대하여 구상권을 가지며, 피보험이익을 해치지 않는 범위 내에서 피보험자가 보험계약자에 대하여 가지는 권리를 대위하여 가지게 된다. 피보험자는 보험계약자의 동의가 없더라도 임의로 보험금청구권과 관련한 권리를 행사하고 처분할 수 있다. 따라서 보험자도 보험계약자의 동의 없이 구상권을 행사할 수 있다.

(5) 손해사정사의 업무(보험업법 제188조) 기출 18・21・25

① 손해발생 사실의 확인
② 보험약관 및 관계 법규 적용의 적정성 판단
③ 손해액 및 보험금의 사정
④ ①항부터 ③항까지의 업무와 관련된 서류의 작성・제출의 대행
⑤ ①항부터 ③항까지의 업무 수행과 관련된 보험회사에 대한 의견의 진술

손해사정사의 의무(보험업감독규정 제9-18조 제1항)

손해사정사는 손해사정사의 업무를 수행한 때에는 지체 없이 감독원장이 정하는 사항을 기재한 손해사정서를 작성하고 자격을 표시한 후 서명(전자서명을 포함한다) 기명날인하여 보험회사(보험계약자 등이 선임한 독립손해사정사의 경우에는 보험계약자 등을 포함한다)에게 제출하여야 한다.

심화TIP 독립손해사정사의 부당행위 금지의무(보험업감독규정 제9-14조 제1항) 기출 18・22・25

1. 보험금의 대리청구행위
2. 일정보상금액의 사전약속 또는 약관상 지급보험금을 현저히 초과하는 보험금을 산정하여 제시하는 행위
3. 특정변호사・병원・정비공장 등을 소개・주선 후 관계인으로부터 금품 등의 대가를 수수하는 행위
4. 불필요한 소송・민원유발 또는 이를 위한 소개・주선・대행 등을 이유로 대가를 수수하는 행위
5. 사건중개인 등을 통한 사정업무 수임행위
6. 보험회사와 보험금에 대한 합의 또는 절충행위
7. 그 밖에 손해사정업무와 무관한 사항에 대한 처리약속 등 손해사정업무 수임유치를 위한 부당행위

(6) 언더라이팅과 손해사정과의 관계

보험계약의 목적은 원만한 계약 체결의 전제조건 아래 필요한 보상과 손해보상을 하는 것으로서 언더라이팅이 필요하게 된다. 언더라이팅의 결과는 결국 보험금 지급으로 나타나고 보험사업의 손익에 지대한 영향을 미치게 된다. 손해사정의 성과가 언더라이팅에 미치는 영향은 다음과 같다.

① 역선택의 방지

언더라이팅 과정에서 보험계약자는 손해발생가능성이 큰 위험을 스스로 선택하여 보험에 가입하려고 하는 역선택 성향을 보일 수 있다. 그러나 철저한 언더라이팅을 통해 이를 색출해낸다면 역선택을 방지할 수 있다.

② 보험요율 인하

손해사정업무를 적절히 수행하여 역선택을 방지하고 "보상하지 않는 손해"를 색출하여 면책처리하며, 또 지급한 보험금에 대해 구상이나 대위권을 행사하여 보험금 환수 등이 이루어진다면, 그 성과는 언더라이팅 과정에서 보험요율 인하하는데 영향을 미치게 된다.

02 재보험

1 재보험의 개요

(1) 재보험의 개념 기출 15

① 재보험(再保險)은 보험계약의 위험을 분산시키기 위해 보험회사가 드는 보험으로 보험사를 위한 보험이라고 할 수 있다. 즉 재보험이란 보험자가 보험계약자 또는 피보험자와 계약을 체결하여 인수한 보험의 일부 또는 전부를 다른 보험자에게 넘기는 것으로 보험기업경영에 중요한 역할을 한다. 특히 최근 산업발전과 함께 위험이 대형화됨에 따라 재보험의 역할은 날로 중요해지고 있다.

② 재보험사(재보험자)에게 위험을 전가하는 원래의 보험회사를 원보험사(원보험자) 또는 출재회사라고 한다.

> **출재(出再)와 수재(受再)**
> 출재(出再)란 재보험계약을 통하여 인수한 리스크의 일부 또는 전부를 다른 보험회사에 전가하는 것을 말하며, 수재(受再)란 리스크의 일부 또는 전부를 다른 보험회사로부터 이전받아 담보하는 행위를 말한다.

(2) 재보험의 필요성 기출 19

① 보험회사의 위험을 분산시켜 경영안정성을 도모한다.
② 보험회사의 인수능력을 증대시킨다.
③ 보험계약자를 보호한다.

(3) 재보험의 특성

① 재보험은 손해보험의 일종으로 책임보험이다.
② 재보험을 통해 대형위험을 분산시킬 수 있다.
③ 재보험으로 인수된 위험은 국제적으로 분산된다.
④ 재보험은 고도의 전문성(기술력)이 필요하다.

> 상법상 책임보험에 관한 규정은 그 성질에 반하지 아니하는 범위에서 재보험계약에 준용한다(상법 제726조).
> 기출 23

(4) 재보험의 구조

① 보험계약자는 보험회사와 보험계약을 체결하고 보험료를 보험회사에 지급한다.

② 보험회사는 손실이 발생하면 계약자에게 보험금을 지급하게 된다(손실보상).

③ 인수위험이 보험회사가 감당하기에 지나치다고 판단되면 보험회사는 재보험사와 재보험계약을 맺고 출재회사(원보험사)가 된다.

④ 원보험사와 재보험사간의 재보험계약을 통해 원보험사는 보험료를 지불하고 재보험사는 손실이 발생하면 원보험사에게 손실을 보상한다.

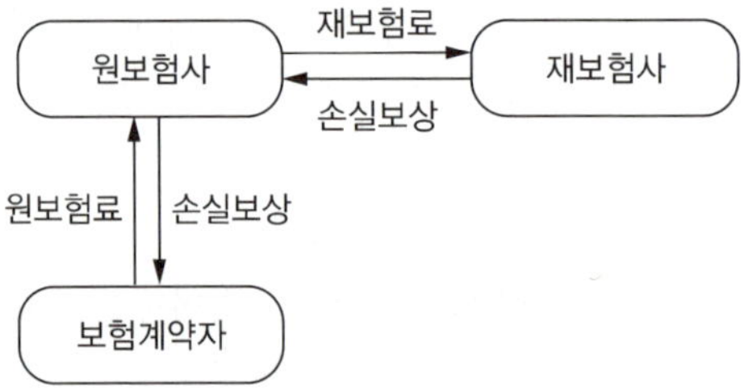

[재보험의 구조]

심화TIP 재보험 풀(pool)

위험도가 특히 높거나 위험의 금액규모가 크기 때문에 단독적인 재보험처리가 곤란한 특수위험에 대하여 다수의 보험회사가 공동으로 재보험을 인수하는 집합적 재보험 방법이다. 원보험사는 인수한 위험의 전액 또는 우선 보유 후의 잔액을 풀(pool)에 제공하고 풀(pool)로부터 미리 정한 비율에 따라 배분된 재보험을 인수하는 방식을 취하게 된다. 항공보험, 해상보험, 원자력보험, 자연재해보험 등에서 볼 수 있다.

(5) 재보험계약 조항 기출 18 · 20 · 25

① Cut-through Clause(직접지급조항)

재보험자가 출재사 대신 피보험자에게 재보험금을 직접 지급할 수 있도록 규정하는 조항이다.

② Follow the Fortune Clause(운명추종조항)

보험사고 처리와 관련하여 원보험자가 선의로 행동하였고, 그 손실이 재보험계약상 담보범위 내에 있는 이상 재보험자는 특별한 이의 없이 보상하여야 하는 조항이다.

③ Claim Co-operation Clause(클레임협조조항)

원보험자가 재보험자에게 원보험 계약상 보험청구나 사고처리와 관련된 정보를 제공하고, Claim 처리와 관련하여 상호 협조할 의무가 있다는 조항이다.

④ Arbitration Clause(중재조항)

계약 쌍방이 분쟁을 소송대신 중재에 회부할 것을 동의하는 재보험증권상의 조항이다.

2 재보험의 일반원칙 및 기능

(1) 재보험의 일반원칙

① 피보험이익

보험계약이 성립되기 위해서는 피보험자가 피보험이익을 가지고 있어야 하는 것처럼 재보험계약이 유효하기 위해서는 원보험자가 피보험이익을 갖고 있어야 한다.

② 최대선의의 원칙

재보험계약의 체결시 부실고지를 하지 않는 소극적 의무와 중요한 사항은 고지해야 하는 적극적 의무가 있으며, 고지의무위반은 계약무효의 원인이 된다.

③ 손해보상의 원칙

재보험은 손해배상계약이며, 재보험자는 원보험자인 출재회사가 입은 실재손해에 한정된다는 원칙이다.

④ 대위 및 분담

원보험자가 대위권을 행사하여 손실이 축소되면 재보험자도 그만큼 배상액이 줄어든다. 원보험자가 공동보험자인 경우에는 원보험자의 분담금이 그만큼 축소되며, 재보험자의 배상액도 그만큼 혜택을 보게 된다.

(2) 재보험의 기능 기출 14・22

① 위험분산

㉠ 위험의 양적 분산기능 : 재보험은 원보험자가 인수한 위험의 전부 또는 일부를 분산시킴으로써 한 보험자로서는 부담할 수 없는 커다란 위험을 인수할 수 있도록 한다.

㉡ 위험의 질적 분산기능 : 원보험자가 특히 위험률이 높은 보험종목의 위험을 인수한 경우 이를 재보험으로 분산시켜 원보험자의 재정적 곤란을 구제할 수 있도록 한다.

㉢ 위험의 장소적 분산기능 : 원보험자가 장소적으로 편재한 다수의 위험을 인수한 경우 이를 공간적으로 분산시킬 수 있도록 한다.

② 원보험자의 인수능력(capacity)의 확대

원보험자는 재보험을 통하여 재보험이 없는 경우 인수할 수 있는 금액보다 훨씬 더 큰 금액의 보험을 인수(대규모 리스크에 대한 인수능력 제공)할 수 있도록 하여 마케팅 능력을 강화시킬 수 있게 한다.

③ 경영의 안정성 도모 기출 21

예기치 못한 자연재해 및 대형이재의 발생 등으로 인한 보험영업 실적의 급격한 변동은 보험사업의 안정성을 저해하게 되는데 재보험은 이러한 각종 대형위험의 집적 손해나 거액의 위험으로 실적의 안정화를 지켜주므로 회사의 경영안정성에 큰 도움을 준다. 즉 실적의 안정화 및 대형 이상재해로부터 보호해 주기 때문에 원보험사업의 경영안정성(재난적 손실로부터 원수보험사업자 보호)을 꾀할 수 있다.

④ 미경과보험료적립금의 경감

재보험을 이용하여 보험회사는 미경과보험료적립금 부담을 경감시킬 수 있다. 재보험에 가입하게 되면 적립해야 할 미경과보험료적립금은 수입보험료에서 재보험료를 차감한 보험료를 기준으로 결정되므로 미경과보험료적립금이 감소하게 된다.

미경과보험료 기출 16

미경과보험료는 납부한 보험료 중에서 보험계약기간이 경과하지 않은 부분에 해당하는 보험료로서 보험계약 해지나 보험사고발생시 해약환급금이나 보험금지급을 보장하기 위해 적립해야 한다.

⑤ 전문적 자문과 서비스 제공

재보험자는 리스크 분석이나 인수, 보험료 산정 등의 분야에서 다양한 경험과 전문성이 있기 때문에 보험자에게 전문적인 자문을 하거나 서비스를 제공할 수 있다.

⑥ 신규보험상품의 개발 촉진

재보험은 신규보험상품의 개발을 원활하게 해주는 기능을 한다. 원보험자가 신상품을 개발하여 판매하고자 할 때 손해율 추정 등이 불안하여 신상품 판매 후 전액 보유하기에는 불안한 경우가 많다. 이 경우 정확한 경험통계가 작성되는 수 년 동안 재보험자가 수재해 줌으로써 원보험자의 상품개발을 지원하는 기능을 하고 있다.

3 재보험의 유형

- 절차상의 차이에 따른 분류
  - 임의재보험
  - 특약재보험
- 책임분담방법의 차이에 따른 분류
  - 비례적재보험
  - 비비례적재보험

(1) 임의재보험과 특약재보험

① 임의재보험 기출 20

㉠ 원보험자가 위험을 전가·분산시키고자 할 때, 그때마다 임의로 재보험자와 재보험계약을 체결하는 방법으로 원보험자나 재보험자는 원하는 위험만을 전가 또는 인수할 수 있다.

㉡ 임의재보험 대상 계약

ⓐ <u>재보험 특약서상 제외계약(Treaty Exclusion)</u> : 위험이 너무 높아 특약 출재대상에서 제외되는 계약

ⓑ <u>특약 실적에 부정적인 영향을 줄 수 있는 위험계약</u> : 특정계약을 특약에 출재할 경우 특약 실적을 약화시킬 수 있다고 판단되는 계약

ⓒ 특약서상 한도액을 초과하는 대형 위험(Target Risk) : 특약한도액을 초과하는 대형위험은 특약초과부분을 임의재보험으로 출재하며, 출재사는 임의재보험을 이용함으로써 담보력 부족문제를 해결할 수 있다.

ⓓ 비표준위험계약 : 실적이 극히 불량한 위험이거나 또는 출재사가 통상적으로 인수하지 않는 특수위험의 재보험처리는 일반적으로 임의재보험에 의한다.

ⓔ 출재사의 신규 인수위험 : 출재사가 신규로 개발하여 판매하는 보험계약은 언더라이팅상 경험 및 자료부족으로 인하여 재보험자와 특약을 체결하여 운영하기가 곤란하므로 일반적으로 통계자료 및 인수경험이 일정수준에 도달할 때까지 임의재보험에 의하여 처리한다.

㉢ 장점 및 단점

장 점	• 원보험자는 계약에 따라 보유한도를 임의로 조정할 수 있어서 원보험자에게 유리한 보유한도를 결정할 수 있다. • 특약에서 제외되는 대형위험 등을 계약 당사자간의 합의에 의해 자유롭게 계약을 체결할 수 있다. • 출재사의 재보험자에 대한 적절한 인수이익 제공이라는 부담감을 해소시킨다. • 재보험자는 유리한 계약을 선별적으로 수재할 수 있다.
단 점	• 매 계약마다 새로운 계약을 체결해야 하므로 많은 시간과 경비가 지출된다. • 원보험자는 재보험에 출재될 때까지 모든 위험을 부담해야 한다. • 재보험교환제도의 성립이 어렵다.

② 특약재보험 기출 16·22

㉠ 출재사와 재보험자가 사전에 일괄적으로 재보험출재대상계약의 범위 및 출재조건 등에 대하여 특약을 체결하여 이에 따라 양측의 재보험청약과 인수의무가 성립되는 것으로 약정기간 동안 대상계약의 재보험출재가 이미 확정된 조건에 따라 자동적으로 이루어지는 재보험 방법이다.

㉡ 장점 및 단점

장 점	• 원수보험자는 원수보험계약 즉시, 출재가 이루어지므로 비용부담이 줄어들고 위험부담도 줄어든다. • 재보험자는 재보험물건을 미리 확보하므로 안정적인 경영이 가능하다.
단 점	• 담보범위가 한정되어 있기 때문에 원수보험자는 담보범위에서 제외된 계약에 대해 임의재보험에 가입해야 한다. • 재보험자는 위험을 선택할 수 없어 보험기간 동안 큰 손해를 볼 수 있다.

(2) 비례적 재보험과 비비례적 재보험

① 비례적 재보험 기출 16·17·21

비례적 재보험은 원보험자가 인수한 계약 중에서 일정비율을 재보험으로 출재하는 방법이다. 비례적 재보험은 보험금액에 대한 원보험자의 보유액과 재보험자의 인수금액의 비율에 따라 보험료가 배분되고 보험금에 대해서도 동일한 비율로 각자의 부담액이 산출된다. 비례적 재보험특약은 다시 비례재보험특약, 초과액재보험특약, 비례 및 초과액재보험 혼합특약, 의무적 임의재보험 등으로 분류된다.

㉠ 비례재보험특약 기출 22·24

ⓐ 원보험자가 인수한 계약 중 미리 정한 조건에 부합되는 모든 계약의 일정비율이 재보험으로 처리되는 방법이다.

ⓑ 보험금액의 대소나 위험의 성질을 고려한 원보험자의 계약별 보유결정이 불가능하다.

ⓒ 원보험자와 재보험자가 공동의 이해관계에 있기 때문에 위험의 역선택의 가능성이 적어 재보험자에게 유리한 면도 있다.

ⓓ 신규 판매하는 보험종목이나 영업경험이 적은 신설보험자 또는 계약건수는 많으나 단위계약당 책임액이 소규모인 종목의 재보험방법으로 많이 활용되고 있다.

ⓔ 장점 및 단점

장 점	• 재보험 처리가 간편하다. • 출재수수료율이 높다. • 재보험 관리비용이 저렴하다. • 신규 보험사 혹은 신규 위험의 전가에 유리하다.
단 점	• 출재사의 자율성이 낮다. • 소규모 위험까지 의무적으로 출재하므로 과다 출재 가능성이 있다. • 출재 위험이 동질하지 않은 경우 포트폴리오 안정성 유지에 도움이 되지 않는다.

run-off 방식 기출 24

비례재보험특약에서 특약출재기간이 종료된 경우에도 출재된 개별 원보험계약의 만기 도래 또는 청산이 완전히 종결될 때까지 재보험자의 책임이 계속되는 재보험운영방식이다(⇔ clean-cut 방식).

※ clean-cut 방식 : 재보험계약이 만료되는 경우 재보험자의 책임이 종료되는 방식

㉡ 초과액재보험특약 기출 20·22·23

ⓐ 원보험자가 인수한 보험계약에 대하여 특약으로 미리 정해진 금액의 한도 내에서 매 계약별로 보유금액을 결정한 후 그 초과액을 출재하는 방법으로 재보험자는 출재한도액 내에서 보유금액의 일정배수를 수재하게 된다.

ⓑ 원보험자는 원보험계약의 크기에 따라서 전액을 보유할 수도 있다.

ⓒ 재보험자는 원보험금액에 대한 수재보험금액의 비율에 따라 재보험료를 받게 되며, 손해보상시에도 동일비율로 분담하게 된다.

ⓓ 대형계약이 많은 기술보험이나 선박보험 등에 적합하여 많이 이용되고 있다.

ⓔ 장점 및 단점

장 점	• 원수보험자는 보유한도액 이하의 소규모위험에 대해서는 재보험 출재의무가 없으므로 불필요한 보험료 유출을 방지할 수 있다. • 출재사가 보유하는 위험의 심도가 일반적으로 일정하여 출재사는 보유 포트폴리오의 동질성을 유지할 수 있어서 영업실적의 안정성을 유지할 수 있다. • 출재사는 양질위험과 불량위험에 대한 차별적인 보유를 통하여 보다 높은 수익성을 얻을 수 있다.
단 점	• 보유결정에 대한 출재사의 언더라이팅이 요구된다. • 출재사가 각 위험군별로 자동적으로 보유할 경우 보유보험료와 재보험료의 계산을 위한 추가적인 업무가 요구되어 비례재보험보다 많은 비용이 요구된다.

초과액재보험특약(surplus reinsurance treaty)상의 이익수수료조항에 따라 이익수수료를 산출할 때 지출항목(outgo)에는 출재수수료, 재보험사 경비, 지급보험금 등이 있고, 수입항목(income)에는 전기이월 미지급보험금이 있다. 기출 23

㉢ 비례 및 초과액재보험 혼합특약

비례 및 초과액재보험 혼합특약은 소액계약에 대하여는 비례재보험을, 중대형계약에 대해서는 초과액재보험을 적용하는 방식으로 가장 널리 사용된다.

㉣ 의무적 임의재보험

ⓐ 원보험자는 출재 여부를 임의로 결정할 수 있으나, 재보험자는 의무적으로 수재하도록 정하여진 계약으로 통상 비례재보험특약이나 초과액재보험특약의 재보험담보력이 소진된 후에 사용되는 방법이다.

ⓑ 재보험료와 재보험금액의 균형이 잘 맞지 않고 특약의 손해율도 불규칙적이어서 재보험자들이 수재를 꺼려하는 재보험 방법이다.

심화TIP 의무적 임의재보험(facultative obligatory cover) 기출 20

- 원보험자는 출재 여부를 임의로 정할 수 있으나, 재보험자는 의무적으로 수재해야 한다.
- 통상 비례재보험특약이나 초과재보험특약의 재보험담보력이 소진된 이후에 활용된다.
- 재보험료와 재보험금이 불균형하고 특약의 손해율이 불규칙한 특징이 있다.
- 특약재보험으로 출재하기에는 재보험계약의 양이 적거나 특정한 위험 분산 차원에서 활용된다.

② 비비례적 재보험

비비례적 재보험은 원보험계약에 발생하는 사고의 손해액을 기준으로 원보험자와 재보험자의 책임이 분담된다. 따라서 발생된 손해에 따라 미리 정해진 손해금액 또는 손해율까지는 원보험자가 책임을 지고, 나머지 손해부분의 전부 또는 일정금액을 재보험자가 책임을 지는 형태이다. 재보험료도 초과손해액의 발생가능성과 규모에 따라 정해지게 되어 있어 원보험자와 재보험자의 책임에 대한 어떠한 비례성도 존재하지 않는다. 비비례적 재보험은 초과손해액재보험과 초과손해율재보험으로 나뉜다.

㉠ 초과손해액재보험특약 기출 16 · 17 · 18 · 20 · 24

ⓐ 발생된 손해에 따라 미리 정해진 손해금액까지는 원보험자가 책임을 지고, 나머지 손해부분의 전부 또는 일정금액을 재보험자가 책임을 지는 비비례적 재보험 형태이다. 초과손해액을 결정하는 방식에는 1위험당(per risk)과 1사고당(per occurrence)이 있다.

1위험당인 경우	• 원보험자는 특약에 포함된 모든 원보험계약의 각각에서 발생한 사고의 손해액이 일정금액을 초과할 때마다 재보험금을 청구하게 된다. • 재산보험에 대한 재보험에 많이 이용된다.
1사고당의 경우	• 1건의 사고로 인하여 특약에 포함된 다수의 원보험물건이 입은 손해의 합계액이 일정한 금액을 초과할 때에 재보험금을 청구하게 된다. ⇒ 'two-risk warranty' • 주로 책임보험에 대한 재보험에 많이 이용된다.

ⓑ 장점 및 단점

장 점	• 보험물건별로 보유액과 출재액을 계산하지 않으므로 사무비가 적게 든다. • 거대위험이나 대손해의 발생가능성이 있는 누적위험을 담보하는 데에 이상적이다. • 보유보험료를 증대시킬 수 있다.
단 점	적정수준의 보유손해액 결정에는 상당히 전문적인 기술이 필요하다.

㉡ 초과손해율재보험특약

ⓐ 일정한 범주에 속하는 모든 보험계약에 대하여 일정기간의 누적손해액이 예정손해율을 초과하게 될 때 그 초과액 또는 초과율을 재보험으로 보상받는 방법이다.

ⓑ 일정기간의 영업실적이 평균손해율을 크게 상회하는 비정상적인 경우에 대비하여 경영의 안전을 기하고자 하는 것이며, 주로 우박보험 등 천재지변을 담보하는 보험종목이 대상이 된다.

ⓒ 특약의 운영에 따른 제반업무가 매우 간편하며, 한편 출재사의 입장에서는 자사 보유보험료의 대폭적인 증대가 가능하다.

[재보험특약]

비례재보험 (proportional reinsurance)	• 비례재보험특약(quota share treaty ; Q/S특약) • 초과액재보험특약(surplus특약) • 의무적 임의재보험(facultative obligatory : F/O Cover)
비비례재보험 (non-proportional reinsurance)	• 초과손해액재보험특약(excess of loss reinsurance) • 초과손해율재보험특약(excess of ratio cover, stop loss cover)

stop loss cover특약 기출 21·25

- 출재사의 경과누적 손해율이 약정된 비율을 초과할 때부터 재보험자의 지급책임이 개시되는 비비례적 재보험의 한 형태이다.
- 재보험계약 기간 중 출재사의 누적 손해율이 약정된 비율을 초과할 경우 재보험금이 지급된다.
- 출재사의 손해율을 목표 수준 아래로 유지시켜 보험영업실적을 안정화시키는 효과가 있다.
- 손해율의 등락폭이 크고 연단위로 손해 패턴이 비교적 주기적인 농작물재해보험 등에 적합한 재보험방식이다.

(3) 재보험특약조항

① Outside Reinsurance Clause 기출 23

㉠ 비례재보험특약임에도 불구하고 예외적으로 출재를 하지 않아도 되는 경우를 기술하고 있는 특약재보험 조항이다.

㉡ 예외적으로 인정되는 상황

ⓐ 재보험사의 이익을 위해 특약출재 대신에 별도의 임의재보험으로 출재하는 경우

ⓑ 감독기관이 정한 규정을 불가피하게 준수해야 하는 경우

ⓒ 보험계약자의 특별 요구나 조건에 따른 경우

ⓓ 출재금액이 최종단계에서 과다해질 것이 분명한 경우

② Sudden Death Clause(즉시해지조항) 기출 22

다음과 같은 사유가 발생한 경우에 이미 체결된 재보험특약의 전체 또는 일부를 재보험사가 종료・취소할 수 있는 조항이다.

㉠ 출재사의 합병이나 양도 등에 따른 경영진의 변화

㉡ 출재사의 자본금 감소

㉢ 출재사의 채무지급불능상황

㉣ 특약상의 출재사의 순보유분에 대한 별도의 재보험계약 체결

③ Sunset Clause(일몰조항) 기출 24

㉠ 통상 배상책임보험 관련 초과손해액재보험(excess of loss reinsurance)특약에 적용한다.

㉡ 보험기간 종료 후 일정 기간 이내에 발생한 사고 건에 대해 재보험자에게 통지해야 하고, 그 기간이 경과하면 재보험자의 책임이 존재하지 않음을 명시하는 조항이다.

④ Commutation Clause(합의청산조항)

재보험사가 출재사와 합의된 금액을 청산함으로써 미지급보험금 등 잔존책임을 종료하는 조항이다. 계약기간 중 재보험사는 계약을 해지할 수 있는 권한을 가지는 Commutation Clause(합의청산조항)을 사용하여 재보험사의 책임을 제한할 수 있다.

⑤ Counsel and Concur Clause(자문과 동의조항)

재보험사의 보험금청구 결정에 대한 자문과 동의를 구할 의무가 있음을 나타내는 조항이다.

⑥ Reports and Remittance Clause(보고서 및 송부조항)

출재사가 보험료와 손실과 관련된 모든 데이터를 일정 기간 내에 재보험자에게 보고해야 한다는 조항이다.

심화TIP 재보험요율 산정방식 기출 20

- **Burning cost rating 방식** : 비교적 재보험금 회수빈도가 높은 초과손해액재보험(XOL) 재보험료 산정에 이용되는 방식으로, 전년도의 사고경력을 토대로 일정기간 동안 해당 초과손해액재보험(XOL)의 과거 회수재보험금 총액을 동일한 기간 중의 재보험총보험료(GNPI ; gross net premium income)로 나눈 숫자를 구한 다음, 이 숫자에 일정한 안전할증을 부과하여 재보험요율을 결정한다.
- **Exposure rating 방식** : 재보험금 회수빈도가 낮지만 비교적 1회의 사고로 손해액 규모기 큰 초과손해액재보험(XOL) 요율산정에서 사용한다.
- **Retrospective rating 방식** : 출재사가 지급하는 재보험료를 계약기간이 종료된 후 궁극적인 손해율에 따라서 소급하여 결정하는 방식이다.

4 금융재보험(Finite Reinsurance)

(1) 개 요 기출 20

금융재보험은 기발생 또는 미발생보험사고에 대해 일정기간(통상 3년에서 10년)을 보험기간으로 하는 재보험계약으로, 장래 재보험금 지급의무에서 재보험료의 투자수익을 할인한 금액, 즉 장래 지급할 재보험금의 현재가치를 재보험료 산출의 기준으로 한다. 또한 금융재보험은 재보험자의 책임이 재보험자가 인수하는 위험에 대한 장래 사고발생 형태에 따라 재보험자의 운명이 좌우되는 일반재보험과는 달리, 재보험자의 책임을 사전에 제한하는 재보험 형태로서 재보험자는 가능한 한 최소의 이익을 올리는 동시에 재보험자의 부담을 제한한다는 점에서 'Finite risk (re)insurance' 라고도 한다.

(2) 금융재보험의 장점 및 단점

장 점	• 재보험료의 안정을 도모할 수 있다. • 계약기간이 장기이기 때문에 계약갱신에 따른 거래비용을 절감할 수 있다. • 재보험사업자 이익발생시 이를 출재사와 공유하게 되며, 출재된 보험료에 투자수익요소를 감안하므로 출재사 영업수지를 개선할 수 있다. • 특정종목 인수중단 및 인수합병(M & A)시 유용하다. • 지급준비금적립의무를 재보험사업자에 전가하여 경영의 안정성 확보가 가능하다. • 절세 및 과세시기 이연이 가능하다.
단 점	• 지급능력 및 손익구조 왜곡가능성이 있다. • 재보험사업자의 지급불능위험이 증가한다. • 자금차입수단으로 변질될 가능성이 있다. • 손해율 악화시 출재사의 부담위험이 증가한다.

(3) 금융재보험의 유형 기출 17

① 소급형(Retrospective)

이미 발생한 사고를 대상으로 하는 금융재보험이다.

㉠ TDP(Time and Distance Policy) : 원보험자와 재보험자가 원보험계약에서의 보험금지급 시기 및 금액과는 무관하게 약정된 일자에 약정된 재보험금을 지급할 것을 사전에 결정하는 방식의 재보험이다.

㉡ LPT(Loss Portfolio Transfer) : 원보험자가 과거에 인수한 보험계약에서 발생된 보험금지급책임을 재보험자에게 이전하기 위한 재보험이다. 재보험료는 원보험자가 적립하고 있는 지급준비금에서 재보험료의 운용으로 발생하게 되는 장래 투자수익을 공제한 금액을 통해 산정한다.

㉢ ADC(Adverse Development Covers) : 원보험자가 적립한 지급준비금을 출재하는 것이 아니라, 그 초과분을 담보하는 계약이다. 재보험자는 사고가 실제로 발생하였으나, 아직 원보험자에게 보고되지 않은 미보고발생손해액(IBNR) 또는 준비금과소계상(IBNER)에 따른 리스크를 인수한다.

② 장래형(Prospective)

㉠ FQS(Financial Quota Shares) : 원보험자가 미경과보험료를 출재하고 장래의 미실현이익을 출재시점에서 출재수수료로 회수함으로써 일시적인 잉여금 감소효과를 재보험자에게 전가하는 것이다.

㉡ SLT(Spread Loss Treaties) : 보험료와 보험금을 전체 특약기간에 걸쳐 미리 배분하여 리스크를 기간을 통해 분산하도록 고안된 방식으로 언더라이팅 실적의 안정화가 주된 목적이다. 원보험자는 특약기간에 걸쳐 사전에 정한 연간 재보험료를 지급하고, 재보험자는 재보험료와 투자수익을 별도 계정에 기금으로 적립한 후 원보험자의 손실을 총 보상한도 내에서 보전한다.

5 공동재보험(Coinsurance) 기출 23

(1) 특 징

공동재보험은 원보험사가 위험보험료 외에 저축보험료 등의 일부도 재보험사에 출재하고 보험위험 이외 금리위험 등 다른 위험도 재보험사에 이전하는 재보험이다. 즉 위험보험료뿐만 아니라 저축 및 부가보험료를 함께 재보험사에 출재하므로 보험리스크에 더해 금리리스크, 해지리스크를 함께 이전할 수 있다.

(2) 효익 및 비용

공동재보험을 도입하게 되면 다음과 같은 효익과 비용이 있을 것으로 기대된다.

① 효 익

다양한 리스크 이전을 통해 손익변동성 관리 및 자본비용 경감이 가능하며, 보험계약 포트폴리오를 조정하여 핵심사업에 역량을 집중할 수 있다.

② 비 용

재보험사 신용리스크에 노출될 수 있으며, 계약초기재보험료 지급으로 유동성 부담이 발생할 수 있다.

03 보험사기

1 보험사기의 개요

(1) 보험사기의 의의 기출 21

보험사기는 경제적 이득을 취하는 수단으로 보험을 이용하려는 경제범죄이다. 보험사기가 성립되기 위해서는 형법상 사기죄가 성립되어야 하는데, 이때의 구성요건으로는 보험회사에 대한 기망, 진정한 보험사고로 착오, 보험금 지급 및 수령, 정당한 사유 없이 보험금을 편취한다는 고의를 들 수 있다. 보험사기에 대한 사전적 정의는 다음과 같다.

① 보험회사를 기망할 의도를 가지고 허위의 보험청구를 제시하는 행위

② 보험증권을 소지한 자가 다른 방법에 의해서는 지불되지 않을 보험청구에 대한 보험금을 얻기 위해 의도적으로 거짓말을 하거나 일정한 사실을 은폐하는 행위

> 보험금은 보험계약자가 보험자와 보험계약을 체결하더라도 '우연한 사고'가 발생하여야만 지급되는데(대법원 2019.4.3., 선고, 2014도2754, 판결) '우연한 사고' 발생 후 처리과정에서 보험금을 더 받기 위해 서류를 조작하는 등의 보험사기가 발생할 수 있다..

(2) 보험사기의 결과 기출 15

① 보험경영상의 문제점

보험사기는 가해자의 고의적인 사고유발의 형태로서 보험자의 위험측정시 고려되지 못한 부분이기에 빈번하게 발생할 경우 수지상등의 불균형을 초래하며 보험자가 지급불능 상태로 빠지게 할 수 있다. 또한 보험사기는 도덕적 위험이 발현한 것으로 우연성이 없으므로 보험의 본질에 반한다.

② 사회적 범죄의 증가

적극적으로 보험금을 취득하기 위하여 반인륜적, 반인간적인 행위를 주저함 없이 행하는 등의 사회적 범죄가 확산될 가능성이 높다.

③ 보험에 대한 인식저해

보험사기에 따른 각종 폐단이 확산될 경우 보험제도에 대한 인식이 나빠져 보험사업이 전반적으로 저해 받게 된다.

④ 사회적 비용의 증가

불필요한 재화의 낭비 등으로 인해 사회적 비용이 증가할 뿐만 아니라 선량한 공공의 이익을 침해하기도 하며 국가경제를 위태롭게 할 수 있다.

⑤ 선량한 계약자의 권익침해

도덕적 위험으로 인하여 발생하게 되는 보험료의 상승은 결국 선량한 보험단체의 보험료 부담으로 돌아와 형평성의 문제를 일으켜 보험단체성 유지에 심각한 문제가 발생한다.

(3) 보험사기의 종류 기출 18

① 연성사기(soft fraud)

㉠ 처음에는 사기를 할 생각이 없었지만 사고발생 후 기회주의적인 발상에 의해 자행되는 사기범죄를 말하며, 기회주의적 사기(opportunity fraud)라고도 불린다.

㉡ 합법적인 보험금 청구를 함에 있어서 사고금액을 과장 또는 확대함으로써 부당한 이득을 취하려는 일체의 행위를 말한다.

㉢ 보험회사에 의해 보험인수가 거절될 자가 보험에 인수될 가능성을 높이려는 악의적 행위도 포함된다.

㉣ 사고금액을 부풀리는 행위, 언더라이팅 과정에서 보험료 경감을 위해 허위 정보를 제공하는 행위가 대표적이다.

② 경성사기(hard fraud)

보험증권에서 보상되는 재해, 상해, 화재 등 손해발생을 의도적으로 조작하는 행위를 말한다.

(4) 보험사기의 증가 추세 이유

① 비체계적·개별적으로 진행되는 보험사기 방안
② 소비자들의 보험사기에 대한 관용적 태도
③ 보험사의 보상관행
④ 불량 위험체에 대한 보험
⑤ 의료보수체계
⑥ 미약한 처벌
⑦ 일반 사기범죄보다 우선순위가 낮은 조사대상
⑧ 보험사기에 대한 불충분한 교육

2 보험사기의 유형과 특성

(1) 보험사기의 유형

① 사기적인 보험계약의 체결

보험계약자가 보험가입시 허위사실을 고지하거나 중요한 사실을 은폐하는 행위 등을 말한다. 예를 들어 보험 부적격자가 보험에 가입하기 위하여 또는 적은 보험료를 지불하기 위해 중요한 사실을 은폐하거나 허위로 고지하는 경우를 말한다. 질병이 있는 자가 보험계약을 체결하기 위하여 진단사실을 숨기거나, 타인을 통한 대리진단 등을 통하여 보험에 가입하려고 시도하기도 한다. 또한 보험사고가 발생한 이후에 보험계약을 체결하거나, 이미 사망한 사람을 피보험자로 하여 보험에 가입하려고 하기도 한다.

② 보험사고의 고의적 유발

보험금을 부당하게 편취하기 위해 고의적으로 사고를 조작하거나 유발하는 행위로서 가장 악의적인 보험범죄 유형이다. 피보험자 본인이 자신의 신체를 훼손하거나, 차량에 고의로 부딪치기도 한다. 또한 보험수익자가 보험금을 노리고 피보험자의 신체를 훼손하거나 재산에 손해를 가하는 경우도 있다.

③ 보험사고의 위조 및 날조

보험사고 자체를 날조하는 경우와 보상되지 않는 사고를 보험사고로 조작하는 행위로 가장 전통적인 보험범죄 유형이다. 자신의 자동차를 팔고 난 후 보험회사에 도난신고를 하기도 하고, 허위진단서를 발급받아서 보험금을 청구하기도 한다. 보험사고로 인한 보험금을 많이 지급받기 위하여 사기적으로 보험금을 과다청구하기도 한다.

[보험사기의 유형]

사기적인 보험계약의 체결	• 초과보험, 중복보험의 체결 • 고지의무위반 • 부당한 요율 할인
보험사고의 고의적 유발	• 보험계약자 등의 방화 • 선창에 구멍을 내는 행위 • 고의로 교통사고 유발 등 • 인보험에 있어서의 허위 진단서 발급, 과잉진료 등
보험사고의 위조 및 날조	• 손해액 이상의 과다 손해입증서류의 가공제출 • 과잉/허위 치료비 청구 • 편승수리, 허위 수리비 청구 등

(2) 보험사기의 특성 기출 15

① 사기피해의 간접성과 광범위성

보험사기는 일차적으로 보험회사에게 피해를 주지만, 결국에는 보험료 인상을 통해 다수의 보험계약자에게 피해가 전가된다. 보험사기의 피해는 다수의 보험계약자에게 분산되어 전가된다. 보험계약자 1인당 액수가 적기 때문에 인식하지 못하거나 크게 문제 삼지 않는 경향이 있다.

② 사기의 복잡성과 다양성

보험금을 부당하게 편취하기 위한 수단으로 살인・상해・납치・방화 등 다른 범죄를 저지르는 등 보험범죄는 점점 복합적인 성격을 띠고 있다. 또한 보험은 일상생활을 영위하면서 발생할 수 있는 다양한 위험을 담보하고 있으므로 보험사기의 종류와 수법도 점점 다양해지고 있다.

③ 공범의 존재

보험사기는 보험사고를 날조하거나 범인 자신의 알리바이를 형성하기 위하여 2인 이상이 공동으로 수행하는 경우가 많다.

④ 조직화・지능화

최근 보험사기는 조폭, 의사, 정비사, 택시기사 등이 개입된 전문사기단이 출현하는 등 점차 조직화 되는 경향이 있다.

3 보험사기 예방과 적발에 필요한 정보

(1) 보험계약 인수시 정보

① 보험계약자에 대한 정보

언더라이팅 과정에서 보험계약자의 사고경력, 보험가입경력, 보험금청구경력, 신용상태, 소득수준, 직업의 안정성 등 여러 가지 정보를 입수 분석한다.

② 계약에 관한 정보

계약 체결 경위, 계약의 유효성 여부, 보험인수자의 근무경력이나 신용상태 등 계약의 변경 여부 등을 상세히 검토한다.

(2) 손해발생시 정보

① 사고에 대한 정보

사고시간, 장소, 사고경위, 목격자 유무, 피해규모와 보상수준, 사고 후 조치내용과 손해발생 사이의 인과관계 등 다양한 정보를 초동조사를 통해 입수한다. 또한 피해자와 가해자의 관계나 신고 여부, 사고로부터 신고시까지 경과시간 등도 확인하여야 한다.

② 보험금청구와 관련된 정보

보험금청구서를 검토하여 문제병원이나 수리업자의 개입 여부, 보험금청구목록과 경찰조사와의 차이가 없는지 등을 조사하여 판단한다.

4 보험사기의 방지수단

(1) 보험사기에 대한 예방적 기능이 있는 제도(사전적 장치)

① 청약에 대한 보험자의 승낙에 의한 보험계약 성립

보험자가 계약 체결의 결정권을 보유하고 있음으로 인해 의심스러운 청약에 대해 거부할 수 있다.

② 고지의무

중요한 사실에 대해 솔직히 모두 보험자에게 알릴 의무를 부여함으로써 불고지 및 부실고지에 대해 경고하고 이를 위반할 경우 각종 제제를 부과한다.

③ 초과·중복보험의 무효 기출 18

의도적으로 실제 가치보다 높은 보험가입금액을 설정하지 못하도록 하기 위하여 사기적인 초과·중복보험을 무효로 하고 있다.

보험계약의 무효사유

- 사기적인 초과·중복보험(상법 제669조 제4항, 제672조 제3항)
- 15세 미만자, 심신상실자, 심신박약자의 사망보험계약(상법 제732조)
- 타인의 사망을 보험사고로 하는 보험계약에서는 피보험자의 서면에 의한 동의를 얻지 못하면 무효가 된다는 명문 규정은 없으나, 동의를 얻지 못한 보험계약은 효력이 발생되지 않으므로 당연히 무효로 해석한다(상법 제731조).

④ 면책금제도

발생손해액에서 우선적으로 피보험자가 일정금액을 책임지게 함으로써 그러한 자기부담금이 부담될 경우 사기극을 꾸밀 이유가 상쇄되게 한다면 이로써 사전 차단의 역할을 하게 되는 것이다.

⑤ 공동보험제도

보험계약으로 모든 손해가 보험자로부터 보상되는 것이 아니라 일정부분 피보험자도 부담하게 된다면, 면책금제도와 같은 효과가 발생하여 보험사기를 억제할 수 있게 된다.

⑥ 타보험계약 체결 통지의무

보험사기의 대표적인 징후 중 하나는 경제능력에 비해 과도히 많은 보험료의 납부이다. 무수히 많은 보험계약을 통해 적극적으로 경제적인 이익을 도모하려는 자에게 매 보험계약마다 보험자들에게 통지할 의무를 부담케 함으로써 이러한 계획을 갖지 못하게 하는 것이다.

⑦ 실손보상의 원칙

피보험이익제도, 보험자의 대위권, 신구교환공제 등 실손보상제도들은 보험을 통해 발생손해 이상의 이득을 얻지 못하게 함으로써 사기적 청구의 충동을 억제할 수 있다.

⑧ 타인의 생명보험에서 그 타인의 동의

타인을 피보험자로 한 생명보험계약에서 그 타인의 사전동의를 계약 성립의 요건으로 함으로써 그 타인으로 하여금 자기에 대한 고의적인 위해의 가능성 등을 인지케 하는 것은 그 타인과 관련한 보험사기를 예방하는데 효과가 있다.

(2) 보험사기 청구건에 대한 제재방법(사후적 장치)

① 지급책임면책

사기적 보상청구건은 우연성을 결하기 때문에 보험자에게 보상책임이 발생하지 아니한다. 따라서 아직 보상하지 아니한 것은 면책처리하고, 보험금이 지급된 건에 대하여는 부당이득 반환청구 등 환수조치가 취해져야 할 것이다.

② 특별해지권의 부여 여부

상법은 보험자의 해지사유를 제한하고 있는데, 허락된 해지사유에 보험사기가 포함되어 있지 아니하여, 사기행위가 발생한 보험계약이지만 이를 해지할 마땅한 근거가 없게 되는 불합리한 문제가 존재한다. 이에 대해 특별히 보험자에게 해지권을 부여하게 되는데, 이에 대한 인정 여부 관련 논쟁이 있다.

③ 손해배상청구권

보험사기행위와 인과관계가 있는 손해를 입은 보험자는 그 손해에 대하여 행위자에게 민사상 손해배상법리에 따라 배상청구 할 수 있을 것이다.

④ 청구권 상실

허위사실의 진술, 중요사실 은닉, 보험자의 조사거부 등 사기적이고 부정한 행위를 하는 자에 대하여 보험금청구권을 상실케 함으로써 종국적으로 보험금을 수취하지 못하게 할 수 있다.

(3) 특별해지권

① 특별해지권의 의의

상법이 허락한 보험자의 해지사유 이외에 추가적으로 보험사기처럼 특별한 사정이 생긴 경우 보험계약을 해지할 수 있는 권리를 '특별해지권'이라 한다.

② 특별해지권의 이론적 근거

㉠ 사회상규에 반하는 행위 : 보험사기는 범죄행위로서 그 범죄행위에 쓰인 보험계약을 존치시키는 것은 사회미풍양속에 어긋나는 것이다.

㉡ 신뢰상실 : 당사자간의 최대선의를 요구하는 보험계약에 있어 일방의 사기적 행위로 인해 상호간의 신뢰가 완전히 무너졌다면 계약을 지속한다는 것이 사실상 불가능한 것이다.

㉢ 현저한 사정변경 : 보험사기는 보험계약 당시 예상하지 못했던 현저한 사정변경에 해당하여 민법상 사정변경의 원칙에 따라 계약을 종료시킬 수 있다.

③ 특별해지권 조항 삽입을 통한 실행

「상법」에 근거규정이 없으므로 보험약관에 이를 규정하는 경우, 그러한 특별해지권 조항이 보험계약자 등에게 특별히 불이익하게 변경된 조항이라 할 수 없으므로 유효하게 보험사기계약을 해지할 수 있을 것이다.

5 보험사기방지특별법 기출 17

(1) 목 적

「보험사기방지특별법」은 보험사기행위의 조사·방지·처벌에 관한 사항을 정함으로써 보험계약자, 피보험자, 그 밖의 이해관계인의 권익을 보호하고 보험업의 건전한 육성과 국민의 복리증진에 이바지함을 목적으로 한다(법 제1조).

(2) 보험사기행위(법 제2조 제1호)

"보험사기행위"란 보험사고의 발생, 원인 또는 내용에 관하여 보험자를 기망하여 보험금을 청구하는 행위를 말한다.

(3) 다른 법률과의 관계(법 제3조)

보험사기행위의 조사·방지 및 보험사기행위자의 처벌에 관하여는 다른 법률에 우선하여 보험사기방지특별법을 적용한다.

(4) 보험사기행위의 보고(법 제4조)

보험회사는 보험계약의 보험계약자, 피보험자, 보험금을 취득할 자, 그 밖에 보험계약 또는 보험금 지급에 관하여 이해관계가 있는 자(이하 "보험계약자 등"이라 한다)의 행위가 보험사기행위로 의심할 만한 합당한 근거가 있는 경우에는 금융위원회에 보고할 수 있다.

보험사기행위의 보고(영 제2조)

「보험사기방지특별법」에 따른 보고는 금융위원회가 정하여 고시하는 서식에 따라 다음 각 호의 사항을 문서·전자기록매체, 그 밖에 금융위원회가 정하는 방법으로 하여야 한다.

1. 보험회사의 명칭
2. 보고대상 행위가 발생한 날짜 및 장소
3. 보고대상 행위의 관련자
4. 보고대상 행위의 내용

(5) 보험계약자 등의 보호(법 제5조)

① 보험회사는 보험사고 조사 과정에서 보험계약자 등의 개인정보를 침해하지 아니하도록 노력하여야 한다.

② 보험회사는 대통령령으로 정하는 사유 없이 보험사고 조사를 이유로 보험금의 지급을 지체 또는 거절하거나 삭감하여 지급하여서는 아니 된다.

대통령령으로 정하는 사유(영 제3조)

1. 해당 보험계약의 약관 또는 다른 법령에서 보험금 지급을 지체 또는 거절하거나 삭감하여 지급하도록 정하는 경우
2. 보험회사가 보험사고 조사 과정에서 보험계약자 등의 행위가 보험 사기행위로 의심할 만한 합당한 근거가 있는 경우로서 금융위원회에 보고한 경우 또는 관할 수사기관에 고발 또는 수사의뢰하거나 그 밖에 필요한 조치를 한 경우. 이 경우 보험금의 지급을 지체하는 경우로 한정한다.
3. 보험회사가 보험사고 조사 결과에 따라 소(訴)를 제기한 경우나 「민사조정법」 또는 「금융위원회의 설치 등에 관한 법률」에 따른 조정을 신청한 경우. 다만, 보험회사가 부당하게 보험금의 지급을 지체하거나 보험금의 감액 합의 또는 보험금청구권의 포기를 유도하기 위한 목적으로 소(訴)를 제기하거나 조정을 신청한 것으로 인정되는 경우는 제외한다.
4. 그 밖에 보험회사가 보험금의 지급을 지체 또는 거절하거나 삭감하여 지급할 수 있는 합리적인 이유가 있는 경우로서 금융위원회가 정하여 고시하는 경우

(6) 보험사기행위의 알선 · 권유 등의 금지(법 제5조의2) 〈2024.2.13. 신설〉

누구든지 보험사기행위를 알선 · 유인 · 권유 또는 광고하는 행위를 하여서는 아니 된다.

(7) 자료제공의 요청 등(법 제5조의3) 〈2024.2.13. 신설〉

① 금융위원회는 보험사기행위의 효율적인 조사를 위하여 관계 행정기관, 보험회사, 그 밖에 대통령령으로 정하는 기관 · 단체에 보험사기행위 조사에 필요한 자료의 제공을 요청할 수 있다. 이 경우 요청 가능한 자료의 종류 및 범위는 대통령령으로 정한다.

② 금융위원회는 법 제5조의2를 위반하는 행위를 조사하기 위하여 정보통신서비스 제공자(정보통신망 이용촉진 및 정보보호 등에 관한 법률 제2조 제1항 제3호에 따른 정보통신서비스 제공자를 말한다)에 대하여 필요한 자료의 제출을 요청할 수 있다. 이 경우 요청 가능한 자료의 종류 및 범위는 대통령령으로 정한다.

③ 자료의 제공 및 제출의 요청을 받은 자는 정당한 사유가 없으면 이에 따라야 한다.

④ 금융위원회는 제공 및 제출받은 자료를 제공 및 제출받은 목적 외의 다른 목적으로 사용하여서는 아니 된다.

⑤ 금융위원회는 법 제5조의2를 위반한 행위를 발견한 경우 「방송통신위원회의 설치 및 운영에 관한 법률」 제18조에 따른 방송통신심의위원회에 대하여 심의 및 시정요구를 할 것을 요청할 수 있다.

(8) 수사기관 등에 대한 통보(법 제6조)

① 금융위원회, 금융감독원, 보험회사는 보험계약자 등의 행위가 보험사기행위로 의심할 만한 합당한 근거가 있는 경우에는 관할 수사기관에 고발 또는 수사의뢰하거나 그 밖에 필요한 조치를 취하여야 한다.

② 관할 수사기관에 고발 또는 수사의뢰를 한 경우에는 해당 보험사고와 관련된 자료를 수사기관에 송부하여야 한다.

(9) 수사기관의 입원적정성 심사의뢰 등(법 제7조)

① 수사기관은 보험사기행위 수사를 위하여 보험계약자 등의 입원이 적정한 것인지 여부(이하 "입원적정성"이라 한다)에 대한 심사가 필요하다고 판단되는 경우 「국민건강보험법」 제62조에 따른 건강보험심사평가원에 그 심사를 의뢰할 수 있다.

② 건강보험심사평가원은 의뢰를 받은 경우 보험계약자 등의 입원적정성을 심사하여 그 결과를 수사기관에 통보하여야 한다.

③ 건강보험심사평가원은 입원적정성에 대한 체계적인 심사를 위하여 대통령령으로 정하는 바에 따라 그 기준을 마련하여야 한다. 이 경우 수사기관 등 대통령령으로 정하는 자와 사전에 협의하여야 한다. 〈2024.2.13. 신설〉

(10) 자동차보험사기 피해사실 고지의무 등(법 제7조의2) 〈2024.2.13. 신설〉

보험회사는 자동차(자동차손해배상보장법 제2조 제1호에 따른 자동차를 말한다) 사고와 관련된 보험사기행위로 자동차보험(보험업법 제4조 제1항 제2호 다목에 따른 자동차보험을 말한다)의 보험료가 부당하게 할증된 사실을 확인한 경우 해당 보험계약자 또는 피보험자에게 대통령령으로 정하는 바에 따라 보험사기 피해사실 및 후속 처리절차 등을 고지하여야 한다.

(11) 보험사기죄 등

① 보험사기죄(법 제8조) 〈2024.2.13. 개정〉

다음의 어느 하나에 해당하는 자는 10년 이하의 징역 또는 5천만원 이하의 벌금에 처한다.

㉠ 보험사기행위로 보험금을 취득하거나 제3자에게 보험금을 취득하게 한 자

이 경우 징역형과 벌금형을 병과할 수 있다.

㉡ 보험사기행위를 알선·유인·권유 또는 광고한 자

② 상습범(법 제9조)

상습으로 보험사기죄를 범한 자는 그 죄에 정한 형의 2분의 1까지 가중한다.

③ 미수범(법 제10조)

보험사기죄 등(제8조, 제9조)의 미수범은 처벌한다.

④ 보험사기죄의 가중처벌(법 제11조)

㉠ 보험사기의 죄를 범한 사람은 그 범죄행위로 인하여 취득하거나 제3자로 하여금 취득하게 한 보험금의 가액(이하 "보험사기이득액"이라 한다)이 5억원 이상일 때에는 다음의 구분에 따라 가중처벌한다.

ⓐ 보험사기이득액이 50억원 이상일 때 : 무기 또는 5년 이상의 징역

ⓑ 보험사기이득액이 5억원 이상 50억원 미만일 때 : 3년 이상의 유기징역

㉡ 보험사기이득액 이하에 상당하는 벌금을 병과할 수 있다.

(12) 비밀유지의무(법 제12조)

보험사기행위 조사업무에 종사하는 자 또는 해당 업무에 종사하였던 자는 직무수행 중 취득한 정보나 자료를 타인에게 제공 또는 누설하거나 직무상 목적 외의 용도로 사용하여서는 아니 된다.

(13) 권한의 위탁(법 제13조)

금융위원회는 필요한 경우에는 「보험사기방지특별법」에 따른 권한의 일부를 대통령령으로 정하는 바에 따라 금융감독원의 원장에게 위탁할 수 있다.

(14) 벌칙(법 제14조)

비밀유지의무를 위반하여 직무수행 중 취득한 정보나 자료를 타인에게 제공 또는 누설하거나 목적 외의 용도로 사용한 자는 3년 이하의 징역 또는 3천만원 이하의 벌금에 처한다.

(15) 과태료(법 제15조) 〈2024.2.13. 개정〉

① 다음의 어느 하나에 해당하는 자에 대하여는 1천만원 이하의 과태료를 부과한다.

㉠ 보험금의 지급을 지체 또는 거절하거나 보험금을 삭감하여 지급한 보험회사

㉡ 정당한 사유 없이 자료를 제출하지 아니하거나 거짓으로 제출한 정보통신서비스 제공자

② 과태료는 대통령령으로 정하는 바에 따라 금융위원회가 부과・징수한다.

6 역선택

(1) 역선택의 의의와 발생원인 기출 17・19

① 의 의

보험자에게 불리한 보험사고의 발생가능성이 높은 위험을 보험계약자가 자진하여 보험에 부보하는 것을 말하며, 자기선택 또는 반대선택이라고도 한다.

② 역선택의 발생원인

사고발생 가능성이 낮은 양질의 위험을 지닌 보험계약자 입장에서는 현실적으로 지출되는 보험료와 추상적인 위험부담 사이에서 보험가입을 망설이게 되며, 보험자는 이러한 자로부터 청약을 받기 위하여 통상 보험모집종사자를 활용하여 청약을 유인하고 있다. 그러나 위험의 정도가 높은 자는 보험가입을 하는 경우 위험이 현실화 되었을 때 자신에게 현실적인 이익을 제공되므로 적극적으로 보험을 필요로 하게 된다. 보험자와 보험계약자간의 정보불균형도 역선택의 발생원인으로 볼 수 있다.

③ 역선택 파악의 중요성

역선택은 손실의 빈도와 심도를 증가시키게 되고, 따라서 보험료의 인상을 가져와 종국적으로 양질의 위험이 단체에서 빠져나가게 된다. 그 결과로 위험의 다수성과 수지상등의 원칙을 파괴하는 역기능을 하기 때문에 이러한 역선택의 배제야말로 보험경영의 성패를 좌우한다.

심화TIP 역선택과 도덕적 위태 기출 17

역선택은 보험계약자와 보험회사간에 보험계약자의 위험특성에 대한 사전적 정보의 비대칭(**숨겨진 속성**)으로 발생한다. 보험계약자는 자신의 위험에 대해 잘 알고 있지만 보험회사는 정보부족으로 보험계약자의 위험을 모르는 경우 가장 바람직하지 않은 보험계약자와 계약을 하게 될 가능성이 있다. 반면에 도덕적 위태는 보험계약자가 계약 이후 고의로 사고를 내고 보험금을 청구하거나 피해액을 부풀려 보험금을 타가는 비양심적인 위험상태(**숨겨진 행동**)를 의미한다.

구 분	발생시점	발생원인
역선택	보험계약 체결 시점	숨겨진 속성
도덕적 위태	보험계약 체결 이후	숨겨진 행동

(2) 역선택의 특징

① 도덕적 위험과의 관계

보험계약자에 의하여 역선택된 위험이 바로 도덕적 위험으로 직결된다고 볼 수는 없지만 밀접한 관련성을 가진다.

② 고지의무와의 관계

도덕적 위험과 마찬가지로 직접적인 관련성은 가지지 아니하나, 역선택의 경우 고지의무위반이 되는 경우가 많은 편이다.

심화TIP 도덕적 위험

도덕적 위험이란 인위적으로 사고를 유발·증가시키려는 가입자 측의 주관적인 심리상태를 말한다. 이러한 심리상태는 사기·부정직한 성향이 강하며, 단순한 부주의나 무관심 등의 방관적 위험과는 구별된다. 도덕적 위험 자체가 가입자 측의 주관적인 사정으로 사고 유발이 용이하며, 포착이 어렵고 발견시에도 제재가 미흡하다. 이런 도덕적 위험이 표출되어 일정한 결과를 발생시킨 경우를 보험범죄 또는 보험사기라 한다. 도덕적 위험의 발생 및 확산원인은 다음과 같다.

- 보험계약의 사행계약적 성질
- 법률 및 약관규정의 기회 제공
- 외형성장 위주의 경영으로 인한 위험관리 및 언더라이팅의 미흡
- 사회구성원들의 도덕관 및 윤리의식의 악화

(3) 역선택의 억제방안 기출 15

① 위험선택의 철저화

보험계약자가 처해있는 위험사정에 대하여 고지의무 또는 직접적인 위험도 조사를 통해 정확한 정보를 수집하여 보험계약자에 의한 역선택을 방지하고 위험의 정도에 상응하는 보험료와 계약조건을 결정할 수 있도록 하여야 한다.

② 보험계약 내용의 합리적 결정

㉠ 일부보험으로의 인수 : 측정한 위험의 정도가 높은 경우 일부보험으로 인수하여 피보험자로 하여금 일정부분을 부담하게 함으로써 역선택을 방지하고 도덕적 위험의 가능성을 억제할 수 있다.

㉡ 보험자 책임의 대기조항 : 보험계약 체결일로부터 일정한 기간이 경과한 날로부터 보험자의 책임을 개시시켜 위험도가 높은 자가 적극적으로 보험을 이용하려고 하는 의도를 어느 정도 상쇄시켜 나갈 수 있다.

㉢ 면책조항 : 당해 보험계약에서 역선택이 행해질 수 있는 일정한 사유에 대해서는 보험자의 책임을 면하게 하여 일정한 결과를 예기하고 행해지는 의도적인 역선택을 방지하고 있다.

㉣ 고지의무위반시의 제재 : 고지의무를 통하여 적절한 위험선택이 이루어질 수 있다. 역선택이 이루어질 경우 고지의무위반을 통하여 보험계약자에 대한 강력한 제재규정으로 보험계약의 해지와 보험금 지급의무에 대한 면책의 효과를 부여한다.

CHAPTER

07 기출유형문제

01 **언더라이팅에 대한 설명으로 옳지 않은 것은?**

① 피보험자 및 피보험물건의 위험도를 평가한다.
② 재보험의 금액 및 방법 등의 보험조건을 결정한다.
③ 보험을 인수하거나 거절한다.
④ 보험계약의 체결을 중개한다.

해설

보험계약의 체결을 중개하는 것은 보험설계사 및 보험중개사의 업무에 해당한다.

02 **다음 중 언더라이팅에 대한 설명으로 옳지 않은 것은?**

① 언더라이팅은 보험사고로 인한 손해액을 결정하고 지급하는 업무를 말한다.
② 언더라이팅이란 청약된 리스크를 선택하고 분류하는 과정이다.
③ 언더라이팅은 안전하고 수익성이 있는 보험계약을 인수하기 위한 것이다.
④ 언더라이팅과정이 적절히 수행되면 보험요율을 인하하는데 도움이 된다.

해설

언더라이팅은 보험청약에 대한 인수 여부 및 인수조건을 결정하고 보유량을 결정하는 일련의 인수심사과정을 말한다. 이러한 언더라이팅의 결과로서 나타나는 손해사정은 보험사고로 생긴 손해에 대하여 그 손해액을 결정하고 지급하는 업무를 말한다.

03 **언더라이팅의 필요성에 대한 설명으로 옳지 않은 것은?**

① 보험가입자간의 위험도에 따른 공평성 유지
② 보험으로 가입하기 어려운 위험의 원천적 차단
③ 보험회사의 실질적 이익창출에 기여
④ 보험가입자의 역선택을 효과적으로 제한

정답 01 ④ 02 ① 03 ②

| 해설 |

언더라이팅은 보험가입자간의 공평성 유지와 역선택을 효과적으로 제한하기 위해 필요하다. 또한 피보험위험을 다양하게 세분화함으로써 보험으로 가입하기 어려운 위험도 가입할 수 있도록 해주어 보험회사의 실질적 이익창출에 기여한다.

04 **손해보험회사의 업무 중 언더라이팅 업무를 설명한 것으로 가장 옳은 것은?**

① 역선택의 방지
② 보험사고발생시 신속한 보험금 지급
③ 보험회사 측에 불리한 위험의 방지
④ 자산운용을 통한 수익 증대

| 해설 |

언더라이팅이란 보험회사가 위험을 구분, 선택하는 업무를 말한다. 보험회사가 위험을 선택하는 것은 보험금 지급사유 발생확률이 높은 위험을 갖고 있는 사람이 보험금 수령을 목적으로 보험에 가입함으로써 보험회사 측에 불리한 위험을 선택하는 역선택을 방지하기 위한 것이다.

05 **언더라이팅의 대상에 대한 설명으로 옳지 않은 것은?**

① 환경적 위험 – 직업, 부업, 취미, 운전, 여행, 해외체류 등을 알리지 아니하거나 거짓으로 알리는 위험이다.
② 신체적 위험 – 과거병력, 현재 건강상태, 흡연, 음주 등을 알리지 아니하거나 거짓으로 알리는 위험이다.
③ 도덕적 위험 – 여러 건의 보험금을 수령한 사실이 있었음에도 불구하고 이를 알리지 않거나 거짓으로 알리는 위험이다.
④ 재정적 위험 – 과다 보험가입에 따른 보험회사의 재정적 위험이다.

| 해설 |

재정적 위험
보험계약자의 소득에 비해 지나치게 많은 보험료를 납입하는 위험이다. → **과다 보험가입에 따른 보험계약자의 재정적 위험**

06 언더라이팅의 일반적 진행순서로 옳은 것은?

> ㉠ 계약적부의 조사
> ㉡ 보험회사 언더라이터에 의한 언더라이팅
> ㉢ 설계사에 의한 언더라이팅
> ㉣ 진단의에 의한 의학적 언더라이팅

① ㉠ → ㉡ → ㉢ → ㉣
② ㉠ → ㉢ → ㉣ → ㉡
③ ㉢ → ㉣ → ㉠ → ㉡
④ ㉢ → ㉣ → ㉡ → ㉠

| 해설 |

언더라이팅의 일반적 진행순서
설계사에 의한 언더라이팅 → 진단의에 의한 의학적 언더라이팅 → 보험회사 언더라이터에 의한 언더라이팅 → 계약적부의 조사

07 정보의 비대칭성을 보완하려는 목적과 관련이 있는 언더라이팅은?

① 설계사(취급자)에 의한 언더라이팅
② 진단의에 의한 언더라이팅
③ 보험회사의 언더라이터에 의한 언더라이팅
④ 계약적부의 조사

| 해설 |

계약자에 대한 정보가 부족한 보험회사의 입장에서는 정보의 비대칭으로 인한 역선택을 방지하기 위해 직접 영업현장에서 계약자와 대면하는 설계사로 하여금 피보험자의 위험정보를 정확히 파악하게 하는 것이 정보의 비대칭성을 보완할 수 있는 방법이라 할 수 있다.

08 언더라이팅(underwriting)에 대한 설명으로 가장 옳지 않은 것은?

① 자산운용처럼 외부 전문기관에 위임하는 것이 일반적이다.
② 보험을 악용하여 이익을 보려는 보험범죄를 방지할 수 있다.
③ 미래손실의 발생가능성이 유사한 리스크 계층을 구성・분류하여 인수 리스크에 적절한 보험료를 책정할 수 있다.
④ 보험사가 보험가입을 신청한 리스크를 선택하고 분류하는 일련의 심사과정을 말한다.

정답 04 ① 05 ④ 06 ④ 07 ① 08 ①

해설

언더라이팅은 보험가입을 신청한 피보험자(보험대상자)가 보유하고 있는 위험을 선택해 적절한 위험집단으로 분류하여 보험가입을 결정(계약인수, 계약거절, 조건부 인수 등)하는 일련의 과정이다. 언더라이팅 업무는 보험사업의 핵심업무로 부각되고 있기 때문에 외부 전문기관에 위임하는 것보다 보험사의 고유기능으로 수행되고 있다.

09 아래에서 설명하는 내용은 무엇에 관한 것인가? 기출 17

보험요율의 적정성(rate adequacy)과 언더라이팅 손익(underwriting profits or losses) 사이의 밀접한 관계에 따라 나타나는 보험요율과 손익의 기복현상으로서 주로 재산・배상책임보험 분야에서 나타난다. 이는 감독기관의 규제・간섭에 의해 야기되기도 하고, 보험회사간의 극심한 경쟁이나 보험수요 측면에서의 보험가격의 비탄력성으로 인해 나타나기도 한다.

① 역선택(adverse selection)
② 시장세분화(market segmentation)
③ 수지상등의 원칙(equivalence principle)
④ 언더라이팅 주기(underwriting cycle)

해설

언더라이팅 과정에서 직・간접적으로 의사결정에 영향을 미치는 요인으로는 보험요율의 적정성, 재보험 가능성, 계약갱신 등이 있다. 특히 보험요율의 적정성과 관련하여 고려해야 할 사항은 **언더라이팅 주기(underwriting cycle)**이다. 언더라이팅 주기는 그 요인에 따라 감독규제 주기와 경제적 주기로 설명할 수 있다.

10 보험회사 언더라이터의 자격요건으로 해당되지 않는 것은?

① 보험상품내용과 보험계약의 체결절차에 대한 이해도가 높을 것
② 피보험자의 위험정보를 정확히 파악할 수 있을 것
③ 오랜 업무경험과 노하우를 보유할 것
④ 언더라이팅 결과를 합리적으로 설명하고 의사소통할 수 있는 커뮤니케이션 능력을 갖추고 있을 것

해설

피보험자의 위험정보를 정확히 파악하는 것은 취급자(설계사 등)의 자격요건에 해당한다.

11 다음 중 언더라이팅(underwriting)의 목적과 거리가 먼 것은? 기출 23

① 역선택 방지와 적정요율의 합리적 적용
② 보험범죄의 방지
③ 보험사업의 수익성 확보
④ 보험계약의 부합계약성 유지

해설

일반적으로 보험계약은 보험회사 일방이 작성한 보험약관에 의하여 이루어지므로 '부합계약성'을 가진다고 할 수 있다. 언더라이팅(underwriting)은 보험회사가 위험을 인수하거나 거절하는 과정이며, 위험을 인수할 경우 그 조건을 결정하는 것을 포함한다. 즉 피보험자 및 피보험물건의 위험평가 및 선택, 가입조건의 결정, 보험요율의 결정 등 일련의 과정을 의미한다. 따라서 보험계약의 '부합계약성' 유지를 목적으로 하지 않는다.
언더라이팅(underwriting)은 보험회사 입장에서 보험가입을 원하는 피보험자(보험대상자)의 위험을 각 위험집단으로 분류하여 보험가입 여부를 결정(계약인수, 계약거절, 조건부인수 등) 하는 일련의 과정이다. 이를 위해 피보험자의 환경・신체・재정・도덕적 위험 등 전반에 걸친 위험평가가 이루어지며, 언더라이팅 과정 및 결과에 따라 보험회사는 보험계약 청약에 대한 승낙 여부와 보험료 및 보험금의 한도를 설정할 수 있다. 언더라이팅은 우량 피보험자 선택, 보험사기와 같은 역선택 방지, 보험범죄의 방지, 보험사업의 수익성 확보 등 보험사업의 핵심적인 업무에 해당된다.

12 다음 손해사정업무 중 검정업무(survey)에 해당하는 것은? 기출 17・22

① 보험자 지급책임액 결정
② 보험금 지급방법 결정
③ 손해액 확인 및 산정
④ 구상권(대위권) 행사

해설

손해사정업무

검정업무 (survey)	보험사고를 조사하여 보험자의 보상책임 여부와 손해액을 결정하는 과정을 말한다. • 사고접수 • 보험계약사항의 확인 • 현장조사 및 사고사실 확인 • 손해액 확인 및 산정 • 구상관계 조사
정산업무 (adjustment)	보험금 결정 과정으로 제3자에 대한 구상권을 행사하는 것을 포함한다. • 보험가액 결정 • 보상한도의 결정 • 보험금 산출방법 결정 • 지급보험금 결정과 합의 • 구상권(대위권) 행사

정답 09 ④ 10 ② 11 ④ 12 ③

13 다음 손해사정업무 중 정산업무(adjustment)에 해당하지 않는 것은? 기출 20

① 보험금 지급방법 결정
② 손해액 확인
③ 보험자 지급책임액 결정
④ 구상권 행사

| 해설 |

손해액 확인은 검정업무(survey)에 해당한다.
정산업무(adjustment)는 보험금 결정 과정으로 보험금 지급방법 결정, 보험자 지급책임액 결정, 제3자에 대한 구상권 행사를 포함한다.

14 다음 중 손해사정사의 업무에 해당하지 않는 것은? 기출 21

① 손해발생사실 확인
② 약관의 면·부책 내용 확인
③ 보상한도액 결정
④ 보험금 산정

| 해설 |

보상한도액은 배상책임보험에서 보험자가 보상하는 최고 한도액으로, 사고발생시 배상책임의 정도를 고려하여 설정하여야 한다. 보상한도액은 보험회사와 보험계약자와의 계약에 의해 결정된다고 볼 수 있다.

15 아래 손해사정에 관한 설명에서 (　　) 안에 들어갈 내용을 순서대로 바르게 나열한 것은? 기출 25

- 손해사정을 업으로 하려는 법인은 (　　)명 이상의 상근 손해사정사를 두어야 한다.
- 손해사정업자는 등록일부터 (　　)개월 내에 업무를 시작하여야 한다. 다만, 불가피한 사유가 있다고 금융위원회가 인정하는 경우에는 그 기간을 연장할 수 있다.

① 2, 1　　② 3, 1
③ 2, 2　　④ 3, 2

| 해설 |

- 손해사정을 업으로 하려는 법인은 (2)명 이상의 상근 손해사정사를 두어야 한다(보험업법 시행령 제98조 제1항).
- 손해사정업자는 등록일부터 (1)개월 내에 업무를 시작하여야 한다. 다만, 불가피한 사유가 있다고 금융위원회가 인정하는 경우에는 그 기간을 연장할 수 있다(보험업법 시행령 제98조 제7항).

16 다음에 열거한 구상권 행사의 절차를 순서대로 바르게 배열한 것은? 기출 18

ⓐ 구상채권의 확보 ⓑ 구상권 행사가치 존재 여부의 판단 ⓒ 임의변제의 요청 ⓓ 구상권 성립 여부의 확인 ⓔ 소송의 제기, 구상청구금액 감액 합의 또는 포기 여부의 판단과 결정

① ⓐ → ⓒ → ⓓ → ⓑ → ⓔ
② ⓑ → ⓓ → ⓒ → ⓐ → ⓔ
③ ⓒ → ⓔ → ⓑ → ⓓ → ⓐ
④ ⓓ → ⓑ → ⓐ → ⓒ → ⓔ

해설

구상권 행사의 절차

1. 구상권 성립 여부의 확인
   구상권 행사에 있어서 가장 먼저 해야 할 일은 구상권 성립 여부를 확인하는 것이다.
2. 구상권 행사가치 존재 여부의 판단
   구상권 성립 여부가 확인되면 구상권을 행사할 가치가 있는지를 판단한다.
3. 구상채권의 확보
   구상할 가치가 있다고 판단되면 구상채권의 확보가 요청된다. 구상채권의 확보란 피구상자의 재산조사 등을 행하여 부동산 등의 재산이 확인되면 가압류조치를 하여 재산도피 등을 방지하는 것을 말한다.
4. 임의변제의 요청
   구상채권의 확보절차를 거친 후에 구상가액을 정하고 피구상자에게 임의변제를 요청한다.
5. 소송의 제기, 구상청구금액 감액 합의 또는 포기 여부의 판단과 결정
   임의변제에 응하지 않으면 ① 구상소송을 제기할 것인지, ② 구상청구금액을 감액하여 피구상자와 합의할 것인지, ③ 미래의 구상채권으로 남겨두고 계속 관리할 것인지, ④ 구상포기를 할 것인지의 여부를 판단하여 결정한다.

17 다음 중 손해보험회사의 주요업무에 대한 설명으로 옳지 않은 것은?

① 보험사고발생시 공정하고 신속하게 보험금을 지급한다.
② 보험회사는 보유자산을 안정성, 유동성 그리고 공익성을 해치지 않는 범위 내에서 적극적으로 운용한다.
③ 보험회사는 보증보험을 통해 대형위험의 분산을 꾀한다.
④ 언더라이팅이란 보험사의 수익성 확보와 안정적인 성장을 위한 고유업무이다.

해설

손해보험사업은 대규모 산업시설이나 거대한 유조선, 항공기 등 손해액의 규모가 엄청난 위험의 인수도 불가피하기 때문에 재보험을 통해 대형위험의 분산을 꾀하는 것도 보험회사의 중요한 업무이다.

정답 13 ② 14 ③ 15 ① 16 ④ 17 ③

18 다음 중 손해사정의 업무단계를 일반적 손해사정 절차에 따라 순서대로 바르게 열거한 것은?

기출 14 · 19

ⓐ 사고통지의 접수	ⓑ 현장조사
ⓒ 약관의 면·부책 내용 등 확인	ⓓ 계약사항의 확인
ⓔ 보험금 산정	ⓕ 대위 및 구상권 행사
ⓖ 손해액 산정	ⓗ 보험금 지급

① ⓐ → ⓑ → ⓓ → ⓒ → ⓖ → ⓔ → ⓗ → ⓕ
② ⓐ → ⓑ → ⓓ → ⓒ → ⓔ → ⓖ → ⓗ → ⓕ
③ ⓐ → ⓓ → ⓒ → ⓑ → ⓖ → ⓔ → ⓗ → ⓕ
④ ⓐ → ⓓ → ⓒ → ⓑ → ⓔ → ⓖ → ⓗ → ⓕ

해설

일반적인 손해사정 절차

사고통지의 접수 → 계약사항의 확인 → 약관의 면·부책 내용 등 확인 → 현장조사 → 손해액 및 보험금 산정 → 손해사정서 작성·교부 → 보험금 지급 → 대위 및 구상권 행사

19 다음 중 보험업감독규정상 독립손해사정사의 금지행위가 아닌 것은? 기출 22

① 보험금의 대리청구 행위
② 일정 보상금액의 사전약속 행위
③ 손해사정업무 관련 서류의 작성, 제출대행 행위
④ 보험금에 대한 보험사와의 합의 또는 절충 행위

해설

독립손해사정사의 금지행위(보험업감독규정 제9-14조 제1항)

독립손해사정사 또는 독립손해사정사에게 소속된 손해사정사는 업무와 관련하여 다음 각 호의 행위를 하여서는 아니 된다.

1. 보험금의 대리청구 행위
2. 일정 보상금액의 사전약속 또는 약관상 지급보험금을 현저히 초과하는 보험금을 산정하여 제시하는 행위
3. 특정변호사·병원·정비공장 등을 소개·주선 후 관계인으로부터 금품 등의 대가를 수수하는 행위
4. 불필요한 소송·민원유발 또는 이의 소개·주선·대행 등을 이유로 하여 대가를 수수하는 행위
5. 사건중개인 등을 통한 사정업무 수임행위
6. 보험회사와 보험금에 대하여 합의 또는 절충하는 행위
7. 그 밖에 손해사정업무와 무관한 사항에 대한 처리약속 등 손해사정업무 수임유치를 위한 부당행위

20 다음 중 독립손해사정사에게 금지되는 행위는? 기출 18

① 손해발생 사실의 확인, 보험약관 및 관계 법규 적용의 적정성 판단
② 보험회사에의 손해사정업무 수행과 관련된 의견 진술
③ 보험회사와의 보험금에 대한 합의 또는 절충
④ 손해사정업무와 관련된 서류의 작성·제출의 대행

| 해설 |

①·②·④는 모두 손해사정사의 업무에 해당한다(보험업법 제188조).

21 다음 중 재보험에 대한 설명으로 옳지 않은 것은? 기출 15·19

① 재보험은 원보험계약의 효력에 영향을 미친다.
② 재보험은 원보험자의 인수능력을 증가시킨다.
③ 재보험은 원수보험사의 수익의 안정을 가져올 수 있다.
④ 재보험은 언더라이팅의 중단시 활용될 수 있다.

| 해설 |

재보험계약은 법률상 독립된 별개의 계약이므로 원보험계약의 효력에 영향을 미치지 않는다. 따라서 원보험회사는 원보험료의 지급이 없음을 이유로 재보험료의 지급을 거절할 수 없다.

22 아래 설명의 (   ) 안에 들어갈 보험종목은? 기출 23

> 상법상 (   )에 관한 규정은 그 성질에 반하지 아니하는 범위에서 재보험계약에 준용한다.

① 화재보험   ② 해상보험
③ 책임보험   ④ 특종보험

| 해설 |

상법상 (책임보험)에 관한 규정은 그 성질에 반하지 아니하는 범위에서 재보험계약에 준용한다(상법 제726조).

정답 18 ③ 19 ③ 20 ③ 21 ① 22 ③

23 아래에서 설명하고 있는 재보험계약조항으로 옳은 것은? 기출 20

> 출재사의 보험금 지급책임 부담 여부가 불분명한 상태에서 출재사가 선의로 업무를 처리하고, 재보험계약 담보범위에 포함될 경우 재보험자는 면책 여부를 엄밀히 따지지 않고 재보험계약상의 보상책임을 짐.

① 중재조항(arbitration clause)
② 클레임협조조항(claim co-operation clause)
③ 운명추종조항(follow the fortunes clause)
④ 통지조항(notification clause)

해설

운명추종조항(follow the fortunes clause)은 보험사고 처리와 관련하여 출재사(원보험자)가 선의로 행동하였고, 그 손실이 재보험계약상 담보범위 내에 있는 이상 재보험자는 특별한 이의 없이 보상하여야 하는 조항이다.

① **중재조항(arbitration clause)** : 계약 쌍방이 분쟁을 소송대신 중재에 회부할 것을 동의하는 재보험증권상의 조항이다.
② **클레임협조조항(claim co-operation clause)** : 출재사(원보험자)가 재보험자에게 원보험계약상 보험청구나 사고처리와 관련된 정보를 제공하고, 클레임(claim) 처리와 관련하여 상호 협조할 의무가 있다는 조항이다.
④ **통지조항(notification clause)** : 계약 당사자간의 각종 통지에 관련된 약정을 위한 조항이다.

24 다음 재보험의 일반원칙에 대한 설명으로 가장 옳지 않은 것은?

① 수지상등의 원칙이 적용되어야 한다.
② 최대선의의 원칙이 적용되어야 한다.
③ 손해보상의 원칙이 적용된다.
④ 피보험이익 원리가 적용되어야 한다.

해설

다수의 보험가입자가 납입하는 보험료 총액과 보험회사가 지급하는 보험금 및 경비의 총액이 동일한 금액이 되도록 보험료를 결정하는 것을 수지상등의 원칙이라 하는데, 재보험의 일반원칙과 관련이 없다.

25 재보험의 일반원칙에 대한 설명으로 옳지 않은 것은?

① 재보험계약이 유효하기 위해서는 재보험자가 피보험이익을 가지고 있어야 한다.
② 재보험계약의 체결시 부실고지를 하지 않는 소극적 의무와 중요한 사항은 고지해야 하는 적극적 의무가 있으며, 고지의무위반은 계약 무효의 원인이 된다.
③ 재보험은 손해배상계약이며, 재보험자의 책임은 원보험자인 출재회사가 입은 실재손해에 한정된다는 원칙이다.
④ 원보험자가 공동보험자인 경우에는 원보험자의 분담금이 그만큼 축소되며, 재보험자회사의 배상액도 그만큼 혜택을 보게 된다.

| 해설 |

보험계약이 성립되기 위해서는 피보험자가 피보험이익을 가지고 있어야 하는 것처럼 재보험계약이 유효하기 위해서는 재보험자가 아닌 원보험자가 피보험이익을 갖고 있어야 한다.

26 다음 중 재보험의 기능으로 적절하지 않은 것은? 기출 14 · 22

① 전문적 자문과 서비스 제공
② 인수능력 축소
③ 미경과보험료적립금 경감
④ 언더라이팅 이익 안정화

| 해설 |

② **인수능력 축소(×) ⇒ 인수능력 확대(○)**
원보험자는 재보험을 통하여 인수할 수 있는 금액보다 훨씬 더 큰 금액의 보험을 인수(대규모 리스크에 대한 인수능력 제공)함으로써 마케팅 능력을 강화시킬 수 있다.

TIP 재보험의 기능
- 위험분산
- 원보험자의 인수능력(capacity) 확대
- 경영의 안정성 도모 ⇒ 언더라이팅 이익 안정화
- 미경과보험료적립금의 경감
- 전문적 자문과 서비스 제공
- 신규보험상품의 개발 촉진

정답 23 ③ 24 ① 25 ① 26 ②

27 전통적 재보험에 대한 설명으로 가장 옳지 않은 것은?

① 원보험사와 재보험사간의 협의를 통하여 담보 및 계약 조건을 달리 할 수 있으나, 정형적 형태도 가능하다.
② 계약기간은 보통 1년 단위로 하며, 원보험사의 위험분산이 중요한 목적이다.
③ 일반적으로 원보험과 마찬가지로 우연한 사고로 인한 손해를 보전한다.
④ 원보험과 같은 보험목적에서 발생한 손해를 담보하고 있으므로 원보험계약과 재보험계약은 동일한 계약이라고 할 수 있다.

| 해설 |

원보험계약과 재보험계약은 법률상 완전히 독립된 계약이므로 재보험계약은 원보험계약의 효력에 영향을 미치지 아니한다. 하지만 위험의 동질성으로 인하여 원보험계약은 재보험계약에 영향을 미친다.

28 다음 중 세계 재보험시장 환경이 경성시장(hard market)화 될 때 나타나는 일반적인 현상이 아닌 것은? 기출 20

① 연성시장(soft market)에 비해 낮은 손해율
② 재보험 인수기준 강화
③ 재보험사 담보력 감소
④ 재보험요율 상승

| 해설 |

경성시장(hard market)은 보험공급의 위축이 주기적으로 오면서 보험시장에서 보험구입이 어려워지는 시장(보험공급 감소, 보험가격 상승)을 말한다.
대재해 이후 재보험수요에 비해 재보험사의 담보력이 부족하면 재보험 인수기준 강화되고, 재보험요율이 높아지는 등 재보험시장 환경이 경성시장(hard market)화 되는 경향이 있다.

29 다음 중 원보험자의 재보험계약 효과에 해당하지 않는 것은? 기출 21

① 손해의 변동성 감소
② 인수능력 확대
③ 이익 감소
④ 신상품 개발 촉진

| 해설 |

예기치 못한 자연재해 및 대형 이상재해의 발생 등으로 인한 보험영업 실적의 급격한 변동은 보험사업의 안정성을 저해하게 되는데 원보험자의 재보험계약은 이러한 각종 대형위험의 손해나 거액의 위험으로 실적의 안정화를 지켜주므로, 원보험사의 경영안정성과 이익에 도움을 준다.

30 다음 중 재보험과 관련된 설명으로 옳지 않은 것은?

① 재보험은 원보험자의 보험영업이익 안정화에 도움이 된다.
② 임의재보험(Facultative Reinsurance)은 자동적 재보험담보가 아니므로 재보험처리가 지연될 수 있다.
③ 특약재보험(Treaty Reinsurance)에서는 재보험자가 원보험자의 개별 청약에 대하여 인수 여부를 결정한다.
④ 비비례적 재보험(Non-proportional Reinsurance)에서는 원보험계약에서 발생하는 사고의 손실 규모를 기준으로 원보험자와 재보험자의 보상책임액이 결정된다.

| 해설 |

재보험자가 원보험자의 개별 청약에 대하여 인수 여부를 결정하는 것은 임의재보험이다. 특약재보험은 원보험사와 재보험자간에 미리 출재대상계약의 범위, 출재사 및 재보험자의 책임한도액, 처리방법 등에 거래조건을 사전에 특약으로 체결하고 일정기간 동안은 이 특약에 의해 인수가 연속적으로 이루어지는 것을 말한다.

31 임의재보험(Facultative Reinsurance)에 대한 설명으로 옳지 않은 것은?

① 재보험자가 책임한도액 등 재보험조건을 원보험자와 건별로 협의하여 정하는 방법이다.
② 원보험자가 계약별로 출재사의 보유한도 및 출재금액을 임의로 조정하여 결정하는 방법이다.
③ 출재사에게 원보험계약 체결과 동시에 자동적인 재보험담보를 보장해 준다.
④ 매 위험별로 재보험거래가 이루어지므로 사무량이 많아지며, 제반비용 및 시간이 과다하게 소요된다.

| 해설 |

임의재보험은 자동적이고 동시적인 재보험담보가 이루어지지 않으므로 출재사는 담보능력을 초과하는 위험까지 책임을 지게 되는 단점이 있다.

32 다음 중 특약재보험계약의 특징에 해당하지 않는 것은?

① 임의재보험계약에 비하여 시간과 비용이 많이 든다.
② 재보험자는 재보험물건을 미리 확보하므로 안정적인 경영이 가능하다.
③ 담보범위가 한정되어 있기 때문에 원보험자는 담보범위에서 제외된 계약에 대해 임의재보험에 가입해야 한다.
④ 재보험자는 위험을 선택할 수 없어 보험기간 동안 큰 손해를 볼 수 있다.

| 해설 |

임의재보험계약은 원보험자가 위험을 전가·분산시키고자할 때 그때마다 임의로 타보험자와 재보험계약을 체결하는 방법으로 원보험자나 재보험자는 원하는 위험만을 전가 또는 인수할 수 있는 계약으로, 매 계약마다 새로운 계약을 체결해야 하므로 특약재보험계약에 비하여 많은 시간과 경비가 지출된다.

정답 27 ④ 28 ① 29 ③ 30 ③ 31 ③ 32 ①

33 다음 중 의무적 임의재보험(facultative obligatory cover)에 대한 설명으로 옳지 않은 것은?

기출 20

① 재보험자는 수재 여부를 임의로 정할 수 있으나, 원보험자는 의무적으로 출재해야 한다.
② 통상 비례재보험특약이나 초과재보험특약의 재보험담보력이 소진된 이후에 활용된다.
③ 재보험료와 재보험금이 불균형하고 특약의 손해율이 불규칙한 특징이 있다.
④ 특약재보험으로 출재하기에는 재보험계약의 양이 적거나 특정한 위험 분산 차원에서 활용된다.

해설

원보험자는 출재 여부를 임의로 정할 수 있으나, 재보험자는 의무적으로 수재해야 한다.

34 다음 중 비례재보험(proportional reinsurance) 방식이 아닌 것은? 기출 21

① quota share treaty
② surplus share treaty
③ facultative obligatory cover
④ excess of loss cover

해설

excess of loss cover는 초과손해액재보험특약으로 비비례재보험(non-proportional reinsurance) 방식이다.

TIP 재보험특약

비례재보험 (proportional reinsurance)	• 비례재보험특약(quota share treaty ; Q/S특약) • 초과액재보험특약(surplus특약) • 의무적 임의재보험(facultative obligatory ; F/O Cover)
비비례재보험 (non-proportional reinsurance)	• 초과손해액재보험특약(excess of loss reinsurance) • 초과손해율재보험특약(excess of ratio cover, stop loss cover)

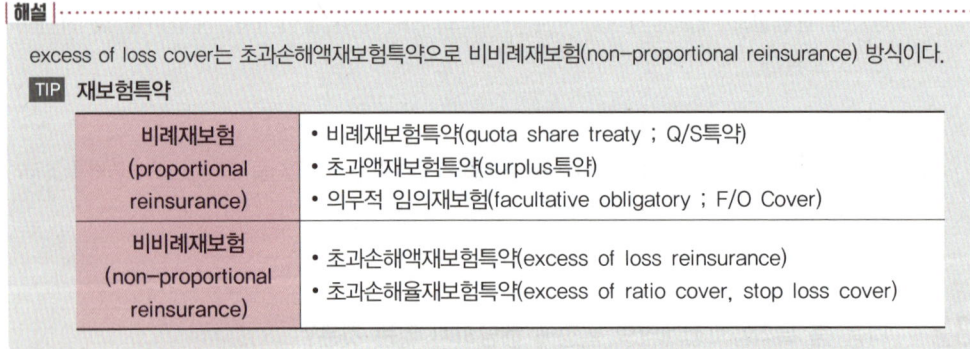

35 원보험자가 보유손해액을 설정한 후 재보험자가 원보험자의 보유손해액을 초과하는 금액을 보상하는 재보험계약은 다음 중 어느 것인가?

① 초과손해율재보험(Stop Loss Reinsurance)
② 초과손해액재보험(Excess of Loss Reinsurance)
③ 공동재보험(Coinsurance)
④ 비례재보험(Quota Share Reinsurance)

| 해설 |

초과손해액재보험(Excess of Loss Reinsurance)은 재보험자가 원보험자의 보유손해액을 초과하는 금액을 보상하는 재보험인 반면, 초과액재보험(Surplus Reinsurance)은 원보험자가 인수한 보험계약에 대하여 특약으로 미리 정해진 보유금액의 한도를 결정한 후 그 초과액을 출재하는 방법이다.

36 **재보험방법에 대한 설명으로 옳지 않은 것은?**

① 비례재보험 – 원보험자가 인수한 계약 중 출재하기로 한 계약에 대하여 일정비율을 출재하는 재보험방법이다.

② 초과액재보험 – 출재 대상이 되는 위험에 대하여 원보험자는 사전에 설정한 보유한도를 초과하는 보험계약에 대하여 초과하는 부분만 출재하는 재보험방법이다.

③ 의무적 임의재보험 – 원보험자는 출재 대상위험을 의무적으로 출재하여야 하나, 재보험자는 수재 여부를 임의로 결정하는 재보험방법이다.

④ 초과손해액재보험 – 원보험자에 발생한 보험사고 중 일정보험금을 초과한 보험금에 대하여 재보험금으로 청구할 수 있는 재보험방법이다.

| 해설 |

의무적 임의재보험(Facultative Obligatory Cover)

출재회사에는 출재의 자유재량권이 있으나, 재보험자는 이를 의무적으로 인수하여야 하는 재보험계약으로 FO(Facultative Obligatory) Cover라고 한다.

37 **다음은 출재사(A)와 재보사(B) 사이에 이루어지고 있는 재보험 출재방식을 설명한 것이다. 이에 알맞은 재보험 방식은?**

> 출재사(A)는 계약자로부터 인수한 사망위험금액 중 3,000만원까지는 출재사(A)가 보유하고 3,000만원을 초과하는 사망위험금액에 대해서는 재보사(B)에게 재보험으로 출재하고 있다.

① 비례재보험(Quota Share Reinsurance)

② 초과손해액재보험(Excess of Loss Reinsurance)

③ 초과손해율재보험(Stop Loss Reinsurance)

④ 초과액재보험(Surplus Reinsurance)

| 해설 |

- 초과액재보험은 원수회사가 인수한 개개의 계약에 대해서 보유액을 보유 규정에 의거하여 결정할 때 초과되는 부분이 있는 경우, 이것을 재보험하는 방식으로 주로 특약재보험에서 볼 수 있다.
- 초과손해액재보험은 개별 계약마다 출재하지 아니하고 한 위험당 또는 한 사고당 손해액을 기준으로 원보험자와 재보험자간의 책임을 분담하는 방식을 말한다.

정답 33 ① 34 ④ 35 ② 36 ③ 37 ④

38 다음은 비례적재보험(Proportional Reinsurance) 및 비비례적재보험(Non-Proportional Reinsurance)의 설명이다. 다음 중 가장 옳은 것은?

① 비례적재보험은 비례재보험(Quota Share Reinsurance) 및 초과손해액재보험(Excess of Loss Reinsurance) 방식이 있다.
② 비비례적재보험은 초과액재보험(Surplus Reinsurance) 및 초과손해율재보험(Stop Loss Reinsurance) 방식이 있다.
③ 비례적재보험은 특약재보험과 임의재보험 모두에서 사용되나, 비비례적재보험은 임의재보험에서만 사용된다.
④ 비례적재보험에서는 출재사와 재보험사간의 보유위험금액의 비율에 따라 재보험료와 재보험금을 산정한다.

해설

① 초과손해액재보험 방식은 비비례적재보험에 해당한다.
② 초과액재보험은 비례적재보험에 해당한다.
③ 비비례적재보험 중 초과손해액재보험은 주로 특약재보험의 형태로 이루어진다.

39 아래 표에서 설명하는 재보험계약 방식은? 기출 22

출재사가 사전에 출재 대상으로 정한 모든 리스크에 대해 정해진 비율로 재보험사에 출재하고, 재보험사는 이를 인수해야 한다.

① surplus reinsurance treaty
② quota share treaty
③ stop loss cover
④ excess of loss treaty

해설

quota share treaty(비례재보험특약)는 원보험자(출재사)가 인수한 계약 중 미리 정한 조건에 부합되는 모든 계약의 일정비율이 재보험으로 처리하는 방식이다.
① surplus reinsurance treaty(**초과액재보험특약**) : 원보험자(출재사)가 인수한 보험계약에 대하여 특약으로 미리 정해진 금액의 한도 내에서 매 계약별로 보유금액을 결정한 후 그 초과액을 출재하는 방식이다.
③ stop loss cover(**초과손해율재보험특약**) : 출재사의 경과누적 손해율이 약정된 비율을 초과할 때부터 재보험자의 지급책임이 개시되는 비비례적 재보험의 한 형태이다.
④ excess of loss treaty(**초과손해액재보험특약**) : 발생된 손해에 따라 미리 정해진 손해금액까지는 원보험자가 책임을 지고, 나머지 손해부분의 전부 또는 일정금액을 재보험자가 책임을 지는 비비례적 재보험 형태이다.

40 아래에서 설명하는 재보험특약서 조항과 가장 관련이 있는 특약재보험의 형태는?

> 특약기간 중 보험사고의 발생에 따른 재보험금 지급으로 인하여 재보험 보상한도액(limit of liability)의 일부 또는 전부가 소진될 경우에 잔여 특약기간에 대하여 이의 복원에 대한 방식과 조건에 관한 내용을 규정한 조항

① 초과액재보험특약(Surplus Reinsurance Treaty)
② 비례재보험특약(Quota Share Reinsurance Treaty)
③ 초과손해액재보험특약(Excess of Loss Reinsurance Treaty)
④ 비례재보험과 초과액재보험의 혼합특약(Combined Quota Share & Surplus Reinsurance Treaty)

| 해설 |

초과손해액재보험특약(Excess of Loss Reinsurance Treaty)

초과손해액재보험특약은 원보험자와 재보험자간의 책임을 분할하여 사전에 일정한 보상액과 재보험자의 보상한도액(limit of liability)을 약정하는 방식이다. 즉 발생된 손해에 따라 미리 정해진 손해금액까지는 원보험자가 책임을 지고, 나머지 손해부분의 전부 또는 일정금액을 재보험자가 책임을 지는 비비례적 재보험 형태이다. 초과손해액을 결정하는 방식에는 1위험당(per risk)과 1사고당(per occurrence)이 있다.

- **1위험당의 경우** : 원보험자는 특약에 포함된 모든 원보험계약의 각각에서 발생한 사고의 손해액이 일정금액을 초과할 때마다 재보험금을 청구하게 된다. 재산보험에 대한 재보험에 많이 이용된다.
- **1사고당의 경우** : 1건의 사고로 인하여 특약에 포함된 다수의 원보험물건이 입은 손해의 합계액이 일정한 금액을 초과할 때에 재보험금을 청구하게 된다. 주로 책임보험에 대한 재보험에 많이 이용된다.

41 아래와 같은 사유가 발생한 경우에 재보험사가 특약의 전체 또는 일부를 종료 · 취소할 수 있음을 규정하고 있는 특약재보험계약조항은? 기출 22

> - 출재사의 합병이나 양도 등에 따른 경영진의 변화
> - 출재사의 자본금 감소
> - 출재사의 채무지급불능상황
> - 특약상의 출재사의 순보유분에 대한 별도의 재보험계약 체결

① commutation clause
② cut-through clause
③ interlocking clause
④ sudden death clause

정답 38 ④ 39 ② 40 ③ 41 ④

| 해설 |

sudden death clause(즉시해지조항)
다음과 같은 사유가 발생한 경우에 이미 체결된 재보험특약의 전체 또는 일부를 재보험사가 종료·취소할 수 있는 조항이다.

- 출재사의 합병이나 양도 등에 따른 경영진의 변화
- 출재사의 자본금 감소
- 출재사의 채무지급불능상황
- 특약상의 출재사의 순보유분에 대한 별도의 재보험계약 체결

① **commutation clause(합의청산조항)** : 재보험사가 출재사와 합의된 금액을 청산함으로써 미지급보험금 등 잔존책임을 종료하는 조항이다. 계약기간 중 재보험사는 계약을 해지할 수 있는 권한을 가지는 commutation clause(합의청산조항)을 사용하여 재보험사의 책임을 제한할 수 있다.
② **cut-through clause(직접지급조항)** : 재보험사가 출재사 대신 피보험자에게 재보험금을 직접 지급할 수 있도록 규정하는 조항이다.
③ **interlocking clause(연동조항)** : 연동조항은 둘 이상의 재보험 조약 사이에 손실을 배분하는 방법을 결정하는데 사용되며, 재보험사가 최소 두 개의 합의기간에 걸쳐 위험을 분산시킬 수 있도록 허용한다.

42

초과액재보험특약(surplus reinsurance treaty)상의 이익수수료조항에 따라 이익수수료를 산출할 때 지출항목(outgo)에 포함되지 않는 것은? (단, calendar year 방식에 따름) 기출 23

① 출재수수료　　② 재보험사 경비
③ 지급보험금　　④ 전기이월미지급보험금

| 해설 |

전기이월미지급보험금은 당기에 지출되지 않았으므로 수입항목(income)에 해당된다.

43

A보험회사는 자사가 인수한 보험계약에 대하여 매 위험당 20% 출재, 특약한도액 50만원으로 하는 비례분할 재보험특약(quota share reinsurance treaty)을 운용하고 있다. 재보험계약 담보기간 중 아래와 같은 3건의 손해가 발생하였을 때 재보험자로부터 회수할 수 있는 재보험금은 얼마인가? 기출 17

원보험계약	1	2	3
손해액	150만원	200만원	300만원

① 120만원　　② 130만원
③ 520만원　　④ 530만원

| 해설 |

- 원보험계약 1 재보험금 = 150만원 × 0.2 = 30만원
- 원보험계약 2 재보험금 = 200만원 × 0.2 = 40만원
- 원보험계약 3 재보험금 = 300만원 × 0.2 = 60만원
  (※ 이 경우 특약한도액이 50만원이므로, 50만원이다.)
- 재보험자로부터 회수할 수 있는 재보험금 = 30만원 + 40만원 + 50만원 = 120만원

구 분	A보험회사	재보험사
원보험계약 1	150만원 − 30만원 = 120만원	30만원
원보험계약 2	200만원 − 40만원 = 160만원	40만원
원보험계약 3	300만원 − 50만원 = 250만원	50만원
합 계	530만원	120만원

44 다음과 같이 초과손해액재보험특약(excess of loss treaty cover)에 가입한 경우 하나의 보험사고로 인한 원수보험자의 지급보험금이 30억원 일 때, 동 사고에 대해 재보험금 회수 후 출재사인 원수보험자가 부담하게 되는 순보유손해금액은 얼마인가? 기출 18

90% of 20억원 in excess of 5억원 per occurrence

① 12억원
② 13억원
③ 17억원
④ 18억원

| 해설 |

초과손해액재보험특약은 위험당 또는 사고당 사고손해액을 기준으로 원수보험자와 재보험자간의 책임을 분할하여 사전에 일정한 보상액과 재보험자의 책임한도액을 약정하는 방식이다.
재보험자는 사고당 5억원을 초과하는 20억원의 90%까지 부담한다. 즉
20억원 × 0.9 = 18억원을 부담한다.
원수보험자의 지급보험금이 30억원이므로,
원수보험자가 부담하게 되는 순보유손해금액은
30억원 − 18억원 = 12억원

정답 42 ④ 43 ① 44 ①

45 A보험회사는 아래와 같은 초과손해액재보험특약(excess of loss reinsurance treaty)을 운영하고 있다.

특약 한도 : US$ 600,000 in excess of US$ 400,000

동 특약재보험의 보험기간 중 다음과 같이 보험금을 지급하였을 경우, A보험회사가 재보험자로부터 회수하게 될 재보험금의 합계액은 얼마인가? 기출 16

구 분	사고일자	지급보험금
사고 1	1월 24일	US$ 750,000
사고 2	2월 17일	US$ 350,000
사고 3	4월 15일	US$ 1,500,000
합 계		US$ 2,600,000

① US$ 550,000 ② US$ 950,000
③ US$ 1,050,000 ④ US$ 1,450,000

해설

초과손해액재보험특약

원보험자는 US$ 400,000 한도 내에서 부담하고, 재보험자는 US$ 400,000 초과하는 US$ 600,000까지 부보한다.

- **사고 1** : 지급보험금 US$ 750,000 중 원보험자가 US$ 400,000을 부담하고, 재보험자는 US$ 350,000을 부담한다.
- **사고 2** : 지급보험금이 US$ 350,000로 US$ 400,000 미만이므로 원보험자가 전액 부담한다.
- **사고 3** : 지급보험금 US$ 1,500,000 중 원보험자가 US$ 400,000을 부담하고, 재보험자는 US$ 600,000을 부담한다. 나머지 US$ 500,000는 원보험자가 다시 부담한다.
- 재보험자로부터 회수하게 될 재보험금 = US$ 350,000 + US$ 600,000 = **US$ 950,000**

46 20 Line의 초과액재보험특약(surplus reinsurance treaty)을 운용하고 있는 출재보험사(A)가 보험가입금액이 US$ 5,000인 물건을 인수하였다. 손실규모가 US$ 3,000인 보험사고가 발생하였을 때 A사의 재보험회수금액은? [단, 동 물건에 대한 A사의 보유(retention)금액은 US$ 500이었음] 기출 20

① US$ 1,500 ② US$ 2,000
③ US$ 2,500 ④ US$ 2,700

해설

출재보험사(A)가 보험가입금액이 US$ 5,000인 물건을 인수하였을 때 보유(retention)금액이 US$ 500 (1Line)이므로, 수재보험사의 보유금액은 US$ 4,500이다.
손실규모가 US$ 3,000인 보험사고가 발생하였으므로,
출재보험사(A)의 책임액 = US$ 3,000 × (US$ 500 ÷ US$ 5,000) = US$ 300
수재보험사의 책임액 = US$ 3,000 × (US$ 4,500 ÷ US$ 5,000) = US$ 2,700
따라서, 출재보험사(A)가 수재보험사로부터 받을 재보험회수금액 = US$ 2,700

47 재보험계약실무에서 초과손해액재보험(XOL ; excess of loss reinsurance)계약 체결시 아래의 전제조건하에 출재사의 과거 실적(보유보험료 대비 XOL재보험금회수액)을 기초로 재보험요율을 산정하는 방식은? 기출 20

> • 보험사고의 발생 빈도 및 심도에 영향을 미치는 요소는 불변이다.
> • 계약의 구성이 대체로 동일하다.
> • 경제적·사회적 여건이 동일하다.

① burning cost rating 방식
② exposure rating 방식
③ retrospective rating 방식
④ simulation rating 방식

| 해설 |

초과손해액재보험(XOL)은 출재사가 미리 정해진 일정 손해액까지만 책임을 부담하고, 이를 초과하는 부분은 재보험사가 부담하는 계약으로, 과거 손해경험을 토대로 원가(burning cost)를 계산하여 재보험요율을 산정한다. burning cost rating 방식은 비교적 재보험금 회수빈도가 높은 초과손해액재보험(XOL) 재보험료 산정에 이용되는 방식으로, 전년도의 사고경력을 토대로 일정기간 동안 해당 초과손해액재보험(XOL)의 과거 회수재보험금 총액을 동일한 기간 중의 재보험총보험료(GNPI ; gross net premium income)로 나눈 숫자를 구한 다음, 이 숫자에 일정한 안전할증을 부과하여 재보험요율을 결정한다.
② exposure rating 방식은 재보험금 회수빈도가 낮지만 비교적 1회의 사고로 손해액 규모가 큰 초과손해액재보험(XOL) 요율산정에서 사용한다.
③ retrospective rating 방식은 출재사가 지급하는 재보험료를 계약기간이 종료된 후 궁극적인 손해율에 따라서 소급하여 결정하는 방식이다.
④ simulation rating 방식은 경험데이터의 평균과 분산을 가지고 개별 보험사고간 종속성으로 인한 불확실성 리스크를 반영한 총손해액 분포를 가정된 확률분포에 따라 근사시키는 방법이다.

48 다음 중 해당 보험종목의 초과손해액재보험특약(excess of loss reinsurance treaty)의 내용에 통상적으로 지수조항(index clause)을 포함하고 있는 것은? 기출 17

① 화재보험(fire insurance)
② 적하보험(cargo insurance)
③ 선박보험(hull insurance)
④ 일반배상책임보험(general liability insurance)

| 해설 |

배상책임보험은 특성상 보험사고발생 후부터 보험금 지급시까지 장기간 소요되므로 환율변동 및 인플레이션 영향으로 인하여 계약초 대비 출재사의 보유책임액이 재보험자 책임한도액과의 실질 가치 면에서 불균형이 발생할 수 있으므로 상대적 화폐가치를 동등하게 유지시켜 주는 지수조항(index clause)을 포함한다. 통상적으로 지수조항은 IMF Wage Index(임금지수) 또는 Consumer Price Index(소비자물가지수)를 사용하고 있다.

정답 45 ② 46 ④ 47 ① 48 ④

49 재보험계약 중 stop loss cover특약에 대한 설명으로 올바르지 않은 것은? 기출 21

① 재보험계약 기간 중 출재사의 누적 손해율이 약정된 비율을 초과할 경우 재보험금이 지급된다.
② 개별 리스크 단위당 손해에 대한 출재사의 보유초과분을 담보함으로써 출재사의 보유손실금액을 제한한다.
③ 출재사의 손해율을 목표 수준 아래로 유지시켜 보험영업실적을 안정화시키는 효과가 있다.
④ 손해율의 등락폭이 크고 연단위로 손해 패턴이 비교적 주기적인 농작물재해보험 등에 적합한 재보험방식이다.

해설

개별 리스크 단위당 손해에 대한 출재사의 보유초과분을 담보함으로써 출재사의 보유손실금액을 제한하는 것은 초과손해액재보험특약(excess of loss cover)이다.

50 다음 재보험계약 중 운명추종조항(follow the fortunes clause)이 통상적으로 적용되지 않는 것은? 기출 25

① facultative obligatory cover
② quota share treaty
③ stop loss cover
④ surplus share treaty

해설

재보험약관에는 "재보험자는 원보험자가 보상하는 대로 보상한다"는 이른바 운명추정조항(follow the fortunes clause)을 두고 있다. 즉 운명추종조항은 보험사고 처리와 관련하여 원보험자가 선의로 행동하였고, 그 손실이 재보험계약상 담보범위 내에 있는 이상 재보험자는 특별한 이의 없이 보상하여야 하는 조항이다. 통상적으로 운명추종조항은 비례적 재보험(①·②·④)에만 적용되고, 비비례적 재보험(③)에는 적용되지 않는다. stop loss cover(초과손해율재보험특약)는 재보험계약 기간 중 출재사의 누적 손해율이 약정된 비율을 초과할 경우 재보험금이 지급되는 비비례적 재보험의 한 형태이다.

① facultative obligatory cover(의무적 임의재보험)는 원보험자는 출재 여부를 임의로 결정할 수 있으나, 재보험자는 의무적으로 수재하도록 정하여진 계약이다.
② quota share treaty(비례재보험특약)는 원보험자(출재사)가 인수한 계약 중 미리 정한 조건에 부합되는 모든 계약의 일정비율이 재보험으로 처리하는 방식이다.
④ surplus share treaty(초과액재보험특약)는 원보험자가 인수한 보험계약에 대하여 특약으로 미리 정해진 금액의 한도 내에서 매 계약별로 보유금액을 결정한 후 그 초과액을 출재하는 방법으로 재보험자는 출재한 도액 내에서 보유금액의 일정배수를 수재하게 된다.

51 금융재보험(finite reinsurance)을 소급형(retrospective)과 장래형(prospective)으로 구분할 때 다음 중 장래형 금융재보험에 해당하는 것은? 기출 17

① 지급준비금할인재보험(Time and Distance Policy ; TDP)
② 보험금분산특약재보험(Spread Loss Treaties ; SLT)
③ 손실금이전재보험(Loss Portfolio Transfers ; LPT)
④ 역진전준비금담보(Adverse Development Covers ; ADC)

| 해설 |

금융재보험(finite reinsurance)의 유형

• **소급형(retrospective)** : 이미 발생한 사고를 대상으로 하는 금융재보험이다.

TDP(Time and Distance Policy)	원보험자와 재보험자가 원보험계약에서의 보험금 지급시기 및 금액과는 무관하게 약정된 일자에 약정된 재보험금을 지급할 것을 사전에 결정하는 방식의 재보험이다.
LPT(Loss Portfolio Transfer)	원보험자가 과거에 인수한 보험계약에서 발생된 보험금 지급책임을 재보험자에게 이전하기 위한 재보험이다. 재보험료는 원보험자가 적립하고 있는 지급준비금에서 재보험료의 운용으로 발생하게 되는 장래 투자수익을 공제한 금액을 통해 산정한다.
ADC(Adverse Development Covers)	원보험자가 적립한 지급준비금을 출재하는 것이 아니라 그 초과분을 담보하는 계약이다. 재보험자는 사고가 실제로 발생하였으나, 아직 원보험자에게 보고되지 않은 미보고발생손해액(IBNR) 또는 준비금과소계상(IBNER)에 따른 리스크를 인수한다.

• **장래형(prospective)**

FQS(Financial Quota Shares)	원보험자가 미경과보험료를 출재하고 장래의 미실현이익을 출재시점에서 출재수수료로 회수함으로써 일시적인 잉여금 감소효과를 재보험자에게 전가하는 것이다.
SLT(Spread Loss Treaties)	보험료와 보험금을 전체 특약기간에 걸쳐 미리 배분하여 리스크를 기간을 통해 분산하도록 고안된 방식으로 언더라이팅 실적의 안정화가 주된 목적이다. 원보험자는 특약기간에 걸쳐 사전에 정한 연간 재보험료를 지급하고, 재보험자는 재보험료와 투자수익을 별도 계정에 기금으로 적립한 후 원보험자의 손실을 총 보상한도 내에서 보전한다.

52 다음 중 금융재보험에 대한 설명으로 옳지 않은 것은? 기출 20

① 출재사로서는 담보력 안정화를 꾀할 수 있다.
② 재보험사의 책임한도를 제한하는 대신 투자 이익 등을 출재사와 공유한다.
③ 주로 지급준비금 등 장래 예상되는 출재사의 손해변동성을 관리하기 위한 목적으로 활용된다.
④ 통상 1년 이하의 단기계약으로 체결된다.

| 해설 |

금융재보험은 기발생 또는 미발생보험사고에 대해 <u>일정기간(통상 3년에서 10년의 장기계약)을 보험기간으로 하는 재보험계약</u>으로, 장래 재보험금 지급의무에서 재보험료의 투자수익을 할인한 금액, 즉 장래 지급할 재보험금의 현재가치를 재보험료 산출의 기준으로 한다.

53 아래에서 설명하는 내용은 무엇에 관한 것인가? 기출 23

> • 전통적 재보험과는 달리 저축 및 부가보험료를 함께 재보험사에 출재하므로 보험리스크에 더해 금리리스크, 해지리스크를 함께 이전한다.
> • 손익변동성 관리 및 자본비용 절감이 가능하며, 보험계약 포트폴리오를 조정하여 핵심사업에 역량을 집중할 수 있는 효익이 있다

① 조건부자본
② 한정리스크계약
③ 보험스왑
④ 공동재보험

| 해설 |

공동재보험(Coinsurance)
공동재보험은 원보험사가 위험보험료 외에 저축보험료 등의 일부도 재보험사에 출재하고 보험위험 이외 금리위험 등 다른 위험도 재보험사에 이전하는 재보험이다. 즉 위험보험료뿐만 아니라, 저축 및 부가보험료를 함께 재보험사에 출재하므로 보험리스크에 더해 금리리스크, 해지리스크를 함께 이전할 수 있다.
공동재보험을 도입하게 되면 다음과 같은 효익과 비용이 있을 것으로 기대된다.
- **효익** : 다양한 리스크 이전을 통해 손익변동성 관리 및 자본비용 경감이 가능하며, 보험계약 포트폴리오를 조정하여 핵심사업에 역량을 집중할 수 있다.
- **비용** : 재보험사 신용리스크에 노출될 수 있으며, 계약초기재보험료 지급으로 유동성 부담이 발생할 수 있다.

〈자료출처 : 금융감독원 2023.3.3. 보도자료〉

54 다음 중 보험범죄와 가장 관계있는 보험계약의 성질은?

① 사행계약
② 계속계약
③ 단체계약
④ 독립계약

| 해설 |

사행계약이란 우연에 의한 불로이득을 취할 목적으로 이루어지는 행위를 말한다. 보험계약도 우연한 사실에 의해서 보험금의 지급이 좌우되는 계약이므로 사행계약성을 가진다고 할 수 있다. 사행계약성은 보험의 필수적인 성질이지만, 그 부작용으로 인해 보험제도를 악용하려는 도덕적 위험이 존재하게 된다.

55 다음 중 보험범죄에 대한 설명으로 옳지 않은 것은?

① 일반적으로 보험사기의 개념은 보험범죄보다 넓은 의미로 사용되고 있다.
② 보험범죄는 보험자를 기만하여 부당하게 높은 보험금의 지급을 요구할 목적으로 고의적이며 악의적으로 행동하는 행위를 의미한다.
③ 보험계약자가 보험금을 수령할 목적으로 인위적으로 보험사고를 일으키는 것은 보험범죄에 해당한다.
④ 보험계약을 체결함에 있어서 보험자가 진실을 알고 할증보험료를 부가하여 인수하였으리라 여겨지는 경우에 고지의무를 위반하는 것은 보험범죄에 해당한다.

해설

보험계약을 체결함에 있어서 보험자가 진실을 알고 전혀 인수하지 않았거나 할증보험료를 부가하여 인수하였으리라 여겨지는 경우에 고의로 허위 또는 불완전한 진술, 즉 고지의무를 위반함으로써 보험계약자가 보험자를 기만하는 사기적 행동은 넓은 의미로 보험사기의 개념에 포함될지는 몰라도 보험범죄는 아니다. 이는 보험범죄가 사취하려는 이익의 본질은 사기적인 계약 체결이 아니고 보험자에 의해서 지급되는 보험금에 있기 때문이다.

56 다음 중 보험사기에 대한 설명으로 올바르지 않은 것은? 기출 21

① 정신적 위태(morale hazard)와 구별된다.
② 우연한 사고와는 전혀 관계없다.
③ 적발시 제재수준을 높이면 줄일 수 있다.
④ 조사활동 강화를 통해 줄일 수 있다.

해설

보험사기는 적은 보험료를 내고 '우연한 사고'로 인하여 거액의 보험금을 받을 수 있는 '보험계약의 사행성' 때문에 일어난다. 즉 보험금은 보험계약자가 보험자와 보험계약을 체결하더라도 '우연한 사고'가 발생하여야만 지급되는데(대법원 2019.4.3., 선고, 2014도2754, 판결) '우연한 사고' 발생 후 처리과정에서 보험금을 더 받기 위해 서류를 조작하는 등의 보험사기가 발생할 수 있다.

정답 53 ④ 54 ① 55 ④ 56 ②

57 다음 중 보험사기에 대한 설명으로 옳지 않은 것은?

① 보험사기란 보험계약자 또는 보험금청구권자가 보험자를 기만하여 부당한 보험계약을 체결하거나 또는 허위로 보험금 지급을 청구하는 경우 및 그 보험금을 수령한 것을 말한다.
② 광의의 보험사기에는 진실된 사실을 은폐하여 보험자를 기만하거나 착오에 빠뜨리는 위법행위로서 미필적 고의도 포함된다.
③ 고의성은 없지만 손실에 관하여 무관심하거나 부주의하여 손실의 규모나 가능성을 증가시키는 위험상태인 방관적 위험으로 인한 손해발생도 광의의 보험사기에 해당된다.
④ 현행 약관에서는 보험계약자가 사기적인 행위로 보험금을 청구하는 경우 보험자는 당해 사기적 청구에 대한 책임에 한하여 효력을 부인하고 있다.

| 해설 |

현행 약관에서는 보험계약자가 사기적인 행위로 보험금을 청구하는 경우 공서양속이나 신의성실의 원칙에 반하기 때문에 보험자는 당해 사기적 청구에 대한 책임뿐만 아니라 계약의 전부 또는 일부의 효력을 부인하여 보험자의 면책을 인정하고 있다.

58 다음 중 보험사기에 대한 설명으로 옳지 않은 것은?

① 보험계약자의 고의로 보험사고를 일으킨 경우에는 보험자는 원칙상 급부의무를 지지 않는다.
② 상법은 초과보험과 중복보험이 발생한 경우, 보험가액을 초과하는 부분에 대해서는 무효처리하고 있다.
③ 보험사기는 보험회사에게 피해를 주는 것일 뿐, 피보험자는 별다른 피해가 없으므로 보험사기에 대해 관대해 진다.
④ 보험사기의 피해는 많은 사람에게 적은 액수로 전가되기 때문에 인식하지 못하거나 크게 문제삼지 않는 경향이 있다.

| 해설 |

보험사기는 외견상 보험회사에게 직접적인 피해를 주는 것으로 보이지만 궁극적으로는 보험료 인상을 통해 보험계약자에게 피해가 전가된다.

59 다음 중 보험사기에 대한 사후적 제재방법에 해당하는 것은?

① 손해배상청구권
② 중복보험의 무효
③ 공동보험제도
④ 실손보상의 원칙

| 해설 |

②·③·④는 보험사기의 사전적 예방대책이다. 보험사기의 사후적인 제재방법에는 손해배상청구권, 지급책임면책, 특별해지권의 부여 여부, 청구권 상실 등이 있다.

60 보험사기의 유형 중 연성사기(soft fraud)에 대한 설명으로 옳지 않은 것은? 기출 18

① 보험증권에서 보상되는 재해, 상해, 화재 등 손해발생을 의도적으로 조작하는 행위를 말한다.
② 연성사기는 기회주의적 사기(opportunity fraud)라고도 불린다.
③ 합법적인 보험금 청구를 함에 있어서 사고금액을 과장 또는 확대함으로써 부당한 이득을 취하려는 일체의 행위를 말한다.
④ 보험회사에 의해 보험인수가 거절될 자가 보험에 인수될 가능성을 높이려는 악의적 행위도 포함된다.

해설

재해, 상해, 화재 등 손해발생을 의도적으로 조작하는 행위는 경성사기(hard fraud)에 해당된다.
연성사기(soft fraud)란 처음에는 사기를 할 생각이 없었지만 사고발생 후 기회주의적인 발상에 의해 자행되는 사기범죄를 말한다. 사고금액을 부풀리는 행위, 언더라이팅 과정에서 보험료 경감을 위해 허위 정보를 제공하는 행위가 대표적이다.

61 보험사기적발을 위해 손해사정시 고려해야 할 사항으로 옳지 않은 것은?

① 보험계약자나 피보험자가 과거에도 고의로 인한 보험사고가 잦은 경우 재범죄의 가능성이 높기 때문에 이러한 경력이 있는지를 우선 파악해야 한다.
② 보험계약자가 뚜렷한 직장이 없고 경제적으로 궁핍한 상태일수록 보험사기의 유혹에 빠지기 쉬우므로 보험계약자의 재산이나 직장근속경력 등을 파악해야 한다.
③ 공동보험의 경우 한 사고로 많은 보험금액을 받을 수 있으므로 다수의 공동보험 여부를 파악하여야 한다.
④ 보험계약 체결이 보험설계사가나 대리점의 권유에 의한 것인지, 계약자가 자발적으로 직접 찾아와서 계약하였는지를 파악한다.

해설

중복보험의 경우 한 사고로 많은 보험금액을 받을 수 있으므로 타 보험기관이나 공제취급기관과의 정보교환으로 다수의 중복보험 여부를 파악하여야 한다.

TIP 보험사기적발을 위해 손해사정시 고려해야 할 사항

- 보험계약자의 과거범죄 및 보험사고 경력 조사
- 보험계약자의 경제수준 조사
- 보험계약내용 및 계약체결일 조사
- 보험인수 경위 조사
- 사고자료 검토 및 관련병원 방문 조사
- 수사기관과의 공조 조사

정답 57 ④ 58 ③ 59 ① 60 ① 61 ③

62 다음 중 보험사기방지특별법의 내용으로 옳지 않은 것은? 기출 17

① 보험사기행위로 보험금을 취득한 자에 대하여는 10년 이하의 징역 또는 2천만원 이하의 벌금에 처한다.

② 보험회사는 보험계약자 등의 행위가 보험사기행위로 의심할 만한 합당한 근거가 있는 경우에는 관할 수사기관에 고발 등의 필요한 조치를 취하여야 한다.

③ 보험사기 미수범에 대하여도 보험사기죄를 적용하여 처벌한다.

④ 보험사기를 범한 자가 그 범죄행위로 인하여 취득한 보험사기이득액이 일정금액 이상일 때에는 가중처벌을 하고 그 이득액 이하에 상당하는 벌금도 병과할 수 있다.

| 해설 |

보험사기행위로 보험금을 취득하거나 제3자에게 보험금을 취득하게 한 자는 10년 이하의 징역 또는 5천만원 이하의 벌금에 처한다(보험사기방지특별법 제8조).

② 보험사기방지특별법 제6조 제1항
③ 보험사기방지특별법 제10조
④ 보험사기방지특별법 제11조

63 다음 중 도덕적 위태(moral hazard)와 역선택(adverse selection)의 공통점에 해당하지 않는 것은? 기출 21

① 정보비대칭성이 원인이다.

② 피보험자의 위험특성 정보와 관련 있다.

③ 보험자에게 초과손해를 초래할 수 있다.

④ 보험사업의 안정성을 저해하게 된다.

| 해설 |

도덕적 위태(moral hazard)와 역선택(adverse selection)은 모두 정보비대칭성으로 발생하는 현상이다. 역선택은 보험계약자(피보험자)의 위험특성(character)에 대한 사전적 정보의 비대칭으로 발생하며, 도덕적 위태는 보험계약자의 행위(act)에 대한 정보의 비대칭성으로 발생한다. 즉 도덕적 위태는 인위적으로 사고를 유발・증가시키려는 개인적 특성이나 주관적인 심리상태를 말하며, 이러한 심리상태는 사기・부정직한 성향이 강하다.

64 역선택(adverse selection) 문제의 발생시점과 발생원인을 순서대로 바르게 배열한 것은?

기출 17

	발생시점	발생원인
①	보험계약 체결 이후	숨겨진 행동
②	보험계약 체결 시점	숨겨진 행동
③	보험계약 체결 이후	숨겨진 속성
④	보험계약 체결 시점	숨겨진 속성

| 해설 |

역선택은 보험계약자와 보험회사간에 보험계약자의 위험특성에 대한 사전적 정보의 비대칭(숨겨진 속성)으로 발생한다. 보험계약자는 자신의 위험에 대해 잘 알고 있지만 보험회사는 정보부족으로 보험계약자의 위험을 모르는 경우 가장 바람직하지 않은 보험계약자와 계약을 하게 될 가능성이 있다. 반면에, 도덕적 위태는 보험계약자가 계약 이후 고의로 사고를 내고 보험금을 청구하거나 피해액을 부풀려 보험금을 타가는 비양심적인 위험상태(숨겨진 행동)를 의미한다.

구 분	발생시점	발생원인
역선택	보험계약 체결 시점	숨겨진 속성
도덕적 위태	보험계약 체결 이후	숨겨진 행동

65 다음 중 역선택 감소 효과와 관계가 가장 깊은 것은? 기출 24

① 경험요율
② 공동보험
③ 고지의무
④ 보험자대위

| 해설 |

역선택은 보험계약자와 보험회사간에 보험계약자의 위험특성에 대한 사전적 정보의 비대칭으로 발생한다. 즉 보험계약자는 자신의 위험에 대해 잘 알고 있지만 보험회사는 정보부족으로 보험계약자의 위험을 파악하지 못할 경우 궁극적으로 불량 위험체들이 보험에 가입하려는 현상이 일어나 재정적으로 큰 손실을 입을 수 있다. 따라서 계약자와 보험회사간의 정보의 비대칭을 해소하기 위해 생명보험의 경우 고지의무조항을 운용하고 있다. 따라서 보험사고가 발생하였는데 고지의무를 준수하지 않은 것이 밝혀진 경우에 보험회사는 보험계약을 해지할 수 있다.

정답 62 ① 63 ② 64 ④ 65 ③

66 다음 중 역선택에 대한 설명으로 옳지 않은 것은?

① 역선택은 보험자에게 불리한 보험사고의 발생 가능성이 높은 위험을 보험계약자가 자진하여 보험의 목적으로 선택하는 것이다.

② 역선택은 정보의 불균형에서 발생하는 잘못된 선택으로 보험계약자 또는 피보험자의 위험구조를 잘 모르는 보험자가 위험률이 높은 위험만을 선택하여 손해를 본다는 개념이다.

③ 역선택은 보험계약 후에 사고발생의 가능성을 높이거나 손해를 확대시킨다.

④ 역선택은 사고발생의 확률이 평균치보다 증가하여 보험자가 수지상등의 원칙을 적용할 수 없게 되어 보험단체의 불이익을 증가시키는 등 보험제도에 악영향을 미친다.

해설

역선택은 보험계약 전에 계산된 위험보다 높은 위험집단이 가입하여 보험단체의 사고발생 가능성을 증가시키는데 비하여, 도덕적 위험은 보험계약 후에 사고발생의 가능성을 높이거나 손해를 확대시킨다는 점에서 양자의 차이가 있다.

67 다음 중 보험시장에서의 역선택(adverse selection)에 대한 설명으로 옳지 않은 것은?

기출 19

① 사후적 정보의 비대칭으로 발생한다.

② 중고 자동차 시장(lemon market)의 문제로 비유된다.

③ 불량 위험체가 이익을 본다.

④ 역선택을 줄이기 위한 방법으로 고지의무 조항이 있다.

해설

역선택은 보험계약자와 보험회사간에 보험계약자의 위험특성에 대한 사전적 정보의 비대칭으로 발생한다. 보험계약자는 자신의 위험에 대해 잘 알고 있지만 보험회사는 정보부족으로 보험계약자의 위험을 모르는 경우 궁극적으로 불량 위험체들이 보험에 가입하려는 현상을 의미하며, 재정적으로 큰 손실을 입을 수 있다.

66 ③ 67 ① 정답

CHAPTER

08 보험규제 및 감독

학습목표

❶ 보험규제 및 감독의 필요성을 이해한다.
❷ 우리나라의 보험감독체제와 주요 감독내용을 학습한다.
❸ 보험회사의 재무건전성에 대한 감독을 자세히 학습한다.

01 보험감독의 개요

1 보험감독의 의의와 목적

(1) 보험감독의 의의

보험감독은 보험산업에 있어서 가장 중요한 환경요소의 하나로서 보험정책을 효율적으로 수행하기 위한 각종 규율, 규제, 통제수단이다.

(2) 보험감독의 필요성 기출 17·23

보험계약자의 권익보호를 위해 보험감독이 필요하다.

① 보험산업의 안정성 유지

과도한 시장경쟁은 보험기업을 파산에 이르게 하여 보험산업에 대한 신뢰를 상실하게 하고, 과소한 시장경쟁은 보험기업의 독과점적 횡포로 보험계약자의 이익을 저해할 수 있다. 따라서 시장경쟁의 적정성, 보험기업의 재무건전성, 보험자와 보험계약자 관계의 합리성, 보험계약자 상호간의 공평성을 유지하기 위해 보험감독이 필요하다.

② 보험상품의 특성

㉠ 보험상품인 보험계약은 미래의 불확실한 사건 또는 사고를 전제로 하기 때문에 현재시점에서 보험상품의 질적 판단을 내리기가 어려우며, 보험자는 이를 악용할 우려가 있다.

㉡ 보험계약은 1년 또는 그 이상의 장기계약이 대부분이므로 보험회사의 재무적인 건전성과 약속이행에 대한 확실한 신뢰가 필요하다.

㉢ 보험계약은 일반적으로 법률적 측면과 보험기술적 측면에서 고도의 전문성을 요구하게 되므로 비전문가인 보험계약자가 보험계약의 내용을 정확히 이해하지 못하는 경우가 많다.

㉣ 보험의 원가는 다른 재화 또는 서비스와 달리 최종적인 원가가 미래에 결정되어 현재에는 불확실하고 원가계산의 기술적 복잡성 때문에 전문가의 입장에서 보험가격에 대한 보험감독이 필요하다.

(3) 보험감독의 목적

① 보험자의 재무건전성

보험계약자는 보험료를 미리 지불하고 미래의 손실보장을 약속받기 때문에 보험회사의 건전한 재무상태 유지는 매우 중요하다. 보험회사가 파산하여 보험금을 지급하지 못하면 보험사고발생으로 보험계약자들은 매우 심각한 재무적 어려움에 직면하게 된다. 또한 재무적 지불불능 또는 보험회사의 파산은 사회적으로 커다란 영향을 미치게 된다.

② 보험계약자에 대한 공정한 대우

보험계약은 일반적으로 보험계약자가 보험상품을 잘 이해하고 상품을 선택하는데 있어서 지식이 부족하여 공정한 대우를 받지 못할 가능성이 있다. 따라서 보험감독은 소비자인 보험계약자가 합리적인 가격으로 보험상품을 구입할 수 있도록 도와주고, 보험계약자 사이의 공평성 문제도 해결할 수 있다.

③ 합리적인 상품개발

보험계약이 너무 과도하여 보험계약자가 부당한 보험료를 부담해서도 안 되고, 반대로 보험회사의 재무건전성을 위협해서도 안 된다. 보험상품의 합리적인 설계와 보험요율의 산정에는 고도의 보험지식과 보험계리의 전문성이 요구되기 때문에 보험계약자의 보호와 보험시장의 질서유지를 위해 보험감독이 필요하다.

④ 적절한 보험공급

민영보험회사들은 높은 손해율, 역선택, 대재해의 가능성 때문에 보험공급을 할 수 없거나 거절하는 경우가 있다. 이때 보험감독당국은 공공의 이익의 관점에서 소비자가 원하는 보험을 민영보험회사에 보조금을 지급하거나 직접 공급할 수 있다. 농작물보험과 재난보험 등이 대표적이다.

2 우리나라의 보험감독체제

(1) 관계법령 및 규정

① 상 법

보험계약법과 관련된 내용은 제4편 보험(제638조~제739조의3)에 있으며, 제1장 통칙, 제2장 손해보험, 제3장 인보험으로 구성되어 있다.

- 제1장 통칙(제638조~제664조) : 보험계약의 일반법규 및 내용
- 제2장 손해보험(제665조~제726조의7) : 통칙, 화재보험, 운송보험, 해상보험, 책임보험, 자동차보험, 보증보험
- 제3장 인보험(제727조~제739조의3) : 통칙, 생명보험, 상해보험, 질병보험

② 보험업법, 보험업법 시행령, 보험업법 시행규칙

보험업법은 보험업을 경영하는 자의 건전한 경영을 도모하고 보험계약자, 피보험자, 그 밖의 이해관계인의 권익을 보호함으로써 보험업의 건전한 육성과 국민경제의 균형 있는 발전에 기여함을 목적으로 한다. 보험업법 시행령, 보험업법 시행규칙은 보험업법에서 위임된 사항과 그 시행에 필요한 사항을 규정함을 목적으로 한다.

• 제1장 총칙	• 제2장 보험업의 허가 등
• 제3장 보험회사	• 제4장 모집
• 제5장 자산운용	• 제6장 계산
• 제7장 감독	• 제8장 해산 · 청산
• 제9장 관계자에 대한 조사	• 제10장 손해보험계약의 제3자 보호
• 제11장 보험관계단체 등	• 제12장 보칙
• 제13장 벌칙	

③ 보험업감독규정

보험업감독규정은 보험업법, 보험업법 시행령, 보험업법 시행규칙, 금융위원회의 설치 등에 관한 법률, 금융위원회의 설치 등에 관한 법률 시행령, 외국환거래법, 외국환거래법 시행령, 그 밖의 보험관련법령에서 금융위원회에 위임한 사항과 그 시행에 필요한 사항을 정함을 목적으로 한다.

• 제1장 총칙	• 제2장 보험업의 허가 등
• 제3장 보험회사	• 제4장 모집
• 제5장 자산운용	• 제6장 보험회계
• 제7장 감독	• 제8장 보험조사협의회
• 제9장 보험관계단체 등	• 제10장 보칙

④ 보험업감독업무시행세칙

보험업감독업무시행세칙은 보험업법, 보험업법 시행령, 보험업법 시행규칙, 금융위원회의 설치 등에 관한 법률, 금융위원회의 설치 등에 관한 법률 시행령, 외국환거래법, 외국환거래법 시행령, 그 밖의 보험관련 법령 및 보험업감독규정에 의하여 금융감독원장의 소관에 속하는 보험기관의 감독을 위하여 필요한 사항을 정함을 목적으로 한다.

• 제1장 총칙	• 제2장 모집
• 제3장 자산운용	• 제4장 보험회계
• 제5장 감독	• 제6장 보험계리사 및 손해사정사
• 제7장 보험전문인 시험	• 제8장 보칙

⑤ 기타 관계 법령

㉠ 금융위원회의 설치 등에 관한 법률

금융위원회와 금융감독원을 설치하여 금융산업의 선진화와 금융시장의 안정을 도모하고 건전한 신용질서와 공정한 금융거래 관행(慣行)을 확립하며 예금자 및 투자자 등 금융 수요자를 보호함으로써 국민경제의 발전에 이바지함을 목적으로 한다.

• 제1장 총칙	• 제2장 금융위원회
• 제3장 금융감독원	• 제4장 보칙 및 벌칙

㉡ 외국환거래법

외국환거래와 그 밖의 대외거래의 자유를 보장하고 시장기능을 활성화하여 대외거래의 원활화 및 국제수지의 균형과 통화가치의 안정을 도모함으로써 국민경제의 건전한 발전에 이바지함을 목적으로 한다.

• 제1장 총칙	• 제2장 외국환업무취급기관 등
• 제3장 외국환평형기금	• 제4장 지급과 거래
• 제5장 보칙	• 제6장 벌칙

(2) 감독기관

① 금융위원회

㉠ 설립 연혁

ⓐ 2008년 1월 금융행정시스템을 전면 재조정하여, (구)금융감독위원회 감독정책기능과 (구) 재정경제부 금융정책기능(공적자금관리위원회, 금융정보분석원 포함)을 통합하고, 금융위원장과 금감원장의 겸임을 금지하여 정책기능과 집행기능을 분리하기로 결정하였다.

ⓑ 2008년 2월 「금융위원회와 그 소속기관 직제」 제정(대통령령 제20684호, 2008.2.29. 공포 시행)과 함께 금융위원회 및 증권선물위원회를 구성하고, 금융위원회 소속으로 금융정보분석원을 두며, 금융위원회의 사무를 처리하기 위하여 사무처를 설치하였다.

ⓒ 2008년 3월 「금융위원회와 그 소속기관 직제」에 대한 시행규칙이 발표되면서 정식 출범하였다.

㉡ 설립 목적

금융산업의 선진화와 금융시장의 안정화를 꾀하고 건전한 신용질서와 공정한 금융거래관행 확립을 목적으로 한다.

㉢ 업무범위

금융위원회의 소관 사무	• 금융에 관한 정책 및 제도에 관한 사항 • 금융기관 감독 및 검사・제재(制裁)에 관한 사항 • 금융기관의 설립, 합병, 전환, 영업의 양수・양도 및 경영 등의 인가・허가에 관한 사항 • 자본시장의 관리・감독 및 감시 등에 관한 사항 • 금융소비자의 보호와 배상 등 피해구제에 관한 사항 • 금융중심지의 조성 및 발전에 관한 사항 • 위의 사항에 관련된 법령 및 규정의 제정・개정 및 폐지에 관한 사항 • 금융 및 외국환업무 취급기관의 건전성 감독에 관한 양자간 협상, 다자간 협상 및 국제협력에 관한 사항 • 외국환업무 취급기관의 건전성 감독에 관한 사항 • 그 밖에 다른 법령에서 금융위원회의 소관으로 규정한 사항
금융감독원에 대한 지도・감독	금융위원회는 금융감독원의 업무・운영・관리에 대한 지도와 감독을 하며, 다음의 사항을 심의・의결한다. • 금융감독원의 정관 변경에 대한 승인 • 금융감독원의 예산 및 결산 승인 • 그 밖에 금융감독원을 지도・감독하기 위하여 필요한 사항

② 금융감독원

㉠ 설립 연혁

금융감독원은 「금융감독기구의 설치 등에 관한 법률(1997.12.31. 제정)」에 의거 전 은행감독원, 증권감독원, 보험감독원, 신용관리기금 등 4개 감독기관이 통합되어 1999년 1월 2일에 설립되었다. 그 후 2008년 2월 29일에 개정된 「금융위원회의 설치 등에 관한 법률」에 의거하여 현재의 금융감독원에 이르고 있다.

㉡ 설립 목적

금융기관에 대한 검사·감독업무 등의 수행을 통하여 건전한 신용질서와 공정한 금융거래관행을 확립하고 예금자 및 투자자 등 금융수요자를 보호함으로써 국민경제의 발전에 기여한다.

㉢ 업무범위

ⓐ 금융감독원의 검사를 받는 기관의 업무 및 재산상황에 대한 검사

ⓑ 검사 결과와 관련하여 이 법과 또는 다른 법령에 따른 제재

ⓒ 금융위원회와 이 법 또는 다른 법령에 따라 금융위원회 소속으로 두는 기관에 대한 업무지원

ⓓ 그 밖에 이 법 또는 다른 법령에서 금융감독원이 수행하도록 하는 업무

③ 보험 관련 기관

㉠ 보험개발원

보험개발원은 공정하고 합리적인 보험요율 산출에서부터 보험정보의 효율적인 활용과 충실한 연구조사를 수행하고 있으며, 보험소비자 보호와 보험산업 발전을 위한 서비스를 제공하고 있다.

㉡ 생명보험협회

생명보험 관련 정책지원 및 생명보험 제도 개선, 보험업법 등 생명보험 관련 법령의 연구 및 개정 건의, 생명보험 설계사 관련 업무수행, 생명보험소비자 보호 및 상담활동, 각종 기관지 및 도서발간, 공익사업을 통한 신뢰기반 구축사업, 기타 회원사 보조업무를 수행하고 있다.

㉢ 손해보험협회

손해보험협회는 보험회사 상호간 업무질서 유지 및 보험업 발전 도모를 위해 설립되었으며(보험업법 제175조), 손해보험에 관한 제도개선 연구 및 건의, 손해보험에 관한 조사, 통계 및 전산화, 손해보험 모집에 관한 연구, 재해방지 및 손해경감에 관한 조사·연구, 손해보험에 관한 홍보와 상담, 국제회의 및 국제보험기구 등과의 교류 업무, 소비자보호 업무 등을 수행하고 있다.

3 주요 보험규제 및 감독내용

(1) 보험회사의 설립

① 보험업의 허가 기출 23

보험업을 경영하려는 자는 보험종목별로 금융위원회의 허가를 받아야 한다.

생명보험업의 보험종목	• 생명보험 • 연금보험(퇴직보험을 포함한다)
손해보험업의 보험종목	• 화재보험 • 해상보험(항공 · 운송보험을 포함한다) • 자동차보험 • 보증보험 • 재보험(再保險)
제3보험업의 보험종목	• 상해보험 • 질병보험 • 간병보험

심화TIP 소액단기전문보험회사가 취급할 수 있는 보험종목(보험업법 시행령 제13조의2 제1항 제1호)

1. 생명보험상품 중 제1조의2 제2항 제1호에 따른 보험상품(생명보험계약)
2. 손해보험상품 중 제1조의2 제3항 제6호, 제9호부터 제11호까지, 제13호 또는 제14호에 따른 보험상품
   - 책임보험계약
   - 도난보험계약
   - 유리보험계약
   - 동물보험계약
   - 비용보험계약
   - 날씨보험계약
3. 제3보험상품 중 제1조의2 제4항 제1호 또는 제2호에 따른 보험상품
   - 상해보험계약
   - 질병보험계약

② 허가의 요건

보험업의 허가를 받으려는 자(외국보험회사 및 보험종목을 추가하려는 보험회사는 제외한다)는 다음의 요건을 갖추어야 한다.

㉠ 규정에 따른 자본금 또는 기금을 보유할 것

㉡ 보험계약자를 보호할 수 있고 그 경영하려는 보험업을 수행하기 위하여 필요한 전문인력과 전산설비 등 물적(物的) 시설을 충분히 갖추고 있을 것. 이 경우 업무의 일부를 외부에 위탁하는 경우에는 그 위탁한 업무와 관련된 전문인력과 물적 시설을 갖춘 것으로 본다.

㉢ 사업계획이 타당하고 건전할 것

㉣ 대주주(최대주주의 특수관계인인 주주를 포함한다)가 임원의 자격 결격사유에 해당하지 아니하고, 충분한 출자능력과 건전한 재무상태를 갖추고 있으며, 건전한 경제질서를 해친 사실이 없을 것

심화TIP 제3보험의 보험종목에 부가되는 보험(보험업법 시행령 제15조 제2항) 기출 23

손해보험업의 보험종목 전부를 취급하는 손해보험회사가 질병사망을 담보하는 제3보험 상품을 개발하는 경우에는 다음의 요건을 충족해야 한다.

1. 보험만기는 80세 이하일 것
2. 보험금액의 한도는 개인당 2억원 이내일 것
3. 만기시에 지급하는 환급금은 납입보험료 합계액의 범위 내일 것

③ 납입자본금 또는 기금

㉠ 보험회사는 300억원 이상의 자본금 또는 기금을 납입함으로써 보험업을 시작할 수 있다. 다만, 보험회사가 보험종목의 일부만을 취급하려는 경우에는 50억원 이상의 범위에서 대통령령으로 자본금 또는 기금의 액수를 다르게 정할 수 있다.

㉡ 모집수단 또는 모집상품의 종류・규모 등이 한정된 보험회사로서 다음에 해당하는 보험회사는 다음 구분에 따른 금액 이상의 자본금 또는 기금을 납입함으로써 보험업을 시작할 수 있다.

ⓐ 전화・우편・컴퓨터통신 등 통신수단을 이용하여 모집을 하는 보험회사(소액단기전문보험회사는 제외한다) : ㉠에 따른 자본금 또는 기금의 3분의 2에 상당하는 금액

ⓑ 모집할 수 있는 보험상품의 종류, 보험기간, 보험금의 상한액, 연간 총보험료 상한액 등 대통령령으로 정하는 기준을 충족하는 소액단기전문보험회사 : 20억원

㉢ 외국보험회사가 대한민국에서 보험업을 경영하려는 경우에는 30억원 이상의 영업기금을 자본금 또는 기금으로 본다.

(2) 영업활동에 대한 감독

① 모집조직에 대한 감독

㉠ 모집을 할 수 있는 자는 보험설계사, 보험대리점, 보험중개사, 보험회사의 임원(대표이사・사외이사・감사 및 감사위원은 제외한다) 또는 직원에 해당하는 자이어야 한다.

㉡ 보험회사・보험대리점 및 보험중개사는 소속 보험설계사가 되려는 자를 금융위원회에 등록하여야 한다.

㉢ 「은행법」에 따라 설립된 은행, 「자본시장과 금융투자업에 관한 법률」에 따른 투자매매업자 또는 투자중개업자, 「상호저축은행법」에 따른 상호저축은행, 그 밖에 다른 법률에 따라 금융업무를 하는 기관으로서 대통령령으로 정하는 기관은 보험대리점 또는 보험중개사로 등록할 수 있다.

② 모집활동에 대한 감독

㉠ <u>모집제한</u> : 보험회사 등은 다른 보험회사 등에 소속된 보험설계사에게 모집을 위탁하지 못한다. 보험설계사는 자기가 소속된 보험회사 등 이외의 자를 위하여 모집을 하지 못한다.

㉡ <u>보험안내자료</u> : 모집을 위하여 사용하는 보험안내자료에는 보험회사의 상호나 명칭 또는 보험설계사・보험대리점 또는 보험중개사의 이름・상호나 명칭, 보험 가입에 따른 권리・의무에 관한 주요 사항, 보험약관으로 정하는 보장에 관한 사항, 보험금 지급제한 조건에 관한 사항, 해약환급금에 관한 사항, 「예금자보호법」에 따른 예금자보호와 관련된 사항 등을 명백하고 알기 쉽게 적어야 한다.

㉢ 설명의무

ⓐ 보험회사는 보험계약의 체결시부터 보험금 지급시까지의 주요 과정을 일반보험계약자에게 설명하여야 한다. 다만, 일반보험계약자가 설명을 거부하는 경우에는 그러하지 아니하다.

ⓑ 보험회사는 일반보험계약자가 보험금 지급을 요청한 경우에는 보험금의 지급절차 및 지급내역 등을 설명하여야 하며, 보험금을 감액하여 지급하거나 지급하지 아니하는 경우에는 그 사유를 설명하여야 한다.

㉣ 보험계약의 체결 또는 모집에 관한 금지행위

ⓐ 보험계약자 또는 피보험자로 하여금 이미 성립된 보험계약(기존보험계약)을 부당하게 소멸시킴으로써 새로운 보험계약(기존보험계약과 보장 내용 등이 비슷한 경우만 해당한다)을 청약하게 하거나 새로운 보험계약을 청약하게 함으로써 기존보험계약을 부당하게 소멸시키거나 그 밖에 부당하게 보험계약을 청약하게 하거나 이러한 것을 권유하는 행위

ⓑ 실제 명의인이 아닌 자의 보험계약을 모집하거나 실제 명의인의 동의가 없는 보험계약을 모집하는 행위

ⓒ 보험계약자 또는 피보험자의 자필서명이 필요한 경우에 보험계약자 또는 피보험자로부터 자필서명을 받지 아니하고 서명을 대신하거나 다른 사람으로 하여금 서명하게 하는 행위

ⓓ 다른 모집 종사자의 명의를 이용하여 보험계약을 모집하는 행위

ⓔ 보험계약자 또는 피보험자와의 금전대차의 관계를 이용하여 보험계약자 또는 피보험자로 하여금 보험계약을 청약하게 하거나 이러한 것을 요구하는 행위

ⓕ 정당한 이유 없이 「장애인차별금지 및 권리구제 등에 관한 법률」 제2조에 따른 장애인의 보험가입을 거부하는 행위

ⓖ 보험계약의 청약철회 또는 계약 해지를 방해하는 행위

심화TIP 채무이행보증보험 약관상 청약철회가 제한되는 사유(채무이행보증보험 표준약관 제16조 제2항)

기출 25

1. 전문금융소비자가 보험계약의 청약을 한 경우
2. 「보험업법」에 따른 보증보험 중 청약의 철회를 위해 제3자의 동의가 필요한 보증보험
3. 보험기간이 90일 이내인 보험계약
4. 법률에 따라 가입의무가 부과되고 그 해제・해지도 해당 법률에 따라 가능한 의무보험(다만, 일반금융소비자가 동종의 다른 보험에 가입한 경우는 제외)

(3) 재무건전성에 대한 감독 기출 16 · 17 · 18

① 책임준비금과 비상위험준비금의 적립 기출 19 · 24 · 25

보험회사는 결산기마다 보험계약의 종류에 따라 책임준비금과 비상위험준비금을 계상(計上)하고 따로 작성한 장부에 각각 기재하여야 한다.

㉠ 책임준비금 : 보험회사는 장래에 지급할 보험금 · 환급금 및 계약자배당금(이하 "보험금 등"이라 한다)의 지급에 충당하기 위해 다음의 구분에 따라 산출한 금액을 책임준비금으로 계상해야 한다(IFRS17 기준). 〈2022.12.27. 개정〉

ⓐ 보험계약부채 : 다음의 구분에 따른 금액을 합한 금액

- 발생사고요소 : 매 결산기 말 현재 보험계약상 지급사유가 발생한 보험금 등을 지급하기 위해 미래현금흐름에 대한 현행추정치를 적용하여 적립한 금액
- 잔여보장요소 : 매 결산기 말 현재 보험계약상 보험금 등의 지급사유가 발생하지 않았으나 장래에 그 보험금 등을 지급하기 위해 미래현금흐름에 대한 현행추정치를 적용하여 적립한 금액

ⓑ 투자계약부채 : 보험계약 중 「주식회사 등의 외부감사에 관한 법률」 제5조 제1항 제1호에 따른 회계처리기준 제1117호의 적용을 받지 않아 투자계약으로 분류된 보험계약에 대해 보험회사가 장래에 보험금 등을 지급하기 위해 적립한 금액

ⓒ 그 밖에 금융위원회가 정하는 방법에 따라 미래현금흐름에 대한 현행추정치를 적용하여 적립한 금액

㉡ 비상위험준비금 : 비상위험준비금은 예측할 수 없는 이례적이고 거대한 보험사고가 발생함으로써 예상사고율을 초과하는 경우에 그 보험금의 지급재원으로 적립하는 금액으로서 보통의 책임준비금으로 감당하기 어려운 비상위험에 대비하고자 적립한 금액을 말한다. 손해보험업을 경영하는 보험회사는 해당 사업연도의 보험료 합계액의 100분의 50(보증보험의 경우 100분의 150)의 범위에서 금융위원회가 정하여 고시하는 기준에 따라 비상위험준비금을 계상하여야 한다.

심화TIP 보험계약준비금 기출 15 · 17 · 20 · 21 · 22

보험계약준비금은 보험계약에서 약정한 사고가 발생하였을 때 보험회사가 보험금을 지급하기 위하여 적립해 놓은 준비금이다. 보험계약준비금은 책임준비금과 비상위험준비금으로 구분한다.

- **책임준비금** : 보험료에 대한 반대급부로 장래 보험금지급 책임을 다하기 위해 적립하는 준비금이다. 신국제회계기준(IFRS17)에서는 책임준비금을 보험계약부채, 재보험계약부채, 투자계약부채로 구분한다.
- **비상위험준비금** : 예측할 수 없는 이례적이고 거대한 보험사고(대화재, 태풍, 지진 등)가 발생함으로써 예상사고율을 초과하는 경우에 그 보험금의 지급재원으로 적립하는 금액으로서 보통의 책임준비금으로 감당하기 어려운 비상위험에 대비하고자 적립한 금액을 말한다(**자본항목**).

비상위험준비금은 2010년 회계연도까지는 부채계정에 계상되었으나, 2011년 회계연도부터 적용된 한국채택국제회계기준(K-IFRS)에서 자본계정(이익잉여금 항목)으로 편입되었다.

② 재무건전성의 유지

보험회사는 보험금 지급능력과 경영건전성을 확보하기 위하여 재무건전성 기준을 지켜야 한다. 금융위원회는 보험회사가 재무건전성 기준을 지키지 아니하여 경영건전성을 해칠 우려가 있다고 인정되는 경우에는 자본금 또는 기금의 증액명령, 주식 등 위험자산의 소유 제한 등 필요한 조치를 할 수 있다.

재무건전성의 유지(보험업법 제123조 제1항) 기출 24

보험회사는 보험금 지급능력과 경영건전성을 확보하기 위하여 다음 각 호의 사항에 관하여 대통령령으로 정하는 재무건전성 기준을 지켜야 한다.

1. 자본의 적정성에 관한 사항
2. 자산의 건전성에 관한 사항
3. 그 밖에 경영건전성 확보에 필요한 사항

③ 보험회사가 지켜야 하는 재무건전성 기준

㉠ 지급여력비율은 100분의 100 이상을 유지할 것

㉡ 대출채권 등 보유자산의 건전성을 정기적으로 분류하고 대손충당금을 적립할 것

㉢ 보험회사의 위험, 유동성 및 재보험의 관리에 관하여 금융위원회가 정하여 고시하는 기준을 충족할 것

(4) 자산운용에 대한 감독

① 자산운용의 원칙 기출 18 · 23

보험회사는 선량한 관리자의 주의로써 그 자산을 운용하여야 하며, 그 자산을 운용할 때 안정성 · 유동성 · 수익성 및 공익성이 확보되도록 하여야 한다.

㉠ 안전성 : 보험자산은 장래에 보험금 등으로 지급되어야 할 것이 대부분이기 때문에 무엇보다도 장래 보험금 등의 지급에 지장이 없도록 안정적으로 운용되어야 한다.

㉡ 유동성 : 보험회사는 보험금 등의 지급이 일시에 집중되는 경우에 대비하여 즉시 현금화 할 수 있는 예금이나 회사채 등과 같이 유동성(환금성)이 높은 자산으로 보유해야 한다.

㉢ 수익성 : 보험료는 예정이율로 미리 할인되어 있는 것이기 때문에 보험자산은 기본적으로 예정이율 이상으로 운용되어야 하며, 더욱이 계약자에 대해 배당금 등을 지급하여 계약자의 부담을 경감해 주기 위해서는 수익성이 높은 부문에 투자 · 운용되어야 한다. 이는 보험계약자의 권익보호는 물론 보험회사의 경쟁력을 확보하기 위해서도 매우 중요한 원칙이다.

㉣ 공익성 : 보험자산은 다수의 일반국민, 즉 보험계약자가 납부한 보험료로 형성된 것이기 때문에 국민생활이나 국가경제 발전에 기여할 수 있도록 공공성을 바탕으로 운용되어야 한다.

② 금지 또는 제한되는 자산운용

㉠ 대통령령으로 정하는 업무용 부동산이 아닌 부동산(저당권 등 담보권의 실행으로 취득하는 부동산은 제외한다)의 소유

㉡ 「근로자퇴직급여보장법」 제16조 제2항에 따른 보험계약 및 퇴직보험계약에 따라 설정된 특별계정을 통한 부동산의 소유

㉢ 상품이나 유가증권에 대한 투기를 목적으로 하는 자금의 대출

ⓔ 직접·간접을 불문하고 해당 보험회사의 주식을 사도록 하기 위한 대출
ⓜ 직접·간접을 불문하고 정치자금의 대출
ⓑ 해당 보험회사의 임직원에 대한 대출(보험약관에 따른 대출 및 금융위원회가 정하는 소액대출은 제외한다)
ⓢ 자산운용의 안정성을 크게 해칠 우려가 있는 행위로서 대통령령으로 정하는 행위

③ 자산운용의 방법 및 비율

자산운용의 방법	비 율	
동일한 개인 또는 법인에 대한 신용공여	일반계정	총자산의 100분의 3
	특별계정	각 특별계정 자산의 100분의 5
동일한 법인이 발행한 채권 및 주식 소유의 합계액	일반계정	총자산의 100분의 7
	특별계정	각 특별계정 자산의 100분의 10
동일차주에 대한 신용공여 또는 그 동일차주가 발행한 채권 및 주식 소유의 합계액	일반계정	총자산의 100분의 12
	특별계정	각 특별계정 자산의 100분의 15
동일한 개인·법인, 동일차주 또는 대주주(그의 특수관계인을 포함한다)에 대한 총자산의 100분의 1을 초과하는 거액 신용공여의 합계액	일반계정	총자산의 100분의 20
	특별계정	각 특별계정 자산의 100분의 20
대주주 및 자회사에 대한 신용공여	일반계정	자기자본의 100분의 40(자기자본의 100분의 40에 해당하는 금액이 총자산의 100분의 2에 해당하는 금액보다 큰 경우에는 총자산의 100분의 2)
	특별계정	각 특별계정 자산의 100분의 2
대주주 및 자회사가 발행한 채권 및 주식 소유의 합계액	일반계정	자기자본의 100분의 60(자기자본의 100분의 60에 해당하는 금액이 총자산의 100분의 3에 해당하는 금액보다 큰 경우에는 총자산의 100분의 3)
	특별계정	각 특별계정 자산의 100분의 3
동일한 자회사에 대한 신용공여	일반계정	자기자본의 100분의 10
	특별계정	각 특별계정 자산의 100분의 4
부동산의 소유	일반계정	총자산의 100분의 25
	특별계정	각 특별계정 자산의 100분의 15
「외국환거래법」에 따른 외국환이나 외국부동산의 소유(외화표시 보험에 대하여 지급보험금과 같은 외화로 보유하는 자산의 경우에는 금융위원회가 정하는 바에 따라 책임준비금을 한도로 자산운용비율의 산정 대상에 포함하지 아니한다)	일반계정	총자산의 100분의 50
	특별계정	각 특별계정 자산의 100분의 50

(5) 보험계약자 보호를 위한 공시

① 보험회사의 공시

보험회사는 보험계약자를 보호하기 위하여 필요한 사항으로서 다음 사항을 금융위원회가 정하는 바에 따라 즉시 공시하여야 한다.

㉠ 재무 및 손익에 관한 사항

㉡ 자금의 조달 및 운용에 관한 사항

㉢ 보험회사가 재무건전성 기준을 지키지 아니하여 경영건전성을 해칠 우려가 있다고 인정되는 경우, 보험회사의 업무운영이 적정하지 아니하거나 자산상황이 불량하여 보험계약자 및 피보험자 등의 권익을 해칠 우려가 있다고 인정되는 경우, 보험회사(그 소속 임직원을 포함한다)가 보험업법 또는 보험업법에 따른 규정·명령 또는 지시를 위반하여 보험회사의 건전한 경영을 해칠 우려가 있다고 인정되는 경우 및 「금융산업의 구조개선에 관한 법률」에 의한 적기시정조치, 행정처분에 따른 조치를 받은 경우 그 내용

㉣ 보험약관 및 사업방법서, 보험료 및 해약환급금, 공시이율 등 보험료 비교에 필요한 자료

㉤ 그 밖에 보험계약자의 보호를 위하여 공시가 필요하다고 인정되는 사항으로서 금융위원회가 정하여 고시하는 사항

② 보험협회의 비교·공시

보험협회는 보험료, 보험금 등 보험계약에 관한 사항으로서 다음 사항을 금융위원회가 정하는 바에 따라 비교·공시할 수 있다.

㉠ 보험료, 보험금, 보험기간, 보험계약에 따라 보장되는 위험, 보험회사의 면책사유, 공시이율 등 보험료 비교에 필요한 자료

㉡ 그 밖에 보험계약자 보호 및 보험계약 체결에 필요하다고 인정되는 사항으로 금융위원회가 정하여 고시하는 사항

(6) 보험상품에 관한 기초서류

① 기초서류의 작성 및 제출

보험회사는 취급하려는 보험상품에 관한 기초서류를 작성하여야 한다. 보험회사는 기초서류를 작성하거나 변경하려는 경우 그 내용이 다음에 해당하는 경우에 한정하여 미리 금융위원회에 신고하여야 한다. 금융위원회는 보험계약자 보호 등을 위하여 필요하다고 인정되면 보험회사에 대하여 취급하고 있는 보험상품의 기초서류에 관한 자료 제출을 요구할 수 있다. 금융위원회는 신고를 받은 경우 그 내용을 검토하여 보험업법에 적합하면 신고를 수리하여야 한다.

㉠ 법령의 제정·개정에 따라 새로운 보험상품이 도입되거나 보험상품 가입이 의무가 되는 경우

㉡ 보험계약자 보호 등을 위하여 대통령령으로 정하는 경우

② 제출서류

보험회사는 기초서류를 신고하는 경우에는 판매개시일 30일(권고받은 사항을 반영하여 신고하는 경우에는 15일을 말한다) 전까지 금융위원회가 정하여 고시하는 보험상품신고서에 다음 의 서류를 첨부하여 제출해야 한다. 다만, 다른 법령의 개정에 따라 기초서류의 내용을 변경하는 경우 등 금융위원회가 정하여 고시하는 경우에는 금융위원회가 정하여 고시하는 기한까지 보험상품신고서를 제출할 수 있다.

㉠ 선임계리사가 검증·확인한 기초서류

㉡ 보험료, 책임준비금 및 위험률 산출의 변경이 있는 경우에는 그 변경이 적절한지에 대한 보험요율산출기관 또는 독립계리업자의 검증확인서

③ 기초서류에 대한 확인

㉠ 금융위원회는 보험회사가 기초서류를 신고할 때 필요하면 「금융위원회의 설치 등에 관한 법률」에 따라 설립된 금융감독원의 확인을 받도록 할 수 있다.

㉡ 금융위원회는 보험회사가 기초서류를 신고하는 경우 보험료 및 책임준비금 산출방법서에 대하여 보험요율산출기관 또는 '독립계리업자'의 검증확인서를 첨부하도록 할 수 있다.

④ 기초서류 작성·변경 원칙

보험회사는 기초서류를 작성·변경할 때 다음의 사항을 지켜야 한다.

㉠ 보험업법 또는 다른 법령에 위반되는 내용을 포함하지 아니할 것

㉡ 정당한 사유 없는 보험계약자의 권리 축소 또는 의무 확대 등 보험계약자에게 불리한 내용을 포함하지 아니할 것

㉢ 그 밖에 보험계약자 보호, 재무건전성 확보 등을 위하여 대통령령으로 정하는 바에 따라 금융위원회가 정하는 기준에 적합할 것

⑤ 보험요율 산출의 원칙

보험회사는 보험요율을 산출할 때 객관적이고 합리적인 통계자료를 기초로 대수(大數)의 법칙 및 통계신뢰도를 바탕으로 하여야 하며, 다음의 사항을 지켜야 한다.

㉠ 보험요율이 보험금과 그 밖의 급부(給付)에 비하여 지나치게 높지 아니할 것

㉡ 보험요율이 보험회사의 재무건전성을 크게 해칠 정도로 낮지 아니할 것

㉢ 보험요율이 보험계약자간에 부당하게 차별적이지 아니할 것

㉣ 자동차보험의 보험요율인 경우 보험금과 그 밖의 급부와 비교할 때 공정하고 합리적인 수준일 것

(7) 보고사항

보험회사는 다음의 어느 하나에 해당하는 사유가 발생한 경우에는 그 사유가 발생한 날부터 5일 이내에 금융위원회에 보고하여야 한다.

① 상호나 명칭을 변경한 경우

② 본점의 영업을 중지하거나 재개(再開)한 경우

③ 최대주주가 변경된 경우

④ 대주주가 소유하고 있는 주식 총수가 의결권 있는 발행주식 총수의 100분의 1 이상만큼 변동된 경우

⑤ 그 밖에 해당 보험회사의 업무 수행에 중대한 영향을 미치는 경우로서 대통령령으로 정하는 경우

㉠ 자본금 또는 기금을 증액한 경우

㉡ 주식회사의 조직 변경을 결의한 경우

㉢ 벌칙 규정에 따른 처벌을 받은 경우

㉣ 조세 체납처분을 받은 경우 또는 조세에 관한 법령을 위반하여 형벌을 받은 경우

㉤ 「외국환 거래법」에 따른 해외투자를 하거나 외국에 영업소, 그 밖의 사무소를 설치한 경우

㉥ 보험회사의 주주 또는 주주였던 자가 제기한 소송의 당사자가 된 경우

심화TIP 「금융소비자보호법」상 금융상품판매업자 등의 금융상품 유형별 영업행위 준수사항 기출 21

금융상품 유형별 영업행위 준수사항은 적합성의 원칙(제17조), 적정성의 원칙(제18조), 설명의무(제19조), 불공정영업행위의 금지(제20조), 부당권유행위 금지(제21조) 등이다.

02 재무건전성 감독

1 보험회계제도

(1) 보험회계의 의의

① 보험회계는 「주식회사의 외부감사에 관한 법률」에 따른 국제회계기준위원회의 국제회계기준을 채택하여 정한 회계처리기준(한국채택국제회계기준 또는 K-IFRS)을 적용하여 재무제표를 작성한다. 우리나라도 2007년 한국채택국제회계기준(K-IFRS)을 제정·공포하여 2011년부터 모든 상장기업과 보험회사를 비롯한 주요 금융기관들은 이 기준을 적용하여 재무제표를 작성하고 있다.

② 한국채택국제회계기준은 원칙만을 제시하고 회계처리에 있어서 다양한 선택권을 부여하고 있어 실무적용 및 재무정보의 비교가 곤란한 부분이 있고, 동 기준의 도입으로 인해 보험업의 재무건전성이 악화될 우려가 있기 때문에, 보험의 특수성을 감안하여 「보험업감독규정」 등에 규정된 감독목적 회계기준에서 이익잉여금 내 비상위험준비금 및 대손준비금 별도 적립, 보험계리기준 운영 및 일부항목의 일반적 회계처리 방안을 제시하고 있다.

(2) 보험회계의 특징

① 이론적 특성

보험회계의 목적 중 하나는 감독목적의 재무제표 작성에 있고 감독목적의 회계정보 제공에 대한 기본적인 목표는 지급여력과 관련한 재무정보 제공에 있다. 따라서 보험회계에서는 영업실적을 나타내는 포괄손익계산서보다 재무상태를 표시하는 재무상태표를 더 중요시하는 경향이 있다.

② 경영적 특성

㉠ 보험료수입은 수입이라기보다는 공공에 대한 부채라는 특성이 있다. 즉, 신용을 기초로 많은 가입자로부터 보험료를 수납하고 안전하게 관리하여 보험사고가 발생한 경우 신속히 보험금을 지급해야 하는 공공사업의 성격이다.

㉡ 보험은 다수 동종의 위험에 노출되어 있는 보험계약자가 일정한 보험료를 내고 보험사고가 발생할 경우, 그 재원으로 보험금을 지급하는 상부상조의 기능을 하고 있다. 따라서 이러한 재원을 관리하여야 하는 보험회사는 공공성과 사회성이 강조되며, 회계 또한 보수적인 성향을 보이고 있다.

③ 재무보고의 특성

㉠ <u>원가의 사후 확정성</u> : 보험회계는 보험료(일반기업의 매출액에 해당)가 먼저 수입되고 보험금(일반기업의 매출원가에 해당)은 보험사고의 발생 여부에 따라 나중에 지급되기도 하고 지급되지 아니할 수도 있는 사후원가계산의 특성이 있다. 이러한 특성을 보완하고 보험회계의 적정손익을 계산하기 위하여 책임준비금제도를 두고 있다.

㉡ 금융업과 일반제조업의 혼합적 성격 : 보험상품은 판매시 수입금액 전액이 예치금이라는 부채로 바로 계상되는 은행의 예금상품과 달리 손익계산서의 매출(보험료수익)로 기록된다. 보험료 수익 중 계약자에 대한 일정부채 이외에는 보험자의 사업비로 처분이 가능하다. 이러한 특성은 일반적으로 원금이 보전되는 일반 금융상품과는 매우 다른 형태를 지니고 있다.

㉢ 보험상품 급부의 다차원적 구조 : 보험상품의 급부는 미래의 불확실한 보험사고를 담보하는 통계적 확률에 기초하고 있어 이자율만을 기초로 한 일반 금융상품과 달리 이자율, 위험률 및 사업비율을 동시에 고려해야 하는 등 다차원적 구조로 계산된다. 따라서 확률적으로 존재하는 계약자에 대한 부채(책임준비금)의 적정한 평가방법 및 이에 대한 회계기준이 필요하며, 이는 보험수리라는 수학적 측정방법과의 조화를 요구하고 있다.

㉣ 보험영업과 투자영업의 구분 : 보험회사는 구조적으로 보험영업부문에서 수익을 기대하기 어려운 특성을 지니고 있어 자금을 적절히 투자하여 보험영업의 손실부문을 보전하면서 수익성을 확보하고 회사의 지급여력을 더욱 강화시켜 나갈 필요가 있다. 따라서 보험회사의 경영적 측면에서 가장 중요한 두 가지 주요 영업부문, 즉 보험영업과 투자영업을 구분하여 각 부문의 회계정보를 명확히 처리할 필요가 있다.

㉤ 계약자에 대한 이익배당제도 : 일반기업의 경우에는 상법의 규정에 의거 배당을 받을 권리는 주주에 국한되나 보험회사는 계약자이익배당제도를 두고 이를 위해 계약자배당준비금 및 계약자이익배당준비금을 적립하도록 하고 있다.

(3) 보험감독회계기준

① 보험회사에 대한 감독을 위하여 사용되는 회계처리기준은 「보험업감독규정」에 규정되어 있으며, 보험감독목적의 회계처리에 관하여 정하지 아니한 사항은 「주식회사의 외부감사에 관한 법률」에 따른 국제회계기준위원회의 국제회계기준을 채택하여 정한 회계처리기준(한국채택국제회계기준)을 준용한다.

② 감독원장은 한국채택국제회계기준을 준용함에 있어 동 기준을 구체적으로 적용하거나 동 기준에서 정하지 아니한 사항을 규정하기 위한 보험계리기준을 운용할 수 있다.

(4) 보험회계 관련 규제

① 적용 법규

보험회계를 관리하거나 이에 영향을 미치는 제 법규를 살펴보면, 「주식회사의 외부감사에 관한 법률」 등 일반 공시목적에 적용되는 법률뿐만 아니라 「보험업법」 등 설립 근거법 및 업무취급 근거규정에 의하여 추가적으로 적용되는 것이 있다. 「주식회사의 외부감사에 관한 법률」에 따른 일반 공시목적의 일반회계(한국채택국제회계기준)와 보험회사에 대한 재무건전성 감독 등을 위해 「보험업감독규정」 등에서 정한 감독목적 회계로 구성되므로 「주식회사의 외부감사에 관한 법률」 등 일반 공시목적에 적용되는 법률뿐만 아니라 「보험업법」 등 설립 근거법 및 업무취급 근거규정이 추가적으로 적용된다.

② 재무제표의 작성 및 제출기한

㉠ 재무제표의 작성

ⓐ 보험회사의 재무제표는 재무상태표, 포괄손익계산서, 이익잉여금처분계산서 또는 결손금처리계산서, 현금흐름표와 자본변동표로 하며, 연결재무제표를 작성하는 경우 연결재무상태표, 연결포괄손익계산서, 연결현금흐름표와 연결자본변동표를 포함한다.

ⓑ 재무제표는 당해 회계연도분과 직전 회계연도분을 비교하는 형식으로 영문표기를 병행하여 작성하여야 한다. 다만, 매월 작성하는 재무상태표와 포괄손익계산서는 당해 회계연도분만을 작성할 수 있다.

㉡ 재무제표의 제출기한 : 보험회사는 매년 12월 31일에 그 장부를 폐쇄하여야 하고, 장부를 폐쇄한 날부터 3개월 이내에 금융위원회가 정하는 바에 따라 재무제표(부속명세서를 포함한다) 및 사업보고서를 금융위원회에 제출하여야 한다.

③ 겸영업무·부수업무의 회계처리

보험회사가 다른 금융업 또는 부수업무를 하는 경우에는 대통령령으로 정하는 바에 따라 그 업무를 보험업과 구분하여 회계처리 하여야 한다. 보험회사가 다음의 업무 및 부수업무(직전 사업연도 매출액이 해당 보험회사 수입보험료의 1천분의 1 또는 10억원 중 많은 금액에 해당하는 금액을 초과하는 업무만 해당한다)를 하는 경우에는 해당 업무에 속하는 자산·부채 및 수익·비용을 보험업과 구분하여 회계처리 하여야 한다.

㉠ 「자산유동화에 관한 법률」에 따른 유동화자산의 관리업무

㉡ 「한국주택금융공사법」에 따른 채권유동화자산의 관리업무

㉢ 「자본시장과 금융투자업에 관한 법률」 제6조 제6항에 따른 투자자문업

㉣ 「자본시장과 금융투자업에 관한 법률」 제6조 제7항에 따른 투자일임업

㉤ 「자본시장과 금융투자업에 관한 법률」 제6조 제8항에 따른 신탁업

④ 특별계정의 설정·운용 기출 20

㉠ 보험회사는 다음의 어느 하나에 해당하는 계약에 대하여는 대통령령으로 정하는 바에 따라 그 준비금에 상당하는 자산의 전부 또는 일부를 그 밖의 자산과 구별하여 이용하기 위한 '특별계정'을 각각 설정하여 운용할 수 있다.

ⓐ 「소득세법」 제20조의3 제1항 제2호 각 목 외의 부분에 따른 연금저축계좌를 설정하는 계약

ⓑ 「근로자퇴직급여보장법」 제29조 제2항에 따른 보험계약 및 법률 제10967호 「근로자퇴직급여보장법」 전부개정법률 부칙 제2조 제1항 본문에 따른 퇴직보험계약

ⓒ 변액보험계약(보험금이 자산운용의 성과에 따라 변동하는 보험계약을 말한다)

ⓓ 그 밖에 금융위원회가 필요하다고 인정하는 보험계약

㉡ 보험회사는 특별계정에 속하는 자산은 다른 특별계정에 속하는 자산 및 그 밖의 자산과 구분하여 회계처리 하여야 한다.

㉢ 보험회사는 특별계정에 속하는 이익을 그 계정상의 보험계약자에게 분배할 수 있다.

2 위험기준 자기자본(RBC ; Risk Based Capital) 제도

(1) 자기자본 규제제도의 의의

자기자본 규제제도란 금융회사에 예상하지 못한 손실이 발생하더라도 이를 충당할 수 있는 자기자본을 보유하도록 하는 제도이다. 자기자본 규제제도는 일정한 방식에 의해 산출한 금융회사의 총 위험액 대비 일정비율을 자기자본으로 보유토록 의무화하고 있다.

(2) 보험회사 위험기준 자기자본(RBC) 제도의 도입

① 1995년 5월부터 당시 EU에서 적용하고 있는 지급여력제도를 도입하여 운용하여 왔다.

② EU방식 지급여력제도는 단순하여 운용의 편리성은 있으나, 보험회사가 직면하는 다양한 리스크를 종합적으로 평가하여 필요한 자본금을 산출하지 못한다는 한계가 지적되어 미국, 캐나다, 호주, 일본 등은 위험기준 자기자본 규제제도인 RBC(Risk Based Capital)방식으로 전환하였다.

③ 우리나라도 기존 EU방식의 한계를 극복하고, 리스크 중심의 예방적·선제적 감독체계 도입의 일환으로 RBC제도를 2009년 4월부터 도입하였다.

(3) RBC제도의 주요 특징

① 국제적 정합성

RBC제도를 설계함에 있어서는 보험회사의 재무건전성에 관한 선진국 제도를 참고하였다.

② 체계적인 리스크의 반영

보험회사에 내재된 다양한 리스크를 효과적으로 반영할 수 있도록 리스크 구분을 세분화하고 정교한 측정방법을 사용하였다.

- **위험세분화** : 자산운용리스크를 시장, 신용, 금리리스크로 구분
- **시장위험** : 파생상품, 변액보험 최저보증리스크 반영
- **신용위험** : 차주의 신용등급별 위험계수 차등화
- **금리위험** : 자산과 부채에 대한 미스매칭 리스크를 반영

③ 업계 공통의 표준모형을 도입

RBC제도의 도입 초기에는 모든 보험회사에 공통으로 적용할 수 있는 단순한 형태의 표준모형을 도입할 필요가 있는 점을 감안하여 업계 공통의 위험계수를 적용토록 하였다.

(4) RBC제도의 기본구조 기출 17·18

RBC제도는 보험회사에 내재된 각종 리스크 양을 산출하여 이에 상응하는 자본을 보유토록 하는 제도로 '가용자본(지급여력금액)' 및 '요구자본(지급여력기준금액)'의 산출을 통하여 자본적정성을 평가하는 구조이다.

① 가용자본(지급여력금액)

보험회사에 예상치 못한 손실발생시 이를 보전하여 지급능력을 유지할 수 있도록 하는 가용자본금액으로서 자본금, 잉여금 등으로 구성된다.

② 요구자본(지급여력기준금액)

해당 보험회사에 내재된 보험·금리·시장·신용·운용위험액의 규모를 측정하여 산출된 필요 자기자본을 의미한다.

③ 지급여력(RBC)비율

지급여력금액을 지급여력기준금액으로 나눈 값으로 산출하며, 적기시정조치 기준, 위험기준 경영실태평가제도(RAAS)의 평가지표 등으로 활용한다.

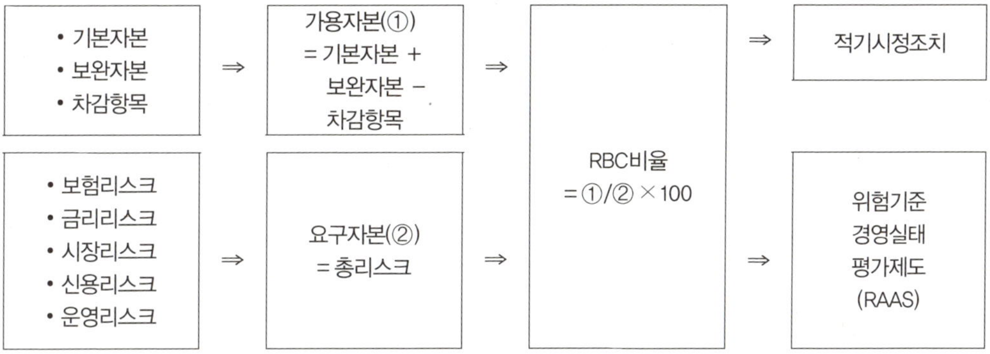

〈자료출처 : 보험회사 위험기준 자기자본(RBC)제도 해설서, 금융감독원, 2012〉

[RBC제도 구성체제]

3 新지급여력제도(K-ICS)

(1) 도입배경

① IFRS17 도입(2023년)으로 보험부채가 현재가치로 평가됨에 따라 보험회사의 재무건전성 지표도 「자산·부채 현재가치 평가 기반의 新지급여력제도(K-ICS)」로 개편될 예정이다.

※ K-ICS : Korean-Insurance Capital Standard

② K-ICS 도입시, 기존 RBC 대비 신규리스크가 추가되며, 리스크 신뢰수준도 상향조정(99.0→99.5%)되어 보험회사의 재무건전성 비율이 하락하는 등 충격이 예상된다.

※ **신규리스크** : RBC하에서는 보험·금리·신용·시장·운영 → K-ICS하에서는 해지·사업비·장수·대재해·집중 리스크 추가

(2) 주요 내용

K-ICS 비율 = 가용자본 / 요구자본

보험회사에 내재된 리스크를 측정(→요구자본)하여 이에 상응하는 자본(→가용자본)을 보유하도록 하는 지급여력제도

① 가용자본(지급여력금액)

K-ICS 비율의 '가용자본'은 자산·부채 모두 현재가치로 평가한 순자산(자산 − 부채)을 기반으로 하며, '손실흡수성의 원칙'을 충족할 수 있도록 재무제표상 순자산에서 일부 항목을 조정하여 가용자본을 산출한다.

가용자본의 손실흡수성 원칙

가용자본 중 손실흡수성이 높은 항목은 기본자본(자본금, 이익잉여금 등)으로 분류하고, 손실흡수성이 제한적인 항목은 보완자본(후순위채권 등)으로 분류한다.

예 신종자본증권(금리상향조건 有) : RBC하에서 기본자본 → K-ICS하에서 보완자본 분류

② 요구자본(지급여력기준금액)

K-ICS 비율의 '요구자본'에는 RBC 대비 새로운 위험이 추가되므로, 보험부채의 현재가치 평가로 인해 신규 노출(저금리 할인율 적용으로 부채증가)되거나, 고령화 · 대재해 등 최근 환경변화로 중요성이 증대된 리스크(해지 · 사업비 · 장수 · 대재해 · 자산집중 리스크 등)도 측정한다.

또한, 자본건전성을 정교하게 측정할 수 있도록 리스크 측정시 '충격 시나리오법'을 도입하며, 리스크 추정치에 대한 신뢰수준도 99.5%로 상향(현행 RBC : 99.0%)하였다.

※ **충격 시나리오법** : RBC하에서는 자산규모에 위험계수를 곱하는 위험계수법 사용 → K-ICS하에서는 미래현금흐름에 일정한 충격을 부여했을 때 감소하는 순자산 규모를 리스크로 측정하는 방법을 병용

〈자료출처 : 금융위원회 보도자료 2022〉

4 자산건전성 규제

(1) 개 요

영업과정에서 발생하는 손실은 예상할 수 있는 손실과 예상치 못한 손실로 나눌 수 있다. 예상손실에 대해서는 자산건전성을 분류하여 손실률에 적합한 충당금을 적립함으로써 동 자산의 완전부실화에 대비할 수 있으며, 예상치 못한 손실은 회사가 입을 수 있는 손실에 대한 최후의 수단으로서 충격흡수 기능을 하는 자기자본으로 보전할 수 있다.

① 자산건전성 규제의 단계

㉠ 제1단계 : 신용리스크가 있고 부실화가능성이 있는 자산에 대한 건전성 분류이다.

㉡ 제2단계 : 분류된 자산에 대한 대손충당금 적립이다.

② 대손충당금과 경영상태

㉠ 대손충당금이 많다고 하는 것은 자산건전성이 나빠 미래 수익성이 좋지 않다는 의미일 수도 있다.

㉡ 대손충당금이 잘 쌓여져 있다고 단순히 경영상태를 좋게 평가할 수 없다.

(2) 자산건전성의 분류

① 자산건전성 분류대상 자산

특별계정을 포함한 '대출채권(보험약관에 따른 대출은 제외한다)', '유가증권', '미수금 · 미수수익 · 가지급금 및 받을어음 · 부도어음', 그 밖에 보험회사가 건전성 분류가 필요하다고 인정하는 자산을 말한다.

② 자산건전성 분류기준

보험회사는 정기적으로 차주의 채무상환능력과 금융거래내용 등을 감안하여 보유자산의 건전성을 '정상', '요주의', '고정', '회수의문', '추정손실'의 5단계로 분류하고, 적정한 수준의 대손충당금 및 대손준비금(이하 "대손충당금 등"이라 한다)을 적립하여야 한다.

구 분	내 용
정상	• 경영내용, 재무상태 및 미래현금흐름 등을 감안할 때 채무상환능력이 양호하여 채권회수에 문제가 없는 것으로 판단되는 거래처(정상거래처)에 대한 자산
요주의	• 경영내용, 재무상태 및 미래현금흐름 등을 감안할 때 채권회수에 즉각적인 위험이 발생하지는 않았으나 향후 채무상환능력의 저하를 초래할 수 있는 잠재적인 요인이 존재하는 것으로 판단되는 거래처(요주의거래처)에 대한 자산 • 1월 이상 3월 미만 연체대출금을 보유하고 있는 거래처에 대한 자산
고정	• 경영내용, 재무상태 및 미래현금흐름 등을 감안할 때 채무상환능력의 저하를 초래할 수 있는 요인이 현재화되어 채권회수에 상당한 위험이 발생한 것으로 판단되는 거래처(고정거래처)에 대한 자산 • 3월 이상 연체대출금을 보유하고 있는 거래처에 대한 자산 중 회수예상가액 해당부분 • 최종부도 발생, 청산 · 파산절차 진행 또는 폐업 등의 사유로 채권회수에 심각한 위험이 존재하는 것으로 판단되는 거래처에 대한 자산 중 회수예상가액 해당부분 • "회수의문거래처" 및 "추정손실거래처"에 대한 자산 중 회수예상가액 해당부분
회수의문	• 경영내용, 재무상태 및 미래현금흐름 등을 감안할 때 채무상환능력이 현저히 악화되어 채권회수에 심각한 위험이 발생한 것으로 판단되는 거래처(회수의문거래처)에 대한 자산 중 회수예상가액 초과부분 • 3월 이상 12월 미만 연체대출금을 보유하고 있는 거래처에 대한 자산 중 회수예상가액 초과부분
추정손실	• 경영내용, 재무상태 및 미래현금흐름 등을 감안할 때 채무상환능력의 심각한 악화로 회수불능이 확실하여 손실처리가 불가피한 것으로 판단되는 거래처(추정손실거래처)에 대한 자산 중 회수예상가액 초과부분 • 12월 이상 연체대출금을 보유하고 있는 거래처에 대한 자산 중 회수예상가액 초과부분 • 최종부도 발생, 청산 · 파산절차 진행 또는 폐업 등의 사유로 채권회수에 심각한 위험이 존재하는 것으로 판단되는 거래처에 대한 자산 중 회수예상가액 초과부분

(3) 대손충당금 적립

① 보험회사는 결산시(분기별 임시결산을 포함한다) 보유자산에 대한 대손충당금 적립액이 다음에서 정한 바에 따른 건전성 분류별 산출금액에 미달하는 경우 그 차액을 대손준비금으로 적립(분기별 임시결산시로서 대손준비금 적립이 확정되지 않은 경우에는 적립예정금액을 산정하는 것을 말한다)한다. 다만, 「보험업법」 및 다른 법률에 따라 적립한 적립금을 우선 적립하여야 하며, 이익잉여금에서 「보험업법」 및 다른 법률에 따라 적립한 적립금을 차감한 금액을 한도로 한다. 다만, 미처리결손금이 있는 경우에는 미처리결손금이 처리된 때부터 대손준비금을 적립하며, 기존에 적립한 대손준비금이 결산일 현재 적립하여야 하는 대손준비금을 초과하는 경우에는 그 초과하는 금액을 환입할 수 있다.

㉠ 대출채권(다만, 보험약관에 따른 대출은 제외한다), 미수금·미수수익·가지급금 및 받을어음·부도어음, 그 밖에 보험회사가 건전성 분류가 필요하다고 인정하는 자산에 대한 건전성 분류결과에 따라 다음에서 정하는 금액

'정상' 분류 자산 금액	'요주의' 분류 자산 금액	'고정' 분류 자산 금액	'회수의문' 분류 자산 금액	'추정손실' 분류 자산 금액
0.5% 이상	2% 이상	20% 이상	50% 이상	100%

㉡ 가계대출채권(개인에 대한 생활자금 또는 주택자금 등 비영리용도의 대출과 사업자로 등록되지 아니한 개인에 대한 부업자금 대출 등을 말한다)에 대하여 다음에서 정하는 금액

'정상' 분류 자산 금액	'요주의' 분류 자산 금액	'고정' 분류 자산 금액	'회수의문' 분류 자산 금액	'추정손실' 분류 자산 금액
1% 이상	10% 이상	20% 이상	55% 이상	100%

㉢ 부동산프로젝트파이낸싱 대출채권에 대하여 다음에서 정하는 금액

'정상' 분류 자산 금액	'요주의' 분류 자산 금액	'고정' 분류 자산 금액	'회수의문' 분류 자산 금액	'추정손실' 분류 자산 금액
0.9% 이상	7% 이상	20% 이상	50% 이상	100%

㉣ 미사용약정에 대하여 다음에서 정하는 금액의 합계금액 : 이 경우 신용환산율에 의해 환산된 금액을 기준으로 산정한다.

기업자금 미사용약정	건전성 분류에 따라 ㉠에서 정하는 기준율에 의해 산정한 금액의 합계금액
가계자금 미사용약정	건전성 분류에 따라 ㉡에서 정하는 기준율에 의해 산정한 금액의 합계금액

② 보험회사는 차주가 대한민국 정부 또는 지방자치단체인 자산과 '정상'으로 분류된 환매조건부채권 매수, '정상'으로 분류된 미수수익 중 대출채권에 대한 미수수익이 아닌 자산 및 가지급금 중 대출성격의 가지급금이 아닌 자산에 대하여는 대손충당금 등을 적립하지 아니할 수 있다.

③ 감독원장은 「금융기관검사 및 제재에 관한 규정」에서 정하는 금융사고가 발생하여 보험회사의 전월말 현재 자산총액의 0.5%에 상당하는 금액을 초과하는 손실이 발생하였거나 발생이 예상되는 경우에는 당해 보험회사에 대하여 해당 분기말까지 손실예상액 전액을 대손충당금 등으로 적립할 것을 요구할 수 있다.

④ 보험회사는 「기업구조조정 촉진법」 제13조에 따라 우선 변제권이 인정되는 '고정'·'회수의문'·'추정손실' 분류 자산에 대해서는 예상되는 손실규모를 별도로 평가하여 적립해야 할 충당금의 100분의 50이상으로 적립할 수 있다.

⑤ 보험회사가 대손충당금 등을 적립한 후 당해 손실예상분에 대한 자산건전성 분류가 확정되는 경우에는 동 충당금 등을 환입하고, 대손충당금 등을 적립할 수 있다.

5 자본적정성 규제

(1) 건전성감독기준 재무상태표(보험업감독규정 제7-2조의2 제1항)

지급여력금액 및 지급여력기준금액의 산출을 위한 재무상태표(이하 "건전성감독기준 재무상태표"라 한다)는 다음의 기준을 따른다. 〈2022.12.21. 개정〉

① 건전성감독기준 재무상태표는 한국채택국제회계기준에 의한 연결재무상태표를 기준으로 산출함을 원칙으로 한다. 〈2022.12.21. 신설〉

② 건전성감독기준 재무상태표의 자산 및 부채는 경제적이고 시장가격과 일관된 가치로 평가하는 것을 원칙으로 한다. 〈2022.12.21. 신설〉

㉠ 자산은 충분한 판단능력이 있고 특수 관계가 없는 당사자 사이의 매매과정에서 수취할 가격으로 측정하여야 한다. 〈2022.12.21. 신설〉

㉡ 부채는 충분한 판단능력이 있고 특수 관계가 없는 당사자 사이에서 이전 또는 결제될 가격으로 측정하여야 한다. 단, 보험회사의 신용상태 변동에 따른 조정은 반영하지 않는다. 〈2022.12.21. 신설〉

㉢ 시장가격 및 공정가치의 정의나 평가방법 등에 대해서는 한국채택국제회계기준을 준용한다.

(2) 지급여력금액(보험업감독규정 제7-1조)

① 지급여력금액은 제1호와 제2호를 합산하고, 제3호를 차감하여 산출한다. 〈2022.12.21. 개정〉

1. 제7-2조의2의 재무상태표에서 부채금액을 초과하는 자산금액(이하, "순자산"이라 한다)으로 다음의 항목으로 구성된다. 〈2022.12.21. 개정〉
   가. 보통주자본금 및 자본잉여금
   나. 우선주자본금 및 자본잉여금(누적적우선주 제외)
   다. 이익잉여금 〈예외조항 삭제 2022.12.21.〉
   라. 기타포괄손익누계액
   마. 자본금에 준하는 경제적 기능(후순위성, 영구성 등)을 가진 것으로서 감독원장이 정하는 기준을 충족하는 자본증권 〈2022.12.21. 삭제〉
   바. 가목부터 마목까지의 항목 및 금액 이외에 손실보전에 사용될 수 있다고 감독원장이 인정하는 항목
2. 제7-2조의2의 재무상태표에서 부채에 해당하나, 손실위험 보전에 사용할 수 있는 금액으로 다음의 항목으로 구성된다. 〈2022.12.21. 삭제〉
   가. 후순위채무액 〈2022.12.21. 삭제〉
   나. 제1호보다 자본성이 낮은 것으로 인정되는 항목 중 가목 이외에 손실보전에 사용될 수 있다고 감독원장이 인정하는 항목 〈2022.12.21. 개정〉
3. 주식할인발행차금, 자기주식 등 제7-2조의2의 재무상태표의 자산 또는 자본 중 보험회사의 예상하지 못한 위험으로 인한 손실보전에 사용될 수 없다고 감독원장이 인정하는 금액 〈2022.12.21. 개정〉

② 지급여력금액은 손실보전에 사용할 수 있는 정도(이하, "손실흡수능력")에 따라 기본자본과 보완자본으로 분류하여 적용한다. 〈2022.12.21. 신설〉

㉠ 자본증권은 손실흡수능력을 평가하여 기본자본과 보완자본으로 구분한다.

㉡ 기타 자본항목은 기본자본으로 우선 분류하되 손실흡수능력에 제한이 있는 항목은 기본자본에서 차감하여 보완자본으로 재분류한다.

③ 제1항 및 제2항의 규정에 관하여 필요한 세부기준은 감독원장이 정한 바에 따른다. 〈2022.12.21. 신설〉

④ 보완자본은 지급여력기준금액의 100분의 50 이내에 해당하는 금액을 한도로 한다. 〈2022.12.21. 신설〉

(3) 지급여력기준금액(보험업감독규정 제7-2조)

① 지급여력기준금액은 제1호에서 정한 기본요구자본에서 제2호에서 정한 법인세조정액을 차감한 후 제3호에서 정한 기타요구자본을 가산하여 산출한다. 〈2022.12.21. 신설〉

1. 기본요구자본은 가목에서 정한 위험액에 대해 나목의 방법으로 산출한다.
   가. 위험액 산출대상 : 생명・장기손해보험위험액, 일반손해보험위험액, 시장위험액, 신용위험액, 운영위험액
   나. 기본요구자본은 제2항부터 제6항까지에 따라 산출한 위험액을 기초로 아래 수식을 적용하여 산출한다. 다만, 각 위험액 간 상관관계를 나타내는 상관계수는 감독원장이 정한다. 〈2022.12.21. 개정〉

$$\text{기본요구자본} = \sqrt{\sum_i \sum_j \text{상관계수}_{ij} \times \text{개별위험액}_i \times \text{개별위험액}_j} + \text{운영위험액}$$

(단, i, j = 생명・장기손해보험, 일반손해보험, 시장, 신용

2. 법인세조정액은 기본요구자본에 상응하는 손실이 발생하는 경우 순이연법인세자산 증가로 보전할 수 있는 손실금액을 의미하며, 감독원장이 정하는 기준에 따라 산출한다. 〈2022.12.21. 신설〉
3. 기타요구자본은 제1호에서 정한 기본요구자본을 적용하기 어려운 자회사 등에 적용하는 요구자본을 의미하며, 감독원장이 정하는 기준에 따라 산출한다. 〈2022.12.21. 신설〉

② 생명・장기손해보험위험액

생명・장기손해보험위험액은 계리적 가정 변동으로 보험회사에 직・간접적으로 손실을 초래할 수 있는 자산 및 부채를 측정대상으로 하며, 사망위험액, 장수위험액, 장해・질병위험액, 장기재물・기타위험액, 해지위험액, 사업비위험액, 대재해위험액으로 구분하여 측정한다. 〈2022.12.21. 신설〉

1. 사망위험액은 사망률 증가로 보험회사의 순자산가치가 감소하는 보험계약을 측정대상으로 하며, 충격시나리오방식으로 산출한다.
2. 장수위험액은 사망률 감소로 보험회사의 순자산가치가 감소하는 보험계약을 측정대상으로 하며, 충격시나리오방식으로 산출한다.
3. 장해・질병위험액은 장해 및 질병담보의 위험률 증가로 보험회사의 순자산가치가 감소하는 보험계약을 측정대상으로 하며, 충격시나리오방식으로 산출한다.
4. 장기재물・기타위험액은 장기손해보험 중 재물, 비용, 배상 및 기타 담보의 위험률 증가로 보험회사의 순자산가치가 감소하는 보험계약을 측정대상으로 하며, 충격시나리오방식으로 산출한다.
5. 해지위험액은 보험계약자의 옵션행사율 변화 또는 보험계약 대량해지로 보험회사의 순자산가치가 감소하는 보험계약을 측정대상으로 하며, 충격시나리오방식으로 산출한다.
6. 사업비위험액은 사업비 가정이 포함된 모든 보험계약을 측정대상으로 하며, 충격시나리오방식으로 산출한다.
7. 대재해위험액은 제1호부터 제6호에서 고려하지 못한 극단적, 예외적 위험(전염병, 대형사고 등)을 측정하며, 위험계수방식으로 산출한다.

③ 일반손해보험위험액

일반손해보험위험액은 일반손해보험계약을 측정대상으로 하며, 보험가격·준비금위험과 대재해위험으로 구분하여 측정한다. 〈2022.12.21. 개정〉

1. 보험가격·준비금위험액은 일반손해보험계약을 측정대상으로 하며, 위험계수방식으로 산출한다. 〈2022.12.21. 개정〉
2. 대재해위험액은 제1호에서 고려하지 못한 극단적, 예외적 위험(자연재해, 대형사고 등)을 측정하며, 위험계수방식으로 산출한다. 〈2022.12.21. 삭제〉

④ 시장위험액

시장위험액은 시장변수의 변동에 직·간접적인 영향을 받는 모든 자산과 부채를 측정대상으로 하며, 금리위험, 주식위험, 부동산위험, 외환위험, 자산집중위험으로 구분하여 측정한다. 〈2022.12.21. 개정〉

1. 금리위험액은 금리변동에 직·간접적으로 노출된 자산 및 부채를 측정대상으로 하며, 충격시나리오방식으로 산출한다. 〈2022.12.21. 개정〉
2. 주식위험액은 주가변동에 직·간접적으로 노출된 자산 및 부채를 측정대상으로 하며, 충격시나리오방식으로 산출한다. 〈2022.12.21. 개정〉
3. 부동산위험액은 부동산가격변동에 직·간접적으로 노출된 자산 및 부채를 측정대상으로 하며, 충격시나리오방식으로 산출한다. 〈2022.12.21. 신설〉
4. 외환위험액은 환율변동에 직·간접적으로 노출된 자산 및 부채를 측정대상으로 하며, 충격시나리오방식으로 산출한다. 〈2022.12.21. 신설〉
5. 자산집중위험액은 특정 거래상대방 또는 부동산에 한도를 초과하여 집중된 자산을 측정대상으로 하며, 위험계수방식으로 산출한다. 〈2022.12.21. 신설〉

⑤ 신용위험액

신용위험액은 거래상대방 부도시 손실이 발생하는 자산을 측정대상으로 하며, 위험계수방식으로 산출한다. 〈2022.12.21. 개정〉

⑥ 운영위험액

운영위험액은 보험회사의 모든 원수 및 수재보험계약, 역외출재보험계약을 측정대상으로 하며, 위험계수방식으로 산출한다. 〈2022.12.21. 개정〉

⑦ 위험액 산출방식

위험액 산출방식은 감독원장이 정하는 기준에 따라 위험액을 산출하는 모형(이하 "표준모형"이라 한다) 또는 보험회사의 자체 기준에 따라 위험액을 산출하는 모형(이하 "내부모형"이라고 한다)을 사용하여 산출할 수 있다. 이 경우 내부모형에 대한 세부 사항은 감독원장이 정하여 제시할 수 있다. 〈2022.12.21. 개정〉

(4) 지급여력비율 산정 및 활용

① 지급여력비율

지급여력금액을 지급여력기준금액으로 나눈 비율을 말한다.

② 지급여력비율의 활용

㉠ 경영실태 평가제도 : 지급여력비율은 보험회사의 경영실태평가의 자본적절성 부문에서 지급여력비율 평가항목에 대한 가중치가 30%를 차지하고 있다.

㉡ 적기시정조치(경영개선조치) : 적기시정조치제도는 부실화 소지가 있는 금융기관에 대하여 부실화가 크게 진전되기 이전에 적절한 경영개선조치를 취하도록 함으로써 금융기관의 자산건전성을 강화하고 부실금융기관 처리에 소요되는 정리비용을 경감시킨다. 보험회사는 지급여력비율 수준에 따라 경영개선권고, 경영개선요구, 경영개선명령의 순으로 진행된다.

경영개선권고	경영개선요구	경영개선명령
50% 이상~100% 미만	0% 이상~50% 미만	0% 미만(부실금융기관)

심화TIP 손해보험사 합산비율의 계산 항목 기출 25

보험사의 수익은 크게 보험영업이익과 투자영업이익(자산운용수익)으로 구분되는데 합산비율은 보험영업이익의 수익성을 나타내는 지표이다.

합산비율은 경과손해율과 순사업비율의 합이며, 경과손해율(%)은 발생손해액(= 지급보험금 + 지급준비금 + 손해조사비)을 경과보험료로 나눈 비율이고, 순사업비율은 순사업비를 보험사 보유 보험료로 나눈 값이다.

6 경영실태 평가제도

(1) 개 요

① 감독원장은 보험회사의 경영실태 및 위험을 평가(경영실태평가)하여 경영의 건전성 여부를 감독하여야 한다.

② 감독원장은 보험회사에 대한 경영실태평가 결과를 감독 및 검사업무에 반영할 수 있다.

③ 경영실태평가는 검사 등을 통하여 실시하며 평가대상 보험회사의 경영실태 및 위험을 경영관리리스크・보험리스크・금리리스크・투자리스크・유동성리스크・자본적정성・수익성 부문으로 구분하여 평가한 후 각 부문별 평가결과를 감안하여 종합평가한다.

(2) 부문별 평가항목 및 평가기준

① 부문별 평가항목

부문별 평가항목은 계량평가항목과 비계량평가항목으로 구성된다.

㉠ 생명보험

평가부문	계량 평가항목	비계량 평가항목
경영관리 리스크	–	• 이사회와 경영진의 적정성 • 리스크관리체제의 적정성 • 내부통제의 적정성 • 보험사기 방지실태의 적정성 • 소비자보호 업무의 적정성
보험리스크	• 보험가격리스크 비율 • 예상 발생보험금 대 실제 발생보험금 비율	• 보험리스크 측정 및 관리의 적정성 • 상품개발・판매의 적정성 • 계약 인수・관리의 적정성 • 보험금 지급심사의 적정성
금리리스크	• 금리리스크비율 • 부담이자 대 투자영업이익 비율	• 금리리스크 측정 및 관리의 적정성 • 자산 – 부채 종합관리의 적정성 • 준비금 관리의 적정성
투자리스크	• 신용시장리스크 비율 • 부실자산비율 • 대손충당금적립률	• 투자리스크 측정 및 관리의 적정성 • 자산운용 관리체계 및 업무의 적정성 • 자산건전성 분류의 적정성 • 대주주와의 거래 적정성
유동성리스크	• 유동성커버리지 비율 • 유동성비율	• 유동성리스크 측정 및 관리의 적정성 • 유동성 변동요인의 적정성
자본적정성	• 지급여력비율 • 기본자본지급여력비율 • 자기자본지급여력비율	• 지급여력비율 관리의 적정성 • 내부 자본관리 정책의 타당성 • 자본구성의 적정성 및 지속가능성
수익성	• 리스크 대 수익비율 • 운용자산이익률 • 영업이익률	• 손익구조의 안정성 및 지속가능성 • 장기적 기업가치 관점의 손익관리 정책의 적정성

(주) 각 평가시점에서 비계량평가가 이루어지지 않은 경우 직전의 비계량평가결과를 적용하며, 이전에 비계량평가가 실시되지 않은 경우에는 계량평가결과만을 적용하여 평가

㉡ 손해보험

평가부문	계량 평가항목	비계량 평가항목
경영관리 리스크	–	• 이사회와 경영진의 적정성 • 리스크관리체제의 적정성 • 내부통제의 적정성 • 보험사기 방지실태의 적정성 • 업무의 적정성
보험리스크	• 장기손해보험가격리스크 비율 • 일반손해보험가격리스크 비율 • 준비금리스크 비율 • 예상 발생보험금 대 실제 발생보험금 비율	• 보험리스크 측정 및 관리의 적정성 • 상품개발 · 판매의 적정성 • 계약 인수 · 관리의 적정성 • 보험금 지급심사의 적정성
금리리스크	• 금리리스크비율 • 부담이자 대 투자영업이익 비율	• 금리리스크 측정 및 관리의 적정성 • 자산 – 부채 종합관리의 적정성 • 준비금 관리의 적정성
투자리스크	• 신용시장리스크 비율 • 부실자산비율 • 대손충당금적립률	• 투자리스크 측정 및 관리의 적정성 • 자산운용 관리체계 및 업무의 적정성 • 자산건전성 분류의 적정성 • 대주주와의 거래 적정성
유동성리스크	• 유동성커버리지 비율 • 유동성비율	• 유동성리스크 측정 및 관리의 적정성 • 유동성 변동요인의 적정성
자본적정성	• 지급여력비율 • 기본자본지급여력비율 • 자기자본지급여력비율	• 지급여력비율 관리의 적정성 • 내부 자본관리 정책의 타당성 • 자본구성의 적정성 및 지속가능성
수익성	• 리스크 대 수익비율 • 운용자산이익률 • 영업이익률	• 손익구조의 안정성 및 지속가능성 • 장기적 기업가치 관점의 손익관리 정책의 적정성

(주) 각 평가시점에서 비계량평가가 이루어지지 않은 경우 직전의 비계량평가결과를 적용하며, 이전에 비계량평가가 실시되지 않은 경우에는 계량평가결과만을 적용하여 평가

② 평가부문별 평가배점

평가부문	배 점		
	생명보험	손해보험	
		장기보험 취급 회사	장기보험 미취급 회사
경영관리리스크	20점	20점	20점
보험리스크	15점	20점	25점
금리리스크	15점	10점	–
투자리스크	15점	15점	20점
유동성리스크	5점	5점	5점
자본적정성	20점	20점	20점
수익성	10점	10점	10점

(주) 평가부문의 중요도가 현저히 높거나 낮은 경우 또는 평가등급이 부여되지 않은 부문이 있는 경우 평가부문별 배점을 조정할 수 있다.

③ 부문별 평가등급

경영실태평가는 모든 보험회사와 보험회사의 해외현지법인 및 해외지점을 대상으로 하며 1등급(우수), 2등급(양호), 3등급(보통), 4등급(취약), 5등급(위험)의 5단계 등급으로 구분한다. 다만, 영업개시 후 만 2년이 경과하지 아니한 보험회사, 영업개시 후 만 5년이 경과하지 아니한 해외현지법인과 해외지점 및 소규모 또는 정리절차 진행 등으로 평가의 실익이 적다고 감독원장이 인정하는 경우는 평가대상에서 제외할 수 있다.

[종합리스크 등급별 정의]

평가등급	정 의
1등급 (우수 ; Strong)	리스크가 손실로 현실화될 가능성이 매우 낮으며, 손실로 현실화되더라도 전반적인 재무상태에 악영향을 미칠 가능성이 매우 낮음
2등급 (양호 ; Satisfactory)	리스크가 손실로 현실화될 가능성이 낮으며, 손실로 현실화되더라도 자체적인 자본 및 리스크관리체제 등이 양호하여 전반적인 재무상태에 악영향을 미칠 가능성이 낮음
3등급 (보통 ; Less than Satisfactory)	리스크가 손실로 현실화될 가능성이 다소 있으며, 리스크관리체제가 일부 미흡하여 리스크가 손실로 현실화될 경우 재무상태에 악영향을 미칠 가능성이 다소 잠재되어 있음
4등급 (취약 ; Deficient)	리스크가 손실로 현실화될 가능성이 다소 높고 동 리스크를 확인 및 감시하는 통제기능이 취약하거나 손실을 흡수할 수 있는 자기자본 등이 취약하여 전반적인 재무상태에 상당한 악영향을 미칠 가능성이 있음
5등급 (위험 ; Critically deficient)	리스크가 손실로 현실화될 가능성이 매우 높거나 일부 현실화 되었을 뿐만 아니라 리스크관리체제 및 손실흡수능력이 취약하여 전반적인 재무상태에 중대한 악영향을 미칠 가능성이 높거나 악영향이 일부 현실화됨

(3) 리스크 평가제도(RAAS)

① 의 의

㉠ 보험회사 리스크 평가제도(RAAS ; Risk Assessment and Application System)란 보험회사의 부문별 리스크를 상시 평가하여 취약회사 및 취약부문에 감독·검사역량을 집중하는 리스크중심 상시 감시체제이다.

㉡ 보험회사의 경영활동에 수반되는 각종 리스크에 대한 노출정도와 리스크 관리·통제능력을 체계적·종합적으로 평가하고, 평가결과를 리스크중심 감독·검사업무에 활용하여 감독업무의 효율성을 높이고 금융시스템의 안정성과 보험회사 건전성을 제고하는 일련의 과정이다.

② 도입배경

㉠ 지금까지 보험회사의 건전성에 대한 평가는 주로 재무제표에 기초하여 과거의 경영실적을 중심으로 평가가 이루어졌다.

㉡ 전통적인 감독수단은 보험회사의 잠재적인 취약성과 미래의 손실발생 가능성을 적절히 평가하여 예방적 조치를 취하는데 한계가 있었다.

㉢ 특히 현행 경영실태평가는 평가시점의 자산건전성 및 보험금 지급이행능력(지급여력)을 중심으로 평가가 이루어짐에 따라 보험회사 고유의 주요 리스크인 보험 및 금리리스크 평가가 미흡하고 자산과 부채의 구성 및 재무실적의 변동 등에 따른 리스크를 체계적으로 반영하지 못하였다.

㉣ 리스크 평가제도는 평가시점의 자산건전성 등 재무실적뿐만 아니라, 과거 경험률(부도율, 손실률 등) 등을 이용한 자산 및 부채에 대한 리스크 측정 등을 통해 미래의 손실가능성을 중심으로 평가할 수 있다.

③ 경영실태평가와 리스크 평가제도의 비교

구 분	경영실태평가	리스크 평가제도
접근방식	• 과거회귀적(Backward Looking) • 규정위주(Rule Based) • 포괄적 접근	• 미래지향적(Forward Looking) • 리스크중심(Risk Based) • 리스크별 접근
감독방식	사후평가 및 사후교정	사전예방
중점지표	경영성과	미래 손실가능성
활용방식	현장검사	상시감시
평가주기	종합검사 주기	분기 또는 반기
조치방식	위규사항 제재	취약부문에 대한 사전조치

심화TIP 보험회사 리스크 평가제도의 각 리스크별 정의

구 분	주요 내용	
보험리스크	보험회사의 고유 업무인 보험계약의 인수 및 보험금 지급과 관련하여 발생하는 리스크	
	보험가격리스크	보험료 산출시 적용된 예정위험률과 실제 발생위험률간의 차이로 인한 손실의 발생 또는 손익의 변동가능성
	준비금리스크	지급준비금과 실제 보험금지급액간의 차이로 인한 손실의 발생 또는 손익의 변동가능성
금리리스크	미래의 이자율 변동과 자산・부채 만기구조 차이 등으로 보험회사의 순자산가치가 하락할 리스크	
시장리스크	주가, 이자율, 환율 등 시장가격변수의 변동에 따른 단기매매 자산의 가치하락으로 인해 손실이 발생할 리스크	
신용리스크	거래상대방의 채무불이행 또는 신용등급 변화 등에 따른 자산가치의 하락으로 손실이 발생할 리스크	
유동성리스크	미래에 현금의 지급능력이 부족하여 지급불능 상태에 빠지거나 비정상적인 조달비용 상승으로 인해 손실이 발생할 리스크	
비재무리스크	운영리스크, 법규리스크, 전략리스크 등으로 인한 손실 리스크	
	운영리스크	보험상품 불완전판매, 금융사고, 내부통제 미흡 등으로 인한 손실 리스크
	법규리스크	각종법규, 규제, 지침 등을 준수하지 못하여 발생하는 손실 리스크
	전략리스크	경영계획, 전략, 의사결정 등이 적절하지 못할 경우 발생할 수 있는 리스크
지급여력 리스크	시장가격변수의 갑작스런 변동에 따라 단기매매증권 및 매도가능증권 등 시가대상 자산의 가치하락으로 인한 지급여력비율 하락 리스크(100% 미만 하락에 따른 규제리스크)	

7 적기시정조치제도

(1) 의 의

① 적기시정조치제도는 금융기관의 건전성을 자기자본비율 등 경영상태를 기준으로 등급을 분류한 후, 경영상태 또는 일정기준이 특정 수준을 하회하여 금융기관이 부실화 위험에 처해 있는 것으로 인식(Identification)될 경우 단계별로 경영, 자본, 영업활동과 관련하여 시정조치(Corrective Action)를 부과하는 제도이다.

② 적기시정조치제도는 부실화 소지가 있는 금융기관에 대하여 부실화가 크게 진전되기 이전에 적절한 경영개선조치를 취하도록 하여 금융기관의 자산건전성을 강화하고 부실금융기관 처리에 소요되는 정리비용을 경감시킨다.

(2) 보험회사 적기시정조치제도의 주요 내용

① 경영개선권고 · 경영개선요구 · 경영개선명령

금융위원회는 보험회사가 다음에 해당하는 경우에는 당해 보험회사에 대하여 필요한 조치를 이행하도록 경영개선권고 · 경영개선요구 · 경영개선명령을 하여야 한다.

구 분	조치기준	필요한 조치
경영개선 권고	• 지급여력비율이 50% 이상 100% 미만인 경우 • 경영실태평가 결과 종합평가등급이 3등급(보통) 이상으로서 자본적정성 부문의 평가등급이 4등급(취약) 이하로 평가받은 경우 • 경영실태평가 결과 종합평가등급이 3등급(보통) 이상으로서 보험리스크, 금리리스크 및 투자리스크 부문의 평가등급 중 2개 이상의 등급이 4등급(취약) 이하로 평가받은 경우 • 거액 금융사고 또는 부실채권 발생으로 위의 기준에 해당될 것이 명백하다고 판단되는 경우	• 자본금의 증액 또는 감액 • 사업비의 감축 • 점포관리의 효율화 • 고정자산에 대한 투자 제한 • 부실자산의 처분 • 인력 및 조직운영의 개선 • 주주배당 또는 계약자배당의 제한 • 신규업무 진출 및 신규출자의 제한 • 자기주식의 취득금지(손해보험회사에 한함) • 요율의 조정(손해보험회사에 한함)
경영개선 요구	• 지급여력비율이 0% 이상 50% 미만인 경우 • 경영실태평가 결과 종합평가등급을 4등급(취약) 이하로 평가받은 경우 • 거액 금융사고 또는 부실채권 발생으로 위의 기준에 해당될 것이 명백하다고 판단되는 경우	• 점포의 폐쇄 · 통합 또는 신설제한 • 임원의 교체 요구 • 보험업의 일부정지 • 인력 및 조직의 축소 • 합병, 금융지주회사법에 의한 금융지주회사의 자회사로의 편입(단독으로 또는 다른 금융기관과 공동으로 금융지주회사를 설립하여 그 자회사로 편입하는 경우를 포함한다), 제3자 인수, 영업의 전부 또는 일부의 양도 등에 관한 계획 수립 • 위험자산의 보유제한 및 자산의 처분 • 자회사의 정리 • 재보험처리(손해보험회사에 한함) • 경영개선권고 조치사항 중 전부 또는 일부

경영개선 명령	• 부실금융기관에 해당하는 경우 • 지급여력비율이 0% 미만인 경우 ※ 다만, 주식의 전부소각, 보험업의 전부정지, 영업의 전부양도, 계약의 전부이전의 조치는 부실금융기관이거나 기준(지급여력비율이 0% 미만인 경우)에 미달하고 건전한 보험거래질서나 보험가입자의 권익을 해할 우려가 현저하다고 인정되는 경우에 한한다.	• 주식의 일부 또는 전부 소각 • 임원의 직무집행 정지 및 관리인의 선임 • 6월 이내의 보험업 전부 정지 • 계약의 전부 또는 일부의 이전 • 합병 또는 금융지주회사의 자회사로의 편입(단독으로 또는 다른 금융기관과 공동으로 금융지주회사를 설립하여 그 자회사로 편입하는 경우를 포함한다) • 제3자에 의한 당해 보험업의 인수 • 영업의 전부 또는 일부의 양도 • 경영개선요구 조치사항 중 전부 또는 일부

② 경영개선계획의 제출

㉠ 경영개선권고・경영개선요구 또는 경영개선명령을 받은 보험회사는 당해 경영개선권고・경영개선요구 또는 경영개선명령의 내용이 반영된 계획(이하 "경영개선계획"이라 한다)을 당해 조치일부터 2월의 범위 내에서 당해 조치권자가 정하는 기한 내에 감독원장에게 제출하여야 한다.

㉡ 경영개선권고, 경영개선요구 또는 경영개선명령을 받은 보험회사가 제출한 경영개선계획에 대하여는 금융위원회가 당해 경영개선계획을 제출받은 날부터 각각 1월 이내에 승인 여부를 결정하여야 한다.

③ 경영개선계획의 이행기간

㉠ 경영개선권고를 받은 보험회사의 경영개선계획의 이행기간은 당해 경영개선계획의 승인일부터 1년 이내로 한다.

㉡ 경영개선요구를 받은 보험회사의 경영개선계획의 이행기간은 당해 경영개선계획의 승인일부터 1년 6월 이내로 한다. 다만, 경영개선권고를 받은 보험회사가 그 경영개선계획의 이행 중 경영개선요구를 받은 경우의 이행기간은 경영개선권고에 따른 경영개선계획의 승인일부터 1년 6월 이내로 한다.

㉢ 경영개선명령을 받은 보험회사의 경영개선계획의 이행기간은 금융위원회가 정한다.

④ 경영개선계획의 불이행 등에 따른 조치

㉠ 감독원장이 경영개선계획의 이행상황을 점검한 결과 경영개선권고를 받은 보험회사가 경영개선계획에서 정한 사항을 이행하지 아니한다고 인정하는 경우 금융위원회는 경영개선요구를 하여야 한다.

㉡ 감독원장은 경영개선요구를 받은 보험회사가 경영개선계획의 주요사항을 이행하지 아니하는 경우 일정기간을 정하여 경영개선계획에 대한 이행을 촉구할 수 있다. 이 경우 이행촉구기간은 경영개선계획 이행 기간에 산입하지 아니할 수 있다.

㉢ 금융위원회는 경영개선계획의 이행촉구를 받고도 경영개선계획의 주요사항을 이행하지 아니하거나 이행이 곤란하여 정상적인 경영이 어려울 것으로 판단되는 보험회사에 대하여는 경영개선명령을 하여야 한다.

㉣ 금융위원회는 경영개선명령을 받은 보험회사가 경영개선계획에서 정한 사항을 이행하지 아니한 경우 당해 보험회사에 대하여 보험업의 전부정지, 보험업 허가의 취소, 그 밖에 보험계약자 보호를 위하여 필요하다고 인정하는 조치를 할 수 있다.

CHAPTER

08 기출유형문제

01 보험감독의 필요성에 대한 설명으로 가장 옳지 않은 것은?

① 보험계약자의 권익보호를 위해 보험감독이 필요하다.
② 보험계약자 상호간의 공평성을 유지하기 위해 보험감독이 필요하다.
③ 보험회사의 재무적인 건전성과 약속이행에 대한 확실한 신뢰를 위해 보험감독이 필요하다.
④ 보험계약자가 보다 저렴한 가격으로 보험상품을 구입할 수 있도록 도와주기 위해 보험감독이 필요하다.

해설

보험감독은 보험계약자가 보험상품을 잘 이해하고 비교하여 '합리적' 가격으로 보험상품을 구입할 수 있도록 도와주는데 있다.

02 다음 중 보험업법을 통하여 보험사업을 감독하고 규제하는 이유로 가장 적절한 것은?

기출 17

① 보험계약자의 도덕적 위태 문제 완화
② 역선택 문제 완화
③ 정부의 실패에 대한 대응
④ 보험상품에 관한 정보 면에서 불리한 위치에 있는 소비자 보호

해설

보험계약자의 권익보호를 위해 보험감독이 필요하다. 일반적으로 보험계약자는 보험상품을 잘 이해하고 상품을 선택하는데 있어서 지식이 부족하여 공정한 대우를 받지 못할 가능성이 있다. 따라서 보험감독은 소비자인 보험계약자가 합리적인 가격으로 보험상품을 구입할 수 있도록 도와주고, 보험계약자 사이의 공평성 문제도 해결할 수 있다.

정답 01 ④ 02 ④

03 **다음 중 보험소비자 보호를 위한 보험사업자에 대한 감독과 규제의 근거와 거리가 먼 것은?**

기출 23

① 보험원가의 불확실성과 그 계산의 기술적 복잡성
② 보험상품의 미래지향적 특성으로 인한 소비자 판단의 어려움
③ 정보의 비대칭이 초래하는 역선택(adverse selection) 문제
④ 보험계약자와 보험자간의 보험계약에 관한 전문성 격차

| 해설 |

정보의 비대칭이 초래하는 역선택(adverse selection) 문제는 불량 위험체들이 보험에 가입함으로써 보험회사에 재정적으로 큰 손실을 입힐 수 있다. 즉 보험사업자에 대한 감독과 규제의 근거와는 상관이 없다.

04 **우리나라의 보험감독의 법적 근거인 법령과 규정으로 직접적인 관련이 없는 법령은?**

① 민법
② 보험업법
③ 보험업감독규정
④ 외국환거래법

| 해설 |

우리나라의 보험감독은 상법, 보험업법과 그 시행령 및 시행규칙에 법적 근거를 두고 있으며, 구체적인 보험감독을 위해 보험업감독규정, 보험업감독업무시행세칙, 금융위원회의 설치 등에 관한 법률, 외국환거래법 등을 제정하고 있다.

05 **금융산업의 선진화와 금융시장의 안정화를 꾀하고 건전한 신용질서와 공정한 금융거래관행 확립을 목적으로 설립된 감독기관은?**

① 금융위원회
② 금융정보분석원
③ 보험개발원
④ 보험협회

| 해설 |

금융위원회는 금융산업의 선진화와 금융시장의 안정을 꾀하고, 건전한 신용질서와 공정한 금융거래관행의 확립 등에 관한 사무를 관장한다(금융위원회와 그 소속기관 직제 제3조).

06 다음 중 금융위원회의 소관 사무와 관련이 없는 것은?

① 금융에 관한 정책 및 제도에 관한 사항
② 금융기관 감독 및 검사·제재에 관한 사항
③ 기업회계의 기준 및 회계감리에 관한 업무
④ 금융소비자의 보호와 배상 등 피해구제에 관한 사항

해설

금융위원회의 소관 사무(금융위원회의 설치 등에 관한 법률 제17조)
- 금융에 관한 정책 및 제도에 관한 사항
- 금융기관 감독 및 검사·제재(制裁)에 관한 사항
- 금융기관의 설립, 합병, 전환, 영업의 양수·양도 및 경영 등의 인가·허가에 관한 사항
- 자본시장의 관리·감독 및 감시 등에 관한 사항
- 금융소비자의 보호와 배상 등 피해구제에 관한 사항
- 금융중심지의 조성 및 발전에 관한 사항
- 위의 사항에 관련된 법령 및 규정의 제정·개정 및 폐지에 관한 사항
- 금융 및 외국환업무 취급기관의 건전성 감독에 관한 양자간 협상, 다자간 협상 및 국제협력에 관한 사항
- 외국환업무 취급기관의 건전성 감독에 관한 사항
- 그 밖에 다른 법령에서 금융위원회의 소관으로 규정한 사항

07 금융위원회의 지도·감독을 받아 금융기관에 대한 검사·감독업무 등의 수행하기 위해 설립된 감독기관은?

① 보험협회 ② 금융감독원
③ 보험개발원 ④ 증권선물위원회

해설

금융감독원은 금융기관에 대한 검사·감독업무 등의 수행을 통하여 건전한 신용질서와 공정한 금융거래관행을 확립하고 예금자 및 투자자 등 금융수요자를 보호함으로써 국민경제의 발전에 기여하기 위해 설립되었다.

08 금융감독원의 업무범위에 해당하지 않는 것은?

① 금융감독원의 검사를 받는 기관의 업무 및 재산상황에 대한 검사
② 외국환업무 취급기관의 건전성 감독에 관한 사항
③ 금융위원회 소속으로 두는 기관에 대한 업무지원
④ 그 밖에 금융위원회법 또는 다른 법령에서 금융감독원이 수행하도록 하는 업무

정답 03 ③ 04 ① 05 ① 06 ③ 07 ② 08 ②

| 해설 |

금융감독원의 업무범위(금융위원회의 설치 등에 관한 법률 제37조)
- 금융감독원의 검사를 받는 기관의 업무 및 재산상황에 대한 검사
- 검사 결과와 관련하여 금융위원회법과 또는 다른 법령에 따른 제재
- 금융위원회와 금융위원회법 또는 다른 법령에 따라 금융위원회 소속으로 두는 기관에 대한 업무지원
- 그 밖에 금융위원회법 또는 다른 법령에서 금융감독원이 수행하도록 하는 업무

09 보험 관련 기관 중 보험개발원의 업무범위에 해당하지 않는 것은?

① 합리적인 보험요율 산출
② 보험소비자 보호
③ 보험전문 직무・자격교육 실시
④ 보험정보의 효율적인 활용과 충실한 연구조사

| 해설 |

보험전문 직무・자격교육 실시는 보험연수원의 업무에 해당한다.

10 보험업을 경영하려는 자가 보험종목별로 허가를 받아야 하는 감독기관은?

① 금융위원회
② 금융감독원
③ 보험개발원
④ 보험협회

| 해설 |

보험업을 경영하려는 자는 보험종목별로 금융위원회의 허가를 받아야 한다.

11 보험회사가 보험업을 시작할 수 있는 자본금 또는 기금액수는 얼마 이상인가?

① 30억원 이상
② 50억원 이상
③ 100억원 이상
④ 300억원 이상

| 해설 |

보험회사는 300억원 이상의 자본금 또는 기금을 납입함으로써 보험업을 시작할 수 있다.

12 보험모집을 할 수 있는 자에 해당하지 않는 자는?

① 보험설계사
② 보험대리점
③ 보험중개사
④ 대표이사

해설

모집을 할 수 있는 자는 보험설계사, 보험대리점, 보험중개사, 보험회사의 임원(대표이사・사외이사・감사 및 감사위원은 제외한다) 또는 직원에 해당하는 자이어야 한다.

13 손해보험업의 보험종목 전부를 취급하는 손해보험회사가 질병사망을 담보하는 제3보험상품을 개발하는 경우에 이 상품이 갖추어야 할 요건으로 올바르지 않은 것은? 기출 23

① 질병사망을 주계약(보통약관)에서 보장할 것
② 보험만기는 80세 이하일 것
③ 만기환급금은 납입보험료 합계액의 범위 이내일 것
④ 보험금액의 한도는 개인당 2억원 이내일 것

해설

제3보험의 보험종목에 부가되는 보험(보험업법 시행령 제15조 제2항)
질병을 원인으로 하는 사망을 <u>제3보험의 특약형식</u>으로 담보하는 보험으로서 다음 각 호의 요건을 충족하는 보험을 말한다.
1. 보험만기는 80세 이하일 것
2. 보험금액의 한도는 개인당 2억원 이내일 것
3. 만기시에 지급하는 환급금은 납입보험료 합계액의 범위 내일 것

정답 09 ③ 10 ① 11 ④ 12 ④ 13 ①

14 아래에서 보험업법상 소액단기전문보험회사가 취급할 수 있는 보험종목은 모두 몇 개인가?

기출 23

ⓐ 상해보험	ⓑ 질병보험
ⓒ 연금보험	ⓓ 간병보험
ⓔ 비용보험	ⓕ 날씨보험
ⓖ 책임보험	ⓗ 유리보험
ⓘ 자동차보험	ⓙ 동물보험

① 3
② 5
③ 7
④ 9

해설

소액단기전문보험회사가 취급할 수 있는 보험종목(보험업법 시행령 제13조의2 제1항 제1호)

1. 생명보험상품 중 제1조의2 제2항 제1호에 따른 보험상품(생명보험계약)
2. 손해보험상품 중 제1조의2 제3항 제6호, 제9호부터 제11호까지, 제13호 또는 제14호에 따른 보험상품
   - 책임보험계약
   - 도난보험계약
   - 유리보험계약
   - 동물보험계약
   - 비용보험계약
   - 날씨보험계약
3. 제3보험상품 중 제1조의2 제4항 제1호 또는 제2호에 따른 보험상품
   - 상해보험계약
   - 질병보험계약

15 다음은 보험모집활동에 대한 감독사항이다. 옳지 않은 내용은?

① 보험회사 등은 다른 보험회사 등에 소속된 보험설계사에게 모집을 위탁할 수 있다.
② 보험설계사는 자기가 소속된 보험회사 등 이외의 자를 위하여 모집을 하지 못한다.
③ 보험안내자료에는 보험 가입에 따른 권리・의무에 관한 주요 사항을 명백하고 알기 쉽게 적어야 한다.
④ 보험회사는 보험계약의 체결시부터 보험금 지급시까지의 주요 과정을 일반보험계약자에게 설명하여야 한다.

해설

보험회사 등은 다른 보험회사 등에 소속된 보험설계사에게 모집을 위탁하지 못한다.

16 다음 중 보험계약의 체결 또는 모집에 관한 금지행위가 아닌 것은?

① 다른 모집 종사자의 명의를 이용하여 보험계약을 모집하는 행위
② 보험계약의 청약철회 또는 계약 해지를 하는 행위
③ 실제 명의인이 아닌 자의 보험계약을 모집하거나 실제 명의인의 동의가 없는 보험계약을 모집하는 행위
④ 보험계약자 또는 피보험자와의 금전대차의 관계를 이용하여 보험계약자 또는 피보험자로 하여금 보험계약을 청약하게 하거나 이러한 것을 요구하는 행위

| 해설 |

보험계약의 청약철회 또는 계약 해지를 방해하는 행위를 해서는 안 된다.

17 다음 중 보험업법상 보험회사가 재무건전성을 유지하기 위하여 준수하여야 할 사항에 해당하지 않는 것은? 기출 24

① 자본의 적정성에 관한 사항
② 자산의 건전성에 관한 사항
③ 사업비의 충분성에 관한 사항
④ 그 밖에 경영건전성 확보에 필요한 사항

| 해설 |

재무건전성의 유지(보험업법 제123조 제1항)
보험회사는 보험금 지급능력과 경영건전성을 확보하기 위하여 다음 각 호의 사항에 관하여 대통령령으로 정하는 재무건전성 기준을 지켜야 한다.
1. 자본의 적정성에 관한 사항
2. 자산의 건전성에 관한 사항
3. 그 밖에 경영건전성 확보에 필요한 사항

18 다음 중 재무건전성에 대한 감독사항으로 옳지 않은 내용은?

① 보험회사가 지켜야 하는 재무건전성 기준 중 지급여력비율은 100분의 100 이상을 유지해야 한다.
② 보험회사는 대출채권 등 보유자산의 건전성을 정기적으로 분류하고 대손충당금을 적립해야 한다.
③ 보험회사의 위험, 유동성 및 재보험의 관리에 관하여 금융위원회가 정하여 고시하는 기준을 충족해야 한다.
④ 손해보험업을 경영하는 보험회사는 해당 사업연도의 보험료 합계액의 100분의 150의 범위에서 비상위험준비금을 계상하여야 한다.

정답 14 ③ 15 ① 16 ② 17 ③ 18 ④

| 해설 |

손해보험업을 경영하는 보험회사는 해당 사업연도의 보험료 합계액의 100분의 50(보증보험의 경우 100분의 150)의 범위에서 금융위원회가 정하여 고시하는 기준에 따라 비상위험준비금을 계상하여야 한다.

19 **다음 중 보험회사에 대한 재무건전성 감독을 위한 제도와 가장 거리가 먼 것은?** 기출 16

① 보험회계기준
② 지급여력제도
③ 경영실태평가
④ 보험상품공시제도

| 해설 |

보험상품공시제도는 대표적인 보험상품의 정보를 보험협회 홈페이지를 통해 비교·제공함으로써, 소비자들의 실질적인 보험상품 선택권을 보장하기 위한 제도이다. 즉 소비자가 금융상품을 이해하고 선택하는데 유용한 정보를 제공함으로써 소비자를 보호하기 위한 제도이다.

20 **손해사정비용에 대한 설명으로 옳지 않은 것은?**

① 손해사정비용이란 보험사고발생시 피보험자에게 지급한 보험금 이외에 손해사정을 위해 보험자가 지출한 모든 경비를 말한다.
② 손해사정비용을 손해액에 포함시키면 그 비용만큼 실제 손실액이 증가하게 되어 예정손해율 대비 실제손해율이 그만큼 증가하게 된다.
③ 손해사정비용을 사업비로 인식하게 되면 그 비용만큼 실제손해액에서 누락되어 예정손해율 대비 실제손해율이 그만큼 하락하게 되어 보험회사의 재무건전성을 높인다.
④ 현행 보험실무에서는 손해사정비용을 사업비에 포함시켜서 손해율을 산정하고 있다.

| 해설 |

현행 보험실무에서는 손해사정비용을 손해액에 포함시켜서 손해율을 산정하고 있다. 손해사정비용을 사업비로 인식하게 되면 보험회사의 경영효율성은 떨어지는 반면 재무건전성은 높아지게 되고, 반대로 손해액에 포함시켜 인식하게 되면 보험회사의 경영효율성은 높아지는 반면 재무건전성은 떨어진다.

21 보험회사가 자산을 운용할 때 금지 또는 제한되는 사항이 아닌 것은?

① 담보권의 실행으로 취득하는 부동산의 소유
② 상품이나 유가증권에 대한 투기를 목적으로 하는 자금의 대출
③ 직접·간접을 불문하고 정치자금의 대출
④ 해당 보험회사의 임직원에 대한 대출

| 해설 |

업무용 부동산이 아닌 부동산(저당권 등 담보권의 실행으로 취득하는 부동산은 제외한다)을 소유해서는 안 된다.

22 보험회사가 보험계약자를 보호하기 위하여 즉시 공시해야 하는 사항이 아닌 것은?

① 재무 및 손익에 관한 사항
② 자금의 조달 및 운용에 관한 사항
③ 보험약관 이해도 평가사항
④ 보험회사가 재무건전성 기준을 지키지 아니하여 경영건전성을 해칠 우려가 있다고 인정되는 경우 그 내용

| 해설 |

보험약관 이해도 평가사항은 금융위원회가 공시할 수 있는 내용이다. 금융위원회는 보험소비자와 보험의 모집에 종사하는 자 등(보험소비자 등)을 대상으로 보험약관 등의 이해도를 평가하고, 그 결과를 공시할 수 있다.

23 보험회사가 기초서류를 작성·변경할 때 지켜야 내용으로 옳지 않은 것은?

① 보험업법 또는 다른 법령에 위반되는 내용을 포함하지 아니할 것
② 정당한 사유 없는 보험계약자의 권리 축소 또는 의무 확대 등 보험계약자에게 불리한 내용을 포함하지 아니할 것
③ 보험료, 책임준비금 및 해약환급금을 보험협회가 정하는 기준에 따라 산출·적립할 것
④ 보험계약자 보호, 재무건전성 확보 등을 위하여 필요한 사항으로서 금융위원회가 정하여 기준에 적합할 것

| 해설 |

보험료, 책임준비금 및 해약환급금을 금융위원회가 정하여 고시하는 기준에 따라 산출·적립해야 한다.

정답 19 ④ 20 ④ 21 ① 22 ③ 23 ③

24 「금융소비자보호법」상 금융상품판매업자 등의 금융상품 유형별 영업행위 준수사항에 해당되지 않는 것은? 기출 21

① 설명의무
② 정합성 원칙
③ 적합성 원칙
④ 적정성 원칙

해설

금융상품 유형별 영업행위 준수사항은 적합성의 원칙(제17조), 적정성의 원칙(제18조), 설명의무(제19조), 불공정영업행위의 금지(제20조), 부당권유행위 금지(제21조) 등이다.

25 보험회계의 특징으로 옳지 않은 것은?

① 보험회계의 목적 중 하나는 감독목적의 재무제표 작성에 있고, 감독목적의 회계정보제공에 대한 기본적인 목표는 지급여력과 관련한 재무정보 제공에 있다.
② 보험회계에서는 재무상태를 표시하는 재무상태표보다 영업실적을 나타내는 포괄손익계산서를 더 중요시하는 경향이 있다.
③ 보험료수입은 수입이라기보다는 공공에 대한 부채라는 특성이 있다.
④ 보험회사는 공공성과 사회성이 강조되어야 하며, 회계 또한 보수적인 성향을 보이고 있다.

해설

보험회계에서는 영업실적을 나타내는 포괄손익계산서보다 재무상태를 표시하는 재무상태표를 더 중요시하는 경향이 있다.

26 "연금저축계좌를 설정하는 계약, 퇴직보험계약, 변액보험계약 등의 보험계약에 대하여 그 준비금에 상당하는 자산의 전부 또는 일부를 그 밖의 자산과 구분하여 이용하기 위한 계정"에 대한 보험업법상의 명칭은? 기출 20

① 특별계정
② 장기자산계정
③ 금융자산계정
④ 구분계리계정

해설

보험회사는 다음의 어느 하나에 해당하는 계약에 대하여는 대통령령으로 정하는 바에 따라 그 준비금에 상당하는 자산의 전부 또는 일부를 그 밖의 자산과 구별하여 이용하기 위한 계정(이하 "특별계정"이라 한다)을 각각 설정하여 운용할 수 있다(보험업법 제108조 제1항).

1. 「소득세법」 제20조의3 제1항 제2호 각 목 외의 부분에 따른 연금저축계좌를 설정하는 계약
2. 「근로자퇴직급여보장법」 제29조 제2항에 따른 보험계약 및 법률 제10967호 「근로자퇴직급여보장법」 전부개정 법률 부칙 제2조 제1항 본문에 따른 퇴직보험계약
3. 변액보험계약(보험금이 자산운용의 성과에 따라 변동하는 보험계약을 말한다)
4. 그 밖에 금융위원회가 필요하다고 인정하는 보험계약

27 다음 중 손해보험회사가 구분 적립해야 하는 책임준비금에 대한 설명으로 옳지 않은 것은?

기출수정 22

① 보험회사는 장래에 지급할 보험금・환급금 및 계약자배당금의 지급에 충당하기 위해 책임준비금을 계상해야 한다.

② 책임준비금은 보험계약부채・재보험계약부채・투자계약부채로 구분하여 각각 적립한다.

③ 보험계약부채는 결산시점 현재 아직 발생하지 않은 보험사고 및 지급사유가 발생하지 않은 투자요소에 대한 부채(잔여보장요소)와 발생한 보험사고 및 지급사유가 발생하였으나 지급되지 않은 투자요소에 대한 부채(발생사고요소)로 구분하여 각각 적립한다.

④ 투자계약부채는 보험계약의 법률적 형식을 취하고 있으므로, 한국채택국제회계기준 제1117호의 적용을 받아 투자계약으로 분류된 계약들의 평가금액으로 한다.

| 해설 |

투자계약부채는 보험계약의 법률적 형식을 취하고 있으나, 한국채택국제회계기준 제1117호의 적용을 받지 않아 투자계약으로 분류된 계약들의 평가금액으로 한다(보험업감독규정 제6-11조 제3항). 〈2022.12.21. 개정〉

① 보험업법 시행령 제63조 제1항
② 보험업감독규정 제6-11조 제1항
③ 보험업감독규정 제6-11조 제2항

28 다음 중 책임준비금 적립 항목에 해당하는 것은? 기출 25

① 비상위험준비금
② 해약환급금준비금
③ 이익준비금
④ 계약자배당준비금

| 해설 |

책임준비금 적립 항목

(1) IFRS4

책임준비금은 보험료적립금, 미경과보험료적립금, 지급준비금, 계약자배당준비금, 계약자이익배당준비금, 배당보험손실보전준비금 등으로 구성된다.

(2) IFRS17

신국제회계기준(IFRS17)에서는 책임준비금을 보험계약부채, 재보험계약부채, 투자계약부채로 구분하여 각각 적립한다(보험업감독규정 제6-11조 제1항).

- 보험계약부채(재보험계약부채)는 결산시점 현재 아직 발생하지 않은 보험사고 및 지급사유가 발생하지 않은 투자요소에 대한 부채(이하 "잔여보장요소"라 한다)와 발생한 보험사고 및 지급사유가 발생하였으나 지급되지 않은 투자요소에 대한 부채(이하 "발생사고요소"라 한다)로 구분하여 각각 적립한다. 다만, 보험계약부채(재보험계약부채)의 포트폴리오별로 잔여보장요소와 발생사고요소의 합계가 영(0)보다 작은 경우 자산[이하 "보험계약자산(재보험계약자산)"이라 한다]으로 계상한다(보험업감독규정 제6-11조 제2항).
- 투자계약부채는 보험계약의 법률적 형식을 취하고 있으나, 한국채택국제회계기준 제1117호의 적용을 받지 않아 투자계약으로 분류된 계약들의 평가금액으로 한다(보험업감독규정 제6-11조 제3항).

정답 24 ② 25 ② 26 ① 27 ④ 28 ④

29 **손해보험회사의 비상위험준비금에 대한 설명으로 옳지 않은 것은?** 기출 18

① 대화재, 태풍, 지진 등 재난적 손해에 대비하기 위하여 적립하는 금액이다.

② 외국보험회사국내지점은 국내에서 체결한 계약에 관하여 적립한 비상위험준비금에 상당하는 자산을 국내에 보유하여야 한다.

③ 하나의 계약기간에는 발생할 것으로 예상되지 않을 수 있으나 언젠가는 지급이 예상되는 금액이므로, 재무상태표상의 부채항목으로 인식된다.

④ 보험회사의 경영측면에서 비상위험준비금을 많이 적립할 수 있다는 것은 보험회사의 재무건전성이 높다는 것을 의미하기도 한다.

| 해설 |

비상위험준비금은 예측할 수 없는 이례적이고 거대한 보험사고가 발생함으로써 예상사고율을 초과하는 경우에 그 보험금의 지급재원으로 적립하는 금액으로서 보통의 책임준비금으로 감당하기 어려운 비상위험에 대비하고자 적립한 금액을 말한다. 손해보험업을 경영하는 보험회사는 해당 사업연도의 보험료 합계액의 100분의 50(보증보험의 경우 100분의 150)의 범위에서 금융위원회가 정하여 고시하는 기준에 따라 비상위험준비금을 계상하여야 한다.

비상위험준비금은 2010년 회계연도까지는 부채계정에 계상되었으나, 2011년 회계연도부터 적용된 한국채택국제회계기준(K-IFRS)에서 자본계정(이익잉여금 항목)으로 편입되었다.

30 **자산건전성의 분류 기준 중 '요주의' 단계에 대한 설명으로 옳은 것은?**

① 경영내용, 재무상태 및 미래현금흐름 등을 감안할 때 채무상환능력이 양호하여 채권회수에 문제가 없는 것으로 판단되는 거래처에 대한 자산

② 경영내용, 재무상태 및 미래현금흐름 등을 감안할 때 채권회수에 즉각적인 위험이 발생하지는 않았으나 향후 채무상환능력의 저하를 초래할 수 있는 잠재적인 요인이 존재하는 것으로 판단되는 거래처에 대한 자산

③ 경영내용, 재무상태 및 미래현금흐름 등을 감안할 때 채무상환능력의 저하를 초래할 수 있는 요인이 현재화되어 채권회수에 상당한 위험이 발생한 것으로 판단되는 거래처에 대한 자산

④ 경영내용, 재무상태 및 미래현금흐름 등을 감안할 때 채무상환능력이 현저히 악화되어 채권회수에 심각한 위험이 발생한 것으로 판단되는 거래처(회수의문거래처)에 대한 자산 중 회수예상가액 초과부분

| 해설 |

① 정상, ② 요주의, ③ 고정, ④ 회수의문

TIP **자산건전성 분류기준**

보험회사는 정기적으로 차주의 채무상환능력과 금융거래내용 등을 감안하여 보유자산의 건전성을 '정상', '요주의', '고정', '회수의문', '추정손실'의 5단계로 분류한다.

31 보험회사의 경영실태 및 위험을 평가하여 경영의 건전성 여부를 감독하여야 하는 자는?

① 금융위원회
② 금융감독원장
③ 보험협회
④ 기획재정부장관

| 해설 |

금융감독원장은 보험업법 시행령 제66조에서 정하는 보험회사의 경영실태 및 위험을 평가하여 경영의 건전성 여부를 감독하여야 한다.

32 보험료 산출시 적용된 예정위험률과 실제 발생위험률간의 차이로 인한 손실의 발생 또는 손익의 변동가능성과 관련이 있는 리스크는?

① 보험가격리스크
② 금리리스크
③ 시장리스크
④ 유동성리스크

| 해설 |

보험리스크

보험가격리스크	보험료 산출시 적용된 예정위험률과 실제 발생위험률간의 차이로 인한 손실의 발생 또는 손익의 변동가능성
준비금리스크	지급준비금과 실제 보험금지급액간의 차이로 인한 손실의 발생 또는 손익의 변동가능성

33 다음 중 보험업법상 보험회사의 자산운용원칙이 아닌 것은? 기출 23

① 공익성
② 적정성
③ 유동성
④ 수익성

| 해설 |

보험회사는 그 자산을 운용할 때 안정성 · 유동성 · 수익성 및 공익성이 확보되도록 하여야 한다(보험업법 제104조 제1항).

34 다음 설명내용에 적합한 보험회사의 자산운용원칙은? 기출 18

> 보험회사의 자산은 대부분 보험계약자가 선납한 보험료로 구성되며, 이것은 미래의 보험금을 원활히 지급하기 위한 법정적립금(legal reserve)의 형태로 보전되어야 한다. 따라서 보험회사의 자산운용에 있어서 이 원칙을 희생하는 다른 원칙의 추구는 의미가 없기 때문에 다른 어느 원칙보다 중요하다고 할 수 있다. 전통적으로 자산운용에 대한 정부의 감독·규제는 이 원칙에 초점이 맞추어져 왔다.

① 수익성 ② 공공성
③ 유동성 ④ 안전성

해설

자산운용의 원칙

- **안전성** : 보험자산은 장래에 보험금 등으로 지급되어야 할 것이 대부분이기 때문에 무엇보다도 장래 보험금 등의 지급에 지장이 없도록 안정적으로 운용되어야 한다.
- **수익성** : 보험료는 예정이율로 미리 할인되어 있는 것이기 때문에 보험자산은 기본적으로 예정이율 이상으로 운용되어야 하며, 더욱이 계약자에 대해 배당금 등을 지급하여 계약자의 부담을 경감해 주기 위해서는 수익성이 높은 부문에 투자·운용되어야 한다. 이는 보험계약자의 권익보호는 물론 보험회사의 경쟁력을 확보하기 위해서도 매우 중요한 원칙이다.
- **유동성** : 보험회사는 보험금 등의 지급이 일시에 집중되는 경우에 대비하여 즉시 현금화 할 수 있는 예금이나 회사채 등과 같이 유동성(환금성)이 높은 자산으로 보유해야 한다.
- **공익성** : 보험자산은 다수의 일반국민, 즉 보험계약자가 납부한 보험료로 형성된 것이기 때문에 국민생활이나 국가경제 발전에 기여할 수 있도록 공공성을 바탕으로 운용되어야 한다.

35 다음 중 손해보험사의 경영관리리스크 항목에 해당하지 않는 것은?

① 리스크관리체제의 적정성
② 보험리스크 측정 및 관리의 적정성
③ 보험사기 방지실태의 적정성
④ 업무의 적정성

해설

경영관리리스크와 보험리스크 항목

평가부문	계량 평가항목	비계량 평가항목
경영관리 리스크	–	• 이사회와 경영진의 적정성 • 리스크관리체제의 적정성 • 내부통제의 적정성 • 보험사기 방지실태의 적정성 • 업무의 적정성
보험 리스크	• 장기손해보험가격리스크 비율 • 일반손해보험가격리스크 비율 • 준비금리스크 비율 • 예상 발생보험금 대 실제 발생보험금 비율	• <u>보험리스크 측정 및 관리의 적정성</u> • 상품개발·판매의 적정성 • 계약 인수·관리의 적정성 • 보험금 지급심사의 적정성

36 보험회사의 경영실태평가에서 부문별 재무평가항목 중 비계량항목으로만 구성된 것은?

① 자본적정성
② 수익성
③ 경영관리
④ 유동성

| 해설 |

경영실태평가는 평가대상 보험회사의 경영실태 및 위험을 자산건전성 · 유동성리스크 · 자본적정성 · 수익성 · 경영관리리스크 부문으로 구분하여 평가한 후 각 부문별 평가결과를 감안하여 종합평가한다. 자산건전성 · 유동성 · 자본적정성 · 수익성은 계량항목과 비계량항목으로 구성되며, 경영관리는 비계량항목으로만 구성된다.

37 경영실태평가와 비교한 리스크 평가제도에 대한 설명으로 옳지 않은 것은?

① 미래 지향적
② 사후평가
③ 미래손실 가능성
④ 분기 또는 반기의 평가주기

| 해설 |

경영실태평가와 리스크 평가제도

구 분	경영실태평가	리스크 평가제도
접근방식	과거 회귀적	미래 지향적
감독방식	사후평가 및 사후교정	사전예방
중점지표	경영성과	미래손실 가능성
활용방식	현장검사	상시감시
평가주기	종합검사 주기	분기 또는 반기

정답 34 ④ 35 ② 36 ③ 37 ②

38 보험회사의 경영성과지표에 관한 다음 설명 중 가장 적절한 것은? 기출 17

① 보험회사의 자산운용수익은 합산비율에 영향을 미친다.
② 실제사업비율이 예정사업비율보다 낮으면 효율적 경영이 이루어졌다고 할 수 있다.
③ 재보험거래 결과는 경과손해율에 영향을 미치지 않는다.
④ 손해사정비용은 사업비율에 영향을 미친다.

해설

예정사업비율이란 보험료 중에서 미리 예상하고 계산한 사업비의 비율을 말한다. 예정사업비율은 실제사업비율보다 높게 책정하기 때문에 실제사업비율이 예정사업비율보다 낮으면 효율적 경영이 이루어졌다고 할 수 있다.

① 보험회사의 수익은 크게 보험영업이익과 투자영업이익(자산운용수익)으로 구분되는데 합산비율은 보험영업이익의 수익성을 나타내는 지표이다. 즉 합산비율은 손해율과 사업비율을 합친 비율로, 자산운용수익은 합산비율에 영향을 미치지 않는다.
③ 경과손해율은 가입자가 낸 보험료(수입보험료)에서 보험사가 위험분담을 위해 드는 재보험 비용 등을 뺀 '경과보험료'에 대한 '발생손해액(보험금)'의 비율이므로, 재보험거래 결과는 경과손해율에 영향을 미치게 된다.
④ 사업비율은 사업비에 대한 경과보험료에 대한 비율이다. 보험사업비는 모집수수료, 인수비용, 사무통신관리비, 급료 등이다. 손해사정비용은 2012년 국제회계기준을 적용하여 비사업비(순보험료)에 되므로, 사업비율에 영향을 미치지 않는다.

39 다음은 종합리스크평가등급에 관한 설명이다. 이 중 3등급(Less than Satisfactory)에 해당하는 것은?

① 리스크가 손실로 현실화될 가능성이 매우 낮으며, 손실로 현실화되더라도 전반적인 재무상태에 악영향을 미칠 가능성이 매우 낮다.
② 리스크가 손실로 현실화될 가능성이 낮으며, 손실로 현실화되더라도 자체적인 자본 및 리스크관리체제 등이 양호하여 전반적인 재무상태에 악영향을 미칠 가능성이 낮다.
③ 리스크가 손실로 현실화될 가능성이 다소 있으며, 리스크관리체제가 일부 미흡하여 리스크가 손실로 현실화될 경우 재무상태에 악영향을 미칠 가능성이 다소 잠재되어 있다.
④ 리스크가 손실로 현실화될 가능성이 다소 높고, 동 리스크를 확인 및 감시하는 통제기능이 취약하거나 손실을 흡수할 수 있는 자기자본 등이 취약하여 전반적인 재무상태에 상당한 악영향을 미칠 가능성이 있다.

해설

① 1등급(우수 ; Strong)
② 2등급(양호 ; Satisfactory)
③ 3등급(보통 ; Less than Satisfactory)
④ 4등급(취약 ; Deficient)

40 다음 중 '경영개선요구' 조치사항에 해당하는 것을 올바르게 묶은 것은?

㉠ 점포의 폐쇄·통합 또는 신설제한
㉡ 보험업의 일부정지
㉢ 점포관리의 효율화
㉣ 위험자산의 보유제한 및 자산의 처분
㉤ 인력 및 조직의 축소
㉥ 자본금의 증액 또는 감액
㉦ 영업의 전부 또는 일부의 양도

① ㉠, ㉡, ㉢, ㉣
② ㉠, ㉢, ㉣, ㉥
③ ㉡, ㉣, ㉥, ㉦
④ ㉠, ㉡, ㉣, ㉤

해설

㉢·㉥ '경영개선권고'에 필요한 조치사항이다.
㉦ '경영개선명령'에 필요한 조치사항이다.

CHAPTER 09

ART(대체위험전가)

학습목표

❶ ART(대체위험전가)의 개념과 특성, 다양한 유형에 대해 학습한다.

❷ 캡티브(Captive)와 조건부자본, 대재해채권에 대해 자세히 알아본다.

01 ART(Alternative Risk Transfer)의 개요

1 ART의 개념 기출 15

(1) 협의(狹義)의 개념

① 좁은 의미에서 ART는 보험을 대체할 수 있는 순수위험의 전가수단을 의미한다. 즉 보험 특유의 보험영업위험(underwriting risk)을 보험시장이 아닌 자본시장의 투자위험(investment risk)으로 전가시키는 것이다. 자본시장은 보험의 관점에서 비전통적인 시장이라 할 수 있다.

② 전가하는 형태는 보험위험의 증권화, 보험파생상품이 있는데 증권화에는 대재해채권(catastrophe bond, 이하 "cat bond"라 한다)이 대표적이며, 보험파생상품에는 대재해옵션(option), 선물(future), 스왑(swap), 사이드카(sidecar) 등이 있다.

③ 이러한 ART를 활용하는 대상, 즉 위험을 전가하는 경제주체는 원보험사, 재보험사가 될 수 있다.

사이드카(sidecar) 기출 20

사이드카(sidecar)는 보험사에 대한 추가적 인수능력을 제공하는 구조로 보험사가 비례재보험 방식을 통해 투자자 또는 제3자와 리스크를 공유하거나 그들에게 리스크를 넘기기 위해 설립한다. 투자자나 제3자는 리스크를 떠안는 대신 특정 보험 또는 재보험사업의 수익으로부터 이익을 얻을 수 있다.

- 대재해채권과 같은 보험연계증권의 한 형태이다.
- 전통적 재보험과 유사하나, 최소한의 서류 작업과 관리 비용으로 운영하기 용이하다.
- 초과손해액담보(excess of loss cover) 위주로 하는 대재해채권(CAT bond)과 달리 비례재보험특약(quota share treaty) 방식으로 운영된다.
- 주로 제한된 범위의 단기 보험계약을 대상으로 대재해에 따른 재물손해를 담보한다.

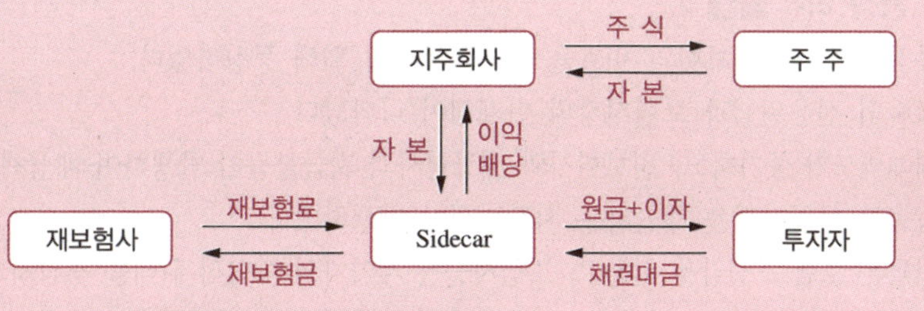

[사이드카의 구조]

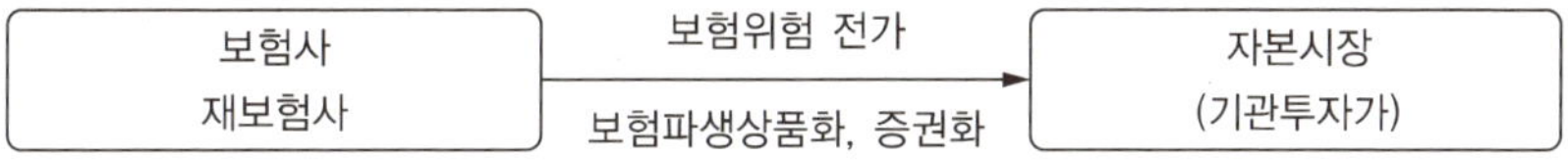

[협의의 ART 개념]

(2) 광의(廣義)의 개념

① 넓은 의미에서 ART는 보험 특유의 보험영업위험(underwriting risk)을 전통적인 (재)보험시장에서 비전통적인 대체시장으로 전가하는 다양한 수단을 의미한다. 즉 <u>전통적인 보험계약을 제외한 모든 위험전가방식을 포함하는 개념</u>이다.

> **전통적 보험계약**
> 한 종류의 위험에 대한 보험계약으로서 보험기간이 그다지 길지 않고 계약자가 보유하는 손실규모가 크지 않으며, 일반적인 보험통계를 적용할 수 있는 손실이 대상이므로 궁극적으로 보험사가 손실을 보상하는 보험계약을 말한다.

② ART는 전통적 보험계약의 비효율성을 극복하기 위해 등장한 다양한 위험전가방식이며, 위험재무기법이다.

③ 전통적인 보험시장에 상반되는 의미의 비전통적인 대체시장에는 캡티브(captive)보험, 혁신적인 재보험기법을 활용한 재보험시장, 그리고 자본시장(capital market)이 포함된다.

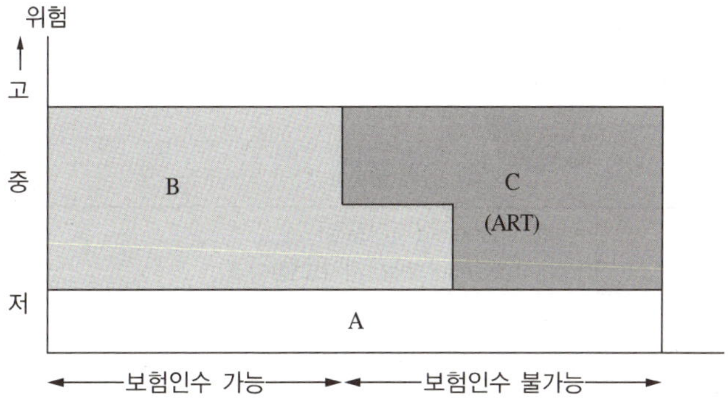

㈜ A : 자기보유, B : 전통적 보험시장, C : 대체시장(ART)

[ART의 영역]

〈자료출처 : 보험개발원, 보험연구소〉

(3) ART의 등장 이유 기출 14

① 전통적 보험 및 재보험의 비효율성을 극복하기 위해 등장하였다.
② 보험자의 신용위험과 보험시장의 한계점이 나타났다.
③ 대재해빈도가 증가하고, 원보험사와 재보험사의 지급불능이 발생하여 배상책임보험시장에서 가격상승과 가입자격을 제한하는 시장경색이 발생하였다.
④ 기업들은 보험료 절감을 원하고, 보험사들은 계약자의 도덕적 위태를 경감시키기를 원하기 때문에 양자의 욕구를 충족시킬 새로운 형태의 보험계약이 필요하게 되었다.
⑤ 기업들은 세금절세 효과와 손실에 대한 유리한 회계처리 때문에 ART를 사용하게 되었다.
⑥ 보험과 금융시장간의 장벽이 완화되는 종합금융화 추세로 ART를 더욱 성장시키고 있다.

2 ART의 특성 및 유형

(1) ART의 특성

① 손실의 자기보유수준이 높다.
② 계약기간이 수년에 걸친다.
③ 복수의 위험을 대상으로 한다.
④ 일반적인 보험계약으로 담보되지 않는 위험을 대상으로 한다.
⑤ 자본시장의 증권 및 증권투자자가 포함된다.

(2) ART의 유형 기출 18

① 한정위험계약(Finite Risk Contracts)
② 캡티브(Captive)
③ 다종(Multi-line) 및 복수트리거(Multi-trigger) 보험계약
④ 조건부자본(Contingent Capital)
⑤ 대재해채권(Cat Bond)
⑥ 보험파생상품(Derivatives)
⑦ 생명보험전매(Life Settlement)

ART(Alternative Risk Transfer)의 유형 기출 18

자가보험	• self financing(자기조달) • captive insurance(자가보험)
자본시장 (협의의 ART)	• securitization(보험위험의 증권화) • derivative(보험파생상품)
대체재보험시장	• finite reinsurance(제한적 재보험 = 금융재보험) • holistic cover(통합담보) • multi-trigger cover(복합위험담보) • contingent capital(조건부 자본조달)

02 ART의 유형

1 자가보험(Self-insurance)

(1) 의 의

경제주체가 위험에 대비하는 위험관리기법 중 '위험보유'의 한 형태로, 자신의 비용으로 위험을 처리하는 것을 말한다. 수학적인 기초에 의하여 산출된 일정금액을 적립하여 위험에 대비하는 것으로, 대기업 등에서 시행이 가능하며, 어느 정도의 위험의 동질성과 다수성을 요한다. 대수의 법칙이 적용된다는 점에서 위험의 자기인수와는 다르며, 위험을 보험자에게 전가하지 않는다는 점에서 보험과도 다르다.

(2) 자가보험의 장점 및 단점 기출 14

장 점	• 거래비용 및 운영비용을 절감할 수 있다. • 자금이 사외로 유출되지 않아 유동성과 투자이익을 얻을 수 있다. ⇒ **현금흐름 개선** • 보험이 불가능한 위험이나 거절된 위험도 관리가 가능하다. • 위험관리에 관심이 높아져 사고예방효과를 기대할 수 있다. • 자가보험이 고용인을 대상으로 하는 경우 보험금액 결정 및 보험금 지급에 융통성(직급, 성과에 따라)을 가질 수 있으며, 장기적으로 노사관계를 유연화 할 수 있다.
단 점	• 예기치 못한 대규모 손해가 발생하면 재정적 위험에 직면할 수 있다. ⇒ **손실통제비용 증가** • 보험자에게 위험을 인수시켰으면 받을 수 있는 혜택[위험관리서비스, 계약과 관련된 서비스(계약만기통보, 손해사정 등)]을 받을 수 없다. • 자가보험을 위한 조직을 운용하여야 하는 부담이 있다.

2 캡티브(Captive)

(1) 캡티브의 개념 기출 14·17

① 캡티브의 정의

캡티브는 경제주체(기업)가 자신의 위험을 보험사나 재보험사에 전가하지 않고, 자회사 형태로 보험사를 설립하여 위험을 인수하는 방법이다.

심화TIP 캡티브 보험사(captive insurer) 설립의 이점 기출 19

• 재보험료를 절감할 수 있다.
• 부가비용(loading)을 절감할 수 있다.
• 모기업의 재정적인 부담을 줄 수 있다.
• 부가수입에 대한 투자를 통하여 투자수익을 창출할 수 있다.

② 캡티브의 운영 형태

구 분		운영 형태	특 징
자기위험 담보	YES	순수 캡티브	모기업의 고유위험만을 취급하는 전형적인 모델
	NO	광의 캡티브	• 모기업의 고유위험뿐만 아니라 제3자의 위험도 취급 • 교환재보험방법으로 물량확보 가능
소유자수	1인	단일 캡티브	• 소유자가 1인이므로 설립이 용이 • 업무와 의사결정이 신속하고 용이
	다수	그룹 캡티브	의사결정이 복잡하고 손해율 차이에 따른 문제점
모집형태	원보험	원보험 캡티브	모기업 또는 단체가 캡티브 형태로 직접 보험 가입
	재보험	재보험 캡티브	원수보험회사를 통해 재보험으로 캡티브에 보험 가입
캡티브 간접 설립		임대 캡티브	• 보험료 규모가 소액인 경우 • 캡티브 사업에 부담이 있는 경우 • 캡티브 설립시 경제적으로 부적합한 경우 • 캡티브 운영 경험을 얻고자 하는 경우
		PCC(protected cell captive)	

③ 캡티브의 담보위험

캡티브가 담보하는 위험은 설립목적에 따라 다양하다. 즉 기본담보, 초과담보, 포괄담보를 통해 근로자재해보상보험, 대물보험, 책임보험이나 의료배상책임보험 등을 취급한다. 캡티브는 원보험사나 재보험사로서 운영이 가능하다.

(2) 캡티브의 장점 및 단점 기출 19

장 점	• 리스크 관리비용을 절감할 수 있다. ⇒ 보험구입에 따른 판매수수료를 지급할 필요가 없고, 보험료 및 준비금을 이용하여 투자수익을 얻음 • 이익의 변동성이 감소된다. ⇒ 기업의 신용도 제고로 자금조달비용을 낮춤 • 외부보험시장에서 부보하기 어려운 위험도 캡티브를 통해 가입할 수 있다. • 재보험계약이 수월하다. • 광의 캡티브의 경우 모기업뿐만 아니라, 제3자의 위험을 인수하여 추가수익을 얻을 수 있어 이익센터의 기능을 담당한다. • 외환통제가 심한 국가에서는 캡티브를 통해 획득한 외환을 본국으로 송금할 수 있다. • 보험료 납입기간을 조정하여 모기업의 재무상태를 보다 유리하게 조정할 수 있다.
단 점	• 초기 설립비용, 연구비용, 자본금, 임대료 및 인건비 등이 소모되므로 모기업에 재정적인 부담을 준다. • 캡티브를 운영할 때 전문컨설팅회사나 전문가를 고용해야 하므로 경영관리비용이 발생한다. • 해외에서 캡티브를 운영하는 경우 해당 지역의 보험법규나 외환통제정책에 적응해야 한다.

3 한정위험계약(Finite Risk Contracts)

(1) 한정위험계약의 특성

① 보험자에게 전가되는 위험이 한정되어 있는 계약으로 금융보험이라고도 한다.

② 계약자는 매년 보험료를 지급하며 보험자는 일정액의 보수를 제한 후 기금에 적립한다.

③ 계약은 보통 3~5년 계약이며, 적립된 기금에 대해 매년 확정 이자가 발생한다.

④ 손실이 발생하면 이 기금으로부터 손실을 보상하고, 부족분은 보험자가 부담하는데 대부분의 경우 최대 부담액이 설정되어 있다.

⑤ 계약 기간만료 후 적립금이 남아 있으면 계약자에게 반환한다.

⑥ 보험자가 부담한 초과분의 일부는 재계약에 있어서 보험료에 반영될 수 있다.

⑦ 결론적으로 보험자의 최대 부담액을 초과하는 손실의 대부분을 계약자가 부담하며, 손실부담액이 매년 크게 변하지 않기를 원할 때 이용하는 방식이다.

(2) 한정위험계약의 장점 및 단점

장 점	• 순수위험뿐만 아니라 시차위험, 투자위험, 비용위험 등을 전가시킬 수 있다. • 계약자가 부담하는 손실부담액의 변동이 안정적이므로 장부상 이익의 변동성이 감소한다. • 이익의 변동성 감소로 세금절감 효과를 거둘 수 있다. • 3~5년의 장기계약이므로 거래비용이 절감되고, 보험료가 계약초기에 결정되어 균등한 보험료를 납입할 수 있다. • 이익환급으로 보험료를 절감할 수 있다.
단 점	• 지급능력 및 손익구조를 왜곡시킬 가능성이 있다. • 기금에 손실이 발생할 경우 향후 재계약시 보험료가 증가한다. • 금융재보험인 경우 자금차입수단으로 변질될 수 있다. ⇒ 계약 초기에 거액의 자금을 출재수수료 명목으로 차입

4 다종(Multi-line) 및 복수트리거(Multi-trigger) 보험계약

(1) 다종(Multi-line) 보험계약 기출 24

① 다종 보험계약의 개념

㉠ 전통적인 보험계약은 단일 위험으로부터의 손실을 보상하는데 반하여 다종 보험계약은 하나의 보험계약으로 여러 위험들로부터 발생하는 총 손실을 보상하는 계약이다.

㉡ 하나의 보험계약으로 화재, 배상책임, 기업휴지위험을 함께 담보할 수 있다.

㉢ 순수위험뿐만 아니라 금융위험(예 환위험)이나 국가위험처럼 기존 보험계약에서 담보하지 않던 위험도 포함시킬 수 있다.

㉣ 보험계약을 설계하는 비용이 크지 않다면 복수의 보험계약을 각각 체결하는데 소요되는 비용보다 낮은 보험료로 동일한 효과를 얻을 수 있다.

㉤ 통합보험계약, 배스킷보험계약 또는 번들보험계약이라고도 하며, 계약기간이 2년 이상인 경우 다종다기간 보험계약(MMP ; multi-line/multi-year policy)이라고 한다.

② 다종 보험계약의 장점 및 단점

장 점	• 포트폴리오의 분산효과로 위험관리능력이 신장된다. • 과다하게 보험을 구입하는 현상을 줄일 수 있다. • 여러 종목의 보험을 하나의 보험계약으로 구입하므로 거래비용이 경감되어 비용이 효율적이다. • 다년간 보험료가 고정되어 보험료 지출이 안정적이다. • 고객의 특수한 상황에 맞게 계약을 디자인할 수 있으며, 담보누락 위험을 방지한다.
단 점	• 회계처리 및 세금공제가 명확하지 않다. • 보험산업에서의 표준약관 및 규정이 미비하다. • 보험자 입장에서는 새로운 위험을 담보하는 비용이 높고 담보력의 확충도 문제가 된다.

사업복합형위험담보(Business Multi-line Cover) 기출 24

사업복합형위험담보는 다종 보험계약의 일종으로 하나의 보험계약으로 여러 위험들로부터 발생하는 총 손실을 보장한다. 하나의 보험계약으로 화재, 배상책임, 기업휴지위험을 함께 담보할 수 있다.

(2) 복수트리거(Multi-trigger) 보험계약

① 복수트리거 보험계약의 개념

㉠ 일종의 패키지 형태의 담보로서 2개 이상의 트리거(trigger)가 충족되어야 보험사가 손실을 보상하는 계약이다.

트리거(trigger) : 보험사의 지급사유가 되는 사건의 발생 또는 조건의 충족을 의미한다.

사례 복수트리거(Multi-tirgger) 보험계약

계약자의 매출이 GNP와 높은 상관관계가 있다면 계약자의 자기부담액을 초과하는 손실이 발생하고(1차 트리거), 이와 병행하여 GNP 성장이 2% 미만인 경우(2차 트리거) 보험사가 손실을 지급하는 사유가 발생하는 계약

⇒ **계약자는 손실발생 및 매출 둔화라는 두 가지 사건이 함께 발생하는 경우 보상을 받게 된다.**

㉡ 복합위험을 담보하므로 보험사는 보험금 지급발생의 확률을 줄일 수 있고, 보험계약자는 초과 보험계약을 줄일 수 있다.

② 복수트리거 보험계약의 장점 및 단점

장 점	• 보험료가 절감된다. • 보험계약자의 다양한 욕구에 부합한다.
단 점	• 조건(트리거) 자체가 복잡하다. • 계약의 효용이 의문시 된다. • 위험에 대비한 담보력 확보가 미비하다.

5 조건부자본(Contingent Capital)

(1) 조건부자본의 개념 기출 21

조건부자본계약은 보험사고가 발생한 후에 자본조달을 할 수 있다는 일종의 대출약정이다. 즉 보험사고가 발생한 경우 금융기관이나 투자자로부터 미리 정한 조건으로 차입을 하거나 주식을 발행할 수 있다는 계약을 의미한다. 이러한 계약을 맺지 않으면 보험사는 대형 보험손실이 발생한 후에 신규자본을 확보하기에 불리하거나 경우에 따라서는 자본조달이 불가능하거나 높은 금리를 감수해야 한다.

(2) 조건부자본의 유형

① 조건부차입

㉠ 손실이 발생하면 미리 정한 계약조건(대출기간, 금리 등)에 따라 일정 한도 내에서 자금을 차입할 수 있다.

㉡ 이자율옵션과 유사하다.

> 이자율옵션은 특정 이자율을 미리 정해 놓고 시장의 차입이자율이 이 이자율을 초과하는 경우 확정된 이자율로 자금을 조달할 수 있는 권리를 의미한다.

② 조건부주식발행

㉠ 손실이 발생할 경우 기업이 계약 상대방인 금융기관이나 투자자에게 미리 정한 가격으로 일정 한도의 주식을 발행할 수 있는 권한을 행사할 수 있다.

㉡ 풋옵션(put option)과 유사하다.

> 풋옵션은 일정한 금액을 받고 옵션의 기초자산을 매도할 수 있는 권리를 의미한다.

(3) 조건부자본의 장점 및 단점

장 점	• 사후적 자금차입이나 주식발행이므로 자본비용을 절감한다. • 경영자들의 도덕적 해이를 경감시킨다. • 조건부자본의 프리미엄이 보험료보다 적다면 보험보다 경제적으로 유리하다.
단 점	계약 상대방의 파산이나 도산위험 등의 신용위험에 노출된다.

6 대재해채권(Cat Bond)

(1) 대재해채권의 개념 기출 25

① 대재해채권은 천재지변 등 대재해(catastrophe)와 관련되어 이자나 원금이 변동하는 채권으로 Cat Bond 또는 재난채권이라고도 한다.

② 대재해채권은 기존의 보험시장보다 규모가 큰 자본시장의 투자자들로부터 손실보상을 위한 자본을 조달하는 방법으로서 자본시장을 통해 대재해위험을 관리하는 위험관리수단 중 증권화(securitization)의 대표적인 예이다.

> 대재해채권이란 "보험회사가 인수한 자연재해위험을 채권을 통하여 자본시장에 전가하는 새로운 형태의 위험관리기법이다"라고 정의한다.

③ 대재해채권은 기존 원보험 및 재보험보다 대재해에 대한 인수능력을 확대할 수 있어 보험연계증권 중 가장 보편적으로 사용되고 있다.

(2) 대재해채권의 운영구조

① 원보험사 또는 출재보험사는 특별목적재보험사(SPR ; Special Purpose Reinsurance)를 설립하고 이 SPR과 재보험계약을 체결한다. 위험을 분산하기 위하여 원보험사는 SPR을 직접 소유할 수 없다.

② SPR은 재보험계약을 통해 보험사의 위험을 인수하며 자본시장에서 대재해채권(Cat Bond)을 발행한다.

③ 출재보험사는 SPR에게 재보험료를 지불하고 채권투자자는 SPR에게 투자자금(채권가격)을 지급한다.

④ SPR은 수취한 보험료와 채권의 투자자금을 자본시장에 투자한다(예 국채).

⑤ 재해가 발생하지 않으면 SPR은 채권투자자에게 원금 및 이자를 지급하며, 재해가 발생하면 재보험계약에 따라 출재보험사에게 보험금을 지급해 주고 나머지 금액을 채권투자자에게 지급한다.

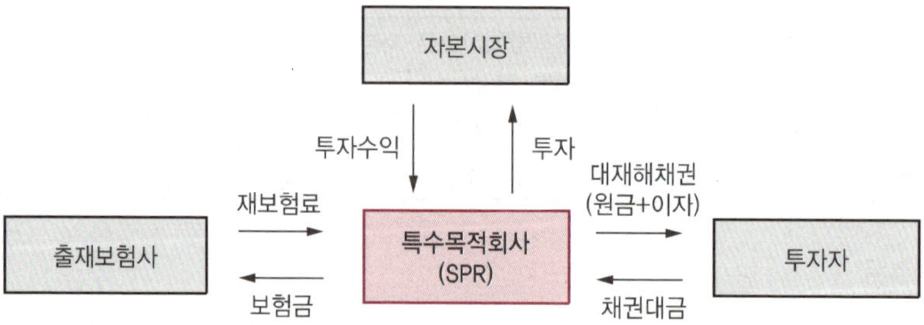

[대재해채권의 운영구조]

(3) 대재해채권의 장점 및 단점 기출 16

장 점	• 재보험사의 인수능력을 신장시킨다. ⇒ 대규모 위험을 인수하여 자본시장의 투자자에게 전가 • 재보험사의 신용능력을 향상시킨다. • 다양한 조건과 형태로 발행되므로 다양한 요구에 부합한다. • 역선택을 경감시킨다. • 고수익을 기대할 수 있다. • 시장의 투기적 위험과 자연재해와 같은 순수위험을 이용하여 분산된 투자 포트폴리오를 구성할 수 있다.
단 점	• 도입 및 운용상의 비용이 증대한다. ⇒ SPR 설립비용, 증권의 구조화, 발행 및 유통비용 • 유동성 문제가 발생한다. ⇒ 적절한 헤지수단이 없음 • 대재해 발생 및 손실을 분석할 수 있는 연구기관이 필요하다. • 대재해채권의 정확한 가격산정모형 개발이 필요하다.

(4) 재보험과 대재해채권(Cat Bond)의 비교

구 분	재보험	대재해채권(Cat Bond)
목 적	보험시장에서의 위험분산	자본시장에 위험전가
담보력	불안정(대재해 발생 후 Capacity 감소, 요율 인상)	안정(대재해 발생 후에도 기발행 Bond에 대한 조건은 불변)
재보험금 지급의 안정성	신용위험의 존재로 대재해채권(Cat Bond)에 비해 불안정	보험금 지급재원이 미리 펀딩(funding)되어 있기 때문에 상대적으로 안정
대상리스크	모든 보험리스크 가능	객관적인 통계분석이 가능한 자연재해 리스크에 한정
기 간	1년	5~10년의 중장기 가능
시장참가자	재보험회사	기관투자가
기 타	시장상황에 따라 거래조건 변동	• 비용 및 시간소요 • 채권발행절차가 복잡

심화TIP insurance-linked securities(보험연계증권) 기출 22

보험연계증권은 보험위험을 자본시장으로 이전하는 거래로서 전통적 재보험을 대체하는 기능을 하며, 보험위험을 증권화한 <u>대재해채권(Cat Bond)이 대표적</u>이다. 넓은 의미의 보험연계증권은 보험과 관련된 위험을 자본시장에 전가하는 모든 수단(채권, 스왑, 파생상품, 재보험계약)을 의미한다.

7 보험파생상품(Derivatives)

(1) 파생상품의 개념

① 파생상품의 정의

파생상품은 특정한 자산의 가격이나 특정 변수의 값이 변화함에 따라 자산의 가치가 결정되는 금융수단을 말한다.

② 파생상품의 기본적 유형

㉠ 선도계약 : 특정 자산을 미래 특정일에 미리 정한 가격으로 매입 또는 매도할 의무와 권리가 동시에 존재하는 계약이다. 장외시장에서 매입자와 매도자간에 계약조건이 자유롭게 결정된다.

㉡ 선물계약 : 기본적 성격은 선도계약과 동일하나 특정 거래소에서 표준화된 계약이 거래되며, 일일정산하고 증거금이 존재한다는 점에서 차이가 난다.

㉢ 스왑(swap) : 특정한 현금흐름을 다른 특성을 지닌 현금흐름과 일정한 규칙에 의하여 교환할 의무와 권리가 동시에 존재하는 계약이다.

㉣ 옵션(option) : 미래 특정 시점 또는 그 시점까지 특정 자산을 미리 정한 가격으로 매입 또는 매도할 수 있는 권리를 부여하는 계약이다.

콜옵션(call option)과 풋옵션(put option)

- **콜옵션** : 옵션의 만기 또는 그 이전에 행사가격으로 기초자산을 매입할 수 있는 권리
- **풋옵션** : 옵션의 만기 또는 그 이전에 기초자산을 매도하고 행사가격을 수취할 수 있는 권리

심화TIP 옵션(option)의 기초 용어

- **기초자산** : 옵션의 행사시 매입 또는 매도되는 대상으로 금이나 은, 곡물 등 일반상품을 대상으로 하는 상품옵션과 주식과 채권, 그리고 통화와 주가지수 등 금융물을 대상으로 하는 금융옵션 등이 있다.
- **행사가격** : 옵션의 행사시 기초자산에 대하여 사전에 정한 매입가격 또는 매도가격을 말한다.
- **만기** : 옵션의 권리를 행사할 수 있는 특정시점 또는 일정기간의 마지막 날을 말한다.

(2) 보험파생상품의 개념

보험파생상품은 재해, 날씨 등을 대상으로 이에 따라 가치가 변동하는 파생상품을 말한다. 보험파생상품에는 대재해옵션 및 선물, 보험스왑, 날씨파생상품 등 다양한 유형이 있다.

(3) 보험파생상품의 유형

① 대재해옵션 및 선물(cat option & futures)

㉠ 대재해옵션 및 선물거래는 1992년부터 미국의 Chicago Board of Trade(CBOT)에서 손해지수(loss index)를 근거로 하여 거래되기 시작하였다.

㉡ 대재해옵션(cat option)은 자연재해의 지수가 일정수준을 상회하면 그 차이에 일정금액을 곱한 금액을 지급받을 수 있는 콜옵션이다.

㉢ 대재해선물(cat futures)은 현물가격 대신에 대형 보험사고로 발생되는 손해를 지수화한 값을 가격으로 사용하는 선물계약이다.

② 보험스왑(insurance swap)

㉠ 보험스왑은 계약 당사자간 상관관계가 낮은 재해손실지급을 서로 교환하는 계약이다.

예 캘리포니아의 지진손해와 동경의 태풍위험을 교환하는 경우

㉡ 상대방의 손실을 대신 지급하는 계약이므로 손실간의 낮은 상관관계로 인해 스왑참가자들은 더욱 다양한 포트폴리오 효과를 얻을 수 있다.

㉢ 보험스왑 참가자들은 보험회사, 재보험사, 보험중개사들이다.

심화TIP 보험과 관련된 옵션 거래전략

1. **스프레드(spread) 전략**

옵션은 만기와 행사가격에 따라 가격이 다르게 설정되는데 스프레드 전략은 만기가 같지만 행사가격이 서로 다른 옵션을 동시에 매입 · 매도하거나, 행사가격은 같지만 만기가 다른 옵션을 동시에 매도 · 매수하는 전략을 말한다.

- 강세 스프레드 : 행사가격이 작은 콜 매입 + 행사가격이 큰 콜 매도(또는 행사가격이 작은 풋 매입 + 행사가격이 큰 풋 매도)
- 약세 스프레드 : 행사가격이 큰 콜 매입 + 행사가격이 작은 콜 매도(또는 행사가격이 큰 풋 매입 + 행사가격이 작은 풋 매도)

2. **스트래들(straddle) 전략**

기초자산, 행사가격, 만기일이 같은 콜옵션과 풋옵션을 매수하거나, 매도하여 최대손실 또는 최대이익이 발생되는 거래를 말한다.

- 변동성 확대 예상시(매입 스트래들) : 기초자산, 행사가격, 만기가 동일한 콜과 풋의 매입포지션
- 변동성 축소 예상시(매도 스트래들) : 기초자산, 행사가격, 만기가 동일한 콜과 풋의 매도포지션

③ 날씨파생상품

날씨파생상품은 "특정 지역의 기상요소의 변동(강수량, 적설량 등)을 지수화하여 사전에 정한 지수와 실제 관측결과간의 차이에 따라 금전을 수수하는 금융상품"이다. 날씨보험과의 차이점은 '지수화'이며, 날씨파생상품의 경우 기초자산인 날씨의 현물시장이 존재하지 않으므로 Index의 개발이 필수적으로 요구된다.

풍수해보험 기출 18

풍수해보험은 행정안전부가 관장하고 민영보험사(손해보험사)가 운영하는 정책보험으로서 보험가입자가 부담하여야 하는 보험료의 일부를 국가 및 지방자치단체에서 보조함으로써 국민은 저렴한 보험료로 예기치 못한 풍수해(태풍, 홍수, 호우, 해일, 강풍, 풍랑, 대설, 지진)에 대해 스스로 대처할 수 있도록 하는 선진국형 재난관리제도이다.

- 정부가 보험료의 일부(보험료의 70~92%)를 지원하므로 보험계약자의 부담을 줄일 수 있다.
- 풍수해보험은 지진을 포함한 태풍, 홍수, 호우, 강풍, 풍랑, 해일, 대설 재해를 보상한다.
- 가입대상시설물은 주택(단독·공동), 온실(비닐하우스 포함)이다.

컨틴전시보험(contingency insurance) 기출 22

일반적인 손해보험에서는 보상하지 않는 보험, 즉 날씨, 온도, 경기결과, 행사 등을 전제로 예정된 사건이 현실화되었을 때 발생하는 금전적 손실을 보상하는 보험이다.

- **스포츠시상보험** : 스포츠시상금을 지급함으로써 행사주관자가 실제 지급하는 상금 또는 경품에 대한 비용을 보상해주는 보험
- **날씨보험** : 기상현상, 즉 눈, 비, 기온 등을 담보대상으로 정하여 사전에 정한 조건에 부합되었을 때 해당 고객에게 보험금을 지급함으로써 행사주관자가 실제 지급하는 상금 또는 경품에 대한 비용을 보상해주는 보험
- **행사취소보상보험** : 예기치 못한 기상조건 등으로 예정된 행사가 개최되지 못했을 경우 행사 관계자가 입은 비용손해를 보상하는 보험

심화TIP 파라메트릭(parametric) 보험 기출 21·25

파라메트릭(parametric) 보험은 미리 정해진 변수와 모형에 따라 보험금을 정하는 것으로, 손실규모를 측정하기 어려운 홍수나 재해 손실에 대비한 보험이나 농작물보험에 적용되고 있다. 손실을 측정할 필요가 없고 강수량, 온도 등 사전에 약속한 변수에 의해서 보험금이 자동적으로 정해진다.

- 보험가입 과정이 전통형 보험상품에 비해 간단하다.
- 보험금 지급절차가 간편하여 전통형 보험상품에 비해 신속한 보험금 지급이 가능하다.
- 보험사기 발생 가능성이 전통형 보험상품에 비해 작다.
- 실제 손해발생액보다 지급보험금이 적은 베이시스 리스크(basis risk)가 존재한다.

(4) 보험파생상품의 장점 및 단점

장 점	• 보험위험을 금융시장에 거래하도록 표준화 할 수 있다. • 다수의 불특정 투자자에게 위험을 분산시켜 보험시장의 추가적인 인수여력을 높일 수 있다.
단 점	• 파생상품에 대해 신뢰할 만할 가격지수를 제공하기 어렵다. • 해당 조건을 만족하는 거래상대방을 만나기 어렵다

심화TIP **패키지보험(package insurance policy)** 기출 24

패키지보험은 하나의 보험증권으로 전위험(all-risk) 담보형태의 화재보험, 기계보험, 기업휴지보험, 배상책임보험을 동시에 보장하는 보험상품이다. 패키지보험은 담보위험별 4개 부문으로 구성되어 있다.

1. **재산종합위험담보**(property all risks cover)
   화재, 낙뢰위험에 추가하여 풍수재, 폭발, 지진, 도난 등과 여타의 우연한 재물사고로 인한 물적손해를 보상한다.
2. **기계위험담보**(machinery breakdown cover)
   사무실 빌딩내의 보일러, 발전기에서부터 대규모 석유화학, 제철공장에 이르기까지 모든 기계, 기계설비 및 장치의 기계적 사고로 인한 물적손해를 보상한다.
3. **기업휴지위험담보**(business interruption cover)
   제1부문 또는 제2부문에서 보상하고 있는 손해로 인해 사업이 중단 또는 휴지 되었을 경우, 휴지로 인해 생긴 손해를 보상한다.
4. **배상책임위험담보**(general liability cover)
   피보험자가 제3자의 신체 및 재물에 손해를 입힘으로써 발생하는 법률상의 배상책임을 보상한다.

8 생명보험전매(Life Settlement)

(1) 생명보험전매의 개념

① 생명보험전매(Life Settlement)는 생명보험계약자가 부득이한 사정으로 보험계약을 해지하는 경우 보험계약자의 지위를 제3자에게 양도하는 거래를 말한다. 즉 생명보험전매회사가 보험계약의 소유자에게 보험해약 환급금보다 더 많은 금액을 지불하고 생명보험증권을 매입한 후 잔여 보험기간 동안 해당 보험료를 보험회사에 대신 납입하고 그 대가로 피보험자 사망시 생명보험금을 수령할 수 있는 권리를 획득하는 거래를 말한다.

② 생명보험전매회사는 이런 방식으로 매입한 보험증권을 투자은행이나 헤지펀드 등에 재판매하고, 투자은행 등은 이러한 보험증권들을 모아 피보험자의 사망시기에 따라 금액이 달라지는 사망채권(death bond)을 발행하여 연기금 등의 투자를 유치한다.

(2) 생명보험전매의 이용자

생명보험전매제도는 계약자가 보험계약상의 권리・의무를 제3자에 매도하는 제도로 1990년대에는 본인사망 후 유족을 걱정할 필요가 없는 AIDS 환자 등 치명적 질병환자의 의료비 충당을 위해 시작되었으나, 2000년대 이후에는 65세 이상 노인도 치료・생활비 등 당장의 현금수요를 마련하기 위해 이용에 가담하기 시작했다.

① 생명보험전매에 참여할 수 있는 계층은 65세 이상이며, 기대여명이 얼마 남지 않은 피보험자이다. 또한 보험가입금액이 어느 정도 큰 보험증권을 소유한 중상위계층이다.

② 보험형태는 일반적으로 종신보험이나 유니버설보험, 해약환급금이 상대적으로 적은 생존자보험 또는 일부 정기보험이 해당된다.

생명보험전매제도를 이용하는 사례

- 처음 구입한 보험의 목적이 더 이상 효력이 없고 보험의 실효를 막기 위한 보험료납입이 과중한 경우
- 평준보험료 기간이 거의 만료되고 갱신보험료가 현저히 높아지는 정기보험의 경우
- 피보험자의 재산가치가 증가하여 사망금액이 경감된 생명보험계약으로 변경하고자 하는 경우
- 피보험자가 계획된 수혜자보다 장수하는 경우
- 기업보험에서 소유자가 은퇴하거나 회사를 매각했을 때 생명보험으로 자금이 조달된 매매계약이 포함된 경우
- 회사가 경영자 등 핵심인물의 생명보험을 구입한 후 그 핵심인물이 회사를 떠난 경우

심화TIP 미국 생명보험전매의 거래 유형

- Viatical Settlement(VS)
  생활비 · 의료비로 인해 곤궁에 처한 환자(잔여수명 2년 이내)의 구제를 목적으로 하는 전매 계약
- Life Settlement(LS)
  자녀의 독립, 이혼, 사별 등으로 인해 보험가입을 계속할 필요가 없게 된 고령자의 보험증권을 대상으로 한 전매 계약(잔여수명 2년 이상도 거래 가능)
- Stranger-Owned Life Insurance(STOLI, **투자선행형 전매**)
  고령자에 대해 보험전매를 전제로 한 생명보험 가입을 적극적으로 권장하는 새로운 거래 형태

(3) 생명보험전매의 장점 및 단점

장 점	• 생명보험계약의 소유자의 혜택 – 보험사를 통해 해지하는 것보다 더 많은 환급금을 수령한다. – 보험금을 계속 부담하지 않는다. – 현금을 수취하여 의료비조달, 상속, 헌납, 기타 노후생활을 위한 자금으로 사용할 수 있다. • 생명보험전매회사나 투자자의 혜택 – 기존의 투자대상에는 존재하지 않던 새로운 수익원을 확보할 수 있다. – 피보험자가 일찍 사망할수록 보험료 지출이 줄어들고 수익도 높아진다. – 피보험자들의 수명 외엔 다른 시장요소의 영향을 받지 않는다.
단 점	• 피보험자가 일찍 사망할수록 투자수익률이 증가하므로 도덕적 해이가 발생한다. • 보험계약자와 생명보험전매회사가 결탁하여 보험사기를 일으킬 수 있다. • 관련 법 규정의 제정이 필요하다. • 공정한 전매가격을 평가할 수 있는 가격모형의 개발이 미흡하다.

(4) 생명보험전매의 도입 및 전망

① 생명보험전매는 고령자가 나이가 들면서 니즈(need)가 변할 경우 고려해 볼 수 있는 옵션이다.

② 생명보험전매는 장기적으로 보험사의 수익성을 향상시킬 수 있다.

③ 생명보험전매는 보험계약의 보유자가 보험계약이 실효되거나 보험계약을 해약하려 할 때 유효한 대체방안이 될 수 있다.

④ 생명보험전매제도가 도입되면 생명보험계약의 제2차 시장이 발생하게 되고, 소비자들은 보험계약의 적정 시장가치를 알게 되면서 생명보험계약의 질(quality)이 향상되는 것을 느낄 것이다. 이는 생명보험의 수요에 긍정적인 영향을 미치게 될 것이다.

⑤ 생명보험계약의 제2차 시장은 보험계약의 재판매를 통해 효과적으로 수요독점의 제한을 제거할 수 있으며, 새로운 생명보험 판매를 유도하게 될 것이다.

⑥ 금융선진국들은 생명보험전매가 이미 은퇴 및 재무설계의 주요 고려대상으로 인식하고 있다.

CHAPTER

09 기출유형문제

01 ART(Alternative Risk Transfer)의 개념에 대한 설명으로 옳지 않은 것은?

① 좁은 의미에서 ART는 보험을 대체할 수 있는 순수위험의 전가수단을 의미한다.
② 전통적인 보험시장으로 위험을 전가시키는 수단이다.
③ 전가하는 형태는 보험위험의 증권화, 보험파생상품이 있다.
④ 보험파생상품에는 대재해옵션(option), 선물(future), 스왑(swap) 등이 있다.

| 해설 |

ART(Alternative Risk Transfer ; 대체위험전가)란 전통적인 (재)보험시장에서 비전통적인 대체시장으로 전가하는 다양한 수단을 의미한다.

02 대재해위험을 자본시장의 투자자들에게 전가하는 대체위험전가(Alternative Risk Transfer ; ART)의 방법이 아닌 것은? 기출 18

① 금융재보험(financial reinsurance)
② 대재해채권(catastrophe bond)
③ 사이드카(sidecar)
④ 대재해옵션(catastrophe option)

| 해설 |

ART(Alternative Risk Transfer)는 보험을 대체할 수 있는 순수위험의 전가수단을 의미한다. 즉 보험 특유의 보험영업위험(underwriting risk)을 보험시장이 아닌 자본시장의 투자위험(investment risk)으로 전가시키는 것이다. 전가하는 형태는 보험위험의 증권화, 보험파생상품이 있는데 증권화에는 대재해채권(catastrophe bond)이 대표적이며, 보험파생상품에는 대재해옵션(catastrophe option), 선물(future), 스왑(swap), 사이드카(sidecar) 등이 있다.
금융재보험(financial reinsurance)은 저금리 추세의 지속과 대형 자연재해 발생 증가 등 급격한 불확실성을 경험하고 있는 상황에서 대체위험전가(Alternative Risk Transfer) 중 대체재보험시장으로 연구되고 있다.

03 대체위험전가(ART) 방법 중 하나인 사이드카(sidecar)에 대한 설명으로 옳지 않은 것은?

기출 20

① 대재해채권과 같은 보험연계증권의 한 형태이다.
② 전통적 재보험과 유사하나, 최소한의 서류 작업과 관리 비용으로 운영하기 용이하다.
③ 통상 excess of loss cover 구조로 운영된다.
④ 주로 제한된 범위의 단기 보험계약을 대상으로 대재해에 따른 재물손해를 담보한다.

| 해설 |

사이드카(sidecar)는 대재해채권(CAT bond)과 같은 보험연계증권의 한 형태로 전통적 재보험과 유사하다. 초과손해액담보(excess of loss cover) 위주로 하는 대재해채권(CAT bond)과 달리 비례재보험특약(quota share treaty) 방식으로 거래하며, 최소한의 서류 작업과 관리 비용으로 운영하기 용이하다. 보험회사는 사이드카를 통해 상대적으로 낮은 비용을 들여 인수능력을 확대하거나 다른 사업을 위한 레버리지를 달성할 수 있다. 또한 재보험회사는 경쟁자와 언더라이팅 정보를 공유하지 않아도 되기 때문에 재재보험보다는 사이드카를 선호한다. 투자자 관점에서 사이드카는 진입 및 퇴출이 비교적 쉽기 때문에 기존 재보험회사에 투자하거나 재보험회사를 설립하는 것보다 더 유연한 투자수단이다.

04 다음 중 자가보험(Self-insurance)을 활용하는 이유로 옳지 않은 것은? 기출 14

① 거래비용 절감
② 손실통제비용 절감
③ 현금흐름 개선
④ 보험인수 거절 위험 관리

| 해설 |

자가보험(Self-insurance)은 경제주체가 위험에 대비하는 위험관리기법 중 '위험보유'의 한 형태로, 자신의 비용으로 위험을 처리하는 보험을 말한다. 기대 이상의 큰 손실이 발생하였을 경우 손실액을 충당하지 못할 수 있어서 손실통제비용이 증가한다.

05 다음 중 자가보험(self-insurance)의 장점으로 적절하지 않은 것은? 기출 19

① 보험료를 구성하는 부가보험료 등 보험경비를 절약할 수 있다.
② 보험기금의 재투자로 인한 추가이득이 가능하다.
③ 위험보유에 따른 심리적인 부담으로 위험관리 활동이 촉진될 수 있다.
④ 대재해 등 심도가 큰 위험에 대비하기 위하여 적합한 방식이다.

| 해설 |

자가보험(self-insurance)은 기업 스스로 보험기금을 적립하여 위험을 대처하는 방법이므로, 대재해 등 심도가 큰 위험이 발생하면 재정적 위험을 초래할 수 있다.

정답 01 ② 02 ① 03 ③ 04 ② 05 ④

06 다음 중 손실민감형(loss sensitive) 보험계약에 속하지 않는 것은? 기출 14

① 소급요율(retrospectively rated) policies
② 높은 자기부담금(large deductible) policies
③ 캡티브(captive) policies
④ 경험요율(experience-rated) policies

| 해설 |

손실민감형 보험계약은 보험료가 일정 보험기간 동안의 손해실적에 따라 조정되는 보험계약으로 소급보험요율이나 경험요율체계를 유지하는 경우가 해당된다. 높은 자기부담금을 선택할 경우 보험료가 저렴해지는 측면이 있다.

TIP 캡티브(captive)

캡티브(captive)란 자사의 위험을 기존 손해보험사가 아닌 자기자본으로 설립한 자회사에 이전함으로써, 시장에서 받아들이기 어려운 기업 고유 또는 거대 손실위험이나 시장에서 이전 가능하더라도 자사의 위험수준에 비하여 높은 보험료를 부담하는 상품을 구입해야 하는 경우에 비용면이나 공급측면의 이점을 획득하기 위하여 설립하는 전속보험사라고 할 수 있다.

07 다음 중 캡티브 보험사(captive insurer) 설립의 이점으로 거리가 먼 것은? 기출 19

① 재보험료를 절감할 수 있다.
② 부가비용(loading)을 절감할 수 있다.
③ 모기업의 재정적인 부담을 줄일 수 있다.
④ 부가수입에 대한 투자를 통하여 투자수익을 창출할 수 있다.

| 해설 |

캡티브는 기업이 자신의 위험을 보험사나 재보험사에 전가하지 않고, 자회사 형태로 보험사를 설립하여 위험을 인수하는 방법이므로, 모기업에 재정적인 부담을 줄 수 있다.

08 다음 중 캡티브(captive)의 특징에 대한 설명으로 옳지 않은 것은?

① 모기업 및 모기업 집단의 위험을 전속으로 커버하기 위해 설립된 보험사이다.
② 캡티브는 위험의 자가보유, 보험료의 절감, 세금 감면 및 보험시장 진입을 위한 이점을 갖는다.
③ 캡티브는 원보험사로서만 운영이 가능하다.
④ 소유기업의 수에 따라 단일 캡티브(single captive) 또는 그룹 캡티브(multi-owned captive)로 분류되며, 동일 업종의 위험을 커버한다.

| 해설 |

캡티브는 원보험사나 재보험사로서 운영이 가능하다.

09 다음 중 캡티브(captive)의 장점이 아닌 것은?

① 보험구입에 따른 판매수수료를 지급할 필요가 없고, 보험료 및 준비금을 이용하여 투자수익을 얻을 수 있다.
② 기업의 신용도 제고로 자금조달비용을 낮출 수 있다.
③ 초기 설립비용, 임대료 및 인건비 등을 절약할 수 있다.
④ 외부보험시장에서 부보하기 어려운 위험도 캡티브를 통해 가입할 수 있다.

해설

초기 설립비용, 연구비용, 자본금, 임대료 및 인건비 등이 소모되므로 모기업에 재정적인 부담을 줄 수 있다.

10 한정위험계약(Finite Risk Contracts)의 특징에 대한 설명으로 옳지 않은 것은?

① 보험자에게 전가되는 위험이 한정되어 있는 계약이다.
② 계약은 보통 3~5년 계약이며, 적립된 기금에 대해 매년 확정 이자가 발생한다.
③ 보험자가 부담한 초과분의 일부는 재계약에 있어서 보험료에 반영할 수 없다.
④ 보험사의 최대 부담액을 초과하는 손실의 대부분을 계약자가 부담한다.

해설

보험자가 부담한 초과분의 일부는 재계약에 있어서 보험료에 반영할 수 있다.

11 한정위험계약(Finite Risk Contracts)의 장점이 아닌 것은?

① 순수위험뿐만 아니라 시차위험, 투자위험, 비용위험 등을 전가시킬 수 있다.
② 계약자가 부담하는 손실 부담액의 변동이 안정적이므로 장부상 이익의 변동성이 감소한다.
③ 보험료가 계약 초기에 결정되어 균등한 보험료를 납입한다.
④ 기금에 손실이 발생하더라도 향후 재계약시 보험료가 감소한다.

해설

기금에 손실이 발생할 경우 향후 재계약시 보험료가 증가하는 단점이 있다.

12 다종(Multi-line) 보험계약의 특징으로 옳지 않은 것은?

① 단일 위험으로부터 발생하는 여러 손실을 보상하는 계약이다.
② 하나의 보험계약으로 화재, 배상책임, 기업휴지위험을 함께 담보할 수 있다.
③ 기존 보험계약에서 담보하지 않던 위험도 포함시킬 수 있다.
④ 복수의 보험계약을 각각 체결하는데 소요되는 비용보다 낮은 보험료로 동일한 효과를 얻을 수 있다.

정답 06 ③ 07 ③ 08 ③ 09 ③ 10 ③ 11 ④ 12 ①

| 해설 |

다종 보험계약은 하나의 보험계약으로 여러 위험들로부터 발생하는 총손실을 보상하는 계약이다.

13 복수트리거(Multi-trigger) 보험계약의 특징으로 옳지 않은 것은?

① 일종의 패키지 형태의 담보로서 2개 이상의 트리거(trigger)가 충족되어야 보험사가 손실을 보상하는 계약이다.

② 복합위험을 담보하므로 보험사는 보험금 지급발생의 확률이 증가할 수 있다.

③ 보험계약자의 다양한 욕구에 부합하며, 초과보험계약을 줄일 수 있다.

④ 위험에 대비한 담보력 확보가 미비하다.

| 해설 |

복합위험을 담보하므로 보험사는 보험금 지급발생의 확률을 줄일 수 있다.

14 조건부자본(Contingent Capital)계약의 개념에 대한 설명으로 옳지 않은 것은?

① 보험사고가 발생한 경우 금융기관이나 투자자로부터 미리 정한 조건으로 차입을 하거나 주식을 발행할 수 있다는 계약을 의미한다.

② 조건부차입은 손실이 발생하면 미리 정한 계약조건(대출기간, 금리 등)에 따라 일정 한도 내에서 자금을 차입할 수 있는 계약이다.

③ 조건부주식발행은 손실이 발생할 경우 기업이 계약 상대방인 금융기관이나 투자자에게 미리 정한 가격으로 일정 한도의 주식을 발행할 수 있는 권한을 행사할 수 있는 계약이다.

④ 경영자들의 도덕적 해이를 조장할 수 있다는 단점이 있다.

| 해설 |

조건부자본은 경영자들의 도덕적 해이를 경감시키는 효과가 있다.

15 재난리스크에 대한 설명으로 옳지 않은 것은?

① 재난리스크는 순수위험(pure risk)이다.

② 재난리스크는 발생확률 및 빈도 등의 예측이 불가능하다.

③ 재난사고 발생시 초래되는 손해액이 워낙 막대하여 이를 개별기업 내지는 보험시장의 자산으로 충당할 경우 도산의 위험성이 크다.

④ 발생손해액이 보험시장의 인수한계를 넘어서는 이상거대위험이기 때문에 보험인수 측면에서 부적합한 것이다.

| 해설 |

재난리스크의 경우에도 관련 누적 통계자료 등이 있어서 발생확률 및 빈도 등의 예측이 가능하다.

16 다음 중 대재해채권(Catastrophe Bond)에 대한 설명으로 옳지 않은 것은? 기출 16

① 보험회사가 대재해채권을 발행하면 보험회사의 신용위험이 증가한다.
② 도입과 운용에 있어서 채권 발행 및 유통비용, 운용비용 등이 발생한다.
③ 이 채권은 천재지변 등 대재해와 연동하여 이자와 원금이 변동될 수 있다.
④ 대재해의 발생확률 및 손실분포에 대한 객관적이고 과학적인 분석이 어려워 가격산정이 어렵다.

해설

대재해채권은 보험회사가 인수한 자연재해위험을 채권을 통하여 자본시장에 전가하는 새로운 형태의 위험관리기법이다. 보험회사가 대재해채권을 발행하면 보험회사는 자본시장에 대재해위험을 전가하기 때문에 자본시장의 거대한 담보력을 확보할 수 있다. 즉 대재해가 실제로 발생할 경우 재보험시장의 일부는 지급능력의 부족으로 인하여 파산할 가능성이 항상 존재하고 있지만, 자본시장에서는 이러한 신용위험이 발생할 염려가 없다. 단지 투자가의 수익이 기대보다 악화될 뿐이다.

17 대재해적 손실위험이 보험대상이 되기 어려운 이유에 대한 설명으로 옳지 않은 것은? 기출 14

① 도덕적 위태의 가능성이 크다.
② 보험자 담보능력을 넘어설 수 있다.
③ 대수의 법칙 적용이 어렵다.
④ 손실에 대한 예측가능성이 낮다.

해설

대재해적 손실위험이 보험대상이 되기 어려운 이유는 손실에 대한 예측가능성이 불가능하고, 한 번의 사고로 보험가입대상 전체에 영향을 미쳐 보험자의 담보능력을 초과할 수 있으며, 대수의 법칙 적용이 어렵기 때문이다. 태풍, 홍수 등 대재해적 재산피해를 야기하는 기상변동은 '도덕적 위태'의 가능성과 관련이 없다.

18 다음 중 대재해채권(Cat Bond)의 장점이 아닌 것은?

① 재보험사의 인수능력 신장
② 재보험사의 신용능력 향상
③ 도입 및 운용상의 비용 감소
④ 분산된 투자 포트폴리오를 구성

해설

대해재채권(Cat Bond)은 도입 및 운용상의 비용(SPR 설립비용, 증권의 구조화, 발행 및 유통비용)이 증가한다.

정답 13 ② 14 ④ 15 ② 16 ① 17 ① 18 ③

19 재보험과 대재해채권(Cat Bond)을 비교·설명한 내용으로 옳지 않은 것은?

① 재보험은 보험시장에서의 위험분산이 목적이고, 대재해채권은 자본시장에 위험전가가 목적이다.

② 재보험은 담보력이 불안정하지만, 대재해채권은 안정적이다.

③ 재보험은 모든 보험리스크가 가능하지만, 대재해채권은 객관적인 통계분석이 가능한 자연재해 리스크에 한정된다.

④ 재보험은 보험기간이 중·장기이지만, 대재해채권은 1년이다.

해설

재보험은 보험기간이 1년이지만, 대재해채권은 5~10년의 중·장기도 가능하다.

20 다음 중 대재해로 인한 보험회사의 지급불능위험을 관리하기 위한 수단이라고 보기 어려운 것은?

기출 15

① Cat Bond
② 재보험
③ 면책조항
④ 공제조항(deductible clause)

해설

공제조항은 보험금을 결정함에 있어 손해의 일부를 피보험자에게 부담시키는 보험약관상의 조항을 말하며, 일반적으로 공제되는 금액이 적을 경우를 '소손해면책'이라 한다. 공제조항은 손해사정경비의 합리적 처리, 보험요율의 인하효과, 주의력 이완방지 등의 이유로 적용된다.

① Cat Bond는 자연재해에 따른 리스크를 전가하기 위한 대재해채권(Catastrophe Bond)을 말한다.
② 재보험은 보험자의 보험인수 능력을 높이고 예기치 못한 대재해로 인한 보험회사의 위험을 분산시킨다.
③ 면책조항은 어떤 일정의 사유에 대하여 보험회사의 책임이 면제되는 규정으로 보험회사의 위험부담책임 또는 손해보상책임을 제한하는 법률 및 약관상의 조항을 의미한다.

21 파생상품의 기본적 유형에 대한 설명으로 옳지 않은 것은?

① 선도계약은 특정 자산을 미래 특정일에 미리 정한 가격으로 매입 또는 매도할 의무와 권리가 동시에 존재하는 계약이다.

② 선물계약은 기본적 성격은 선도계약과 동일하나 특정 거래소에서 표준화된 계약이 거래되며, 일일정산하고 증거금이 존재한다는 점에서 차이가 난다.

③ 스왑(swap)은 특정한 현금흐름을 다른 특성을 지닌 현금흐름과 일정한 규칙에 의하여 교환할 의무와 권리가 동시에 존재하는 계약이다.

④ 옵션(option)은 미래 특정 시점 또는 그 시점까지 특정 자산을 미리 정한 가격으로 매입 할 수 있는 권리만을 부여하는 계약이다.

| 해설 |

옵션(option)은 미래 특정 시점 또는 그 시점까지 특정 자산을 미리 정한 가격으로 매입 또는 매도할 수 있는 권리를 부여하는 계약이다.

- **콜옵션(call option)** : 옵션의 만기 또는 그 이전에 행사가격으로 기초자산을 매입할 수 있는 권리
- **풋옵션(put option)** : 옵션의 만기 또는 그 이전에 기초자산을 매도하고 행사가격을 수취할 수 있는 권리

22 보험파생상품의 유형에 대한 설명으로 옳지 않은 것은?

① 대재해옵션(cat option)은 자연재해의 지수가 일정수준을 상회하면 그 차이에 일정금액을 곱한 금액을 지급받을 수 있는 콜옵션이다.

② 대재해선물(cat futures)은 현물가격 대신에 대형 보험사고로 발생되는 손해를 지수화한 값을 가격으로 사용하는 선물계약이다.

③ 보험스왑(insurance swap)은 계약 당사자간 상관관계가 높은 재해손실 지급을 서로 교환하는 계약이다.

④ 날씨파생상품은 특정 지역의 기상요소의 변동(강수량, 적설량 등)을 지수화하여 사전에 정한 지수와 실제 관측결과간의 차이에 따라 금전을 수수하는 금융상품이다.

| 해설 |

보험스왑(insurance swap)은 계약 당사자간 상관관계가 낮은 재해손실 지급을 서로 교환하는 계약이다.

23 보험파생상품의 장·단점을 설명한 것으로 옳지 않은 것은?

① 보험위험을 금융시장에 거래하도록 표준화할 수 있다.

② 다수의 불특정 투자자에게 위험을 분산시켜 보험시장의 추가적인 인수여력을 높인다.

③ 파생상품에 대해 신뢰할 만한 가격지수를 제공할 수 있다.

④ 해당 조건을 만족하는 거래상대방을 만나기 어렵다.

| 해설 |

파생상품에 대해 신뢰할 만한 가격지수를 제공하기 어렵다.

24 다음 중 파라메트릭(parametric) 보험에 대한 설명으로 올바르지 않은 것은? 기출 21

① 실제 손해발생액보다 지급보험금이 적은 베이시스 리스크(basis risk)가 존재한다.

② 보험금 지급절차가 간편하여 전통형 보험상품에 비해 신속한 보험금 지급이 가능하다.

③ 보험사기 발생 가능성이 전통형 보험상품에 비해 크다.

④ 보험가입 과정이 전통형 보험상품에 비해 간단하다.

정답 19 ④ 20 ④ 21 ④ 22 ③ 23 ③ 24 ③

| 해설 |

파라메트릭(parametric) 보험은 미리 정해진 변수와 모형에 따라 보험금을 정하는 것으로, 손실규모를 측정하기 어려운 홍수나 재해 손실에 대비한 보험이나 농작물보험에 적용되고 있다. 손실을 측정할 필요가 없고 강수량, 온도 등 사전에 약속한 변수에 의해서 보험금이 자동적으로 정해진다. 파라메트릭 보험은 손해사정을 통해서 손실규모 및 손실금액을 정확하게 추정하기 어렵고, 도덕적 해이가 우려되는 분야에 적용하는 것이 효과적이므로, 전통형 보험상품에 비해 보험사기 발생 가능성이 작다.

25 풍수해보험에 대한 설명으로 옳은 것은? 기출 18

① 보험계약자가 보험료를 전액 부담한다.
② 행정안전부에서 관장하고 민영보험사가 운영한다.
③ 지진담보특약을 추가하지 않으면 지진으로 인한 손해를 보상받지 못한다.
④ 농작물과 농업시설, 농가주택을 대상으로 하며 공동주택은 가입할 수 없다.

| 해설 |

풍수해보험은 행정안전부가 관장하고 민영보험사(손해보험사)가 운영하는 정책보험으로서 보험가입자가 부담하여야 하는 보험료의 일부를 국가 및 지방자치단체에서 보조함으로써 보험가입자로 하여금 저렴한 보험료로 예기치 못한 풍수해(태풍, 홍수, 호우, 해일, 강풍, 풍랑, 대설, 지진)에 대해 스스로 대처할 수 있도록 하는 선진국형 재난관리제도이다.
① 정부가 보험료의 일부(보험료의 70~92%)를 지원하므로 보험계약자의 부담을 줄일 수 있다.
③ 풍수해보험은 지진을 포함한 태풍, 홍수, 호우, 강풍, 풍랑, 해일, 대설 재해를 보상한다.
④ 가입대상시설물은 주택(단독 · 공동), 온실(비닐하우스 포함)이다.

26 생명보험전매(Life Settlement)에 대한 설명으로 옳지 않은 것은?

① 생명보험전매는 생명보험계약자가 부득이한 사정으로 보험계약을 해지하는 경우 보험계약자의 지위를 제3자에게 양도하는 거래를 말한다.
② 생명보험전매회사는 매입한 보험증권을 투자은행이나 헤지펀드 등에 재판매할 수 있다.
③ 투자은행 등은 재판매된 보험증권들을 모아 피보험자의 사망시기에 따라 금액이 달라지는 사망채권(death bond)을 발행하여 연기금 등의 투자를 유치한다.
④ 피보험자들의 수명 외에 다른 시장요소의 영향을 많이 받는다.

| 해설 |

피보험자들의 수명 외에는 다른 시장요소의 영향을 받지 않기 때문에 피보험자가 일찍 사망할수록 보험료 지출이 줄어들고 수익도 높아진다.

25 ② 26 ④ 정답

손해사정이론

기출분석문제 100選

10개년 기출 키워드 분석

최근 10년간(2016~2025) 시험에 출제된 기출 키워드를
각 CHAPTER별로 정리한 자료입니다.

CHAPTER 01 보험과 위험(Risk)

- 보험의 정의 및 사회적 기능
- 신의성실의 원칙
- 보험계약의 부합계약성, 조건부계약
- 계약의 취소와 계약의 무효
- 보험금 지급
- 리스크(risk)관리의 목적
- 보험가능한 리스크(risk)의 요건
- 위험관리기법
- 위태(hazard), 손인(peril), 손실(loss)
- 역선택과 도덕적 해이, 도덕적 위태의 방지대책
- 자가보험(self-insurance)
- 기대효용가설에 따른 보험구매의사결정
- 에너지방출이론 및 도미노 이론
- 리스크요소 파악 방법
- 리스크의 전가 및 결합
- 보험대위(잔존물대위), 보험대위의 목적 및 원칙
- 일부보험, 중복보험, 예정보험 및 소급보험, 보증보험
- 손해보험 보험사고의 요건
- 손실통제의 연쇄개념(chain concept of loss control)
- 보험증권의 법적 성격
- 외부불경제(external diseconomy)
- 소액단기전문보험회사가 취급할 수 있는 보험종목
- 보험수익자의 지정
- 베르누이 원칙(Bernoulli principle), 렉시스의 원리(Lexis' principle)
- 보험가입이 기업내 현금흐름의 사전적 개선효과를 가져오는 이유
- 위험보편의 원칙, 피보험이익의 원칙, 급반언의 원칙, 최대선의의 원칙, 수기문언 우선의 원칙
- 약인(consideration), 담보(warranty), 진술(representation), 특약(endorsements and riders)
- 리스크 측정, 위험비용, pooling arrangement
- 저빈도-고심도 리스크가 보험대상으로 적합한 이유
- 면책재산, 면책손인, 면책손실
- 과실상계 및 손익상계
- 손실통제, 손실경감, 심도의 예측기법
- 열거위험담보계약과 포괄위험담보계약
- 보험계약의 인적계약 특성
- 보험계약의 도박화 방지
- 민영보험과 사회보험의 공통적인 특징
- 타보험계약에 대하여 책임한도분담조항(독립책임액분담조항)
- PML(probable maximum loss)과 MPL(maximum possible loss)
- 채무이행보증보험 약관상 청약의 철회
- 보험계약의 기본요건 및 특징
- 실손보상의 원칙 및 예외
- 계약의 해지와 계약의 해제
- 보험계약의 무효 사유
- 보상에서 제외되는 손실(excluded losses)
- 정태적 리스크(static risk)와 동태적 리스크(dynamic risk)
- 순수위험, 근원적 위험, 객관적 위험, 주관적 위험
- 보험계약의 선언(declaration) 부문
- 물리적 위태(physical hazard)
- 피보험이익의 개념, 피보험이익의 존재시기
- 대체비용(replacement cost)보험
- 한정적 손실(definite loss)
- 리스크통제(risk control), 리스크재무(risk financing)

CHAPTER 02 생명보험

- 보험요율의 산정원칙
- 보험나이
- 기대효용함수
- 영업보험료 계산문제
- 기본형 실손의료보험(급여실손의료비) 표준약관
- 리스크 프리미엄(risk premium)
- 질병 · 상해보험 표준약관
- 보험가격, 책임준비금
- 상해보험, 생명보험
- 기대효용가설을 따른 보험가입
- 실손의료보험의 손해율 상승 요인

CHAPTER 03 개인연금과 기업연금

- 개인연금제도
- 퇴직연금제도

CHAPTER 04 재산보험

- 화재보험(주택 · 공장)의 지급보험금
- 예정손해율
- 보험요율의 산정원칙
- 판단요율 및 균일부담방식
- 실제현금가치, 순보험료 계산
- 잔존물제거비용
- 운송보험에서의 보험가액
- 타인을 위한 보험계약
- 기업휴지보험(business interruption insurance)
- 특례지급
- 해상위험(perils on the seas)
- 해상보험법상의 보험위부(abandonment)
- 독립책임분담액 방식
- 위부(abandonment), 대위(subrogation), 권리포기(waiver)
- 주택화재보험 보통약관상 담보손인
- 포괄계약(blanket coverage) 체결시 지급보험금
- 손해액의 산정에 관한 비용
- 보험사고에 대한 입증책임
- 요율조정률 및 경과손해율
- 보험목적의 양도
- 권원보험(title insurance), 기업신용보험
- 묵시담보와 명시담보
- 상법상 운송보험
- 보험 공제, 정액 공제, 프랜차이즈 공제, 소멸성 공제
- 해상고유의 위험(perils of the seas)
- 해상보험의 특성
- 공동해손(general average)
- 순보험료방식(pure premium method)으로 산출한 총보험료
- 적하보험 가입조건 중 포괄위험담보방식
- 화재보험 보통약관에서 보상하는 손해

CHAPTER 05 배상책임보험

- 배상책임제도 및 과실배상책임의 요건
- 배상책임보험의 일반적 성질
- 의무보험의 기대효과
- 일반손해, 특별손해, 징벌적 손해배상
- 리스크의 가정(assumption of risk)
- 피해자(제3자)의 직접청구권
- 배상청구기준 및 사고발생기준 배상책임보험
- 비교과실에 의한 순배상금액 및 추정최대손실
- 자동차보험의 대물배상보험금 중 간접손해
- 자동차손해배상 보장사업의 적용대상
- 지수조항, 초과부담조항, 균등액분담조항
- 상실수익액 산정시 사용되는 계수법
- 협회전쟁약관(적하)[Institute War Clauses(cargo)]
- 재난배상책임보험 보통약관상 보상하는 손해
- 자동차보험 표준약관상 대물배상
- 「교통사고처리특례법」 상 12대 중과실사고
- 보험자의 법정 면책사유, 과실에 대한 항변
- 배상책임보험의 사회적 기능
- 전문직배상책임보험
- 최종적 명백한 기회(last clear chance)
- 보험기간 및 대기기간(waiting period)
- 무과실책임주의, 연대배상책임, 입증책임
- 교차책임제도
- 손해배상금의 범위, 손해배상금 산정시 고려요소
- 자동차보험 대인배상에서 손익상계 대상
- 「자동차손해배상보장법」 상의 가불금 지급
- 특수건물 소유자의 손해배상책임
- 손해배상청구권의 소멸시효
- 생산물배상책임보험
- 자동차보험약관상 보험금 청구 및 지급
- 자동차보험 보통약관상 '피보험자의 자녀'의 범위
- 신용보험 표준약관 제7조(변제 등의 충당순서)

CHAPTER 06 사회보험

- 우리나라의 사회보험
- 「고용보험법」 상 구직급여
- 「고용보험법」 상 취업촉진수당
- 「산업재해보상보험법」 상 보험급여의 종류
- 산업재해보상보험, 국민건강보험, 노인장기요양보험
- 「민법」 상 상속의 순위, 유류분반환청구권
- 「고용보험법」 상 적용 제외 근로자
- 「국민연금법」 상 유족연금의 순위
- 「국민건강보험법」 상 보험급여의 제한 사유
- 노령연금의 기본연금액을 결정하는 요인

CHAPTER 07 언더라이팅 및 재보험

- 손해사정사의 업무 및 손해사정 절차
- 독립손해사정사의 업무
- 언더라이팅 주기
- 보험계약자 등의 불이익변경금지
- 대수의 법칙에 따른 분산효과
- 재보험특약(비례재보험, 비비례재보험)
- 초과액재보험특약(surplus reinsurance treaty)
- sunset clause(일몰조항)
- commutation clause(합의청산조항)
- quota share treaty(비례재보험특약)
- surplus share reinsurance treaty(초과액재보험특약)
- sudden death clause(즉시해지조항)
- 운명추종조항(follow the fortunes clause)
- 금융재보험 중 소급형과 장래형
- if clause('만약'조항), policy change clause('계약전환'조항)
- 재보험의 기능 및 특징, 효과
- 보험사기의 특징 및 유형
- while clause('동안'조항), entire contract clause('계약구성'조항)
- 독립손해사정사의 부당행위 금지행위
- 언더라이팅 리스크(underwriting risk)
- 언더라이팅(underwriting)의 기본원칙
- 보험자의 구상권 행사
- 경성시장(hard market)
- 의무적 임의재보험(facultative obligatory cover)
- 언더라이팅(underwriting)의 목적
- 공동재보험
- 재보험운영방식(cut-off 방식, clean-cut 방식)
- excess of loss reinsurance treaty(초과손해액재보험특약)
- 공동보험조항, 타보험조항, 소급보험조항
- 특약재보험 조항(outside reinsurance clause)
- 금융재보험의 특징
- 보험마케팅의 특성
- Burning cost rating 방식
- 재보험계약 조항(cut-through clause)
- 보험회사가 위험인수 방침을 설정할 때 고려해야 하는 사항
- 구상권 행사의 절차

CHAPTER 08 보험규제 및 감독

- 보험업법을 통한 감독·규제의 이유
- 특별계정
- 책임준비금의 구성항목
- 회계연도의 발생손해액, 경과손해율(%)
- 보험사기특별방지법
- 기발생 미보고손해액(IBNR)
- 금융상품 유형별 영업행위 준수사항
- 자산운용의 원칙
- 경영성과지표, 지급여력비율 및 지급여력기준금액
- 보험계약준비금, 책임준비금, 지급준비금 산출방법
- 비상위험준비금
- 재무건전성의 유지
- 보험사업자에 대한 감독과 규제의 근거
- 합산비율의 계산 항목

CHAPTER 09 ART(대체위험전가)

- 대재해채권(catastrophe bond)
- 대재해적인 손실위험
- 손실민감형 보험계약
- 사이드카(sidecar)
- 위험금융기법(risk financing technique)
- 캡티브(captive)
- insurance-linked securities(보험연계증권)
- 중대산업재해
- 자본시장의 투자자들에게 전가하는 대체위험전가(ART)
- 조건부자본(contingent capital)계약
- 풍수해보험, 파라메트릭(parametric)보험
- 패키지보험(package insurance policy)의 부문별 담보위험
- 컨틴전시보험(contingency insurance)

손해사정이론 기출분석문제 100選

01 다음 중 보험계약의 인적계약 특성을 설명하고 있는 것은? 기출 23

① 보험계약자가 보험료를 납부하지 않아도 계약이행을 강제하는 등의 조치를 취할 수 없다.
② 보험계약상 보험자는 손실보상이라는 약속이행의 전제조건으로 피보험자에게 보험약관에 명시되어 있는 여러 가지 조건을 만족시킬 것을 요구하고 있다.
③ 동일한 보험목적물이라도 보험계약자나 피보험자가 누구냐에 따라 손실발생의 위험이 달라지기 때문에 보험계약의 내용이 달라질 수 있다.
④ 보험계약은 통상 다수인을 상대로 체결되고, 보험의 기술성과 공동체성으로 인해 정형성이 요구된다.

02 다음 중 보험마케팅의 특성에 관한 설명으로 올바르지 않은 것은? 기출 23

① 보험사업의 가치사슬에서 판매가 차지하는 비중이 다른 사업에 비해 높고 판매비용이 상당하다.
② 보험상품은 소비자의 자발적 수요가 다른 일반상품에 비해 약하다.
③ 보험상품은 원가가 먼저 확정되고, 다음으로 유통비 등을 책정하여 최종 소비자 가격이 정해진다.
④ 보험회사는 보험마케팅을 수행함에 있어서 소비자 보호차원의 여러 가지 공적 규제를 받는다.

01 인적계약(personal contract)

보험계약은 일반 상품거래의 계약과 달리 정보비대칭성의 정도가 크기 때문에 높은 수준의 선의를 요구한다. 보험자의 관점에서 볼 때 동일한 보험목적물이라도 피보험자가 누구냐에 따라 손실발생의 위험이 달라지기 때문에 보험계약의 내용이 달라질 수 있고, 계약의 인수가 거절될 수도 있다.

① 보험계약자가 초회보험료를 지불하고 계약이 유효된 시점에서 보험자는 보험계약자에게 잔여보험료를 납부하게 하거나 약관내용을 준수하게 하는 법적 강제를 할 수 없다. 즉 보험계약자가 중도에 보험료를 납입하지 않거나 계약을 일방적으로 해지한다고 할지라도 이를 보험자가 강제적으로 어떻게 할 수 없다(**편무계약**).

② 보험계약상 피보험자의 보험금 지급의무에 대한 책임은 우연한 보험사고의 발생과 함께 보험계약자나 피보험자의 보험약관상 명시된 여러 조건을 이행하는가에 좌우된다. 예컨대 보험계약자나 피보험자는 보험목적물에 현저히 위험이 증가하면 이를 통보(위험변경 · 증가의 통지의무)하고, 손실이 발생했을 때 즉시 통보(보험사고발생의 통지의무)하며, 사고발생 후 손해방지와 경감을 위해 노력(손해방지의무)을 하는 등 보험약관에 정해진 여러 의무를 이행해야 한다(**조건부계약**).

④ 보험계약은 다수인을 상대로 하려 대량으로 체결되고, 보험의 기술적 단체적 성격으로 인하여 그 정형성이 요구된다. 즉 보험계약은 당사자의 일방이 그 내용을 미리 정하고 상대방이 이를 포괄적으로 승인함으로써 성립하는 부합계약적인 성격을 띠고 있다(**부합계약**).

정답 ❸

02 보험상품은 수요탄력성이 크지 않아 가격결정이 일반상품처럼 수요중심이나 가격중심으로 이루어지지 않는다. 보험상품의 실제 원가는 상품 판매시 확정되는 것이 아니고, 예정 기초율과 실제 기초율의 차이가 확정된 이후 사후적으로 결정되기 때문에 계약이 종료될 때 확정되며, 원가의 불확실성이 매우 크다. 즉 비용이 사후에 결정된다. 보험료를 미리 내고 보장(보험금)을 나중에 받는 형식이며, 보험회사의 입장에서 최종 비용은 지급 손실이 확정되는 시점에서 결정된다.

① 보험회사가 설계사에게 지급하는 수수료나 업무추진비 등 상품판매에 들어가는 비용(신계약비)이 상당하다.

② 보험상품은 의식주 등 기본적인 1차적 욕구가 아니라 장래 우발적 사고에 대한 안전을 추구하는 2차적이거나 간접적인 욕구이므로 소비자의 자발적 수요가 다른 일반상품에 비해 약하다.

④ 보험회사는 재무건전성 감독, 소비자 보호를 위한 공시제도, 자산운용에 대한 규제 등 소비자 보호차원의 여러 가지 공적 규제를 받는다.

정답 ❸

03 아래에서 손해보험 보험사고의 요건을 모두 고른 것은? 기출 22

ⓐ 단체성	ⓑ 기술성	ⓒ 우연성
ⓓ 임의성	ⓔ 발생가능성	

① ⓐ, ⓑ
② ⓐ, ⓓ
③ ⓑ, ⓓ
④ ⓒ, ⓔ

04 아래 내용은 다음 중 무엇에 관한 설명인가? 기출 23

- 이것은 계약 성립을 위해 계약 당사자간에 서로 대가(對價)를 지불하는 것을 의미한다.
- 피보험자 측은 1회분 보험료의 납부와 보험증권에 명시되어 있는 여러 조건을 준수하는 것이고, 보험자 측은 손실보상, 손실예방 등에 관한 서비스를 제공하는 것이다.

① 담보(warranty)
② 진술(representation)
③ 특약(endorsements and riders)
④ 약인(consideration)

05 다음 중 대재해적 손실이 보험대상 리스크로 적합하지 않은 이유에 해당하는 것은? 기출 24

① 확률적 동질성이 없다.
② 확률적 독립성이 없다.
③ 목적물의 수가 많지 않다.
④ 개별 손실규모가 크다.

03 보험사고의 요건

1. 우연성(불확정성)

보험사고의 발생은 우연한 것이어야 하며, 만약 이미 발생한 사고이거나 혹은 발생할 수 없는 사고를 보험금 지급의 요건으로 정한 보험계약은 보험사고의 요소 가운데 우연성을 결한 것으로서 무효가 된다(상법 제644조 본문). 다만, 당사자 쌍방과 피보험자가 어떤 사고가 이미 발생하였거나 혹은 발생할 가능성이 없다는 것을 알지 못하고 그 사고를 보험사고로 하여 보험계약을 체결한 때에는 계약을 유효한 것으로 인정한다(상법 제644조 단서).

2. 발생가능성

보험사고에 해당하려면 그 발생이 가능한 것이어야 한다. 따라서 사고발생이 물리적으로 불가능한 경우 또는 사고가 이미 발생한 경우에는 발생가능성이 인정되지 않으므로 그 보험계약은 무효가 된다(상법 제644조 본문).

3. 특정성(한정성)

보험사고는 보험계약에서 정한 보험의 목적에 관하여 보험기간 중에 생기는 것으로서 그 사고의 범위가 특정되어 있어야 한다. 보험사고를 한정하는 것은 보험자의 책임 범위를 명확하게 하기 위한 것으로, 보험의 성질상 그 범위 외의 보험사고는 담보하지 않는다.

정답 ④

04 약인(consideration)

약인은 보험계약 성립을 위해 계약 당사자간에 서로 지불하는 대가를 의미한다. 보험계약에서 피보험자 측의 약인은 1회분 보험료의 납부와 보험증권에 명시되어 있는 여러 조건을 준수하는 것이고, 보험자 측의 약인은 손실보상과 예방 및 법률에 관한 서비스를 제공하는 것이다.

① **담보(warranty)** : 해상보험에서 담보는 '피보험자가 어떤 특정한 일을 하거나 또는 하지 않는 것, 또는 어떤 조건을 충족시킬 것을 약속하거나, 또는 특정한 사실의 유무를 확인하는' 약속적 담보라고 정의하고 있다(영국 해상보험법 제33조).

② **진술(representation)** : 진술은 보험계약 체결에 앞서 보험자가 질문한 것을 보험계약자 또는 피보험자가 답변하는 것을 의미한다.

③ **특약(endorsements and riders)** : 보험 기본계약의 조항을 변경하거나 담보의 추가 및 삭제가 가능한 특약조항을 의미한다.

정답 ④

05 대재해적 손실(태풍, 홍수, 지진, 전쟁 등)이 보험대상 리스크로 적합하지 않은 이유는 불확실성이 크고 사고발생에 대한 예측불가능성과 낮은 빈도 및 높은 심도로 인해 다수의 동질적 위험에 대한 대수의 법칙을 적용하여 측정할 수 없기 때문이다. 또한 한 번의 사고로 기대손실이 커서 보험회사의 인수능력과 재보험사의 담보력을 초과하기 때문이다. 보험회사는 손실발생의 독립성(확률적 독립성)을 가정하여 보험요율을 산정하는데 통계적으로 이러한 대재해적 손실을 예측하는 것은 힘들기 때문에 보험대상 리스크로 적합하지 않다.

정답 ②

06 아래에서 설명하는 리스크요소 파악 방법은? 기출 22

> • 조직 내에서의 일련의 기업활동을 일목요연하게 보여줌으로써 예기치 못한 사고가 업무간 상호관계를 어떻게, 어느 정도로 차단하게 되는가를 파악하는데 도움을 줄 수 있다.
> • 리스크요소 파악과정에서 애로점(bottle neck)이라고 파악되었던 부분에 실질적으로는 애로가 전혀 존재하지 않을 수도 있으므로 현장실사로 보완하는 것이 중요하다.

① 잠재손실 점검표(checklist)에 의한 방법
② 재무제표(financial statements) 등 기록에 의한 조사방법
③ 업무흐름도(flowchart) 방법
④ 표준화된 설문서(standardized questionnaire)에 의한 방법

07 다음 중 인공위성 또는 아주 특수한 공장이나 구조물이 충족시키지 못하고 있는 보험가능요건은? 기출 23

① 손실의 발생은 우연적이어야 하고, 고의성이 없어야 한다.
② 상당수의 동질적 위험이 존재하여야 한다.
③ 담보하는 리스크가 합법적이어야 한다.
④ 손실은 확정적이고 측정이 가능해야 한다.

08 다음 중 보험계약의 도박화 방지를 위한 것과 거리가 먼 것은? 기출 25

① 피보험이익
② 고지의무
③ 보험자 면책
④ 보험약관 교부・명시의무

06 업무흐름도(flowchart) 방법

재화 및 서비스의 생산/전달의 흐름을 일목요연하게 보여주는 업무흐름도(도표)를 통해 의사결정과정이나 생산공정상 문제점을 파악한다. 예기치 못한 사고발생이 전체 흐름의 어떤 부분을 차단하는가를 파악할 수 있다.

① **잠재손실 점검표(checklist)에 의한 방법** : 가장 보편적으로 사용되는 방법으로 리스크 체크리스트를 이용하면 한 번에 여러 위험을 파악할 수 있다. 다만, 질문되지 않은 위험에 대한 인지가 불가능하다.

② **재무제표(financial statements) 등 기록에 의한 조사방법** : 재무제표, 업무일지, 보험계약서 등으로부터 잠재적 손해의 원인을 파악한다.

④ **표준화된 설문서(standardized questionnaire)에 의한 방법** : 리스크와 관련된 사람들이 예견할 수 있는 리스크에 대한 의견을 묻는 방법이다. 예 Crawford의 체크리스트

정답 ❸

07 보험가입대상이 되는 위험은 상당수의 동질적 위험이 필요하다. 위험이 동질적이고 동질적 위험이 많을수록 보험회사는 대수의 법칙에 따라 손실예측 및 보험료 산출을 정확하게 할 수 있다. 인공위성 또는 아주 특수한 공장이나 구조물은 이 조건에 해당하지 않는다.

정답 ❷

08 상법 제638조의3에서 보험자에게 약관 교부·명시의무를 부과하는 이유는 보험가입자가 보험계약의 내용을 정확히 알지 못하고 보험자가 일방적으로 작성한 약관에 의하여 보험계약을 체결함으로써 보험가입자가 예상하지 못하였던 불이익을 받는 경우를 방지하기 위함이다.

① 피보험이익의 기능은 보험자의 책임범위를 결정하고, 실손보상의 원칙을 실현, 즉 도박화를 방지하는데 있다.

②·③ 보험계약은 보험급부 여부가 우연한 사고에 의존한다는 사행계약성을 띠고 있어 선의성이 없으면 보험계약이 도박화 될 수 있기 때문에 최대 선의의 원칙이 요구된다. 보험계약의 선의성을 유지하기 위해서 운영되고 있는 법적 장치에는 보험계약자의 중요사항 고지의무, 위험의 변경증가시 통지의무, 보험계약자의 손해방지의무, 고의·중과실 사고로 인한 손해에 대한 보험자 면책, 사기로 인한 초과보험이나 중복보험시 보험계약을 무효로 한 것 등이 있다.

정답 ❹

09 다음 중 금반언(estoppel) 원칙의 적용과 가장 거리가 먼 것은? 기출 21

① 보험계약을 체결할 때 협정보험가액에 동의한 후 보험자가 협정가액을 부인할 수 없다.
② 보험계약이 체결되고 3년이 경과한 후에 계약자가 잘못 진술한 내용을 근거로 보험자가 면책을 주장할 수 없다.
③ 보험자가 고지의무의 위반을 안 날로부터 1개월 이내에 해약하지 않으면, 이후 고지의무 위반의 효과에 기인하는 보험자의 해지권은 제한된다.
④ 보험자가 피보험자에게 보험의 목적을 수리하라고 말하여 피보험자가 그에 따름으로써 비용이 발생한 후에 보험자가 면책조항을 들어 보험금을 지급하지 못하겠다고 주장할 수 없다.

10 다음 설명이 가리키는 것은? 기출 21

> 보험수리적으로 공정한 보험료(actuarially fair premium)하에서 리스크 회피형 개인은 전부보험(full insurance)을 선택한다.

① 베르누이 원칙(Bernoulli principle)
② 렉시스의 원리(Lexis' principle)
③ 세인트 피터스버그 역설(St. Petersburg paradox)
④ 그레샴의 법칙(Gresham's law)

11 다음 중 정태적 리스크(static risk)에 해당되는 것을 모두 고른 것은? 기출 22

> ⓐ 금리리스크　　ⓑ 시장리스크
> ⓒ 자연재해리스크　　ⓓ 전쟁리스크

① ⓐ, ⓑ
② ⓒ, ⓓ
③ ⓐ, ⓒ
④ ⓑ, ⓓ

09 금반언(estoppel) 원칙은 이미 표명한 자기의 언행에 대하여 이와 모순되는 행위를 할 수 없다는 원칙을 말한다. 보험계약에서 금반언의 원칙이란 보험자가 언어, 문서, 행위 등으로 의사표시를 하여 보험계약자나 피보험자를 믿게 하고서 나중에 그 행위나 표시가 진실이 아님을 밝히고 자기기 권리만 주장하는 것을 금하는 것이다.
상법 제651조 본문에서 "보험계약 당시에 보험계약자 또는 피보험자가 고의 또는 중대한 과실로 인하여 중요한 사항을 고지하지 아니하거나 부실의 고지를 한 때에는 보험자는 그 사실을 안 날로부터 1월 내에, 계약을 체결한 날로부터 3년 내에 한하여 계약을 해지할 수 있다. 그러나 보험자가 계약 당시에 그 사실을 알았거나 중대한 과실로 인하여 알지 못한 때에는 그러하지 아니하다"라고 규정하고 있다. 즉 보험계약이 체결되고 3년이 경과한 후에는 계약자가 잘못 진술한 내용을 근거로 보험자가 면책을 주장할 수 없다. 이는 '**금항변조항**(incontestable clause)'에 해당되어 '금반언 원칙'의 적용에 반하는 것이다.

TIP 금항변조항(incontestable clause)
보험계약 체결 후 일정기간이 경과한 후 계약자가 잘못 진술한 내용을 근거로 보험자의 면책을 주장할 수 없도록 보험계약자를 보호하는 조항이다.

정답 ❷

10 베르누이 원칙(Bernoulli Principle)은 보험료가 순보험료 만으로 책정되는 경우 보험을 가입했을 때의 효용이 보험을 가입하지 않았을 때의 효용보다 항상 높기 때문에 리스크 회피형 개인은 전부보험(full insurance)을 가입한다는 보험경제학의 원칙을 말한다.
② 렉시스의 원리(Lexis' principle)는 보험계약자가 지급하는 보험료와 보험사고발생시 보험회사가 지급하는 보험금의 합계액이 같다는 원칙을 의미한다(= 급부 · 반대급부균등의 원칙).
③ 세인트 피터스버그 역설(St. Petersburg paradox)은 사람들의 의사결정에 기댓값이 가지는 의미의 차이에서 발생하는 역설을 말한다. 즉 흔히 사람들은 기댓값을 의사결정의 지표로 삼는다고 생각하지만 그러한 인식에 문제가 있음을 제시하였다.
④ 그레샴의 법칙(Gresham's law)은 가치가 낮은 것이 가치가 높은 것을 몰아낸다는 뜻으로 "악화가 양화를 구축한다"라고 표현하기도 한다. 중고차 매매시장의 정보비대칭 문제에서도 이러한 그레샴의 법칙이 성립한다. 중고차 시장에서 거래가 시작되면 정보비대칭 문제로 인해 상대적으로 품질이 좋은 중고차는 시장에서 사라지고, 흔히 '레몬'이라고 불리는 질 나쁜 중고차만 거래되는 현상을 볼 수 있다.

정답 ❶

11 **정태적 리스크(static risk)와 동태적 리스크(dynamic risk)**
- 정태적 리스크(static risk)는 화재, 지진, 홍수와 같이 시간이 지나더라도 리스크의 성격이나 발생 여부가 변하지 않는 위험을 말한다. 정태적 리스크는 대부분 순수위험(ⓒ 자연재해리스크, ⓓ 전쟁리스크)에 속한다.
- 동태적 리스크(dynamic risk)는 시간이 지나면서 위험의 성격이나 발생 여부가 변하는 리스크이다. 동태적 리스크는 대개 투기위험(ⓐ 금리리스크, ⓑ 시장리스크)에 속한다.

정답 ❷

12 다음 중 보험자대위제도와 관계가 가장 깊은 것은? 기출 25

① 보험계약자에 대한 불이익변경금지의 원칙
② 수지상등의 원칙
③ 실손보상의 원칙
④ 보험료불가분의 원칙

13 다음 중 제3자 보험대위에 대한 설명으로 올바르지 않은 것은? 기출 25

① 피보험자와 생계를 같이 하는 가족의 고의로 손해가 발생한 경우 보험자는 제3자 보험대위권을 행사할 수 없다.
② 제3자의 행위로 손해가 생긴 경우 보험금액을 지급한 보험자는 그 지급한 금액의 한도에서 그 제3자에 대한 보험계약자 또는 피보험자의 권리를 취득한다.
③ 보험자가 보상할 보험금액의 일부를 지급한 경우 피보험자의 권리를 해하지 아니하는 범위 내에서 그 권리를 행사할 수 있다.
④ 손해보험에서 인정되나 생명보험에서는 인정되지 않는다.

14 다음 중 대체비용(replacement cost)보험과 거리가 먼 것은? 기출 25

① 신가보험
② 신구교환이익공제
③ 재조달가액
④ 대체가격

12 보험자대위란 보험자가 보험사고로 인한 손실을 피보험자에게 보상하여 준 때에 보험의 목적이나 제3자에 대하여 가지는 피보험자 또는 보험계약자의 권리를 법률상 당연히 취득하는 것을 말한다. 피보험자의 이중이득을 방지하고 청구권대위의 경우 보험사고와 관련 있는 제3자의 면책을 방지하기 위한 취지에서 인정되고 있다. 즉 보험자대위는 실손보상의 원칙을 구현하기 위한 손해보험제도라 할 수 있다.

① 보험계약자에 대한 불이익변경금지의 원칙은 보험약관의 내용이 보험계약자 측에게 불이익하게 변경된 경우에는 무효라는 규정이다.

② 수지상등의 원칙은 보험계약자가 납입하는 보험료 총액과 보험회사가 지급하는 보험금 및 경비의 총액이 같도록 보험료를 책정하는 원칙을 말한다.

④ 보험료불가분의 원칙은 보험자가 보험료의 산정을 위해서 책정한 단위기간, 즉 보험료기간(보통 1년)에 대응하는 보험료는 이를 더 이상 세분화할 수 없다는 원칙이다.

정답 ❸

13 보험계약자나 피보험자의 제3자 보험대위가 그와 생계를 같이 하는 가족에 대한 것인 경우 보험자는 그 권리를 취득하지 못한다. 다만, 손해가 그 가족의 고의로 인하여 발생한 경우에는 보험자는 제3자 보험대위권을 행사할 수 있다(상법 제682조 제2항).

② 손해가 제3자의 행위로 인하여 발생한 경우에 보험금을 지급한 보험자는 그 지급한 금액의 한도에서 그 제3자에 대한 보험계약자 또는 피보험자의 권리를 취득한다(상법 제682조 제1항).

③ 보험자가 보상할 보험금의 일부를 지급한 경우에는 피보험자의 권리를 침해하지 아니하는 범위에서 그 권리를 행사할 수 있다(상법 제682조 제1항 단서).

④ 손해보험에서는 잔존물대위와 청구권대위(제3자에 대한 보험대위)가 모두 인정되는 반면, 생명보험에서는 보험대위가 인정되지 않는다(상법 제729조).

정답 ❶

14 대체비용보험은 보험사고가 발생한 경우 감가상각을 하지 않고 피보험목적물과 동종, 동형, 동질의 신품을 구입하는데 소요되는 비용을 지급하는 보험으로, 재조달가액보험 또는 신가보험이라고도 한다. 여기서 신가란 재조달가액, 신품가액, 대체비용이라고 한다. 대체비용보험은 실손보상원칙의 예외로서 이용되는 보험이다.

TIP 신구교환이익공제

보험의 목적이 중고품인 때 분손의 보험사고가 발생하면 새로운 재료를 사용하여 수리하거나, 중고부품을 새로운 부품으로 교환함으로써 보험사고 이후의 보험목적의 가치가 보험사고 직전의 보험목적의 가치보다 증가하는 수가 있다. 이것은 손해보상 기본원칙에 위배되고 이를 허용하는 경우, 보험계약이 투기적 목적으로 이용될 수 있으므로 수리 또는 수선으로 인하여 늘어난 이익(신구교환이익)을 공제하게 되는데, 이를 '신구교환이익공제'라 한다. 따라서 신구교환이익공제는 실손보상의 원칙을 구현하기 위한 손해보험제도 중의 하나이다.

정답 ❷

15 다음 중 실손보상원칙에 대한 예외를 모두 고른 것은? 기출 22

ⓐ 피보험이익원칙	ⓑ 대체비용보험
ⓒ 보험자대위제도	ⓓ 손해액의 시가주의
ⓔ 기평가보험	ⓕ 과실상계 및 손익상계

① ⓐ, ⓑ
② ⓑ, ⓔ
③ ⓒ, ⓓ
④ ⓓ, ⓕ

16 다음에서 설명하는 보상책임에 관한 원칙은? 기출 17

가. 손해의 결과에 대하여 선행하는 위험이 면책위험이 아닐 경우 보험자는 면책을 주장할 수 없다.
나. 화재보험에서 발화의 원인을 불문하고 그 화재로 인하여 보험목적물에 손해가 생긴 때에는 보험자는 그 손해를 보상할 책임이 있다.
다. 일반화재보험에서 폭발손해 자체는 화재로 인한 것이든 아니든 면책이지만, 폭발로 발생한 화재손해에 대해서는 보험자의 책임이 발생한다.

① 위험보편의 원칙
② 위험개별의 원칙
③ 우선효력의 원칙
④ 분담주의 원칙

17 보험증권 해석의 주요한 일반 원칙들 가운데 아래 두 가지 설명에 적합한 해석원칙의 명칭이 바르게 짝지어진 것은? 기출 16

가. 보험증권의 해석원칙 중에서 가장 기본이 되는 원칙으로서, 이와 같은 기본원칙에 대하여 다른 모든 해석원칙은 이를 확인하기 위한 보조원칙에 불과하다.
나. 보험증권의 해석에 관한 일반적인 모든 원칙을 적용한 후에도 보험증권에 관하여 아직도 애매한 문제가 존재하는 경우 최종적으로 적용되는 해석원칙이다.

	가	나
①	합리적인 해석의 원칙	문맥에 의한 의미제한의 원칙
②	계약 당사자 의사 우선의 원칙	문서 작성자불이익의 원칙
③	보험증권 전체로서의 해석 원칙	통상적 의미의 원칙
④	수기문언 우선의 원칙	계약 당사자 의사 우선의 원칙

15 **실손보상원칙(이득금지원칙)의 예외**

- **신가보험(재조달가액보험 = 대체비용보험)** : 보상기준을 재조달가로 정한 보험을 신가보험이라 한다. 감가상각이 반영된 실제 손해를 보상하는 것이 아니고, 재조달가 전액을 보상하게 되므로 실손보상원칙의 예외가 된다.
- **기평가보험** : 기평가보험계약에서는 보험가액이 사고발생시의 가액을 초과하더라도 사고발생시의 가액을 기준으로 하여 손해액을 산정하지 아니하고, 계약된 금액을 기준으로 손해액을 산정하므로 실손보상원칙의 예외가 된다.
- **손해보험상품 중 정액보험** : 운전자보험의 방어비용보상 등은 해당 보험금 지급요건이 충족되면, 실제 소요비용이 얼마인가에 상관없이 보험계약시 정한 금액을 일시금으로 지급하게 된다. 만일 소요비용이 보험금보다 적다면, 금전적 이득이 발생하므로 이 또한 실손보상원칙의 예외가 된다.

정답 ❷

16 **위험보편의 원칙**

위험보편의 원칙이란 선행위험이 면책위험이 아니고, 선행위험이나 후행위험 중 하나만 담보위험이면 이로 인한 손해는 모두 보상한다는 원칙이다.

- 선행위험이 면책위험이면 후행위험이 무엇이든 면책한다.
- 선행위험이 담보위험이면 후행위험이 무엇이든 보험자가 담보한다.
- 선행위험이 비담보위험이고 후행위험이 담보위험이면 비담보위험으로 인한 손해는 보상하지 않지만, 담보위험으로 인한 손해는 보상한다.

선행위험	후행위험	담보 여부
면책위험	후행위험의 종류에 무관하게	면책
담보위험	후행위험의 종류에 무관하게	부책
비담보위험	후행위험이 비담보위험 · 면책위험	면책
	후행위험이 담보위험인 경우	부책

정답 ❶

17 가. **계약 당사자 의사 우선의 원칙** : 보험증권 해석의 기본원칙으로, 계약 당사자의 의사가 우선적으로 고려되어야 한다는 원칙이다.

나. **작성자불이익의 원칙** : 보험증권의 일반적인 해석원칙을 모두 적용하여 보아도 여전히 약관상 문구가 애매하여 판단하기 어려운 경우 그 문언의 의미를 작성자, 즉 보험자에게 불이익하게 해석하여야 한다는 원칙이다.

정답 ❷

18 **고가의 외제차가 증가한 주변 환경으로 인하여 선의의 자동차보험 가입자의 보험료 부담이 증가한 현상은 다음 중 어디에 해당하는가?** 기출 23

① 역선택(adverse selection)
② 도덕적 위태(moral hazard)
③ 외부불경제(external diseconomy)
④ 무임승차(free riding)

19 **아래 사례에서 적용되는 위험담보방식과 보험사고에 대한 입증책임의 주체를 바르게 나열한 것은?** 기출 25

> 피보험자 홍길동은 본인 소유의 공장을 대상으로 화재보험계약을 체결하면서 화재·낙뢰·폭발로 인한 손해만 보상하는 조건을 선택하였다. 이후 사고로 공장이 파손되었다.

	위험담보방식	입증책임 주체
①	포괄위험담보	보험자
②	포괄위험담보	피보험자
③	열거위험담보	보험자
④	열거위험담보	피보험자

20 **다음 중 보험자의 면책사유가 아닌 것은?** 기출 22

① 자동차보험에서 지진으로 인한 자기차량 손해
② 상해보험에서 피보험자의 중과실로 인한 상해
③ 운송보험에서 운송보조자의 고의, 중과실로 인한 손해
④ 해상보험에서 도선료, 입항료 등 항해 중의 통상비용

18 외부성(외부효과)

외부성(externality)이란 한 경제주체가 다른 경제주체에게 의도하지 않은 이득이나 손실을 주었음에도 불구하고 이에 대한 보상이 적절히 이루어지지 않은 상태를 말한다. 다른 경제주체에게 유리한 영향을 미치는 경우를 외부경제(external economy), 불리한 영향을 미치는 경우를 외부불경제(external diseconomy)라고 한다.

구 분	의 미	자원 배분
외부불경제 (부정적 외부성)	제3자에게 손해를 입히고도 이에 대한 손해 배상이나 비용을 부담하지 않는 경우 예 화학공장이 오염물질을 배출함에 따라 하류의 어부들이 피해를 입는 것	사회적 최적 수준보다 많이 생산 (과잉 생산)
외부경제 (긍정적 외부성)	제3자에게 이익을 받았지만 이에 대한 대가를 지불하지 않는 경우 예 과수원 옆으로 양봉업자가 이사를 해옴에 따라 과일 생산량이 증가한 것	사회적 최적 수준보다 적게 생산 (과소 생산)

고가의 외제차가 증가한 주변 환경으로 인하여 선의의 자동차보험 가입자의 보험료 부담이 증가한 현상은 외부불경제(external diseconomy)의 사례라고 볼 수 있다.

정답 ❸

19
- 열거위험담보방식은 보험증권에 열거한 위험(화재・낙뢰・폭발로 인한 손해)으로 인한 손해에 대하여 보상한다고 약속한 것이므로 보험자로부터 손해보상을 받기 위해서는 피보험자가 열거위험으로 인하여 손해가 발생하였다는 것을 입증하여야 한다.
- 포괄위험담보방식은 면책으로 인한 사고를 제외하고는 보험의 목적에 손해가 발생하면 그 원인이 무엇이든 관계없이 보상하기 때문에 피보험자는 보험의 목적에 담보손해가 발생하였다는 것만 입증하면 족하고, 보험금 지급을 거절하려면 보험자가 면책위험과 사고와의 인과관계가 있음을 입증하여야 한다.

정답 ❹

20 상해보험의 경우 보험사고가 보험계약자, 피보험자 또는 보험수익자의 고의로 인한 경우만 면책으로 하고, 중대한 과실로 인하여 생긴 때에는 보험자의 보상책임을 인정하고 있다(상법 제732조의2). 즉 상해보험에서 중과실에 해당하는 음주운전, 무면허운전을 면책할 수 없다는 것이 대법원 판례의 입장이다.

정답 ❷

21 다음 중 보험계약의 무효사유가 아닌 것은? 기출 25

① 15세 미만자의 사망을 보험사고로 하는 보험계약
② 보험자가 파산한 경우
③ 보험계약자의 사기로 체결된 초과보험 계약
④ 보험계약 당시 보험사고가 객관적으로 확정된 경우

22 다음 중 채무이행보증보험 약관상 청약 철회가 제한되는 사유가 아닌 것은? 기출 25

① 전문금융소비자가 청약한 경우
② 제3자의 동의가 필요한 보증보험
③ 보험기간이 180일인 보험계약
④ 해제·해지가 해당 법률에 따라야 하는 의무보험

23 다음 중 피보험이익에 관한 설명으로 올바르지 않은 것은? 기출 23

① 재물보험의 피보험이익은 재산 소유권자에게만 존재한다.
② 피보험이익은 피보험자의 손실 크기를 측정하게 해준다.
③ 피보험이익은 도덕적 위태를 감소시킨다.
④ 피보험이익은 손실의 발생 시점에 반드시 존재해야 한다.

해설 및 정답

21 보험자가 파산한 경우 보험계약자는 계약을 해지할 수 있다(상법 제654조 제1항).
① 15세 미만자의 사망을 보험사고로 하는 보험계약은 무효로 한다(상법 제732조).
③ 보험계약자의 사기로 체결된 초과보험 계약은 무효로 한다(상법 제669조 제4항).
④ 보험계약 당시 보험사고가 객관적으로 확정된 경우 그 계약은 무효로 한다(상법 제644조).

정답 ②

22 **청약의 철회(채무이행보증보험 표준약관 제16조 제1항, 제2항)**
① 일반금융소비자는 보험증권을 받은 날부터 15일과 청약을 한 날부터 30일 중 먼저 도래하는 기간 내에 그 청약을 철회할 수 있다.
② 제1항에도 불구하고 다음 중 어느 하나에 해당하는 경우에는 보험계약의 청약을 철회할 수 없다.
1. 전문금융소비자가 보험계약의 청약을 한 경우
2. 「보험업법」에 따른 보증보험 중 청약의 철회를 위해 제3자의 동의가 필요한 보증보험
3. 보험기간이 90일 이내인 보험계약
4. 법률에 따라 가입의무가 부과되고 그 해제·해지도 해당 법률에 따라 가능한 의무보험(다만, 일반금융소비자가 동종의 다른 보험에 가입한 경우는 제외)

정답 ③

23 피보험이익은 상법상 "보험계약의 목적(상법 제668조)"이며, "보험사고의 발생 여부에 관하여 가지는 경제상의 이해관계"를 의미한다. 보험계약의 목적, 즉 피보험이익은 피보험자에게 존재하여야 한다. 따라서 동일한 보험의 목적에 각기 다른 피보험이익을 가진 사람이 복수로 존재할 수 있다. 재물보험의 피보험이익에 관하여도 피보험자가 누구인지에 따라 소유자로서의 이익, 임차인으로서의 이익, 저당권자로서의 이익 등 다양한 피보험이익이 존재할 수 있다.

정답 ❶

24 **다음 중 피보험이익의 개념의 효용에 속하지 않는 것은?** 기출 24

① 보험자대위의 금지
② 초과보험 및 중복보험의 방지
③ 보험자 책임범위의 확정
④ 보험계약의 동일성을 구별하는 표준

25 **다음 중 실손의료보험의 손해율 상승 요인으로 보기 어려운 것은?** 기출 25

① 비급여 진료비의 증가
② 실손의료보험의 자기부담금 확대
③ 의료기술의 발달에 따른 치료비 고액화
④ 도덕적 해이에 따른 보험금 청구액 증가

26 **다음 중 보험증권에 대한 설명으로 옳지 않은 것은?** 기출 20

① 보험증권은 증거증권에 불과해 보험계약 당사자의 의사와 계약 체결 전후의 사정을 고려해 보험계약의 내용을 인정할 수 있다.
② 보험계약 당사자는 보험증권 교부가 있은 날로부터 일정한 기간 내에 한하여 증권 내용의 정부(正否)에 관한 이의를 제기할 수 있다.
③ 기존 보험계약을 연장하거나 변경하는 경우 보험자는 기존 보험증권에 그 사실을 기재함으로써 보험증권의 교부를 갈음할 수 있다.
④ 상법상 보험자는 보험계약이 성립한 경우 최초보험료의 수령 여부와 관계없이 보험계약자에게 보험증권을 지체 없이 교부해야 한다.

27 **다음 중 보험금 지급에 대한 설명으로 올바른 것은?** 기출 25

① 중복보험의 경우 피보험자가 보험자 1인에 대해 보험금 지급청구 권리를 포기하면, 그 보험자의 분담 부분에 대해 다른 보험자도 보험금 지급책임을 면한다.
② 고의에 의한 초과보험도 보험자는 보험금액을 한도로 보상책임을 진다.
③ 일부보험이라 하더라도 당사자간 다른 약정이 있으면, 보험자는 보험금액 한도 내에서 실제 손해액을 보상한다.
④ 기평가보험은 계약 체결 당시 정한 보험가액을 기준으로 보험금을 지급해야만 한다.

24 보험자대위는 보험자가 피보험자에게 보험금을 지급한 경우 보험자가 피보험자의 지위에서 손해가 생긴 피보험이익에 대한 권리와 구제방법을 법률상 당연히 취득하는 것을 말한다. 그 근거는 이득금지의 원칙이다. 따라서 '보험자대위의 금지'가 잘못된 지문이다.
상법 제682조 제1항 본문은 "손해가 제3자의 행위로 인하여 발생한 경우 보험금을 지급한 보험자는 그 지급한 금액의 한도에서 그 제3자에 대한 보험계약자 또는 피보험자의 권리를 취득한다"라고 하여 보험자대위에 관하여 규정한다. 위 규정의 취지는 피보험자가 보험자로부터 보험금액을 지급받은 후에도 제3자에 대한 청구권을 보유・행사하게 하는 것은 피보험자에게 손해의 전보를 넘어서 오히려 이득을 주게 되는 결과가 되어 손해보험제도의 원칙에 반하게 되고 또 배상의무자인 제3자가 피보험자의 보험금수령으로 인하여 그 책임을 면하게 하는 것도 불합리하므로 이를 제거하여 보험자에게 그 이익을 귀속시키려는데 있다(대법원 1990.2.9., 선고, 89다카21965, 판결 / 대법원 1995.11.14., 선고, 95다33092, 판결 등 참조). 이처럼 보험자대위권의 규정취지가 피보험자와 보험자 및 제3자의 이해관계를 조정하고 위험을 분배하고자 하는 데에 있음을 고려할 때, 보험자는 보험계약의 목적이 되는 피보험이익을 기준으로 보험목적물에 발생한 손해에 대하여 자신이 지급한 보험금의 한도 내에서 보험계약자나 피보험자의 제3자에 대한 권리를 취득할 수 있다.

TIP 피보험이익의 기능

- 보험자의 책임범위의 확정
- 실손보상원칙의 실현(도박화, 인위적 위험의 방지)
- 초과보험 및 중복보험의 방지
- 일부보험의 보상액 결정
- 보험계약의 동일성을 구별하는 표준

정답 ❶

25 실손의료보험의 자기부담금을 확대하면 도덕적 위태의 감소뿐만 아니라 보험사의 행정비용도 줄일 수 있어서 재무건전성도 개선된다. 따라서 자기부담금 확대는 손해율의 하락 요인으로 작용할 수 있다.

TIP 실손의료보험의 손해율 상승 요인

- 비급여 진료비(도수치료, 염좌 및 긴장 진료 등)의 증가
- 도덕적 해이에 따른 과잉진료로 인한 보험금 청구액 증가
- 의료기술의 발달과 신의료기술의 도입에 따른 치료비 고액화
- 연령(고령층)의 증가로 질병 가능성이 높아지면서 보험료의 상승 및 의료비의 증가

정답 ❷

26 우리 상법은 보험계약이 성립한 때 지체 없이 보험증권을 작성・교부토록 하고 있다(상법 제640조 제1항). 그러나 보험계약자가 보험료의 전부 또는 최초의 보험료를 지급하지 않은 때에는 그러하지 아니한다(상법 제640조 제1항 단서)고 하여 보험계약의 성립 여부와 내용에 관한 분쟁을 미리 방지하고 있다.

정답 ❹

27 일부보험의 경우에 보험자는 보험금액의 보험가액에 대한 비율에 따라 보상할 책임을 진다. 그러나 당사자간에 다른 약정이 있는 때에는 보험자는 보험금액의 한도 내에서 그 손해를 보상할 책임을 진다(상법 제674조).
① 중복보험의 경우 피보험자가 보험자 1인에 대한 권리의 포기는 다른 보험자의 권리의무에 영향을 미치지 아니하므로, 다른 보험자는 보험금 지급책임을 면하지 못한다(상법 제674조).
② 고의에 의한 초과보험도 보험자는 보험금액을 지급할 책임이 없다(상법 제659조).
④ 당사자간에 보험가액을 정한 때에는 그 가액은 사고발생시의 가액으로 정한 것으로 추정한다(상법 제670조).

정답 ❸

28 아래에서 설명하는 보험계약조항은? 기출 23

• 보험기간 중 특별한 조건을 위배하거나 위반했을 경우 보험효력을 종결시킴을 규정한 조항 • 이 경우 일단 종결된 보험계약의 효력을 다시 살리기 위해서는 새로운 보험계약을 체결함이 통례임

① policy change clause('계약전환' 조항)
② if clause('만약' 조항)
③ while clause('동안' 조항)
④ entire contract clause('계약구성' 조항)

29 타인을 위한 보험계약으로 볼 수 없는 것은? 기출 18

① 창고업자가 자신이 보관하는 타인의 물건에 대하여 그 물건의 소유자를 피보험자로 하는 보험계약을 체결하는 것
② 임차인이 건물의 소유주를 피보험자로 하는 화재보험계약을 체결하는 것
③ 아버지가 자기의 사망을 보험사고로 하는 생명보험계약을 체결하면서 자녀를 보험수익자로 정하는 것
④ 타인 소유의 물건을 운송하는 자가 소유권자의 손해배상청구에 대비하기 위하여 보험에 가입하는 것

30 다음 중 법률상 의무보험이 아닌 것은? 기출 23

① 가스사고배상책임보험
② 항공보험
③ 적재물배상책임보험
④ 생산물배상책임보험

28 if clause('만약' 조항)

보험계약의 효력 발생 요건 조항으로 '만약' 보험계약상 일정 요건이 충족되지 않을 경우 보험계약의 효력이 발생하지 않는다는 조항이다. 즉 보험기간 중 특별한 조건을 위배하거나 위반했을 경우 보험효력을 종결시킴을 규정한 조항으로, 이 경우 일단 종결된 보험계약의 효력을 다시 살리기 위해서는 새로운 보험계약을 체결함이 통례이다.

① policy change clause('계약전환' 조항) : 보험계약의 내용을 변경하거나 정정할 수 있는 조항

③ while clause('동안' 조항) : 보험기간 중 보험계약자나 피보험자의 행위로 위험이 증가되었을 때 이 위험이 증가된 상태에 있는 한 보험효력이 일시 정지되고, 증가된 위험이 제거되거나 원상으로 복귀되었을 때 보험효력이 재개되도록 하는 조항

④ entire contract clause('계약구성' 조항) : 보험계약에서 피보험자와 보험자간의 전체 계약이 계약 조건에 한정된다는 조항. 즉, 보험자와 피보험자 모두에게 각 당사자가 계약 조건에만 구속되고 계약 외부의 다른 조항에는 구속되지 않는다.

TIP **완전합의조항(entire agreement clause)**

- 계약 체결 및 이행과정에서 본 계약서상의 내용과 계약 체결 전의 문서 또는 구두에 의한 합의 등이 불일치할 경우 기존의 합의 내용보다 본 계약서상의 내용이 우선한다는 조항이다. 즉 계약 체결의 이전단계에서 그 계약과 관련된 의견교환, 합의, 약속 등은 정식으로 체결된 계약서의 내용과 불일치하더라도 오직 정식으로 체결된 계약내용만이 유효하다는 조항이다.
- 이 계약은 양 당사자간의 합의내용을 완결 짓는 것이며, 이 계약의 목적과 관련된 이전의 양 당사자간 모든 협상 및 의사표명, 양해, 약정 등을 대체하고, 양 당사자의 서면 합의에 의하지 아니하고는 수정될 수 없다.

정답 ②

29 보험계약자가 타인의 이익을 위하여 자기명의로 체결한 보험계약을 타인을 위한 보험계약(상법 제639조)이라고 한다. 여기서 '타인'이란 보험계약상의 이익을 받을 자로 손해보험에서는 피보험자, 인보험에서는 보험수익자를 말한다.

④의 경우는 자기를 위한 보험계약에 해당된다. 즉 자기를 위한 보험계약은 보험계약자와 보험금청구권자가 동일한 경우이고, 타인을 위한 보험계약은 보험계약자와 보험금청구권자가 서로 다른 경우이다.

정답 ④

30 **생산물배상책임보험**

생산물의 결함으로 인하여 제3자의 신체장해나 재물손해에 대한 법률적인 배상책임을 부담함으로써 입은 손해를 보상하며, 법률상 의무보험은 아니다. 2017년 4월 제조물책임(PL)법의 개정으로 선택이 아닌 필수로 인식되고 있으며, 주요 보험가입대상은 다음과 같다.

- 제조(수출)업자(완성품제조, 부품제조, 원료제조 등)
- 수입업자
- 표시제조업자[OEM제조자, PB(Private Brand) 유통업자]
- 판매업자, 대형마트 및 홈쇼핑 납품업체, 상표권자 등

TIP **법률상 의무보험**

보험종목	관련 법규	관련 부처
① 가스사고배상책임보험	• 고압가스안전관리법 • 액화석유가스의 안전 및 사업관리법 • 도시가스사업법	산업통상자원부
② 항공보험	항공사업법	국토교통부
③ 적재물배상책임보험	화물자동차운수사업법	국토교통부

정답 ④

31 다음 중 신의성실의 원칙에 대한 설명으로 올바르지 않은 것은? 기출 25

① 피보험자가 지켜야 할 원칙으로 보험자와는 관련이 없다.
② 보증(warranty)의 위반효과는 진술보다 엄격하다.
③ 보험의 단체성과 관련이 있다.
④ 금반언(estoppel)은 신의성실의 원칙을 보강한다.

32 다음 중 「예금자보호법」에 따라 보호되는 것은? 기출 25

① 보증보험계약
② 재보험계약
③ 변액보험계약의 주계약
④ 개인형 퇴직연금제도의 적립금

33 다음 중 공동해손(general average)의 성립요건으로 적절하지 않은 것은? 기출 20

① 공동해손행위의 목적은 공동의 위험에 처한 해상사업단체(common maritime adventure)의 공동안전을 위한 것이어야 한다.
② 위험은 현실적(real)이고 절박(imminent)해야 한다.
③ 희생이나 비용은 의도적(intentional)인 행위에 의해 발생 또는 지출된 것이어야 한다.
④ 희생이나 비용은 통상적(ordinary)인 것이어야 하고, 합리적(reasonable) 행위에 의해 발생한 것이어야 한다.

34 1982년 협회전쟁약관(적하)[Institute War Clauses(cargo), 1982]에서 담보하는 위험이 아닌 것은? 기출 22

① 유기된 기뢰・어뢰・폭탄
② 전쟁・내란・혁명・모반・반란
③ 전쟁・내란 등의 위험으로 인해 발생한 포획・나포・억류・억지
④ 핵무기의 적대적 사용

31 보험은 우연한 사고의 발생으로 인하여 보험금이 지급되는 사행계약이므로 당사자간의 권리와 의무를 신의에 따라 성실하게 이행하여야 한다. 따라서 신의성실의 원칙은 보험자와 보험계약자, 피보험자 모두가 지켜야 할 원칙이다.

② 보증(warranty)은 보험계약 체결에 있어서 보험계약자 또는 피보험자가 보험자에게 하는 약속으로서 보험계약의 일부이다. 진술(representation)은 보험계약 체결에 앞서 보험자가 질문한 것을 보험계약자 또는 피보험자가 답변하는 것을 의미한다. 진술과 보증의 차이점은 내용을 해석함에 있어서 보증이 진술보다 더 엄격하다는 것이다. 위반효과의 경우에도 진술은 중요한 사실에 대한 허위진술이 아닌 한 계약의 효과에 영향을 미치지 않지만, 보증의 경우에는 사소한 위반의 경우에도 보험자의 보상책임에 영향을 준다는 점이다.

③ 보험의 단체성은 고지의무제도, 위험의 변경·증가의 통지의무, 신의성실의 원칙, 보험계약자 평등대우의 원칙 등과 관련이 있다.

④ 금반언(estoppel) 원칙은 이미 표명한 자기의 언행에 대하여 이와 모순되는 행위를 할 수 없다는 원칙을 말한다. 보험자의 언행에 있어서의 신의성실의 원칙을 보강한다.

정답 ❶

32 확정기여형 퇴직연금제도, 개인형 퇴직연금제도, 「근로자퇴직급여보장법」 제2조 제14호에 따른 중소기업퇴직연금기금제도 또는 법률 제10967호 「근로자퇴직급여보장법」 전부개정법률 부칙 제2조 제1항 본문에 따른 퇴직보험계약에 의하여 수입한 수입보험료는 「예금자보호법」에 따라 보호된다(보험업법 시행령 제80조 제2항, 예금자보호법 시행령 제3조 제4항 제1호).

정답 ❹

33 공동해손은 항해 중인 선박과 화물이 위태로운 상황에서 벗어날 목적으로 선장의 지시하에 의도적으로 희생이나 비용을 발생시킨 해손을 말한다. 즉 희생이나 비용은 통상적(ordinary)인 것이 아니라 비정상적(extraordinary)이어야 하고, 합리적(reasonable) 행위에 의해 발생한 것이어야 한다.

정답 ❹

34 전쟁위험과 관련되는 핵무기의 사용은 전쟁위험면책조항(ICC 1982 제6조 1항)에 의거하여 면책된다.

TIP **전쟁면책위험(War Exclusion Clause)**

어떠한 경우에도 이 보험은 다음의 사유로 인하여 발생한 멸실, 손상 또는 비용을 담보하지 아니한다. 따라서 이들 위험을 담보받기 위해서는 전쟁위험담보 특약인 협회전쟁약관(Institute War Clause)에 별도로 가입하여야 한다.

1. 전쟁, 내란, 혁명, 모반, 반란 또는 이로 인하여 발생한 국내투쟁, 교전국에 의하여 또는 교전국에 대하여 행해진 적대행위
2. 포획, 나포, 강류, 억지 또는 억류(해적행위 제외) 및 그러한 행위의 결과 또는 그러한 행위의 기도
3. 유기된 기뢰, 어뢰, 폭탄 또는 기타의 유기된 전쟁무기

정답 ❹

35 「화재로 인한 재해보상과 보험가입에 관한 법률」 및 그 시행령에 규정된 내용으로 올바르지 않은 것은? 기출 22

① 특수건물의 소유자는 화재로 인한 손해배상책임을 이행하기 위하여 손해보험회사가 운영하는 특약부(附) 화재보험에 가입하여야 한다.
② 현행 특수건물 소유자의 손해배상책임은 대인배상은 피해자 1인당 1억원, 대물배상은 1사고당 10억원을 한도액으로 한다.
③ 특수건물 소유자가 가입하여야 하는 화재보험의 보험금액은 시가에 해당하는 금액으로 한다.
④ 특수건물 소유자는 건축물의 사용승인 준공인가일 또는 소유권을 취득한 날로부터 30일 이내에 특약부(附) 화재보험에 가입하여야 한다.

36 아래 사례에 해당하는 보험료 산정방식은? 기출 25

A 회사가 최신 선박을 보험 목적물로 하는 보험계약을 청약하였다. 그러나 해당 선박에 적용할 만한 위험률 통계가 존재하지 않아 언더라이터 자신의 분석에 따라 적용요율을 결정하였다.

① 판단요율
② 등급요율
③ 협정요율
④ 예정표요율

37 다음 중 보험요율 산정의 규제상 목적에 해당하지 않는 것은? 기출 23

① 보험요율의 충분성(adequacy)
② 보험요율의 안정성(stability) 및 탄력성(flexibility)
③ 보험요율의 비과도성(inexcessiveness)
④ 보험요율의 공평한 차별성(fair discrimination)

35 **특수건물 소유자의 손해배상책임(화재로 인한 재해보상과 보험가입에 관한 법률 제4조 제1항)**
특수건물의 소유자는 그 특수건물의 화재로 인하여 다른 사람이 사망하거나 부상을 입었을 때 또는 다른 사람의 재물에 손해가 발생한 때에는 과실이 없는 경우에도 보험금액의 범위에서 그 손해를 배상할 책임이 있다. 특수건물의 소유자가 가입하여야 하는 보험의 보험금액은 다음 각 호의 기준을 충족하여야 한다(화재로 인한 재해보상과 보험가입에 관한 법률 시행령 제5조 제1항).

1. **사망의 경우** : 피해자 1명마다 1억 5천만원의 범위에서 피해자에게 발생한 손해액. 다만, 손해액이 2천만원 미만인 경우에는 2천만원으로 한다.
2. **부상의 경우** : 피해자 1명마다 별표 1에 따른 금액(50만원~3천만원)의 범위에서 피해자에게 발생한 손해액
3. **부상에 대한 치료를 마친 후 더 이상의 치료효과를 기대할 수 없고 그 증상이 고정된 상태에서 그 부상이 원인이 되어 신체에 생긴 장애("후유장애"라 한다)의 경우** : 피해자 1명마다 별표 2에 따른 금액(1천만원~1억 5천만원)의 범위에서 피해자에게 발생한 손해액
4. **재물에 대한 손해가 발생한 경우** : 사고 1건마다 10억원의 범위에서 피해자에게 발생한 손해액

① 화재로 인한 재해보상과 보험가입에 관한 법률 제5조 제1항
③ 화재로 인한 재해보상과 보험가입에 관한 법률 제8조 제1항 제1호
④ 화재로 인한 재해보상과 보험가입에 관한 법률 제5조 제4항 제1호

정답 ❷

36 ① **판단요율** : 각 계약자들의 위험특성에 따라 보험자(언더라이터)가 요율을 결정하는 것으로 위험의 이질성으로 대수의 법칙을 적용하기 곤란한 물건, 보험인수 경험이 없는 물건 등에 사용된다.
② **등급요율** : 유사한 위험을 집단으로 분류하여 특정 집단에 대해 일률적으로 요율을 적용하는 방식으로 순보험료방식과 손해율방식이 있다.
③ **협정요율** : 손해보험사들이 협정하여 결정한 표준화된 보험요율을 적용하는 방식이다.
④ **예정표요율** : 기본요율을 전제로 개별 위험의 물리적 특성에 따라 예정표에 정해진 만큼 요율을 인상 또는 인하하는 방식이다.

정답 ❶

37 보험요율의 안정성(stability) 및 탄력성(flexibility)은 보험경영상 목적에 해당한다.

TIP **보험요율 산정의 규제상 목적**

1. **충분성(adequacy)**
보험요율은 사고발생시 보험계약자 등에 지급되는 손실의 보상에 충분한 수준으로 결정되어야 한다.
2. **비과도성(inexcessiveness ; 적정성)**
보험요율은 과도하지 않아야 한다. 보험요율이 지나치게 과도할 경우 보험가입자의 저항과 보험계약의 이탈로 이어져 대수의 법칙 적용이 불가능해지고, 수지상등의 원칙이 무너져 종국적으로 합리적인 보험경영이 불가능해 진다.
3. **공평한 차별성(fair discrimination ; 공정성)**
보험요율은 부당한 차별이 없어야 한다. 동일한 위험에 대해서는 동일한 요율이 적용되고, 다른 위험에 대해서는 다른 요율이 적용되어야 한다.

정답 ❷

38 도로 상태가 좋지 않아 발생한 교통사고로 자동차가 파손되어 수리비를 지급하였다. 다음 중 위태(hazard)에 해당하는 것은? 기출 23

① 도로 상태가 좋지 않은 것
② 교통사고
③ 자동차 파손
④ 수리비 지급

39 리스크관리기법에 대한 다음 설명 중 올바르지 않은 것은? 기출 23

① 건물 내 개인용 전열기 사용금지는 손실예방에 해당한다.
② 건물 내 스프링클러 설치는 손실예방에 해당한다.
③ 건물 내 소화기 비치는 손실경감에 해당한다.
④ 건물공사시 내연자재 사용은 손실경감에 해당한다.

40 리스크관리에 관한 설명으로 올바른 것은? 기출 21

① 「제조물책임법」에서 설계상의 결함이라 함은 제조물이 원래 의도한 설계와 다르게 제조・가공됨으로써 안전하지 못하게 된 경우를 말한다.
② 캡티브 보험자(captive insurer)는 복수의 기업이 기금을 출연하여 기금 풀(pool)을 만들고, 사고를 당한 회원기업에게 기금 풀에서 손해를 보상해 주는 제도이다.
③ 리스크회피는 적극적인 리스크 관리수단으로, 빈도와 심도가 낮은 리스크에 적합하다.
④ 순수리스크인 지진과 태풍은 재무분야의 시장리스크와 유사한 개념인 근원적 리스크(fundamental risk)에 속한다.

41 다음 중 리스크에 대한 설명으로 올바르지 않은 것은? 기출 24

① 통계적 측정 가능성을 기준으로 객관적 리스크와 주관적 리스크로 구분할 수 있다.
② 투기적 리스크의 특징은 손실가능성과 함께 이익가능성도 존재한다는 것이다.
③ 화산의 폭발, 지진 등은 동태적 리스크의 예이다.
④ 홍수, 폭설 등 자연재해는 순수리스크로 분류된다.

38 위태(hazard)는 특정 사고로부터 발생될 수 있는 손해 가능성을 새로이 만들거나 증가시키는 상태를 말한다. 도로 상태가 좋지 않아 교통사고가 발생하였으므로 '도로 상태가 좋지 않은 것'이 사고의 원인을 증가시킨 '위태'에 해당한다.

② **교통사고** : 손인(peril)

③ **자동차 파손** : 손해(loss)

④ **수리비 지급** : 보상(compensation)

정답 ❶

39 손실예방은 손실의 발생가능성 또는 빈도를 줄이려는데 초점을 맞추며, 손실경감은 이미 발생한 손실의 규모, 즉 심도를 낮추기 위한 활동이다. 건물 내 스프링클러 설치 및 소화기 비치, 건물공사시 내연자재 사용은 손실경감에 해당한다.

정답 ❷

40 근원적 리스크는 사회 경제 전반에 영향을 미치는 리스크를 말하며, 대량실업, 인플레이션, 지진, 태풍과 같은 천재지변 등이 포함된다.

① 「제조물책임법」에서 '제조상의 결함'이란 제조물이 원래 의도한 설계와 다르게 제조 · 가공됨으로써 안전하지 못하게 된 경우를 말한다. '설계상의 결함'이란 제조업자가 합리적인 대체설계(代替設計)를 채용하였더라면 피해나 위험을 줄이거나 피할 수 있었음에도 대체설계를 채용하지 아니하여 해당 제조물이 안전하지 못하게 된 경우를 말한다.

② 복수의 기업이 기금을 출연하여 기금 풀(pool)을 만들고, 사고를 당한 회원기업에게 기금 풀에서 손해를 보상해 주는 제도는 보험 풀(Insurance Pool)이다. 보험 풀(Insurance Pool)은 일반적으로 다수의 보험회사들이 고위험 물건에 대한 보험을 제공하기 위하여 필요한 자산을 공동으로 마련하여 위험을 인수 및 분산하는 방식을 말한다.

③ 리스크회피는 적극적인 리스크 관리수단으로, 빈도와 심도가 높은 리스크에 적합하다.

정답 ❹

41 화산의 폭발, 지진 등은 그 성격이나 발생의 정도가 시간의 흐름에 따라 크게 변하지 않는 정태적 리스크의 예이다. 동태적 리스크는 소비자기호의 변화, 시장의 가격 변동성, 기술의 변화 등과 같이 시간의 흐름에 따라 그 성격이나 발생의 정도가 변하여 예상하기 어려운 리스크들이 포함된다.

정답 ❸

42 다음 리스크관리기법 중 리스크재무(risk financing)에 해당하는 것을 모두 고른 것은? 기출 22

ⓐ 손실통제(loss control) ⓑ 리스크보유(risk retention) ⓒ 보험계약을 통한 리스크전가(risk transfer) ⓓ 리스크분리(risk separation)

① ⓐ, ⓑ
② ⓑ, ⓒ
③ ⓒ, ⓓ
④ ⓐ, ⓓ

43 다음 중 저빈도－고심도 리스크가 보험대상으로 적합한 이유와 거리가 가장 먼 것은? 기출 24

① 보험료가 부담가능한 수준이어서
② 비용 효율성이 커서
③ 재무변동성 감소 효과가 커서
④ 예측 신뢰도가 높아서

44 다음 중 손실통제의 연쇄개념(chain concept of loss control)을 이용한 손실통제의 체계적 수행절차를 순서대로 바르게 나열한 것은? 기출 22

ⓐ 위태(hazard) 경감	ⓑ 구조 작업
ⓒ 손실 원천 봉쇄	ⓓ 손실 최소화

① ⓐ → ⓒ → ⓓ → ⓑ
② ⓐ → ⓒ → ⓑ → ⓓ
③ ⓒ → ⓐ → ⓑ → ⓓ
④ ⓒ → ⓐ → ⓓ → ⓑ

42 ⓐ 손실통제(loss control)와 ⓓ 리스크분리(risk separation)는 리스크통제(risk control)에 해당한다. 리스크재무(risk financing)는 손실의 발생을 예방하거나 손실의 크기를 줄이기보다는 발생한 손실로부터 회복 또는 그것을 복구하는데 필요한 자금의 조달에 초점을 두는 위험관리기법이다. 리스크재무기법은 ⓑ 리스크보유(risk retention) 방법과 리스크전가(risk transfer) 방법으로 구분할 수 있다.

정답 ❷

43 발생빈도는 낮으나, 사고가 나면 막대한 손실을 가져오는 위험(저빈도 – 고심도 리스크)은 보험 등의 방법을 통해 위험을 전가(transfer)하는 것이 바람직하다.

① 보험은 손실의 빈도는 적지만 손실의 규모가 커서 스스로 부담하기 어려운 리스크를 보험회사에 전가함으로써 개인이나 기업이 리스크에 대하여 보다 효과적으로 대응할 수 있게 해준다. 즉 보험을 통하여 전가되는 리스크는 손실의 규모가 크지만 발생빈도가 낮아 전체적인 보험료는 부담할 수 있는 정도가 된다.

② 보험은 손실보상과 복구에 있어서 비용 효율성 측면에서 유리하다.

③ 보험은 기업의 각종 재무비용을 감소시켜 재무적 안정성을 증대시킨다.

④ '예측 신뢰도가 높아지는 것'은 대수의 법칙과 관련 있다. 대수의 법칙은 위험의 결합(pooling)에 따른 보험의 기본원리이다. 즉 대수의 법칙에 따른 분산효과를 통해 예측의 신뢰도가 높아지면 사고발생 확률을 예측할 수 있게 되고, 보험료 산출이 가능하게 된다.

정답 ❹

44 **손실통제의 체계적 수행절차**

단 계	통제 추진	주요 내용
1	손실의 원천	• 손실발생의 가능성을 원천적으로 봉쇄 • 화재로 인한 손실을 방지하기 위하여 화재에 견딜 수 있는 재료로 건물을 건축
2	해저드(hazard) 경감	• 사고발생의 환경적 요인 통제로 사고확률 감소 • 각종 시설에 대한 정기 검색 및 종업원의 안전수칙 준수 강화 등
3	손실 최소화	• 손실이 발생한 후 그 규모의 최소화 노력 • 스프링클러 장치, 안전벨트 착용, 구명보트 준비 등
4	구조 작업	• 손실의 최소화 또는 복구 • 재해를 당한 직원의 재활 제도, 파괴된 시설 복구

정답 ❹

45 위험관리자는 위험관리기법을 선택함에 있어서 손해의 빈도(frequency)나 심도(severity)를 동시에 고려해야 한다. 위험의 종류를 손해의 빈도와 심도의 크기에 따라 아래 그림의 4가지 형태로 분류할 때 각각의 위험의 종류에 따른 최적의 위험처리방법으로 가장 적절하게 짝지어진 것은? 기출 14

위험의 종류	손실의 빈도수(빈도)	손실의 규모(심도)
A	적다	작다
B	많다	작다
C	적다	크다
D	많다	크다

구 분	위험처리방법
ⓐ	위험의 회피
ⓑ	위험의 보유
ⓒ	보험에의 전가와 손해제어적인 수단을 병행하여 적용
ⓓ	손해제어적인 수단에 보유기법을 병행하여 적용

① A – ⓐ, B – ⓒ, C – ⓓ, D – ⓑ
② A – ⓐ, B – ⓓ, C – ⓒ, D – ⓑ
③ A – ⓑ, B – ⓒ, C – ⓓ, D – ⓐ
④ A – ⓑ, B – ⓓ, C – ⓒ, D – ⓐ

46 기대효용을 기준으로 의사결정을 하는 홍길동의 보유재산은 50, 보유재산의 사고발생확률 0.2, 사고시 잔여재산이 10일 때 재산의 기대가치는 아래 그림에서 A로 표시된다. 다음 중 이에 대한 설명으로 올바른 것은? 기출 23

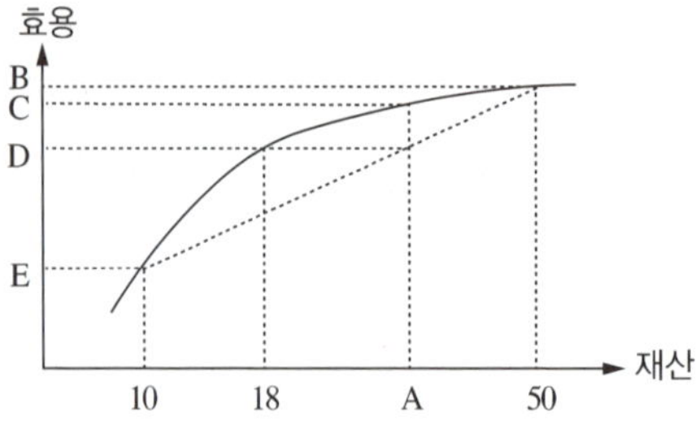

① 계리적으로 공정한 보험료가 부과되는 보험에 가입하였을 때 홍길동의 기대효용수준은 D이다.
② 홍길동이 지불할 의사가 있는 최대보험료는 30이다.
③ 부가보험료가 순보험료의 2.5배 이상이면 홍길동은 보험에 가입하지 않는다.
④ 홍길동의 리스크 프리미엄(risk premium)은 24이다.

47 철수가 현재 보유하고 있는 총 재산 120원에 대한 전부보험의 보험료는 20원이다. 철수의 효용 함수는 $U(w)=\sqrt{w}$ 이고, 재산의 손실확률분포는 아래와 같다. 전부보험 가입시 철수의 기대효용은 얼마인가? 기출 20

확 률	손실액
0.2	0
0.3	10
0.5	20

① 5 ② 10

③ 12 ④ 20

해설 및 정답

45 위험처리의 방법

1. 저빈도와 저심도의 위험 : 위험의 보유(ⓑ)
2. 고빈도와 저심도의 위험 : 손해의 통제(ⓓ)
3. 저빈도와 고심도의 위험 : 위험의 전가(ⓒ)
4. 고빈도와 고심도의 위험 : 위험의 회피(ⓐ)

정답 ❹

46 기대가치 = (50 × 0.8) + (10 × 0.2) = 42 = A

공정한 보험료(순보험료) = 보유자산 − 기대가치 = 50 − 42 = 8

계리적으로 공정한 보험료가 부과되는 보험에 가입하였을 때 홍길동의 기대효용 = C

기대효용 = D일 때

확실성등가 = 18

※ 확실성등가(certainty equivalent)는 불확실한 수익을 기대하며 위험을 부담하는 대신 적은 수익이라도 확실하게 실현될 수 있다면 그와 맞바꿀 수 있는 최소한의 가격을 의미한다. 즉 기대효용과 동일한 효용을 주는 확실한 금액을 말한다.

리스크 프리미엄 = 기대가치 − 확실성등가 = 42 − 18 = 24

※ 리스크 프리미엄(risk premium)은 불확실한 자산을 확실한 자산으로 교환하기 위해 지불할 용의가 있는 금액을 의미한다. 기대가치에서 확실성등가를 뺀 값이 리스크 프리미엄이다.

최대보험료 = 보유자산 − 확실성등가 = 50 − 18 = 32

※ 공정한 보험료는 기대손실액과 보험료가 동일한 경우를 말하고, 최대보험료는 공정한 보험료와 리스크 프리미엄을 합한 것을 말한다. 보험회사는 공정한 보험료와 최대보험료 사이에 보험료를 책정할 것이므로 부가보험료가 순보험료의 2.5배 이상이라도 홍길동은 보험에 가입할 것이다.

정답 ❹

47 기대효용

$E(U)=(0.2\times\sqrt{120-20-0})+(0.3\times\sqrt{120-20-10+10})+(0.5\times\sqrt{120-20-20+20})$

$=\sqrt{100}=10$

정답 ❷

※ 아래 표는 A와 B로 대표되는 두 유형의 속성을 표기한 것이다. A와 B 유형은 각각 40%와 60%의 비중을 차지하고, 사고발생확률은 서로 독립적이다. 이를 바탕으로 다음 48번, 49번 문제에 답하시오(단, w는 자산).

유 형	A 유형	B 유형
효용함수[$U(w)$]	$\sqrt{w}$	$\sqrt{w}$
사고발생확률	0.2	0.4
초기 자산	90,000원	90,000원
사고 후의 자산	10,000원	10,000원

48 보험사가 유형 구분 없이 동일한 보험료를 적용하고, 모두 전부보험(full insurance)에 가입한다면, 손해율 100%가 되기 위한 보험료는 얼마인가? (단, 제시되지 않은 조건은 고려하지 않음) 기출 25

① 24,000원 ② 25,600원
③ 27,000원 ④ 39,600원

49 A, B 두 유형 모두 기대효용가설을 따른다면, 보험료가 22,000원인 전부보험에 가입하겠는가? 기출 25

① A 유형만 이 보험에 가입한다.
② B 유형만 이 보험에 가입한다.
③ A 유형과 B 유형 모두 이 보험에 가입한다.
④ A 유형과 B 유형 모두 이 보험에 가입하지 않는다.

50 보험가액이 10,000원인 물건의 사고발생확률과 손해액이 아래 표와 같다. 이때 보험가입금액을 4,000원으로 하고 80% 공동보험조항이 첨부된 경우 이 물건의 영업보험료는? (단, 예정사업비율은 20%이며, 예정이익률은 고려하지 않음. 순보험료는 기대보험금으로 함) 기출 23

손해액	0원	2,000원	5,000원	10,000원
확 률	0.85	0.1	0.04	0.01

① 100원
② 240원
③ 300원
④ 312.5원

48 • **A 유형**

A 유형 사고시 손해액 = 90,000원 − 10,000원 = 80,000원

A 유형 사고시 기대손해액 = 80,000원 × 0.2 = 16,000원

• **B 유형**

B 유형 사고시 손해액 = 90,000원 − 10,000원 = 80,000원

B 유형 사고시 기대손해액 = 80,000원 × 0.4 = 32,000원

∴ 총 기대손해액 = 보험료 = (16,000원 × 0.4) + (32,000원 × 0.6) = 25,600원

정답 ❷

49 • 보험에 가입했을 경우의 기대효용

$E[U(w)] = \sqrt{(90,000-22,000)}$ ≒ 260.768

• 보험에 가입하지 않을 경우 A 유형의 기대효용

$E[U(w_A)] = (\sqrt{90,000} \times 0.8) + (\sqrt{10,000} \times 0.2) = 240 + 20 = 260$

• 보험에 가입하지 않을 경우 B 유형의 기대효용

$E[U(w_B)] - (\sqrt{90,000} \times 0.6) + (\sqrt{10,000} \times 0.4) = 180 + 40 = 220$

따라서 A, B 유형 모두 보험에 가입했을 경우의 기대효용이 가입하지 않았을 경우의 기대효용보다 크기 때문에 A, B 유형 모두 이 보험에 가입한다.

정답 ❸

50 **영업보험료 = 순보험료 + 부가보험료**

• 예상손해액(순보험료) = (0원 × 0.85) + (2,000원 × 0.1) + (5,000원 × 0.04) + (10,000원 × 0.01) = 500원

• 예정사업비(부가보험료) = 500원 × 0.2 = 100원

※ 예정사업비율이란 보험회사에서 보험사업을 영위해 나가는데 필요한 경비, 즉 신계약 모집, 보험료 수금, 보험계약관리, 보전 등에 사용되는 사업비를 미리 예측해서 보험료에 포함시키는 일정비율을 말한다.

• 영업보험료 = (500원 + 100원) × $\frac{4,000원}{10,000원 \times 0.8}$ = 300원

※ 80% 공동보험조항을 적용한다.

정답 ❸

51 **A회사는 공장에 10조원을 투자하는 안을 검토하고 있다. 1안은 한 지역에 10조원 전액을 투자하는 안이고, 2안은 5조원씩 두 지역에 투자하는 안이다. 지역별 사고발생확률은 독립적이고 동일하다. 사고발생 지역의 투자금액은 전부 멸실하는 것으로 가정한다. 리스크관리 관점에서의 설명으로 올바르지 않은 것은?** 기출 23

① 기대손실 면에서 1안이 유리하다.

② 손실의 변동성 면에서 2안이 유리하다.

③ 최대가능손실(maximum possible loss) 발생확률은 1안이 더 크다.

④ 분산지역 수가 증가하면 동일한 신뢰도하에서 가능최대손실(probable maximum loss)을 축소할 수 있다.

52 **다음 중 자동차보험 피해자 직접청구권에 대한 설명으로 올바르지 않은 것은?** 기출 25

① 배상책임담보의 경우에만 인정된다.

② 피보험자 보험금청구권과 경합하면 피해자 직접청구권이 우선한다.

③ 손해배상청구권자가 보험사에 보험금을 직접 청구한 경우 피보험자가 그 사고에 관하여 가지는 항변으로 보험사는 제3자에게 대항할 수 있다.

④ 피해자가 보험금을 직접 청구한 경우 보험사는 피보험자의 동의 없이 보험금을 지급할 수 없다.

51 ① 손실발생확률 = p라 할 경우 1안의 기대손실과 2안의 기대손실을 구해보면,

- 1안의 기대손실 = 10조원 × p
- 2안의 기대손실 = (5조원 × p) + (5조원 × p) = 10조원 × p

∴ 1안의 기대손실과 2안의 기대손실은 동일하다.

② 손실발생확률 = p라 할 경우 1안과 2안의 손실에 대한 분산을 구해보면,

- 1안의 손실에 대한 분산 = (10조^2 × p) − (10조 × p)^2 = (10조)^2 × p × $(1-p)$
- 2안의 손실에 대한 분산 = 2 × [(5조^2 × p) − (5조 × p)^2] = 2 × (5조)^2 × p × $(1-p)$

∴ 손실의 변동성 면에서 2안이 유리하다.

③ 손실발생확률 = p라 할 경우 1안과 2안의 최대가능손실(maximum possible loss) 발생확률을 구해보면,

- 1안의 최대가능손실(maximum possible loss) 발생확률 = p
- 2안의 최대가능손실(maximum possible loss) 발생확률 = $p \times p = p^2$

∴ 최대가능손실(maximum possible loss) 발생확률은 1안이 더 크다.

④ 가능최대손실액은 통상적인 조건하에서 담보위험이 야기할 수 있는 최대 손해의 추정액으로 표준편차와 위험회피도에 비례한다. 따라서 분산지역 수가 증가하면 손실에 대한 분산이 감소하므로 분산지역 수가 증가하면 동일한 신뢰도하에서 가능최대손실(probable maximum loss)은 감소하게 된다.

정답 ❶

52 피해자 직접청구권은 보험자가 피보험자의 피해자에 대한 손해배상채무를 병존적으로 인수한 것으로서 피해자가 보험자에 대하여 가지는 손해배상청구권이므로 보험자는 <u>피보험자의 동의 없이 보험금을 지급할 수 있다</u>(대법원 1995.7.25., 선고, 94다52911, 판결).

① 상법 제724조가 규정하고 있는 피해자 직접청구권은 배상책임담보의 경우에만 인정된다. 즉 피해자 직접청구권은 책임보험의 보험사고가 발생한 때 피해자가 보험금액의 한도 내에서 책임보험자에 대해 직접 보상을 청구할 수 있도록 특별히 인정된 권리로서, 피해자에게 신속·확실한 구제기회를 부여함으로써 피해자를 두텁게 보호하기 위한 것이다.

② 피보험자의 보험금청구권과 피해자의 직접청구권이 경합하는 경우에는 피해자(제3자)의 보험금청구권이 우선한다(대법원 2014.9.25., 선고, 2014다207672, 판결).

③ 제3자는 피보험자가 책임을 질 사고로 입은 손해에 대하여 보험금액의 한도 내에서 보험자에게 직접 보상을 청구할 수 있다. 그러나, 보험자는 피보험자가 그 사고에 관하여 가지는 항변으로써 제3자에게 대항할 수 있다(상법 제724조 제2항).

정답 ❹

53 다음 중 화재보험 보통약관에서 보상하는 손해가 아닌 것은? 기출 25

① 폭발로 생긴 화재 손해
② 화재 발생시 생긴 도난 손해
③ 화재의 소방에 필요한 조치로 생긴 손해
④ 화재 발생시 손해의 감소에 필요한 조치로 생긴 손해

54 Lloyd's S.G. Policy 위험약관상의 해상위험(perils on the seas)에 속하는 것을 모두 고른 것은? 기출 25

ⓐ 침몰(sinking)	ⓑ 좌초(stranding)
ⓒ 화재(fire)	ⓓ 투하(jettison)

① ⓐ, ⓑ
② ⓐ, ⓒ
③ ⓑ, ⓓ
④ ⓒ, ⓓ

55 다음 중 손해보험사 합산비율의 계산 항목에 포함되지 않는 것은? 기출 25

① 투자수익
② 사업비
③ 손해조사비
④ 지급보험금

53 화재가 발생했을 때 생긴 도난 또는 분실로 생긴 손해는 보상하지 않는다.

TIP 화재보험 보통약관에서 보상하지 않는 손해

1. 계약자, 피보험자 또는 이들의 법정대리인의 고의 또는 중대한 과실
2. 화재가 발생했을 때 생긴 도난 또는 분실로 생긴 손해
3. 보험의 목적의 발효, 자연발열, 자연발화로 생긴 손해. 그러나, 자연발열 또는 자연발화로 연소된 다른 보험의 목적에 생긴 손해는 보상한다.
4. 화재에 기인되지 않는 수도관, 수관 또는 수압기 등의 파열로 생긴 손해
5. 발전기, 여자기(정류기 포함), 변류기, 변압기, 전압조정기, 축전기, 개폐기, 차단기, 피뢰기, 배전반 및 그 밖의 전기기기 또는 장치의 전기적 사고로 생긴 손해. 그러나 그 결과로 생긴 화재손해는 보상한다.
6. 원인의 직접, 간접을 묻지 않고 지진, 분화 또는 전쟁, 혁명, 내란, 사변, 폭동, 소요, 노동쟁의, 기타 이들과 유사한 사태로 생긴 화재 및 연소 또는 그 밖의 손해
7. 핵연료물질 또는 핵연료물질에 의하여 오염된 물질의 방사성, 폭발성 그 밖의 유해한 특성 또는 이들의 특성에 의한 사고로 인한 손해
8. 위 제7호 이외의 방사선을 쐬는 것 또는 방사능 오염으로 인한 손해
9. 국가 및 지방자치단체의 명령에 의한 재산의 소각 및 이와 유사한 손해

정답 ❷

54 Lloyd's S.G. Policy 위험약관

1. **해상 고유의 손인**(perils of the seas) : 침몰(sinking), 좌초(stranding), 충돌(collision), 악천후(heavy weather) 등
2. **해상위험**(perils on the seas) : 화재(fire), 투하(jettison), 선원의 악행(barratry), 해적(pirates) · 방랑자(rovers) · 강도(thieves) 등

정답 ❹

55 보험사의 수익은 크게 보험영업이익과 투자영업이익(자산운용수익)으로 구분되는데 합산비율은 보험영업이익의 수익성을 나타내는 지표이다.

합산비율은 경과손해율과 순사업비율의 합이며, 경과손해율(%)은 발생손해액(= 지급보험금 + 지급준비금 + 손해조사비)을 경과보험료로 나눈 비율이고, 순사업비율은 순사업비를 보험사 보유 보험료로 나눈 값이다.

정답 ❶

56 **다음 중 보험가입이 기업내 현금흐름의 사전적 개선효과를 가져오는 이유에 대한 설명으로 올바른 것은?** 기출 24

① 사업 중단을 초래할 대규모 손실을 예방해 준다.
② 거액의 손실준비금 적립 필요성을 줄인다.
③ 공평한 비용 부과를 가능하게 한다.
④ 발생가능한 대규모 손실의 규모를 줄여준다.

57 **아래 보기 중 묵시담보(implied warranty)에 해당하는 것을 모두 고른 것은?** 기출 20

ⓐ 안전담보(warranty of good safety)
ⓑ 적법담보(warranty of legality)
ⓒ 협회(항로정한 ; 航路定限)담보(institute warranties)
ⓓ 선비담보(disbursement warranties)
ⓔ 감항담보(warranty of seaworthiness)
ⓕ 중립담보(warranty of neutrality)

① ⓐ, ⓑ, ⓒ, ⓓ, ⓔ, ⓕ
② ⓐ, ⓑ, ⓔ, ⓕ
③ ⓑ, ⓔ, ⓕ
④ ⓑ, ⓔ

58 **다음 중 상법상 운송보험에 관한 설명으로 올바르지 않은 것은?** 기출 24

① 보험자는 다른 약정이 없으면 운송인이 운송물을 수령한 때로부터 운송물이 목적지에 도착할 때까지 생길 손해를 보상할 책임이 있다.
② 운송물의 도착으로 인하여 얻을 이익은 약정이 있는 때에 한하여 보험가액 중에 산입한다.
③ 보험계약은 다른 약정이 없으면 운송의 필요에 의하여 일시 운송을 중지한 경우에도 그 효력을 잃지 아니한다.
④ 보험사고가 수하인의 중대한 과실로 인하여 발생한 때에는 보험자는 이로 인하여 생긴 손해를 보상할 책임이 없다.

56 기업은 보험가입을 통해 현금유출을 방지하며, 현금흐름의 안정화로 기업가치를 증대시킬 수 있다. 즉 보험가입으로 기업내 거액의 손실준비금을 적립할 필요성이 줄어들게 됨으로써 기업의 재무안정성을 개선하는 효과를 얻을 수 있다.

정답 ❷

57 묵시담보(implied warranty)란 해상보험에서 보험증권에 명시하지 않고 묵시적으로 보증하는 담보를 말하며, ⓑ 적법담보(warranty of legality)와 ⓔ 감항담보(warranty of seaworthiness)가 있다.
적법담보는 피보험자가 지배할 수 없는 경우를 제외하고는 모든 해상사업이 합법적이어야 한다는 것을 묵시적으로 담보하는 것이고, 감항담보는 선박이 특정 항해를 완수할 수 있을 정도로 능력을 갖춘 상태, 즉 감항성이 있어야 한다는 묵시적 담보이다.

TIP **명시담보(express warranties)**

- **안전담보(warranty of good safety)** : 보험자는 특정일 이전에 발생된 일체의 손해에 대한 책임을 면하기 위하여 선박이 특정일에 무사 또는 안전(물리적 안전의 상태)하다는 담보, 즉 특정 시기 및 장소에서의 안전담보를 보험증권에 포함시키는 명시담보이다.
- **중립담보(warranty of neutrality)** : 선박이나 적하를 불문하고 피보험 재산이 중립 재산이라고 명시적으로 담보되는 경우에는 그 재산이 위험 기간의 개시 시점에 중립적 성질을 가져야 하고, 또 피보험자의 능력이 미치는 한 그 중립적 성질이 보험기간 중에 계속되어야 한다는 명시담보이다.
- **선비담보(disbursement warranty)** : 선비(船費)를 원래의 선박보험에 추가하여 부보할 때 선비의 보험금액을 선박보험 가입금액의 일정비율 이상을 넘지 못하도록 하는 명시담보이다. 선비담보는 선체와 기관에 대한 피보험이익 이외의 부수적인 피보험이익에 대함 부보액을 제한함으로써 피보험자가 보험료를 절감하고, 전손 사고시에 선박 가액 전부를 보상받는 불합리를 방지하고, 도박계약으로서의 보험을 사전에 방지하는데 그 목적이 있다.
- **항해담보(institute warranty)** : 기간보험의 경우 전 보험기간 또는 일정 기간, 일정한 지리적 범위 내로 선박운항을 제한하거나 일정한 항해 또는 해역을 제외시키는 명시담보이다.

정답 ❹

58 운송보험계약의 보험자는 다른 약정이 없으면 운송인이 운송물을 수령한 때로부터 수하인에게 인도할 때까지 생길 손해를 보상할 책임이 있다(상법 제688조).
② 상법 제689조 제2항
③ 상법 제691조
④ 상법 제692조

정답 ❶

59 아래는 홍길동의 배상책임보험 가입 및 보험금 지급 현황이다. 이 사례에서 적용된 타보험조항(other insurance clause)은? 기출 25

구 분	보험가입금액	지급보험금
갑 보험사	1억 5천만원	7천만원
을 보험사	4천만원	4천만원
병 보험사	1천만원	1천만원

• 홍길동의 최종 배상책임액 : 1억 2천만원

① 비례분할부담(pro rata liability)조항
② 책임한도분담(contribution by limit of liability)조항
③ 균일분담(contribution by equal share)조항
④ 요구부보율(co-insurance)조항

60 다음 중 우리나라 산업재해보상보험제도에 관한 설명으로 올바른 것은? 기출 23

① 상시 5인 이상의 근로자를 고용하는 모든 사업장을 대상으로 한다.
② 보험료는 사용자와 근로자가 각각 절반씩 부담한다.
③ 급여 종류로는 요양급여, 휴업급여, 장해급여, 분만급여 등이 있다.
④ 업무상 재해는 업무상 사고, 업무상 질병, 출퇴근 재해로 구분된다.

61 아래의 상황에서 A건물이 입은 손실에 대한 보험자의 지급보험금은? 기출 25

[보험계약]
장소를 달리하는 A, B 두 사무실 건물을 보험목적물로 하여 보험가입금액 1,000만원인 국문화재보험 약관부(附) 포괄계약(blanket coverage)을 체결하였음.
• 사고내역 : 보험기간 중 발생한 화재사고로 A건물에 300만원의 손실이 발생함.
• 보험가액 : 사고발생시 확인된 금액은 A건물 900만원, B건물 600만원임.

① 180만원
② 200만원
③ 250만원
④ 300만원

59 타보험조항(other insurance clause)은 동일한 보험의 목적의 전부 또는 일부를 담보하는 유효한 보험계약이 둘 이상 존재하는 경우 다른 보험과의 손해액을 분담하는 방법을 미리 약정한 조항이다.

③ **균일분담(contribution by equal share)조항** : 각 보험자가 각자의 책임한도 범위 내에서 균등하게 분담하는 방식이다. 즉, 1차적으로 여러 보험계약 중 가장 낮은 책임한도(보험금액) 내에서 균등하게 분담하되, 총 손해액이 충당되지 못할 경우 그 다음 낮은 책임한도 내에서 균등하게 분담하고, 이것으로도 부족한 경우에는 그 다음 낮은 책임한도 내에서 균등하게 분담하는 식으로 처리하여 전체 손해액을 보상할 때까지 지급하는 방식이다.

문제 조건에 따라 1차적으로 갑, 을, 병 보험사는 각각 균일한 1천만원씩을 홍길동에게 지급한다(= 1천만원 + 1천만원 + 1천만원 = 3천만원).

병 보험사의 보상한도가 소진되었으므로 2차적으로 갑, 을 보험사는 각각 균일한 3천만원씩을 홍길동에게 지급한다(= 3천만원 + 3천만원 = 6천만원).

을 보험사의 보상한도가 소진되었으므로 마지막으로 갑 보험사는 3천만원을 홍길동에게 지급한다. 즉 홍길동의 최종 배상책임액이 1억 2천만원이므로, 이미 지급한 9천만원(= 3천만원 + 6천만원)을 공제하면 나머지 3천만원을 지급하게 된다.

① **비례분할부담(pro rata liability)조항** : 손실을 부담할 경우 각 보험사는 자신이 체결한 보험금액에 비례하여 보상하게 된다.

② **책임한도분담(contribution by limit of liability)조항** : 각 보험사의 책임한도를 기준으로 손해를 분담하는 방식으로서 독립책임액분담조항이라고도 한다. 다른 보험계약이 없는 것으로 가정하여 독립적으로 보상액을 구한 후 독립책임액에 대한 각 보험사의 비율에 따라 보장분담액을 정하는 방식이다.

④ **요구부보율(co-insurance ; 공동보험)조항** : 보험계약자로 하여금 보험가액의 일정비율을 보험금액으로 가입을 요구하고, 사고발생시 요구보험금액을 만족시키지 못한 경우 보험계약자에게 공동보험자적인 입장에서 손해를 일부 부담하도록 하는 약관조항을 말한다.

정답 ❸

60 업무상 재해는 업무상 사고, 업무상 질병, 출퇴근 재해로 구분된다(산업재해보상보험법 제37조 제1항).

① 근로자를 사용하는 모든 사업 또는 사업장에 적용한다(산업재해보상보험법 제6조).

② 보험사업에 드는 비용에 충당하기 위하여 보험가입자(사업주)로부터 산재보험의 보험료를 징수한다(고용보험 및 산업재해보상보험의 보험료징수 등에 관한 법률 제13조 제1항 제2호).

③ 급여 종류로는 요양급여, 휴업급여, 장해급여, 간병급여, 유족급여, 상병(傷病)보상연금, 장례비, 직업재활급여 등이 있다(산업재해보상보험법 제36조 제1항).

정답 ❹

61 각 소재지별 보험가입금액은 포괄보험가입금액을 소재지별로 배분하며, 보험가액에 비례하여 계산한다.

- A건물 : $1{,}000\text{만원} \times \frac{900\text{만원}}{900\text{만원} + 600\text{만원}} = 600\text{만원}$
- B건물 : $1{,}000\text{만원} \times \frac{600\text{만원}}{900\text{만원} + 600\text{만원}} = 400\text{만원}$

국문화재보험약관은 80% 공동보험조항을 적용한다.

$$\text{A건물의 지급보험금} = \text{손실액} \times \frac{\text{보험가입금액}}{\text{보험가액의 80\% 해당액}}$$

$$= 300\text{만원} \times \frac{600\text{만원}}{900\text{만원} \times 80\%} = 250\text{만원}$$

정답 ❸

62 아래는 어떤 피보험자의 손해발생 및 보상사례이다. 이 보험계약에서 적용된 공제(deductible) 유형은? 기출 25

• 이 계약의 연간(1월~12월) 공제 한도는 200이다. • 3월과 4월에 각각 발생한 80과 120의 손해에 대하여 보험자는 아무런 보상을 하지 않았다. • 5월에 발생한 손해 100에 대해서는 보험자가 보험금 100을 지급하였다.

① 정액공제조항(straight deductible clause)
② 소멸공제조항(disappearing deductible clause)
③ 프랜차이즈공제조항(franchise deductible clause)
④ 누적공제조항(aggregate deductible clause)

63 선박 50척을 부보한 A선주의 직전 보험기간 중의 기발생손해액이 3억원, 총보험료에서 차지하는 사업비율이 40%일 때 순보험료방식(pure premium method)으로 산출한 선박 1척당 총보험료는 얼마인가? (단, 선박 1척당 가액은 모두 동일하고, 영업이익률은 고려하지 않음) 기출 24

① 360만원
② 600만원
③ 840만원
④ 1,000만원

64 아래는 사고발생확률과 손해액을 나타낸 것이다. 400만원의 정액공제가 설정된 경우 순보험료는 얼마인가? 기출 25

사고발생확률	0.5	0.3	0.2	0.1
손해액	0	100만원	500만원	800만원

① 60만원
② 120만원
③ 180만원
④ 210만원

62 **누적공제조항(aggregate deductible clause ; 종합공제)**

일정금액의 종합공제액을 정해 놓고 일정기간(보통 1년) 동안 발생한 손해액의 합계가 종합공제액에 못 미치는 경우에는 보상하지 않고, 손해액의 합계가 종합공제액을 초과하는 시점부터 손해액 전액을 보상하는 공제조항이다. 문제의 지문에서 연간(1월~12월) 종합공제액이 200이고, 3월과 4월에 발생한 손해액이 각각 80과 120이므로, 누적손해액 200까지 보험자는 아무런 보상을 하지 않아도 되고, 5월에 발생한 손해 100에 대해서는 종합공제액을 초과하는 시점이기 때문에 이후부터 보험자는 보험금 100을 지급해야 한다.

① **정액공제조항(straight deductible clause)** : 한 사고당 발생손해액이 일정금액에 미달하면 피보험자가 전부 부담하고, 초과하면 초과금액에 대해서만 보험자가 부담하는 공제조항이다.

② **소멸공제조항(disappearing deductible clause)** : 일정금액의 공제한도를 정하고, 공제한도액 미만의 손해에 대해서는 보상하지 않고, 공제한도액을 초과하는 손해에 대해 손해액이 커질수록 공제액이 소멸되는 공제조항이다.

③ **프랜차이즈공제조항(franchise deductible clause)** : 손해액이 설정된 공제액을 초과하는 경우에 그 손해액 전부를 보상하는 공제조항이다.

정답 ❹

63 **순보험료방식**

영업보험료 = 순보험료 + 부가보험료 = 순보험료 + (영업보험료 × 사업비율) • 영업보험료(1 − 사업비율) = 순보험료 • 영업보험료 = 순보험료 / (1 − 사업비율)

• 순보험료 = 보험금 / 계약건수
= 3억원 / 50건수 = 600만원

• 영업보험료 = 순보험료 / (1 − 사업비율)
= 600만원 / (1 − 40%)
= 1,000만원

정답 ❹

64 **순보험료 = 예상손실액 × 사고발생확률**

정액공제 금액이 400만원으로 설정되어 있으므로, 그 초과하는 손해액에 대해서만 계산한다.

순보험료 = [(500만원 − 400만원) × 0.2] + [(800만원 − 400만원) × 0.1]
= 20만원 + 40만원 = 60만원

정답 ❶

65

갑 보험회사는 아래와 같은 초과손해액재보험특약(Excess of Loss Reinsurance Treaty)을 체결하였다. 특약기간 중 사고일자를 달리하는 3건의 손해가 발생하였을 때 갑 보험회사가 지급받을 재보험금의 합계액은? 기출 23

> • 특약프로그램
> – 특약한도 US$ 1,000,000 in excess of US$ 500,000
> – 연간 누적자기부담금 : US$ 1,000,000
> – 손해기준 : e.e.l.(each and every loss)
> • 3건의 발생손해 내역
> A : US$ 750,000, B : US$ 1,000,000, C : US$ 1,200,000

① US$ 450,000
② US$ 950,000
③ US$ 1,450,000
④ US$ 1,950,000

66

20 line의 surplus특약(surplus reinsurance treaty)을 운영하고 있는 보험회사가 보험가입금액이 각각 US$ 200,000인 A와 B 2개의 계약을 인수하였다. A와 B에 대한 보유금액이 아래와 같을 때 동 특약에서의 출재금액은 각각 얼마인가? [단, 특약한도액(treaty limit)은 US$ 200,000이며, 특약한도액을 초과하는 부분에 대하여는 별도의 임의재보험방식으로 출재하는 것으로 가정한다] 기출 22

구 분	A계약	B계약
보험가입금액	US$ 200,000	US$ 200,000
보유액(retention)	US$ 20,000	US$ 8,000
특약출재금액	( )	( )

① A계약 : US$ 200,000, B계약 : US$ 200,000
② A계약 : US$ 180,000, B계약 : US$ 200,000
③ A계약 : US$ 180,000, B계약 : US$ 192,000
④ A계약 : US$ 180,000, B계약 : US$ 160,000

67 아래 사례에서 주택화재보험 보통약관에 따라 계산한 보험금은 얼마인가? 기출 21

- 보험가입금액 : 4억원
- 보험기간 중 화재로 인한 손해액 : 7억원
- 보험의 목적인 건물의 잔존물 해체 비용 : 6천만원
- 화재 발생 당시의 보험가액 : 10억원

① 4억 1천만원
② 4억원
③ 3억 8천만원
④ 3억 5천만원

해설 및 정답

65 초과손해액재보험특약(Excess of Loss Reinsurance Treaty)

원보험자(갑 보험회사)는 US$ 500,000 한도 내에서 부담하고, 재보험자는 US$ 500,000 초과하는 US$ 1,000,000까지 부담한다.

- A : US$ 750,000 중 원보험자가 US$ 500,000을 부담하고, 재보험자는 US$ 250,000을 부담한다.
- B : US$ 1,000,000 중 원보험자가 US$ 500,000을 부담하고, 재보험자는 US$ 500,000을 부담한다.
- C : US$ 1,200,000 중 원보험자가 US$ 500,000을 부담하고, 재보험자는 US$ 700,000을 부담한다.
- 지급받을 재보험금의 합계액 = (US$ 250,000 + US$ 500,000 + US$ 700,000) − US$ 1,000,000
= US$ 450,000

정답 ❶

66 초과액재보험특약(surplus reinsurance treaty)은 원보험자가 먼저 보유금액을 결정한 뒤에, 그 초과액을 일정배수에 따라 출재하는 방식의 비례적 재보험(proportional reinsurance)이다. 비례적 재보험이므로 원보험자와 재보험자의 손해액 부담은 보험가입금액에 비례하여 부담한다.

문제에서 특약한도액(treaty limit)은 US$ 200,000이고, 20 line이 설정되었으므로

- A계약의 특약출재금액 : US$ 200,000 − US$ 20,000 = US$ 180,000
- B계약의 특약출재금액 : US$ 8,000 × 20 line = US$ 160,000

정답 ❹

67 지급보험금

$$보험금 = 손해액 \times \frac{보험가입금액}{보험가액의\ 80\%\ 해당액}$$

$$보험금 = (7억원 + 6천만원) \times \frac{4억원}{10억원 \times 0.8} = 3억\ 8천만원$$

정답 ❸

68 A와 B의 쌍방과실로 인한 양측의 손해액과 과실비율이 다음과 같을 때 교차책임주의(principle of cross liability)방식에 의한 각각의 배상책임액으로 옳은 것은? 기출 19

- A의 손해액 : 600만원
- B의 손해액 : 300만원
- A의 과실비율 : 30%
- B의 과실비율 : 70%

① A가 B에게 90만원을, B는 A에게 420만원을 배상하여야 한다.
② A가 B에게 420만원을, B는 A에게 90만원을 배상하여야 한다.
③ B가 A에게 600만원을 배상하여야 한다.
④ A가 B에게 300만원을 배상하여야 한다.

69 아래 주어진 조건에서 소멸성 공제(disappearing deductible) 방법을 적용한 보험자의 지급보험금은 얼마인가? (단, 보험자가 보상하는 사고에 의한 손실 발생이며, 주어진 조건 이외에 기타 사항은 고려하지 않음) 기출 24

- 공제한도 : 50만원
  (단, 조정계수는 110%)
- 손실금액 : 600만원

① 545만원 ② 550만원
③ 600만원 ④ 605만원

70 피보험자 A는 보험금액이 2,000만원인 보험에 가입 후 보험기간 중 발생한 1건의 보험사고로 300만원에 해당하는 손실을 입었다. 다음과 같은 두 가지 보험공제(deductible) 조건 아래에서 보험자가 보상해야 할 금액은 각각 얼마인가? 기출 22

A. 정액공제(straight deductible) 100만원
B. 프랜차이즈 공제(franchise deductible) 200만원

	A	B
①	200만원	200만원
②	200만원	300만원
③	100만원	200만원
④	100만원	300만원

해설 및 정답

68 교차책임제도는 쌍방과실 사고시 각자가 서로 상대방 손해액에 자기과실비율을 곱해 산출된 금액을 쌍방이 교차해 배상하는 제도이다.

- A의 B에 대한 배상책임액 = B의 손해액 × A의 과실비율 = 300만원 × 30% = 90만원
- B의 A에 대한 배상책임액 = A의 손해액 × B의 과실비율 = 600만원 × 70% = 420만원

정답 ❶

69 **소멸성 공제(disappearing deductible)**

일정액의 공제한도를 정하고, 이 공제한도보다 적은 손실은 피보험자가 부담하고, 공제한도보다 큰 손실에 대해서는 손실의 규모가 커지면서 공제액 크기는 점점 줄어들어 일정 손실 이상에서는 공제액이 완전히 소멸되는 방식이다.

공제한도가 소멸되는 손실금액을 x라 하면,

$(x - 50만원) \times 1.1 = x$

$1.1x - 55만원 = x$

$0.1x = 55만원$

$x = 550만원$

따라서, 손실금액이 600만원이므로, 지급보험금은 600만원 전액이 된다.

정답 ❸

70 A. 정액공제(straight deductible)는 사고발생시 손실금액이 얼마인가에 관계없이 손실액에서 무조건 공제금액을 공제하므로, 300만원 − 100만원 = 200만원을 보상한다.

B. 프랜차이즈 공제(franchise deductible)는 설정된 공제금액 이하의 손해가 발생하면 지급하지 않지만, 이를 초과하는 손해가 발생하면 공제 없이 전액 지급하므로, 300만원을 보상한다.

정답 ❷

71 아래는 홍길동이 동일한 피보험이익에 대하여 3개 보험사와 체결한 보험계약내역이다. 사고발생시 보험가액 12억원, 손해액 6억원일 때 독립책임분담액 방식을 적용하면 보험사별 보상금액은 각각 얼마인가? 기출 23

> • 갑 보험사 : 보험금액 2억원, 실손보상
> • 을 보험사 : 보험금액 4억원, 비례보상
> • 병 보험사 : 보험금액 6억원, 50% 요구부보조건부 실손보상

	갑	을	병
①	0.75억원	2.25억원	3억원
②	1억원	2억원	3억원
③	1.2억원	1.2억원	3.6억원
④	2억원	2억원	2억원

72 아래 사례에서 홍길동이 A 회사를 상대로 손해배상을 청구할 경우 A 회사가 항변할 수 있는 배상책임의 법리는? 기출 25

> 홍길동은 A 회사가 운영하는 스포츠 체험장에서 「참가자는 부상의 위험을 이해하고 이를 감수한다」라는 서약서에 서명하고 번지점프를 했다. 그런데 점프 중 장비가 정상적으로 작동했음에도 불구하고 홍길동은 착지 과정에서 다리 골절상을 입었다.

① 기여과실(contributory negligence)
② 비교과실(comparative negligence)
③ 최종 명백한 기회(last clear chance)
④ 리스크 가정(assumption of risk)

71 **(1) 다른 보험이 없을 경우 각 보험사별 보상금액**

- 갑 보험사 = 2억원(∵ 실손보상)
- 을 보험사 = 6억원 × $\frac{4억원}{12억원}$ = 2억원
- 병 보험사 = 6억원(∵ 50% 요구부보조건부 실손보상)

(2) 독립책임분담액 방식을 적용한 경우 각 보험사별 보상금액

- 갑 보험사 = 6억원 × $\frac{2억원}{2억원 + 2억원 + 6억원}$ = 1.2억원
- 을 보험사 = 6억원 × $\frac{2억원}{2억원 + 2억원 + 6억원}$ = 1.2억원
- 병 보험사 = 6억원 × $\frac{6억원}{2억원 + 2억원 + 6억원}$ = 3.6억원

정답 ❸

72 **리스크 가정(assumption of risk)**

원고(피해자)가 피해를 초래할 행위에 포함될 리스크를 알고 있었음에도 불구하고 그러한 행위를 선택했다면 피고(가해자)는 책임을 지지 않는다는 원칙이다. 즉 <u>홍길동은 번지점프가 위험하다는 사실을 알고 있었음에도 불구하고 서약서에 서명을 하고 번지점프를 했기 때문에 A 회사는 책임을 지지 않는다</u>.

① **기여과실(contributory negligence)** : 원고(피해자)가 관련 피해를 피하지 않는 데에 어느 정도 과실이 있었음이 증명되면, 피고(가해자)는 책임을 지지 않는다.
② **비교과실(comparative negligence)** : 원고(피해자)와 피고(가해자) 사이의 과실을 비교하고 이에 기초하여 배상금액을 비례 분담하는 방법이다.
③ **최종 명백한 기회(last clear chance)** : 사고에 책임이 있는 원고(피해자)는 만약 피고(가해자)가 사고를 피할 기회가 있었으나, 그렇게 하지 않았다면 피고(가해자)는 배상책임을 면제받지 못한다.

정답 ❹

73 **다음 중 배상책임소송에서 피해자인 원고를 돕기 위하여 도입된 법리가 아닌 것은?** 기출 22

① 전가과실(imputed negligence)책임 또는 대리배상책임(vicarious liability)
② 연대배상책임(joint and several liability)
③ 최종적 명백한 기회(last clear chance)
④ 과실추정의 원칙(res ipsa loquitur)

74 **아래에서 책임보험계약의 성질에 속하는 것을 모두 고른 것은?** 기출 24

ⓐ 손해보험성	ⓑ 재산보험성
ⓒ 소극보험성	ⓓ 물건보험성

① ⓐ, ⓑ, ⓒ, ⓓ
② ⓐ, ⓒ
③ ⓑ, ⓒ
④ ⓐ, ⓑ, ⓒ

75 **현행 「제조물책임법」에 규정된 징벌적 손해배상(punitive damages)에 대한 설명으로 옳지 않은 것은?** 기출 20

① 제조업자의 악의적인 불법행위에 대한 제재적 성격이 반영된 것이기 때문에 공급업자에게는 적용되지 않는다.
② 징벌적 손해배상책임은 피해자가 입은 손해의 10배를 넘지 아니하는 범위로 한다.
③ 피해자의 생명 또는 신체에 중대한 손실이 발생한 경우에만 적용되고, 단순 재산상의 손해에 관하여는 징벌적 손해배상을 받을 수 없다.
④ 배상액을 정할 때 법원은 고의성의 정도, 해당 제조물의 결함으로 인하여 발생한 손해의 정도 등의 제반 사항을 고려하여야 한다.

73 **최종적 명백한 기회(last clear chance)**

기여과실이 있는 자가 손해배상청구를 할 수 없다는 것이 너무 가혹하기 때문에 어느 일방이 최종적으로 사고발생을 회피할 명백한 기회를 가졌는가를 조사하고, 이 기회를 가졌던 자가 일체의 책임을 진다는 것이다. 예컨대 도로를 무단 횡단하던 자의 사고로 인하여 과실을 참작함에 있어서 가해자(피고)의 과실이 90%이고, 피해자(원고)의 과실이 10%였다면 기여과실의 경우 피해자에게도 기여과실이 인정된다 할 것이므로 보상책임이 발생하지 않는다. 하지만, **최종적 명백한 기회**(last clear chance)는 90%의 가해자일지라도 마지막에 사고 회피를 위한 책임이 10%의 피해자에게 있다는 것이 명백하다면 피해자에게 모든 책임이 있게 되므로 손해배상청구권이 90%의 가해자에게도 존재할 수 있다는 과실이론이다.

TIP **기여과실(조성과실 ; contributory negligence)**

피해자가 입은 손해가 단순히 가해자의 과실에 의한 것만이 아니고, 피해자 측에게도 상당한 과실을 구성하는 원인이 있으므로 기여과실이 있을 경우 피해자 자신의 과실이 없었다면 가해자에게 과실이 있었다해도 그 손해는 발생하지 않았을 것이라고 인정되는 경우 과실상계가 인정된다. 재판상 과실상계가 인정되면 피해자에 대하여 손해를 보상할 필요가 없게 된다. 기여과실은 사고에 있어 피해자 측이 상당부분 기여한 경우 보상책임이 없다는 측면에서 본다면 피해자 측에게는 불리한 과실이론이다.

① **전가과실**(imputed negligence)**책임 또는 대리배상책임**(vicarious liability) : 어떤 특정한 조건아래서 한 사람(원고)의 과실이 다른 사람에게 전가될 수 있다는 원칙이다. 운전자에 대한 운행자의 책임, 피용자에 대한 사용자의 책임 등이 해당된다. 예를 들어 피용자가 근무 중 일으킨 교통사고에 대해 그의 사용자에게 책임을 묻는 경우이다.

② **연대배상책임**(joint and several liability) : 피고인들 중 하나가 피해의 발생에 대하여 약간의 과실만 있더라도 전체 보상에 대해 책임을 질 수 있다.

④ **과실추정의 원칙**(res ipsa loquitur) : 과실의 입증책임은 피해자인 원고에게 있다. 즉 피해 당사자는 보상을 받기 위하여 피고의 과실을 입증해야 한다. 그러나 과실을 입증할 수 없는 일부 상황에 대해 법원은 피고에 대한 입증책임을 전환하기 위해 과실추정의 원칙을 적용한다.

정답 ❸

74 **책임보험계약의 성질**

ⓐ **손해보험성** : 피보험자가 제3자에 대한 배상책임을 지게 됨으로써 생긴 재산상의 손해를 보험자가 보상하는 손해보험이다.

ⓑ **재산보험성** : 피보험자의 재산을 보상하므로 물건보험이 아니고 재산보험이다.

ⓒ **소극보험성** : 특정재산에 대한 손해를 보상하는 적극보험이 아니라, 피보험자가 제3자에게 손해배상책임을 부담함으로써 입게 되는 피보험자의 간접손해를 보상하는 소극보험이다.

정답 ❹

75 제조업자는 제조물의 결함으로 생명·신체 또는 재산에 손해(그 제조물에 대하여만 발생한 손해는 제외한다)를 입은 자에게 그 손해를 배상하여야 한다. 제조업자가 제조물의 결함을 알면서도 그 결함에 대하여 필요한 조치를 취하지 아니한 결과로 생명 또는 신체에 중대한 손해를 입은 자가 있는 경우에는 그 자에게 발생한 손해의 3배를 넘지 아니하는 범위에서 배상책임을 진다(제조물책임법 제3조 제1항, 제2항).

정답 ❷

76 다음 중 청구기준(claims-made basis) 배상책임보험에 대한 설명으로 올바르지 않은 것은?

기출 24

① 손해에 대한 청구기간을 제한한다.
② 보험계약 체결 이후 발생한 사고가 대상이다.
③ 보험기간 내에 청구가 있어야 한다.
④ 보험담보의 모호성 내지 불확실성을 감소시킨다.

77 아래에서 재난배상책임보험 보통약관상 보상하는 손해를 모두 고른 것은? 기출 23

ⓐ 피보험자의 과실유무를 불문하고 피보험자가 피해자에게 지급할 책임을 지는 법률상의 손해배상금
ⓑ 피보험자가 지급한 소송비용, 변호사비용
ⓒ 피보험자가 지급한 중재 또는 조정에 관한 비용
ⓓ 보상한도액 내의 공탁보증보험료

① ⓑ, ⓓ
② ⓑ, ⓒ, ⓓ
③ ⓐ, ⓑ, ⓓ
④ ⓐ, ⓑ, ⓒ, ⓓ

78 갑을기업은 A, B, C 3개 보험회사와 아래와 같이 보상한도를 달리하는 배상책임보험 계약을 각각 체결하였다. 이후 3건의 보험계약 모두의 보험기간이 중복되는 시점에 보험사고로 1억 2,000만원의 손해가 발생하였을 때 보험회사별 보상책임액을 올바르게 짝지은 것은? [단, 타보험조항(other insurance clause)에 의한 보상배분은 균등액분담조항(contribution by equal share) 방식에 따름] 기출 20

보험사	A	B	C
보상한도액	1억 5,000만원	4,000만원	3,000만원

	A	B	C
①	8,500만원	2,000만원	1,500만원
②	7,000만원	3,000만원	2,000만원
③	6,000만원	3,000만원	3,000만원
④	5,000만원	4,000만원	3,000만원

76 배상청구기준(claims-made basis)은 손해에 대한 청구기간을 제한하는 형태로서 책임개시일 이후 보험기간 종료 전에 보험사고가 발생하여야 하고, 보험기간 중에 피해자로부터 배상청구가 있어야 보상책임을 지게 된다. 사고발생기준과 비교하여 배상청구기준은 어느 청구가 어떤 증권에 의하여 담보되는지에 대한 모호성 내지 불확실성을 감소시키고, 담보의 가격 산정 및 언더라이팅과 청구가 지불될 날짜 사이의 시간을 축소시킨다.

정답 ❷

77 **재난배상책임보험 보통약관에서 보상하는 손해**

1. 피보험자가 피해자에게 지급할 책임을 지는 법률상의 손해배상금(단, 피보험자의 과실 여부를 불문한다)
2. 계약자 또는 피보험자가 지출한 아래의 비용
   가. 피보험자가 손해의 방지 또는 경감을 위하여 지출한 필요 또는 유익하였던 비용
   나. 피보험자가 제3자로부터 손해의 배상을 받을 수 있는 그 권리를 지키거나 행사하기 위하여 지출한 필요 또는 유익하였던 비용
   다. 피보험자가 지급한 소송비용, 변호사비용, 중재, 화해 또는 조정에 관한 비용
   라. 보험증권상의 보상한도액 내의 금액에 대한 공탁보증보험료. 그러나 회사는 그러한 보증을 제공할 책임은 부담하지 않는다.
   마. 피보험자가 회사의 요구에 따르기 위하여 지출한 비용

정답 ❹

78 균등액분담조항방식의 경우, 우선 3건의 보험계약 중 가장 낮은 보상한도액 내에서 균등하게 분담하고, 총손해액이 충당되지 못할 경우 그 다음 낮은 보상한도액 내에서 균등하게 분담한다.
즉 3건의 보험계약 중 가장 낮은 C 보험회사의 3,000만원을 A, B 보험회사와 1차로 균등분담하면, 총손해액 1억 2,000만원 중 9,000만원이 충당되고, 3,000만원이 남게 된다.
남은 3,000만원은 우선 B 보험회사가 1,000만원, A 보험회사가 1,000만원 균등분담한다.
최종적으로 남은 1,000만원은 A 보험회사가 부담한다.

- C 보험회사 = 3,000만원
- B 보험회사 = 3,000만원 + 1,000만원 = 4,000만원
- A 보험회사 = 3,000만원 + 1,000만원 + 1,000만원 = 5,000만원

구 분	A	B	C
1차 분담액	3,000만원	3,000만원	3,000만원
2차 분담액	1,000만원	1,000만원	–
3차 분담액	1,000만원	–	–
합 계	5,000만원	4,000만원	3,000만원
	1억 2,000만원		

정답 ❹

79 **다음 중 장기요양보험의 등급에 대한 설명으로 올바르지 않은 것은?** 기출 25

① 경미한 치매는 인지지원등급에 해당한다.
② 1등급은 일상생활에서 다른 사람의 도움이 전적으로 필요한 경우이다.
③ 5등급은 일상생활에서 일정 부분 다른 사람의 도움이 필요한 경우이다.
④ 만 65세 미만인 자도 뇌혈관성 질환이 있는 경우 등급심사를 신청할 수 있다.

80 **법률적 배상책임에 대한 금전보상과 관련하여 아래 보기에서 설명하고 있는 손해의 종류를 올바르게 짝지은 것은?** 기출 20

ⓐ 고통・괴로움, 정신적 피해, 위자료의 손실 등 구체적으로 그 양을 측정할 수 없는 손해에 대한 보상
ⓑ 의료비용, 소득손실, 손상재산의 수리비용 등 일반적으로 쉽게 화폐로 측정할 수 있는 손해에 대한 보상
ⓒ 실제 발생 피해를 보상하기 위한 목적이 아니라, 바람직하지 못한 행위를 한 가해자에게 예외적으로 형벌의 의미에서 의도된 보상

	ⓐ	ⓑ	ⓒ
①	징벌적 손해 (punitive damage)	일반손해 (general damage)	특별손해 (special damage)
②	징벌적 손해 (punitive damage)	특별손해 (special damage)	일반손해 (general damage)
③	특별손해 (special damage)	일반손해 (general damage)	징벌적 손해 (punitive damage)
④	일반손해 (general damage)	특별손해 (special damage)	징벌적 손해 (punitive damage)

79 4등급은 심신의 기능상태 장애로 일상생활에서 일정부분 다른 사람의 도움이 필요한 자로서 장기요양인정 점수가 51점 이상 60점 미만인 자이고, 5등급은 치매(노인성 질병에 해당하는 치매로 한정한다)환자로서 장기요양인정 점수가 45점 이상 51점 미만인 자이다(노인장기요양보험법 시행령 제7조 제1항 제4호, 제5호).

① 경미한 치매는 인지지원등급에 해당한다. 즉 인지지원등급에 해당하는 자는 치매(노인성 질병에 해당하는 치매로 한정한다)환자로서 장기요양인정 점수가 45점 미만인 자이다(노인장기요양보험법 시행령 제7조 제1항 제6호).

② 1등급은 심신의 기능상태 장애로 일상생활에서 전적으로 다른 사람의 도움이 필요한 자로서 장기요양인정 점수가 95점 이상인 자이다(노인장기요양보험법 시행령 제7조 제1항 제1호).

④ 장기요양인정의 신청자격은 장기요양보험 가입자 및 그 피부양자 또는 의료급여수급권자 중 65세 이상의 노인 또는 65세 미만 자로서 치매, 뇌혈관성 질환 등 노인성 질병을 가진 자이다(노인장기요양보험법 제2조 제1호, 제12조).

정답 ❸

80 ⓐ 영미법상 일반손해(general damage)는 가동능력의 상실이나 위자료와 같이 정확한 계산이 불가능하고 추측이 불가피한 손해를 의미하며, 우리 민법상의 '정신적 손해'를 뜻한다.

〈자료출처〉 영미 불법행위법상의 예견가능성 법리, 이우영 저, 서울대학교

ⓑ 영미법상 특별손해(special damage)는 정확한 계산이 가능한 적극적 손해를 의미하며, 우리 민법상의 '통상손해'를 뜻한다.

〈자료출처〉 불법행위에 따른 손해배상책임의 공평한 조정에 관한 연구, 박동진 저, 연세대학교

ⓒ 징벌적 손해(punitive damages)는 피해사가 가해자의 '고의 또는 그것에 가까운 악의'에 의해 피해를 입은 경우, 그러한 행위가 재발하지 않도록 실제 손해액과는 관계없이 고액의 배상금을 기해자에게 부과하는 제도를 말한다.

TIP 우리 민법상 통상손해와 특별손해

민법 제393조 제1항은 "채무불이행으로 인한 손해배상은 통상의 손해를 그 한도로 한다"고 규정하고 있고, 제2항은 "특별한 사정으로 인한 손해는 채무자가 이를 알았거나 알 수 있었을 때에 한하여 배상의 책임이 있다"고 규정하고 있다. 제1항의 통상손해는 특별한 사정이 없는 한 그 종류의 채무불이행이 있으면 사회일반의 거래관념 또는 사회일반의 경험칙에 비추어 통상 발생하는 것으로 생각되는 범위의 손해를 말하고, 제2항의 특별한 사정으로 인한 손해는 당사자들의 개별적, 구체적 사정에 따른 손해를 말한다(대법원 2014.2.27., 선고, 2013다66904, 판결).

특별손해 배상책임에 대한 요건으로서 채무자의 예견가능성은 채권성립시가 아니라 채무불이행시를 기준으로 판단하고(대법원 1985.9.10., 선고, 84다카1532, 판결), 그 예견 대상이 되는 것은 그와 같은 특별한 사정의 존재만이고, 그러한 사정에 의하여 발생한 손해의 액수까지 알았거나 알 수 있어야 하는 것은 아니다(대법원 2002.10.25., 선고, 2002다23598, 판결).

정답 ❹

81 **상법상 대위와 위부에 대한 설명으로 올바르지 않은 것은?** 기출 21

① 대위는 해상보험을 비롯한 모든 손해보험에 통용되지만, 위부는 해상보험에서만 적용된다.
② 제3자에 대한 대위권은 손실정도에 상관없이 보험자가 보험금을 지급하면 자동적으로 승계되지만, 위부는 추정전손을 성립시키기 위한 형식적인 요건이기 때문에 전손인 경우에만 해당된다.
③ 보험자는 보험금을 지급한 범위 내에서 제3자에 대한 대위권을 행사할 수 있지만, 위부가 성립되면 보험자는 잔존물에 대한 일체의 권리를 승계한다.
④ 보험자가 위부를 거절하고 분손 보험금을 지급하면 제3자에 대한 대위권을 승계하지 못한다.

82 **다음 중 독립손해사정사에게 허용되는 업무는?** 기출 25

① 보험금 대리 청구
② 보험사와 보험금에 대하여 합의 및 절충
③ 보험 관계 법규 적용의 적정성 판단
④ 일정 보상금액의 사전 약속

83 **다음 중 자동차손해배상보장법상의 가불금 지급에 대한 설명으로 올바르지 않은 것은?** 기출 22

① 가불금 청구권자는 보험가입자이다.
② 가불금 청구권자는 자동차보험진료수가에 대해 전액 지급을 청구할 수 있다.
③ 보험자는 가불금을 청구받은 날로부터 국토교통부령에서 정한 기한 내에 지급해야 한다.
④ 보험자는 지급한 가불금이 지급할 보험금을 초과하면 그 초과액의 반환을 청구할 수 있다.

84 **다음 중 자동차보험약관상 보험사고발생시 보험금청구 및 지급과 관련된 설명으로 올바르지 않은 것은?** 기출 23

① 피보험자동차를 도난당하였을 때에는 지체 없이 그 사실을 경찰관서에 신고하여야 한다.
② 피해자의 응급조치 등 긴급조치를 위한 것이 아닌 한 손해배상의 청구를 받은 경우에는 미리 보험회사의 동의 없이 그 전부 또는 일부를 합의하여서는 안 된다.
③ 피보험자의 보험금청구가 손해배상청구권자의 직접청구와 경합할 때에는 보험회사가 손해배상청구권자에게 우선하여 보험금을 지급한다.
④ 보험회사는 보험금청구에 관한 서류를 받은 때에는 지체 없이 지급할 보험금을 정하고 그 정하여진 날로부터 15일 이내에 지급을 한다.

81 손해가 제3자의 행위로 인하여 발생한 경우에 보험금을 지급한 보험자는 그 지급한 금액의 한도에서 그 제3자에 대한 보험계약자 또는 피보험자의 권리를 취득한다. 다만, 보험자가 보상할 보험금의 일부를 지급한 경우에는 피보험자의 권리를 침해하지 아니하는 범위에서 그 권리를 행사할 수 있다(상법 제682조 제1항). 즉 위부는 전손에만 적용되지만, 대위는 전손과 분손 모두에 적용된다. 또한 위부는 전손에 대한 정지조건으로서 피보험자의 위부통지에 대한 보험자의 승낙이 있어야만 인정되지만, 대위는 통지와 승낙이라는 절차 없이 보험자가 피보험자에게 보험금을 지급하면 당연히 인정된다.

[판례] 대법원 2013.9.13., 선고, 2011다81190,81206, 판결

영국 해상보험법(Marine Insurance Act, 1906)상 보험자대위는 보험의 목적에 발생한 피보험자의 손해를 보상하여 준 보험자가 보험목적의 잔존물에 대한 이익을 승계할 수 있는 권리를 취득하거나, 보험목적과 관련된 피보험자의 권리 또는 다른 구제수단을 대위하는 것을 의미하는데, 영국 해상보험법의 법리에 의하면, 보험자는 피보험자의 위부통지를 승인함으로써 제63조 제1항에 따라 잔존물에 대한 권리를 승계할 수 있으나, 위부통지를 거절하더라도 전손보험금을 지급한 후 제79조 제1항 전단의 규정에 근거하여 피보험자가 잔존물에 대하여 가지는 재산상 권리를 승계할 수도 있다. 그리고 보험금을 지급한 보험자는 제79조 제1항 후단에 의하여 피보험자의 제3자에 대한 손해배상청구권뿐만 아니라 계약상의 권리 등을 대위할 수 있고, 잔존물의 매각대금 등 피보험자가 회복한 이익을 대위할 수도 있다.

정답 ❹

82 '보험 관계 법규 적용의 적정성 판단'은 손해사정사 또는 손해사정업자의 업무에 해당한다(보험업법 제188조 제2호)

TIP 독립손해사정사의 금지행위(보험업감독규정 제9-14조 제1항)

1. 보험금의 대리청구 행위
2. 일정 보상금액의 사전약속 또는 약관상 지급보험금을 현저히 초과하는 보험금을 산정하여 제시하는 행위
3. 특정변호사 · 병원 · 정비공장 등을 소개 · 주선 후 관계인으로부터 금품 등의 대가를 수수하는 행위
4. 불필요한 소송 · 민원유발 또는 이의 소개 · 주선 · 대행 등을 이유로 하여 대가를 수수하는 행위
5. 사건중개인 등을 통한 사정업무 수임행위
6. 보험회사와 보험금에 대하여 합의 또는 절충하는 행위
7. 그 밖에 손해사정업무와 무관한 사항에 대한 처리약속 등 손해사정업무 수임유치를 위한 부당행위

정답 ❸

83 가불금 청구권자는 보험가입자 등(의무보험에 가입한 자와 그 의무보험계약의 피보험자)이다. 즉 보험가입자 등이 자동차의 운행으로 다른 사람을 사망하게 하거나 부상하게 한 경우에는 피해자는 대통령령으로 정하는 바에 따라 보험회사 등에게 자동차보험진료수가에 대하여는 그 전액을, 그 외의 보험금 등에 대하여는 대통령령으로 정한 금액을 보험금 등을 지급하기 위한 가불금(假拂金)으로 지급할 것을 청구할 수 있다(자동차손해배상보장법 제11조 제1항).

② 자동차손해배상보장법 제11조 제1항
③ 자동차손해배상보장법 제11조 제2항
④ 자동차손해배상보장법 제11조 제3항

정답 ❶

84 보험회사는 보험금청구에 관한 서류를 받았을 때에는 지체 없이 지급할 보험금액을 정하고 그 정하여진 날부터 7일 이내에 지급한다.

정답 ❹

85 다음 중 보험자의 구상권 행사에 대한 설명으로 올바르지 않은 것은? 기출 24

① 보험자는 보험계약자의 동의가 없으면 구상권을 행사할 수 없다.
② 보험자의 구상권 행사로 손해율 경감 효과를 기대할 수 있다.
③ 보험자의 구상권 행사는 보험의 이득금지원칙을 실현하기 위한 것이다.
④ 보험자는 구상권 행사가 필요하지 않다고 판단하면 구상권 행사를 포기할 수 있다.

86 다음 중 quota share 재보험특약의 장점으로 올바르지 않은 것은? 기출 24

① 과다 출재 가능성이 없다.
② 재보험 처리가 간편하다.
③ 출재수수료율이 높다.
④ 재보험 관리비용이 저렴하다.

87 아래에서 설명하는 특약재보험 조항의 명칭은? 기출 23

- 비례재보험특약임에도 불구하고 예외적으로 출재를 하지 않아도 되는 경우를 기술하고 있다.
- 예외적으로 인정되는 상황
  - 재보험사의 이익을 위해 특약출재 대신에 별도의 임의재보험으로 출재하는 경우
  - 감독기관이 정한 규정을 불가피하게 준수해야 하는 경우
  - 보험계약자의 특별 요구나 조건에 따른 경우
  - 출재금액이 최종단계에서 과다해질 것이 분명한 경우

① Outside Reinsurance Clause
② Counsel and Concur Clause
③ Interlocking Clause
④ Stability Clause

85 보증보험에서 보험자는 보험사고발생으로 보험금을 지급하면 보험계약자에 대하여 구상권을 가지며, 피보험이익을 해치지 않는 범위 내에서 피보험자가 보험계약자에 대하여 가지는 권리를 대위하여 가지게 된다. 피보험자는 보험계약자의 동의가 없더라도 임의로 보험금청구권과 관련한 권리를 행사하고 처분할 수 있다(대법원 1992.11.27., 선고, 92다20408, 판결). 따라서 보험자도 보험계약자의 동의 없이 구상권을 행사할 수 있다.

② 보험자의 구상권 행사를 통한 자금회수는 상대적으로 용이하여 손해율 경감 효과를 기대할 수 있다.

③ 보험자의 구상권 행사는 보험자의 대위권에 의한 회수행위이며, 부당이익을 방지하는 보험의 이득금지원칙을 실현하기 위한 것이다.

④ 보험자는 화해계약을 체결하고 합의금을 수령하거나 손해배상청구권이 소멸하는 등 구상권 행사가 필요하지 않게 되면 구상권 행사를 포기할 수 있다.

정답 ❶

86 quota share **재보험특약의 장 · 단점**

장 점	단 점
• 재보험 처리가 간편하다. • 출재수수료율이 높다. • 재보험 관리비용이 저렴하다. • 신규 보험사 혹은 신규 위험의 전가에 유리하다.	• 출재사의 자율성이 낮다. • 소규모 위험까지 의무적으로 출재하므로 과다 출재 가능성이 있다. • 출재 위험이 동질하지 않은 경우 포트폴리오 안정성 유지에 도움이 되지 않는다.

정답 ❶

87 Outside Reinsurance Clause

1차 보험자가 재보험계약(특약)의 대상이 되는 특정 유형의 손실 위험을 양도하지 못하도록 하는 조항이다.

> ※ Outside Reinsurance Clause : This clause allows the primary insurer to not cede certain types of loss exposures that normally would be subject to the reinsurance treaty.

② Counsel and Concur Clause : 재보험사의 보험금청구 결정에 대한 자문과 동의를 구할 의무가 있음을 나타내는 조항이다.

③ Interlocking Clause(**연동조항**) : 연동조항은 둘 이상의 재보험특약 사이에 손실이 어떻게 배분되는지를 결정하는 조항이며, 재보험사에게 최소 두 번의 계약기간에 걸쳐 위험을 분산시킬 수 있는 권한을 부여한다.

④ Stability Clause(**안정화조항**) : 안정화조항의 목적은 투자위험 회피와 관리에 있으며, 고유기능은 국유화와 투자자에게 불공정 대우를 방지하는데 있다. 즉 정부간 국제계약에서 현지투자국의 국내법이 변경되어 투자자의 지위에 현실적인 변화를 예방하기 위하여 투자자와 현지투자국은 국내법의 규정을 확정하고 동결하여 계약체결 이후 개정될 수도 있는 국내법상의 제재조치를 면제시키는 현실적인 방법을 모색하게 되는데 이러한 조치를 확정하여 투자협정에 명시적으로 담보하는 것이 안정화조항이다. 안정화조항은 당사자의 합의로 확정하는 안정화조항을 필수적으로 포함하는 것이 바람직하다.

정답 ❶

88 **아래에서 설명하는 재보험특약조항은?** 기출 24

• 통상 배상책임보험 관련 초과손해액재보험(excess of loss reinsurance)특약에 적용함. • 보험기간 종료 후 일정 기간 이내에 발생한 사고 건에 대해 재보험자에게 통지할 것을 요구하고, 그 기간이 경과하면 재보험자의 책임이 존재하지 않음을 명시함.

① commutation clause
② sunset clause
③ counsel and concur clause
④ reports and remittance clause

89 **다음 중 비례재보험특약에서 특약출재기간이 종료된 경우에도 출재된 개별 원보험계약의 만기 도래 또는 청산이 완전히 종결될 때까지 재보험자의 책임이 계속되는 재보험운영방식은?** 기출 24

① clean-cut 방식
② cut-off 방식
③ cut-through 방식
④ run-off 방식

90 **다음 중 일반적으로 'two-risk warranty'가 적용되는 재보험특약은?** 기출 24

① quota share reinsurance treaty
② surplus share reinsurance treaty
③ per risk excess of loss reinsurance treaty
④ per event excess of loss reinsurance treaty

88 sunset clause(**일몰조항**)

보험기간 종료 후 일정 기간 이내에 발생한 사고 건에 대해 재보험자에게 통지해야 하고, 그 기간이 경과하면 재보험자의 책임이 존재하지 않음을 명시하는 조항이다.

① commutation clause(**합의청산조항**) : 재보험사가 출재사와 합의된 금액을 청산함으로써 미지급보험금 등 잔존책임을 종료하는 조항이다. 계약기간 중 재보험사는 계약을 해지할 수 있는 권한을 가지는 commutation clause(합의청산조항)을 사용하여 재보험사의 책임을 제한할 수 있다.

② counsel and concur clause(**자문과 동의조항**) : 재보험사의 보험금청구 결정에 대한 자문과 동의를 구할 의무가 있음을 나타내는 조항이다.

④ reports and remittance clause(**보고서 및 송부조항**) : 출재사가 보험료와 손실과 관련된 모든 데이터를 일정 기간 내에 재보험자에게 보고해야 한다는 조항이다.

정답 ❷

89 run-off **방식**

재보험특약 해제시 그 해약시점에 있어서의 미경과보험기간 및 미지급보험금에 대하여 만기 또는 재보험정산이 완전히 끝날 때까지 재보험자가 그 책임을 계속해서 부담해야 하는 방식이다(⇔ clean-cut **방식**).

① clean-cut **방식** : 재보험계약이 만료되는 경우 재보험자의 책임이 종료되는 방식

② cut-off **방식** : 재보험자 책임종결 방식

③ cut-through **방식** : 원보험계약자가 출재사 대신 재보험자에게 재보험금을 직접 청구하는 방식(= 재보험금직접청구방식)

정답 ❹

90 excess of loss reinsurance treaty(**초과손해액재보험특약**)

발생된 손해에 따라 미리 정해진 손해금액까지는 원보험자가 책임을 지고, 나머지 손해부문의 진부 또는 일정금액을 재보험자가 책임을 지는 비비례적 재보험 형태이다. 초과손해액을 결정하는 방식에는 1리스크당(per risk)과 1사고당(per event)이 있다.

- 1리스크당(per risk)인 경우 원보험자는 특약에 포함된 모든 원보험계약의 각각에서 발생한 사고의 손해액이 일정금액을 초과할 때마다 재보험금을 청구하게 된다(③).
- 1사고당(per event)인 경우 하나의 사고로 인하여 특약에 포함된 다수의 원보험물건이 입은 손해의 합계액이 일정한 금액을 초과할 때에 재보험금을 청구하게 된다(④).
  ⇒ 'two-risk warranty'

① quota share reinsurance treaty(**비례재보험특약**) : 원보험자가 인수한 계약 중 미리 정한 조건에 부합되는 모든 계약의 일정비율이 재보험으로 처리되는 방법이다.

② surplus share reinsurance treaty(**초과액재보험특약**) : 원보험자가 인수한 보험계약에 대하여 특약으로 미리 정해진 금액의 한도 내에서 매 계약별로 보유금액을 결정한 후 그 초과액을 출재하는 방법으로 재보험자는 출재한도액 내에서 보유금액의 일정배수를 수재하게 된다.

정답 ❹

91 아래 사례에서 홍길동의 차남이 주장하고 있는 권리는? 기출 25

> 두 아들이 있는 홍길동은 생전에 10억원의 자산 중 7억원을 장남에게 증여한 후, 또다시 나머지 3억도 장남에게 유증(유언에 의한 증여)하였다. 홍길동이 사망한 후 차남은 재산을 한 푼도 받지 못했다는 사실을 알고 법률상 권리를 주장하고 있다.

① 상속회복청구권
② 유류분반환청구권
③ 대습상속권
④ 특별연고자 분여청구권

92 다음 중 언더라이팅(underwriting)의 기본원칙과 거리가 가장 먼 것은? 기출 24

① 보험회사 고유의 언더라이팅 기준 준수
② 요율계층 내의 동질성 유지
③ 인수 리스크간의 형평성 유지
④ 보험판매의 적극적 유인 제공

91 **유류분반환청구권**

피상속인(고인)이 사망 전에 특정인에게 법정 상속지분을 넘어서는 재산을 증여하거나 유언으로 증여(유증)하여 다른 상속인의 유류분(최소한의 상속분)을 침해한 경우, 해당 상속인이 침해된 유류분(법정 상속분의 1/2 또는 1/3) 만큼의 재산 반환을 청구할 수 있는 권리이다.

문제에서 홍길동은 생전에 10억원의 자산 중 7억원을 장남에게 증여한 후, 또다시 나머지 3억도 장남에게 유증(유언에 의한 증여)하였고, 홍길동이 사망한 후 재산을 한 푼도 받지 못한 차남은 민사법원에 유류분반환청구소송을 제기하여 권리를 행사할 수 있다.

참고로, 차남은 장남을 상대로 유류분반환청구를 할 경우 청구할 수 있는 금액은 자신의 유류분 비율에 해당하는 2억 5천만원이다. 즉
10억원 × 1/2(법정 상속분) × 1/2(유류분 비율) = 2억 5천만원

① **상속회복청구권** : 상속권이 참칭상속권자로 인하여 침해된 경우 상속권자 또는 그 법정대리인이 그 침해의 회복을 위해 갖게 되는 청구권을 말한다(민법 제999조 제1항).

※ 참칭상속권자(또는 참칭상속인)는 스스로 상속인이라고 참칭하면서 상속재산의 전부나 일부를 점유하는 사람을 말한다. 즉 법률상 상속권이 없음에도 불구하고 사실상 상속인으로서의 지위를 보유하는 사람으로서, 상속인이 아닌 사람이 고의로 상속재산을 점유하거나, 상속결격자가 상속인으로 되는 경우를 말한다.

③ **대습상속권** : 상속인이 될 직계비속 또는 형제자매(피대습인)가 상속 개시 전에 사망하거나 결격자가 된 경우에 사망하거나 결격된 사람의 순위에 갈음해서 피대습인의 직계비속 또는 배우자가 상속인이 되는 것을 말한다.

④ **특별연고자 분여청구권** : 상속권을 주장하는 자가 없는 때 피상속인과 생계를 같이 하고 있던 자, 피상속인의 요양간호를 한 자 기타 피상속인과 특별한 연고가 있던 자의 청구에 의하여 상속재산의 전부 또는 일부를 분여할 수 있는 권리이다(민법 제1057조의2).

정답 ❷

92 **언더라이팅의 기본 원칙**

1. **보험회사 고유의 언더라이팅 기준 준수**

모든 보험회사는 회사 고유의 경영목표를 가지고 있으며, 이를 달성하는 방향으로 언더라이팅 기준을 정하고 있다. 언더라이팅 기준 설정의 목적은 체계적인 인수 또는 거절 결정의 수행, 정책의 일관성 유지, 언더라이터(underwriter)의 경험과 통찰력의 조화 등이다.

2. **요율계층 내의 동질성 유지**

선택된 리스크들은 특성에 따라 동일한 보험료를 지급하는 요율계층으로 대부분 분류된다. 따라서 각 요율계층마다 그 계층의 모든 손실과 비용을 충당할 수 있도록 평균 이상의 손실과 평균 이하의 손실간에 적절한 균형이 이루어지도록 리스크 배정이 이루어져야 한다.

3. **인수 리스크간의 형평성 확보**

모든 인수 리스크들은 그 특성에 따라 보험료가 공평하게 차등적으로 산정되어야 한다. 이는 모든 보험계약자 사이에 공평성을 유지한다는 의미와 같다.

정답 ❹

93 **다음 중 언더라이팅 리스크에 대한 설명으로 거리가 가장 먼 것은?** 기출 25

① 보험계약 인수시 당초 예상을 초과하는 보험금 지출 관련 리스크이다.
② 역선택은 언더라이팅 리스크의 주요 요인이다.
③ 보험금 청구의 허위성 판단 여부와 관련된 리스크이다.
④ 보험료 산정 및 상품 설계와 관련된 리스크이다.

94 **다음 중 대재해채권(catastrophe bond)에 대한 설명으로 올바르지 않은 것은?** 기출 25

① 원금 손실 위험이 커 만기 1년 미만의 단기 채권으로만 운용되고 있다.
② 재보험시장 위축(hard market)시 추가 담보력 확보가 가능하다.
③ 채권 발행 이자율은 통상 리보(LIBOR) 금리를 기준으로 일정 가산금리를 적용해 책정된다.
④ 특정 사고 발생에 따라 원금 손실이 발생하는 사고연계채권(event-linked bond)의 한 종류이다.

93 보험계약 체결 이후 보험사고가 발생하면 보험금을 청구하게 되는데 보험금 청구의 허위성 판단 여부는 보험약관 및 판례에 따라 판단하며, 언더라이팅 리스크와는 관련성이 적다.

TIP 언더라이팅 리스크(underwriting risk)

언더라이팅(underwriting)은 보험가입자가 청약한 리스크(risk)를 선별하여 선택(selection)하고 분류(classification)하여 심사 및 평가한 후, 그 인수 여부를 판단하는 의사결정과정이다.

언더라이팅 리스크(underwriting risk)는 보험사가 보험계약을 인수할 때 발생할 수 있는 리스크를 말한다. 즉 ① 악성물건을 인수해 당초 예상한 것보다 더 많은 보험금을 지출할 수 있는 리스크나 ② 가격결정에서 기대했던 수준에 못 미치는 언더라이팅으로 인해 전반적으로 손해율이 높아지는 리스크 혹은 ③ 가격결정에서 예상했던 수준 이하로 개별물건을 할인해 일반적인 보험료율이 낮아져 손해율이 높아지는 리스크를 말한다. 이러한 리스크는 보험사의 수익성과 재무건전성에 부정적인 영향을 줄 수 있다.

언더라이팅 리스크의 주요 요인은 다음과 같다.

- **역선택(adverse selection)** : 역선택은 보험계약 체결 전에 보험대상자와 보험사간의 정보비대칭으로 인해 발생하는 리스크로 언더라이팅 리스크의 주요 요인이다.
- **리스크 평가 오류** : 보험가입자의 건강 상태, 사고 위험 등을 잘못 평가해서 너무 낮은 보험료를 책정할 수 있다.
- **보험상품 설계 오류** : 잘못된 보험상품 설계로 인해 과도한 보험금 지급의무가 발생할 수 있다.
- **예상 손해율 초과** : 실제 손해율이 예상 손해율을 초과하면, 수익이 줄거나 손실이 발생한다.
- **부정확한 통계자료 사용** : 과거 데이터를 기반으로 한 예측이 부정확하면 언더라이팅 리스크가 증가한다.

정답 ❸

94 대재해채권은 기존의 보험시장보다 규모가 큰 자본시장의 투자자들로부터 손실보상을 위한 자본을 조달하는 방법으로 5~10년 만기의 중장기 채권이 가능하다.

② 대재해채권은 대규모 자연재해 위험 등과 관련하여 원보험사 및 재보험사의 인수능력 이상의 추가적인 담보력이 필요할 때 초과위험을 자본시장의 투자자에게 전가할 수 있다.

③ 채권의 예정수익률은 리보(LIBOR) 금리에 일정률의 가산금리를 포함하는 비용이 발생한다. 여기서 리보(LIBOR ; London Inter-Bank Offered Rate) 금리는 런던의 금융시장에서 현지 우량은행간 거래에 적용되는 단기 이자율이다.

④ 대재해채권은 대재해(catastrophe)라는 특정 사고의 발생에 따라 원금 손실이 발생하는 사고연계채권(event-linked bonds)의 한 종류로 보통 발생확률 1% 이하의 사고에 대한 재보험 보장을 담보한다.

정답 ❶

95 **다음 중 전통 손해보험과 비교해 지수형 보험인 파라메트릭보험(parametric insurance)에 대한 설명으로 올바른 것은?** 기출 25

① 베이시스 리스크(basis risk)가 크다.
② 도덕적 해이 발생 가능성이 크다.
③ 역선택 발생 가능성이 크다.
④ 손해사정업무가 복잡하다.

96 **다음 중 패키지보험(package insurance policy)의 부문별 담보위험에 해당하지 않는 것은?** 기출 24

① 기계위험담보(machinery breakdown cover)
② 사업복합형위험담보(business multi-line cover)
③ 배상책임위험담보(general liability cover)
④ 재산종합위험담보(property all risks cover)

97 **다음 중 대재해 리스크로 인한 보험영업손실을 보전하기 위하여 손해보험회사가 적립하여야 하는 것은?** 기출 24

① 비상위험준비금
② 보험료적립금
③ 미경과보험료적립금
④ 책임준비금

95 파라메트릭보험(parametric insurance)은 미리 정해진 변수와 모형에 따라 보험금을 정하는 것으로, 손실규모를 측정하기 어려운 홍수나 재해 손실에 대비한 보험이나 농작물보험에 적용되고 있다. 손실을 측정할 필요가 없고 강수량, 온도 등 사전에 약속한 변수에 의해서 보험금이 자동적으로 정해진다. 실제 손해발생액보다 지급보험금이 적은 베이시스 리스크(basis risk)가 존재한다.

②·③ 도덕적 해이 및 역선택 발생 가능성이 전통형 보험상품에 비해 작다.

④ 보험가입 과정 및 보험금 지급절차, 즉 손해사정업무가 전통형 보험상품에 비해 간편하다.

정답 ❶

96 사업복합형위험담보(business multi-line cover)는 다종 보험계약의 일종으로 하나의 보험계약으로 여러 위험들로부터 발생하는 총손실을 보장한다. 하나의 보험계약으로 화재, 배상책임, 기업휴지위험을 함께 담보할 수 있다.

TIP **패키지보험(package insurance policy)**

패키지보험은 하나의 보험증권으로 전위험(all-risk) 담보형태의 화재보험, 기계보험, 기업휴지보험, 배상책임보험을 동시에 보장하는 보험상품이다. 패키지보험은 담보위험별 4개 부문으로 구성되어 있다.

1. **재산종합위험담보(property all risks cover)** : 화재, 낙뢰위험에 추가하여 풍수재, 폭발, 지진, 도난 등과 여타의 우연한 재물사고로 인한 물적손해를 보상한다.
2. **기계위험담보(machinery breakdown cover)** : 사무실 빌딩내의 보일러, 발전기에서부터 대규모 석유화학, 제철공장에 이르기까지 모든 기계, 기계설비 및 장치의 기계적 사고로 인한 물적손해를 보상한다.
3. **기업휴지위험담보(business interruption cover)** : 제1부문 또는 제2부문에서 보상하고 있는 손해로 인해 사업이 중단 또는 휴지 되었을 경우, 휴지로 인해 생긴 손해를 보상한다.
4. **배상책임위험담보(general liability cover)** : 피보험자가 제3자의 신체 및 재물에 손해를 입힘으로써 발생하는 법률상의 배상책임을 보상한다.

정답 ❷

97 비상위험준비금

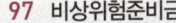

비상위험준비금은 예측할 수 없는 이례적이고 거대한 보험사고가 발생함으로써 예상사고율을 초과하는 경우에 그 보험금의 지급재원으로 적립하는 금액으로서 보통의 책임준비금으로 감당하기 어려운 비상위험에 대비하고자 적립한 금액을 말한다. 손해보험업을 경영하는 보험회사는 해당 사업연도의 보험료 합계액의 100분의 50(보증보험의 경우 100분의 150)의 범위에서 금융위원회가 정하여 고시하는 기준에 따라 비상위험준비금을 계상하여야 한다.

정답 ❶

98 아래에서 설명하는 보험을 통칭하는 명칭은? 기출 22

> • 전통적 손해보험에서 보상하지 않는 리스크를 담보하는 보험으로 특정한 사건, 즉 날씨, 온도, 경기결과 등을 전제로 예정된 사건이 현실화됐을 때 발생하는 금전적 손실을 보상하는 보험이다.
> • 대표적인 예로는 스포츠시상보험, 행사종합보험 등이 있다.

① 유니버설보험(universal insurance)
② 컨틴전시보험(contingency insurance)
③ 추가비용보험(extra expense insurance)
④ 특별복합손인보험(special multi-peril insurance)

99 대체리스크전가(ART ; alternative risk transfer)방법 중 하나인 조건부자본(contingent capital)에 대한 설명으로 올바르지 않은 것은? 기출 21

① 실제 손해발생시 사전에 정한 조건으로 자본을 조달할 수 있다.
② 손실보전이라는 보험의 특성을 지니고 있다.
③ 발생 빈도가 낮고, 강도가 큰 사고에 대비하는데 적합하다.
④ 초과손해액재보험특약을 보완하는 방법으로 활용할 수 있다.

100 대체리스크전가기법 중 보험리스크를 증권화하거나 파생금융상품과 연계하여 자본시장에 전가하는 것은? 기출 22

① finite reinsurance
② insurance-linked securities
③ captive insurance
④ contingent capital

98 **컨틴전시보험(contingency insurance)**

일반적인 손해보험에서는 보상하지 않는 보험, 즉 날씨, 온도, 경기결과, 행사 등을 전제로 예정된 사건이 현실화되었을 때 발생하는 금전적 손실을 보상하는 보험이다.

- **스포츠시상보험** : 스포츠시상금을 지급함으로써 행사주관자가 실제 지급하는 상금 또는 경품에 대한 비용을 보상해주는 보험
- **날씨보험** : 기상현상, 즉 눈, 비, 기온 등을 담보대상으로 정하여 사전에 정한 조건에 부합되었을 때 해당 고객에게 보험금을 지급함으로써 행사주관자가 실제 지급하는 상금 또는 경품에 대한 비용을 보상해주는 보험
- **행사취소보상보험** : 예기치 못한 기상조건 등으로 예정된 행사가 개최되지 못했을 경우 행사 관계자가 입은 비용 손해를 보상하는 보험

정답 ❷

99 조건부자본계약은 보험사고가 발생한 후에 자본조달을 할 수 있다는 일종의 대출약정이다. 즉 보험사고가 발생한 경우 금융기관이나 투자자로부터 미리 정한 조건으로 차입을 하거나 주식을 발행할 수 있다는 계약으로 손실보전이라는 보험의 특성과는 연관이 없다.

정답 ❷

100 insurance-linked securities(**보험연계증권**)

보험연계증권은 보험위험을 자본시장으로 이전하는 거래로서 전통적 재보험을 대체하는 기능을 하며, 보험위험을 증권화한 대재해채권(Cat Bond)이 대표적이다. 넓은 의미의 보험연계증권은 보험과 관련된 위험을 자본시장에 전가하는 모든 수단(채권, 스왑, 파생상품, 재보험계약)을 의미한다.

① finite reinsurance : 보험사가 일정한 기간에 걸쳐 책임한도액을 설정해 재보험자에게 재무손실위험을 전가하고 통상적으로 이익을 공유하는 형태를 지닌 재보험계약

③ captive insurance : 경제주체(기업)가 자신의 위험을 보험사나 재보험사에 전가하지 않고, 자회사 형태로 보험사를 설립하여 위험을 인수하는 방법

④ contingent capital : 보험사고가 발생한 경우 금융기관이나 투자자로부터 미리 정한 조건으로 차입을 하거나 주식을 발행할 수 있다는 계약

정답 ❷

참고도서 및 사이트

- 손해사정이론, 최영호 저, 보험연수원, 2024
- 손해사정이론, 강효선 저, 배움, 2023
- 핵심 손해사정이론, 인스TV 보험교육원 저, 고시아카데미, 2024
- 손해사정이론, 윤성열 저, 이패스코리아, 2024
- 손해사정이론, 김사영 저, 로이즈, 2021
- 손해사정이론, 김한식 저, 미래보험교육원, 2018
- 리스크와 보험, 보험경영연구회 저, 문영사, 2019
- 리스크와 보험, 최정호 저, 도서출판 청람, 2018

- 법제처 www.moleg.go.kr
- 보험연수원 www.in.or.kr
- 보험개발원 www.kidi.or.kr
- 금융감독원 www.fss.or.kr
- 한국손해사정사회 www.kicaa.or.kr
- 보건복지부 www.mohw.go.kr
- 고용노동부 www.moel.go.kr
- 국민건강보험공단 www.nhic.or.kr
- 국민연금공단 www.nps.or.kr
- 근로복지공단 www.kcomwel.or.kr

2026 시대에듀 손해사정사 1차
손해사정이론 한권으로 끝내기

개정2판1쇄 발행	2026년 01월 15일(인쇄 2025년 09월 29일)
초 판 발 행	2024년 01월 05일(인쇄 2023년 10월 20일)
발 행 인	박영일
책 임 편 집	이해욱
편 저	김명규 · 강문우 · 김창영
편 집 진 행	서전인
표지디자인	하연주
편집디자인	장성복 · 윤준하
발 행 처	(주)시대고시기획
출 판 등 록	제10-1521호
주 소	서울시 마포구 큰우물로 75 [도화동 538 성지 B/D] 9F
전 화	1600-3600
팩 스	02-701-8823
홈 페 이 지	www.sidaegosi.com
I S B N	979-11-434-0045-1 (14320)
정 가	26,000원

할 수 있다고 믿어라.

그러면 이미 반은 성공한 것이다.

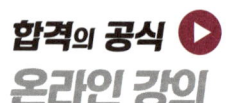

– 시어도어 루즈벨트 –

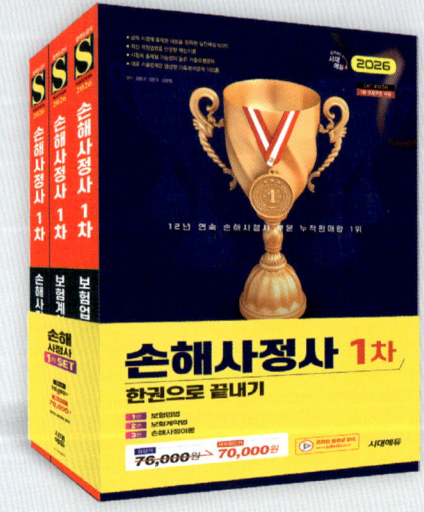

손해사정사

시험의 처음과 끝

시대에듀의 손해사정사 수험서

손해사정사 1차 보험업법
한권으로 끝내기(4×6배판)

손해사정사 1차 보험계약법
한권으로 끝내기(4×6배판)

손해사정사 1차 손해사정이론
한권으로 끝내기(4×6배판)

손해사정사 1차
기출문제해설(4×6배판)

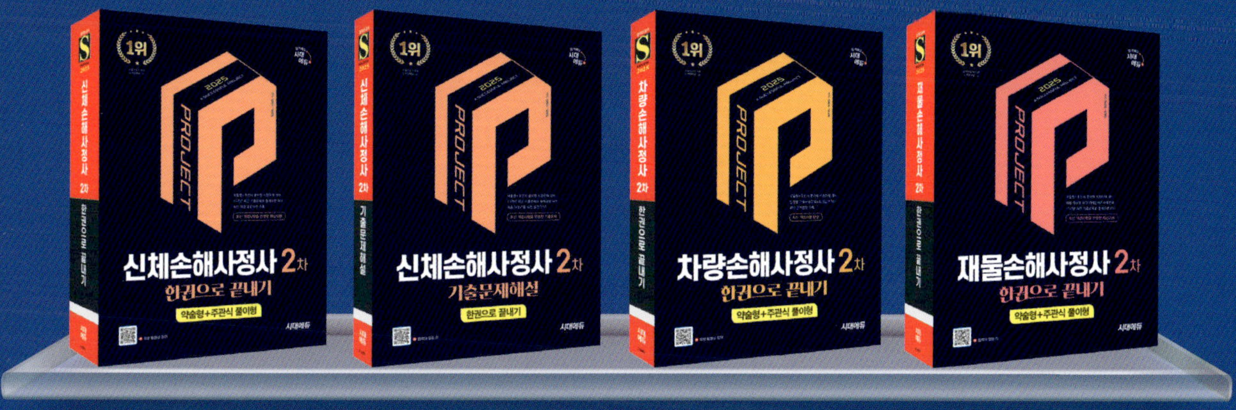

신체손해사정사 2차
한권으로 끝내기(4×6배판)

신체손해사정사 2차
기출문제해설(4×6배판)

차량손해사정사 2차
한권으로 끝내기(4×6배판)

재물손해사정사 2차
한권으로 끝내기(4×6배판)

※ 본 도서의 이미지는 변경될 수 있습니다.